Panoramas literarios
España

Beverly Mayne Kienzle
Harvard University

Teresa Méndez-Faith
St. Anselm College

HOUGHTON MIFFLIN COMPANY   Boston   New York

Para Edward
Vivimos dos en uno y de una misma vida.

Director, Modern Language Program: E. Kristina Baer
Development Editor: Priscila M. Baldoví
Project Editor: Julie Lane
Senior Production/Design Coordinator: Jill Haber
Senior Manufacturing Coordinator: Sally Culler
Marketing Manager: Elaine Leary

Cover Design: Harold Burch, Harold Burch Design, New York City

Credits for texts and photos begin on page 450.

Printed in the U.S.A.

Library of Congress Catalog Card Number: 96-76933

ISBN: 0-669-21804-9

123456789-CS-01 00 99 98 97

Contents

SECCIÓN IV   De la generación del 98 a la Guerra Civil   259

Preface

Designed for upper level courses, *Panoramas literarios: España* introduces students to the study of Spanish literature through representative works by major literary figures from the Middle Ages to the present. Up-to-date, this basic anthology places a strong emphasis on literature of the twentieth century and includes some of the most influential writers active today. Women authors are represented in every section after the Middle Ages. Carefully chosen, the selections exemplify the genres of narrative, drama, and poetry, and the most important literary currents of the period under study. For the most part, short stories, poems, and plays appear in their entirety. For reasons of length, the novel is not included, although short stories illustrating various novelists' work are featured. In a few instances, a chapter of a novel or a segment of another longer text has been selected when it can be appreciated apart from the complete work. In the case of texts from the earlier periods, modernized versions have been used when available, or the originals have been heavily glossed to facilitate the task of reading.

In addition to a unique and valuable collection of literary readings, *Panoramas literarios* provides extensive support materials to help students achieve greater understanding of the individual selections and their place within the context of major literary movements. The activities are designed to develop students' critical reading skills as they progress from comprehension to literary analysis and interpretation.

Text Features

Introduction: Reading and Interpreting Literature

To help students make the transition from reading for comprehension to reading for interpretation, this introductory chapter addresses the reading process as related to literature and literary criticism. It includes a description of local and global reading strategies; a discussion of the three genres—narrative, drama, and poetry; definitions of fundamental literary terms; and guidelines for analyzing each genre. The chapter concludes with a brief overview of trends in modern literary criticism and how they relate to the approaches to literature taken in *Panoramas literarios.*

Sinopsis histórico-literaria

To provide students with the necessary background information for their study of literature, each of the text's six sections begins with a general overview describing important literary currents and the historical context for the period covered in that section.

Nota biográfica

A brief biographical sketch of the author precedes each selection and includes titles of major works published and their dates. This section also explains the historical context and significance of the author's work.

Guía y actividades de pre-lectura

This section serves as an advance organizer and prepares students to read. It supplies information on the specific work to be studied, highlights major themes, and discusses the author's writing techniques and style. The pre-reading activities focus students' attention on important concepts or motifs, identify objectives and elements to be kept in mind while reading, and develop reading skills in general. In some cases, students are asked to research specific information in order to comprehend the full meaning of a work. Many activities reinforce reading strategies, asking students to scan a passage to identify the genre, the setting, the principal characters, or the voice. Others incorporate skimming, that is, reading quickly to get the gist of a passage and to anticipate its content. Similarly, students may be asked to infer from a work's title what the content will involve, or to read the first paragraphs of a text to determine the author's point of view or the tone.

Comprensión y expansión

Each reading selection is followed by a series of comprehension questions and by two or three additional activities that prepare students to advance to analytical and interpretive topics. The comprehension questions check for details that are important for the development of the story, play, or poem, and for describing and comprehending the characters, themes, structure, and language. The other exercises build students' vocabulary and develop critical-thinking skills by asking them to explain the significance of details, key passages, images or motifs; to establish the chronology of events; to trace the expression of the poetic voice; or to differentiate character traits.

Temas de discusión o análisis

This section provides a range of topics for class discussion or written analysis, and it emphasizes the cognitive dimension of reading, looking for consistent patterns of meaning. Many topics entail critical analysis and interpretation, for example, identifying cause and effect relationships; discerning the development of themes and motifs; analyzing figurative language; uncovering the author's purpose in writing; tracing the threads of the plot and the structure of the work; determining how the setting influences the characters and the events; analyzing how one episode, scene, or image contributes to the theme of the work; or studying the interrelationships of characters and events.

Temas de proyección personal

This section emphasizes the affective dimension of reading, concerned with an emotional reaction that allows the reader to make use of the reading experience in real life. This affective interaction between the reader and the text has in recent years been termed "reader-response criticism." To develop this type of response and an individual engagement with the text, this section presents topics that encourage students to give personal reactions to particular aspects of the text and to express opinions about issues that the readings raise. It also includes topics for creative writing, such as supplying a different ending to a work, visualizing or creating mental and visual images based on words in the text, or writing a poem or a story using the literary work as a model.

Temas intertextuales

These topics relate to more than one work of literature presented in the section under study or to works introduced in other text sections. They foster critical-thinking skills through intertextual analysis of themes, voice, characterization, and other literary techniques or devices. These topics may be used for class discussion or assigned as compositions.

Glosses and Footnotes

To facilitate comprehension, each selection has marginal glosses that define difficult words or phrases in English, or when possible, in simple Spanish. Footnotes explain literary allusions or other unfamiliar cultural and historical references in Spanish.

Glosario de términos literarios y culturales

For students' reference, this glossary defines key literary and cultural terms in English. Each term in the glossary is marked with an asterisk (*) the first time it appears in a text section.

Vocabulario español-inglés

An extensive Spanish-English vocabulary at the end of the book includes those words glossed in the text margins.

Internet Connection

A link to a special site on the World Wide Web developed specifically for *Panoramas literarios: España* and *Panoramas literarios: América Hispana* can be found via Modern Languages at http://www.hmco.com/college. This site provides links to other web sites dedicated to Peninsular and Spanish-American literature or to major authors featured in these volumes. The links are reviewed frequently to ensure that the listings are up-to-date.

Acknowledgments

The authors wish to express their thanks to the many people who have contributed to the development and production of *Panoramas literarios: España.* Sharon Alexander, senior development editor at Houghton Mifflin, deserves special thanks: she has worked extremely hard, helping to shape and guide every phase of the text's planning and writing. We are also grateful to Priscila Baldoví, development editor, for her many contributions to this volume, and to Julie Lane, production editor; Jill Haber, production/design coordinator; Steven Patterson, copy editor; and Maryam Fakouri, photo researcher. Ray and Edward Faith provided expert technical assistance and set up the web sites for the text. Elizabeth Lantz prepared the Spanish-English vocabulary. Freya Brinsdon Matthias helped with much of the typing and photocopying involved in preparing the manuscript, and Kay Shanahan also assisted with photocopying and mailing. Contributions were also made by Lourdes Jiménez, Karen Sweetland (on Concha Espina), and José Javier Ortiz Calderón (on *La Celestina* and Lope de Vega).

We would also like to express our appreciation to the following reviewers whose input was very valuable in developing this textbook:

Elizabeth Boyce, Houston Baptist University
Kathleen Boykin, Slippery Rock University
Francisco L. Cabello, Southern Oregon State College
Harold Cannon, California State University—Long Beach
Francie Cate-Arries, College of William and Mary
Rafael E. Cornejo, Humboldt State University
Richard Curry, University of Nevada—Reno
Kenneth Eller, University of Nebraska—Omaha
Robert Fedorchek, Fairfield University
Richard Ford, University of Texas at El Paso
Walter Fuentes, College of Charleston
Flora González, Emerson College
Jeannette Harker, Florida Atlantic University
Robert Johnston, Northern Arizona University

Finally, we wish to thank our families for their unfailing support of our work: Edward and Kathleen Kienzle, and Ray and Edward Faith.

Beverly Mayne Kienzle
Teresa Méndez-Faith

Introduction: Reading and Interpreting Literature

The activities in **Panoramas literarios** are designed to facilitate the transition from reading for comprehension to reading for interpretation. As your knowledge of Spanish increases, the strategies you use to understand literary texts in Spanish should approximate more and more those that native speakers employ automatically when they read their own language. Once you have mastered the necessary skills for ascertaining the meaning of a text, you need to develop critical reading and interpretive skills. Understanding and employing various strategies for interpretation will help to make your study of literature much more meaningful and interesting.

Reading as a Process

Reading is a process. It involves various strategies, and it can be broken down into activities corresponding to three phases of reading a text: before reading, while reading, and after reading. Every work in **Panoramas literarios** is accompanied by pre- and post-reading activities. These exercises will aid you in achieving greater understanding of the individual selections and their place within the context of major literary movements.

Local and Global Reading Strategies

All readers use a combination of local and global (or general) reading strategies, but native or near-native readers employ global strategies more often than local strategies. Local reading strategies focus on small units of the text: words, phrases, and sentences that may be difficult to understand. Global strategies focus on concepts and patterns of discourse. The goal of **Panoramas literarios** is to assist you with local reading strategies, in order to emphasize the development of the general strategies, which will allow you to devote more time to analyzing, reacting to, and interpreting the texts.

Local comprehension strategies include skipping over unknown words in order to supply their meaning later, pausing to question and perhaps translate a word or phrase, inferring the meaning of a word from context, paraphrasing a difficult sentence in simple Spanish, and rereading a phrase or sentence when its meaning is not clear. As you read, you should circle or otherwise mark the words and phrases you do not understand. Try to keep reading if possible and supply the meaning of these words and phrases later. In addition, many words or phrases are glossed in the margins of your textbook. When possible, their meaning is given in simple Spanish. To find the definitions of some words, you will need to consult a dictionary because not all the words in the selections are included in the vocabulary at the end of the book.

Utilizing global comprehension techniques, you learn to distinguish between main points and supporting details, to anticipate the content of a reading selection, to read for the gist of a passage and infer its meaning, to integrate information from other sources or other places in the selection, and to recognize the structure of a text as an aid to understanding it.

Scanning and skimming are two global comprehension techniques that you use when reading your native language, but you may not even be aware that you do this. Many activities in *Panoramas literarios* will ask you to utilize these techniques in order to develop your facility in reading Spanish.

SCANNING

Scanning is a reading comprehension technique that involves reading quickly to find specific pieces of information. You may be asked to scan a text for names of places, adjectives describing a certain character, dates, and so on. Exercises incorporating scanning facilitate anticipating content and getting the main idea of a passage. They also help you to distinguish the main points from the supporting details, to discern who the principal characters are, to discover the text's setting, or to identify the text's genre. Many literary genres have predictable structures and even content, so that identifying the genre aids in comprehending the text.

SKIMMING

Skimming is a technique for reading comprehension that entails reading very quickly to get the general idea or gist of a passage. Skimming allows you to make inferences about the content of a particular passage, to identify the author's point of view, or to form an impression of the author's tone (happy, sad, ironic, foreboding, and so on) in order to anticipate the content in a general way.

Reading Tips

Remember that scanning and skimming are different but related steps in the reading process. In addition to scanning and skimming, you will need to read a selection more than once. This is true even in your native language, but all the more so when you are reading texts in a foreign language and when those texts are literary works. Important works of literature need to be read with care: they affect readers differently each time they are read and they can convey distinct messages to readers at various stages of life and in diverse societies and eras. Always allow time for each phase of the reading process and for rereading and reflection once you grasp the meaning of the text.

As you read, keep a pencil or pen in hand and make notes in the book if you own it or on a separate sheet of paper if you don't. Find your own system of notation, whether circling, underlining, or writing key words and ideas in the margins of the text or at the top or bottom of the pages. Mark indications of the setting, the chronology, the first appearance of a major character, words often repeated, and so on—anything that may be an important clue to the text's meaning. In long texts, make notes on the top of the page to indicate critical passages—events, allusions, symbols, changes in setting or time, speeches, lines—so that they can be located more easily. Think of your notations as directions leading you to the meaning of the text. Also mark passages that you don't understand, so that you may find them quickly—to return to them yourself or to ask your professor questions in class.

Interpreting Literature

In this anthology, the term "literature" refers to written works that have artistic value and that have been judged as worthy of being preserved in print. The words *literature* in English and **literatura** in Spanish derive from the Latin word *littera*, which in its singular form designated a letter of the alphabet and in the plural, a composite of individual letters, that is, a text or a group of texts.

Students and critics of literature wrestle with the difficult question of what determines the artistic or aesthetic quality and worth of any given text. The following techniques and the various features of *Panoramas literarios* will assist you in becoming a skilled reader, a reader who not only comprehends the meaning of a text, but also knows how to analyze it and determine what makes it a valued piece of literature.

The **Sinopsis histórico-literaria** sections of your text provide information about trends and historical events that influence the literature during a specific time period. For example, underground theater may experience a creative upsurge during times of political repression, such as Spain in the 1950s and 1960s or Argentina in the late 1970s and early 1980s, when traditional theater was susceptible to censorship because of its public performance. The novel is apt to flourish in a time when ideas about society are changing or when regionalism is important, as in the nineteenth-century literature of Spain and Spanish America. In the twentieth century, the horrors of two world wars led some intellectuals to despair or to foster literary themes and styles that conveyed senselessness and absurdity, while others demanded that writers reach a new level of commitment and espouse political or social goals through their works. This tension between detachment, as in the movement of "art for art's sake," and involvement in social and political causes often surfaces in modern literature.

Once you understand the background of a literary work, the basic procedure for analysis begins with asking simple questions, which are then modified according to the work being studied. The questions to be asked of any text are: "Who?" "What?" "To whom?" "Why?" "How?" "When?" and "Where?" These questions may concern both the text and its background. For example, the question "Who?" asks about the author of the text and about the voice of the speaker in the text. "To whom?" inquires about the text's audience, both its reading public and the recipient or addressee of the message within the text. "Why?" seeks to discover the author's motives, which may be ascertained from the text, the background, or both. "What?" and "How?" concern the text's content and form, which in turn may be influenced by its background.

Asking "When?" and "Where?" seeks information not only about the circumstances of writing the text, but also about its setting.

Comprehending the notion of genre is fundamental for interpreting literature. The term "genre" refers to a category of written or oral work that employs common conventions, which allow it to be recognized and distinguished from other kinds of literature. Genre may be defined according to the most basic types of literary expression—narrative, drama, and poetry—or in accordance with more specialized categories determined by the formal structure (the picaresque novel, the fable, or the sonnet) or by the length of the work (the short story vs. the novella, the one-act play vs. the traditional three-act play, and the ballad vs. the epic). Within those specialized categories, some genres like the sonnet have very specific conventions for subject, style, or form, while others like the novel have few or no rules, but they contain subcategories such as the novel of customs or the novel of the "boom."

While the **Guía y actividades de pre-lectura** sections provide information about specialized categories and subcategories, it is also necessary to have some general guidelines for analyzing each genre in its broadest definition. To simplify what can become a highly complex discussion, narrative here generally designates prose compositions. Also, keep in mind that any given text may not conform entirely to the conventions of one genre alone. Genres are frequently mixed, as in the short prose poem, the long narrative poem, or dramas and novels written in verse. Moreover, one genre may encompass other subgenres: a novel, for example, may include poetry or dialogue similar to that of a play. In spite of such variations, established notions of genre are not difficult to recognize and are crucial to interpreting literature.

Narrative

The term narrative (**narrativa**) refers to the telling of a set of events, either true or fictitious, by a narrator. The events generally are related in prose. In the process of narration called the discourse (**discurso**), the events recounted are arranged in some sequence called the plot (**argumento**). Narrative genres are usually differentiated by length: the short story (**cuento**), the novella (**novela corta**), and the novel (**novela**), but essays, diaries, and certain types of poetry also incorporate narrative elements. In addition, narratives can include poems (**poemas**), dialogue (**diálogo**), interior monologue (**monólogo interior**), or passages written in stream of consciousness (**libre asociacíon**).

Adapting the questions presented earlier ("Who?" "What?" "To whom?" "Why?" "How?" "When?" and "Where?"), the following are the most important points to consider when analyzing a narrative.

"*Who?*"   The narrator [**narrador(a)**] is the voice of the person who recounts the events in the story. An omniscient narrator [**narrador(a) omnisciente**] knows everything, even the characters' thoughts and the course of events taking place in different locations. Narrators may or may not include themselves as characters, and they may be reliable (**fidedigno**) or unreliable (**no digno de confianza**), that is, poorly informed, biased, or misleading.

"*To whom?*"   The narratee [**narratario(a)**] is the person addressed by the narrator within the text. The narratee is not the same as the reader outside the text, who represents the audience (**auditorio**).

"What?" The theme (**tema**) is the main or central abstract idea of the work, such as love, fate, or revenge. It is distinct from the subject or content (**contenido**) of the work, which is usually described according to the principal actions, such as the events of a particular war or the romance between two characters. The plot refers to the sequence and development of the events, as selected and arranged by the author.

"Where?" and *"When?"* The setting of the work, the location where the actions take place, and the historical circumstances of the events may have a strong impact on the characters, what happens to them, what they think, and what they do. It may also have a symbolic aspect.

"How?" This question applies to more than one dimension of interpretation, including identifying the point of view, the characterization, and the language used, which in turn determines the tone of the work. These are all chosen carefully by the author who constructs and combines them to create a work of literary art.

The point of view refers to the vantage point or perspective from which the events are recounted. The narrator may tell the story in the first person (**primera persona**), speaking as "I", or in the third person (**tercera persona**), speaking outside the events and referring to the characters as "he," "she," or "they."

Characterization is the process of creating literary characters (**personajes**) through their speech, moral and physical traits, actions, and interactions with other characters. Characters can be grouped into primary (**personajes principales**), those most involved with the events and unfolding of the story, and secondary (**personajes secundarios**), those less implicated in the story. The characters may be analyzed in terms of their effect on the events or the events' effect on them: they may be agents or victims, or both. When conflict is involved in the story, the protagonist (**protagonista**), the character favored by the author and the audience and the one with whom the audience probably identifies the most, is distinguished from the antagonist (**antagonista**), the one who opposes the preferred character. Some characters are referred to as "stock characters" (**personajes tipos**) and play conventional roles, displaying predictable behavior, such as a villain or a clown. Others may embody moral qualities, such as the characters in early drama or morality plays. Complex character development, however, can be one of the most interesting aspects of literary analysis; characters may change substantially as the story unfolds, or they may remain the same in spite of all that occurs.

The language (**lenguaje**) used by the author, that is, the author's choice of words, contributes to the characterization and also to other aspects of the work such as the tone (**tono**). The way characters speak tells much about their personalities, development, and moral and intellectual viewpoint and background. The words the author chooses may also reflect a positive or negative view towards the characters or the events. The tone describes the attitude that the narrator's voice assumes in the face of the events recounted. It may be happy or sad, ironic or light-hearted, critical or sympathetic, or may express any number of other moods and emotions.

The fundamental questions ("Who?" "What?" "To whom?" "Why?" "How?" "When?" and "Where?") apply to drama and poetry as well. Think about how to adapt them to these two genres as you read the following general guidelines. Keep in mind that "How?" questions concerning characterization are very important in the analysis of drama, and "How?" questions involving the use of language are essential in the interpretation of poetry.

Drama

The term "drama" refers to the literary genre that involves actors who play the roles of characters (**personajes**): fictional characters, historical figures, or personifications of nonhuman entities. Drama as genre encompasses a written text (**drama**), in prose or in verse, and the art of its representation (**teatro**), but drama may also refer to mime, a representation without a text and without speech. Drama encompasses several categories and subcategories, including tragedy (**tragedia**), which involves the death or downfall of the protagonist; comedy (**comedia**), which ends well for the protagonist; tragicomedy (**tragicomedia**), which combines elements of tragedy and comedy; farce (**farsa** or **sainete**), a short comic work that originated as a comic interlude in a serious drama; and melodrama (**melodrama**), a work of exaggerated or sensational emotion and suspense that originated in a mixture of drama and song.

Analyzing drama as literature requires focusing on the written text at hand, but never forgetting that the text is only part of what constitutes the work of dramatic art. Drama is written to be performed. Seeing the actual representation of the play or a movie of it is an integral element to be considered in appreciating any dramatic work. You must imagine the total effect of not only the words, but also the visual interpretation on stage. Therefore, it is crucial to read the stage directions (**acotaciones**) of any drama, and it is important to read the characters' words aloud, even to yourself.

Generally in drama the action is not viewed through the eyes of only one character since the characters interact through dialogue, which becomes the primary means for characterization. For example, the characters may address the audience, one or more other characters, all the people on stage, or only the audience with asides (**apartes**), which other characters on stage are not meant to hear. Although dialogue is the fundamental element of drama, monologue (**monólogo**) or soliloquy (**soliloquio**), a discourse spoken by an actor alone on stage, occur often, and some modern dramatists have created entire plays using only monologue. In addition, some playwrights incorporate a narrator who comments on the action.

A play usually follows a certain pattern for the development of its plot. This pattern, also applied to narrative, consist of four parts:

- the exposition (**exposición**), which presents the information necessary for understanding the play
- the conflict (**conflicto**), which produces the conflict to be resolved during the drama
- the climax (**clímax**), the point of highest tension, which constitutes a turning point in the action
- the denouement (**desenlace**), the resolution of the conflict and the consequences that follow from the time of the climax until the conclusion

Poetry

The term "poetry" generally describes texts written according to rhyme (**rima**), rhythm (**ritmo**), or meter (**metro**), repetitive patterns that relate words by their sound as well as by their meaning. There are many particular schemes for rhyme and meter; these are explained in the **Guía y actividades de pre-lectura** or in the **Glosario de términos literarios y culturales.** Modern poetry, however, is often written in free verse (**versos libres**), without rhyme or meter. It usually retains a certain rhythm, but what really distinguishes it and other forms of poetry is the nature of its language, syntax, and imagery. Poetic discourse tends to differ substantially from the expected patterns of vocabulary and speech. It employs variations in syntax or the usual order of words. It also incorporates figures of speech (**figuras retóricas**) to a far greater degree than does prose. These include comparisons like the simile (**símil**) and the metaphor (**metáfora**), deliberate modifications to sounds as in alliteration (**aliteración**) or onomatopoeia (**onomatopeya**), and the creation of opposing ideas and words through syntax or sound as in antithesis (**antítesis**).

There are many types of poetry dealing with virtually every subject imaginable, and the connection between poetry and song is notable throughout the history of literature. Epic poetry (**poesía épica**), for example, generally presents heroes and great events associated with the early history of a nation. Epics, usually very long poems, originated as songs performed by minstrels in public, as did their shorter counterparts, the ballads (**romances**). Lyric poetry (**poesía lírica**) conveys emotions, frequently joy or disappointment in love, and it was initially written to be sung.

The analysis of poetry usually focuses on what differentiates it most obviously from prose: rhyme, meter, and especially the frequent use of figurative language or imagery. The figurative language of poetry conveys meaning in a different and more intense or concentrated way than do narrative and drama. It evokes the imagination, sometimes calling together sensory images, intuitive feelings, and rationality all at once. Although the same interpretive approaches and questions apply to poetry and prose, the "How?" question focuses more closely on the interrelationship of words through sounds and images. Poetry should be read aloud, so that sounds and metrical patterns can be appreciated fully. Therefore, the analysis of poetry requires rereading even more frequently than does the analysis of either drama or narrative.

Modern Literary Criticism and Critical Interpretation

Many activities in *Panoramas literarios* incorporate in a general way some of the contributions of literary criticism during the last thirty years or so. These new views of reading and interpreting literature belong to what is called "postmodernism," referring to trends in philosophical thought and literary criticism (not to the specific literary movement in Spanish America or the artistic and architectural current in Spain).

Modern literary critics have followed the lead of philosophers who challenge the way people read and interpret and thus the way they look at the world. They have emphasized the relativity and subjectivity of human knowledge and the importance of testing all assumptions. The search for truth must be tolerant of ambiguity and pluralism. It must also continually revise itself, since reality is not absolute but constantly undergoes transformations. The literary critics known as "deconstructionists" have emphasized that linguistic meaning is not stable, and therefore that an apparently coherent text may hide several meanings that are incompatible. What people understand is a function of how they interpret something, and no one interpretation is definitive. In essence, there is no true or absolute meaning to language and consequently none to any text.

This awareness of a plurality of meanings, gained from the deconstructionists, allows for widening interpretive horizons to include some points of view that have been ignored or suppressed in the past. The topics for discussion or composition in *Panoramas literarios* sometimes encourage you as reader to ask questions about the texts that have never been asked before, to consider the story from different points of view, or to reflect on which perspective is left out of the story or omitted from the author's own point of view.

As the concept of the relativity or plurality of human knowledge has developed, so too has the awareness that Western thought is "Eurocentric" and that it often incorporates biases, even prejudices, based on race, ethnic background, or social location. The topics for discussion or composition in *Panoramas literarios* sometimes ask you to examine those biases and to determine whether the author of a given work sees the world from the perspective of the society or the characters in power, or if the author presents or advocates the point of view of the oppressed or marginalized characters.

Finally, feminist thought and literary criticism have demonstrated that gender has played a crucial role over the centuries in establishing and constraining what has been considered as "truth." In many cases, the voices of women writers have been ignored, and at times their works were not edited or printed. In other instances, they were published, but their works were relegated to obscurity by hostile male critics. Awareness of the marginalization of female voices sharpens sensitivity to other groups who have been ignored or suppressed in the interpretation of cultural and literary history. Both volumes of *Panoramas literarios* contain significant works by women writers. Some of these authors were ignored until the feminist movement brought them to light, just as other writers were nearly forgotten because of their racial or ethnic background or their political beliefs. The topics for discussion and composition in *Panoramas literarios* often ask you to consider these issues.

In line with the recognition that literature conveys a plurality of meanings, recent literary criticism advocates an increased awareness of the value of affective, individual reactions to the text. A relatively new way of looking at the interaction between the reader and the text is called "reader-response criticism." This trend recognizes and emphasizes that literature has more than a cognitive dimension aimed at finding consistent patterns of meaning: it also has an affective dimension concerned with a subjective or emotional reaction that varies from reader to reader and allows the reader to make use of the reading experience in real life. The topics in the **Temas de proyección per-**

sonal sections of *Panoramas literarios* focus on this affective aspect of reading and interpreting literature.

Postmodern literary criticism and reader-response criticism challenge you to take responsibility for creating a broader and more inclusive view of literature and of the world. To assist you in this endeavor, *Panoramas literarios* incorporates diverse and creative activities that will facilitate the process of becoming a critical reader and responding to that challenge.

Panoramas literarios
España

De la Edad Media al Renacimiento

Miniatura de la obra de Alfonso X, El libro de ajedrez, dados y tablas, *que ilustra la vida intelectual de judíos, moros y cristianos.*

◆◆◆

Sinopsis histórico-literaria

La Edad Media* abarca unos mil años, desde el siglo V hasta el siglo XV. Empieza después de la caída del Imperio Romano, precipitada por la invasión de los pueblos germánicos, y termina con el Renacimiento,*[1] marcado políticamente en España por el casamiento de Fernando V de Aragón e Isabel I de Castilla (1469), y por los múltiples acontecimientos del año 1492.

Durante esos diez siglos se desarrollan las identidades culturales y políticas de los países europeos a través del establecimiento de sus fronteras aproximadas, del desarrollo de sus lenguas nacionales y de los comienzos de sus literaturas particulares. De los varios dialectos antiguos hablados en el área que hoy se conoce como España, tres emergen como lenguas con sus propias tradiciones literarias: el gallego-portugués, el castellano y el catalán; pero el que predomina es el castellano, lengua de la antigua provincia de Castilla, centro y corazón del país.

Por su situación geográfica y por la larga presencia árabe en sus tierras, España es el país europeo tradicionalmente considerado como puente entre la cultura occidental y la oriental. Sin embargo, antes de la invasión musulmana que trae los conocimientos orientales, viven en la Península varios pueblos. Entre ellos los romanos tienen el mayor impacto, pero les preceden los íberos, los celtas, los fenicios, los griegos y los cartagineses. Es la dominación romana la que consolida dos elementos sumamente importantes de la cultura española: la lengua, producto de la transformación del latín hablado en las lenguas romances, y el cristianismo que se establece muy pronto en las ciudades de la costa. A los romanos les suceden los visigodos, y a éstos los musulmanes, cuya cultura influye considerablemente en la civilización española. Después de la invasión árabe (711 d. de J. C.), varios grupos islámicos cruzan el estrecho de Gibraltar y se establecen en el sur del país. También existe en la Península una importante comunidad judía que ha vivido en España durante siglos. Bajo la dominación árabe conviven simultáneamente comunidades cristianas, islámicas y judías. Los árabes promueven una sociedad organizada militarmente, y hacen posible la introducción de muchos conocimientos orientales como el uso de los números arábigos, el concepto del cero, el álgebra, la fabricación de papel, un sistema avanzado de irrigación, nuevos alimentos y la introducción de telas como la seda y el algodón.

La literatura española refleja la herencia y mezcla de las tres culturas. Aunque predomina la cristiana, también han dejado su marca la árabe y la judía. Los primeros ejemplos de literatura en lengua romance son las jarchas,* breves poemas fragmentados y escritos en mozárabe, un antiguo dialecto del español usado en las zonas islámicas. Las jarchas, de tono lírico, generalmente expresan el dolor por la ausencia del amado y van colocadas al

---

[1]Las palabras con asterisco (*) identifican conceptos y términos definidos en el **Glosario de términos literarios y culturales**.

final de poemas árabes y hebreos. La más antigua de las jarchas es una transcripción del hebreo al mozárabe usando caracteres romanos.

Mientras en el sur florece la cultura árabe, en el norte empiezan a surgir reinos predominantemente cristianos. La lucha por expulsar a los árabes es ardua y dura varios siglos. Según la tradición, la batalla de Covadonga, lugar situado en las montañas de Asturias, marca el principio de la Reconquista (718 d. de J. C.). En 1469 el matrimonio de Isabel, reina de Castilla, con Fernando, rey de Aragón, establece la unidad política de España. Unos veinte años más tarde (1492), las fuerzas cristianas conquistan Granada, último reino moro. Esta larga lucha por expulsar a los árabes inspira la poesía épica.* La obra literaria más conocida de la España medieval es el *Cantar de Mío Cid*, poema épico anónimo del siglo XII. Está basado en la vida de Rodrigo Díaz de Vivar (¿1043?–1099), héroe nacional conocido popularmente como «El Cid». El tema principal del *Cantar* se centra en la pérdida y la restauración del honor del héroe y de su familia. Si bien no se conserva el texto completo del *Cantar*, ni se han encontrado otros poemas épicos escritos durante el período de la Reconquista, es posible reconstruir su contenido, usando la información que proveen obras históricas como las crónicas* y documentos similares. Este trabajo de reconstrucción del texto refleja los problemas histórico-literarios del estudio de la literatura medieval. La mayoría de los manuscritos carecen del nombre del autor o de la fecha exacta de su composición. Muchos de los manuscritos, copiados a mano por escribas, se han perdido o sólo se conservan fragmentos u hojas sueltas.

También del siglo XII y de autor desconocido es el *Auto de los Reyes Magos*, el único drama español anterior al siglo XV que existe hoy día. Es un ejemplo de la abundante literatura religiosa medieval. En el siglo XIII aparecen las primeras personalidades literarias. El primer poeta castellano de nombre conocido es Gonzalo de Berceo, autor de los *Milagros de Nuestra Señora*, una colección de veinticinco poemas narrativos que muestran la intervención sobrenatural de la Virgen María. La obra pertenece al marianismo, género de la literatura europea medieval dedicado a la devoción y culto a la Virgen María por sus devotos. El rey Alfonso X el Sabio sigue esta tradición cuando escribe las *Cantigas de Santa María*, poemas dedicados a la Virgen en gallego-portugués. También es Alfonso X quien inicia el cultivo literario de la prosa castellana cuando manda escribir en esta lengua (y no en latín como hasta entonces) obras de historia, crónicas y otros textos de la época. En su famosa corte de Toledo colaboran sabios cristianos, judíos y musulmanes. La comunidad judía administra las rentas del Reino y transmite a los cristianos lo mejor de la cultura islámica.

Una obra importante del siglo XIV es el *Libro de Buen Amor* de Juan Ruiz, Arcipreste de Hita. Está escrito en verso y en prosa, y tiene elementos autobiográficos. Trata del amor a Dios, que es el «buen amor», y del amor humano, que es el «loco amor». Otra obra que destaca del siglo XIV es *El libro de los ejemplos del Conde Lucanor*, una colección de cuentos didáctico-morales de origen oriental, histórico, cristiano y árabe. El autor, don Juan Manuel, es infante y señor poderoso, sobrino de Alfonso el Sabio. Sus cuentos cortos o ejemplos están estructurados en forma de conversaciones entre el conde Lucanor y su consejero Patronio. También en el siglo XIV aparece *El libro del caballero*

Cifar, la primera novela de caballería.* Es además durante este siglo que se desarrollan los romances,* poemas cortos inspirados en temas épicos.

En el siglo XV Jorge Manrique escribe las *Coplas que hizo por la muerte del maestre de Santiago don Rodrigo Manrique, su padre*, la elegía* más famosa de la literatura española, escrita en honor a su padre, el maestre don Rodrigo. Como otros poetas de esa época, Manrique escribe poesía cortesana, que se inspira en la vida y amores de la corte. La última obra importante publicada en el siglo XV es *La Celestina*, una novela dialogada que aparece en 1499 y que trata de los amores trágicos de dos amantes: Calisto y Melibea. Esta obra anuncia la influencia italiana de la comedia humanística, imitación de las antiguas comedias romanas, que florecerá durante el Renacimiento español.

También a finales de siglo circulan algunos poemas de Florencia Pinar, poeta de la corte de Fernando e Isabel. De ella sólo quedan tres poemas de atribución cierta. Los cancioneros del siglo XV, colecciones de poesías líricas diversas, incluyen composiciones de muy pocas mujeres, pero otros textos femeninos dan testimonio de que algunas mujeres participaban en la actividad literaria de la época. Desgraciadamente, hoy día quedan escasos ejemplos de la perspectiva femenina en la España medieval. Hay canciones líricas y folklóricas que expresan una voz femenina, generalmente la tristeza de una mujer por la ausencia o el engaño de su amado. Dentro de esta categoría, caben las jarchas y las cantigas de amigo escritas en gallego-portugués. Sin embargo, cuando ha sido posible identificar al autor de una de esas composiciones, ha resultado ser hombre. Es probable que éstas fueran cantadas por mujeres desde tiempos remotos, pero que recibieran su forma escrita de manos de hombres cuyas obras han sido conservadas.

EL CANTAR DE MIO CID

Nota introductoria

La obra literaria más notable de la España medieval es el *Cantar de Mío Cid*, una epopeya* o poema épico anónimo que data probablemente del siglo XII. El poema, que ha quedado incompleto, existe en un solo manuscrito de fecha problemática, copiado o quizás escrito por un cierto Per Abbat. Se conservan alrededor de 3.700 versos basados en la vida de Rodrigo Díaz de Vivar (¿1043?–1099), héroe nacional conocido popularmente como «El Cid» o «El Cid Campeador». La palabra «Cid» proviene del árabe «Sidi», que significa «señor»; «Campeador» significa «gran guerrero». A pesar de no tener el texto completo del *Cantar*, ni otros poemas épicos escritos durante el período de la Reconquista, es posible reconstruir su contenido usando la información que proveen algunas obras históricas como las crónicas. Para estudiar la vida de Rodrigo Díaz de Vivar y las leyendas asociadas con ella, existen, entre otros textos, la *Crónica de Veinte Reyes* (siglo XIV), la *Estoria del Cid* (siglo XIII) y la

Historia Roderici, en latín, fechada en la primera mitad del siglo XII; es decir, muy cerca de 1099—año en que murió dicho héroe. Aunque el *Cantar de Mío Cid* se basa tanto en leyendas como en acontecimientos históricos, este gran texto de la épica española se diferencia de la mayoría de las obras épicas de otros países porque refleja en gran parte la realidad histórica.

Alrededor de 1043, Rodrigo Díaz de Vivar, personaje principal del poema, nació en el pueblo de Vivar (Burgos), que en esa época estaba situado en la frontera entre tierras cristianas y moras. El héroe se asimila a la vida de guerras fronterizas y empieza su vida de caballero hacia finales del reinado de Fernando I, soberano de Castilla y de León. Rodrigo pertenece a la nueva clase social de la baja nobleza: los caballeros que se hacen señores por la conquista de tierras y de riquezas. Al servicio del rey Sancho, hijo mayor de Fernando I, Rodrigo llega a ser alférez, el grado más importante del ejército, cuyo titular lleva la bandera y dirige a los soldados. En 1072 el asesinato de Sancho en Zamora crea mucha tensión entre Rodrigo y Alfonso VI, el nuevo rey de Castilla y de León y hermano de Sancho. Alfonso VI destierra a Rodrigo dos veces (1081–1087 y 1089). Durante esos años, el Cid sirve al rey moro de Zaragoza y luego conquista y gobierna la ciudad de Valencia, donde muere en 1099.

✦ Guía y actividades de pre-lectura

Generalmente la poesía épica* es anónima y narrativa; cuenta las hazañas de un héroe nacional, en este caso el Cid. El estilo de la epopeya se caracteriza por la abundancia de fórmulas poéticas, como el uso de epítetos* y la repetición de grupos de palabras para facilitar la memorización de los poemas, especialmente a los juglares. Son típicas de la literatura de origen oral, es decir, de la literatura que se cantaba o se recitaba durante muchos años antes de tener forma escrita. Así, en el *Cantar* se describe al héroe como «buen vasallo», «Nuestro Cid Rodrigo Díaz» o « ..., en buen hora, que habéis ceñido la espada». Una característica que distingue este poema castellano de otras obras épicas es el realismo: las descripciones del *Cantar* incluyen muchos detalles relacionados con la vida y las costumbres medievales de Castilla.

El tema principal del *Cantar* se centra en la pérdida y la restauración del honor del héroe y de su familia: desde su destierro hasta la conquista de Valencia y el perdón del rey, y desde el ultraje contra sus hijas hasta la venganza y el casamiento de éstas con los Infantes de Navarra y de Aragón. Otros temas importantes son la veneración de la familia, la lealtad, la justicia, la política, el regionalismo, la animosidad entre Castilla y León, y las tensiones sociales entre la baja nobleza y la nobleza de la corte.

El *Cantar de Mío Cid* está dividido en tres partes o cantares: «El Cantar del destierro», el «Cantar de las bodas» y el «Cantar de la afrenta de Corpes». La acción empieza en el momento del primer exilio del héroe, cuando entra en Burgos para despedirse de su familia. Con un grupo de soldados fieles se va a luchar contra los moros para ganarse la vida. En el segundo cantar, los éxitos militares del héroe y su creciente riqueza lo llevan a una reconciliación con el rey Alfonso VI. Éste dispone el matrimonio de las hijas del Cid con dos nobles leoneses, los Infantes de Carrión y así, con la celebración de las bodas, termina el segundo cantar. En el tercer cantar los Infantes dan muestra de cobardía, vanidad y avaricia. Humillados por algunos vasallos del Cid, los Infantes deciden vengarse. Maltratan cruelmente a las hijas del Cid y las abandonan en el robledo de Corpes, un lugar aislado donde las encuentra un fiel vasallo del Campeador. Rodrigo pide justicia al rey, quien convoca las cortes en Toledo. Allí el Cid desacredita a los Infantes y éstos son vencidos en duelos. Al final de este cantar, las hijas del héroe se casan con los herederos de Navarra y de Aragón, con lo cual el héroe llega a emparentarse con los reyes de España.

Se incluyen aquí dos episodios del primer cantar: la entrada del héroe en Burgos y la despedida de su familia. Para facilitar la lectura se ha escogido una versión métrica moderna. El primer trozo refleja el miedo de los habitantes de Burgos a quienes el rey Alfonso VI ha prohibido tanto darle posada al Cid como venderle provisiones. La acción del segundo episodio se centra en la separación del Cid de su familia: su mujer Jimena y sus dos hijas. Padre y marido ejemplar, el Cid encomienda a su familia al abad del monasterio de San Pedro de Cardeña.

Monumento al Cid Campeador, en Sevilla.

1. Piense en el exilio y en sus consecuencias en la época del feudalismo. En la Edad Media el señor feudal controlaba todos los aspectos de la vida de sus vasallos dentro de su territorio y el exiliado perdía toda ayuda y protección de la gente que vivía bajo el dominio del señor. En su opinión, ¿cómo va a reaccionar la gente de Burgos cuando entre el héroe en esa ciudad? ¿Van a seguir las órdenes del rey Alfonso VI o, por el contrario, van a desobedecerlo para ayudar al Cid? Explique.

2. En cuanto al Cid, según usted, ¿qué emociones sentirá el héroe al entrar a Burgos? ¿Por qué?

II

Camino del destierro

1. El Cid entra en Burgos, donde el Rey ha prohibido que le den posada y le vendan provisiones. Alza su tienda en un arenal[1] del Arlanzón,[a] cerca de la ciudad.

Con lágrimas en los ojos,   muy fuertemente llorando,
la cabeza atrás volvía   y quedábase mirándolos.
Y vio las puertas abiertas,   y cerrojos quebrantados,[2]
y vacías las alcándaras[3]   sin las pieles, sin los mantos,[4]
5   sin sus pájaros halcones,   sin los azores mudados. [5]
Suspiró entonces el Cid,   que eran grandes sus cuidados.
Habló allí como solía,   tan bien y tan mesurado:
—*Gracias a ti, Señor Padre,   Tú que estás en lo más alto,*
los que así mi vida han vuelto,   mis enemigos son, malos.

10   Allí aguijan[6] los caballos,   allí los sueltan de riendas.[7]
En saliendo de Vivar   voló la corneja a diestra,[8]
y cuando en Burgos entraron   les voló a la mano izquierda.
Se encogió de hombros[9] el Cid,   y meneó[10] la cabeza:
—*¡Albricias, Fáñez, albricias!,*[11]   *pues nos echan de la tierra,*
15   *[con gran honra por Castilla   entraremos a la vuelta.]*

Nuestro Cid Rodrigo Díaz   en Burgos con su gente entró.
Es la compaña que lleva,   de sesenta, con pendón.[12]
Por ver al Cid y a los suyos,   todo el mundo se asomó.
Toda la gente de Burgos   a las ventanas salió,
20   con lágrimas en los ojos,   tan fuerte era su dolor.

1 *sandy area*
2 **cerrojos...** *broken locks*
3 *perches for huntingbirds; clothes racks*
4 *cloaks*
5 **halcones...** *falcons without the molted hawks*
6 *they spur on*
7 **sueltan...** *they let up on the reins*
8 **corneja...** *crow to the right*
9 **Se...** *shrugged his shoulders*
10 *he shook*
11 *¡Ánimo!*
12 *banner, standard*

[a] El río Arlanzón, afluente del río Duero, pasa por Burgos. El Duero recorre la parte norte de la meseta y desemboca en el Atlántico.

Todos diciendo lo mismo,   en su boca una razón:
—¡Dios, qué buen vasallo el Cid!   ¡Así hubiese buen señor!

Aunque de grado lo harían,   a convidarlo no osaban.[13]
El Rey don Alfonso, saben,   ¡le tenía tan gran saña![14]
Antes que fuese la noche   en Burgos entró su carta
con órdenes muy severas,   y muy requetebién sellada;[15]
mandaba en ella que al Cid   nadie le diese posada,
y aquel que a tal se atreviese,   supiese, por su palabra,
que perdería lo suyo   y aun los ojos de la cara,
y además de cuanto digo,   con la muerte amenazaba.
Gran dolor el que sentían   aquellas gentes cristianas.
Y escóndense así del Cid,   sin osar decirle nada.
El Campeador, entonces,   se dirigió a su posada
y en cuanto llegó a la puerta   se la encontró bien cerrada;
mandatos del Rey Alfonso   pusieron miedo en la casa,
y si la puerta no rompe,   no se la abrirán por nada.
Allí las gentes del Cid   con voces muy altas llaman.
Los de dentro, que las oyen,   no respondían palabra.
Aguijó el Cid su caballo   y la puerta se llegaba;
del estribo[16] sacó el pie,   y con fuerte golpe llama.
No se abre la puerta, no,   pues estaba bien cerrada.
Nueve años tiene la niña,   que ante sus ojos se planta:
—¡Campeador, en buen hora,   que habéis ceñido[17] la espada!
Orden del Rey lo prohibe,   anoche llegó su carta.
con prevenciones muy grandes,   y venía muy sellada.
A abriros nadie osaría,   nadie os acoge,[18] por nada.
Si no es así, lo perdemos,   lo nuestro y lo de la casa,
y además de lo que digo,   los ojos de nuestras caras.
Ya veis, Cid, que en nuestro mal,   vos no habéis de ganar nada,
pues el Criador os valga   con toda su gracia santa.
Esto la niña le dijo   y se entró para su casa.
Ya lo ve el Cid que del Rey   no cabía esperar gracia.
    Alejóse de la puerta,   por Burgos picando pasa;
llegó hasta Santa María[b]   y allí del caballo baja.
Con gran fervor se arrodilla[19]   y de corazón rogaba.
Acabada la oración,   en seguida el Cid cabalga.[20]
    Luego salió por la puerta,   y el río Arlanzón pasaba.
Junto a la villa de Burgos   en el arenal acampa.
Allí se plantó la tienda   y muy pronto descabalga.
Nuestro Cid Rodrigo Díaz,   que en buen hora ciñó espada,
acampó en el arenal   que nadie lo acoge en casa.
Lo rodean sus amigos   fieles[21] que allí lo acompañan.

25
30
35
40
45
50
55
60

13 **a...** *they didn't dare to invite him*
14 *rage*
15 **muy...** *very well sealed*
16 *stirrup*
17 **que...** *that you had put on your sword*
18 *welcomes*
19 **se...** *he kneels down*
20 *monta a caballo*
21 *loyal*

---

[b]Santa María es la catedral de Burgos.

De esta suerte acampó el Cid   como lo haría en montaña.

Impidiéronle comprar   en la ciudad castellana
65 de cuanto allí necesita,   cosas que son de vianda;[22]
ni a venderle se atrevían   cuanto para un día basta.

Aquel Martín Antolínez   de Burgos, hombre cumplido,[23]
a nuestro Cid y a los suyos   les da su pan y su vino.
En la ciudad no lo compra,   que lo llevaba consigo;
70 de cuanto necesitaron   bien los hubo abastecido.[24]
Contentóse de esto el Cid,   el Campeador cumplido,
contentáronse los suyos,   los que están en su servicio.
Habló Martín Antolínez,   oiréis lo que allí dijo:
—¡Oyeme, Campeador,   en tan buen hora nacido!
75 Pasemos aquí la noche,   vámonos, amanecido,[25]
pues acusado seré,   señor, de que os he servido.
En ira del Rey Alfonso   muy pronto yo habré caído.
Si con vos tengo fortuna   de salir con bien y vivo,
sé que el Rey, tarde o temprano,   me querrá como su amigo.
80 Y si no cuanto aquí dejo   no lo aprecio ni en un higo.[26]

[...]

3. El Cid, con los vasallos que se le van reuniendo, marcha al Monasterio de San Pedro de Cardeña, para despedirse de su mujer y de sus hijas.

En diciendo estas palabras   la tienda fue recogida.
Nuestro Cid y sus compañas   cabalgan a toda prisa.
Vuélvese el Cid, a caballo,   mirando a Santa María;
alzó su mano derecha,   y la cara se santigua:[27]
85 —¡A Ti lo agradezco, Dios,   que el cielo y la tierra guías!
¡Que tus virtudes me valgan,   gloriosa Santa María!
Pues perdí el favor del Rey,   he de salir de Castilla.
No sé si he de volver más   en los días de mi vida.
¡Vuestras virtudes me valgan,   Virgen santa, en mi salida,
90 y me ayuden y socorran[28]   de noche como de día!
Si Vos así lo hicierais,   y la ventura me guía,
mandaré yo a vuestro altar   ofrendas buenas y ricas.
Y yo prometo y declaro   que allí se canten mil misas.

Despidióse el esforzado   con ánimo y voluntad.
95 Sueltan entonces las riendas   y comienzan a aguijar.
Dijo Martín Antolínez,   [aquel burgalés leal:]
—Quiero ver a mi mujer   a mi gusto y mi solaz,[29]
pues tengo que prevenirla   de lo que en mi ausencia hará.

22 comida
23 *very polite, courteous*
24 *supplied with provisions*
25 *at day break*
26 *fig*
27 **se...** *he makes the sign of the cross*
28 *help, aid*
29 *with pleasure*

Si el Rey tomare lo mío,   bien poco me ha de importar.
A vuestro lado estaré,   antes que el sol quiera alzar.[30]

Vuelve don Martín a Burgos   y el Cid aprisa aguijó[31]
y a San Pedro de Cardeña   picando[32] se dirigió
con todos los caballeros   que le sirven con amor.
Muy pronto cantan los gallos,   y así que quebró el albor[33]
al punto llegó a San Pedro   el buen Cid Campeador.
El abad don Sancho entonces,   temeroso del Señor,
rezaba allí los maitines   a las luces del albor.
Allí está doña Jimena,   con cinco dueñas de pro,[34]
rogándole a San Pedro   y rezando al Creador:
—*Señor que a todos nos guías   sostén tú al Campeador.*

A la puerta están llamando,   allí se supo el mandado.
¡Dios, y qué alegre se puso   por esto el abad don Sancho!
Encienden luces y cirios[35]   y todos corren al patio;
con gran gozo lo reciben   al que nació afortunado.
—*A Dios gracias, Cid de todos*   —le dijo el abad don Sancho,
pues que aquí os veo conmigo.   Sed mi huésped bien llegado.
Respondióle nuestro Cid,   [el bien nacido y honrado:]
—*Gracias doy, señor abad,   y gran gozo me habéis dado.*
Prepararé provisiones   para mí y estos vasallos.
Y pues me voy de la tierra   os daré cincuenta marcos.[36]
Si tengo vida y lo cuento,   estos os serán doblados.
No quiero que el Monasterio   haga por mí ningún gasto.
Para doña Jimena aquí   os doy yo un ciento de marcos;
y a las hijas y a las dueñas   servidlas por todo el año.
Las dos hijas dejo niñas;   tomadlas en vuestros brazos.
Aquí yo os las encomiendo,[37]   *a vos mismo, abad don Sancho.*
A mi mujer y a las niñas   librad de todo cuidado.
Si os llega a faltar dinero   o echaseis de menos algo,
dadles cuanto necesiten.   Sabed que esto así lo mando.
Por un marco que gastéis,   daré al Monasterio cuatro.
Conforme con ello queda   el Abad, de muy buen grado.
Mirad a doña Jimena: con sus hijas va llegando.
Una dueña a cada niña   la traía allí en los brazos.
Ante el Cid doña Jimena   de rodillas se ha postrado.[38]
¡Cómo sus ojos lloraban   al ir a besar sus manos!
—*Hacednos favor, mi Cid,   que nacisteis bienhadado.*[39]
Por malos calumniadores[40]   *de esta tierra sois echado.*

Favor hacedme, mi Cid,   que tenéis barbas crecidas:
Aquí estamos ante vos   yo, y conmigo vuestras hijas;
pequeñas son, como veis,   ¡y de edad ellas tan chicas!
con ellas están mis dueñas,   de las que soy yo servida.
Yo lo veo que es inútil,   que vos ya estáis de partida,

30 levantar
31 **aprisa...**
   he hurried
32 spurring (his horse)
33 dawn
34 **dueñas...**
   ladies-in-waiting
35 wax candles
36 monedas
37 entrust
38 knelt down
39 well-destined, lucky
40 slanderers

y que nos, de vos aquí,   nos separamos en vida.
¡Dadnos remedios, oh Cid,   por el amor de María!

145 Alargó entonces las manos   el de la barba florida,[41]
y a las niñas sus dos hijas   en los brazos las cogía;
al corazón acercólas   porque mucho las quería.
Con lágrimas en los ojos   muy fuertemente suspira;
—Oídme, doña Jimena,   tan entera mujer mía;
150 como yo quiero a mi alma,   otro tanto a vos quería.
Ya lo veis, nada más cabe   que separarnos en vida.
Yo he de irme, y de este modo   vos quedáis en compañía.
Rogad a nuestro Señor,   rogad a Santa María,
que con mis manos alcance   con que casar a mis hijas;
155 que ventura me proteja   la vida por muchos días,
en que vos, mujer honrada,   de mí podáis ser servida.

Grandes comidas preparan   para el buen Campeador.
Tañen[42] allí las campanas   en San Pedro con clamor.
Escúchanse por Castilla   voces diciendo el pregón:[43]
160 cómo se va de la tierra   nuestro Cid Campeador.
Los unos dejan sus casas;   otros, bienes y favor.
En este día tan solo   en el puente de Arlanzón
ciento quince caballeros   júntanse, y con viva voz
todos piden y preguntan   por el Cid Campeador.
165 Allí Martín Antolínez   a todos los recogió.
Vanse todos a San Pedro,   donde está el que bien nació.

Tan pronto como lo supo,   nuestro Cid el de Vivar
que crece su compañía   con que pueda honrarse más,
aprisa monta acaballo   y a su encuentro sale ya.
170 [Cuando los tuvo a la vista]   el rostro[44] empieza a alegrar.
A él se le llegan todos   para su mano besar.
Así hablóles nuestro Cid   con su mejor voluntad:[45]
—Yo ruego a Dios, caballeros,   a Dios, Padre Espiritual,
que a vosotros, que dejáis   por mí casas y heredad,
175 os consiga antes que muera   poderos algún bien dar;
y si en esto vos perdéis,   doblado lo habréis de cobrar.
Contentóle al Cid que fuesen   en la mesa muchos más.
Contentó a la compañía,   cuantos que con él están.
Seis días de los del plazo[46]   se les han pasado ya;
180 sólo tres quedan al Cid,   sabed, que ninguno más.
Y mandó el Rey don Alfonso   a nuestro Cid vigilar;
que si después de aquel plazo   lo consiguen apresar[47]
ni por oro ni por plata,   que no podría escapar.
El día se va acabando   la noche se quiere entrar.
185 El Cid a sus caballeros   los mandó a todos juntar:
—Oíd, varones, lo que digo,   no os dé por ello pesar.

41 crecida
42 *Toll*
43 *announcement made in a public place*
44 *cara*
45 *will*
46 tiempo señalado para una cosa (aquí: para salir de Castilla)
47 *to capture*

Aunque es poco lo que traigo,   vuestra parte os quiero dar.
Mostraos aquí diligentes,   haced lo que es de esperar.
Mañana, a primer hora,   cuando esté el día al llegar,
190 sin que nadie se retrase   todos mandáis ensillar.[48]
A maitines en San Pedro   tocará este buen Abad.
La misa dirá por todos,   de la Santa Trinidad.
Una vez la misa dicha,   en seguida, a cabalgar,
pues el plazo se termina,   y queda mucho que andar.
195   Tal como lo mandó el Cid,   dicen todos que lo harán.
La noche ya va pasando,   la mañana va a apuntar.
Antes que la noche acabe   ya comienzan a ensillar.
Las campanas con gran prisa   a maitines tocan ya.
Nuestro Cid y su mujer,   los dos a la iglesia van.
200 Echóse doña Jimena   en las gradas[49] del altar
y allí ruega al Creador,   cuanto mejor sabe orar,
que al Cid, el Campeador,   lo libre de todo mal:
El Cid a sus hijas niñas   no se cansa de mirar:
—Al Señor las encomiendo,   nuestro Padre Espiritual.
205 Ahora nos separamos;   el juntarnos, Dios sabrá.
Lloran todos con gran pena,[50]   como nunca se vio tal.
Como la uña, de la carne,   siéntense así desgarrar.[51]
    Nuestro Cid con sus vasallos   ya principia a cabalgar;
esperando a que se junten,   la cabeza vuelve atrás.
210 Muy a gusto que lo dice,   Alvar Fáñez, fraternal:
—Cid que fuisteis bien nacido,   vuestro esfuerzo ¿dónde está?
Pensemos ir adelante;   no perdamos tiempo ya.
Estos duelos[52] algún día   en gozo se tornarán.
Y Dios, que nos dio las almas,[53]   su socorro nos dará.
215 Al abad don Sancho vuelve   otra vez a aconsejar[54]
de cómo sirva a Jimena   y a sus hijas, y además
a todas las dueñas suyas,   que con ellas allí están.
Que bien lo sepa don Sancho   que buen galardón[55] tendrá.
Al despedirse, Alvar Fáñez   esto le dice al Abad:
220 —Si vierais gentes venir   que se nos quieran juntar,
decidles que ellos nos sigan   y que no cesen de andar,
y que en yermo[56] o en poblado   nos podrán pronto alcanzar.[57]
    Allí soltaron las riendas   y comenzó el cabalgar.
que pronto se acaba el plazo   en que el reino han de dejar.
225 Por la noche duerme el Cid   en Espinazo de Can.
De todas partes le acuden[58]   gentes en gran cantidad.
Otro día de mañana   prosiguen[59] su cabalgar.
Ya va dejando su tierra   el Campeador leal.
A la izquierda, San Esteban,   que es una buena ciudad.
230 Alcubilla sigue luego,   que es fin de Castilla ya.
Después cruza la calzada   de Quinea, y va a parar
encima de Navapalos,   donde el Duero ha de cruzar,
y acaba en la Figueruela,   y allí el Cid manda posar.
Gentes de todas las partes   acogiéndosele[60] van.

48 *to saddle up*
49 *steps*
50 *sorrow, grief*
51 **siéntense...** *they felt themselves torn apart in such a way*
52 *dolores*
53 *souls*
54 *to counsel*
55 *premio o recompensa*
56 *terreno deshabitado*
57 *to reach, to catch up*
58 *vienen*
59 *continúan*
60 *to join, to seek refuge*

✦ Comprensión y expansión

A. Conteste las preguntas o comente los temas según el poema.

1. ¿Cómo se siente el Cid al principio de la selección? ¿Qué detalles confirman esto?
2. ¿Dónde están los habitantes de Burgos cuando entra el Cid? ¿Por qué?
3. Explique la significación del verso: « —¡Dios, qué buen vasallo el Cid! ¡Así hubiese buen señor!»
4. ¿Cuáles son las órdenes del rey con respecto al Cid? Explíquelas.
5. ¿Por qué encuentra cerrada la puerta de la posada el héroe?
6. ¿Dónde acampa el Cid? ¿Por qué?
7. ¿Qué les da Martín Antolínez al Cid y a sus hombres?
8. ¿Por qué va el Cid a San Pedro de Cardeña?
9. Por cada marco del monasterio que gasta el abad para ayudar a la familia del héroe, ¿qué le dará el Cid?
10. ¿Qué quiere el Cid que doña Jimena le pida al Señor?
11. ¿Cuántos días de plazo tiene el Cid? Explique lo que son.
12. ¿Qué lugares aparecen en los diez últimos versos? Según usted, ¿cuál es la importancia de dichos lugares para los historiadores que tratan de determinar dónde se escribió el poema?
13. Analice la imagen que aparece en los dos versos siguientes.
   «Lloran todos con gran pena,   como nunca se vio tal.»
   «Como la uña, de la carne,   siéntense así desgarrar.»

B. Identifique y explique la importancia o la significación de los siguientes personajes, lugares o elementos.

1. las alcándaras vacías
2. la corneja
3. la carta del rey
4. la niña de nueve años
5. el arenal
6. San Pedro de Cardeña
7. los cien marcos
8. la barba del Cid
9. las campanas de maitines

C. Complete las frases de la columna izquierda con finales apropiados de la columna derecha y escriba las letras correspondientes en los espacios indicados.

_____ 1. El Cid habla de una manera...	a. cara.
_____ 2. Al llegar a Burgos los hombres del Cid, la corneja les voló a la mano...	b. izquierda.
	c. riendas.
_____ 3. La gente de Burgos se asoma por las...	d. sello.
_____ 4. En la carta del rey, se ve su...	e. ventanas.
_____ 5. En el arenal, se planta una...	f. mesurada.
_____ 6. Antes de rezar, el Cid se santigua la...	g. tienda.
_____ 7. Para cabalgar aprisa, los caballeros sueltan las...	

✦ Temas de discusión o análisis

1. Analice y evalúe al Cid como héroe. ¿Cuáles son los atributos salientes de su carácter? ¿Corresponden dichos atributos al ideal que tiene usted de un héroe? Explique.
2. Analice el realismo del poema dando ejemplos específicos para apoyar sus comentarios.
3. Analice el estilo épico citando ejemplos de fórmulas utilizadas en el poema. ¿Qué técnicas narrativas o dramáticas emplea el autor?
4. Describa a Martín Antolínez y analícelo como modelo del amigo fiel.
5. Comente la importancia de la familia en el poema.
6. Discuta la función y la importancia de la religión en el poema.
7. Compare los versos siguientes sacados de la versión original del poema con el texto moderno. ¿Cuáles son las diferencias de ortografía y de vocabulario? Lea en voz alta la versión original y compare el ritmo de ésta con la moderna. ¿Cuál de las versiones prefiere usted? ¿Por qué?

> Mio Çid[a] Roy Díaz, por Burgos entróve,[b]
> En sue conpaña sessaenta pendones;
> exien lo veer mugieres e varones,
> burgeses e burgesas, por las finiestras sone,
> plorando de los ojos, tanto avien el dolore.
> De las sus bocas todos dizían[c] una razóne:
> «Dios, qué buen vassallo, si oviesse buen señore!»

✦ Temas de proyección personal

1. Según usted, ¿en qué consiste el heroísmo?
2. En su opinión, ¿todavía existen héroes en la sociedad moderna? ¿Quiénes son? ¿Qué cualidades tienen? Explique.
3. ¿Tienen las mujeres ideales o ideas de heroísmo diferentes a las de los hombres? Comente. Además, ¿cree usted que los modelos de heroísmo que tiene la sociedad son distintos para mujeres que para hombres? ¿Por qué? Explique.

AUTO DE LOS REYES MAGOS

Nota introductoria

El *Auto de los Reyes Magos* data del siglo XII y está basado en los versículos del Evangelio de San Mateo que narran la historia de los Reyes Magos. De autor

---

[a] La «ç» suena aproximadamente como la combinación «ts».
[b] La «e» paragógica se añade al fin de la palabra por razones métricas.
[c] La «z» suena como «dz».

anónimo, es el único drama en lengua castellana (y no en latín) anterior al siglo XV, pero desgraciadamente está incompleto. El fragmento, unos 147 versos de la obra, marca el principio del teatro medieval español. Dicho teatro litúrgico se inspiró en las celebraciones relacionadas con fiestas religiosas (la Pascua, la Navidad y la Epifanía). Los cantos dialogados del ritual religioso se desarrollaron lentamente hasta convertirse en pequeños dramas de contenido religioso representados por la Iglesia. Con el tiempo, esos dramas se convirtieron en espectáculos, generalmente muy elaborados, que se representaban en las plazas y en otros lugares públicos.

✦ Guía y actividades de pre-lectura

En las cinco escenas del *Auto*, los tres Reyes Magos (Gaspar, Melchor y Baltasar) se reúnen después de declarar que han visto la estrella que anuncia el nacimiento de Jesús. Deciden seguir a la estrella e inventan un plan para comprobar el carácter divino del niño recién nacido. Visitan al rey Herodes para explicarle el significado de la aparición de la estrella, y éste, confundido por la noticia, llama a los sabios de su corte para pedirles consejos.

1. Lea, en la Biblia, el Evangelio de San Mateo (2: versículos 1–12) que narra la historia de Herodes y los Reyes Magos. Escriba un resumen de los eventos principales y cuénteselos a la clase.
2. Según su opinión, ¿por qué se creó una obra de teatro de la historia bíblica de los tres Reyes Magos?
3. Al leer el *Auto*, fíjese en las características personales de cada uno de los personajes. ¿En qué se diferencian?

Auto de los Reyes Magos

PERSONAJES

REY GASPAR.
REY BALTASAR.
REY MELCHOR.
HERODES.[a]
UN SABIO ANCIANO.
UN RABÍ.
UN PAJE[1] DE MELCHOR (NO HABLA).
CONSEJEROS DE HERODES, PASTORES[2] Y PASTORAS.

[1] *page*
[2] *shepherds*

---

[a] Herodes Antipas, rey de Judea, que reinó de 4 a. de J. C. a 39 d. de J. C. Juzgó a Jesucristo.

CUADRO I

En lo alto de la escena —que permanece unos instantes a oscuras— brilla intensamente una estrella. Poco a poco, una débil luz nocturna permite ver el tablado[3] dividido en tres hornacinas[4] románicas.[5]

Muy lejana, música de laúd.[6]

La hornacina izquierda —espectador— se ilumina con fuerza. En ella está el Rey Gaspar, de pie. Su habla es vehemente.

GASPAR

¡Dios Creador! ¡Qué maravilla!
¿Qué estrella será esa que brilla?
Hasta ahora, no la he advertido,[7]
hace bien poco que ha nacido.

Pausa. Gaspar medita.

¿Habrá nacido el Creador,
de todas las gentes señor?

Sacude[8] la cabeza, con la pretensión de arrojar[9] la idea.

No es verdad, no sé qué me digo;
todo esto no vale ni un higo.[10]
Otra noche lo cataré,[11]
y si es verdad, bien lo sabré.

Pero no lo ha conseguido:[12] la idea sigue allí. Breve

¡Gran verdad es lo que yo digo!
En absoluto lo porfío.[13]

Nueva vacilación.

¿No puede ser otra señal?

Y nuevo vencimiento.[14]

¡Esto es, y no es nada más!
Dios —es seguro— nació de hembra[15]
en el mes este de diciembre.
Donde esté iré, lo adoraré,
por Dios de todos lo tendré.

Mientras esta hornacina queda a oscuras, se enciende[16] la de la derecha. El rey Baltasar se apoya en una mesa llena de pergaminos[17] y de instrumentos ópticos.

BALTASAR

No sé esa estrella de do[18] viene,
quién la trae, o quién la detiene.
¿Por qué ha surgido[19] esta señal?

3 *stage*
4 *niches*
5 *romanesque*
6 *lute*
7 observado, notado
8 *He shakes*
9 *casting off, rejecting*
10 *fig*
11 pensaré
12 *succeeded*
13 *I insist on*
14 *defeat (of his doubt)*
15 mujer
16 *lights up, is lighted*
17 *rolls of parchment*
18 dónde
19 *risen up*

Jamás en mis días vi tal.
De cierto ha nacido en la tierra
aquél que, en la paz y en la guerra,
señor será desde el oriente,
de todos, hasta el occidente.

Con docta[20] decisión.

Por tres noches me lo veré,
y más de veras[21] lo sabré.

Baltasar medita. No está claro que la estrella no sea un trampantojo.[22]

¿Será verdad que ya ha nacido?
Dudo de lo que he advertido.[23]

Es la última duda: va a seguir su primer impulso. Se yergue[24] con energía, y algunos rollos de pergamino caen por el suelo.

Iré, lo adoraré,
le imprecaré[25] y le rogaré.[26]

Se extingue súbitamente[27] la luz de esta hornacina, y se enciende con suavidad la del centro. En un humilde trono, Melchor; y a sus pies, con una rodilla en tierra, un paje. El viejo rey habla absorto,[28] mientras apoya[29] su mano diestra[30] en la cabeza del muchacho.

MELCHOR

Válgame el Creador,[31] ¿tal cosa
ha sido alguna vez hallada
o en una escritura encontrada?
No había esa estrella en el cielo:
para eso soy buen estrellero.[32]
Yo no me engaño:[33] he advertido
que un hombre de carne ha nacido
que es el señor de todo el mundo;
así es, como el cielo, rotundo.
De las gentes señor será,
y todo el orbe[34] juzgará.[35]

Sin embargo, no todo está claro para Melchor, que, movido por la duda, se pone en pie. El paje, aún arrodillado,[36] le escucha con avidez.

¿Es? … ¿No es?
Pienso que verdad es.

El paje se levanta con presteza,[37] y se dispone a salir. Pero el rey lo detiene con un gesto.

20 sabia
21 verdad
22 *trick, deception*
23 *noticed*
24 *straightens up*
25 *I'll beseech, entreat*
26 *I'll pray*
27 *suddenly*
28 *engrossed, absorbed in thought*
29 *he rests*
30 derecha
31 **Válgame…** *God save me*
32 astrónomo
33 *deceive*
34 mundo
35 *he will judge*
36 *kneeling*
37 **con…** rápidamente

Lo veré hasta que me persuada
de si es verdad o si no es nada.

*El paje, decepcionado, abate[38] la cabeza. Pero Melchor,
en un súbito arranque,[39] se rinde[40] a la evidencia.*

¡Sí! ¡Ya ha nacido el Creador
de todas las gentes señor!
Yo bien lo veo que es verdad.

Resuelto[41] ya, al paje:

¡He de ir allá, por caridad![42]

*El paje, rebosando[43] alegría, sale corriendo. Oscuro
total. La música crece.*

CUADRO II

*Cesa la música. Las hornacinas han desaparecido, pero no los arcos. Tras
ellos se ve ahora un paisaje de desierto, muy convencional. Los tres espacios están iluminados. En el central y en el de la derecha aparecen, respectivamente, Gaspar y Baltasar. La estrella sigue en lo alto.*

GASPAR   (*A Baltasar*)

Dios os guarde, señor. ¿Sois acaso[44] estrellero?

Gaspar asiente[45] con gesto leve y cortés.

Decidme la verdad; de vos saberla quiero
¿No veis qué maravilla?
¡Un astro[46] nuevo brilla!

BALTASAR   (*Sonriente, apacible[47]*)

Sí, que ha nacido el Creador,
que de las gentes es señor.
Iré y lo adoraré.

GASPAR   (*Vehemente*)

¡Y yo también le rogaré!

*En el espacio izquierdo aparece el viejo Melchor, con su
paje. Van de camino. Dirigiéndose[48] a los otros reyes:*

MELCHOR

Señores, ¿a qué tierra, dónde intentáis llegar?

*Baltasar y Gaspar observan con curiosidad al anciano
astrónomo. Melchor sale del arco, y avanza hasta el centro de la escena.*

¿Queréis al Creador conmigo ir a rogar?

---

38 *lowers*
39 *impulse, outburst*
40 **se...** *submits*
41 *Determined*
42 **por...** *for pity's sake*
43 *overflowing with*
44 *quizás, tal vez*
45 *assents*
46 *estrella*
47 *placid*
48 *Addressing*

49 *other speakers*
50 *overcome*
51 *misgiving*
52 *tone*
53 *escogerá*
54 *strokes*
55 *we'll delay*
56 *hasty*
57 *pilgrimage*
58 *to hide*

Sus interlocutores,[49] *vencido*[50] *el recelo,*[51] *se aproximan a él. La luz del fondo se extingue. Los tres reyes quedan bajo la estrella.*

¿Acaso lo habéis visto? Yo lo voy a adorar.

GASPAR

Nosotros también vamos; querríamoslo hallar.
Sigamos esa estrella: nos guiará al lugar.

MELCHOR

65 ¿Cómo probar podremos si es un hombre mortal,
o si es rey de la tierra, o si lo es celestial?

BALTASAR   (*Con un dejo*[52] *de misterio y de malicia*)

¿Deseáis bien saber cómo esto lo sabremos?
Oro, mirra e incienso a él ofreceremos.
70 Si fuere de la tierra rey, el oro querrá;
si fuere hombre mortal, la mirra tomará;
y si rey celestial, de esto se dejará:
elegirá[53] el incienso, que digno de él será.

GASPAR y MELCHOR   (*Seducidos por el ingenio de Baltasar*)

¡Marchemos ya, y así lo hagamos!

Oscuro total.

CUADRO III

Se iluminan los espacios del centro y de la izquierda. El fondo es ahora una sala del palacio de Herodes. Éste aparece, a la izquierda, sentado en un sillón. Ante él, en pie, Gaspar. En el espacio del centro, asisten al diálogo Baltasar y Melchor (apoyado siempre en su paje).

GASPAR   (*Dirigiéndose a Herodes, que se acaricia*[54] *la negra y breve barba con gesto impaciente*).

Guárdete el Creador. Dios te libre de mal.
75 Te entretendremos[55] poco... Un instante no más.

Herodes, con un ademán apresurado,[56] *le estimula a continuar. Gaspar considera prudente repetir el saludo.*

Dios te dé larga vida, y te libre de mal.
Vamos en romería,[57] para a un rey adorar,
que ha nacido en la tierra... No lográmosle hallar.

HERODES   (*Súbitamente interesado*)

¿Qué decís? ¿Dónde vais? ¿A quién vais a buscar?
80 ¿De qué tierra venís? ¿Dónde intentáis llegar?
Decidme vuestros nombres, no los queráis celar.[58]

59 *Hasty*
60 *candid, guileless*
61 noticia
62 *will rule*
63 *moving forward*
64 *slightly*
65 *you noticed*
66 *give away, disclose*
67 volved

GASPAR

Yo me llamo Gaspar;
éste que ves, Melchor; y aquél es Baltasar.

> *Gaspar, no interpreta bien el interés de Herodes. Atrope-*
> *llado*[59] *e ingenuo,*[60] *le comunica la nueva.*[61]

85 Rey, ¡un rey ha nacido que es señor de la tierra,
que mandará[62] en el mundo con gran paz y sin guerra!

HERODES

¿Es así... en verdad?

GASPAR

Sí, rey, por caridad.

HERODES

Y ¿cómo lo sabéis?
¿Probado lo tenéis?

GASPAR

90 Rey, verdad te diremos:
probado lo tenemos.

MELCHOR (*Sin poder contenerse, adelantándose*[63] *a señalar*
hacia el cielo)

Esto es gran maravilla:
¡un astro nuevo brilla!

BALTASAR

¡Señal de que ha nacido
95 y que en carne ha venido!

> *Nueva pausa. La voz de Herodes tiembla levemente,*[64]
> *mientras mira a lo alto.*

HERODES

¿Cuánto hace que le visteis
y que lo percibisteis?[65]

GASPAR

Trece días son ya.

> *Volviéndose a sus compañeros.*

Creo que más no hará
100 desde que está advertido
y muy bien percibido.

HERODES (*Con tono que sería amable si no le delatara*[66] *el*
temblor de la voz).

Pues andad y buscad,
y a ese rey adorad,
y por aquí tornad[67]...

Ligera[68] *pausa. El rey no mira ya a los magos.*

105 Si lo encontráis, iré,
y yo lo adoraré.

Se apaga la luz del espacio central. Gaspar sale, tras haberse inclinado[69] *ante Herodes. Este, al quedar solo, se pone en pie. Ya no tiene por qué disimular*[70] *su cólera.*[71]

¿Quién vio nunca tal mal?
¡Sobre un rey, otro tal!
Aún no estoy yo muerto
110 ni bajo tierra puesto.
¿Otro rey sobre mí?
¡Nunca tal cosa vi!
El mundo va hacia atrás:
no sé qué me haga ya.
115 Juro[72] que no lo crea
hasta que no lo vea.

Mira a un lugar interior, en el que, sin duda, hay un criado.

¡Mi mayordomo[73] venga,
el que mi haber[74] gobierna![75]

Vuelve a sentarse, inquieto,[76] *nervioso. El mayordomo, aunque invisible para el espectador, está ya allí.*

¡Vete por mis abades[77]
120 y por mis potestades[78]
y por mis escribanos[79]
y por mis gramáticos,
y por mis estrelleros
y por mis retóricos!

Al rey se le crispa la mano,[80] *sin él notarlo.*

125 Me dirán la verdad, si está en algún escrito,
o si la saben ellos, o bien si la han sabido.

Oscuro.

CUADRO IV

Los tres espacios están cerrados por cortinas azules. Delante, muy en primer término,[81] *los sabios aguardan*[82] *a Herodes, que los ha convocado.*[83] *La cortina del centro se abre para dejar paso al rey, y vuelve a caer tras él. Los sabios se inclinan ante su majestad. El más anciano habla en nombre de todos.*

68 *Slight*
69 *bowed*
70 *to hide*
71 *anger*
72 *I swear*
73 *administrator*
74 *estate*
75 *manages*
76 *restless*
77 *abbots*
78 *potentates*
79 *scribes*
80 **se...** *his hand twitches*
81 **primer...** *foreground*
82 *await*
83 *summoned*

EL SABIO ANCIANO

Rey, ¿qué quieres? Ya hemos venido.

HERODES   (*Expeditivo*[84])

¿Traéis ahí vuestros escritos?

EL SABIO ANCIANO

Rey, los traemos;
son los mejores que tenemos.

HERODES

Pues mirad,
decidme la verdad,
si aquel hombre ha nacido
que esos reyes me han dicho.

Dirigiéndose a uno de los sabios del grupo:

Di, rabí, la verdad, di si tú la has sabido.

EL RABI   (*Halagador,*[85] *sinuoso*[86])

De veras os afirmo
que no lo encuentro escrito...

EL SABIO ANCIANO   (*Rápido*)

¡Hamihala,[b] cómo estás engañado![87]
¿Por qué eres tú rabí llamado?
No comprendes las profecías,
las que nos hizo Jeremías.[c]
¡Por mi ley, que estamos errados![88]
¿Por qué no estamos acordados
por qué no decimos verdad?

EL RABI   (*Mirando atemorizado*[89] *a Herodes*)

Yo no la sé, por caridad...

EL SABIO ANCIANO (*Implacable*)

¡Porque en nosotros no es usada,
ni en nuestras bocas es hallada!

*Herodes conduce[90] su mirada,[91] brillante y aguda,[92] del
sabio al rabí. Enérgico, sale por la derecha. Los sabios
vuelven a inclinarse; sólo el más anciano queda erguido[93] ausente. Oscuro.*

84 *Prompt*
85 *Flattering*
86 *deceitful*
87 *mistaken*
88 *mistaken*
89 *frightened*
90 *directs*
91 *glance*
92 *sharp*
93 *erect*

---

[b] Exclamación

[c] Profeta del Antiguo Testamento (¿628–586? a. de J. C.), a quien se atribuye la colección de profecías
en el libro de la Biblia que lleva su nombre.

CUADRO FINAL

A oscuras aún, se oye la primera estrofa[94] de un villancico[95] popular, acompañada por instrumentos rústicos. Reaparecen las tres hornacinas del cuadro primero. La del centro se convierte en un ascua[96] de luz. En ella, sobre una mesa, hay un Nacimiento de escayola,[97] pequeño pero bien visible. Se ilumina la hornacina de la derecha, donde aparece un grupo de pastores y pastoras que cantan. Y enseguida, en la hornacina izquierda, se dejan ver los tres Reyes Magos —Melchor siempre con su paje—, que se inclinan y sonríen al divino misterio. En sus manos, oro, incienso y mirra. La estrella no ha dejado[98] de brillar en lo alto.

FIN

✦ Comprensión y expansión

A. Conteste las siguientes preguntas según la pieza.

1. ¿Dónde tiene lugar la acción de este drama?
2. ¿Cómo reacciona el rey Gaspar cuando ve la estrella?
3. ¿En qué sentido llama la atención la reacción del rey Baltasar? Explique.
4. ¿En qué es experto el rey Melchor?
5. ¿Por qué aparece la figura del paje en este drama? ¿Qué papel tiene?
6. ¿Cómo van a comprobar los tres Reyes Magos la identidad del niño recién nacido?
7. ¿Cómo es Herodes? ¿Qué le preocupa?
8. ¿Por qué riñen los sabios?
9. Según su opinión, ¿hay indicios de antisemitismo en los comentarios o en la discusión de dichos sabios? Comente.
10. ¿Cuánto tiempo pasa entre el Cuadro II y el Cuadro III?

B. Identifique y explique la importancia o la significación de los siguientes elementos.

1. maravilla
2. «Todo esto no vale ni un higo.»
3. pergamino
4. estrellero
5. mirra

C. Las frases que siguen describen a algunos de los personajes principales del *Auto de los Reyes Magos*. Lea cada una de ellas y marque **G** (Gaspar), **M** (Melchor), **H** (Herodes) o **S** (Sabio anciano) en los espacios correspondientes.

____ 1. Tiene celos del niño recién nacido.
____ 2. Dice que el rabino no comprende las profecías de Jeremías.
____ 3. Es astrónomo.

_____ 4. Es ingenioso.

_____ 5. Dice que los sabios de la corte generalmente no dicen la verdad.

_____ 6. Al principio dice que no va a creer la noticia que trae la estrella si no ve la misma estrella tres noches consecutivas.

_____ 7. No quiere tener ningún rey rival.

_____ 8. Al principio viajaba solo.

✦ Temas de discusión o análisis

1. En la Biblia, lea el evangelio de San Mateo (2: versículos 1–12) que habla de los Reyes Magos y de Herodes. Compare y contraste la versión bíblica con la del *Auto*. ¿Qué versión prefiere usted? ¿Por qué?

2. ¿Qué técnicas o elementos dramáticos se observan en el *Auto*? ¿Cómo es la escenografía?

3. Analice las personalidades de los tres Reyes. ¿Qué los motiva?

4. Según lo leído, ¿cómo cree usted que terminó el auto original? Escriba, en forma de diálogo, su propia conclusión del *Auto*.

5. Invente un plan para probar el origen divino del niño recién nacido en el *Auto*.

✦ Temas de proyección personal

1. Escriba su propia versión de la historia del *Auto de los Reyes Magos*. Cambie la personalidad de los Reyes, la geografía, el plan, etc., de acuerdo con nuestra sociedad contemporánea.

2. Describa un nacimiento importante, en su familia o el de alguna figura histórica. Comente las reacciones de algunas personas ante el recién nacido.

3. Describa alguna canción, película o poema donde se mencione el nacimiento de un niño y los cambios que ocurren dentro de la familia.

DON JUAN MANUEL

Nota biográfica

Don Juan Manuel (1282–1348), político, guerrero, cuentista, poeta, noble e infante, nació en el castillo de Escalona (Toledo). Como sobrino del rey Alfonso X «El Sabio», llevó una vida de gran señor feudal y tomó parte activa en la guerra y en la política de su tiempo. Vivió como aristócrata en Peñafiel, donde fundó el monasterio de Peñafiel para los frailes dominicos. Lo guió un triple ideal de carácter religioso, caballeresco y literario. Fue un hombre ambicioso y un escritor consciente de su papel como autor. Responsable y meticuloso con su obra, don Juan Manuel defiende, modifica y corrige sus manuscritos con mucho cuidado y esmero. Su obra más conocida e importante es la colección de cuentos titulada *Libro de los ejemplos del conde Lucanor y de Patronio* (1335), que representa el punto culminante de la prosa castellana del siglo XIV.

✦ Guía y actividades de pre-lectura

El *Conde Lucanor* o *Libro de Patronio* es una colección de cincuenta cuentos didáctico-morales de origen variado. Algunos son de origen oriental; otros, sin embargo, provienen de la tradición histórica hispánica, cristiana y árabe. Por eso, reflejan un realismo muy castellano y forman un cuadro vivo de tipos humanos. Todos los ejemplos están estructurados de manera similar. En ellos, el conde Lucanor le pide consejo a su servidor Patronio para diversos problemas. Este soluciona el problema con una historia que ilustra lo que le preocupa al conde. Al final, don Juan Manuel resume la lección moral del cuento con unos versillos muy breves.

El cuento número XLV de la colección ejemplifica las leyendas medievales sobre personas que firman pactos con el diablo. Ese tema gozó de gran popularidad durante la Edad Media, especialmente en las colecciones de ejemplos destinados para el uso de predicadores. Estos incluían en sus sermones variaciones de dicha historia para advertir a su auditorio sobre las trampas del diablo y las consecuencias del pecado. El tema también inspiró algunos dramas religiosos, y en el siglo XIX, anima la lucha del

Vista panorámica del castillo de Peñafiel, propiedad y residencia de don Juan Manuel.

protagonista en *Fausto*, la famosa obra del escritor alemán Johann Wolfgang Goethe.

1. ¿Cómo aprende la gente lecciones morales en la sociedad actual?
2. ¿Conoce a alguien que narre historias para enseñar alguna lección? ¿Qué tipo de historias cuenta? Explique.
3. Según su opinión, ¿qué tipo de persona estaría dispuesta a firmar un pacto con el diablo?

———————

Ejemplo XLV

DE LO QUE LE SUCEDIÓ A UN HOMBRE QUE SE HIZO AMIGO Y VASALLO DEL DIABLO

Hablaba una vez el conde Lucanor con Patronio, su consejero, de este modo: —Patronio, un hombre me dice que sabe muchas artes, tanto de engaños[1] como de otras cosas, para poder saber las cosas que han de venir y cómo poder hacer muchas artimañas[2] para que se beneficie mucho mi
5 hacienda,[3] pero en estas cosas temo que no se puede uno librar de pecar.[4] Y por la confianza que os tengo, os ruego que me aconsejéis qué debo hacer en esto.

Señor conde —dijo Patronio—, para que hagáis en esto lo que más os conviene, me agradaría[5] que supierais lo que le sucedió a un hombre con
10 el diablo.

El conde le preguntó cómo había sido aquello.

Señor conde —dijo Patronio—, un hombre había sido muy rico, pero llegó a tal pobreza que no tenía nada con que mantenerse.[6] Y porque no hay en el mundo mayor desgracia[7] como ser muy infeliz quien suele ser
15 afortunado, por eso, aquel hombre, que había sido muy afortunado, había llegado a tan gran necesidad, que sufría mucho por ello. Y un día iba a solas por un monte, muy triste y pensando muy desesperadamente, y yendo así tan preocupado se encontró con el diablo. Y como el diablo sabe todas las cosas pasadas y sabía también la preocupación que tenía
20 aquel hombre, le preguntó por qué venía tan triste. Y el hombre le dijo que para qué iba a decírselo, si él no podía aconsejarle en la tristeza que tenía.

Y el diablo le dijo que si él quisiese hacer lo que le diría, le daría remedio para la preocupación que tenía, y para que comprendiese que lo
25 podía hacer, le diría en qué iba pensando y la causa por la que estaba triste. Entonces le contó toda su historia y la razón de su tristeza, como aquel que la conocía muy bien. Y le dijo que si quisiese hacer lo que él le diría, lo sacaría de todo sufrimiento y lo haría más rico de lo que nunca había sido él ni hombre de su linaje, pues él era el diablo y tenía poderes
30 para hacerlo.

Cuando el hombre oyó decir que era el diablo, le entró un gran temor,[8] pero por la gran preocupación y la gran pobreza en la que estaba,

1 *deceptions, deceit*
2 *tricks, traps*
3 *estate*
4 *sinning*
5 gustaría
6 *support himself*
7 *misfortune*
8 miedo

dijo al diablo que si él le diese una fórmula para ser rico, haría cuanto él quisiese.

Y creed bien que el diablo siempre busca la oportunidad para engañar[9] a los hombres. Cuando ve que están en algún apuro,[10] o de pobreza o de miedo o de querer cumplir su voluntad, entonces hace él con ellos todo lo que quiere; y así buscó el modo de engañar a aquel hombre cuando estaba en aquella preocupación.

Entonces se pusieron de acuerdo y el hombre fue su vasallo. Y cuando los pactos fueron hechos, dijo el diablo al hombre que, de allí en adelante, se fuese a robar, pues nunca hallaría puerta ni casa, por bien cerrada que estuviese, que él no se la abriese en seguida, y si por desgracia se veía en algún apuro o fuese preso,[11] que en seguida lo llamase y le dijese: «Socorredme,[12] don Martín», que en seguida iría con él y lo liberaría del peligro[13] en que estuviese. Una vez hechos los acuerdos,[14] se marchó.

Y el hombre se dirigió a casa de un mercader[15] durante la noche oscura; pues los que quieren obrar[16] mal siempre odian[17] la luz. Y en cuanto llegó a la puerta, el diablo se la abrió, y eso mismo hizo con las arcas,[18] de modo que en seguida tuvo mucho dinero.

Otro día hizo otro robo muy grande, y después otro, hasta que fue tan rico que no se acordaba de la pobreza que había pasado. Y el desgraciado, no teniéndose por contento con haber escapado de la pobreza, comenzó a robar aún más; y tanto lo hizo, que fue preso.

Y en cuanto lo prendieron,[19] llamó a don Martín para que le socorriese; y don Martín llegó muy de prisa y lo libró de la prisión. Y después que el hombre vio que don Martín le había sido tan veraz,[20] comenzó a robar como al comienzo, e hizo muchos robos, de modo que fue más rico y fuera[21] de pobreza.

Y acostumbrado a robar, fue otra vez preso y llamó a don Martín, pero don Martín no vino tan de prisa como él hubiera querido, y los jueces[22] del lugar donde se cometió el robo, comenzaron a hacer indagaciones[23] sobre aquel robo. Y estando así el asunto, llegó don Martín; y el hombre le dijo: —¡Ah, don Martín! ¡Qué gran miedo me hicisteis pasar! ¿Por qué tardabais tanto?

Y don Martín le dijo que estaba en otras urgencias y que por eso había tardado; y lo sacó en seguida de la prisión. Y el hombre volvió a robar, y por muchos robos fue preso, y hechas las averiguaciones[24] lo culparon[25] a él. Y dada la sentencia, llegó don Martín y lo sacó.

Y él volvió a robar porque veía que siempre le socorría don Martín. Y otra vez fue preso, y llamó a don Martín, y no vino, y tardó tanto que fue condenado a muerte, y después de juzgado, llegó don Martín y apeló[26] a la casa del rey y lo libró de la prisión, y fue libre. Después volvió a robar y fue preso, y llamó a don Martín, y no vino hasta que lo condenaron a la horca.[27] Y estando ya al pie de la horca, llegó don Martín; y el hombre le dijo: —¡Ah, don Martín!, sabed que esto no era un juego, que bien os digo que gran miedo he pasado.

Y don Martín le dijo que le traía quinientos maravedís[28] en una limosnera[29] y que se los diese al juez y en seguida se quedaría libre. Y el juez había mandado ya que lo ahorcasen y no encontraban soga[30] para

9 *to deceive*
10 *predicament*
11 *arrested*
12 *Help me*
13 *danger*
14 *agreements*
15 *merchant*
16 *to act*
17 *hate*
18 *coffers, chests*
19 *arrested*
20 *truthful*
21 *out of*
22 *judges*
23 investigaciones
24 *inquiries*
25 **lo...** *they found him guilty*
26 *appealed*
27 *gallows*
28 *maravedis (old Spanish coins)*
29 *alms box*
30 *rope*

ahorcarlo. Y cuando buscaban la soga, llamó al juez y le dio la limosnera con los dineros. Cuando el juez vio que le daba los quinientos maravedís, dijo a las gentes que allí estaban: —Amigos, ¿quién vio nunca que faltase la soga para ahorcar a un hombre? Ciertamente este hombre no es culpa-
85 ble, y Dios no quiere que muera y por eso nos falta la soga; pero espere-mos hasta mañana y miraremos más este asunto; pero si es culpable, allí se queda para ejecutar mañana la justicia.

Y esto hacía el juez para librarlo por los quinientos maravedís que creía que le había dado. Y habiendo acordado[31] esto así, se apartó[32] el
90 juez y abrió la limosnera, y creyendo hallar los quinientos maravedís, no halló los dineros, sino una soga en la limosnera. Y en cuanto vio esto, lo mandó ahorcar. Y al ponerlo en la horca, vino don Martín y el hombre le dijo que le socorriese. Y don Martín le dijo que él siempre socorría a to-dos sus amigos hasta que llegaban a este punto.

95 Y así perdió aquel hombre el cuerpo y el alma, creyendo al diablo y confiando en él. Y estad seguros que jamás ninguno confió y creyó en él que no llegase a mal fin; si no, prestad atención en todos los agoreros[33] o que echan suertes o magos[34] o adivinos[35] o que hacen círculos o encan-tamientos o cualquiera de estas cosas, y veréis cómo siempre tuvieron mal
100 fin. Y si no me creéis, acordaos de Alvar Núñez y de Garcilaso, que fueron los hombres del mundo que más confiaron en agüeros[36] y en cosas así y veréis qué fin tuvieron.

Y vos, señor conde Lucanor, si queréis llevar bien vuestros asuntos tanto para el cuerpo como para el alma, confiad derechamente en Dios y
105 poned en él toda vuestra esperanza y ayudaos en lo que pudiereis y Dios os ayudará. Y no creáis ni confiéis en agüeros ni en otros devaneos,[37] pues estad seguros que de los pecados[38] del mundo, el que a Dios más duele y en el que los hombres hacen mayor afrenta[39] y desconocimiento a Dios es en fiarse[40] de los agüeros y de cosas así.
110 El conde tuvo este consejo por bueno y lo hizo así, y le fue muy bien en ello.

Y como don Juan tuvo este por buen ejemplo, lo hizo escribir en este libro e hizo estos versos que dicen así:

El que en Dios confía,
morirá de mala muerte, tendrá mala vida.

31 *agreed to*
32 *withdrew*
33 *fortunetellers, diviners*
34 *magicians, sorcerers*
35 *diviners, soothsayers*
36 *auguries, omens*
37 *ravings, nonsense*
38 *sins*
39 *affront, dishonor*
40 *to trust*

✦ Comprensión y expansión

A. Conteste las siguientes preguntas o comente los temas según el ejemplo.

1. ¿Cuál es el problema del conde?
2. Explique la situación del protagonista de la historia que cuenta Patronio.
3. ¿Con quién se encuentra el hombre? Descríbalo.
4. ¿Qué le promete el diablo al hombre?

5. Explique la función del diablo en los primeros crímenes que comete el hombre.

6. ¿Qué le pasa finalmente al hombre?

7. ¿Cuál es la moraleja del ejemplo?

B. Identifique y explique la importancia o la significación de los siguientes personajes o elementos.

1. don Martín
2. la limosnera
3. el juez
4. la soga
5. el pacto

C. Comente el significado de las siguientes frases según el contexto literario.

1. «y el hombre fue su vasallo» (del diablo)
2. «pues los que quieren obrar mal odian la luz»
3. «y así perdió aquel hombre el cuerpo y el alma»

D. Complete las siguientes afirmaciones, marcando con un círculo la letra de la respuesta más apropiada.

1. El personaje principal había sido muy...
   a. pobre.   b. afortunado.   c. triste.

2. Cuando se encontró con el diablo, ...
   a. hacía un viaje a Roma.   b. estaba en su casa.
   c. iba a solas por un monte.

3. El diablo prometió darle...
   a. un remedio.   b. un regalo.
   c. un anillo mágico.

4. Para hacerse rico, el hombre hizo...
   a. arcas.   b. robos.   c. indagaciones.

5. Don Martín sacó al hombre...
   a. de la prisión.   b. del agua.   c. de un árbol.

✦ Temas de discusión o análisis

1. Describa la estructura o el formato del ejemplo.
2. ¿Cómo se crea suspenso en el ejemplo? Dé ejemplos específicos.
3. Comente el pacto. ¿Qué ofrece el diablo? ¿Qué le dará a cambio el hombre?
4. Describa cómo refleja la obra el empeoramiento (*worsening*) progresivo de la situación del hombre. Según su opinión, ¿es posible escapar de ese dilema? ¿Cómo? Comente.
5. ¿Es eficaz la enseñanza del ejemplo? ¿Siente usted compasión por el hombre? Explique por qué.
6. Dé su interpretación personal de la moraleja del ejemplo.

1. Si el cuento tuviera lugar hoy día, según usted, ¿cuál sería el equivalente del diablo? Explique su respuesta.
2. ¿Cree usted que el hombre de este cuento debió morir? Como escritor(a), ¿lo salvaría usted? ¿Por qué sí o por qué no?
3. ¿Es supersticioso(a)? ¿Cree en los agüeros? ¿En la astrología? ¿Qué opina de los horóscopos?

JORGE MANRIQUE

Nota biográfica

Jorge Manrique (1440–1479), soldado y poeta aristocrático, nació en Paredes de Nava, Palencia, y murió combatiendo en defensa de la reina Isabel la Católica. Hijo del conde don Rodrigo, maestre de Santiago, y sobrino de don Gómez Manrique, poeta del siglo XV, heredó la afición familiar por las armas y las letras. Escribió sus conocidas *Coplas por la muerte del maestre de Santiago don Rodrigo Manrique, su padre* (ocurrida en 1476), además de unas cincuenta poesías dentro de la tradición cortesana y convencional de la época. Pero su fama resta casi exclusivamente en sus *Coplas*, largo poema que ejemplifica el género de la elegía, obra generalmente escrita para lamentar la muerte de alguien. La belleza de los versos de Manrique y la profundidad filosófica de su contenido aseguraron al poema una gran apreciación e influencia posteriores. Entre los admiradores de Manrique se encuentra Henry Wadsworth Longfellow, el famoso poeta norteamericano que tradujo las *Coplas* al inglés (1833).

✦ Guía y actividades de pre-lectura

Las *Coplas* tratan temas y motivos tradicionales de la Edad Media. Uno de ellos es el *Ubi sunt*, cuando el poeta hace alusiones a personas famosas del pasado y se pregunta dónde estarán ahora. Otro tema muy popular de la época es el reflejado en «la danza de la muerte» que plantea la idea fundamental de que todos, aún los más ricos y poderosos, son iguales ante la muerte. Jorge Manrique expresa una actitud ambigua hacia la literatura clásica y, en eso, es típicamente medieval. Por una parte, dice que no le importa la literatura de los escritores paganos; pero por otra compara a su padre con una serie de romanos famosos. Las estrofas de las *Coplas* son octosílabos* de pie quebrado,* llenas de hermosas imágenes como la del viaje y la del río que describen la vida. La elegía termina con la visita de la figura personificada de la Muerte a don Rodrigo.

1. ¿Qué costumbres o tradiciones se asocian con la muerte hoy día? ¿Tienen todas las culturas las mismas costumbres? Explique.

2. En general, ¿de qué maneras se representa a la muerte en el cine? ¿En la música? ¿En otras obras literarias? Según su opinión, ¿es el tema de la muerte común en la cultura popular hoy día? Explique.

Coplas que hizo por la muerte del maestre de Santiago don Rodrigo Manrique, su padre

Recuerde el alma dormida,
Avive[1] el seso y despierte
Contemplando
Cómo se pasa la vida,
5   Cómo se viene la muerte
Tan callando:[2]
Cuán presto[3] se va el placer,
Cómo después, de acordado,[4]
Da dolor,
10 Cómo a nuestro parecer
Cualquiera tiempo pasado
Fue mejor.
    Y pues vemos lo presente
Como en un punto es ido
15 Y acabado.
Si juzgamos[5] sabiamente,
Daremos[6] lo no venido[7]
Por pasado.
No se engañe[8] nadie, no,
20 Pensando que ha de durar
Lo que espera
Más que duró lo que vio,
Porque todo ha de pasar
Por tal manera.
25   Nuestras vidas son los ríos
Que van a dar en la mar,
Que es el morir;
Allí van los señoríos[9]
Derechos[10] a se acabar
30 Y consumir;
Allí los ríos caudales,[11]
Allí los otros medianos
Y más chicos,
Allegados,[12] son iguales,
35 Los que viven por sus manos
Y los ricos
    Dejo las invocaciones
De los famosos poetas

Y oradores;
40 No curo de sus ficciones,
Que traen hierbas secretas[13]
Sus sabores.
A aquél solo me encomiendo
Aquél solo invoco yo
45 De verdad,
Que en este mundo viviendo,
El mundo no conoció
Su deidad.
    Este mundo es el camino
50 Para el otro, que es morada[14]
Sin pesar;[15]
Mas cumple[16] tener buen tino[17]
Para andar esta jornada[18]
Sin errar.[19]
55 Partimos cuando nacemos,
Andamos mientras vivimos,
Y llegamos
Al tiempo que fenecemos,[20]
Así que, cuando morimos,
60 Descansamos.
    Este mundo bueno fue
Si bien usásemos de él
Como debemos,
Porque, según nuestra fe,
65 Es para ganar aquel
Que atendemos.
Y aun el Hijo de Dios,
Para subirnos al cielo,
Descendió
70 A nacer acá entre nos,
Y vivir en este suelo
Do[21] murió.
    Ved de cuán poco valor
Son las cosas tras[22] que andamos
75 Y corremos;
Que en este mundo traidor[23]

1   *Revive, Arouse*
2   silenciosamente
3   rápidamente
4   recordado
5   *we judge*
6   Consideraremos
7   **lo...** el futuro
8   **se...** *deceive himself*
9   *lordships*
10 *Straight*
11 grandes
12 Una vez llegados
13 **hierbas...** *poisonous herbs*
14 *dwelling place*
15 *sorrow*
16 vale
17 *judgment*
18 *journey*
19 **Sin...** *Without wandering*
20 morimos
21 Donde
22 *after*
23 *treacherous*

Aun primero que[24] muramos
Las perdemos:
De ellas[25] deshace la edad,[26]
80 De ellas casos desastrados
Que acaecen[27]
De ellas, por su calidad,
En los más altos estados
Desfallecen.[28]
85   Decidme: la hermosura,
La gentil frescura y tez[29]
De la cara,
La color y la blancura,
Cuando viene la vejez
90 ¿Cuál se para?[30]
Las mañas[31] y ligereza[32]
Y la fuerza corporal
De juventud,
Todo se torna graveza[33]
95 Cuando llega al arrabal[34]
De senectud.[35]
    Pues la sangre de los godos,
El linaje y la nobleza
Tan crecida,[36]
100 ¡Por cuántas vías y modos
Se pierde su gran alteza
En esta vida!
Unos por poco valer,
¡Por cuán bajos y abatidos[37]
105 Que los tienen![38]
Otros que por no tener,[39]
Con oficios no debidos
Se mantienen.
    Los estados y riqueza
110 Que nos dejan a deshora[40]
¿Quién lo duda?
No les pidamos firmeza,[41]
Pues que son de una señora
Que se muda.[42]
115 Que bienes son de Fortuna[a]
Que revuelve con su rueda
Presurosa,[43]

La cual no puede ser una,[44]
Ni ser estable ni queda
120 En una cosa.
    Pero digo que acompañen
Y lleguen hasta la huesa[45]
Con su dueño;
Por eso no nos engañen,
125 Pues se va la vida apriesa[46]
Como sueño;
Y los deleites[47] de acá
Son (en que nos deleitamos[48])
Temporales,
130 Y los tormentos de allá
Que por ellos esperamos,
Eternales.
    Los placeres y dulzores
De esta vida trabajada[49]
135 Que tenemos,
¿Qué son sino corredores,[50]
Y la muerte la celada[51]
En que caemos?
No mirando a nuestro daño
140 Corremos a rienda suelta[52]
Sin parar;
Desque[53] vemos el engaño
Y queremos dar la vuelta,
No hay lugar.
145   Si fuese en nuestro poder
Tornar[54] la cara hermosa
Corporal,
Como podemos hacer
El alma tan gloriosa
150 Angelical,
¡Qué diligencia tan viva
Tuviéramos cada hora,
Y tan presta,
En componer la cautiva[b]
155 Dejándonos la señora[c]
Descompuesta!
    Estos reyes poderosos
Que vemos por escrituras

24 **primero...** antes de que
25 algunas de ellas
26 el tiempo
27 ocurren
28 *Weaken*
29 *complexion*
30 **se...** *remains*
31 *tricks*
32 *agility*
33 *heaviness*
34 *region, time*
35 *old age*
36 *orgullosa*
37 *abject*
38 consideran
39 **no...** no tener riqueza
40 **a...** *when least expected*
41 estabilidad
42 cambia
43 Rápida
44 de una mente u opinión
45 *grave*
46 a prisa
47 *pleasures*
48 *we delight*
49 *toilsome*
50 *fleeting*
51 *snare, trap*
52 **a...** *swiftly* (lit. *with loose rein*)
53 Desde que
54 Hacer

---

[a] Fortuna es la divinidad alegórica grecorromana, personificación de la suerte, generalmente representada con su gran rueda.

[b] La cautiva se refiere aquí al cuerpo.

[c] La señora se refiere aquí al alma.

Ya pasadas
160 Con casos[55] tristes, llorosos,
Fueron sus buenas venturas
Trastornadas:[56]
Así que no hay cosa fuerte;
Que a papas y emperadores
165 Y prelados[57]
Así los trata la muerte
Como a los pobres pastores
De ganados.[58]
Dejemos a los troyanos,[59]
170 Que sus males no los vimos,
Ni sus glorias;
  Dejemos a los romanos,
Aunque oímos y leímos
Sus historias.
175 No curemos de saber
Lo de aquel siglo pasado
Qué fue de ello;
Vengamos a lo de ayer,
Que también es olvidado
180 Como aquello.
  ¿Qué se hizo[60] el rey Don Juan?[d]
Los Infantes de Aragón[e]
¿Qué se hicieron?
¿Qué fue de tanto galán,
185 Qué fue de tanta invención
Como trajeron?
Las justas y los torneos,[61]
Paramentos, bordaduras
Y cimeras,[62]
190 ¿Fueron sino devaneos?[63]
¿Qué fueron sino verduras[64]
De las eras?[65]
¿Qué se hicieron las damas,
Sus tocados,[66] sus vestidos,
195 Sus olores?[67]
¿Qué se hicieron las llamas[68]
De los fuegos encendidos

De amadores?
¿Qué se hizo aquel trobar,[69]
200 Las músicas acordadas[70]
Que tañían?[71]
¿Qué se hizo aquel danzar
Y aquellas ropas chapadas[72]
Que traían?
205   Pues el otro su heredero,
Don Enrique:[f] ¡qué poderes
Alcanzaba![73]
¡Cuán blando,[74] cuán halagüero[75]
El mundo con sus placeres
210 Se le daba!
Mas verás cuán enemigo,
Cuán contrario, cuán cruel
Se le mostró;
Habiéndole sido amigo,
215 ¡Cuán poco duró con él
Lo que le dio!
  Las dádivas[76] desmedidas,[77]
Los edificios reales
Llenos de oro,
220 Las vajillas tan fabridas,[78]
Los enriques[g] y reales[79]
Del tesoro;
Los jaeces[80] y caballos
De su gente y atavíos[81]
225 Tan sobrados,[82]
¿Dónde iremos a buscallos?[83]
¿Qué fueron sino rocíos[84]
De los prados?[85]
  Pues su hermano[86] el inocente,
230 Que en su vida sucesor
Se llamó,
¡Qué corte tan excelente
Tuvo y cuánto gran señor
235 Que le siguió!

55 eventos, accidentes
56 *Reversed*
57 *prelates, bishops*
58 *livestock*
59 *catastrophes* (lit. *Trojans*)
60 **se...** *became of, happened to*
61 **justas...** *jousts and tournaments*
62 **Paramentos...** *Ornaments, embroidery, and crests on helmets*
63 **sino...** *anything but nonsense*
64 *greens*
65 *vegetable gardens*
66 *headdresses*
67 *scents*
68 *flames*
69 *singing of troubadour poetry*
70 armoniosas
71 tocaban
72 *studded (with jewels or gold)*
73 *He attained*
74 *smooth, soft*
75 *alluring, gratifying*
76 regalos
77 excesivas
78 **vajillas...** *well-made table vessels*
79 monedas
80 *trappings (for horses)*
81 *finery*
82 excesivos
83 buscarlos
84 *dewdrops*
85 *meadow*
86 Alfonso (ver nota f)

[d] Juan II fue rey de Castilla (1406–1454).

[e] Los infantes de Aragón fueron los primos y rivales de Juan II.

[f] Enrique IV, rey de Castilla (1454–1474); rival de su hermano Alfonso, apoyado por Jorge Manrique.

[g] Los enriques eran monedas de oro acuñadas durante el reinado de Enrique IV.

Mas como fuese mortal,
Metióle la muerte luego
En su fragua,[87]
240 ¡O jüicio divinal!
Cuando más ardía[88] el fuego
Echaste agua.

Pues aquel gran condestable,[h]
Maestre que conocimos
245 Tan privado,[89]
No cumple[90] que de él se hable,
Sino sólo que le vimos
Degollado.[91]
Sus infinitos tesoros,
250 Sus villas y sus lugares,
Su mandar,[92]
¿Qué le fueron sino lloros?
¿Qué fueron sino pesares
Al dejar?

255 Pues los otros dos hermanos,[i]
Maestres tan prosperados
Como reyes,
Que a los grandes y medianos
Trajeron tan sojuzgados[93]
260 A sus leyes;
Aquella prosperidad
Que tan alta fue subida
Y ensalzada,[94]
¿Qué fue sino claridad
265 Que cuando más encendida
Fue amatada?[95]

Tantos duques excelentes,
Tantos marqueses y condes
Y barones
270 Como vimos tan potentes,
Di, Muerte, ¿dó los escondes
Y los pones?
¿Y sus muy claras[96] hazañas[97]
Que hicieron en las guerras
275 Y en las paces?[98]
Cuando tú, cruel, te ensañas,[99]

Con tu fuerza los atierras[100]
Y deshaces.
Las huestes[101] innumerables,
280 Los pendones[102] y estandartes
Y banderas,
Los castillos impugnables,
Los muros y baluartes[103]
Y barreras,[104]
285 La cava honda[105] chapada[106]
O cualquier otro reparo[107]
¿Qué aprovecha?
Cuando tú vienes airada,[108]
Todo lo pasas de claro[109]
290 Con tu flecha.[110]

Aquél de buenos abrigo,[111]
Amado por virtuoso
De la gente,
El maestre Don Rodrigo
295 Manrique, tan famoso
Y tan valiente,
Sus grandes hechos y claros
No cumple que los alabe,[112]
Pues los vieron,
300 Ni los quiero hacer caros,[113]
Pues el mundo todo sabe
Cuáles fueron.

¡Qué amigo de sus amigos!
¡Qué señor para criados
305 Y parientes!
¡Qué enemigo de enemigos!
¡Qué maestre de esforzados[114]
Y valientes!
¡Qué seso para discretos![115]
310 ¡Qué gracia para donosos![116]
¡Qué razón!
¡Cuán benigno[117] a los sujetos,
Y a los bravos y dañosos[118]
Un león!
315 En ventura, Octaviano;[j]
Julio César en vencer

87 *forge*
88 *burned*
89 *favored (by the king)*
90 **No...** No es necesario
91 Decapitado
92 poder
93 subyugados
94 elevada
95 extinguida
96 brillantes
97 *deeds*
98 *times of peace*
99 **te...** te enojas
100 *you knock down, fell*
101 *armies*
102 *banners*
103 *bulwarks*
104 *barricades*
105 **cava...** *moat*
106 *lined with a protective layer of stone or metal*
107 *defense*
108 enojada
109 **pasas...** *pass through*
110 *arrow*
111 *protector*
112 *I praise*
113 **hacer...** *to praise excessively*
114 *the bold*
115 los inteligentes
116 *witty*
117 *benevolent*
118 *those who do harm*

---

h Alvaro de Luna (¿1388?–1453) fue condestable de Castilla y favorito de Juan II (rey de Castilla y padre de Enrique IV). Murió decapitado.
i Los hermanos Pacheco, líderes de las guerras contra Enrique IV.
j Aquí empieza una serie de comparaciones con hombres famosos de la antigüedad. La mayoría fueron romanos, pero Aníbal fue el conocido general cartaginés.

Y batallar;
En la virtud, Africano;
Aníbal en el saber
320 Y trabajar:
En la bondad, un Trajano;
Tito en liberalidad
Con alegría;
En su brazo, un Archidano;
325 Marco Tulio en la verdad
Que prometía.

Antonio Pío en clemencia;
Marco Aurelio en igualdad
Del semblante:[119]
330 Adriano en elocuencia;
Teodosio en humanidad
Y buen talante:[120]
Aurelio Alexandre fue
En disciplina y rigor
335 De la guerra;
Un Constantino en la fe;
Camilo en el gran amor
De su tierra.

No dejó grandes tesoros,
340 Ni alcanzó muchas riquezas
Ni vajillas,
Mas hizo guerra a los moros,
Ganando sus fortalezas
Y sus villas;
345 Y en las lides[121] que venció,
Caballeros y caballos
Se prendieron,[122]
Y en este oficio ganó
Las rentas[123] y los vasallos
350 Que le dieron.

Pues por su honra y estado
En otros tiempos pasados
¿Cómo se hubo?[124]
Quedando desamparado,[125]
355 Con hermanos y criados
Se sostuvo.
Después que hechos famosos

Hizo en esta dicha guerra,
¿Qué hacía?
360 Hizo tratos tan honrosos,
Que le dieron muy[126] más tierra
Que tenía.

Estas sus viejas historias
Que con su brazo pintó
365 En la juventud,
Con otras nuevas victorias
Agora[127] las renovó
En la senectud.
Por su gran habilidad,
370 Por méritos y ancianía
Bien gastada
Alcanzó la dignidad
De la gran caballería
De la Espada.[k]
375 Y sus villas y sus tierras
Ocupadas de tiranos
Las halló,
Mas por cercos[128] y por guerras
Y por fuerzas de sus manos
380 Las cobró.[129]
Pues nuestro rey natural[130]
Si de las obras que obró
Fue servido,
Dígalo el de Portugal,[l]
385 Y en Castilla quien siguió
Su partido.[131]

Después de puesta la vida
Tantas veces por su ley
Al tablero;[132]
390 Después de tan bien servida
La corona de su rey
Verdadero;
Después de tanta hazaña
A que no puede bastar
395 Cuenta[133] cierta,
En la su villa de Ocaña[m]
Vino la Muerte a llamar
A su puerta.

119 **igualdad...** *equanimity*
120 *humor*
121 batallas, combates
122 **Se...** Fueron capturados
123 *payments made in the feudal system*
124 **¿Cómo... ?** *How did he conduct himself?*
125 *unprotected*
126 mucha
127 Ahora
128 *sieges*
129 *he recovered, he regained*
130 *lawful*
131 religión
132 *gaming table*
133 **bastar...** *to keep a record or account*

k La gran caballería de la Espada es un alto puesto en la orden militar de Santiago.
l El rey de Portugal trató de invadir Castilla, pero fue rebatido por don Rodrigo Manrique, padre del poeta.
m Ocaña es un pueblo al sureste de Madrid.

(Habla la Muerte)

Diciendo: «Buen caballero,
400 Dejad el mundo engañoso
Y su halago;[134]
Muestre su esfuerzo famoso
Vuestro corazón de acero[135]
En este trago;[136]
405 Y pues de vida y salud
Hiciste tan poca cuenta
Por la fama,
Esfuércese la virtud[137]
Para sufrir esta afrenta[138]
410 Que os llama.

«No se os haga tan amarga
La batalla temerosa
Que esperáis,
Pues otra vida más larga
415 De fama tan glorïosa
Acá dejáis:
Aunque esta vida de honor
Tampoco no es eternal
Ni verdadera,
420 Mas con todo es muy mejor
Que la otra temporal
Perecedera.[139]

«El vivir que es perdurable[140]
No se gana con estados
425 Mundanales,[141]
Ni con vida deleitable
En que moran[142] los pecados
Infernales;
Mas los buenos religiosos
430 Gánanlo con oraciones
Y con lloros;
Los caballeros famosos
Con trabajos y aflicciones
Contra moros.

435 «Y pues vos, claro varón,
Tanta sangre derramasteis[143]
De paganos,
Esperad el galardón[144]
Que en este mundo ganasteis
440 Por las manos;
Y con esta confianza
Y con la fe tan entera
Que tenéis,

Partid con buena esperanza
445 Que esta otra vida tercera
Ganaréis.»

(Responde el Maestre)

«No gastemos tiempo ya
En esta vida mezquina[145]
Por tal modo,
450 Que mi voluntad está
Conforme con la divina
Para todo;
Y consiento en mi morir
Con voluntad placentera,[146]
455 Clara, pura,
Que querer hombre vivir
Cuando Dios quiere que muera,
Es locura.»

(Oración)

«Tú que por nuestra maldad
460 Tomaste forma civil[147]
Y bajo nombre;
Tú que en tu divinidad
Juntaste[148] cosa tan vil
Como el hombre;
465 Tú que tan grandes tormentos
Sufriste sin resistencia
En tu persona,
No por mis merecimientos,[149]
Mas por tu sola clemencia
470 Me perdona.»

(Cabo)

Así con tal entender,
Todos sentidos humanos
Conservados,
Cercado[150] de su mujer,
475 De hijos y de hermanos
Y criados,
Dio el alma a quien se la dio,
(El cual la ponga en el cielo
Y en su gloria),
480 Y aunque la vida murió,
Nos dejó harto[151] consuelo
Su memoria.

134 *flattery, pleasure*
135 *steel*
136 *draught, drink (of death)*
137 **Esfuércese...** *Let your*
virtue take strength
138 *shame*
139 *Perishable*
140 *eterna*
141 *Del mundo*
142 *dwell*
143 *you shed*
144 *reward*
145 *wretched*
146 *agradable*
147 *humana*
148 *Uniste*
149 *merits*
150 *Surrounded*
151 *more than enough*

✦ Comprensión y expansión

A. Conteste las siguientes preguntas o comente los temas según el poema.

   1. Al principio del poema, ¿a quién le habla el poeta?
   2. ¿Cuál es la idea principal de los versos 13–24?
   3. ¿Qué imagen central usa el poeta en los versos 25–27?
   4. ¿Quién es el «aquél solo» invocado por el poeta (versos 43–44)?
   5. ¿Qué imagen universal emplea el poeta en los versos 49–51?
   6. ¿Cuál es el propósito de esta vida y de este mundo (versos 61–66)?
   7. La voz poética habla de la vanidad (versos 36–154). Dé algunos ejemplos de cosas valoradas en este mundo, pero que realmente no tienen importancia porque somos mortales.
   8. ¿Qué cualidades de su padre estima el poeta? ¿Con quién lo compara?
   9. Según la Muerte, ¿cómo ganan el cielo los caballeros?

B. Basándose en el contenido del poema, describa los siguientes conceptos o personas.

   1. la vida
   2. la muerte
   3. Rodrigo Manrique
   4. Julio César
   5. este mundo

C. Indique si los comentarios que siguen reflejan correctamente o no el contenido del poema. Escriba **V** (verdadero) o **F** (falso) en los espacios correspondientes. Si lo que lee es falso, corríjalo.

   ____ 1. Los placeres del mundo se van lentamente.
   ____ 2. El poeta dice que no se preocupa por las obras de los poetas famosos.
   ____ 3. La vida es como un viaje; termina cuando morimos.
   ____ 4. Ante la muerte, la sangre de los godos es muy importante.
   ____ 5. Fortuna tiene una rueda que da vueltas.
   ____ 6. Los edificios de los reyes son como el rocío de los prados.
   ____ 7. Rodrigo Manrique dejó grandes tesoros.

✦ Temas de discusión o análisis

   1. Analice el tema del *Ubi sunt* y use como ejemplos algunas personas ilustres del poema.
   2. Discuta la función del padre y del hijo en las *Coplas*.
   3. Dé su interpretación de los versos: «Nuestras vidas son los ríos / Que van a dar en la mar... » (versos 25–26).
   4. Analice el concepto de la muerte en las *Coplas*.
   5. Comente la estructura del poema.

✦ Temas de proyección personal

1. Haga una lista de las virtudes u objetos que tuvieron valor hace varios años, décadas o siglos atrás, y que han perdido valor en la sociedad actual.
2. Describa cómo se representa a la muerte en la televisión y en los videos actuales. Explique por qué su estimación ha cambiado.
3. Escriba una elegía corta que enumere los atributos o virtudes de la persona a quien dedica el poema.
4. Escriba un poema corto donde use el *Ubi sunt*. Incluya algunas personas del siglo XX y las actividades o símbolos asociados con ellas.

ROMANCES

Nota introductoria

Los romances tienen una larga tradición en la literatura española. Por definición, son poemas narrativos relativamente breves, de tono épico-lírico y de estructura fragmentaria. Aunque hay excepciones, generalmente están compuestos en versos octosílabos y tienen rima asonante en los versos pares. Son originalmente composiciones anónimas, viejas canciones que derivaron de los poemas épicos o que se inspiraron en las historias allí narradas, hecho que explica su popularidad y algunas de sus características tanto de forma como de contenido. En efecto, los romances nacieron como consecuencia de la fragmentación de los cantares de gesta* o poemas épicos* a finales de la Edad Media. El primer romance conservado («La dama y el pastor») data de principios del siglo XV, pero los primeros indicios de romances se remontan ya al primer tercio del siglo XIV. Al principio los romances se transmitían oralmente y se cantaban o recitaban en lugares públicos. Después empezaron a ser escritos y tomaron el lugar de las canciones épicas cantadas por los juglares y trovadores. Las primeras colecciones de romances, conocidas como «cancioneros» o «romanceros», se imprimieron en la primera mitad del siglo XVI. En cuanto a su contenido o temática, en general se distinguen tres tipos de romances: los históricos, que derivan directamente de un hecho histórico fechable; los literarios, que incluyen los épicos y que derivan indirectamente de los hechos a través de una crónica o de un cantar épico; y los novelescos o de aventuras que cuentan historias de amor, de venganza o de aventura, sin conexión histórica conocida. La popularidad de estos últimos en particular muestra el gusto de la gente de esa época por lo lírico y lo novelesco. Los romances se caracterizan por tener un estilo conciso y directo, y por usar un lenguaje extremadamente sencillo, sin muchas metáforas, símiles o recursos retóricos complejos. Aunque algunos son muy cortos y se concentran en algún evento o asunto específico, otros son más largos y narran una serie de escenas o episodios relacionados.

✦ Guía y actividades de pre-lectura

Aquí se incluyen dos romances: uno histórico, «Romance del rey moro que perdió Alhama», y otro épico-literario, «Romance de cómo se perdió España». El «Romance del rey moro que perdió Alhama» se basa en un hecho relacionado con la Reconquista. En 1482, diez años antes de la batalla de Granada, los moros perdieron Alhama, pueblo situado al suroeste de Granada. El «Romance de cómo se perdió España» está inspirado en la leyenda de los amores de Rodrigo, último rey visigodo, y Florinda la Cava, hija del conde don Julián, gobernador de Ceuta. Según la leyenda, Rodrigo sedujo a Raquel, lo que provocó la furia de don Julián, quien permitió la invasión árabe a España.

1. El género de los romances tiene muchas similitudes con el de las «*ballads*» de la tradición anglosajona. ¿Conoce usted algunas baladas? ¿Cuál o cuáles? ¿Qué características similares tienen las baladas y los romances? Comente.

2. Consulte alguna enciclopedia o libro de referencia para obtener más información sobre la presencia de los árabes en España durante la Edad Media.

3. Al leer el primer romance, analice las emociones del rey moro. ¿Hay algunas premoniciones pesimistas sobre el futuro?

4. En cuanto al segundo romance, ¿conoce usted alguna historia bíblica o literaria de una mujer seducida por un rey? ¿Quiénes fueron los personajes principales? ¿Cuándo ocurrió? ¿Cuál fue el resultado?

━━━━━━━━

Romance del rey moro que perdió Alhama

Paseábase[1] el rey moro
por la ciudad de Granada,
desde la puerta[2] de Elvira[a]
hasta la de Vivarrambla.
—¡Ay de mi Alhama!
5   Cartas le fueron venidas
que Alhama era ganada;
las cartas echó en el fuego
y al mensajero[3] matara.
—¡Ay de mi Alhama!
10   Descabalga[4] de una mula
y en un caballo cabalga,
por el Zacatín arriba

[1] *was riding*
[2] *mountain pass*
[3] *messenger*
[4] *He dismounts*

---

[a] Elvira es un pueblo situado 45 kilómetros (28 millas) al suroeste de Granada, tomado el 28 de febrero de 1482 por las fuerzas de don Rodrigo Ponce de León, marqués de Cádiz.

La Alhambra, en Granada.

subido se había al Alhambra.
—¡Ay de mi Alhama!
15   Como en el Alhambra estuvo,
al mismo punto mandaba
que se toquen sus trompetas,
sus añafiles de plata.[5]
20   —¡Ay de mi Alhama!
    Y que las cajas de guerra[6]
apriesa[7] toquen al arma,
porque lo oigan sus moros,
los de la Vega y Granada.
25   —¡Ay de mi Alhama!
    Los moros, que el son oyeron,
que al sangriento Marte[b] llama,
uno a uno y dos a dos
juntado se ha[8] gran batalla.
30   —¡Ay de mi Alhama!
    Allí habló un moro viejo,
de esta manera hablara:
—¿Para qué nos llamas, rey,

[5] **añafiles...** *straight silver trumpets*
[6] **cajas...** *war drums*
[7] de prisa, rápidamente
[8] **juntado...** *has assembled*

[b] Marte es el dios romano de la guerra.

9 *unfortunate, disastrous*
10 *Moslem elder or legal expert*
11 *gray*
12 **Bien...** *It serves you right*
13 *arrested*
14 *renegades*

para qué es esta llamada?
35 —¡Ay de mi Alhama!
Habéis de saber, amigos,
una nueva desdichada,[9]
que cristianos de braveza
ya nos han ganado Alhama.
40 —¡Ay de mi Alhama!
 Allí habló un alfaquí[10]
de barba crecida y cana.[11]
—Bien se te emplea,[12] buen rey,
buen rey, bien se te empleara.
45 —¡Ay de mi Alhama!
—Mataste los bencerrajes,[c]
que eran la flor de Granada;
cogiste[13] los tornadizos[14]
de Córdoba la nombrada.
50 —¡Ay de mi Alhama!
—Por eso mereces, rey,
una pena muy doblada:
que te pierdas tú y el reino,
y aquí se pierda Granada.
55 —¡Ay de mi Alhama!

✦ Comprensión

Conteste las siguientes preguntas según el poema.

1. ¿Dónde está el rey moro?
2. ¿Qué noticias le llegan?
3. ¿Cómo reacciona el rey moro al recibir las cartas?
4. ¿Adónde fue el rey? ¿Por qué?
5. ¿Qué importancia tienen las acciones del rey?
6. ¿Qué le dice el alfaquí al rey moro?
7. ¿Qué frase se repite a lo largo del poema? ¿Qué efecto produce esta técnica narrativa?

Romance de cómo se perdió España

1 *full*
2 *groans*

Los vientos eran contrarios,
la luna estaba crecida,[1]
los peces daban gemidos[2]

---

c Aquí se refiere a los abencerrajes, tribu morisca que tuvo gran influencia en el reino de Granada durante el siglo XV. Eran rivales de los zegríes y fueron sospechados de traición.

por el mal tiempo que hacía,
cuando el rey don Rodrigo
junto a la Cava dormía,
dentro de una rica tienda[3]
de oro bien guarnecida.[4]
Trescientas cuerdas de plata[5]
que la tienda sostenían;[6]
dentro había cien doncellas[7]
vestidas a maravilla;
las cincuenta están tañendo[8]
con muy extraña armonía;
las cincuenta están cantando
con muy dulce melodía.
    Allí hablara una doncella
que Fortuna se decía:
—Si duermes, rey don Rodrigo,
despierta por cortesía,
y verás tus malos hados,[9]
tu peor postrimería,[10]
y veras tus gentes muertas
y tu batalla rompida,[11]
y tus villas y ciudades
destruídas en un día;
fortalezas y castillos
otro señor los regía.[12]
Si me pides quién lo ha hecho,
yo muy bien te lo diría:
ese conde don Julián
por amores de su hija,
porque se la deshonraste
y más della no tenía;
juramento viene echando
que te ha de costar la vida.»
    Despertó muy congojado[13]
con aquella voz que oía,
con cara triste y penosa
desta suerte respondía:
«Mercedes[14] a ti, Fortuna,
desta tu mensajería.»
    Estando en esto ha llegado
uno que nueva traía
cómo el conde don Julián
las tierras le destruía.
    Apriesa[15] pide el caballo
y al encuentro le salía;
los contrarios eran tantos
que esfuerzo no le valía.

5
10
15
20
25
30
35
40
45
50

[3] *tent*
[4] *decorated*
[5] **cuerdas...** *silver cords*
[6] *held up, supported*
[7] *maidens*
[8] *playing instruments*
[9] *destiny, fate*
[10] *final end, outcome*
[11] *lost*
[12] *governed*
[13] angustiado, ansioso
[14] Gracias
[15] De prisa, Rápidamente

✦ Comprensión

Conteste las siguientes preguntas o comente los temas según el poema.

1. ¿Qué tiempo hace al empezar la acción del romance? ¿Qué emociones evoca?
2. Describa la tienda de la Cava.
3. ¿Quién representa Fortuna en este poema? ¿Cuál es su profecía?
4. ¿Qué noticias le llegan a Rodrigo al final? ¿Cómo reacciona?

✦ Expansión

A. Lea las definiciones que siguen y escriba las palabras definidas en los espacios correspondientes.

1. animal nacido de caballo y burra   _____
2. hombre que lleva noticias   _____
3. instrumento músico de viento   _____
4. metal muy valioso de color amarillo   _____
5. edificio fuerte con murallas y torres   _____

B. Las frases que siguen describen al rey moro que perdió Alhama o al rey visigodo Rodrigo. Lea cada una de ellas y marque **M** (rey moro) o **R** (Rodrigo) en los espacios correspondientes.

_____ 1. Sus castillos fueron destruidos por don Julián.
_____ 2. Mandó que tocaran trompetas.
_____ 3. Salió al encuentro de sus enemigos.
_____ 4. Mató a un mensajero.
_____ 5. Fue a la Alhambra.
_____ 6. Dormía en una tienda.
_____ 7. Mató a los abencerrajes.

✦ Temas de discusión o análisis

1. Describa con sus propias palabras el argumento de uno de los romances y comente los versos finales correspondientes.
2. ¿Cree usted que la voz poética presenta los hechos desde el punto de vista moro o cristiano en el «Romance del rey moro que perdió Alhama»? Explique su opinión.
3. Analice el estilo narrativo en uno de estos romances.
4. Analice los contrastes explícitos o implícitos de los ocho primeros versos del «Romance de cómo se perdió España».
5. Según su opinión, ¿es justo echarle la culpa de la invasión árabe a Florinda? ¿Por qué sí o por qué no? Comente.

✦ Temas de proyección personal

1. Según la leyenda, el amor de Rodrigo por Florinda causó la invasión de los moros a España. ¿Conoce usted alguna otra leyenda en la que una mujer haya causado una guerra? Descríbala y comente.

2. ¿Qué acontecimientos de actualidad cree usted que podrían escogerse para crear una balada? Nombre algunos y justifique sus elecciones.

FERNANDO DE ROJAS

Nota biográfica

A fines del siglo XV (1499) aparece *La Celestina*, obra maestra de la literatura española. Resulta problemático definir el género de *La Celestina* pues tiene varias características de la novela, pero su estructura se parece más a la de una obra de teatro: está dividida en actos («autos») y escrita en forma de diálogo. Sin embargo, su representación escénica sería imposible sin extensas modificaciones. Las ediciones tempranas de la obra, titulada *Comedia de Calisto y Melibea*, no dan indicio alguno de la identidad de su autor. En ediciones posteriores aparece con el título de *Tragicomedia de Calisto y Melibea* (1502) y luego, por decisión de los impresores, pasa a llamarse *La Celestina* (1519). En el acróstico que figura al principio del libro se identifica como autor a Fernando de Rojas, estudiante de derecho, pero éste afirma que el primer acto de la obra fue compuesto por otra persona y que él decidió continuar y terminarla. Como Rojas estudió en la Universidad de Salamanca, es posible que otro estudiante de la misma universidad escribiera la primera parte de la obra. No se tiene mucha información sobre Fernando de Rojas. Se sabe que era converso y que algunos de sus parientes fueron acusados por la Inquisición. A pesar de eso, Rojas tuvo una carrera de abogado exitosa y llegó a ser alcalde mayor de Talavera. Allí murió y fue sepultado en 1541, como miembro laico de una orden religiosa. La obra revela que Rojas era un hombre muy culto; se inspiró en la comedia humanística italiana y en autores españoles anteriores. Además, Rojas alude en numerosas ocasiones a la literatura clásica.

◆ Guía y actividades de pre-lectura

La Celestina cuenta una historia de amor apasionado y de muerte. El joven Calisto se enamora súbitamente de Melibea y para arreglar una entrevista con ella, busca la ayuda de Celestina, una vieja alcahueta. En esa época, la alcahueta facilitaba las relaciones amorosas; era experta en medicina y brujería. Bajo el pretexto de vender hilos, perfumes y otras cosas, entraba en casa de muchachas jóvenes y las corrompía sin que lo supieran los padres. La alcahueta es introducida por primera vez en la literatura española en el *Libro de Buen Amor*, obra maestra del siglo XIV, escrita por Juan Ruiz, Arcipreste de Hita. En dicha obra la vieja intercesora se llama Trotaconventos. En *La Celestina*, para cumplir su plan, la vieja consigue la ayuda de los criados de Calisto y de Melibea, pero cuando Celestina no comparte su recompensa con ellos, éstos la matan. Entretanto, Calisto y Melibea se enamoran y se reúnen secretamente en casa de Melibea, a la que Calisto entra por una escalera escondida en el jardín. Después de seducir a Melibea y al salir de su cuarto, Calisto resbala, cae de la escalera y muere. Melibea se suicida y el libro, en su versión corta, acaba con el lamento de Pleberio, padre de Melibea, que reprocha al amor y a la fortuna el haber causado tanta tragedia. En la versión ampliada de la obra, los encuentros amorosos continúan. Calisto muere tratando de defender a uno de sus criados, luego Melibea se suicida y, finalmente, Pleberio lamenta su muerte.

Tanto los temas como el estilo de *La Celestina* parecen anunciar el fin de la Edad Media. Ya no se observa el optimismo, la fe sencilla y el heroísmo de muchas obras anteriores. El amor pasional ha tomado el lugar de la religión, la vida parece una lucha y el mundo un lugar absurdo donde Dios no tiene mucha importancia. Ahora es el dinero el que guía a los personajes o les permite satisfacer sus placeres. El estilo y el carácter diferenciado de los personajes también reflejan el individualismo del Renacimiento. Por una parte los niveles estilísticos varían según el personaje que habla y la situación; por otra el discurso y el vocabulario reflejan la clase social y la psicología individual de los personajes.

Aquí se incluye el «argumento» original de *La Celestina*, que da una idea de la totalidad de la obra, en las palabras del mismo Rojas. La obra está dividida en veintiún «autos» (actos) de los que se incluyen dos de los más conocidos: el primero y el décimo. En el primer auto Calisto se enamora de Melibea, quien al principio rechaza su declaración de amor y lo despide. Sempronio, criado de Calisto, le recomienda a éste que consiga la ayuda de Celestina, una vieja alcahueta, y luego va a la casa de ésta para expresarle el propósito de su amo Calisto. Sempronio y Celestina llegan a casa de Calisto, quien habla con Pármeno, otro criado suyo. En el décimo auto, Celestina y Lucrecia, criada de Melibea, llegan a la casa de Pleberio, padre de Melibea. Lucrecia hace entrar a Celestina y Melibea termina por revelarle a la vieja su amor por Calisto.

1. ¿Conoce usted alguna otra historia de amor apasionado, como por ejemplo la de Romeo y Julieta? Basándose en lo que usted ha leído hasta aquí sobre *La Celestina*, ¿cree que esta obra será parecida a esas otras historias? Explique.

2. Lea rápidamente las primeras palabras de Calisto. ¿Cómo describiría usted el tono del texto en esta sección? Explique. ¿Cree usted que este mismo tono continuará durante toda la obra? ¿Por qué sí o por qué no?

La Celestina

Síguese la comedia *o tragicomedia* de Calisto y Melibea, compuesta en reprehensión[1] de los locos enamorados, que, vencidos en su desordenado[2] apetito, a sus amigas llaman y dicen ser su dios. Asimismo hecha en aviso de los engaños de las alcahuetas y malos y lisonjeros[3] sirvientes.

[1] **en...** *to express disapproval*
[2] excesivo
[3] *flattering*

ACTO PRIMERO

ARGUMENTO

5 Calisto fue de noble linaje, de claro ingenio,[4] de gentil disposición, de linda crianza,[5] dotado de muchas gracias, de estado mediano. Fue preso[6] en el amor de Melibea, mujer moza,[7] muy generosa, de alta y serenísima sangre, sublimada en próspero estado, una sola heredera a su padre Pleberio, y de su madre Alisa muy amada. Por solicitud del pungido[8] Calisto,
10 vencido el casto propósito de ella, entreviniendo[9] Celestina, mala y astuta mujer, con dos sirvientes del vencido Calisto, engañados y por ésta tornados[10] desleales, presa su fidelidad con anzuelo de codicia[11] y de deleite, vinieron los amantes y los que les ministraron,[12] en amargo y desastrado fin. Para comienzo de lo cual dispuso *el* adversa fortuna lugar oportuno,
15 donde a la presencia de Calisto se presentó la deseada Melibea.

ARGUMENTO DEL PRIMER AUTO DE ESTA COMEDIA

Entrando Calisto en una huerta en pos de[13] un halcón[14] suyo, halló ahí a Melibea, de cuyo amor preso, comenzóle de hablar; de la cual rigorosamente despedido, fue para su casa muy sangustiado.[15] Habló con un criado suyo llamado Sempronio, el cual, después de muchas razones, le
20 enderezó[16] a una vieja llamada Celestina, en cuya casa tenía el mismo criado una enamorada llamada Elicia. La cual, viniendo Sempronio a casa de Celestina con el negocio de su amo, tenía a otro consigo, llamado Crito, al cual escondieron. Entretanto que Sempronio está negociando con Celestina, Calisto está razonando con otro criado suyo, por nombre
25 Pármeno, el cual razonamiento dura hasta que llega Sempronio y Celestina a casa de Calisto. Pármeno fue conocido de Celestina, la cual mucho le dice de los hechos y conocimiento de su madre, induciéndole a amor y concordia[17] de Sempronio.

PÁRMENO
CALISTO
MELIBEA
SEMPRONIO
CELESTINA
ELICIA
CRITO

CALISTO En esto veo, Melibea, la grandeza de Dios.

30 **MELIBEA** ¿En qué, Calisto?

CALISTO En dar poder a natura que de tan perfecta hermosura te dotase y hacer a mí inmérito[18] tanta merced que verte alcanzase y en tan conveniente lugar, que mi secreto dolor manifestarte pudiese. Sin duda incomparablemente es mayor tal galardón[19] que el servicio, sa-
35 crificio, devoción y obras pías que por este lugar alcanzar yo tengo a

[4]	**de...** *inteligente*
[5]	**de...** *of good upbringing*
[6]	**Fue...** *He was overcome*
[7]	joven
[8]	*wounded*
[9]	interviniendo
[10]	vueltos
[11]	**anzuelo...** *hook of greed*
[12]	*served*
[13]	**en...** tras de
[14]	*falcon*
[15]	angustiado
[16]	dirigió, refirió
[17]	*agreement*
[18]	indigno
[19]	premio, recompensa

Dios ofrecido, [ni otro poder mi voluntad humana puede cumplir].ª ¿Quién vido[20] en esta vida cuerpo glorificado de ningún hombre, como agora[21] el mío? Por cierto los gloriosos santos, que se deleitan en[22] la visión divina, no gozan más que yo agora en el acatamiento[23] tuyo. Mas ¡oh triste! que en esto diferimos: que ellos puramente se glorifican sin temor de caer de tal bienaventuranza, y yo, mixto,[24] me alegro con recelo del esquivo[25] tormento, que tu ausencia me ha de causar.

MELIBEA   ¿Por gran premio tienes éste, Calisto?

CALISTO   Téngolo por tanto en verdad que, si Dios me diese en el cielo la silla sobre sus santos, no lo ternía[26] por tanta felicidad.

MELIBEA   Pues aun más igual galardón te daré yo, si perseveras.

CALISTO   ¡Oh bienaventuradas orejas mías, que indignamente tan gran palabra habéis oído!

MELIBEA   Más desaventuradas de que me acabes de oír, porque la paga será tan fiera, cual [la] merece tu loco atrevimiento; y el intento de tus palabras, [Calisto,] ha sido *como* de ingenio de tal hombre como tú, haber de salir para se perder en la virtud de tal mujer como yo. ¡Vete, vete de ahí, torpe, que no puede mi paciencia tolerar que haya subido en corazón humano conmigo el ilícito amor cumunicar su deleite!

CALISTO   Iré como aquél contra quien solamente la adversa fortuna pone su estudio con odio cruel.

CALISTO   ¡Sempronio, Sempronio, Sempronio! ¿Dónde está este maldito?

SEMPRONIO   Aquí estoy, señor, curando[27] de estos caballos.

CALISTO   Pues, ¿cómo sales de la sala?

SEMPRONIO   Abatióse el gerifalte[28] y vínele a enderezar[29] en el alcándara.[30]

CALISTO   ¡Así los diablos te ganen! Así por infortunio arrebatado[31] perezcas o perpetuo intolerable tormento consigas, el cual en grado incomparable*mente* a la penosa y desastrada muerte que espero traspasa. ¡Anda, anda, malvado, abre la cámara y endereza la cama!

SEMPRONIO   Señor, luego hecho es.

CALISTO   Cierra la ventana y deja la tiniebla[32] acompañar al triste y al desdichado la cequedad.[33] Mis pensamientos tristes no son dignos de luz. ¡Oh bienaventurada muerte aquella que deseada a los afligidos viene! ¡Oh! si viniésedes agora, *Crato y Galieno*,ᵇ médicos, sentiríades

20 vio
21 ahora
22 **se...** *delight in, take pleasure in*
23 **en...** *while gazing or looking at you*
24 **y yo...** y yo (debatiéndome) entre el placer y el temor
25 áspero, malo, terrible
26 tendría
27 *taking care of*
28 ave de caza
29 *straighten up*
30 percha donde se ponen las aves de caza
31 impetuoso, violento
32 *darkness*
33 **desdichado...** *blindness the unfortunate*

ª Las partes entre corchetes indican aquel texto de la primitiva *Comedia* que ha sido suprimido en las ediciones de la *Tragicomedia*.
ᵇ Crato y Galieno fueron médicos griegos.

mi mal. ¡Oh piedad de *Celeuco*,[c] inspira en el Plebérico corazón por
que sin esperanza de salud no envíe el espíritu perdido con el de-
75 sastrado Píramo y de la desdichada Tisbe![d]

SEMPRONIO   ¿Qué cosa es?

CALISTO   ¡Vete de ahí! No me hables; si no, quizá ante del tiempo de mi
rabiosa muerte, mis manos causarán tu arrebatado fin.

SEMPRONIO   Iré, pues solo quieres padecer tu mal.

80 **CALISTO**   ¡Ve con el diablo!

SEMPRONIO   No creo, según pienso, ir conmigo el que contigo queda.
¡Oh desventura, oh súbito[34] mal! ¿Cuál fue tan contrario acontecimiento, que así tan presto robó el alegría de este hombre, y lo que
peor es, junto con ella el seso?[35] ¿Dejarle he solo o entraré allá? Si le
85 dejo, matarse ha; si entro allá, matarme ha. Quédese; no me curo;
más vale que muera aquél, a quien es enojosa la vida, que no yo, que
huelgo con ella. Aunque por él[36] no desease vivir, sino por ver [a] mi
Elicia, me debría guardar de peligros. Pero, si se mata sin otro testigo,
yo quedo obligado a dar cuenta de su vida; quiero entrar. Mas, puesto
90 que entre, no quiere consolación ni consejo; asaz[37] es señal mortal no
querer sanar. Con todo, quiérole dejar un poco desbrave,[38] madure;
que oído he decir que es peligro abrir o apremiar las postemas[39]
duras,[40] porque más se enconan.[41] Esté un poco; dejemos llorar al
que dolor tiene, que las lágrimas y sospiros mucho desenconan[42] el
95 corazón dolorido. Y aún, si delante me tiene, más conmigo se encen-
derá, que el sol más arde donde puede reverberar. La vista a quien objeto no se antepone, cansa; y cuando aquél es cerca, agúzase.[43] Por
eso quiérome sufrir un poco; si entretanto se matare, muera; quizá
con algo me quedaré que otro no [lo] sabe, con que mude el pelo
100 malo, aunque malo es esperar salud en muerte ajena.[44] Y quizá me engaña el diablo, y si muere matarme han e irán allá la soga y el
calderón.[e] Por otra parte dicen los sabios que es grande descanso a
los afligidos tener con quien puedan sus cuitas[45] llorar y que la llaga
interior más empece.[46] Pues en estos extremos, en que estoy perplejo,
105 lo más sano es entrar y sufrirle y consolarle, porque si posible es sanar
sin arte ni aparejo,[47] más ligero es guarecer[48] por arte y por cura.

CALISTO   ¡Sempronio!

SEMPRONIO   ¿Señor?

34 *sudden*
35 *brain*
36 **por...** por otra cosa
37 mucho, bastante
38 *lose strength*
39 *abscess*
40 *hard*
41 **se...** *become irritated*
42 *soothe, alleviate the pain of*
43 *it sharpens*
44 *of another*
45 *troubles*
46 daña
47 *tools*
48 sanar, curarse

---

c Aquí, Celeuco se refiere probablemente al noble macedonio Celeuco, general de Alejandro
Magno. Casado con la princesa persa Apama por orden de Alejandro como parte de un plan
para unir a macedonios y persas, fue el único de los nobles macedonios que no repudió a su esposa al morir Alejandro. De aquí probablemente procede la frase «piedad de Celeuco».
d Píramo y Tisbe son ejemplo de amor desdichado en la literatura clásica. Píramo acude a una
cita con Tisbe. La cree muerta al encontrar su túnica ensangrentada y se suicida. Tisbe, escondida en una cueva, sale, encuentra a Píramo muerto y se mata.
e La expresión «irán allá la soga y el calderón» significa que si lo más importante se pierde, no
importa perder el resto.

49 *lute*
50 *Out of tune*
51 *thorns*
52 *truce, period of rest*
53 *play*
54 *soul*
55 *heretic*

CALISTO   Dame acá el laúd.[49]

110 **SEMPRONIO**   Señor, vesle aquí.

CALISTO   ¿Cuál dolor puede ser tal
que se iguale con mi mal?

SEMPRONIO   Destemplado[50] está ese laúd.

CALISTO   ¿Cómo templará el destemplado? ¿Cómo sentirá el armonía
115   aquel que consigo está tan discorde; aquel *en* quien la voluntad a la
razón no obedece; quien tiene dentro del pecho aguijones,[51] paz,
guerra, tregua,[52] amor, enemistad, injurias, pecados, sospechas, todo
a una causa? Pero tañe[53] y canta la más triste canción, que sepas.

SEMPRONIO   Mira Nero de Tarpeia
120   a Roma cómo se ardía:
gritos dan niños y viejos
y él de nada se dolía.[f]

CALISTO   Mayor es mi fuego y menor la piedad de quien yo agora digo.

SEMPRONIO   (No me engaño, yo, que loco está este mi amo.)[g]

125 **CALISTO**   ¿Qué estás murmurando, Sempronio?

SEMPRONIO   No digo nada.

CALISTO   Di lo que dices, no temas.

SEMPRONIO   Digo que ¿cómo puede ser mayor el fuego que atormenta
un vivo que el que quemó tal ciudad y tanta multitud de gente?

130 **CALISTO**   ¿Cómo? Yo te lo diré. Mayor es la llama que dura ochenta años
que la que en un día pasa, y mayor la que mata un ánima[54] que la que
quemó cien mil cuerpos. Como de la apariencia a la existencia, como
de lo vivo a lo pintado, como de la sombra a lo real, tanta diferencia
hay del fuego que dices al que me quema. Por cierto, si el de purgato-
135   rio es tal, más querría que mi espíritu fuese con los de los brutos animales, que por medio de aquél ir a la gloria de los santos.

SEMPRONIO   (Algo es lo que digo; a más ha de ir este hecho; no basta
loco, sino hereje.[55])

CALISTO   ¿No te digo que hables alto cuando hablares? ¿Qué dices?

140 **SEMPRONIO**   Digo que nunca Dios quiera tal; que es especie de herejía
lo que agora dijiste.

CALISTO   ¿Por qué?

SEMPRONIO   Porque lo que dices contradice la cristiana religión.

CALISTO   ¿Qué a mí?

145 **SEMPRONIO**   ¿Tú no eres cristiano?

---

[f] La canción «Mira Nero de Tarpeya...» procede del Romancero y aparece también en Don Quijote, parte primera, capítulo 14. Nerón fue emperador romano de 54 a 68 d. de J. C. Es conocido por su crueldad y su persecución contra los cristianos.

[g] El texto entre paréntesis indica un aparte* en el diálogo.

CALISTO ¿Yo? Melibeo soy y a Melibea adoro y en Melibea creo y a Melibea amo.

SEMPRONIO Tú te lo dirás. Como Melibea es grande, no cabe en el corazón de mi amo, que por la boca le sale a borbollones.[56] No es más menester;[57] bien sé de qué pie coxqueas;[58] yo te sanaré.

CALISTO Increíble cosa prometes.

SEMPRONIO Antes fácil. Que el comienzo de la salud es conocer hombre la dolencia[59] del enfermo.

CALISTO ¿Cuál consejo puede regir lo que en sí no tiene orden ni consejo?

SEMPRONIO (¡Ha, ha, ha! ¿Este es el fuego de Calisto; éstas son sus congojas?[60] ¡Como si solamente el amor contra él asestara sus tiros![61] ¡Oh soberano Dios, cuán altos son tus misterios; cuánta premia pusiste en el amor, que es necesaria turbación en el amante! Su límite pusiste por maravilla. Parece al amante que atrás queda; todos pasan, todos rompen, pungidos y esgarrochados[62] como ligeros toros; sin freno saltan por las barreras. Mandaste al hombre por la mujer dejar el padre y la madre; agora no sólo aquello, mas a ti y a tu ley desamparan, como agora Calisto. Del cuál no me maravillo, pues los sabios, los santos, los profetas por él te olvidaron.)

CALISTO ¡Sempronio!

SEMPRONIO ¿Señor?

CALISTO No me dejes.

SEMPRONIO (De otra temple está esta gaita.[63])

CALISTO ¿Qué te parece de mi mal?

SEMPRONIO Que amas a Melibea.

CALISTO ¿Y no otra cosa?

SEMPRONIO Harto[64] mal es tener la voluntad en un solo lugar cativa.[65]

CALISTO Poco sabes de firmeza.

SEMPRONIO La perseverancia en el mal no es constancia; más dureza o pertinacia[66] la llaman en mi tierra. Vosotros los filósofos de Cupido llamalda[67] como quisiéredes.

CALISTO Torpe cosa es mentir el que enseña a otro, pues que tú te precias de loar[68] a tu amiga Elicia.

SEMPRONIO Haz tú lo que bien digo y no lo que mal hago.

CALISTO ¿Qué me repruebas?[69]

SEMPRONIO Que sometes[70] la dignidad del hombre a la imperfección de la flaca mujer.

CALISTO ¿Mujer? ¡Oh grosero! ¡Dios, dios!

SEMPRONIO ¿Y así lo crees? ¿O burlas?

CALISTO ¿Que burlo? Por dios la creo, por dios la confieso y no creo que hay otro soberano en el cielo; aunque entre nosotros mora.[71]

56 **que...** que le sale rápidamente por la boca
57 **No...** Ya no es necesario
58 **de qué...** *on which foot you are limping*
59 *ailment*
60 angustias
61 **asestara...** *aimed its shots*
62 **pungidos...** *pricked with spears*
63 **De...** Calisto está cambiando de actitud (lit.: *This bagpipe is changing its tune.*)
64 *Very*
65 cautiva
66 *pertinence*
67 llamadla
68 *praise*
69 *you censure*
70 *you subject*
71 vive

SEMPRONIO (¡Ha, ha, ha! ¿Oístes qué blasfemia? ¿Vistes qué ceguedad?)

CALISTO ¿De qué te ríes?

190 **SEMPRONIO** Ríome, que no pensaba que había peor invención de pecado que en Sodoma.[h]

CALISTO ¿Cómo?

SEMPRONIO Porque aquéllos procuraron abominable uso con los ángeles no conocidos y tú con el que confiesas ser dios.

195 **CALISTO** ¡Maldito seas! Que hecho me has reír, lo que no pensé ogaño.[72]

SEMPRONIO Pues ¿qué? ¿Toda tu vida habías de llorar?

CALISTO Sí.

SEMPRONIO ¿Por qué?

200 **CALISTO** Porque amo a aquella ante quien tan indigno me hallo, que no la espero alcanzar.

SEMPRONIO (¡Oh pusilánimo,[73] oh hideputa![74] ¡Qué Nembrot;[i] qué magno Alejandre; los cuales no sólo del señorío del mundo, mas del cielo se juzgaron ser dignos!)

205 **CALISTO** No te oí bien eso que dijiste. Torna, dilo, no procedas.

[...]

SEMPRONIO Lee los historiales, estudia los filósofos, mira los poetas. Llenos están los libros de sus viles y malos ejemplos y de las caídas que llevaron los que en algo, como tú, las reputaron. Oye a Salomón[j] do dice que las mujeres y el vino hacen a los hombres renegar. Conséjate 210 con Séneca y verás en qué las tiene. Escucha al Aristóteles, mira a Bernardo.[k] Gentiles, judíos, cristianos y moros, todos en esta concordia están. Pero lo dicho y lo que de ellas dijere no te contezca error de tomarlo en común; que muchas hobo[75] y hay santas y virtuosas y notables, cuya resplandeciente corona quita el general vituperio.[76] 215 Pero de estas otras, ¿quién te contaría sus mentiras, sus tráfagos,[77] sus cambios, su liviandad,[78] sus lagrimillas, sus alteraciones, sus osadías?[79] Que todo lo que piensan, osan sin deliberar. ¿Sus disimulaciones, su lengua, su engaño, su olvido, su desamor, su ingratitud, su inconstan-

72 en este año, en el presente
73 cobarde, que no tiene ánimo o valor
74 hijo de puta
75 hubo
76 *blame, reproach*
77 *hustle*
78 *flightiness*
79 *boldness*

---

[h] Sodoma es una ciudad cerca del mar Muerto (actual Israel), que según la narración bíblica fue destruida por Dios a causa de su corrupción.

[i] Nembrot fue un rey fabuloso bíblico, llamado «poderoso cazador ante el Eterno».

[j] Salomón fue el más sabio y justo de los reyes de Israel en el Antiguo Testamento. Su sabiduría se hizo legendaria. Reinó de 970 a 931 a. de J. C.

[k] Séneca fue un filósofo romano nacido en Córdoba (¿4?–65 d. de J. C.); Aristóteles fue uno de los más conocidos filósofos griegos (384–322 a. de J. C.); Bernardo es probablemente Bernardo de Clairvaux (1090–1153), monje cisterciense francés y escritor prolífico. Todo lo que dice Sempronio es una acusación contra la naturaleza engañosa de la mujer, un lugar común de la larga tradición misógina. El mejor ejemplo de dicha tradición en la literatura castellana es *El Corbacho*, del arcipreste de Talavera. En la conversación que sigue, Sempronio advierte a Calisto sobre el peligro de enamorarse perdidamente de Melibea.

cia, su testimoniar, su negar, su revolver, su presunción, su vanagloria, su abatimiento,[80] su locura, su desdén, su soberbia, su sujeción, su parlería, su golosina,[81] su lujuria[82] y suciedad, su miedo, su atrevimiento, sus hechicerías,[83] sus embaimientos,[84] sus escarnios,[85] su deslenguamiento, su desvergüenza, su alcahuetería? Considera ¡qué sesito está debajo de aquellas grandes y delgadas tocas,[86] qué pensamientos so aquellas gorgueras,[87] so aquel fausto,[88] so aquellas largas y autorizantes ropas, qué imperfección, qué albañares debajo de templos pintados![89] Por ellas es dicho: arma del diablo, cabeza de pecado, destrucción de paraíso. ¿No has rezado en la festividad de San Juan, do[90] dice: [«Las mujeres y el vino hacen los hombres renegar»;] do dice: «Esta es la mujer, antigua malicia que a Adán echó de los deleites de paraíso. Esta el linaje humano metió en el infierno; a ésta menospreció Helías profeta», etc.?

CALISTO Di pues, ese Adán, ese Salomón, ese David, ese Aristóteles, ese Virgilio, esos que dices, ¿cómo se sometieron a ellas? ¿Soy más que ellos?

SEMPRONIO A los que las vencieron querría que remedases, que no a los que de ellas fueron vencidos. Huye de sus engaños. Sabes que hacen cosas que es difícil entenderlas. No tienen modo, no razón, no intención. Por rigor *en*comienzan el ofrecimiento que de sí quieren hacer. A los que meten por los agujeros denuestan[91] en la calle; convidan,[92] despiden, llaman, niegan, señalan amor, pronuncian enemiga, ensáñanse[93] presto, apacíguanse[94] luego; quieren que adevinen lo que quieren. ¡Oh, qué plaga, oh, qué enojo, oh, qué hastío[95] es conferir con ellas más de aquel breve tiempo que aparejadas son a deleite!

CALISTO ¿Ves? Mientra más me dices y más inconvenientes me pones, más la quiero. No sé qué se es.

SEMPRONIO No es este juicio para mozos, según veo, que no se saben a razón someter, no se saben administrar. Miserable cosa es pensar ser maestro el que nunca fue discípulo.

CALISTO ¿Y tú qué sabes? ¿Quién te mostró esto?

SEMPRONIO ¿Quién? Ellas, que desque se descubren, así pierden la vergüenza, que todo esto y aún más a los hombres manifiestan. Ponte pues en la medida de honra, piensa ser más digno de lo que te reputas. Que cierto, peor extremo es dejarse hombre caer de su merecimiento,[96] que ponerse en más alto lugar que debe.

CALISTO Pues, ¿quién yo para eso?

SEMPRONIO ¿Quién? Lo primero eres hombre y de claro ingenio; y más, a quien la natura dotó de los mejores bienes que tuvo, conviene a saber: hermosura, gracia, grandeza de miembros, fuerza, ligereza; y allende[97] de esto, fortuna medianamente partió contigo lo suyo en tal cantidad, que los bienes que tienes de dentro con los de fuera resplandecen. Porque sin los bienes de fuera, de los cuales la fortuna es señora, a ninguno acaece[98] en esta vida ser bienaventurado; y más, a constelación de todos[99] eres amado.

80 *dejection*
81 *gluttony*
82 *lust*
83 *witchcraft*
84 engaños, embustes
85 burlas
86 toques
87 adorno que se llevaba alrededor del cuello
88 *ostentation, luxury*
89 **que...** que suciedad escondida bajo la belleza
90 donde
91 *defame, insult gravely*
92 invitan
93 *enrage*
94 *calm down*
95 disgusto, repugnancia
96 *merit*
97 *moreover*
98 *it happens*
99 **a...** *in everyone's eyes, by everyone*

265 **CALISTO**   Pero no de Melibea; y en todo lo que me has gloriado, Sempronio, sin proporción ni comparación se aventaja Melibea. Miras la nobleza y antigüedad de su linaje, el grandísimo patrimonio, el excelentísimo ingenio, las resplandecientes virtudes, la altitud e inefable[100] gracia, la soberana hermosura, de la cual te ruego me dejes
270 hablar un poco, porque haya algún refrigerio.[101] Y lo que te dijere será de lo descubierto; que, si de lo oculto[102] yo hablarte supiera, no nos fuera necesario altercar tan miserablemente estas razones.

SEMPRONIO   (¡Qué mentiras y qué locuras dirá agora este cativo de mi amo!)

275 **CALISTO**   ¿Cómo es eso?

SEMPRONIO   Dije que digas, que muy gran placer habré de lo oír. (¡Así te medre Dios,[103] como me será agradable ese sermón!)

CALISTO   ¿Qué?

SEMPRONIO   Que así me medre Dios, como me será gracioso de oír.

280 **CALISTO**   Pues porque hayas placer, yo lo figuraré por partes mucho por extenso.

SEMPRONIO   (¡Duelos tenemos! Esto es tras lo que yo andaba. De pasarse habrá ya esta oportunidad.)

CALISTO   Comienzo por los cabellos. ¿Ves tú las madejas[104] del oro del-
285 gado, que hilan en Arabia? Más lindos son y no resplandecen menos; su longura hasta el postrero asiento de sus pies;[105] después crinados[106] y atados con la delgada cuerda,[107] como ella se los pone, no ha más menester para convertir los hombres en piedras.

SEMPRONIO   (¡Más en asnos!)

290 **CALISTO**   ¿Qué dices?

SEMPRONIO   Dije que esos tales no serían cerdas[108] de asno.

CALISTO   ¡Ved qué torpe y qué comparación!

SEMPRONIO   (¿Tú cuerdo?[109])

CALISTO   Los ojos verdes, rasgados;[110] las pestañas luengas;[111] las cejas
295 delgadas y alzadas; la nariz mediana; la boca pequeña; los dientes menudos y blancos; los labrios colorados y grosezuelos;[112] el torno del rostro[113] poco más luengo que redondo; el pecho alto; la redondeza y forma de las pequeñas tetas, ¿quién te la podría figurar? Que se despereza el hombre cuando las mira. La tez lisa,[114] lustrosa; el cuero
300 suyo escurece la nieve; la color mezclada, cual ella la escogió para sí.[1]

SEMPRONIO   (¡En sus trece está este necio![115])

CALISTO   Las manos pequeñas en mediana manera, de dulce carne acompañadas; los dedos luengos; las uñas en ellos largas y coloradas,

---

[1] Calisto describe hiperbólicamente la belleza física de su amada. La descripción está organizada de acuerdo al siguiente orden: cabellos, cara, cuerpo, piel, manos. La descripción es un compendio del ideal de belleza femenina del Medioevo tardío y temprano Renacimiento.

---

100 *indescribable*
101 *relief (from the excessive criticism against women)*
102 *hidden*
103 **Así...** *May God cause you to prosper*
104 *skeins*
105 **postrero...** *the bottom of her feet*
106 peinados
107 *cord*
108 *coarse hair of animals*
109 *prudent*
110 *almond-shaped*
111 largas
112 algo gruesos
113 cara
114 **tez...** *smooth skin*
115 **¡En...!** *This fool stands firm!*

que parecen rubíes entre perlas. Aquella proporción que ver yo no
pude, no sin duda por el bulto[116] de fuera juzgo incomparablemente
ser mejor que la que Paris juzgó entre las tres Deesas.[m]

SEMPRONIO   ¿Has dicho?

CALISTO   Cuan brevemente pude.

SEMPRONIO   Puesto que sea todo eso verdad, por ser tú hombre eres más
digno.

CALISTO   ¿En qué?

SEMPRONIO   En que ella es imperfecta, por el cual defecto desea y
apetece[117] a ti y a otro menor que tú. ¿No has leído el filósofo, do
dice: «Así como la materia apetece a la forma, así la mujer al varón»?

CALISTO   Oh triste, ¿y cuándo veré yo eso entre mí y Melibea?

SEMPRONIO   Posible es; y aún que la aborrezcas,[118] cuanto agora la amas;
podrá ser, alcanzándola y viéndola con otros ojos, libres del engaño
en que agora estás.

CALISTO   ¿Con qué ojos?

SEMPRONIO   Con ojos claros.

CALISTO   Y agora, ¿con qué la veo?

SEMPRONIO   Con ojos de alinde,[119] con que lo poco parece mucho y lo
pequeño grande. Y porque no te desesperes, yo quiero tomar esta empresa de cumplir tu deseo.

CALISTO   ¡Oh, Dios te dé lo que deseas! ¡Qué glorioso me es oírte,
aunque no espero que lo has de hacer!

SEMPRONIO   Antes lo haré cierto.

CALISTO   Dios te consuele; el jubón[120] de brocado, que ayer vestí, Sempronio, vístetelo tú.

SEMPRONIO   Prospérete Dios por éste, (y por muchos más, que me darás.
De la burla yo me llevo lo mejor. Con todo, si de estos aguijones me
da, traérgela[121] he hasta la cama. ¡Bueno ando! Hácelo esto que me
dio mi amo; que, sin merced, imposible es obrarse bien ninguna
cosa.)

CALISTO   No seas agora negligente.

SEMPRONIO   No lo seas tú, que imposible es hacer siervo diligente el
amo perezoso.

CALISTO   ¿Cómo has pensado de hacer esta piedad?

SEMPRONIO   Yo te lo diré. Días ha grandes que conozco en fin de esta
vecindad una vieja barbuda, que se dice Celestina, hechicera,[122] astuta, sagaz[123] en cuantas maldades hay; entiendo que pasan de cinco

---

[m] Alude al juicio de París, episodio que origina la guerra de Troya. París debió escoger la más
hermosa entre tres diosas, Juno, Minerva y Venus. Aquí significa que Melibea es más hermosa
que las tres diosas.

mil virgos los que se han hecho y deshecho por su autoridad en esta ciudad. A las duras peñas promoverá y provocará a lujuria, si quiere.

CALISTO   ¿Podríala yo hablar?

345   **SEMPRONIO**   Yo te la traeré hasta acá; por eso, aparéjate,[124] séle gracioso, séle franco; estudia, mientras voy yo, a le decir tu pena tan bien como ella te dará el remedio.

CALISTO   ¿Y tardas?

SEMPRONIO   Ya voy; quede Dios contigo.

350   **CALISTO**   Y contigo vaya. ¡Oh todopoderoso, perdurable Dios! Tú, que guías los perdidos, y los reyes orientales[125] por el estrella precedente a Belén trujiste,[126] y en su patria los redujiste, húmilmente te ruego que guíes a mi Sempronio, en manera que convierta mi pena y tristeza en gozo y yo indigno merezca venir en el deseado fin.

355   **CELESTINA**   ¡Albricias,[127] albricias, Elicia! ¡Sempronio, Sempronio!

ELICIA   (¡Ce, ce, ce![128]

CELESTINA   ¿Por qué?

ELICIA   Porque está aquí Crito.

CELESTINA   ¡Mételo en la camarilla de las escobas,[129] presto; dile que
360   viene tu primo y mi familiar!

ELICIA   Crito, ¡retráete[130] ahí, mi primo viene; perdida soy!

CRITO   Pláceme. No te congojes.)

SEMPRONIO   Madre bendita; ¡qué deseo traigo! Gracias a Dios, que te me dejó ver.[n]

365   **CELESTINA**   ¡Hijo mío, rey mío, turbado me has! No te puedo hablar; torna y dame otro abrazo. ¿Y tres días pudiste estar sin vernos? ¡Elicia, Elicia; cátale[131] aquí!

ELICIA   ¿A quién, madre?

CELESTINA   A Sempronio.

370   **ELICIA**   ¡Ay triste, qué saltos me da el corazón! ¿Y qué es de él?

CELESTINA   Vesle aquí, vesle; yo me le abrazaré; que no tú.

ELICIA   ¡Ay, maldito seas, traidor! Postema y landre te mate[132] y a manos de tus enemigos mueras y por crímenes dignos de cruel muerte en poder de rigurosa justicia te veas; ¡ay ay!

375   **SEMPRONIO**   ¡Hi, hi, hi! ¿Qué has, mi Elicia? ¿De qué te congojas?

ELICIA   Tres días ha que no me ves. ¡Nunca Dios te vea, nunca Dios te

---

[n] Sempronio da gracias a Dios de poder ver a Celestina a quien llama «madre». En el Medioevo era costumbre dirigirse así a las mujeres de edad avanzada.

124   *get ready*
125   **reyes...** Reyes Magos
126   trajiste
127   *Greetings*
128   **¡Ce... !** *Sh! Sh!*
129   **camarilla...** *broom closet*
130   escóndete, refúgiate
131   míralo
132   **Postema...** *May some tumor or illness kill you.*

consuele ni visite! ¡Guay[133] de la triste, que en ti tiene su esperanza y el fin de todo su bien!

SEMPRONIO   Calla, señora mía; ¿tú piensas que la distancia del lugar es poderosa de apartar el entrañable[134] amor, el fuego, que está en mi corazón? Do yo voy, conmigo vas, conmigo estás; no te aflijas ni me atormentes más de lo que yo he padecido. Mas di, ¿qué pasos suenan arriba?

ELICIA   ¿Quién? Un mi enamorado.

SEMPRONIO   Pues créolo.

ELICIA   ¡Alahé,[135] verdad es! Sube allá y ver*lo* has.

SEMPRONIO   Voy.

CELESTINA   ¡Anda acá! Deja esa loca, que [ella] es liviana[136] y turbada de tu ausencia, sácasla agora de seso; dirá mil locuras. Ven y hablemos; no dejemos pasar el tiempo en balde.[137]

SEMPRONIO   Pues, ¿quién está arriba?

CELESTINA   ¿Quiéreslo saber?

SEMPRONIO   Quiero.

CELESTINA   Una moza, que me encomendó un fraile.

SEMPRONIO   ¿Qué fraile?

CELESTINA   No lo procures.

SEMPRONIO   Por mi vida, madre, ¿qué fraile?

CELESTINA   ¿Porfías?[138] El ministro, el gordo.

SEMPRONIO   ¡Oh desaventurada y qué carga espera!

CELESTINA   Todo lo llevamos. Pocas mataduras[139] has tú visto en la barriga.

SEMPRONIO   Mataduras no; mas petreras[140] sí.

CELESTINA   ¡Ay burlador!

SEMPRONIO   Deja, si soy burlador; [y] muéstramela.

ELICIA   ¡Ha, don malvado![141] ¿Verla quieres? ¡Los ojos se te salten, que no basta a ti una ni otra! ¡Anda, vela y deja a mí para siempre!

SEMPRONIO   Calla, Dios mío; ¿y enójaste? Que ni la quiero ver a ella ni a mujer nacida. A mi madre quiero hablar y quédate a Dios.

ELICIA   ¡Anda, anda; vete, desconocido y está otros tres años que no me vuelvas a ver!

SEMPRONIO   Madre mía, bien ternás confianza y creerás que no te burlo. Toma el manto y vamos, que por el camino sabrás lo que, si aquí me tardase en decir[te], impediría tu provecho y el mío.

CELESTINA   Vamos. Elicia, quédate a Dios; cierra la puerta. ¡Adiós, paredes!

SEMPRONIO   ¡Oh madre mía! Todas cosas dejadas aparte, solamente sé atenta e imagina en lo que te dijere y no derrames tu pensamiento en muchas partes, que quien junto en diversos lugares le pone, en

133 *Alas*
134 *deep*
135 *Por la fe*
136 *frivolous*
137 **en...** *in vain*
138 *You persist, insist?*
139 *sores*
140 *wounds*
141 **don...** *Sir Evilone*

ninguno lo tiene, sino por caso determina lo cierto. [Y] quiero que
420 sepas de mí lo que no has oído y es que jamás pude, después que mi
fe contigo puse, desear bien de que no te cupiese parte.

CELESTINA Parta Dios, hijo, de lo suyo contigo, que no sin causa lo hará,
siquiera porque has piedad de esta pecadora de vieja. Pero di, no te
detengas, que la amistad que entre ti y mí se afirma, no ha menester
425 preámbulos ni correlarios ni aparejos para ganar voluntad. Abrevia y
ven al hecho,[142] que vanamente se dice por muchas palabras lo que
por pocas se puede entender.

SEMPRONIO Así es. Calisto arde en amores de Melibea. De ti y de mí
tiene necesidad. Pues juntos nos ha menester, juntos nos
430 aprovechemos; que conocer el tiempo y usar el hombre de la oportunidad hace los hombres prósperos.

CELESTINA Bien has dicho, al cabo estoy;[143] basta para mí mecer el ojo.
Digo que me alegro de estas nuevas, como los cirujanos de los desca-
labrados.[144] Y como aquellos dañan en los principios las llagas[145] y en-
435 carecen el prometimiento de la salud, así entiendo yo hacer a Calisto.
Alargarle he la certenidad del remedio,[146] porque como dicen, el esperanza luenga aflige el corazón y cuanto él la perdiere, tanto gela[147]
promete. ¡Bien me entiendes!

SEMPRONIO Callemos, que a la puerta estamos y como dicen, las pare-
440 des han oídos.

CELESTINA Llama.

SEMPRONIO Tha, tha, tha.

CALISTO ¡Pármeno!

PÁRMENO ¿Señor?

445 **CALISTO** ¿No oyes, maldito sordo?

PÁRMENO ¿Qué es, señor?

CALISTO A la puerta llaman; corre.

PÁRMENO ¿Quién es?

SEMPRONIO Abre a mí y a esta dueña.

450 **PÁRMENO** Señor, Sempronio y una puta vieja alcoholada[148] daban aquellas porradas.[149]

CALISTO Calla, calla, malvado, que es mi tía; corre, corre, abre. Siempre
lo vi, que por huir hombre de un peligro, cae en otro mayor. Por encubrir yo este hecho de Pármeno, a quien amor o fidelidad o temor
455 pusieran freno, caí en indignación de ésta, que no tiene menor
poderío en mi vida que Dios.

PÁRMENO ¿Por qué, señor, te matas? ¿Por qué, señor, te congojas? ¿Y tú
piensas que es vituperio[150] en las orejas de ésta el nombre que la
llamé? No lo creas; que así se glorifica en le oír, como tú, cuando di-
460 cen: «Diestro[151] caballero es Calisto». Y de más, de esto es nombrada
y por tal título conocida. Si entre cient mujeres va y alguno dice:
«¡Puta vieja!», sin ningún empacho[152] luego vuelve la cabeza y

142 **Abrevia...** *Cut it short
and get to the point*
143 **al...** *I get the point*
144 *those with wounds in the
head*
145 *sores*
146 **Alargarle...** *Le haré la
cura larga*
147 *se la*
148 *maquillada*
149 *bangs, knocks on the door*
150 *insulto*
151 *Skillful*
152 **sin...** *without any
embarrassment*

responde con alegre cara. En los convites,[153] en las fiestas, en las bodas, en la cofadrías,[154] en los mortuorios,[155] en todos los ayuntamientos[156] de gentes, con ella pasan tiempo. Si pasa por los perros, aquello suena su ladrido; si está cerca las aves, otra cosa no cantan; si cerca los ganados, balando lo pregonan;[157] si cerca las bestias, rebuznando[158] dicen: «¡Puta vieja!»; las ranas de los charcos[159] otra cosa no suelen mentar.[160] Si va entre los herreros,[161] aquello dicen sus martillos; carpinteros y armeros, herradores,[162] caldereros,[163] arcadores,[164] todo oficio de instrumento forma en el aire su nombre. Cántanla los carpinteros, péinanla los peinadores, tejedores;[165] labradores en las huertas, en las aradas,[166] en las viñas, en las segadas[167] con ella pasan el afán[168] cotidiano. Al perder en los tableros,[169] luego suenan sus loores.[170] Todas cosas que son hacen, a do quiera que ella está, el tal nombre representan. ¡Oh, qué comedor de huevos asados era su marido![171] ¿Qué quieres más? Sino que, si una piedra topa con otra, luego suena: «¡Puta vieja!»

CALISTO   Y tú, ¿cómo lo sabes y la conoces?

PÁRMENO   Saberlo has. Días grandes son pasados que mi madre, mujer pobre, moraba[172] en su vecindad, la cual rogada por esta Celestina, me dio a ella por sirviente; aunque ella no me conoce, por lo poco que la serví y por la mudanza[173] que la edad ha hecho.

CALISTO   ¿De qué la servías?

PÁRMENO   Señor, iba a la plaza y traíale de comer y acompañábala; suplía[174] en aquellos menesteres que mi tierna fuerza bastaba. Pero de aquel poco tiempo que la serví, recogía la nueva memoria lo que la *vieja* no ha podido quitar. Tiene esta buena dueña al cabo de la ciudad, allá cerca de las tenerías,[175] en la cuesta del río, una casa apartada, medio caída, poco compuesta y menos abastada.[176] Ella tenía seis oficios, conviene [a] saber: labrandera,[177] perfumera, maestra de hacer afeites[178] y de hacer virgos,[179] alcahueta y un poquito hechicera. Era el primer oficio cobertura de los otros, so color del cual muchas mozas de estas sirvientes entraban en su casa a labrarse y a labrar camisas y gorgueras y otras muchas cosas; ninguna venía sin torrezno,[180] trigo, harina o jarro de vino y de las otras provisiones que podían a sus amas hurtar;[181] y aún otros hurtillos de más cualidad allí se encubrían. Asaz era amiga de estudiantes y despenseros[182] y mozos de abades;[183] a éstos vendía ella aquella sangre inocente de las cuitadillas,[184] la cual ligeramente aventuraban en esfuerzo de la restitución que ella les prometía. Subió su hecho a más: que por medio de aquellas comunicaba con las más encerradas, hasta traer a ejecución su propósito, y aquestas en tiempo honesto, como estaciones, procesiones de noche, misas del gallo, misas del alba y otras secretas devociones. Muchas encubiertas vi entrar en su casa; tras ellas hombres descalzos, contritos y rebozados,[185] desatacados,[186] que entraban allí a llorar sus pecados. ¡Qué tráfagos, si piensas, traía! Hacíase física[187] de niños, tomaba estambre de unas casas, dábalo a hilar en otras, por achaque[188] de entrar en todas. Las unas: «¡Madre acá!»; las otras

[153] banquetes
[154] confraternities
[155] entierros
[156] reuniones
[157] **balando...** *bleeting they proclaim her*
[158] *braying*
[159] *puddles*
[160] mencionar
[161] *blacksmiths*
[162] *horseshoers*
[163] *potmakers, pot sellers*
[164] *wool looseners*
[165] *weavers*
[166] *plowed fields*
[167] *harvests*
[168] trabajo
[169] *gambling houses*
[170] alabanzas
[171] **qué...** *how unfaithful she was to her husband*
[172] vivía
[173] cambio
[174] ayudaba
[175] *tanneries*
[176] *supplied*
[177] costurera
[178] cosméticos
[179] **hacer...**«restaurar» la virginidad
[180] trozo de tocino
[181] *robar*
[182] *religious in charge of the monastery's provisions*
[183] *abbots*
[184] aflijidas, desventuradas
[185] con la cara cubierta
[186] *with their pants undone*
[187] médica
[188] *excuse, pretext*

510 «¡Madre acullá!»; «¡Cata la vieja!»; «¡Ya viene el ama!»; de todas muy conocida. Con todos estos afanes,[189] nunca pasaba sin misa ni vísperas ni dejaba monesterios de frailes ni de monjas; esto porque allí hacía ella sus aleluyas y conciertos. Y en su casa hacía perfumes, [...] Sacaba agua[s] para oler, de rosas, de azahar, de jazmín; [...] hacía lejías para

515 enrubiar, [...] y otras diversas cosas. Y los untos y mantecas, que tenía, es hastío[190] de decir: de vaca, de oso, de caballos y de camellos, [...] Aparejos para baños, esto es una maravilla, de las hierbas y raíces que tenía en el techo de su casa colgadas [...] Los aceites que sacaba para el rostro no es cosa de creer: de estoraque[191] y de jazmín, de limón,

520 [...] y un poquillo de bálsamo tenía ella en una redomilla,[192] que guardaba para aquel rascuño[193] que tiene por las narices [...]

CALISTO   ¡Así pudiera ciento!

PÁRMENO   ¡Sí, santo Dios! Y remediaba[194] por caridad muchas huérfanas y erradas que se encomendaban a ella; y en otro apartado tenía para
525 remediar amores y para se querer bien. Tenía huesos de corazón de ciervo,[195] lengua de víbora, cabezas de codornices,[196] sesos de asno, [...] y otras mil cosas. Venían a ella muchos hombres y mujeres y a unos demandaba el pan do mordían;[197] a otros, de su ropa; a otros, de sus cabellos; a otros, pintaba en la palma letras con azafrán;[198] a
530 otros, con bermellón;[199] a otros, daba unos corazones de cera,[200] llenos de agujas[201] quebradas y otras cosas en barro[202] y en plomo[203] hechas, muy espantables[204] al ver. Pintaba figuras, decía palabras en tierra. ¿Quién te podrá decir lo que esta vieja hacía? Y todo era burla y mentira.

535 CALISTO   Bien está, Pármeno; déjalo para más oportunidad; asaz soy de ti avisado; téngotelo en gracia; no nos detengamos, que la necesidad desecha la tardanza. Oye, aquélla viene rogada,[205] espera más que debe; vamos, no se indigne. Yo temo y el temor reduce la memoria y a la providencia despierta. ¡Sus! Vamos, proveamos; pero ruégote, Pár-
540 meno, la envidia[206] de Sempronio, que en esto me sirve y complace; no ponga impedimento en el remedio de mi vida, que si para él hobo[207] jubón, para ti no faltará sayo;[208] ni pienses que tengo en menos tu consejo y aviso que su trabajo y obra, como lo espiritual sepa yo que precede a lo corporal y [que], puesto que las bestias cor-
545 poralmente trabajen más que los hombres, por eso son pensadas y cu- radas, pero no amigas de ellos. En [la] tal diferencia serás conmigo en respeto de Sempronio, y so secreto sello,[209] pospuesto[210] el do- minio, por tal amigo a ti me concedo.

PÁRMENO   Quéjome, señor [Calisto], de la dubda[211] de mi fidelidad y
550 servicio, por los prometimientos y amonestaciones[212] tuyas. ¿Cuándo me viste, señor, envidiar o por ningún interés ni resabio[213] tu prove- cho estorcer?

CALISTO   No te escandalices, que sin duda tus costumbres y gentil crianza en mis ojos ante todos los que me sirven están. Mas como en caso tan
555 arduo, do todo mi bien y vida pende,[214] es necesario proveer, proveo a

los contecimientos; como quiera que creo que tus buenas costumbres sobre buen natural florecen, como el buen natural sea principio del artificio. Y no más; sino vamos a ver la salud.

CELESTINA (Pasos oigo; acá descienden. Haz, Sempronio, que no lo oyes. Escucha y déjame hablar lo que a ti y a mí *me* conviene.

SEMPRONIO Habla.)

CELESTINA No me congojes ni me importunes, que sobrecargar el cuidado es aguijar[215] al animal congojoso. Así sientes la pena de tu amo Calisto, que parece que tú eres él y él tú y que los tormentos son en un mismo sujeto. Pues cree que yo no vine acá por dejar este pleito[216] indeciso o morir en la demanda.

CALISTO Pármeno, detente. ¡Ce! Escucha qué hablan éstos; veamos en qué vivimos. ¡Oh notable mujer; oh bienes mundanos, indignos de ser poseídos de tan alto corazón; oh fiel y verdadero Sempronio! ¿Has visto, mi Pármeno? ¿Oíste? ¿Tengo razón? ¿Qué me dices, rincón de mi secreto y consejo y alma mía?

PÁRMENO Protestando mi inocencia en la primera sospecha y cumpliendo con la fidelidad, porque te me concediste, hablaré. Óyeme y el afecto[217] no te ensorde[218] ni la esperanza del deleite te ciegue. Témplate[219] y no te apresures:[220] que muchos con codicia de dar en el fiel,[221] yerran el blanco. Aunque soy mozo, cosas he visto asaz y el seso y la vista de las muchas cosas demuestran la experiencia. De verte o de oírte descender por la escalera, parlan lo que estos fingidamente[222] han dicho, en cuyas falsas palabras pones el fin de tu deseo.

SEMPRONIO (Celestina, ruinmente suena lo que Pármeno dice.

CELESTINA Calla, que para la mi santiguada, do vino el asno verná[223] el albarda. Déjame tú a Pármeno, que yo te le haré uno de nos, y de lo que hubiéremos, démosle parte: que los bienes, si no son comunicados, no son bienes. Ganemos todos, partamos todos, holguemos[224] todos. Yo te le traeré manso y benigno a picar el pan en el puño y seremos dos a dos y, como dicen, tres al mohíno.[225])

CALISTO ¡Sempronio!

SEMPRONIO ¿Señor?

CALISTO ¿Qué haces, llave de mi vida? Abre. ¡Oh Pármeno, ya la veo, sano soy, vivo soy! ¡Miras qué reverenda persona, qué acatamiento![226] Por la mayor parte, por la filosomía[227] es conocida la virtud interior. ¡Oh vejez virtuosa! ¡Oh virtud envejecida! ¡Oh gloriosa esperanza de mi deseado fin! ¡Oh fin de mi deleitosa esperanza! ¡Oh salud de mi pasión, reparo de mi tormento, regeneración mía, vivificación de mi vida, resurrección de mi muerte! Deseo llegar a ti, codicio besar esas manos llenas de remedio. La indignidad de mi persona lo embarga. Dende[228] aquí adoro la tierra que huellas[229] y en reverencia tuya *la* beso.

215 *spur on*
216 *quarrel*
217 *affection*
218 **te...** *make you deaf*
219 *Tranquilízate*
220 *hurry*
221 **dar...** *to come out on the mark*
222 *feignedly*
223 vendrá
224 descansemos
225 *one against others*
226 *reverence*
227 fisionomía
228 Desde
229 *you tread*

CELESTINA (Sempronio, ¡de aquéllas vivo yo! ¡Los huesos que yo roí,[230] piensa este necio[231] de tu amo de darme a comer! Pues ál le sueño. Al freír lo verá. Dile que cierre la boca y comience abrir la bolsa: que de las obras dudo, cuanto más de las palabras. Jo que te estriego, asna coja.[232] Más habías de madrugar.)

605 **PÁRMENO** (¡Guay de orejas, que tal oyen! Perdido es quien tras perdido anda. ¡Oh Calisto desaventurado, abatido,[233] ciego! ¡Y en tierra está adorando a la más antigua [y] puta tierra, que fregaron sus espaldas en todos los burdeles![234] Deshecho es, vencido es, caído es: no es capaz de ninguna redención ni consejo ni esfuerzo.)

610 **CALISTO** ¿Qué decía la madre? Paréceme que pensaba que le ofrecía palabras por escusar galardón.

SEMPRONIO Así lo sentí.

CALISTO Pues ven conmigo: trae las llaves, que yo sanaré su duda.

SEMPRONIO Bien harás, y luego vamos. Que no se debe dejar crecer la
615 hierba entre los panes ni la sospecha en los corazones de los amigos; sino limpiarla luego con el escardilla[235] de las buenas obras.

CALISTO Astuto hablas. Vamos y no tardemos.

CELESTINA Pláceme, Pármeno, que habemos habido oportunidad para que conozcas el amor mío contigo y la parte que en mí inmérito
620 tienes. Y digo inmérito, por lo que te he oído decir, de que no hago caso. Porque virtud nos amonesta[236] sufrir las tentaciones y no dar mal por mal; y especial, cuando somos tentados por mozos y no bien instrutos[237] en lo mundano, en que con necia lealtad pierdan a sí y a sus amos, como agora tú a Calisto. Bien te oí y no pienses que el oír
625 con los otros exteriores sesos mi vejez haya perdido. Que no sólo lo que veo, oigo y conozco; mas aún lo intrínseco con los intelectuales ojos penetro.[238] Has de saber, Pármeno, que Calisto anda de amor quejoso.[239] Y no lo juzgues por eso por flaco, que el amor impervio[240] todas las cosas vence. Y sabe, si no sabes, que dos conclusiones son
630 verdaderas. La primera, que es forzoso el hombre amar a la mujer y la mujer al hombre. La segunda, que el que verdaderamente ama es necesario que se turbe[241] con la dulzura del soberano deleite, que por el hacedor de las cosas fue puesto, porque el linaje de los hombres *se* perpetuase, sin lo cual perecería. Y no sólo en la humana especie; mas
635 en los peces, en las bestias, en las aves, en las reptilias; y en lo vegetativo algunas plantas han este respecto, si sin interposición de otra cosa en poca distancia de tierra están puestas, en que hay determinación de herbolarios[242] y agricultores, ser machos y hembras. ¿Qué dirás a esto, Pármeno? ¡Neciuelo;[243] loquito, angelico, perlica,[244] sim-
640 plecico! ¿Lobitos en tal gestico? Llégate acá, putico, que no sabes nada del mundo ni de sus deleites. ¡Mas rabia mala me mate, si te llego a mí, aunque vieja! Que la voz tienes ronca,[245] las barbas te apuntan.[246] Mal sosegadilla[247] debes tener la punta de la barriga.

230 *gnawed, chewed on*
231 *stupid*
232 **Jo...** Que desecho las alabanzas no merecidas
233 *dejected*
234 *whorehouses*
235 *small weeding hoe*
236 *admonishes*
237 instruidos, educados
238 *penetrate*
239 *plaintive*
240 continuo, constante
241 **se...** *is troubled*
242 *herbalists*
243 *Little fool*
244 *little pearl*
245 *hoarse*
246 *start to show*
247 *quiet, calm*

PÁRMENO   ¡Como cola de alacrán!²⁴⁸

645 **CELESTINA**   Y aún peor: que la otra muerde sin hinchar y la tuya hincha por nueve meses.

PÁRMENO   ¡Hi, hi, hi!

CELESTINA   ¿Ríeste, landrecilla,²⁴⁹ hijo?

PÁRMENO   Calla, madre, no me culpes ni me tengas, aunque mozo, por
650 insipiente. Amo a Calisto, porque le debo fidelidad, por crianza, por beneficios, por ser de él honrado y bien tratado, que es la mayor cadena²⁵⁰ que el amor del servidor al servicio del señor prende, cuanto lo contrario aparta. Véole perdido y no hay cosa peor que ir tras deseo sin esperanza de buen fin; y especial, pensando remediar su he-
655 cho tan árduo y difícil con vanos consejos y necias razones de aquel bruto Sempronio, que es pensar sacar aradores a pala de azadón.²⁵¹ No lo puedo sufrir. ¡Dígolo y lloro!

CELESTINA   Pármeno, ¿tú no ves que es necedad o simpleza llorar por lo que con llorar no se puede remediar?

660 **PÁRMENO**   Por eso lloro. Que, si con llorar fuese posible traer a mi amo el remedio, tan grande sería el placer de la tal esperanza, que de gozo no podría llorar; pero así, perdida ya *toda* la esperanza, pierdo el alegría y lloro.

CELESTINA   Llora[ra]s sin provecho por lo que llorando estorbar²⁵²
665 no podrás ni sanarlo presumas. ¿A otros no ha acontecido esto, Pármeno?

PÁRMENO   Sí; pero a mi amo no le quería doliente.

CELESTINA   No lo es; mas aunque fuese doliente, podría sanar.

PÁRMENO   No curo de lo que dices, porque en los bienes mejor es el
670 acto que la potencia y en los males mejor la potencia que el acto. Así que mejor es ser sano que poderlo ser. Y mejor es poder ser doliente que ser enfermo por acto y, por tanto, es mejor tener la potencia en el mal que el acto.

CELESTINA   ¡Oh malvado! ¡Como que no se te entiende! ¿Tú no sientes
675 su enfermedad? ¿Qué has dicho hasta agora? ¿De qué te quejas? Pues burla o di por verdad lo falso y cree lo que quisieres: que él es enfermo por acto y el poder ser sano es en mano de esta flaca vieja.

PÁRMENO   ¡Mas, de esta flaca puta vieja!

CELESTINA   ¡Putos días vivas, bellaquillo!²⁵³ ¿Y cómo te atreves... ?

680 **PÁRMENO**   ¡Como te conozco!

CELESTINA   ¿Quién eres tú?

PÁRMENO   ¿Quién? Pármeno, hijo de Alberto tu compadre, que estuve contigo un *poco tiempo* que te me dio mi madre, cuando morabas²⁵⁴ a la cuesta del río, cerca de las tenerías.

685 **CELESTINA**   ¡Jesú, Jesú, Jesú! ¿Y tú eres Pármeno, hijo de la Claudina?

PÁRMENO   ¡Alahé, yo!

---

248 *scorpion*
249 *small, round piece of flesh*
250 *chain*
251 **sacar...** *take out mites with a hoe*
252 *molestar*
253 *scoundrel, rascal*
254 *vivías*

CELESTINA   ¡Pues fuego malo te queme, que tan puta vieja era tu madre como yo! ¿Por qué me persigues, Pármeno? ¡El es, él es, por los santos de Dios! Allégate a mí, ven acá, que mil azotes[255] y puñadas[256] te di en este mundo y otros tantos besos. ¿Acuérdaste cuando dormías a mis pies, loquito?

PÁRMENO   Sí, en buena fe. Y algunas veces, aunque era niño, me subías a la cabecera y me apretabas[257] contigo y porque olías a vieja, me huía de ti.

CELESTINA   ¡Mala landre te mate! ¡Y cómo lo dice el desvergonzado! Dejadas burlas y pasatiempos, oye agora, mi hijo, y escucha. Que, aunque a un fin soy llamada, a otro soy venida y maguera[258] que contigo me haya hecho de nuevas, tú eres la causa. Hijo, bien sabes cómo tu madre, que Dios haya, te me dió viviendo tu padre. El cual, como de mí te fuiste, con otra ansia[259] no murió, sino con la incertidumbre[260] de tu vida y persona. Por la cual ausencia algunos años de su vejez sufrió angustiosa y cui*da*dosa vida. Y al tiempo que de ella pasó, envió por mí y en su secreto te me encargó y me dijo sin otro testigo, sino aquel que es testigo de todas las obras y pensamientos y los corazones y entrañas escudriña,[261] al cual puso entre él y mí, que te buscase y llegase y abrigase[262] y, cuando de cumplida edad fueses, tal que en tu vivir supieses tener manera y forma, te descubriese adónde dejó encerrada tal copia[263] de oro y plata, que basta más que la renta de tu amo Calisto. Y porque gelo[264] prometí y con mi promesa, llevó descanso, y la fe es de guardar, más que a los vivos, a los muertos, que no pueden hacer por sí, en pesquisa[265] y seguimiento tuyo yo he gastado asaz tiempo y cuantías,[266] hasta agora, que ha placido a aquel, que todos los cuidados tiene y remedia las justas peticiones y las piadosas obras endereza, que te hallase aquí, donde solos ha tres días que sé que moras. Sin duda dolor he sentido, porque has por tantas partes vagado[267] y peregrinado,[268] que ni has habido provecho ni ganado deudo[269] ni amistad. Que, como Séneca dice, los peregrinos tienen muchas posadas y pocas amistades, porque en breve tiempo con ninguno [no] pueden firmar amistad. Y el que está en muchos cabos,[270] [no] está en ninguno. Ni puede aprovechar el manjar a los cuerpos que en comiendo se lanza, ni hay cosa que más la sanidad impida que la diversidad y mudanza y variación de los manjares.[271] Y nunca la llaga viene a cicatrizar,[272] en la cual muchas melecinas[273] se tientan. Ni convalece la planta que muchas veces es traspuesta, y no hay cosa tan provechosa que en llegando aproveche. Por tanto, mi hijo, deja los ímpetus[274] de la juventud y tórnate con la doctrina de tus mayores a la razón. Reposa en alguna parte. ¿Y dónde mejor, que en mi voluntad, en mi ánimo, en mi consejo, a quien tus padres te remetieron?[275] Y yo, así como verdadera madre tuya, te digo, so las maldiciones, que tus padres te pusieron si me fueses inobediente, que por el presente sufras y sirvas a éste tu amo que procuraste, hasta en ello haber otro consejo mío. Pero no con necia lealtad, proponiendo firmeza sobre lo movible, como son estos señores de este

255 *lashes with a whip*
256 *punches*
257 **me...** *squeezed me*
258 *aunque*
259 *anguish*
260 *uncertainty*
261 examina
262 *shelter*
263 gran cantidad
264 se lo
265 busca
266 cantidades
267 *wandered*
268 *traveled, made a pilgrimage*
269 *relationship*
270 **el...** el que está en muchos asuntos
271 comida
272 *heal*
273 medicinas
274 *drive*
275 encargaron

tiempo. Y tú gana amigos, que es cosa durable. Ten con ellos constancia. No vivas en flores.[276] Deja los vanos prometimientos de los señores, los cuales desechan la substancia de sus sirvientes con huecos[277] y vanos prometimientos. Como la sanguijuela[278] saca la sangre, desagradecen, injurian, olvidan servicios, niegan galardón. ¡Guay de quien en palacio envejece! Como se escribe de la probática piscina,° que de ciento que entraban, sanaba uno. Estos señores de este tiempo más aman a sí, qué a los suyos. Y no yerran. Los suyos igualmente lo deben hacer. Perdidas son las mercedes, las magnificencias, los actos nobles. Cada uno de éstos cautiva y mezquinamente procura su interés con los suyos. Pues aquéllos no deben menos hacer, como sean en facultades menores, sino vivir a su ley. Dígolo, hijo Pármeno, porque éste tu amo, como dicen, me parece rompenecios:[279] de todos se quiere servir sin merced. Mira bien, créeme. En su casa cobra amigos, que es el mayor precio mundano. Que con él no pienses tener amistad, como por la diferencia de los estados o condiciones pocas veces conteza.[280] Caso es ofrecido, como sabes, en que todos medremos y tú por el presente te remedies. Que lo ál, que te he dicho, guardado te está a su tiempo. Y mucho te aprovecharás siendo amigo de Sempronio.

PÁRMENO   Celestina, todo tremo[281] *en* oírte. No sé qué haga, perplejo estoy. Por una parte téngote por madre; por otra a Calisto por amo. Riqueza deseo; pero quien torpemente sube a lo alto, más aína[282] cae que subió. No querría bienes mal ganados.

CELESTINA   Yo sí. A tuerto o a derecho,[283] nuestra casa hasta el techo.

PÁRMENO   Pues yo con ellos no viviría contento y tengo por honesta cosa la pobreza alegre. Y aún más te digo, que no los que poco tienen son pobres; mas los que mucho desean. Y por esto, aunque más digas, no te creo en esta parte. Querría pasar la vida sin envidia, los yermos[284] y aspereza sin temor, el sueño sin sobresalto,[285] las injurias con respuesta, las fuerzas sin denuesto,[286] las premias[287] con resistencia.

CELESTINA   ¡Oh hijo! Bien dicen que la prudencia no puede ser sino en los viejos; y tú mucho mozo eres.

PÁRMENO   Mucho segura es la mansa[288] pobreza.

CELESTINA   Mas di, como mayor <*Marón*>,ᴾ que la fortuna ayuda a los osados. Y demás de esto, ¿quién *es*, que tenga bienes en la república, que escoja vivir sin amigos? Pues, loado Dios, bienes tienes. ¿Y no sabes que has menester amigos para los conservar? Y no pienses que tu privanza[289] con este señor te hace seguro; que cuanto mayor es la fortuna, tanto es menos segura. Y por tanto, en los infortunios el remedio es a los amigos. ¿Y a dónde puedes ganar mejor este deudo,

276 **No...** No ocupes tu vida en cosas de poca importancia.
277 *empty*
278 *leech*
279 amo que no paga a sus criados
280 acontezca
281 tiemblo
282 **más...** más rápidamente
283 **A...** Aunque sea deshonestamente
284 *barren (times)*
285 *sudden fright*
286 insultos
287 *you reward*
288 *meek*
289 *favor*

° La piscina probática se refiere a la piscina que había en Jerusalén, muy cerca del templo de Salomón.

ᴾ Las comillas simples (<>) indican que el texto aparece en otras ediciones de *La Celestina*. Virgilio Marón es el autor de la cita que va a continuación.

775 que donde las tres maneras de amistad concurren, conviene a saber, por bien y provecho y deleite? Por bien: mira la voluntad de Sempronio conforme a la tuya y la gran similitud que tú y él en la virtud tenéis. Por provecho: en la mano está, si sois concordes. Por deleite: semejable[290] es, como seáis en edad dispuestos para todo linaje de
780 placer, en que más los mozos que los viejos se juntan, así como para jugar, para vestir, para burlar, para comer y beber, para negociar amores, juntos de compañía. ¡Oh, si quisieses, Pármeno, qué vida gozaríamos! Sempronio ama a Elicia, prima de Areúsa.

PÁRMENO ¿De Areúsa?

785 **CELESTINA** De Areúsa.

PÁRMENO ¿De Areúsa, hija de Eliso?

CELESTINA De Areúsa, hija de Eliso.

PÁRMENO ¿Cierto?

CELESTINA Cierto.

790 **PÁRMENO** Maravillosa cosa es.

CELESTINA ¿Pero bien te parece?

PÁRMENO No cosa mejor.

CELESTINA Pues tu buena dicha quiere, aquí está quien te la dará.

PÁRMENO Mi fe, madre, no creo a nadie.

795 **CELESTINA** Extremo es creer a todos y yerro no creer a ninguno.

PÁRMENO Digo que te creo; pero no me atrevo. Déjame.

CELESTINA ¡Oh mezquino! De enfermo corazón es no poder sufrir el bien. Da Dios habas a quien no tiene quijadas.[291] ¡Oh simple! ¡Dirás que adonde hay mayor entendimiento hay menor fortuna y donde
800 más discreción allí es menor la fortuna! Dichas son.

PÁRMENO ¡Oh Celestina! Oído he a mis mayores que un ejemplo de lujuria o avaricia mucho mal hace, y que con aquellos debe hombre conversar, que le hagan mejor, y aquellos dejar, a quien él mejores piensa hacer. Y Sempronio, en su ejemplo, no me hará mejor ni yo a
805 él sanaré su vicio. Y puesto que yo a lo que dices me incline, sólo yo querría saberlo: porque a lo menos por el ejemplo fuese oculto el pecado. Y si hombre vencido del deleite va contra la virtud, no se atreva a la honestad.

CELESTINA Sin prudencia hablas, que de ninguna cosa es alegre po-
810 sesión sin compañía. No te retrayas[292] ni amargues,[293] que la natura huye lo triste y apetece lo delectable. El deleite es con los amigos en las cosas sensuales y especial en recontar las cosas de amores y comunicarlas: «Esto hice, esto otro me dijo, tal donaire[294] pasamos, de tal manera la tomé, así la besé, así me mordió, así la abracé, así se allegó.
815 ¡Oh, qué habla! ¡Oh, qué gracia! ¡Oh, qué juegos! ¡Oh, qué besos! Vamos allá, volvamos acá, ande la música, pintemos los motes,[295] cante*mos* canciones, invenciones, justemos; ¿qué cimera sacaremos o qué letra?[296] Ya va a la misa, mañana saldrá, rondemos su calle, mira su

290 semejante, parecido
291 **Da...** Dios da bienes a los que no saben usarlos.
292 retraigas, retires
293 *become bitter*
294 *grace, charm*
295 *riddles*
296 **¿qué cimera... ?** ¿qué lograremos?

carta, vamos de noche, tenme el escala, aguarda a la puerta. ¿Cómo te fue? Cata el cornudo; sola la deja. Dale otra vuelta, tornemos allá.» Y para esto, Pármeno, ¿hay deleite sin compañía? ¡Alahé, alahé! La que las sabe las tañe. Este es el deleite; que lo ál, mejor lo hacen los asnos en el prado.

PÁRMENO No querría, madre, me convidases a consejo con amonestación de deleite, como hicieron los que, careciendo de razonable fundamento, opinando hicieron sectas envueltas en dulce veneno[297] para captar y tomar las voluntades de los flacos y con polvos de sabroso afecto cegaron los ojos de la razón.

CELESTINA ¿Qué es razón, loco? ¿Qué es afecto, asnillo? La discreción, que no tienes, lo determina, y de la discreción mayor es la prudencia, y la prudencia no puede ser sin experimento, y la experiencia no puede ser más que en los viejos, y los ancianos somos llamados padres, y los buenos padres bien aconsejan a sus hijos y especial yo a ti, cuya vida y honra más que la mía deseo. ¿Y cuándo me pagarás tú esto? Nunca, pues a los padres y a los maestros no puede ser hecho servicio igualmente.

PÁRMENO Todo me recelo,[298] madre, de recibir dudoso consejo.

CELESTINA ¿No quieres? Pues decirte he lo que dice el sabio;[q] al varón que con dura cerviz[299] al que le castiga menosprecia,[300] arrebatado quebrantamiento le verná y sanidad ninguna le conseguirá. Y así, Pármeno, me despido de ti y de este negocio.

PÁRMENO (Ensañada está mi madre; duda tengo en su consejo. Yerro es no creer y culpa creerlo todo. Más humano es confiar,[301] mayormente en ésta que interese promete, a do provecho no puede allende de amor conseguir. Oído he que debe hombre a sus mayores creer. Ésta, ¿qué me aconseja? Paz con Sempronio. La paz no se debe negar; que bienaventurados son los pacíficos, que hijos de Dios serán llamados. Amor no se debe rehuir.[302] Caridad a los hermanos, interese pocos le apartan. Pues quiérola complacer y oír.) Madre, no se debe ensañar el maestro de la ignorancia del discípulo, sino raras veces por la ciencia, que es de su natural comunicable y en pocos lugares se podría infundir. Por eso perdóname, háblame, que no sólo quiero oírte y creerte; mas en singular merced recibir tu consejo. Y no me lo agradezcas, pues el loor y las gracias de la acción, más al dante,[303] que no al recibiente se deben dar. Por eso, manda, que a tu mandado mi consentimiento se humilla.

CELESTINA De los hombres es errar, y bestial es la porfía. Por ende gózome, Pármeno, que hayas limpiado las turbias telas de tus ojos y respondido al reconocimiento, discreción e ingenio sotil de tu padre, cuya persona, agora representada en mi memoria, enternece los ojos piadosos, por do tan abundantes lágrimas ves derramar. Algunas ve-

[297] *poison*
[298] **me...** *I suspect*
[299] *nape*
[300] *despises*
[301] *trust*
[302] **no...** *must not be avoided*
[303] **al...** al que da

---

q En la Edad Media, el sabio por excelencia fue Salomón.

304 *fulfillment*
305 regalo
306 *surpasses*
307 asustado
308 dañar, herir
309 **y...** y ven luego

ces duros propósitos, como tú, defendía; pero luego tornaba a lo cierto. En Dios y en mi ánima, que en ver agora lo que has porfiado y como a la verdad eres reducido, no parece sino que vivo le tengo delante. ¡Oh, qué persona! ¡Oh, qué hartura![304] ¡Oh, qué cara tan venerable! Pero callemos, que se acerca Calisto y tu nuevo amigo Sempronio, con quien tu conformidad para más oportunidad dejo. Que dos en un corazón viviendo son más poderosos de hacer y de entender.

CALISTO   Duda traigo, madre, según mis infortunios, de hallarte viva. Pero más es maravilla, según el deseo, de cómo llego vivo. Recibe la dádiva[305] pobre de aquel que con ella la vida te ofrece.

CELESTINA   Como en el oro muy fino librado por la mano del sotil artífice la obra sobrepuja[306] a la materia, así se aventaja a tu magnífico dar la gracia y forma de tu dulce liberalidad. Y sin duda la presta dádiva su efecto ha doblado, porque la que tarda, el prometimiento muestra negar y arrepentirse del don prometido.

PÁRMENO   (¿Qué le dio, Sempronio?

SEMPRONIO   Cient monedas *en* oro.

PÁRMENO   ¡Hi, hi, hi!

SEMPRONIO   ¿Habló contigo la madre?

PÁRMENO   Calla, que sí.

SEMPRONIO   ¿Pues cómo estamos?

PÁRMENO   Como quisieres; aunque estoy espantado.[307]

SEMPRONIO   Pues calla, que yo te haré espantar dos tanto.

PÁRMENO   ¡Oh Dios! No hay pestilencia más eficaz, que el enemigo de casa para empecer.[308])

CALISTO   Ve agora, madre, y consuela tu casa, y después ven y consuela la mía, y luego.[309]

CELESTINA   Quede Dios contigo.

CALISTO   Y él te me guarde.

✦ Comprensión

Conteste las siguientes preguntas o comente los temas según el texto.

1. ¿Dónde se encuentran Calisto y Melibea al principio del primer auto?
2. Explique brevemente la significación de la primera línea de la obra.
3. ¿Por qué se califica de «loco» el amor de Calisto en el argumento de la obra? ¿Quién es Sempronio y a quién ama?
4. Explique la significación y el tono de la siguiente oración de Sempronio: «Destemplado está ese laúd».
5. ¿Con qué evento histórico compara Calisto su pasión?
6. ¿Por qué dice Sempronio que Calisto es hereje?
7. ¿Por qué compara Sempronio a Calisto con Alejandro Magno? ¿Cuál es el tono de lo que dice?

8. Según Sempronio, ¿en qué están de acuerdo los judíos, los cristianos y los moros?

9. ¿Cuáles son algunos de los vicios atribuidos a las mujeres por la literatura misógina?

10. Según Calisto, ¿cuáles son las buenas cualidades de Melibea?

11. ¿Con qué compara Calisto el pelo de Melibea, y qué dice Sempronio?

12. Al llegar Sempronio a casa de Celestina, ¿con quién se encuentra Elicia? ¿Por qué le dice Celestina a Elicia que esconda a ese personaje en la camarilla de las escobas?

13. ¿Qué le ofrece Calisto a Sempronio por su ayuda?

14. Según lo que le dice Celestina a Sempronio, ¿quién está arriba?

15. Según lo que le dice Sempronio a Celestina, ¿por qué quiere él arreglar un encuentro entre Celestina y Calisto?

16. ¿Por qué le dice Celestina a Calisto que él no sabe nada del mundo ni de sus deleites?

17. ¿Cómo se llama la madre de Pármeno? Según Celestina, ¿cómo era ella?

18. ¿Qué le aconseja Celestina a Pármeno? ¿Por qué? ¿Cómo responde Pármeno?

ACTO DECIMO

ARGUMENTO DEL DÉCIMO AUTO

Mientra andan Celestina y Lucrecia por el camino, está hablando Melibea consigo misma. Llegan a la puerta. Entra Lucrecia primero. Hace entrar a Celestina. Melibea, después de muchas razones, descubre a Celestina arder en amor de Calisto. Ven venir a Alisa, madre de Melibea. Despídense de en uno. Pregunta Alisa a Melibea su hija de los negocios de Celestina; defendióle[310] su mucha conversación.

[310] le prohibió

MELIBEA
CELESTINA
LUCRECIA
ALISA

MELIBEA   ¡Oh lastimada de mí! ¡Oh mal proveída doncella! ¿Y no me fuera mejor conceder su petición y demanda ayer a Celestina, cuando de parte de aquel señor, cuya vista me cautivó, me fue rogado, y contentarle a él y sanar a mí, que no venir por fuerza a descubrir mi llaga, cuando no me sea agradecido, cuando ya, desconfiando de mi buena respuesta, haya puesto sus ojos en amor de otra? ¡Cuánta más ventaja tuviera mi prometimiento rogado, que mi ofrecimiento forzoso! Oh mi fiel criada Lucrecia, ¿qué dirás de mí; qué pensarás de mi seso, cuando me veas publicar lo que a ti jamás he querido descubrir? ¡Cómo te espantarás del rompimiento de mi honestidad y vergüenza, que siempre como encerrada doncella acostumbré tener! No sé si

habrás barruntado[311] de dónde proceda mi dolor. ¡Oh, si ya vinieses
con aquella medianera[312] de mi salud! ¡Oh soberano Dios; a ti, que
todos los atribulados[313] llaman, los apasionados piden remedio, los
llagados[314] medicina; a ti, que los cielos, mar [y] tierra con los infernales centros obedecen; a ti, el cual todas las cosas a los hombres so-
juzgaste, humildemente suplico:[315] des a mi herido corazón
sufrimiento y paciencia, con que mi terrible pasión pueda disimular!
No se desdore[316] aquella hoja de castidad que tengo asentada sobre
este amoroso deseo, publicando ser otro mi dolor, que no el que me
atormenta. Pero, ¿cómo lo podré hacer, lastimándome tan cruelmente el ponzoñoso bocado, que la vista de su presencia de aquel caballero me dio? ¡Oh género femíneo,[317] encogido y frágil! ¿Por qué
no fue también a las hembras concedido poder descubrir su congojoso y ardiente amor, como a los varones? Que ni Calisto viviera quejoso ni yo penada.

LUCRECIA Tía, detente un poquito cabe esta puerta. Entraré a ver con
quien está hablando mi señora. Entra, entra, que consigo lo ha.

MELIBEA Lucrecia, echa esa antepuerta. ¡Oh vieja sabia y honrada, tú
seas bienvenida! ¿Qué te parece, cómo ha *que*sido[318] mi dicha y la fortuna ha rodeado que yo tuviese de tu saber necesidad, para que tan
presto me hobieses de pagar en la misma moneda el beneficio que
por ti me fue demandado para ese gentilhombre, que curabas con la
virtud de mi cordón?[r]

CELESTINA ¿Qué es, señora, tu mal, que así muestra las señas de su tormento en las coloradas colores de tu gesto?

MELIBEA Madre mía, que comen este corazón serpientes dentro de mi
cuerpo.

CELESTINA (Bien está. Así lo quería yo. Tú me pagarás doña loca, la sobra de tu ira.)

MELIBEA ¿Qué dices? ¿Has sentido en verme alguna causa, donde mi
mal proceda?

CELESTINA No me has, señora, declarado la calidad del mal. ¿Quieres
que adevine la causa? Lo que yo digo es que recibo mucha pena de
ver triste tu graciosa presencia.

MELIBEA Vieja honrada, alégramela tú, que grandes nuevas me han
dado de tu saber.

CELESTINA Señora, el sabidor sólo Dios es, pero, como para salud y

311 imaginado
312 mediadora,
   intermediaria
313 *the distressed*
314 *the injured*
315 *implore, beg*
316 *lose its gilding, tarnish*
317 femenino
318 querido

---

[r] En el cuarto auto, Celestina le había pedido a Melibea que le diera un cordón para curar con
él a Calisto de una presunta enfermedad. El cordón de Melibea había tocado reliquias de santos, y según Celestina, poseía propiedades milagrosas. Celestina utiliza las presuntas cualidades
milagrosas del cordón como excusa para lograr llevarle a Calisto una pieza de ropa de Melibea,
y así demostrar su ascendiente con la joven.

remedio de las enfermedades fueron repartidas las gracias en las gentes de hallar las melecinas, de ellas por experiencia, de ellas por arte, de ellas por natural instinto, alguna partecica alcanzó a esta pobre vieja, de la cual al presente podrás ser servida.

MELIBEA   ¡Oh, qué gracioso y agradable me es oírte! Saludable es al enfermo la alegre cara del que le visita. Paréceme que veo mi corazón entre tus manos hecho pedazos. El cual, si tú quisieses, con muy poco trabajo juntarías con la virtud de tu lengua; no de otra manera que, cuando vio en sueños aquel grande Alejandre, rey de Macedonia, en la boca del dragón la saludable raíz con que sanó a su criado Tolomeo del bocado de la víbora.[s] Pues, por amor de Dios, te despojes para más diligente entender en mi mal y me des algún remedio.

CELESTINA   Gran parte de la salud es desearla, por lo cual creo menos peligroso ser tu dolor. Pero para yo dar, mediante Dios, congrua[319] y saludable melecina, es necesario saber de ti tres cosas. La primera a qué parte de tu cuerpo más declina y aqueja el sentimiento.[320] Otra, si es nuevamente por ti sentido, porque más presto se curan las tiernas enfermedades en sus principios, que cuando han hecho curso en la perseveración de su oficio;[t] mejor se doman[321] los animales en su primera edad, que cuando ya es su cuero endurecido, para venir mansos a la melena;[322] mejor crecen las plantas, que tiernas y nuevas se trasponen, que las que fructificando ya se mudan; muy mejor se despide el nuevo pecado, que aquel que por costumbre antigua cometemos cada día. La tercera, si procedió de algún cruel pensamiento, que asentó en aquel lugar. Y esto sabido, verás obrar mi cura. Por ende cumple que al médico como al confesor se hable toda verdad abiertamente.

MELIBEA   Amiga Celestina, mujer bien sabia y maestra grande, mucho has abierto el camino por donde mi mal te pueda especificar. Por cierto, tú lo pides como mujer bien experta en curar tales enfermedades. Mi mal es de corazón, la izquierda teta es su aposentamiento,[323] tiende sus rayos a todas partes. Lo segundo, es nuevamente nacido en mi cuerpo. Que no pensé jamás que podía dolor privar el seso, como éste hace. Túrbame la cara, quítame el comer, no puedo dormir, ningún género de risa querría ver. La causa o pensamiento, que es la final cosa por ti preguntada de mi mal, ésta no sabré decirte, porque ni muerte de deudo ni pérdida de temporales bienes ni sobresalto de visión ni sueño desvariado ni otra cosa puedo sentir que fuese, salvo [la] alteración que tú me causaste con la demanda que sospeché de parte de aquel caballero Calisto, cuando me pediste la oración.

319 la cantidad que corresponde
320 **a qué...** qué parte de tu cuerpo está más afectada por el dolor
321 *tame*
322 **mejor...** los animales se doman mejor cuanto más jóvenes
323 *location*

---

[s] En la *Vida de Alejandro*, Plutarco cuenta que el rey Alejandro curó a su criado Cratero con raíces de eléboro.
[t] El refrán ilustra lo que anteriormente ha dicho Celestina: mejor es atajar la enfermedad en sus principios que permitir que progrese.

CELESTINA   ¿Cómo señora, tan mal hombre es aquél? ¿Tan mal nombre es el suyo, que en sólo ser nombrado trae consigo ponzoña[324] su sonido? No creas que sea ésa la causa de tu sentimiento, antes otra que yo barrunto. Y pues que así es, si tú licencia me das, yo, señora, te la diré.

990

MELIBEA   ¿Cómo, Celestina? ¿Qué es ese nuevo salario que pides? ¿De licencia tienes tú necesidad para me dar la salud? ¿Cuál médico jamás pidió tal seguro para curar al paciente? Di, di, que siempre la tienes de mí, tal que mi honra no dañes con tus palabras.

995

CELESTINA   Véote, señora, por una parte quejar el dolor, por otra temer la melecina. Tu temor me pone miedo, el miedo silencio, el silencio tregua entre tu llaga y mi melecina.[325] Así que será causa, que ni tu dolor cese ni mi venida aproveche.

1000 **MELIBEA**   Cuanto más dilatas[326] la cura, tanto más *me* acrecientas y multiplicas la pena y pasión. ¡O tus melecinas son de polvos de infamia y licor de corrupción, confaccionados con otro más crudo dolor que el que de parte del paciente se siente, o no es ninguno tu saber! Porque si lo uno o lo otro no te impidiese, cualquiera remedio otro darías sin temor, pues te pido le muestres, quedando libre mi honra.

1005

CELESTINA   Señora, no tengas por nuevo ser más fuerte de sufrir al herido la ardiente trementina[327] y los ásperos puntos que lastiman lo llagado, doblan la pasión, que no la primera lisión,[328] que dio sobre sano. Pues si tú quieres ser sana y que te descubra la punta de mi sotil aguja[329] sin temor, haz para tus manos y pies una ligadura de sosiego, para tus ojos una cobertura de piedad, para tu lengua un freno de silencio, para tus oídos unos algodones de sufrimiento y paciencia, y verás obrar a la antigua maestra de estas llagas.

1010

MELIBEA   ¡Oh, cómo me muero con tu dilatar! Di, por Dios, lo que quisieres, haz lo que supieres, que no podrá ser tu remedio tan áspero que iguale con mi pena y tormento. Agora toque en mi honra, agora dañe mi fama, agora lastime mi cuerpo; aunque sea romper mis carnes para sacar mi dolorido corazón, te doy mi fe ser segura y, si siento alivio,[330] bien galardonada.

1015

1020 **LUCRECIA**   (El seso tiene perdido mi señora. Gran mal es éste. Cautivádola ha esta hechicera.)

CELESTINA   (Nunca me ha de faltar un diablo acá y acullá; escapóme Dios de Pármeno, topóme[331] con Lucrecia.)

MELIBEA   ¿Qué dices, amada maestra? ¿Qué te hablaba esa moza?

1025 **CELESTINA**   No le oí nada. Pero diga lo que dijere, sabe que no hay cosa más contraria en las grandes curas delante los animosos cirujanos,[332] que los flacos corazones, los cuales con su gran lástima, con sus dolorosas hablas, con sus sentibles meneos,[333] ponen temor al enfermo, hacen que desconfíe de la salud y al médico enojan y turban, y la turbación altera la mano, rige sin orden la aguja. Por donde se puede conocer claro, que es muy necesario para tu salud que no esté

1030

324 veneno
325 **el silencio...** tu silencio hace que yo tarde más en curar tu mal
326 alargas
327 *turpentine*
328 lesión, herida
329 *needle*
330 *relief*
331 me topé, me encontré
332 *surgeons*
333 *shaking*

persona delante y así que la debes mandar salir. Y tú, hija Lucrecia, perdona.

MELIBEA   Salte fuera presto.

1035   **LUCRECIA**   (¡Ya, ya; todo es perdido!) Ya me salgo, señora.

CELESTINA   También me da osadía[334] tu gran pena, como ver que con tu sospecha has ya tragado alguna parte de mi cura; pero todavía es necesario traer más clara melecina y más saludable descanso de casa de aquel caballero Calisto.

1040   **MELIBEA**   Calla, por Dios, madre. No traigan de su casa cosa para mi provecho ni le nombres aquí.

CELESTINA   Sufre, señora, con paciencia, que es el primer punto y principal. No se quiebre; si no, todo nuestro trabajo es perdido. Tu llaga es grande, tiene necesidad de áspera cura. Y lo duro con duro se ablanda más eficazmente. Y dicen los sabios que la cura del lastimero 1045 médico deja mayor señal[335] y que nunca peligro sin peligro se vence. Ten paciencia, que pocas veces lo molesto sin molestia se cura. Y un clavo[336] con otro se expele y un dolor con otro. No concibas odio ni desamor ni consientas a tu lengua decir mal de persona tan virtuosa 1050 como Calisto, que si conocido fuese...

MELIBEA   ¡Oh, por Dios, que me matas! ¿Y no [te] tengo dicho que no me alabes ese hombre ni me le nombres en bueno ni en malo?

CELESTINA   Señora, éste es otro y segundo punto, *el cual* si tú con tu mal sufrimiento no consientes, poco aprovechará mi venida, y si, como 1055 prometiste, lo sufres, tú quedarás sana y sin deuda y Calisto sin queja y pagado. Primero te avisé de mi cura y de esta invisible aguja, que sin llegar a ti, sientes en solo mentarla[337] en mi boca.

MELIBEA   Tantas veces me nombrarás ese tu caballero, que ni mi promesa baste ni la fe que te di a sufrir tus dichos. ¿De qué ha de 1060 quedar pagado? ¿Qué le debo yo a él? ¿Qué le soy en cargo? ¿Qué ha hecho por mí? ¿Qué necesario es él aquí para el propósito de mi mal? Más agradable me sería que rasgases[338] mis carnes y sacases mi corazón, que no traer esas palabras aquí.

CELESTINA   Sin te romper las vestiduras se lanzó en tu pecho el amor; no 1065 rasgaré yo tus carnes para le curar.

MELIBEA   ¿Cómo dices que llaman a este mi dolor, que así se ha enseñoreado[339] en lo mejor de mi cuerpo?

CELESTINA   Amor dulce.

MELIBEA   Esto me declara qué es, que en sólo oírlo me alegro.

1070   **CELESTINA**   Es un fuego escondido, una agradable llaga, un sabroso veneno, una dulce amargura, una delectable dolencia, un alegre tormento, una dulce y fiera herida, una blanda muerte.

MELIBEA   ¡Ay, mezquina de mí! Que si verdad es tu relación, dudosa será mi salud. Porque, según la contrariedad que esos nombres entre sí

334   *audacity*
335   *scar*
336   *nail*
337   mencionarla
338   *tear*
339   *taken possession*

1075 muestran, lo que al uno fuere provechoso acarreará[340] al otro más pasión.

CELESTINA   No desconfíe, señora, tu noble juventud de salud. [Que], cuando el alto Dios da la llaga, tras ella envía el remedio. Mayormente que sé yo al mundo nacida una flor que de todo esto te
1080 delibre.

MELIBEA   ¿Cómo se llama?

CELESTINA   No te lo oso decir.

MELIBEA   Di, no temas.

CELESTINA   Calisto. ¡Oh, por Dios, señora Melibea! ¿Qué poco esfuerzo
1085 es éste; qué descaecimiento?[341] ¡Oh mezquina yo! ¡Alza la cabeza! ¡Oh malaventurada vieja! ¡En esto han de parar mis pasos! Si muere, matarme han; aunque viva, seré sentida, que ya no podrá sufrir[se] de no publicar su mal y mi cura. Señora mía, Melibea, ángel mío, ¿qué has sentido? ¿Qué es de tu habla graciosa; qué es de tu color ale-
1090 gre? Abre tus claros ojos. ¡Lucrecia, Lucrecia, entra presto acá, verás amortecida[342] a tu señora entre mis manos! Baja presto por un jarro de agua.

MELIBEA   Paso,[343] paso, que yo me esforzaré. No escandalices la casa.

CELESTINA   ¡Oh cuitada[344] de mí! No te descaezcas, señora; háblame
1095 como sueles.

MELIBEA   Y muy mejor. Calla, no me fatigues.

CELESTINA   ¿Pues qué me mandas que haga, perla preciosa? ¿Qué ha sido este tu sentimiento? Creo que se van quebrando mis puntos.

MELIBEA   Quebróse mi honestidad, quebróse mi empacho, aflojó[345] mi
1100 mucha vergüenza, y como muy naturales, como muy domésticos, no pudieron tan livianamente despedirse de mi cara, que no llevasen consigo su color por algún poco espacio, mi fuerza, mi lengua y gran parte de mi sentido. ¡Oh, pues ya, mi nueva maestra, mi fiel secretaria, lo que tú tan abiertamente conoces, en vano trabajo por te lo
1105 encubrir! Muchos y muchos días son pasados que ese noble caballero me habló en amor. Tanto me fue entonces su habla enojosa, cuanto, después que tú me le tornaste a nombrar, alegre. Cerrado han tus puntos mi llaga, venida soy en tu querer. [...] Mucho te debe ese señor y más yo, que jamás pudieron mis reproches aflacar tu esfuerzo
1110 y perseverar, confiando en tu mucha astucia. Antes, como fiel servidora, cuando más esfuerzo; cuando peor respuesta, mejor cara; cuando yo más airada, tú más humilde. Pospuesto todo el temor, has sacado de mi pecho lo que jamás a ti ni a otro pensé descubrir.

CELESTINA   Amiga y señora mía, no te maravilles, porque estos fines con
1115 efecto me dan osadía a sufrir los ásperos y escrupulosos desvíos[346] de las encerradas doncellas como tú. Verdad es que ante que me determinase, así por el camino, como en tu casa, estuve en grandes dudas si te descubriría mi petición. Visto el gran poder de tu padre, temía;

340 *will cause*
341 decaimiento
342 *fainted*
343 Habla bajo
344 *distressed*
345 cedió, disminuyó
346 *diversions*

347 *lap*
348 *to watch*
349 *tranquility*
350 *flattery*

mirando la gentileza de Calisto, osaba; vista tu discreción, me recelaba; mirando tu virtud y humanidad, *me* esforzaba. En lo uno hallaba el miedo [y] en lo otro la seguridad. Y pues así, señora, has quesido descubrir la gran merced que nos has hecho, declara tu voluntad, echa tus secretos en mi regazo,[347] pon en mis manos el concierto de este concierto. Yo daré forma como tu deseo y el de Calisto sean en breve cumplidos.

MELIBEA   ¡Oh mi Calisto y mi señor! ¡Mi dulce y suave alegría! Si tu corazón siente lo que agora el mío, maravillada estoy cómo la ausencia te consiente vivir. ¡Oh mi madre y mi señora, haz de manera como luego le pueda ver, si mi vida quieres!

CELESTINA   Ver y hablar.

MELIBEA   ¿Hablar? Es imposible.

CELESTINA   Ninguna cosa a los hombres, que quieren hacerla, es imposible.

MELIBEA   Dime cómo.

CELESTINA   Yo lo tengo pensado, yo te lo diré; por entre las puertas de tu casa.

MELIBEA   ¿Cuándo?

CELESTINA   Esta noche.

MELIBEA   Gloriosa me serás, si lo ordenas. Di a qué hora.

CELESTINA   A las doce.

MELIBEA   Pues ve, mi señora, mi leal amiga, y habla con aquel señor y que venga muy paso y de allí se dará concierto, según su voluntad, a la hora que has ordenado.

CELESTINA   Adiós, que viene hacia acá tu madre.

MELIBEA   Amiga Lucrecia, [y] mi *leal criada y* fiel secretaria, ya has visto como no ha sido más en mi mano. Cautivóme el amor de aquel caballero. Ruégote, por Dios, se cubra con secreto sello, porque yo goce de tan suave amor. Tú serás de mí tenida en aquel *grado* que merece tu fiel servicio.

LUCRECIA   Señora, mucho antes de agora tengo sentida tu llaga y callado tu deseo. Hame fuertemente dolido tu perdición. Cuanto más tú me querías encubrir y celar[348] el fuego que te quemaba, tanto más sus llamas se manifestaban en la color de tu cara, en el poco sosiego[349] del corazón, en el meneo de tus miembros, en comer sin gana, en el no dormir. Así que continuo se te caían, como de entre las manos, señales muy claras de pena. Pero como en los tiempos que la voluntad reina en los señores o desmedido apetito, cumple a los servidores obedecer con diligencia corporal y no con artificiales consejos de lengua, sufría con pena, callaba con temor, encubría con fieldad; de manera que fuera mejor el áspero consejo que la blanda lisonja.[350]

Pero, pues ya no tiene tu merced otro medio, sino morir o amar, ³⁵¹ mala, malvada
mucha razón es que se escoja por mejor aquello que en sí lo es.

ALISA   ¿En qué andas acá, vecina, cada día?

CELESTINA   Señora, faltó ayer un poco de hilado al peso y vínelo a
1165   cumplir, porque di mi palabra y, traído, voyme. Quede Dios contigo.

ALISA   Y contigo vaya.

Hija Melibea, ¿qué quería la vieja?

MELIBEA   [Señora], venderme un poquito de solimán.

ALISA   Eso creo yo más que lo que la vieja ruin³⁵¹ dijo. Pensó que
1170   recibiría yo pena de ello y mintióme. Guárdate hija, de ella, que es
gran traidora. Que el sotil ladrón siempre rodea las ricas moradas.
Sabe ésta con sus raiciones, con sus falsas mercadurías, mudar los
propósitos castos. Daña la fama. A tres veces que entra en una casa,
engendra sospecha.

1175 **LUCRECIA**   (Tarde acuerda nuestra ama.)

ALISA   Por amor mío, hija, que si acá tornare sin verla yo, que no hayas
por bien su venida ni la recibas con placer. Halle en ti honestidad en
tu respuesta y jamás volverá. Que la verdadera virtud más se teme que
espada.

1180 **MELIBEA**   ¿De ésas es? ¡Nunca más! Bien huelgo, señora, de ser avisada,
por saber de quién me tengo de guardar.

✦ Comprensión

Conteste las siguientes preguntas según el texto.

1. ¿Cómo se siente Melibea al comienzo del décimo auto?
2. Según Melibea, en cuanto al amor, ¿qué diferencia hay entre las mujeres y los hombres?
3. ¿Cuáles son las tres cosas que le pregunta Celestina a Melibea?
4. ¿Cómo se llama el dolor de Melibea?
5. ¿Cuándo verá Melibea a Calisto? ¿Dónde?
6. ¿Quién es Lucrecia? ¿Y Alisa?
7. ¿Qué le aconseja Alisa a Melibea con respecto a Celestina?

✦ Expansión

A. En sus parlamentos, Celestina, Sempronio y Pármeno utilizan frecuentemente dichos o expresiones populares. Explique con sus propias palabras la significación de las siguientes expresiones.

1. Sempronio: «E irán allá la soga y el calderón.»
2. Sempronio: «Bien sé de qué pie coxqueas.»
3. Sempronio: «De otro temple está esta gaita.»
4. Sempronio: «Haz tú lo que bien digo y no lo que mal hago.»

5. Sempronio: «Las paredes han oídos.»
6. Pármeno: «Muchos con codicia de dar en el fiel, yerran el blanco.»
7. Celestina: «Seremos dos a dos y, como dicen, tres al mohíno.»
8. Sempronio: «No se debe dejar crecer la hierba entre los panes.»
9. Celestina: «Da Dios habas a quien no tiene quijadas.»
10. Celestina: «Nunca peligro sin peligro se vence.»

B. Marque con un círculo la palabra no apropiada de cada grupo.

1. Según Sempronio, todos conocen a Celestina, incluso...
   las aves, los perros, las hormigas y las ranas.
2. Entre los clientes de Celestina, hay...
   carpinteros, abogados, herradores y labradores.
3. Celestina tenía varios oficios, entre ellos los de...
   perfumera, religiosa, hechicera y alcahueta.
4. Según Celestina, la atracción entre macho y hembra es común a todas especies, incluso entre...
   los seres humanos, algunas plantas, la piedras y las aves.
5. Melibea incluye, entre los síntomas del mal del amor, el...
   tener dolor de cabeza, no tener hambre, no poder dormir y no gustarle la risa.

✦ Temas de discusión o análisis

1. Basándose en las selecciones y en la sinopsis que ha leído, ¿cree usted que el autor tenía un propósito moral al escribir *La Celestina*? ¿Cuál sería? Explique.
2. Algunos críticos literarios opinan que las primeras palabras de Calisto muestran que el autor intenta parodiar al amante cortesano medieval. ¿Qué opina usted sobre esto? Explique. Busque las definiciones de «parodia» y de «amor cortesano» en el Glosario literario y cultural.
3. La relación entre Calisto y sus sirvientes refleja un cambio importante en las ideologías y estructuras sociales de la época en que se escribió la obra. Describa esta relación.
4. Analice las motivaciones de los personajes en *La Celestina*. ¿Cuáles son los móviles que parecen dominar a los personajes?
5. Discuta cómo se relaciona Celestina con los otros personajes de la obra. ¿Cómo afecta la avaricia las relaciones entre los personajes? Explique.
6. Discuta los papeles de las mujeres en *La Celestina*.
7. Uno de los títulos de *La Celestina* la clasifica como tragicomedia. Comente el humor en esta obra.
8. Discuta el desarrollo psicológico de los personajes en *La Celestina*.

✦ Temas de proyección personal

1. ¿Son aplicables a la vida moderna algunas de las lecciones que parecen desprenderse del trágico final de los personajes de *La Celestina*? Explique.

2. El personaje de Celestina es uno de los más complejos y universales que ha producido la literatura española. Discuta la relevancia de este personaje en el mundo contemporáneo.

3. El mundo en crisis de *La Celestina* parece girar en torno a un cambio fundamental en los valores éticos y morales que afecta profundamente las relaciones entre los seres humanos. ¿Es posible trazar un paralelo entre nuestros tiempos y la época de crisis reflejada en *La Celestina*? Comente.

✦ *Temas intertextuales* ✦

1. Por lo general, la literatura medieval es didáctica. Analice los recursos didácticos en el *Auto de los Reyes Magos,* en el *Ejemplo XLV* de don Juan Manuel y en las *Coplas* de Jorge Manrique.

2. Comente el concepto de la muerte en las *Coplas* de Jorge Manrique y en el *Ejemplo XLV* de don Juan Manuel.

3. Explique el tema de la vanidad basándose en las *Coplas* de Jorge Manrique y en el *Ejemplo XLV* de don Juan Manuel.

4. Estudie y describa la caracterización del personaje del rey o del señor poderoso en el *Auto de los Reyes Magos,* en las *Coplas* de Jorge Manrique y en el «Romance de cómo se perdió España».

5. Comente la función de la naturaleza en las *Coplas* de Jorge Manrique y en el «Romance de cómo se perdió España».

6. Compare el diálogo del *Auto de los Reyes Magos* con el del *Ejemplo XLV* de don Juan Manuel y con el de los romances. ¿Qué función tiene el diálogo en estas obras? ¿Revela algo sobre los personajes?

7. Haga una comparación entre la actitud hacia la guerra en las *Coplas* de Jorge Manrique y el «Romance del rey moro que perdió Alhama».

8. Basándose en todas las obras que usted leyó en esta sección, analice la visión del mundo que tiene el cristianismo medieval.

9. Compare y contraste la personificación de la Fortuna en las *Coplas* y en el «Romance de cómo se perdió España».

10. Compare y contraste la relación entre las varias clases sociales en *El Cantar de Mío Cid* y *La Celestina*.

11. Compare la visión de la mujer en en *El Cantar de Mío Cid* y *La Celestina*.

12. Comente el pesimismo de *La Celestina*. Según usted, ¿refleja dicho pesimismo la llegada de una literatura más «moderna»? Para apoyar su opinión, haga referencias a las obras medievales aquí incluidas.

Del Renacimiento a la Ilustración

Las meninas, *obra maestra de Diego de Silva Velázquez (Museo del Prado)*.

Sinopsis histórico-literaria

Esta sección incluye textos escritos o publicados durante el Siglo de Oro, un período que abarca unos dos siglos, desde principios del siglo XVI hasta finales del siglo XVII, y que se divide en Renacimiento*[1] y Barroco.* El Siglo de Oro representa para España la cumbre de su grandeza, en el que el esplendor artístico y literario coinciden con la gloria política. Los historiadores no están de acuerdo sobre las fechas exactas de esos dos períodos, pero generalmente se data el comienzo del Renacimiento a principios del siglo XVI, y se considera que el Barroco corresponde al siglo XVII. Para algunos historiadores, el Renacimiento español comienza con el reinado de los Reyes Católicos, Isabel de Castilla y Fernando de Aragón, en el siglo XV, para otros, en el siglo XVI, pero precedido por un período prerrenacentista durante el que llegan a España las influencias humanísticas italianas ya en pleno apogeo durante el siglo XV. También empieza a surgir un gran interés por el estudio de la antigüedad grecolatina. El casamiento de Isabel y Fernando, en 1469, establece la unidad política del país y pone fin a los numerosos conflictos territoriales.

El Renacimiento representa el retorno al cultivo de las humanidades clásicas. El hombre modelo de ese período cultiva el doble ideal de la pluma y de la espada; es decir, se ocupa de las letras y, al mismo tiempo, sirve a su rey con las armas. Su personalidad está marcada por la erudición y por una gran energía vital. Garcilaso de la Vega, poeta y soldado, ejemplifica el ideal renacentista del hombre cortesano. En sus poemas se nota el gusto recurrente de esa época por la erudición y por la cultura grecolatina.

La energía intelectual renacentista da impulso al humanismo,* movimiento que renueva el estudio de las lenguas y de las literaturas antiguas. El humanismo encuentra en la imprenta el vehículo para la difusión de los textos clásicos y de sus traducciones. Inventada por el alemán Johannes Gutenberg, la imprenta se desarrolla en varias ciudades del país así como en la Universidad de Salamanca y en la Universidad Complutense, organizada por el cardenal Cisneros en Alcalá de Henares, ciudad natal de Cervantes. La gloria de esa universidad radica en la *Biblia Políglota*, escrita en caracteres hebreos, arameos, griegos y latinos. Su realización queda finalizada en 1517, el mismo año en que muere el cardenal.

La erudición y la energía del Renacimiento español surgen paralelamente con la importancia de la Iglesia católica y de la política nacionalista e imperialista. España alcanza el apogeo de su grandeza, y los españoles se lanzan a la empresa de descubrir y de colonizar las Américas. Sin embargo, la política nacional tiene el propósito de afirmar lo que es puramente español, y de excluir lo extranjero y lo no cristiano. Así llega a extremos de intolerancia que se manifiestan en la obsesión por la «limpieza de sangre», con la expul-

---

[1] Las palabras con asterisco (*) identifican conceptos y términos definidos en el **Glosario de términos literarios y culturales**.

sión de los judíos (1492) y de los moriscos (1609), y con las persecuciones organizadas por la Inquisición. Es objeto de sospecha cualquier persona que no puede probar que ha tenido sangre puramente española y cristiana por cinco generaciones. Además, se instituye el Índice de libros prohibidos por la Iglesia y, en consecuencia, se impide la publicación de libros que no concuerdan con las ideas políticas y religiosas de la jerarquía eclesiástica. Por esta razón muchos libros se publican fuera de España, entre ellos *La vida de Lazarillo de Tormes y de sus fortunas y adversidades*, obra de sátira amarga que critica la sociedad y la Iglesia españolas.

La Inquisición interroga a numerosas personas, incluso a miembros del clero. Un caso famoso, el de Fray Luis de León, demuestra la obsesión de los inquisidores por un catolicismo que ellos consideran puro. El fraile agustino, escritor erudito y profesor de la Universidad de Salamanca, pasa cinco años en la cárcel. Sus traducciones al castellano de varios libros de las escrituras hebraicas provocan acusaciones de judaísmo, hechas probablemente por colegas envidiosos.

También son interrogados Santa Teresa de Jesús y San Juan de la Cruz, que es encarcelado durante ocho meses. Santa Teresa se dedica a la reforma de la Orden del Carmelo, que pone énfasis en la austeridad. Funda su primer convento en 1562 y, a la edad de casi cincuenta años, emprende la misión de viajar por todo el país con el objetivo de reformar la Orden y de fundar nuevos conventos. También escribe una colección impresionante de obras sobre su vida y sobre sus visiones místicas. San Juan es considerado uno de los más grandes poetas religiosos del mundo occidental, pues sus poemas alcanzan una belleza lírica inigualada.

La cumbre del poder político español durante el Renacimiento coincide con los reinados de Carlos I (1516–1555) y de su hijo Felipe II (1555–1598). Carlos I también fue conocido como Carlos V por haber heredado, de su padre Felipe el Hermoso, la corona imperial austríaca de los Habsburgo. Se decía que «en los dominios de España no se pone nunca el sol». Sin embargo, el oro de América poco a poco se va gastando en interminables guerras y España empieza a empobrecerse. Felipe II amplía la política imperialista y religiosa de su padre, apoyando la lucha contra los protestantes, desde un frente no sólo militar sino también intelectual, por medio de la Contrarreforma. En efecto, es Felipe II quien dijo: «Prefiero no reinar que reinar sobre herejes». Organiza una armada para combatir a los piratas turcos y, en 1571, consigue la famosa victoria de Lepanto, batalla en la que participa y es herido Miguel de Cervantes. Felipe II aspira a convertir al catolicismo a los protestantes ingleses. En 1587, con el pretexto de la ejecución de María Estuardo, católica y posible heredera del trono de Inglaterra, decide mandar a la Armada Invencible con el propósito de invadir Inglaterra y derrocar a la reina protestante Isabel I. Sin embargo, la Armada sufre una derrota terrible en 1588, y la grandeza de España comienza a declinar rápidamente.

No obstante, España se distingue en las bellas artes durante todo ese período y no cabe dudar la importancia de su contribución a la literatura y a la cultura europeas. Los escritores españoles del Siglo de Oro practican varios géneros, como la novela picaresca,* género nuevo que se inicia con *La vida de Lazarillo de Tormes y de sus fortunas y adversidades* (1555). La obra fue condenada y expurgada por la censura y colocada en el Indice prohibitorio. *El Lazarillo de Tormes* refleja una imagen realista de la sociedad de la época. Lazarillo, el personaje principal, es un niño de la clase baja que se ve obligado a servir a varios amos. Sus experiencias, narradas cronológicamente, constituyen la trama de la novela. Desde el punto de vista de Lazarillo, el autor critica la hipocresía del clero y la obsesión de la sociedad por el honor y las apariencias.

De tono completamente diferente es otra obra clave de la época, la primera novela pastoril* escrita en español: *Los siete libros de la Diana* de Jorge Montemayor. El género pastoril refleja la influencia de la literatura italiana que se inspira en la antigua poesía romana y en su visión idealizada de la vida del campo.

Los autores españoles del Siglo de Oro cultivan una gran variedad de poesía, desde los sonetos* renacentistas de Garcilaso hasta la complejidad barroca de Luis de Góngora, y el espíritu moral y satírico de Francisco de Quevedo. Las obras de Góngora, el poeta barroco por excelencia, influirán en los poetas de la generación de 1927 cuando éstos celebran el tricentenario de su gran predecesor. La poesía de Góngora se caracteriza por la abundancia de metáforas,* y de alusiones clásicas y mitológicas. Esos recursos poéticos complicados llegan a ser conocidos como «gongorismos». El uso recurrente de abundantes elementos decorativos ejemplifica el arte barroco. Francisco de Quevedo, adversario de los experimentos estilísticos de Góngora y de su corriente poética, es conocido como el primer gran poeta satírico de España. En sus obras lamenta la decadencia y los vicios de la sociedad. Quevedo también es recordado por su novela *El buscón* (1626), una de las creaciones máximas de la picaresca.

El teatro español florece durante el Siglo de Oro. Surgen compañías de actores ambulantes que van de pueblo en pueblo. Los tres dramaturgos más destacados de la época son Lope de Vega, Tirso de Molina y Calderón de la Barca. Contemporáneo de Shakespeare, Lope escribe para los corrales o teatros municipales de Madrid. Es difícil saber el número exacto de sus obras porque se le atribuyen muchas que no son suyas y otras se han perdido. De 1604 data una lista de 219 comedias suyas; ahora el número estimado sobrepasa el millar. Lope también es autor de una obra sobre la teoría del drama, el *Arte nuevo de hacer comedias en este tiempo* (1609). En ella afirma la doble función del teatro español, enseñar y entretener al público. Entre los temas recurrentes del teatro lopista se cuentan los grandes sentimientos humanos, el amor y el honor, dramatizados por personajes que representan todas las clases sociales. También es una creación del Siglo de Oro el personaje quizás más imitado y famoso de la literatura occidental, Don Juan. En efecto, Don Juan aparece por primera vez en *El burlador de Sevilla* (1630), obra religiosa y simbólica del fraile Tirso de Molina. Otro dramaturgo que sobresale en esa época es Calderón de la Barca, conocido sobre todo por su comedia filosófica *La vida es sueño* (1635), obra maestra que critica los valores de este mundo.

También practica el género dramático Miguel de Cervantes, autor de la gran novela *El ingenioso hidalgo Don Quijote de la Mancha* (1605). Se dice que en realidad Cervantes quería destacarse en el teatro y rivalizar con Lope. De los entremeses* cervantinos, se incluye aquí *El retablo de las maravillas*, sátira de los prejuicios de la época, sobre todo de la obsesión por la limpieza de sangre. Cervantes, igual que Garcilaso de la Vega, se dedica a las armas y a las letras. Combate en la batalla de Lepanto (1571), al final de la cual pasa cinco años en Argel, cautivo de piratas. A los cincuenta años escribe su obra maestra, *El ingenioso hidalgo Don Quijote de la Mancha*, que relata la historia de un hidalgo pobre que lee tantas novelas de caballería que pierde el juicio y decide hacerse caballero andante. Los libros de caballerías gozaron de gran popularidad desde la publicación, en 1508, de *Los cuatro libros del virtuoso caballero Amadís de Gaula*. Cervantes intenta burlarse de esas novelas, pero logra además crear un personaje perdurable que capturará la imaginación y el corazón de muchas generaciones de lectores.

Las mujeres también participan en la actividad literaria del período. Hay evidencia de que en el siglo XVI, les es permitida la entrada en la Universidad de Salamanca a una minoría de mujeres. Sin embargo, ese acceso de la mujer a la universidad no dura mucho tiempo. Hacia fines del siglo se le cierra la puerta otra vez y así permanece por más de tres siglos. Sin embargo, algunas mujeres tienen la oportunidad de participar en la universidad. Atraídas por el humanismo, se ocupan del estudio de las lenguas clásicas y llegan a ser conocidas con el nombre de «latinas». Entre ellas, Francisca de Nebrija, hija del ilustre gramático Antonio de Nebrija, que enseña retórica en la Universidad de Alcalá.

En general, con la universidad cerrada a candidatas femeninas, el nivel cultural de las religiosas está por encima del de otras mujeres porque en el convento tienen acceso a la lectura y a la escritura. Ya se han mencionado las obras de Santa Teresa de Jesús, por ejemplo. Quedan inéditos los escritos de muchas otras mujeres religiosas.

Son aún más excepcionales las ediciones de obras femeninas seculares. En el prólogo a sus *Novelas amorosas y ejemplares*, María de Zayas explica los prejuicios de su época contra las mujeres: «habrá muchos que atribuyan a locura esta virtuosa osadía de sacar a la luz mis borrones, siendo mujer, que, en opinión de algunos necios, es lo mismo que una cosa incapaz». Frente a la relativa escasez de escritos femeninos publicados, sobresalen las obras de Zayas. Esta escritora cultiva el género de la novela cortesana en forma de narraciones cortas influidas por el cuento italiano. Las historias de Zayas tienen lugar en un ambiente urbano de clase alta. No esconde los rasgos negativos de su sociedad, sino que pone en escena la crueldad, a menudo hombres pero también mujeres, que maltratan a sus amantes o a sus esposas(os). Frecuentemente se nota una perspectiva feminista, bastante rara para esta época.

GARCILASO DE LA VEGA

Nota biográfica

Garcilaso de la Vega (¿1501?–1536), poeta y soldado, representa el ideal renacentista del hombre cortesano. Nació en Toledo, de familia noble, y siguió la carrera militar. Luchó en varias campañas con las fuerzas del emperador Carlos V, y murió a los treinta y cinco años en Niza de una herida en la cabeza. Sabía latín, griego y otras lenguas, y cultivó las nuevas formas poéticas italianas. Se casó con doña Elena de Zúñiga, pero su poesía amorosa está inspirada en su amor por doña Isabel de Freyre, dama portuguesa, de la que se enamoró al poco tiempo de su casamiento. El matrimonio de Isabel y, más tarde, su muerte causaron en Garcilaso una crisis sentimental que se refleja en sus versos. Acompañó al Emperador a Italia y residió algún tiempo en Nápoles (1532–1534), donde se puso en contacto con algunos humanistas italianos y adquirió fama de poeta en latín y en español. Aunque Garcilaso escribió principalmente versos líricos amorosos, también compuso canciones, elegías* y sus famosas églogas,* poemas bucólicos que idealizan la vida del campo. Se conservan algunas composiciones en metros tradicionales, una epístola, dos elegías, tres églogas, cinco canciones y treinta y ocho sonetos. Tanto en la forma como en los temas, se nota la influencia del gran poeta italiano del siglo XIV, Francesco Petrarca. Es de notar que su obra, junto con la de Juan Boscán, fue editada póstumamente, en 1543, por la viuda de éste. Testimonio de su fama es el hecho de que sus poesías fueron reimpresas numerosas veces durante el siglo XVII y según algunos críticos fue el poeta más leído del Siglo de Oro.

✦ Guía y actividades de pre-lectura

De Garcilaso se incluyen aquí dos sonetos de profunda melancolía. Se cree que el Soneto X fue escrito después de la muerte de Isabel Freyre. En él expresa la emoción individual de la soledad sin caer en sentimentalismo. Sus versos son elegantes y musicales. Garcilaso no pone énfasis en la descripción física de la amada sino en sus sentimientos y en su estado espiritual. El Soneto XXIII trata el tema del *Carpe diem,** recurrente en esa época, sobre la fugacidad de la vida. Según los textos que presentan dicho motivo, uno debe disfrutar de la vida y de sus placeres antes de que sea demasiado tarde. Aquí también el poeta describe la belleza del paisaje con fluidez y elegancia. Son estas características de naturalidad, suavidad expresiva, delicadeza y ritmo que reflejan la influencia clásica e italiana. Garcilaso se vale de la metáfora y de la antítesis* para acentuar sus ideas.

1. Basándose en el primer verso del Soneto X, «¡O dulces prendas por mi mal halladas», ¿qué podría usted anticipar con respecto al tono del poema? Explique.

2. Basándose en el primer verso del Soneto XXIII, «En tanto que de rosa y azucena», ¿qué tipo de imágenes cree usted que va a encontrar en ese soneto? ¿Por qué?

3. Busque la definición de «soneto» en el **Glosario de términos literarios y culturales**. Luego, lea el Soneto XXIII rápidamente, fijándose solamente en la última palabra de cada verso. Haga un esquema sencillo de la forma, y note el número de estrofas y de versos además de la rima.

Soneto X

¡Oh dulces prendas,[1] por mi mal halladas,[2]
dulces y alegres cuando Dios quería!
Juntas estáis en la memoria mía,
y con ella en mi muerte conjuradas.[3]

¿Quién me dijera, cuando en las pasadas
horas en tanto bien por vos me vía,
que me habíades[4] de ser en algún día
con tan grave dolor representadas?

Pues en una hora junto me llevastes
todo el bien[5] que por términos[6] me distes,
llevadme junto el mal que me dejastes.

Si no, sospecharé que me pusistes
en tantos bienes, porque deseastes
verme morir entre memorias tristes.

1 *souvenirs or articles belong-ing to a loved one*
2 encontradas
3 **con...** *conspirators with memory in my death*
4 habíais
5 felicidad
6 **por...** poco a poco

✦ Comprensión

Conteste las siguientes preguntas según el poema.

1. ¿Qué describe el autor en este soneto?
2. ¿Cómo indica el poeta que ya está muerta la persona que él describe?
3. ¿Cuál es la idea principal de la primera estrofa?
4. En la tercera estrofa, ¿qué les pide el poeta a las prendas?
5. ¿Qué sentimientos surgirán en el poeta si no consigue lo que pide?
6. ¿Qué poder tiene la memoria sobre el poeta?

Soneto XXIII

En tanto que de rosa y azucena[1]
se muestra la color en vuestro gesto,[2]
y que vuestro mirar ardiente, honesto
enciende el corazón y lo refrena;[3]

y en tanto que el cabello,[4] que en la vena
del oro se escogió, con vuelo presto,[5]
por el hermoso cuello blanco, enhiesto,[6]
el viento mueve, esparce y desordena;[7]

coged[8] de vuestra alegre primavera
el dulce fruto, antes que el tiempo airado[9]
cubra de nieve la hermosa cumbre.[10]

Marchitará[11] la rosa el viento helado,
todo la mudara[12] la edad ligera,[13]
por no hacer mudanza en su costumbre.

1 *lily*
2 cara
3 *restrains*
4 pelo
5 **con...** *fluttering about*
6 *erect, straight*
7 **esparce...** *scatters and dis-arranges*
8 *gather*
9 agitado, enojado
10 *mountain peak (fig.: i.e., head)*
11 *Will wilt*
12 cambiará
13 *fleeting*

✦ Comprensión

Conteste las preguntas o comente los temas según el poema.

1. ¿Qué efecto tiene la mirada de la dama sobre el poeta?
2. ¿De qué color es el pelo de la dama?
3. ¿Qué le hace el viento a su pelo?
4. En este poema, ¿qué simboliza la primavera?
5. ¿Cuál es la idea principal de las dos últimas estrofas del soneto?

✦ Expansión

A. Lea las definiciones que siguen y escriba las palabras definidas en los espacios correspondientes.

1. agua de lluvia helada que cae del cielo _____
2. sinónimo de **cambiar** _____
3. flor con mucha variedad de color y con espinas _____
4. órgano principal del cuerpo _____
5. sinónimo de **pelo** _____

B. Identifique y explique la importancia o la significación de los siguientes elementos.

1. las prendas
2. la rosa
3. la azucena
4. la vena del oro
5. la nieve
6. la primavera

✦ Temas de discusión o análisis

1. Resuma las ideas principales del Soneto X.
2. Comente el tema del amor y su carácter paradójico en el Soneto X.
3. Identifique las palabras clave en el Soneto X y analice el efecto de la acumulación de las antítesis en el poema.
4. Explique la estructura del Soneto X.
5. Resuma con sus propias palabras las ideas principales del Soneto XXIII.
6. Comente el tema de *Carpe diem* en el Soneto XXIII.
7. Estudie las imágenes que usa el poeta en el Soneto XXIII para describir a la dama.

✦ Temas de proyección personal

1. Escríbale una carta a alguien para persuadirlo(la) de que debe disfrutar de la vida antes de que sea demasiado tarde.

2. Describa algún objeto querido y las emociones que dicho objeto evoca en usted.
3. Haga una descripción de alguien que usted conoce o de una persona famosa. Use imágenes para evocar el rostro y la cabeza de dicha persona.

LA VIDA DE LAZARILLO DE TORMES Y DE SUS FORTUNAS Y ADVERSIDADES

Nota introductoria

La historia relacionada con la publicación de *La vida de Lazarillo de Tormes y de sus fortunas y adversidades* está envuelta en la controversia provocada por la mordaz crítica social que contiene. De autor desconocido, el *Lazarillo* se publicó en tres ediciones separadas en 1554 (Burgos, Amberes y Alcalá). Al año siguiente apareció otra edición en Amberes. En 1559 el *Lazarillo* fue condenado por la Inquisición y puesto en el Indice, una lista de libros prohibidos por la Iglesia. Una edición expurgada salió en 1573. La versión original fue reimpresa fuera de España y traducida al francés y al inglés en el mismo siglo. Se cree que la novela pudo haber sido escrita mucho antes de su publicación, es decir entre 1525–1526 y 1550. Las ideas y el tono satírico ejemplifican la literatura del período temprano de la Reforma.

Con el *Lazarillo* se inicia el género de la novela picaresca,* quizás la contribución más importante de la España del siglo XVI a la literatura europea. El protagonista es un pícaro o antihéroe que narra la historia de su vida. El libro pinta un cuadro realista y detallado del ambiente y de la gente de la época; hace muchas referencias a la vida cotidiana española. Se ve la enorme masa de mendigos y pobres en la realidad que retrata y el autor pone de relieve el hambre que sufren todos, incluso los hidalgos empobrecidos. También critica al clero hipócrita e inmoral, y satiriza la obsesión por el honor y la importancia excesiva que se da a las apariencias.

✦ Guía y actividades de pre-lectura

La estructura externa del *Lazarillo* consiste en una serie de episodios independientes entre sí, pero unidos por la voz de Lazarillo, quien cuenta en forma autobiográfica la historia de su vida. Un niño de la clase social baja, Lazarillo es entregado por su madre a un ciego para que le sirva de guía y de criado. Sirve a siete amos sucesivamente: el ciego, un clérigo, un escudero, un fraile de la Merced, un buldero, un capellán y un alguacil. Esos siete empleos se corresponden a los siete tratados o capítulos de la novela. Con fuerte ironía Lázaro aprende de los amos los vicios que necesita para sobrevivir. Al final, Lazarillo gana suficiente dinero como para comprarse un traje y una espada, pero el precio de su éxito es su paulatina degeneración moral.

Se incluye aquí el primer capítulo del *Lazarillo* donde el protagonista narra las experiencias de su niñez y de sus días al servicio del ciego y cruel viejo. El lenguaje del *Lazarillo* está marcado por la abundancia de expresiones populares o coloquiales de esa época. No obstante, el autor también se sirve de la ironía y del doble sentido, lo que indica que era un hombre educado y culto. Además, se nota la abundancia de detalles que sirven para retratar con gran realismo a las personas y a la sociedad de ese período.

1. ¿Ha leído usted otra obra en la que el protagonista es un(a) niño(a)? ¿Cuál? ¿Le gustó? Comente.

2. Lea el episodio de Lázaro en la Biblia (el Evangelio según San Lucas 16: 9–31). ¿Por qué cree usted que escogió el nombre de Lázaro el autor de la novela? Explique.

3. El estilo realista del *Lazarillo* refleja las peores condiciones de la sociedad de esa época. ¿Le gusta a usted la literatura con mensaje social? ¿Cree usted que le va a gustar ese componente del *Lazarillo*?

4. El tema predominante en el *Lazarillo* es el del hambre. Lea un artículo sobre el hambre en la sociedad contemporánea; o asista a una reunión de alguna organización que se ocupa de los pobres y de la lucha contra el hambre. Eso también le ayudará a comprender las acciones de un personaje motivado por el hambre. Comparta el resultado de su investigación con el resto de la clase.

Tratado primero

CUENTA LÁZARO SU VIDA, Y CUYO HIJO FUE

Pues, sepa vuestra merced[1] ante todas cosas que a mí llaman Lázaro de Tormes, hijo de Tomé González y de Antoña Pérez, naturales de Tejares, aldea[2] de Salamanca. Mi nacimiento fue dentro del río Tormes, por la cual causa tomé el sobrenombre, y fue desta manera. Mi padre (que Dios
5 perdone) tenía cargo de proveer una molienda de una aceña,[3] que está ribera[4] de aquel río, en la cual fue molinero más de quince años. Y estando mi madre una noche en la aceña,[5] preñada de mí, tomóle el parto y parióme[6] allí. De manera que con verdad me puedo decir nacido en el río.

10 Pues siendo yo niño de ocho años, achacaron a mi padre ciertas sangrías[7] mal hechas en los costales[8] de los que allí a moler venían, por lo cual fue preso,[9] y confesó, y no negó, y padeció[10] persecución por justicia. Espero en Dios que está en la gloria, pues el Evangelio[11] [a] los llama bienaventurados.[12] En este tiempo se hizo cierta armada contra moros, entre
15 los cuales fue mi padre, que a la sazón estaba desterrado[13] por el desastre

[1] **vuestra...** *your grace*
[2] pueblo
[3] **tenía...** *was in charge of looking after the grinding of a watermill*
[4] *on the banks*
[5] *water-driven flour mill*
[6] **tomóle...** *labor pains came on and she gave birth to me*
[7] **achacaron...** acusaron a mi padre de ciertos robos
[8] *sacks, bags*
[9] *arrested*
[10] sufrió
[11] *gospel*
[12] *blessed*
[13] exiliado

---

[a] Aquí el autor hace alusiones irónicas a la Biblia: Juan 1, 20 y Mateo 5, 10.

ya dicho, con cargo de acemilero[14] de un caballero que allá fue. Y con su señor, como leal[15] criado, feneció su vida.[16]

Mi viuda[17] madre, como sin marido y sin abrigo[18] se viese, determinó arrimarse[19] a los buenos por ser uno dellos,[b] y vínose a vivir a la ciudad, y alquiló una casilla, y metióse a guisar de comer[20] a ciertos estudiantes, y lavaba la ropa a ciertos mozos de caballos del Comendador[21] de la Magdalena,[c] de manera que fue frecuentando las caballerizas.[22] Ella y un hombre moreno,[23] de aquellos que las bestias curaban, vinieron en conocimiento.[24] Este algunas veces se venía a nuestra casa, y se iba a la mañana. Otras veces de día llegaba a la puerta, en achaque de[25] comprar huevos, y entrábase en casa.

Yo, al principio de su entrada, pesábame con él[26] y habíale miedo, viendo el color y mal gesto[27] que tenía. Mas de que vi que con su venida mejoraba el comer, fuíle queriendo bien, porque siempre traía pan, pedazos de carne, y en el invierno leños,[28] a que nos calentábamos.

De manera que continuando la posada[29] y conversación, mi madre vino a darme un negrito muy bonito, el cual yo brincaba[30] y ayudaba a calentar.

Y acuérdome que estando el negro de mi padrastro[31] trebejando[32] con el mozuelo, como el niño veía a mi madre y a mí blancos, y a él no, huía[33] dél con miedo para mi madre y, señalando con el dedo, decía: «¡Madre, coco!»[34] Respondió él riendo: «¡Hideputa!»[35]

Yo, aunque bien muchacho, noté aquella palabra de mi hermanico, y dije entre mí:[36] «¡Cuántos debe de haber en el mundo que huyen de otros, porque no se ven a sí mismos!»

Quiso nuestra fortuna que la conversación del Zaide, que así se llamaba, llegó a oídos del mayordomo[37] y, hecha pesquisa,[38] hallóse que la mitad por medio de la cebada,[39] que para las bestias le daban, hurtaba;[40] y salvados, leña, almohazas, mandiles, y las mantas y sábanas de los caballos hacía perdidas.[41] Y cuando otra cosa no tenía, las bestias desherraba,[42] y con todo esto acudía[43] a mi madre para criar a mi hermanico.

No nos maravillemos de un clérigo, ni de un fraile, porque el uno hurta de los pobres, y el otro de casa para sus devotas, y para ayuda de otro tanto,[44] cuando a un pobre esclavo el amor le animaba a esto.

Y probósele cuanto digo,[45] y aun más. Porque a mí con amenazas[46] me preguntaban, y como niño respondía, y descubría cuanto sabía con miedo, hasta ciertas herraduras[47] que por mandado de mi madre a un herrero[48] vendí.

Al triste de mi padrastro azotaron y pringaron,[49] y a mi madre pusieron pena por justicia, sobre el acostumbrado centenario,[50] que en casa del sobredicho Comendador no entrase, ni al lastimado Zaide en la suya acogiese.

Por no echar la soga tras el caldero,[51] la triste se esforzó[52] y cumplió[53] la sentencia. Y por evitar peligro y quitarse de malas lenguas,[54] se fue a

---

[b] Aquí hace alusión al proverbio: «Arrímate a los buenos y serás uno de ellos.»
[c] La Magdalena es una parroquia de Salamanca.

[14]	*muleteer*
[15]	*loyal*
[16]	**feneció...** murió
[17]	*widowed*
[18]	*protector*
[19]	*acercarse*
[20]	**guisar...** *to do the cooking*
[21]	*prelate*
[22]	*stables*
[23]	negro
[24]	**vinieron...** se conocieron
[25]	**en...** con el pretexto de
[26]	**pesábame...** *I disliked him*
[27]	cara
[28]	*logs*
[29]	el vivir allí
[30]	*bounced up and down*
[31]	*stepfather*
[32]	*playing*
[33]	*fled*
[34]	*boogeyman*
[35]	¡Hijo de puta!
[36]	**entre...** *to myself*
[37]	*steward*
[38]	**hecha...** *investigated*
[39]	**mitad...** *on the average half of the barley*
[40]	*stole*
[41]	**salvados...** *he pretended that the bran, wood, currycombs, cleaning cloths and blankets and sheets for the horses were lost*
[42]	*he unshod*
[43]	venía
[44]	**para...** *to help another like himself*
[45]	**Y probósele...** *And all that I have said was proved against him*
[46]	*threats*
[47]	*horseshoes*
[48]	*blacksmith*
[49]	**azotaron...** *whipped and dipped his wounds in hot fat*
[50]	**sobre...** *in addition to the usual 100 lashes*
[51]	**Por...** *Not to throw the rope after the kettle*
[52]	**se...** *tried very hard*
[53]	*carried out*
[54]	**malas...** *slanders*

servir a los que al presente vivían en el mesón[55] de la Solana. Y allí, padeciendo mil importunidades, se acabó de criar mi hermanico hasta que supo andar, y a mí hasta ser buen mozuelo, que iba a los huéspedes[56] por vino y candelas, y por lo demás[57] que me mandaban.

En este tiempo vino a posar al mesón un ciego,[58] el cual, pareciéndole que yo sería para adestrarle,[59] me pidió a mi madre, y ella me encomendó a él, diciéndole como era hijo de un buen hombre, el cual por ensalzar[60] la fe había muerto en la de los Gelves,[d] y que ella confiaba en Dios no saldría peor hombre que mi padre, y que le rogaba me tratase bien y mirase por mí, pues era huérfano.[61] El respondió que así lo haría, y que me recibía no por mozo[62] sino por hijo. Y así le comencé a servir y adestrar a mi nuevo y viejo amo.[63]

Como estuvimos en Salamanca algunos días, pareciéndole a mi amo que no era la ganancia a su contento,[64] determinó[65] irse de allí. Y cuando nos hubimos de partir, yo fui a ver a mi madre y, ambos llorando, me dio su bendición y dijo:

—Hijo, ya sé que no te veré más. Procura[66] de ser bueno, y Dios te guíe. Criado te he[67] y con buen amo te he puesto; válete por ti.[68]

Y así me fui para mi amo, que esperándome estaba.

Salimos de Salamanca y, llegando a la puente,[69] está a la entrada della un animal de piedra,[70] que casi tiene forma de toro, y el ciego mandóme que llegase cerca del animal. Y allí puesto, me dijo:

—Lázaro, llega el oído a este toro, y oirás gran ruido dentro dél.

Yo simplemente llegué, creyendo ser así. Y como sintió que tenía la cabeza par de[71] la piedra, afirmó recio la mano[72] y dióme una gran calabazada[73] en el diablo del toro, que más de tres días me duró el dolor de la cornada,[74] y díjome:

—Necio, aprende que el mozo del ciego un punto ha de saber más que el diablo.

Y rió mucho la burla.

Parecióme que en aquel instante desperté de la simpleza[75] en que como niño dormido estaba. Dije entre mí: «Verdad dice éste, que me cumple avivar el ojo y avisar,[76] pues solo soy, y pensar cómo me sepa valer.»[77]

Comenzamos nuestro camino, y en muy pocos días me mostró jerigonza[78] y, como me viese de buen ingenio, holgábase[79] mucho, y decía:

—Yo oro ni plata no te lo puedo dar, mas avisos, para vivir, muchos te mostraré. Y fue así; que después de Dios, éste me dio la vida y, siendo ciego, me alumbró y adestró[80] en la carrera de vivir.

Huelgo[81] de contar a vuestra merced estas niñerías, para mostrar cuánta virtud sea saber los hombres subir siendo bajos, y dejarse bajar siendo altos cuánto vicio.

Pues, tornando al bueno de mi ciego y contando sus cosas, vuestra merced sepa que, desde que Dios crió el mundo, ninguno formó más

55 *inn*
56 **a...** *for the guests*
57 **por...** *for whatever else*
58 *blind man*
59 **yo...** *I would be suitable for guiding him*
60 *defend*
61 *orphan*
62 criado
63 *master*
64 **no...** *the earnings not to his liking*
65 decidió
66 Trata
67 **Criado...** Te he criado
68 **válete...** *look out for yourself*
69 *bridge*
70 *stone*
71 **par...** *cerca de*
72 **afirmó...** *stuck out his hand with force*
73 *blow*
74 *butting*
75 *inocencia*
76 **me...** *it's important for me to sharpen my sight and be on guard*
77 **me...** *know how to take care of myself*
78 **me...** *he taught me slang*
79 *he was delighted*
80 **me...** *enlightened and guided me*
81 *I enjoy*

---

[d] Aquí se refiere a la batalla de Gelves (1510), isla de la costa de Túnez.

astuto ni sagaz. En su oficio era un águila.[82] Ciento y tantas oraciones[83] sabía de coro.[84] Un tono bajo, reposado y muy sonable,[85] que hacía resonar la iglesia donde rezaba,[86] un rostro humilde y devoto que con muy buen continente[87] ponía cuando rezaba, sin hacer gestos ni visajes con boca ni ojos, como otros suelen hacer.

Allende desto,[88] tenía otras mil formas y maneras para sacar el dinero. Decía saber oraciones para muchos y diversos efectos: para mujeres que no parían, para las que estaban de parto,[89] para las que eran mal casadas que sus maridos las quisiesen bien. Echaba pronósticos[90] a las preñadas, si traían hijo o hija. Pues en caso de medicina, decía que Galeno[e] no supo la mitad que él para muelas, desmayos, males de madre.[91] Finalmente, nadie le decía padecer alguna pasión, que luego no le decía: «Haced esto, haréis estotro, coged tal hierba, tomad tal raíz.» [92]

Con esto andábase todo el mundo tras él, especialmente mujeres, que cuanto les decía creían. Destas[93] sacaba él grandes provechos con las artes que digo, y ganaba más en un mes que cien ciegos en un año.

Mas también quiero que sepa vuestra merced que, con todo lo que adquiría y tenía, jamás tan avariento ni mezquino[94] hombre no vi, tanto que me mataba a mí de hambre, y así no me demediaba de lo necesario.[95] Digo verdad: si con mi sutileza y buenas mañas[96] no me supiera remediar, muchas veces me finara[97] de hambre. Mas con todo su saber y aviso le contraminaba[98] de tal suerte que siempre, o las más veces, me cabía[99] lo más y mejor. Para esto le hacía burlas endiabladas, de las cuales contaré algunas, aunque no todas a mi salvo.[100]

El traía el pan y todas las otras cosas en un fardel de lienzo[101] que por la boca se cerraba con una argolla de hierro y su candado[102] y llave; y al meter de las cosas y sacarlas, era con tanta vigilancia y tan por contadero[103] que no bastara todo el mundo hacerle menos una migaja.[104] Mas yo tomaba aquella laceria[105] que él me daba, la cual en menos de dos bocados era despachada.

Después que cerraba el candado y se descuidaba,[106] pensando que yo estaba entendiendo en otras cosas, por un poco de costura,[107] que muchas veces del un lado del fardel descosía y tornaba a coser, sangraba[108] el avariento fardel, sacando no por tasa[109] pan, mas buenos pedazos, torreznos y longaniza.[110] Y así buscaba conveniente tiempo para rehacer, no la chaza, sino la endiablada falta que el mal ciego me faltaba.[111]

Todo lo que podía sisar[112] y hurtar, traía en medias blancas.[113] Y cuando le mandaban rezar y le daban blancas, como él carecía de vista,[114] no había el que se la daba amagado con ella,[115] cuando yo la tenía lanzada[116] en la boca y la media aparejada;[117] que por presto[118] que él echaba la mano, ya iba de mi cambio aniquilada[119] en la mitad del justo precio. Quejábaseme[120] el mal ciego, porque al tiento[121] luego conocía y sentía que no era blanca entera, y decía:

---

[e] Claudio Galeno fue un médico griego (¿131–201? a. de J. C.) que hizo descubrimientos científicos importantes y escribió numerosos tratados de medicina.

[82] experto
[83] *prayers*
[84] **de...** de memoria
[85] **reposado...** *calm and sonorous*
[86] *he prayed*
[87] *expression*
[88] **Allende....** Además de esto
[89] **que no...** *who couldn't give birth, [for] those who were in labor*
[90] **Echaba...** *He made forecasts*
[91] **muelas...** *molars, fainting, female sicknesses*
[92] *root*
[93] De éstas
[94] **avariento...** *stingy or miserly*
[95] **no...** *he didn't share with me what was necessary*
[96] *tricks, skills*
[97] *muriera*
[98] **le...** *I outwitted him*
[99] **me...** *fell to me*
[100] **a...** *to my benefit*
[101] **fardel...** *canvas bag or sack*
[102] **argolla...** *iron ring and its padlock*
[103] **tan...** *so carefully counted*
[104] **hacerle...** *steal even a crumb from him*
[105] *pittance*
[106] **se...** *was off guard*
[107] *seam*
[108] *bled*
[109] **no...** *not measured*
[110] **torreznos...** *strips of bacon and sausage*
[111] **rehacer...** *to redress, not the slight harm, but the terrible evil that the mean blind man did to me*
[112] *pinch*
[113] **medias...** *half-pennies*
[114] **carecía...** no podía ver
[115] **no había...** *the one who gave it had no sooner offered it than*
[116] *thrown*
[117] **la media...** *the half-penny ready*
[118] **por...** *as soon as*
[119] *reduced*
[120] Se quejaba
[121] **al...** *by touch*

—¿Qué diablo es esto, que, después que comigo estás, no me dan sino medias blancas, y de antes una blanca, y un maravedí, hartas[122] veces, me pagaban? En ti debe estar esta desdicha.[123]

También él abreviaba el rezar, y la mitad de la oración no acababa, porque me tenía mandado que, en yéndose[124] el que la mandaba rezar, le tirase por cabo del capuz.[125] Yo así lo hacía. Luego él tornaba a dar voces, diciendo: «¿Mandan rezar tal y tal oración?» como suelen decir.

Usaba poner cabe si[126] un jarrillo[127] de vino cuando comíamos. Yo muy de presto le asía[128] y daba un par de besos callados[129] y tornábale a su lugar. Mas duróme poco, que en los tragos conocía la falta[130] y, por reservar su vino a salvo, nunca después desamparaba[131] el jarro, antes lo tenía por el asa[132] asido. Mas no había piedra imán[133] que así trajese a sí como yo con una paja larga de centeno[134] que para aquel menester tenía hecha. La cual, metiéndola en la boca del jarro, chupando el vino lo dejaba a buenas noches.[135] Mas, como fuese el traidor tan astuto, pienso que me sintió. Y dende en adelante mudó propósito,[136] y asentaba[137] su jarro entre las piernas, y atapábale[138] con la mano, y así bebía seguro.

Yo, como estaba hecho[139] al vino, moría por él. Y viendo que aquel remedio de la paja no me aprovechaba ni valía, acordé en el suelo del jarro hacerle una fuentecilla y agujero sutil,[140] delicadamente con una muy delgada tortilla de cera a ataparlo.[141] Y al tiempo de comer, fingiendo[142] haber frío, entrábame entre las piernas del triste ciego a calentarme en la pobrecilla lumbre que teníamos, y al calor della duego derretida[143] la cera, por ser muy poca, comenzaba la fuentecilla a destilarme[144] en la boca, la cual yo de tal manera ponía que maldita la gota se perdía.[145] Cuando el pobreto iba a beber, no hallaba nada. Espantábase,[146] maldecíase, daba al diablo[147] el jarro y en vino, no sabiendo qué podía ser.

—No diréis, tío, que os lo bebo yo,[148] —decía —pues no le quitás de la mano.

Tantas vueltas y tientos dio al jarro[149] que halló la fuente y cayó en[150] la burla; mas así lo disimuló como si no lo hubiera sentido.

Y luego otro día, teniendo yo rezumando[151] mi jarro como solía, no pensando el daño que me estaba aparejado,[152] ni que el mal ciego me sentía, sentéme como solía, estando recibiendo aquellos dulces tragos, mi cara puesta hacia el cielo, un poco cerrados los ojos por mejor gustar el sabroso licor. Sintió el desesperado ciego que agora tenía tiempo de tomar de mí venganza y, con toda su fuerza, alzando[153] con dos manos aquel dulce y amargo[154] jarro, le dejó caer sobre mi boca, ayudándose (como digo) con todo su poder, de manera que el pobre Lázaro, que de nada desto se guardaba,[155] antes, como otras veces, estaba descuidado y gozoso,[156] verdaderamente me pareció que el cielo, con todo lo que en él hay, me había caído encima. Fue tal el golpecillo que me desatinó y sacó de sentido,[157] y el jarrazo[158] tan grande que los pedazos dél se me metieron por la cara,[159] rompiéndomela[160] por muchas partes, y me quebró[161] los dientes sin los cuales hasta hoy día me quedé.

Desde aquella hora quise mal al mal ciego y, aunque me quería y regalaba[162] y me curaba, bien vi que se había holgado del[163] cruel castigo.[164]

[122] muchas
[123] mala suerte
[124] en... al irse
[125] por... edge of the cloak
[126] Usaba... He used to put next to himself
[127] small jug
[128] seized
[129] un par... a couple of silent kisses (fig.: gulps)
[130] en... from my swallows he knew some was missing
[131] let go of
[132] handle
[133] piedra... magnet
[134] una... a long rye straw
[135] chupando... sucking up the wine, I didn't leave a drop
[136] dende... from then on he changed his strategy
[137] ponía
[138] lo tapaba
[139] acostumbrado
[140] acordé... I decided to make a little drain and slight hole in the bottom of the jug
[141] con... to plug it with a thin little wad (lit.: omelet) of wax
[142] fingiendo... pretending
[143] melted
[144] drip
[145] maldita... not a blessed drop was lost
[146] He was afraid
[147] daba... he cursed
[148] No... Don't say, uncle, that I'm the one who's been drinking it
[149] Tantas... He turned the jar around and felt it so many times
[150] cayó... descubrió
[151] draining
[152] el daño... the harm to me that went with it
[153] lifting up
[154] bitter
[155] de... was not prepared for any of this
[156] descuidado... off guard and enjoying [it]
[157] Fue... The little blow was such that it dazed me and knocked me senseless

Lavóme con vino las roturas,[165] que con los pedazos del jarro me había hecho, y sonriéndose decía:

—¿Qué te parece, Lázaro? Lo que te enfermó te sana y da salud—, y otros donaires[166] que a mi gusto no lo eran.

Ya que estuve medio bueno de mi negra trepa y cardenales,[167] considerando que a pocos golpes tales el cruel ciego ahorraría de mí,[168] quise yo ahorrar dél; mas no lo hice tan presto por hacerlo más a mi salvo y provecho. Aunque yo quisiera asentar[169] mi corazón y perdonarle el jarrazo, no daba lugar el mal tratamiento, que el mal ciego desde allí adelante[170] me hacía, que sin causa ni razón me hería, dándome coscorrones y repelándome.[171] Y si alguno le decía por qué me trataba tan mal, luego contaba el cuento del jarro, diciendo:

—¿Pensaréis que este mi mozo es algún inocente? Pues oíd si el demonio ensayara otra tal hazaña.[172]

Santiguándose[173] los que lo oían, decían:

—Mira, ¿quién pensara de un muchacho tan pequeño tal ruindad!

Y reían mucho el artificio,[174] Y decíanle:

—Castigaldo, castigaldo, que de Dios lo habréis.[175]

Y él con aquello nunca otra cosa hacía.

Y en esto yo siempre le llevaba por los peores caminos, y adrede,[176] por le hacer mal y daño. Si había piedras, por ellas; si lodo,[177] por lo más alto; que, aunque yo no iba por lo más enjuto,[178] holgábame a mí de quebrar un ojo por quebrar dos al que ninguno tenía.[179] f Con esto siempre con el cabo alto del tiento me atentaba el colodrillo,[180] el cual siempre traía lleno de tolondrones[181] y pelado[182] de sus manos. Y aunque yo juraba no lo hacer con malicia, sino por no hallar mejor camino, no me aprovechaba, ni me creía más: tal era el sentido y el grandísimo entendimiento del traidor.

Y porque vea vuestra merced a cuánto se extendía el ingenio deste astuto ciego, contaré un caso de muchos, que con él me acaecieron,[183] en el cual me parece dio bien a entender su gran astucia. Cuando salimos de Salamanca, su motivo fue venir a tierra de Toledo, porque decía ser la gente más rica, aunque no muy limosnera.[184] Arrimábase a este refrán: «Más da el duro[185] que el desnudo.» Y venimos a este camino por los mejores lugares. Donde hallaba buena acogida[186] ganancia, deteníamonos; donde no, a tercero día hacíamos San Juan.[g]

Acaeció que llegando a un lugar, que llaman Almorox, al tiempo que cogían las uvas, un vendimiador[187] le dio un racimo[188] dellas en limosna. Y como suelen ir los cestos[189] maltratados, y también porque la uva en aquel tiempo está muy madura,[190] desgranábasele[191] el racimo en la

158 *blow from the jug*
159 **se me...** *got into my face*
160 *cutting it*
161 *broke*
162 *treated me kindly*
163 **se...** *he took pleasure in*
164 *punishment*
165 *cuts*
166 *witty remarks*
167 **Ya...** *After I was halfway recovered from my wretched beating and bruises*
168 **ahorraría...** *(here:) would get rid of me*
169 *calmar*
170 **desde...** *from that time on*
171 **me...** *he wounded me, giving me bumps on the head and pulling my hair*
172 **ensayara...** *would try another such deed*
173 *Crossing themselves*
174 *trick*
175 **de Dios...** *you'll get it (your reward) from God*
176 *on purpose*
177 *mud*
178 *dryest*
179 **holgábame...** *it pleased me to hurt myself in order to hurt him more*
180 **Con...** *He was always poking me in the back of the neck with the upper end of his walking stick*
181 *bumps*
182 *skinned*
183 *happened*
184 *charitable, inclined to give alms*
185 *hard-hearted*
186 *welcome*
187 *grape-harvester*
188 *bunch (of grapes)*
189 *baskets*
190 *ripe*
191 *was falling to pieces*

---

f Lázaro se refiere aquí al cuento popular en el que un hombre envidioso hace un pacto con el diablo. El diablo le promete que le va a conceder cualquier deseo con tal de que un vecino suyo reciba el doble. El hombre pide entonces perder un ojo para que su vecino pierda los dos.

g «Hacer San Juan» es una expresión que significa «marcharse». El día de San Juan (el 24 de junio) era el día tradicional para las mudanzas en España.

235 mano. Para echarlo en el fardel tornábase mosto, y lo que a él se llegaba.[192] Acordó de hacer un banquete, así por no lo poder llevar como por contentarme, que aquel día me había dado muchos rodillazos y golpes.[193] Sentámonos en un valladar,[194] y dijo:

—Agora quiero yo usar contigo de una liberalidad, y es que ambos co-
240 mamos este racimo de uvas, y que hayas dél tanta parte como yo. Partirlo hemos[195] desta manera: tú picarás una vez y yo otra, con tal que me prometas no tomar cada vez más de una uva. Yo haré lo mismo hasta que lo acabemos, y desta suerte no habrá engaño.[196]

Hecho así el concierto,[197] comenzamos. Mas luego al segundo
245 lance[198] el traidor mudó propósito, y comenzó a tomar de dos en dos,[199] considerando que yo debría hacer lo mismo. Como vi que él quebraba la postura,[200] no me contenté ir a la par con él, mas aun pasaba adelante: dos a dos, y tres a tres, y como podía, las comía. Acabado el racimo, estuvo un poco con el escobajo[201] en la mano y, meneando[202] la cabeza, dijo:

250 —Lázaro, engañado me has. Juraré yo a Dios que has tú comido las uvas tres a tres.

—No comí; —dije yo —mas ¿por qué sospecháis eso?

Respondió el sagacísimo ciego:

—¿Sabes en qué veo que las comiste tres a tres? En que comía yo dos
255 a dos, y callabas.

Reíme entre mí y, aunque muchacho, noté mucho la discreta consideración del ciego.

Mas, por no ser prolijo,[203] dejo de contar muchas cosas, así graciosas como de notar, que con este mi primer amo me acaecieron; y quiero de-
260 cir el despidiente[204] y con él acabar.

Estábamos en Escalona, villa del duque della, en un mesón,[205] y dióme un pedazo de longaniza que le asase.[206] Ya que la longaniza había pringado[207] y comídose las pringadas,[208] saco un maravedí[209] de la bolsa y mandó que fuese por él de vino a la taberna. Púsome el demonio el
265 aparejo[210] delante los ojos, el cual (como suelen decir) hace al ladrón, y fue que había cabe el fuego un nabo[211] pequeño, larguillo y ruinoso, y tal que, por no ser para la olla,[212] debió ser echado allí.

Y como al presente nadie estuviese sino él y yo solos, como me vi con apetito goloso,[213] habiéndome puesto dentro el sabroso olor de la longa-
270 niza, del cual solamente sabía que había de gozar, no mirando qué me podría suceder, pospuesto todo el temor por cumplir con el deseo, en tanto que el ciego sacaba de la bolsa el dinero, saqué la longaniza, y muy presto metí el sobredicho nabo en el asador.[214] El cual mi amo, dándome el dinero para el vino, tomó y comenzó a dar vueltas al fuego,[215] queriendo
275 asar al que de ser cocido por sus deméritos había escapado.

Yo fui por el vino, con el cual no tardé en despachar la longaniza. Y cuando vine, hallé al pecador del ciego que tenía entre dos rebanadas apretado[216] el nabo, al cual aun no había conocido por no lo haber tentado[217] con la mano. Como tomase las rebanadas y mordiese en ellas, pen-
280 sando también llevar parte de la longaniza, hallóse en frío con el frío nabo, alteróse[218] y dijo:

192 **Para...** *If he put it in his sack, it would turn into juice and spoil everything it touched.*
193 **rodillazos...** *kicks with the knee and blows*
194 *fence or wall*
195 **Partirlo...** Lo partiremos, lo dividiremos
196 *deception*
197 *agreement*
198 *turn*
199 **de...** *two at a time*
200 *agreement*
201 *stem*
202 *shaking*
203 *verbose*
204 *leave-taking*
205 *inn*
206 **que...** *to roast for him*
207 *basted*
208 *drippings*
209 *old Spanish coin*
210 oportunidad, ocasión
211 *turnip*
212 *stew*
213 *keen*
214 **metí...** *I put the turnip mentioned above on the skewer*
215 **dar...** *to turn it around on the fire*
216 **entre...** *squeezed between two slices of bread*
217 *touched*
218 se enojó

—¿Qué es esto, Lazarillo?

—¡Lacerado de mí![219] —dije yo —¿Si queréis a mí echar algo? ¿Yo no vengo de traer el vino? Alguno[220] estaba ahí, y por burlar haría esto.

285 —No, no, —dijo él —que yo no he dejado el asador de la mano;[221] no es posible.

Yo torné a jurar y perjurar que estaba libre de aquel trueco[222] y cambio; mas poco me aprovechó, pues a las astucias del maldito ciego nada se le escondía. Levantóse y asióme por la cabeza y llegóse a olerme.[223] Y

290 como debió sentir el huelgo,[224] a uso de buen podenco,[225] por mejor satisfacerse de la verdad y, con la gran agonía que llevaba, asiéndome con las manos, abríame la boca más de su derecho[226] y desatentadamente[227] metía la nariz. La cual él tenía luenga y afilada,[228] y a aquella sazón con el enojo se había aumentado un palmo. Con el pico de la cual me llegó a la

295 golilla.[229] Con esto y con el gran miedo que tenía, y con la brevedad del tiempo, la negra longaniza aun no había hecho asiento en el estómago y, lo más principal, con el destiento[230] de la cumplidísima[231] nariz, medio casi ahogándome,[232] todas estas cosas se juntaron y fueron causa que el hecho y golosina se manifestase y lo suyo fuese vuelto a su dueño.[233] De

300 manera que antes que el mal ciego sacase de mi boca su trompa,[234] tal alteración sintió mi estómago que le dio con[235] el hurto en ella, de suerte que su nariz y la negra mal mascada[236] longaniza a un tiempo salieron de mi boca.

¡O gran Dios! ¡quién estuviera a aquella hora sepultado![237] que

305 muerto ya lo estaba. Fue tal el coraje[238] del perverso ciego que, si al ruido no acudieran, pienso no me dejara con la vida. Sacáronme dentre sus manos, dejándoselas llenas de aquellos pocos cabellos que tenía, arañada la cara y rascuñado el pescuezo y la garganta.[239] Y esto bien lo merecía, pues por su[240] maldad me venían tantas persecuciones. Contaba el mal

310 ciego a todos cuantos allí se llegaban mis desastres, y dábales cuenta una y otra vez, así de la del jarro como de la del racimo, y agora de lo presente.

Era la risa de todos tan grande que toda la gente, que por la calle pasaba, entraba a ver la fiesta. Mas con tanta gracia y donaire contaba el ciego mis hazañas que, aunque yo estaba tan maltratado y llorando, me

315 parecía que hacía injusticia en no se las reír.

Y en cuanto esto pasaba, a la memoria me vino una cobardía y flojedad[241] que hice por qué me maldecía. Y fue no dejarle sin narices,[242] pues tan buen tiempo tuve para ello que la mitad del camino estaba andado.[243] Que con sólo apretar los dientes se me quedaran en casa[244] y,

320 con ser de aquel malvado, por ventura lo retuviera mejor mi estómago que retuvo la longaniza y, no pareciendo ellas, pudiera negar la demanda.[245] Pluguiera a Dios que lo hubiera hecho, que eso fuera así que así.[246]

Hiciéronnos amigos la mesonera[247] y los que allí estaban y, con el

325 vino, que para beber le había traído, laváronme la cara y la garganta. Sobre lo cual discantaba el mal ciego donaires,[248] diciendo:

—Por verdad, más vino me gasta este mozo en lavatorios al cabo de año que yo bebo en dos. A lo menos, Lázaro, eres en más cargo[249] al vino

219 **Lacerado...** *Wretched me*
220 *Somebody*
221 **no...** *I haven't let the skewer out of my hand*
222 *trick*
223 *to smell me*
224 *breath*
225 *hound*
226 **más...** *more than it should open*
227 *inconsiderately*
228 *pointed*
229 *gullet*
230 *groping*
231 muy grande
232 *choking me*
233 **el hecho...** *my exploit and gluttony were revealed and what belonged to the owner was returned to him*
234 la nariz (*lit.: trunk*)
235 **dio...** *struck*
236 *chewed*
237 **¡quién...** ! *who could be buried already!*
238 *rage*
239 **arañada...** *my face scratched, my neck and throat clawed*
240 de la garganta
241 **cobardía...** *a cowardly act and weakness*
242 **Y...** *That was to leave him with a nose*
243 **mitad...** *half of the job was already done*
244 **Que...** *If I had only clenched my teeth, it would have stayed in my mouth*
245 **por...** *perhaps my stomach would have held on to it better than the sausage, and if they didn't appear, I could have denied the claim*
246 **eso...** *that would have been a good idea*
247 *innkeeper*
248 **discantaba...** *cracked jokes*
249 **en...** *more indebted*

que a tu padre; porque él una vez te engendró, mas el vino mil te ha dado la vida.

Y luego contaba cuántas veces me había descalabrado y arpado[250] la cara, y con vino luego sanaba.

—Yo te digo —dijo —que, si hombre en el mundo ha de ser bien-aventurado con vino, que serás tú.

Y reían mucho los que me lavaban con esto, aunque yo renegaba.

Mas el pronóstico del ciego no salió mentiroso, y después acá muchas veces me acuerdo de aquel hombre, que sin duda debía tener espíritu de profecía, y me pesa de los sinsabores[251] que le hice, aunque bien se lo pagué, considerando lo que aquel día me dijo salirme tan verdadero como adelante vuestra merced oirá.

Visto esto y las malas burlas que el ciego burlaba de mí, determiné de todo en todo dejarle y, como lo traía pensado y lo tenía en voluntad, con este postrer[252] juego que me hizo, afirmélo más. Y fue así, que luego otro día salimos por la villa a pedir limosna. Y había llovido mucho la noche antes; y porque el día también llovía, y andaba rezando debajo de unos portales,[253] que en aquel pueblo había, donde no nos mojamos. Mas como la noche se venía, y el llover no cesaba, díjome el ciego:

—Lázaro, esta agua es muy porfiada,[254] y cuanto la noche más cierra, más recia.[255] Acojámonos[256] a la posada con tiempo.

Para ir allá, habíamos de pasar un arroyo[257] que, con la mucha agua, iba grande. Yo le dije:

—Tío, el arroyo va muy ancho;[258] mas, si queréis, yo veo por donde travesemos más aína[259] sin nos mojar,[260] porque se estrecha[261] allí mucho, y saltando[262] pasaremos a pie enjuto.[263]

Parecióle buen consejo, y dijo:

—Discreto eres, por esto te quiero bien. Llévame a ese lugar donde el arroyo se ensangosta,[264] que agora es invierno y sabe mal el agua, y más llevar los pies mojados.

Yo que vi el aparejo a mi deseo, saquéle debajo de los portales, y llevélo derecho de un pilar o poste de piedra que en la plaza estaba, so-bre el cual y sobre otros cargaban saledizos[265] de aquellas casas, y díjele:

—Tío, éste es el paso más angosto[266] que en el arroyo hay.

Como llovía recio, y el triste se mojaba, y con la prisa que llevábamos de salir del agua que encima nos caía, y lo más principal, porque Dios le cegó a aquella hora el entendimiento, fue por darme dél venganza,[267] creyóse de mí, y dijo:

—Ponme bien derecho, y salta tú el arroyo.

Yo le puse bien derecho enfrente del pilar, y doy un salto y póngome detrás del poste, como quien espera tope de toro,[268] y díjele:

—¡Sus! saltad todo lo que podáis, porque deis deste cabo del agua.[269]

Aun apenas lo había acabado de decir, cuando se abalanza[270] el pobre ciego como cabrón,[271] y de toda su fuerza arremete,[272] tomando un paso atrás de la corrida[273] para hacer mayor salto, y da con la cabeza en el poste, que sonó tan recio como si diera con una gran calabaza,[274] y cayó luego para atrás, medio muerto y hendida[275] la cabeza.

250 **descalabrado...** *beaten and scratched*
251 **me pesa...** *and I am sorry for the troubles*
252 *último*
253 *sidewalk covered by pro-jecting second story of the house*
254 *stubborn*
255 *strong*
256 *Let's take lodging*
257 *stream*
258 *wide, broad*
259 *quickly*
260 **sin...** *without getting our-selves wet*
261 **se...** *it becomes narrow*
262 *by jumping, leaping*
263 *dry*
264 **se...** *becomes narrow*
265 **cargaban...** *projecting arches were resting*
266 *narrow*
267 *revenge*
268 **tope...** *a bull's charge*
269 **porque...** *so that you'll reach this side of the water*
270 **se...** *charges*
271 *male goat*
272 *throws himself forward*
273 **de la...** *for a running start*
274 *pumpkin, gourd*
275 *split*

—¡Cómo! ¿Y olistes la longaniza y no el poste? ¡Oled, oled! —le dije yo —y déjole en poder de mucha gente que lo había ido a socorrer.

Y tomo la puerta de la villa en los pies de un trote[276] y, antes que la noche viniese, di comigo en Torrijos. No supe más lo que Dios dél hizo,[277] ni curé de lo saber.[278]

380

[276] **tomo...** *I reach(ed) the entrance of the town with one trot*
[277] **lo...** *what became of him*
[278] **ni...** *nor did I care to know*

✦ Comprensión y expansión

A. Conteste las siguientes preguntas según el texto.

1. ¿Quién es el narrador del libro? ¿Para quién escribe?
2. ¿Por qué se llama Lázaro «de Tormes» el personaje principal de esta obra?
3. ¿Por qué fue preso el padre de Lázaro?
4. ¿Cómo murió el padre de Lázaro?
5. ¿Cómo se ganó la vida la madre de Lázaro al quedar viuda?
6. ¿Cuál es la lección moral del episodio en que el niñito llamó a su padre «coco»?
7. ¿Cuál fue el motivo de los robos hechos por Zaide?
8. ¿A quién comenzó a servir Lázaro cuando se despidió de su madre?
9. ¿Cómo se burló el ciego de Lázaro la primera vez?
10. ¿Por qué dice Lázaro que el ciego era un «águila en su oficio»?
11. ¿Cuánto pan la daba el ciego a Lázaro?
12. ¿Cómo consiguió más comida Lázaro?
13. ¿Qué hacía el ciego para no compartir su vino?
14. ¿Qué hizo Lázaro para conseguir un poco de vino?
15. ¿Cómo se vengó de eso el ciego?
16. ¿Qué le faltó a Lázaro después de eso?
17. ¿Qué hacía Lázaro para vengarse del mal tratamiento que siguió al episodio de la jarra?
18. ¿Cómo supo el ciego que Lázaro comía las uvas de tres en tres?
19. ¿Qué hizo Lázaro con el nabo?
20. ¿Cómo lo descubrió el ciego?
21. ¿Qué hizo el ciego para castigar a Lázaro?
22. Para llegar a la posada, ¿qué tenían que atravesar Lázaro y el ciego?
23. ¿Adónde llevó Lázaro al ciego?
24. ¿Cómo estuvo el ciego después de saltar?
25. ¿De qué episodio le hizo recordar Lázaro al ciego?
26. ¿Adónde fue Lázaro después de dejar al ciego?

B. Complete las siguientes afirmaciones, marcando con un círculo la letra de la respuesta más apropiada.

1. El padre de Lazarillo era...
   a. clérigo.   b. molinero.   c. hijo de Tomé González.
2. Lazarillo nació en...
   a. un molino.   b. una casa.   c. el río.
3. El padre de Lázaro murió...
   a. en una batalla.   b. en la cárcel.   c. en el río.

4. Lazarillo puso la cabeza cerca...
   - a. de un poste.
   - b. de un toro de piedra.
   - c. de un jarro de vino.

5. El ciego le golpeó a Lázaro con...
   - a. un jarro de vino.
   - b. un candado.
   - c. una argolla de hierro.

6. Lázaro puso un nabo...
   - a. en la bolsa del ciego.
   - b. en la nariz del ciego.
   - c. en el asador del ciego.

7. El ciego metió la nariz...
   - a. en la boca de Lázaro.
   - b. en el jarro de vino.
   - c. en la bolsa de pan.

C. Las frases que siguen describen a algunas de las personas incluidas en *La vida de Lazarillo de Tormes y de sus fortunas y adversidades*. Lea cada una de ellas y marque **L** (Lazarillo) o **C** (el ciego) en los espacios correspondientes.

____ 1. Sabía muchas oraciones de memoria.
____ 2. Rasguñó la garganta del otro.
____ 3. Comió uvas de dos en dos.
____ 4. Comió uvas de tres en tres.
____ 5. Descosía el fardel de lienzo para sacar comida.
____ 6. Le quebró los dientes al otro.
____ 7. Llevó al otro por malos caminos.

✦ Temas de discusión o análisis

1. ¿Qué paralelismo bíblico tiene el nombre de Lázaro?
2. ¿Cuál es la primera lección que Lázaro aprende del ciego? ¿Cómo cree usted que afecta a Lazarillo en el futuro?
3. Analice otras lecciones que Lázaro aprende del ciego.
4. Mencione una de las trampas de Lazarillo y analice lo que eso nos revela sobre los dos personajes.
5. En su opinión, ¿recibió el ciego lo que se merecía? ¿Por qué sí o por qué no? Explique.
6. Comente el tema del hambre en este tratado. ¿Por qué cree usted que es tan importante? ¿Qué nos revela del mundo de Lazarillo?
7. Cuente la historia contenida en este episodio desde el punto de vista del ciego.
8. Analice a Lazarillo como antihéroe. Primero explique lo que es un héroe, y luego lo que es un antihéroe.
9. ¿Cree usted que el autor critica la sociedad de su época? ¿Cómo?
10. ¿Cómo usa el autor el humor? Desde su punto de vista, ¿es realmente una obra humorística? Explique.

✦ Temas de proyección personal

1. Si usted pudiera ser un personaje de la novela, ¿qué papel haría? ¿Intervendría en la acción o sería espectador? ¿Por qué?

2. Según usted, ¿es justificable que una persona robe si tiene hambre? Explique.
3. Imagínese que Lázaro ha sido reencarnado en un niño sin hogar, de nuestros días. ¿En qué situaciones se hallará? ¿Cómo podrá conseguir comida, etc.? Comente.
4. En su opinión, ¿ha cambiado la sociedad desde los tiempos de Lazarillo? ¿Cómo? Existen paralelismos entre esa sociedad y la nuestra?

FRAY LUIS DE LEON

Nota biográfica

Fray Luis de León (1527–1591), fraile de la Orden de San Agustín, poeta, filólogo, comentador de textos bíblicos y hebraísta, nació en Belmonte (Cuenca) de una familia con algunos antepasados conversos. Estudió en la Universidad de Salamanca donde su hermano era profesor de Derecho. Su padre también tuvo una carrera legal, primero como abogado y luego como juez. Luis de León entró en la orden agustina en 1544. Después de terminar sus estudios se le confirió una cátedra en la Universidad de Salamanca. Tradujo al castellano el *Cantar de los cantares* y otros libros de las escrituras hebraicas, lo que en parte provocó las acusaciones de «judaísmo» y condujo a su encarcelamiento en Valladolid por cuatro años (1572–1576). Cuenta la tradición que al volver a enseñar comenzó su primera clase con las siguientes palabras: «Decíamos ayer...» Fray Luis escribió numerosos tratados en latín e hizo varias obras en español, y algunas traducciones de la Biblia y de los clásicos. Entre sus obras en español, las más conocidas son *De los nombres de Cristo* (1583), un tratado de filosofía religiosa; *La perfecta casada* (1583), libro didáctico que resume los deberes y atributos de la esposa ejemplar, y su colección de poesía. Sus comentarios *Exposición del Libro de Job* y *Traducción literal y declaración del Cantar de los cantares* no fueron publicados hasta finales del siglo XVIII, 1779 y 1798 respectivamente. Los poemas de Fray Luis tampoco fueron publicados durante su vida, aunque circulaban en copias manuscritas. Francisco de Quevedo los publicó en 1631 por ser poemas de estilo directo, libres de afectación y obscuridad, como reacción contra el culteranismo* y como modelos para los poetas de su época. Tratan varios temas típicamente renacentistas, entre ellos la idealización de la vida del campo, y la paz y la belleza de la naturaleza. Por su habilidad en reunir lo clásico con lo religioso, Fray Luis es considerado una de las figuras más representativas del Renacimiento español.

✦ Guía y actividades de pre-lectura

Seguidamente se incluyen dos composiciones de Fray Luis. En la oda* «Vida retirada», su poema más conocido, el autor trata el tema de la paz y de la soledad. Durante el Renacimiento, el «*Beatus ille* », un poema escrito en latín por Horacio sobre ese tema, inspiró muchas imitaciones. En efecto, «Vida re-

Adoración del nombre de Jesús, *Londres, National Gallery. (Alegoría de la santa liga, Escorial, Monasterio: conmemoración de la victoria de Lepanto en 1571, batalla en la que participó Miguel de Cervantes. El papa Pío V está en el centro y Felipe II a su derecha.)*

tirada» es un elogio de la vida en el campo donde, lejos de la ciudad y de la corte, es posible encontrar la paz del espíritu. Cuando se considera la vida llena de controversias que llevó Fray Luis, el poema probablemente evoca sus sueños más que la realidad, o bien refleja los raros momentos en que pudo escapar de su vida activa. En la décima «Al salir de la cárcel», el escritor sueña con retirarse del mundo al mismo tiempo que denuncia la envidia de los que fueron responsables de su encarcelamiento. Para el poeta agustino, influido por el neoplatonismo,* la naturaleza refleja la armonía del universo, que tiene sus orígenes en lo divino. El estilo de Fray Luis ejemplifica el equilibrio clásico entre contenido y forma. Se inspira en su precursor Garcilaso de la Vega, pero es más seco y conciso que él.

1. Imagine un lugar retirado y tranquilo. ¿Cómo es? Descríbalo.
2. Según usted, ¿qué emociones expresaría al salir de la prisión una persona injustamente encarcelada? ¿Por qué? Explique.

Vida retirada

¡Qué descansada vida
la del que huye[1] el mundanal[2] ruido,
y sigue la escondida
senda[3] por donde han ido
los pocos sabios que en el mundo han sido!

        Que[4] no le enturbia[5] el pecho
de los soberbios[6] grandes el estado,
ni del dorado techo[7]
se admira, fabricado
del sabio moro,[a] en jaspes sustentado.[8]

        No cura si la fama
canta con voz su nombre pregonera,[9]
ni cura si encarama[10]
la lengua lisonjera[11]
lo que condena la verdad sincera.

        ¿Qué presta[12] a mi contento
si soy del vano dedo señalado;
si en busca de este viento
ando desalentado[13]
con ansias vivas, con mortal cuidado?

        ¡Oh campo, oh monte, oh río!
¡Oh secreto seguro deleitoso![14]
Roto casi el navío,[15]
a vuestro almo reposo[16]
huyo de aqueste mar tempestuoso.

        Un no rompido sueño,
un día puro, alegre, libre quiero;
no quiero ver el ceño[17]
vanamente severo
de quien la sangre ensalza[18] o el dinero.

        Despiértenme las aves[19]
con su cantar suave no aprendido,
no los cuidados graves
de que es siempre seguido
quien al ajeno arbitrio está atenido.[20]

        Vivir quiero conmigo,
gozar[21] quiero del bien que debo al cielo,
a solas sin testigo,[22]
        libre de amor, de celo,[23]

[1]	*flees*
[2]	del mundo
[3]	*path*
[4]	Porque
[5]	**no...** *is not darkened, disturbed*
[6]	orgullosos
[7]	**dorado...** *gilded ceiling*
[8]	**jaspes...** *upheld by jasper columns*
[9]	*proclaiming*
[10]	eleva
[11]	*flattering*
[12]	**¿Qué... ?** *What does it add . . . ?*
[13]	*breathlessly*
[14]	agradable
[15]	*ship*
[16]	**almo...** *nourishing repose*
[17]	*frown*
[18]	*glorifies*
[19]	pájaros
[20]	**al...** *depends on the will of another*
[21]	*to enjoy*
[22]	*witness*
[23]	*jealousy*

[a] Los moros tenían fama de arquitectos de edificios suntuosos.

de odio, de esperanzas, de recelo.[24]
  Del monte en la ladera[25]
por mi mano plantado tengo un huerto[26]
que con la primavera
de bella flor cubierto
ya muestra en esperanza el fruto cierto.
  Y como condiciosa[27]
de ver y acrecentar[28] su hermosura,
desde la cumbre airosa[29]
una fontana[30] pura
hasta llegar corriendo se apresura.[31]
  Y luego sosegada[32]
el paso entre los árboles torciendo,[33]
el suelo de pasada
de verdura vistiendo,
y con diversas flores va esparciendo.[34]
  El aire el huerto orea,[35]
y ofrece mil olores al sentido,
los árboles menea[36]
con un manso[37] rüido,
que del oro y del cetro[38] pone olvido.
  Téngase su tesoro[39]
los que de un flaco leño[40] se confían:
no es mío ver el lloro
de los que desconfían
cuando el cierzo y el álbrego porfían.[41]
  La combatida entena
cruje,[42] y en ciega[43] noche el claro día
se torna, al cielo suena
confusa vocería,[44]
y la mar enriquecen a porfía.[45]
  A mí una pobrecilla
mesa de amable paz bien abastada[46]
me basta, y la vajilla[47]
de fino oro labrada[48]
sea de quien la mar no teme airada.[49]
  Y mientras miserablemente
se están los otros abrasando[50]
en sed insaciable
del no durable mando,[51]
tendido[52] yo a la sombra[53] esté cantando.
  A la sombra tendido
de yedra y lauro[54] eterno coronado,
puesto el atento oído
al son dulce acordado
del plectro sabiamente meneado.[55]

40
45
50
55
60
65
70
75
80
85

[24] *fear, suspicion*
[25] *slope*
[26] *orchard*
[27] *desirous*
[28] *increasing*
[29] **cumbre...** *airy hilltop*
[30] *spring*
[31] **se...** *hastens*
[32] *tranquila*
[33] **el paso...** *wending its way among the trees*
[34] *sprinkling*
[35] *flows through*
[36] *sways*
[37] suave
[38] *scepter*
[39] *treasure*
[40] **un...** *a frail boat*
[41] **el cierzo...** *the north and south winds compete*
[42] **La...** *The strained rigging creaks*
[43] *blind*
[44] *sound of voices*
[45] **a...** *in competition*
[46] *supplied*
[47] *table service*
[48] decorada
[49] *angry*
[50] *consuming*
[51] *power, control*
[52] *lying down*
[53] *shade*
[54] **yedra...** *ivy and laurel*
[55] **plectro...** *small object used for plucking the strings of a musical instrument*

✦ Comprensión

Conteste las siguientes preguntas según el poema.

1. ¿Cómo es la vida descansada que describe el poeta en las dos primeras estrofas?
2. ¿Qué imagen usa el poeta para describir la vida en la estrofa número 5?
3. ¿De qué emociones quiere sentirse libre el poeta?
4. ¿Cómo es el huerto del poeta? Descríbalo.
5. ¿Cuál es la significación de la mesa descrita en la estrofa número 15?
6. ¿Cómo es la escena evocada por el poeta al final del poema?

─────────

Al salir de la cárcel

Aquí la envidia[1] y mentira
me tuvieron encerrado.
Dichoso[2] el humilde estado
del sabio que se retira
de aqueste mundo malvado,[3]
y con pobre mesa y casa,
en el campo deleitoso[4]
con sólo Dios se compasa,[5]
y a solas su vida pasa,
ni envidiado ni envidioso.

[1] *envy*
[2] Afortunado, feliz
[3] malo
[4] agradable
[5] **se...** *is at harmony*

✦ Comprensión

Conteste las siguientes preguntas según el poema.

1. Según el poeta, ¿por qué fue encarcelado?
2. ¿Cómo describe el mundo la voz poética?
3. ¿Quién es el compañero del sabio retirado?
4. ¿De qué sentimientos protege la vida retirada?

✦ Expansión

A. Identifique y explique la importancia o la significación de los siguientes elementos en los dos poemas.

1. la fama
2. la sed insaciable
3. el canto de las aves
4. la vajilla de oro
5. la soledad
6. el mar tempestuoso

B. Lea las definiciones que siguen y escriba las palabras definidas en los espacios correspondientes.

1. antónimo de **verdad**   _____
2. sinónimo de **deleitoso**   _____

3. sinónimo de **erudito** _____

4. persona que ha visto u oído algo

5. sinónimo de **sosegado** _____

6. obscuridad que produce un objeto
   sobre otro _____

✦ Temas de discusión o análisis

1. Compare la presentación del tema de la soledad y de la paz en los dos poemas.

2. Comente lo esencial de la vida retirada, que ve usted reflejado en el poema que lleva ese título. Luego, compare y contraste esas ideas con las que usted tiene con respecto al tema.

3. Describa la visión del mundo que Fray Luis representa en los dos poemas. ¿Está usted de acuerdo con esta visión? Explique.

4. Analice el tono de los dos poemas y dé ejemplos específicos para apoyar sus comentarios.

5. Algunos críticos literarios relacionan el poema «Vida retirada» con el retiro del rey Carlos I, en 1556, al monasterio de Yuste, en Cáceres. ¿Qué evidencia hay en el poema para apoyar esta interpretación? Dé ejemplos específicos.

✦ Temas de proyección personal

1. ¿Le gustaría a usted llevar una vida retirada? ¿Por qué? Comente.

2. De vez en cuando, ¿tiene usted ganas de escaparse de la rutina diaria? ¿Con qué sueña en esos momentos? Explique y dé algunos ejemplos.

3. ¿Cómo reaccionaría usted si fuera encarcelado(a) injustamente? Explique.

SANTA TERESA DE JESUS

Nota biográfica

Teresa de Cepeda y Ahumada (1515–1582), religiosa y escritora, de familia noble, más conocida como Santa Teresa de Jesús o Santa Teresa de Avila, nació y murió en Avila. De carácter piadoso, siendo niña trató de huir con su hermano para hacerse mártir en tierra de moros. Entró en la Orden del Carmelo a los diecinueve años, y a los cuarenta, empezó un período de gran actividad. Reformó conventos de la Orden y, a pesar de sus muchas enfermedades, hizo innumerables viajes por el país. Fundó la Orden de las Carmelitas descalzas además de diecisiete conventos nuevos, situados en su mayoría en Castilla y Andalucía. En efecto, su vida ejemplifica la unión de la vida contemplativa y espiritual con la de una mujer dinámica. Fue canonizada en 1622 y en 1970 fue nombrada Doctora de la Iglesia. Es recordada más por su prosa que por su poesía, pero escribió poemas y villancicos* de tema devoto para las religiosas de su orden. Entre sus obras más conocidas cuentan el *Libro de su Vida*, su autobiografía, publicada en versión final en 1567, las *Moradas del castillo interior* (1571), *Camino de perfección* y el *Libro de las fundaciones*, terminado en 1582, tres meses antes de su muerte. La *Vida*, su primera obra, es un relato de la evolución de su vida espiritual; en ella delinea sus planes de reforma para la Orden. Esto causó que fuera denunciada a la Inquisición y que trataran de intimidarla confinándola en Toledo; pero sus adversarios, aunque poderosos, no consiguieron evitar el éxito de sus esfuerzos. El *Camino* es una obra ascética que explica las varias maneras de alcanzar la perfección en la vida religiosa. En las *Moradas*, una guía para rezar escrita para las religiosas de su orden, Santa Teresa usa la imagen del castillo interior para describir el progreso espiritual hacia la unión mística* del alma con Dios. El castillo, que representa el alma, tiene seis mansiones situadas alrededor de una interior: las tres primeras corresponden a la vía purgativa; las tres siguientes, a la vía iluminativa, y la central, a la vía unitiva, donde el alma se une a Dios. En el *Libro de las fundaciones* (1610), la santa cuenta historias basadas en sus experiencias durante los muchos viajes que realizó. En esas narraciones se ve el lado muy humano de la personalidad de Santa Teresa, sus luchas y dificultades, y su vivo sentido del humor.

✦ Guía y actividades de pre-lectura

Santa Teresa escribió el *Libro de su Vida* a instancias de su director espiritual, Francisco de Soto y Salazar. Además de contar su vida y sus memorias de las frecuentes visiones que experimentaba, la obra tiene digresiones de carácter doctrinal. Aquí se incluye el primer capítulo, donde Santa Teresa describe a su familia y relata algunas experiencias de su juventud. Se sirve de un lenguaje sencillo y natural, el corriente del habla familiar, y su estilo, directo y vivo, carece de artificio literario.

1. ¿Qué características considera usted necesarias para que alguien llegue a ser santo(a)? ¿Por qué?

2. Lea el título del Capítulo 1. Según la autora, ¿cuál es el propósito de este capítulo?

Libro de su Vida

CAPÍTULO 1

EN QUE TRATA CÓMO COMENZÓ EL SEÑOR A DESPERTAR ESTA ALMA EN SU NIÑEZ A COSAS VIRTUOSAS Y LA AYUDA QUE ES PARA ESTO SERLO LOS PADRES

1. El tener padres virtuosos y temerosos de Dios[1] me bastara, si yo no fuera tan ruin,[2] con lo que el Señor me favorecía, para ser buena.

[1] **temerosos...** *God-fearing*
[2] *wretched, sinful*

Era mi padre aficionado a[3] leer buenos libros, y así los tenía de romance,[4] para que leyesen sus hijos estos. Con el cuidado que mi madre tenía de hacernos rezar[5] y ponernos en ser devotos de nuestra Señora y de algunos santos, comenzó a despertarme de edad —a mi parecer— de seis o siete años.

2. Ayudábame[6] no ver en mis padres favor sino para la virtud. Tenían muchas.

Era mi padre hombre de mucha caridad[7] con los pobres y piedad[8] con los enfermos, y aun con los criados;[9] tanta, que jamás se pudo acabar con él tuviese[10] esclavos,[a] porque los había gran piedad; y estando una vez en casa una de un su hermano, la regalaba como a sus hijos. Decía que de que no era libre, no lo podía sufrir de piedad.[11] Era de gran verdad. Jamás nadie le vio jurar[12] ni murmurar.[13] Muy honesto en gran manera.

3. Mi madre también tenía muchas virtudes y pasó la vida con grandes enfermedades, grandísima honestidad. Con ser de harta hermosura[14] jamás se entendió que diese ocasión a que ella hacía caso de ella; porque, con morir de treinta y tres años, ya su traje[15] era como de persona de mucha edad. Muy apacible[16] y de harto entendimiento.[17] Fueron grandes los trabajos que pasaron el tiempo que vivió. Murió muy cristianamente.

4. Eramos tres hermanas y nueve hermanos. Todos parecieron a sus padres —por la bondad de Dios— en ser virtuosos, si no fui yo, aunque era la más querida de mi padre. Y antes que comenzase a ofender a Dios, parece tenía alguna razón; porque yo he lástima cuando me acuerdo las buenas inclinaciones que el Señor me había dado y cuán mal me supe aprovechar de ellas.[18]

5. Pues mis hermanos ninguna cosa me desayudaban a[19] servir a Dios. Tenía uno casi de mi edad[b] (juntábamonos entrambos[20] a leer vidas de santos), que era el que yo más quería, aunque a todos tenía gran amor y ellos a mí. Como veía los martirios[21] que por Dios las santas pasaban, parecíame compraban muy barato el ir a gozar de Dios,[22] y deseaba yo mucho morir así; no por amor que yo entendiese tenerle, sino por gozar tan en breve[23] de los grandes bienes que leía haber en el cielo; y juntábame con este mi hermano a tratar qué medio habría para esto. Concertábamos[24] irnos a tierra de moros, pidiendo por amor de Dios, para que allá nos descabezasen.[25] Y paréceme que nos daba el Señor ánimo en tan tierna[26] edad, si viéramos algún medio, sino que el tener padres nos parecía el mayor embarazo.[27] Espantábanos[28] mucho el decir que pena y gloria era para siempre en lo que leíamos. Acaecíanos[29] estar muchos ratos[30] tratando de esto y gustábamos de decir muchas veces: *¡Para siempre, siempre, siempre!* En pronunciar esto mucho rato[31] era el Señor servido[32] me quedase en esta niñez imprimido[33] el camino de la verdad.

---

[a] Las familias nobles de esa época típicamente tenían esclavos moros.

[b] Aquí se refiere a su hermano Rodrigo que en 1535, se fue a América y, poco después, murió en una batalla.

3 **aficionado...** *fond of*
4 en castellano (no en latín)
5 *to pray*
6 Me ayudaba
7 *charity*
8 compasión
9 *servants*
10 **jamás...** *he could never be persuaded*
11 **de que...** *he could not tolerate the fact that he wasn't free*
12 *swear*
13 criticar
14 **de...** *muy hermosa*
15 *clothing, way of dressing*
16 agradable, amable
17 **harto...** *muy inteligente*
18 **cuán...** *how badly I made use of them*
19 **ninguna...** *in no way hindered me from*
20 **juntábamonos...** *we would get together*
21 *martyrdoms*
22 **el...** *their passage to delight in God*
23 **por...** *for enjoying in so short a delay*
24 *We decided together*
25 *they would behead*
26 *tender, young*
27 obstáculo, dificultad
28 *It was awe-inspiring to us*
29 Nos sucedía
30 **muchos...** muchas veces
31 por mucho tiempo
32 *pleased*
33 *impressed, imprinted*

6. De que vi que era imposible ir adonde me matasen por Dios, ordenábamos[34] ser ermitaños;[35] y en una huerta[36] que había en casa procurábamos, como podíamos, hacer ermitas, poniendo unas piedrecillas,[37] que luego se nos caían, y así no hallábamos[38] remedio en nada para nuestro deseo; que ahora me pone devoción ver cómo me daba Dios tan presto[39] lo que yo perdí por mi culpa.

Hacía limosna[40] como podía, y podía poco. Procuraba soledad para rezar mis devociones, que eran hartas, en especial el rosario, de que mi madre era muy devota, y así nos hacía serlo. Gustaba[41] mucho, cuando jugaba con otras niñas, hacer monasterios, como que éramos monjas;[42] y yo me parece deseaba serlo, aunque no tanto como las cosas que he dicho.

7. Acuérdome que cuando murió mi madre quedé yo de edad de doce años, poco menos. Como yo comencé a entender lo que había perdido, afligida fuime a una imagen de nuestra Señora y supliquéla[43] fuese mi madre, con muchas lágrimas. Paréceme que, aunque se hizo con simpleza, que me ha valido;[44] porque conocidamente he hallado a esta Virgen soberana[45] en cuanto me he encomendado a ella;[46] y, en fin, me ha tornado[47] a sí. Fatígame ahora ver y pensar en qué estuvo el no haber yo estado entera en los buenos deseos que comencé.

8. ¡Oh Señor mío! Pues parece tenéis determinado que me salve, plega[48] a Vuestra Majestad sea así. Y de hacerme tantas mercedes, como me habéis hecho, ¿no tuviérais por bien[49] —no por mi ganancia,[50] sino por vuestro acatamiento[51]— que no se ensuciara tanto posada adonde tan continuo habíais de morar?[52] Fatígame, Señor, aun decir esto, porque sé que fue mía toda la culpa; porque no me parece os quedó a Vos nada por hacer, para que desde esta edad no fuera toda vuestra. Cuando voy a quejarme de mis padres, tampoco puedo; porque no veía en ellos sino todo bien y cuidado de mi bien. Pues pasando de esta edad, que comencé a entender las gracias de naturaleza que el Señor me había dado —que según decían eran muchas— cuando por ellas le había de dar gracias, de todas me comencé a ayudar para ofenderle, como ahora diré.

34 decidíamos
35 *hermits*
36 *vegetable garden*
37 *small stones*
38 encontrábamos
39 *rápidamente*
40 **Hacía...** *I gave alms*
41 *Me gustaba*
42 *nuns*
43 *I begged her*
44 *ayudado*
45 *powerful*
46 **en...** *as often as I have entrusted myself to her*
47 *vuelto*
48 *may it please*
49 **¿no tuviérais...?** *wouldn't you consider it good...?*
50 *gain*
51 *obediencia, respeto*
52 **que...** *that the dwelling where you would stay for so long would not be defiled*

✦ Comprensión y expansión

A. Conteste las siguientes preguntas según el texto.

1. ¿Cómo era el padre de Teresa? Describa sus buenas cualidades.
2. ¿Cómo era su madre? Describa sus virtudes.
3. ¿Cómo influyeron los padres de Teresa en su carácter?
4. ¿A qué edad empezó a despertar en ella la vocación religiosa?
5. ¿Qué querían hacer Teresa y su hermano favorito? ¿Por qué?
6. ¿Cuál fue su segunda idea?
7. ¿Cuáles eran algunas de las actividades de la joven Teresa?
8. ¿Qué le gustaba hacer a Teresa cuando jugaba con otras niñas?
9. ¿Cuántos años tenía cuando murió su madre? ¿Cómo reaccionó ella?
10. ¿Qué revela la frase «si yo no fuera tan ruin» acerca del carácter de Teresa?

B. Identifique y explique la importancia o la significación de los siguientes personajes o elementos.

1. hacer limosna
2. el martirio
3. los moros
4. ser ermitaño
5. la Virgen

C. Indique si los comentarios que siguen reflejan correctamente o no el contenido de la selección. Escriba **V** (verdadero) o **F** (falso) en los espacios correspondientes. Si lo que lee es falso, corríjalo.

_____ 1. A la joven Teresa le gustaba leer novelas de caballería.
_____ 2. El padre de Teresa trataba mal a los esclavos.
_____ 3. La madre de Teresa gozaba de buena salud.
_____ 4. Había diez niños en la familia de Teresa.
_____ 5. Teresa era la más querida de su padre.
_____ 6. De niña, Teresa pensaba que tener padres era un obstáculo.

✦ Temas de discusión o análisis

1. Basándose en lo que ha leído, haga una descripción del carácter de Santa Teresa.
2. ¿Cuál de los miembros de la familia de Santa Teresa tuvo mayor influencia sobre ella? Explique.
3. Comente las actividades de la joven que demostraban su vocación por la vida religiosa.
4. Analice el efecto de la lectura en la joven Teresa.
5. Comente la narración de Teresa. Además de los hechos de su niñez, ¿qué revela de sí misma en esta selección?

✦ Temas de proyección personal

1. ¿Tiene usted un(a) hermano(a) o un pariente que haya influido en su vida? Explique cómo y por qué.
2. Compare las actividades de Teresa, de su hermano y de sus amigas con las de los niños que usted conoce. ¿Qué diferencias hay? ¿Hay algunas semejanzas? Explique. Según usted, ¿qué factores explican las diferencias?
3. Haga una descripción, a modo de autorretrato, de cuando usted era niño(a) para dárselo a un(a) amigo(a). Incluya una variedad de datos personales: cómo era, qué hacía y por qué, qué le gustaba y qué no le gustaba hacer, dónde vivía y algunos datos que lo (la) hacen diferente de los demás.
4. Haga una descripción oral o escrita, a modo de retrato, de alguien que usted conoce muy bien, como un(a) amigo(a), compañero(a), novio(a) o alguna otra persona de su elección.

SAN JUAN DE LA CRUZ

Nota biográfica

Juan de Yepes (1542–1591), fraile y poeta conocido como San Juan de la Cruz, nació en la provincia de Avila. Su familia sufrió dificultades económicas después de la muerte de su padre. Juan estudió en un colegio para niños en Medina del Campo. Luego, trabajó en un hospital para los pobres en la misma ciudad. También asistió a clases en un colegio jesuita y estudió en la Universidad de Salamanca. En 1563 entró en la Orden del Carmelo y, en 1567, conoció a Santa Teresa de Jesús cuando ella tenía cincuenta y dos años. Como amigo y discípulo espiritual, San Juan participó en el movimiento de reforma que ella había empezado y fundó varios monasterios de Carmelitas descalzos. En diciembre de 1577 San Juan fue arrestado por sus actividades en favor de la reforma y pasó ocho meses encarcelado en un convento de Toledo donde sufrió muchas privaciones. Escapó, pero los enemigos de la reforma lo enviaron dos veces a monasterios alejados para impedirle que la apoyara. A pesar de su encarcelamiento y de su aislamiento continuó trabajando en sus escritos. Murió el 13 de diciembre de 1591, fue canonizado en 1726, y en 1926 fue declarado Doctor de la Iglesia. San Juan de la Cruz representa, con Santa Teresa, la cumbre de la mística española. De sus poemas más conocidos caben mencionarse: «La noche oscura», «Cántico espiritual» y «Llama de amor viva». San Juan también escribió comentarios en prosa sobre sus poesías, probablemente a petición de sus discípulos. La explicación de «La noche oscura» se encuentra en *Subida del Monte Carmelo* y *Noche oscura*, dos comentarios publicados póstumamente, en 1618.

✦ Guía y actividades de pre-lectura

El tema de la poesía de San Juan gira en torno a la experiencia mística o unión del alma con Dios. Ese estado empieza con ejercicios espirituales para ayudar la contemplación purgativa y culmina en el éxtasis. En ese momento, el alma, liberada del cuerpo, se une con Dios, el amor divino. Para describir lo íntimo de la unión mística, el poeta se vale de imágenes relacionadas con el amor profano. El uso de lenguaje erótico para describir la experiencia mística deriva de los comentarios medievales de San Bernardo sobre el *Cantar de los cantares*. En el poema siguiente, una muchacha, la amada, se escapa de su casa por la noche para acudir a una cita con su amante, el Amado. La muchacha representa el alma que se libera del cuerpo o su casa, mientras que el amante simboliza a Dios.

1. Busque el término «misticismo» en algún libro de referencia. ¿Cómo se caracteriza la literatura mística y cuándo se manifiesta en España? Luego, comparta el resultado de su investigación con el resto de la clase.

2. ¿Qué imágenes le sugiere el título «La noche oscura»? Comente.

3. Lea el subtítulo del poema. ¿Cómo clasifica estos versos? ¿Cómo se describe la unión con Dios? ¿Cómo se llega a esta unión? Según usted, ¿sería fácil o difícil llegar a este estado? Explique.

La noche oscura

CANCIONES DEL ALMA QUE SE GOZA DE HABER LLEGADO AL ALTO ESTADO DE LA PERFECCIÓN, QUE ES LA UNIÓN CON DIOS, POR EL CAMINO DE LA NEGACIÓN ESPIRITUAL.

En una noche oscura,
con ansias en amores inflamada,
¡oh dichosa ventura!,[1]
salí sin ser notada,
5   estando ya mi casa[a] sosegada:[2]
     a escuras[3] y segura,
por la secreta escala[4][b] disfrazada,[5]
¡oh dichosa ventura!
a escuras y en celada,[6]
10   estando ya mi casa sosegada;
     en la noche dichosa,
en secreto, que nadie me veía,
ni yo miraba cosa,
sin otra luz y guía
15   sino la que en el corazón ardía.[7]
     Aquésta me guiaba
más cierto que la luz del mediodía,
a donde me esperaba
quien yo bien me sabía,[8]
20   en parte donde nadie parecía.
     ¡Oh noche que guiaste!,
¡oh noche amable más que el alborada!,[9]
¡oh noche que juntaste
Amado con amada,
25   amada en el Amado transformada!
     En mi pecho florido,[10]
que entero para él solo se guardaba,
allí quedó dormido,
y yo le regalaba;[11]
30   y el ventalle de cedros aire daba.[12]

[1] **dichosa...** feliz o afortunada suerte
[2] tranquila
[3] **a...** en la oscuridad
[4] *ladder*
[5] *disguised*
[6] **en...** *concealed*
[7] *burned*
[8] **quien...** *one whom I knew well (God)*
[9] *dawn*
[10] *full of flowers*
[11] *caressed*
[12] **el ventalle...** *the fanning of the cedars made a breeze*

---

[a] Aquí la casa representa el cuerpo.
[b] La imagen de la escala tiene su origen en la visión de Jacob en el libro de Génesis. Se usa para describir el proceso de contemplación que conduce a la unión del alma con Dios.

El aire de la almena,[13]
cuando yo sus cabellos esparcía,[14]
con su mano serena
en mi cuello hería,[15]
35 y todos mis sentidos suspendía.
   Quedéme y olvidéme,
el rostro recliné sobre el Amado,
cesó todo, y dejéme,
dejando mi cuidado
40 entre las azucenas[16] olvidado.

[13] *battlement*
[14] *spread out*
[15] *struck*
[16] *lilies*

✦ Comprensión y expansión

A. Conteste las siguientes preguntas según el poema.

   1. ¿Desde qué punto de vista habla la voz poética?
   2. ¿Qué simboliza la persona que sale de la casa? ¿Y la casa?
   3. ¿Qué guía a la amada cuando sale? ¿Qué significa eso?
   4. ¿Cómo puede interpretarse «amada en el Amado transformada»?
   5. ¿Qué hace el «yo» poético en la escena final?

B. Identifique y explique la importancia o la significación de los siguientes elementos.

   1. la amada
   2. el Amado
   3. la noche
   4. la luz
   5. el aire

C. Las frases que siguen describen a algunas de las personas o elementos incluidos en «La noche oscura». Lea cada una de ellas y marque **a** (amada), **A** (Amado) o **ai** (aire) en los espacios correspondientes.

   _____ 1. Descendió por una escalera secreta.
   _____ 2. Le hería a la amada en el cuello.
   _____ 3. Esperaba en un lugar donde no había nadie.
   _____ 4. Salió de casa secretamente.
   _____ 5. Dejó sus preocupaciones entre las azucenas.
   _____ 6. Se durmió en el pecho de la otra persona.

✦ Temas de discusión o análisis

   1. En sus propias palabras, resuma el tema de la unión mística. Explique cómo lo representa el poeta en «La noche oscura».
   2. Comente el efecto de la repetición de la palabra «dichosa» o del verso «¡oh dichosa ventura!» en el poema.
   3. Analice las palabras y frases que denotan algo secreto. ¿Qué efecto tiene eso en el tono del poema?
   4. Analice el uso del suspenso en el poema.

5. Analice cómo el poeta logra crear una impresión de movimiento rápido.
6. Comente la función de la naturaleza o del paisaje en la obra.

✦ Temas de proyección personal

1. ¿Qué ideas tiene usted sobre la poesía? Según su opinión, ¿cumple la poesía una función ética? ¿Estética? ¿Ética y estética? ¿O piensa usted que la poesía es una actividad más bien inútil? Comente.
2. Describa algo con lo que usted sueña frecuentemente, o el deseo más importante de su vida en este momento.
3. ¡Usted también es poeta! Escriba su propio poema, comenzando con el verso «En una noche oscura...»

MIGUEL DE CERVANTES SAAVEDRA

Nota biográfica

Miguel de Cervantes Saavedra (1547–1616), novelista, dramaturgo, poeta y soldado, nació en Alcalá de Henares, hijo de un modesto cirujano, hidalgo y pobre. Cervantes se dedicó a las armas y a las letras. Se trasladó a Italia en 1569 o 1570 donde trabajó al servicio de un cardenal. Combatió contra los turcos en la batalla de Lepanto (1571), donde fue herido y perdió el uso de la mano izquierda por lo que fue conocido con el sobrenombre de «Manco de Lepanto». Cuando emprendió su viaje de vuelta a España en 1575, fue capturado por piratas y encarcelado en Argel. Fue rescatado cinco años más tarde por los padres Trinitarios, orden religiosa que se dedicaba al rescate de los cristianos cautivos de los moros. Después de volver a España, Cervantes consiguió un puesto de comisario. Compró y requisó provisiones para la Armada Invencible, pero fue encarcelado por errores en la administración de sus cuentas. Continuó teniendo problemas financieros durante toda su vida, a pesar del éxito de su novela *El ingenioso hidalgo Don Quijote de la Mancha.* La primera parte de dicha novela se publicó en 1605, la segunda, diez años más tarde, en 1615, en Madrid. Aunque más conocido por su gran novela, Cervantes también es autor de *Novelas ejemplares* (1612), *Ocho comedias y ocho entremeses* (1615) y *Galatea* (1584), una novela pastoril.* *Los trabajos de Persiles y Segismunda*, una novela de aventuras fantásticas al modo bizantino, fue publicada por su esposa en 1618, dos años después de la muerte del autor.

✦ Guía y actividades de pre-lectura

Se incluye aquí el episodio de los molinos de viento de *Don Quijote*, y *El retablo de las maravillas*, un entremés.

Don Quijote, un hidalgo pobre, alto y delgado, de unos cincuenta años, lee tantas novelas de caballería* que pierde el juicio y decide hacerse caballero andante. Las novelas caballerescas gozaban de gran popularidad en la época de Cervantes y el autor se burla del gusto del público por ellas. No obstante, la novela es mucho más que una parodia* o sátira.* En otro nivel, Cervantes estudia e ilumina la capacidad humana de transformar la realidad para que concuerde con una ilusión predominante. El personaje principal se niega a reconocer la realidad hasta los momentos finales de su vida y de la novela.

Al emprender su carrera de caballero, el protagonista cambia su nombre de Alonso Quijano al de Don Quijote de la Mancha y le da a su caballo flaco el nombre de Rocinante. Sancho Panza, un labrador bajo y gordo, le acompaña como escudero cuando deja su casa en busca de gloria y aventuras. En el episodio aquí incluido, Don Quijote y Sancho se encuentran con algunos molinos de viento, transformados en gigantes feroces por la imaginación de Don Quijote. Pasando por alto lo que le advierte Sancho, el caballero andante ataca los molinos.

1. Los libros de caballería eran muy populares durante la época de Cervantes y el autor se sirve de la experiencia de Don Quijote para criticar indirectamente la influencia de esos libros. ¿Qué tipo de literatura o de películas se critican hoy en día por sus malos efectos? ¿Está usted de acuerdo con esa crítica? Explique.

2. ¿Cree usted que lo que leemos o vemos influye en nuestras acciones? Dé algunos ejemplos.

3. Dado que la Mancha era una región muy pobre de España, según usted, ¿cuál es la significación del nuevo nombre que se da Alonso Quijano? Comente.

4. Mire la fotografía en la página 113. ¿Ve usted alguna semejanza entre un molino de viento y un gigante? Explique su opinión.

Capítulo VIII

DEL BUEN SUCESO QUE EL VALEROSO DON QUIJOTE TUVO EN LA ESPANTABLE[1] Y JAMÁS IMAGINADA AVENTURA DE LOS MOLINOS DE VIENTO,[2] CON OTROS SUCESOS DIGNOS DE FELICE RECORDACIÓN[3]

En esto, descubrieron treinta o cuarenta molinos de viento que hay en aquel campo, y así como Don Quijote los vio, dijo a su escudero:[4]

—La ventura[5] va guiando nuestras cosas mejor de lo que acertáramos a desear;[6] porque ves allí, amigo Sancho Panza, donde se descubren
5   treinta, o poco más, desaforados[7] gigantes, con quien pienso hacer batalla y quitarles a todos las vidas, con cuyos despojos[8] comenzaremos a enrique-

[1] que causa terror
[2] **molinos...** *windmills*
[3] recuerdo, memoria
[4] *squire*
[5] *good fortune*
[6] **mejor...** *better than we could have wished*
[7] monstruosos
[8] *spoils (of battle)*

Molinos de viento en Castilla, semejantes a los que atacó Don Quijote.

cer; que ésta es buena guerra, y es gran servicio de Dios quitar tan mala simiente[9] de sobre la faz de la Tierra.

—¿Qué gigantes? —dijo Sancho Panza.

10 —Aquellos que allí ves —replicó su amo —de los brazos largos, que los suelen tener algunos de casi dos leguas.[10]

—Mire vuestra merced —respondió Sancho —que aquellos que allí se parecen no son gigantes, sino molinos de viento, y lo que en ellos parecen brazos son las aspas,[11] que, volteadas[12] del viento, hacen andar la piedra 15 del molino.

—Bien parece —respondió Don Quijote —que no estás cursado[13] en esto de las aventuras; ellos son gigantes; y si tienes miedo, quítate de ahí, y ponte en oración[14] en el espacio que yo voy a entrar con ellos en fiera[15] y desigual batalla.

20 Y diciendo esto, dio de espuelas[16] a su caballo «Rocinante», sin atender[17] a las voces que su escudero Sancho le daba, advirtiéndole[18] que, sin duda alguna, eran molinos de viento, y no gigantes, aquellos que iba a acometer.[19] Pero él iba tan puesto[20] en que eran gigantes, que ni oía las voces de su escudero Sancho ni echaba de ver,[21] aunque estaba ya bien 25 cerca, lo que eran; antes iba diciendo en voces altas:

—Non fuyades,[22] cobardes y viles criaturas, que un solo caballero es el que os acomete.

Levantóse en esto un poco de viento, y las grandes aspas comenzaron a moverse, lo cual visto por Don Quijote, dijo:

9 *seed*
10 *leagues*
11 *vanes*
12 *turned*
13 *versed, experienced*
14 *prayer*
15 *fierce*
16 **dio...** *he spurred*
17 prestar atención
18 *warning him*
19 atacar
20 convencido
21 **ni...** *neither did he notice*
22 huyáis

30 —Pues aunque mováis más brazos que los del gigante Briareo,[a] que lo habéis de pagar.

Y en diciendo esto, y encomendándose[23] de todo corazón a su señora Dulcinea, pidiéndole que en tal trance[24] le socorriese, bien cubierto de su rodela,[25] con la lanza en el ristre,[26] arremetió[27] a todo galope de «Roci-
35 nante» y embistió con[28] el primer molino que estaba delante; y dándole una lanzada en el aspa, la volvió el viento con tanta furia, que hizo la lanza pedazos, llevándose tras sí al caballo y al caballero, que fue rodando[29] muy maltrecho[30] por el campo. Acudió[31] Sancho Panza a socorrerle, a todo correr de su asno, y cuando llegó halló que no se podía menear.[32] Tal fue
40 el golpe que dio con él «Rocinante».

—¡Válgame Dios! —dijo Sancho—. ¿No le dije yo a vuestra merced que mirase bien lo que hacía, que no eran sino molinos de viento, y no lo podía ignorar sino quien llevase otros tales en la cabeza?

—Calla, amigo Sancho —respondió Don Quijote—; que las cosas de
45 la guerra, más que otras están sujetas a continua mudanza;[33] cuanto más, que yo pienso, y es así verdad, que aquel sabio Frestón[b] que me robó el aposento[34] y los libros ha vuelto estos gigantes en molinos por quitarme la gloria de su vencimiento: tal es la enemistad que me tiene; mas al cabo,[35] han de poder poco sus malas artes contra la bondad de
50 mi espada.

—Dios lo haga como puede —respondió Sancho Panza.

Y, ayudándole a levantar, tornó a subir sobre «Rocinante», que medio despaldado estaba.[36] Y, hablando de la pasada aventura, siguieron el camino del Puerto Lápice,[c] porque allí decía Don Quijote que no era
55 posible dejar de hallarse muchas y diversas aventuras, por ser lugar muy pasajero,[37] sino que iba muy pesaroso,[38] por haberle faltado la lanza.[...]

23 *commending himself*
24 *situación peligrosa*
25 *round shield*
26 *socket*
27 *he charged*
28 **embistió...** *atacó*
29 **fue...** *went tumbling*
30 *battered*
31 *Rushed*
32 *mover*
33 *cambio*
34 *room*
35 **al...** *in the long run*
36 **medio...** *his back was nearly broken*
37 *frequented (by travellers)*
38 *triste*

✦ Comprensión y expansión

A. Conteste las siguientes preguntas según el texto.

1. ¿Cómo se llama el escudero de Don Quijote?
2. ¿Cuántos gigantes vio Don Quijote?
3. En realidad, ¿qué eran los brazos de los gigantes?
4. ¿Qué le dijo Sancho a Don Quijote?
5. ¿Cómo reaccionó Don Quijote?
6. ¿A quién se encomendó Don Quijote antes de atacar a los gigantes?
7. ¿Qué le pasó a Don Quijote al atacar el primer molino?
8. ¿Cómo le explicó a Sancho su fracaso?

B. Identifique y explique la importancia o la significación de los siguientes personajes o elementos.

1. el gigante Briareo

---

[a] Briareo es un gigante mitológico que supuestamente tenía cincuenta cabezas y cien brazos.
[b] En la novela, Frestón es un mago.
[c] El Puerto Lápice era un lugar donde se reunían los viajeros en la ruta entre Sevilla y Madrid.

2. Rocinante
3. Sancho Panza
4. el sabio Frestón
5. Dulcinea
6. el Puerto Lápice

C. Las frases que siguen reflejan la realidad o la ilusión en *Don Quijote de la Mancha*. Lea cada una de ellas y marque **R** (realidad) o **I** (ilusión) en los espacios correspondientes.

____ 1. los gigantes
____ 2. las malas artes
____ 3. los molinos de viento
____ 4. la lanza
____ 5. las espuelas
____ 6. el sabio Frestón
____ 7. las aspas del molino

✦ Temas de discusión o análisis

1. Comente los ideales caballerescos de Don Quijote.
2. En sus propias palabras, haga un resumen del episodio.
3. Cuente la historia desde otro punto de vista.
   a. el de Sancho
   b. el de los molinos de viento
   c. el de Rocinante
4. En su opinión, ¿se burla el autor de Don Quijote o comparte su punto de vista? Tenga en cuenta la biografía de Cervantes.
5. ¿Cree usted que Don Quijote está loco o que es un héroe mal entendido? Explique.

✦ Temas de proyección personal

1. ¿Admira usted a Don Quijote como caballero? ¿Por qué sí o por qué no? Explique.
2. ¿Es difícil distinguir, a veces, la verdad de la ficción? ¿La realidad de la ilusión? Dé algunos ejemplos basados en su propia vida.

✦ Guía y actividades de pre-lectura

El retablo de las maravillas es un entremés —una obra dramática, generalmente cómica, que se representa entre los actos de un drama más largo. La trama de *El retablo de las maravillas* es semejante a la historia del traje nuevo del emperador, una leyenda de posible origen árabe. También cuentan esa leyenda don Juan Manuel en su Ejemplo XXXII y Hans Christian Andersen en su cuento «Los vestidos nuevos del emperador». Lo invisible en el entremés no es un traje sino un drama que tiene lugar dentro del entremés. Dos embusteros, Chanfalla y Chirinos, llegan a un pueblo y proponen representar un espectáculo. Dicen que para verlo es necesario tener sangre «pura», es decir, no ser ilegítimo o descendiente de judíos o moros. En realidad, Chanfalla y Chirinos no montan ningún espectáculo, pero la gente del pueblo finge observar los eventos descritos por los embusteros. Eso refleja la fanática obsesión nacional de esa época por la «limpieza de sangre». Se distinguía entre cristianos viejos y cristianos nuevos, o conversos. A los conversos se les prohibía ejercer ciertas funciones y profesiones. Ser conocido como converso era causa de vergüenza pública.

Para satirizar ese fanatismo Cervantes ridiculiza a los habitantes del pueblo en el *Retablo*. Ellos no observan nada y las escenas que pretenden ver son demasiado complicadas para ser representadas en el teatro. Incluso los nombres de algunos personajes son ridículos.

1. Consulte algún libro de referencia y lea algo sobre la Inquisición y sobre la expulsión de los judíos y de los moros de España. Haga un informe y preséntelo en clase.

2. ¿Conoce usted alguna sociedad de otra época que haya estado obsesionada con la «limpieza de sangre»? ¿Cuál? Explique.

3. Piense en los nombres de los embusteros Chanfalla y Chirinos. ¿Inspiran confianza esos nombres? ¿Por qué? Comente.

4. Estudie la lista de personajes para determinar en qué sentido o por qué sus nombres son cómicos. Traduzca al inglés tantos nombres como le sea posible.

El retablo de las maravillas

Salen[1] CHANFALLA *y la* CHIRINOS.

CHANFALLA No se te pasen de la memoria,[2] Chirinos, mis advertimientos, principalmente los que te he dado para este nuevo embuste,[3] que ha de salir tan a luz[4] como el pasado del llovista.[a]

CHIRINOS Chanfalla ilustre, lo que en mí sea, tenlo como de molde;[5] que tanta memoria tengo como entendimiento, a quien se junta una voluntad de acertar a satisfacerte, que excede a las demás potencias;[b] pero, dime, ¿de qué sirve este Rabelín que hemos tomado? Nosotros dos solos, ¿no podríamos salir con esta empresa?

CHANFALLA Lo hemos de menester como el pan de la boca,[6] para tocar en los espacios que tarden en salir las figuras del *Retablo de las maravillas*.

CHIRINOS Maravilla será si no nos apedrean[7] por sólo el Rabelín, porque tan desventurada criaturilla no la he visto en todos los días de mi vida.

[1] *Go out on stage*
[2] **No...** No te olvides
[3] *trick*
[4] **salir...** tener tanto éxito
[5] **lo...** *in what concerns me, have it as a model*
[6] **Lo...** *We need him like bread for our mouths*
[7] **si...** *if they don't stone us*

---

[a] Se refiere a otro truco que hicieron en otro pueblo.
[b] Las tres facultades del alma son la memoria, el entendimiento y la voluntad.

Sale el RABELÍN.

RABELÍN   ¿Se ha de hacer algo en este pueblo, señor autor?[8] Que ya
15   me muero porque vuestra merced vea que no me tomó a carga
        cerrada.[9]

CHIRINOS   Cuatro cuerpos de los vuestros no harán un tercio,[10] cuanto
        más una carga; si no sois más gran músico que grande, medrados
        estamos.[11]

20 **RABELÍN**   Ello dirá,[12] que en verdad que me han escrito para entrar en
        una compañía de partes,[13] por chico que soy.

CHANFALLA   Si os han de dar la parte a medida del cuerpo,[14] casi será in-
        visible. Chirinos, poco a poco estamos ya en el pueblo, y éstos que
        aquí vienen deben de ser, como lo son sin duda, el gobernador y los
25   alcaldes.[c] Salgámosles al encuentro, y date un filo a la lengua en la
        piedra de la adulación, pero no despuntes de aguda.[15]

*Salen el gobernador y Benito Repollo (alcalde), Juan Castrado (regidor) y
Pedro Capacho (escribano).*

CHANFALLA   Beso a vuesas mercedes las manos. ¿Quién de vuesas mer-
        cedes es el gobernador de este pueblo?

GOBERNADOR   Yo soy el gobernador. ¿Qué es lo que queréis, buen
30   hombre?

CHANFALLA   A tener yo[16] dos onzas de entendimiento, hubiera echado
        de ver que esa peripatética[d] y anchurosa[17] presencia no podía ser de
        otro que del dignísimo gobernador de este honrado pueblo; que con
        venirlo a ser de las Algarrobillas,[e] lo deseche[18] vuesa merced.

35 **CHIRINOS**   En vida de la señora y de los señoritos,[19] si es que el señor go-
        bernador los tiene.

PEDRO   No es casado el señor gobernador.

CHIRINOS   Para cuando lo sea, que no se perderá nada.[20]

GOBERNADOR   Y bien, ¿qué es lo que queréis, hombre honrado?

40 **CHIRINOS**   Honrados días viva vuesa merced, que así nos honra; en fin, la
        encina[21] da bellotas,[22] el pero[23] peras, la parra[24] uvas, y el honrado
        honra, sin poder hacer otra cosa.

BENITO   Sentencia ciceronianca,[25] sin quitar ni poner un punto.[26]

PEDRO   «Ciceroniana» quiso decir el señor alcalde Benito Repollo.

---

[c] Los pueblos tenían dos alcaldes.
[d] Peripatética es un término con el que se denominaba a la escuela de Aristóteles y a sus
    seguido res.
[e] Algarrobillas es un pueblo famoso por sus jamones. El que habla implica que el gobernador
    merece un pueblo más importante.

[8] director
[9] **a...** sin cuenta y razón
[10] **Cuatro...** *Four bodies your size won't make a third (of the load)*
[11] **medrados...** *we're in trouble*
[12] **Ello...** *Time will tell*
[13] **compañía...** *group of actors who share in the profits*
[14] **Si...** *If your share is based on your body's size*
[15] **date...** *sharpen your tongue on the whetstone of flattery, but don't break off the point (fig.: don't overdo it)*
[16] **A...** *Si yo tuviera*
[17] *broad, wide*
[18] *cast aside*
[19] **En...** *A long life to your wife and children*
[20] **Para...** *For when he does get married, so that nothing is wasted.*
[21] *oak tree*
[22] *acorns*
[23] *pear tree*
[24] *grapevine*
[25] *Ciceronian*
[26] **sin...** sin cambiar nada

BENITO Siempre quiero decir lo que es mejor, sino que las más veces no
acierto; en fin, buen hombre, ¿qué queréis?

CHANFALLA Yo, señores míos, soy Montiel, el que trae el *Retablo de las
maravillas*; me han enviado a llamar de la Corte los señores cofrades[f]
de los hospitales, porque no hay autor de comedias en ella,[g] y pere-
cen[27] los hospitales, y con mi ida se remediará todo.

GOBERNADOR Y ¿qué quiere decir *Retablo de las maravillas*?

CHANFALLA Por las maravillosas cosas que en él se enseñan y muestran,
viene a ser llamado *Retablo de las maravillas*, el cual fabricó y compuso
el sabio Tontonelo[28] debajo de tales paralelos, rumbos, astros y estrellas, con tales puntos, caracteres y observaciones[29] que ninguno puede
ver las cosas que en él se muestran, que tenga alguna raza de confeso,[30] o no sea habido y procreado[31] de sus padres de legítimo matrimonio; y el que sea contagiado de estas dos tan usadas enfermedades,
despídase de ver[32] las cosas, jamás vistas ni oídas, de mi retablo.

BENITO Ahora echo de ver que cada día se ven en el mundo cosas
nuevas. ¿Y se llamaba Tontonelo el sabio que el retablo compuso?

CHIRINOS Tontonelo se llamaba, nacido en la ciudad de Tontonela,
hombre de quien hay fama que le llegaba la barba a la cintura.

BENITO Por la mayor parte, los hombres de grandes barbas son muy
sabios.

GOBERNADOR Señor regidor Juan Castrado, yo determino, debajo de su
buen parecer,[33] que esta noche se despose la señora Juana Castrada,
su hija, de quien soy padrino; y en regocijo de la fiesta[34] quiero que el
señor Montiel muestre en vuestra casa su retablo.

JUAN Eso tengo yo para servir al señor gobernador, con cuyo parecer me
convengo, entablo y arrimo,[35] aunque haya otra cosa en contrario.

CHIRINOS La cosa que hay en contrario es que, si no se nos paga
primero nuestro trabajo, así verán las figuras como por el cerro de
Ubeda.[h] ¿Y vuesas mercedes, señores justicias, tienen conciencia y
alma en esos cuerpos? Bueno sería que entrase esta noche todo el
pueblo en casa del señor Juan Castrado, o como es su gracia,[36] y viese
lo contenido en el tal retablo, y mañana, cuando quisiésemos
mostrarlo al pueblo, no hubiese ánima que lo viese.[37] No, señores, no,
señores; *ante omnia*[38] nos han de pagar lo que sea justo.

BENITO Señora autora, aquí no os ha de pagar ninguna Antona ni ningún
Antoño;[i] el señor regidor Juan Castrado os pagará más que honrada-
mente, y si no, el Concejo.[39] Bien conocéis el lugar por cierto. Aquí,
hermana, no aguardamos a que ninguna Antona pague por nosotros.

27 mueren, desaparecen
28 *"Little Fool"*
29 **paralelos...** *terms used in astrology*
30 **alguna...** *converted*
31 **habido...** *conceived and begotten*
32 **el que...** *anyone infected with these two common ill-nesses can dismiss [any idea of] seeing*
33 **debajo...** *if you agree*
34 **en...** *to celebrate the event*
35 **me...** *I agree and conform*
36 **o...** *or whatever his name is*
37 **no...** *there wouldn't be a soul who would see it*
38 **ante...** *before all things (Latin)*
39 *city council*

---

[f] Los cofrades son los miembros de una cofradía, hermandad que patrocina el teatro local.
[g] En 1610, cuatro autores importantes murieron.
[h] «Ir por los cerros de Úbeda» significa «estar perdido».
[i] Benito Repollo entiende Antona o Antoño en lugar de «ante omnia».

PEDRO ¡Pecador de mí, señor Benito Repollo, y qué lejos da del blanco![40]
85 No dice la señora autora que pague ninguna Antona, sino que le paguen adelantado y ante todas cosas, que eso quiere decir *ante omnia*.

BENITO Mirad, escribano Pedro Capacho, haced vos que me hablen a derechas,[41] que yo entenderé a pie llano;[42] vos, que sois leído y escribido,[43] podéis entender esas algarabías de allende,[44] que yo no.

90 **JUAN** Ahora bien, ¿ha de contentarse el señor autor con que yo le dé adelantados media docena de ducados? Y más, que se tendrá cuidado que no entre gente del pueblo esta noche en mi casa.

CHANFALLA Soy contento, porque yo me fío de la diligencia de vuesa merced y de su buen término.[45]

95 **JUAN** Pues véngase conmigo, recibirá el dinero y verá mi casa, y la comodidad que hay en ella para mostrar ese retablo.

CHANFALLA Vamos, y no se les pase de la mente las calidades[46] que han de tener los que se atrevan a mirar el maravilloso retablo.

BENITO A mi cargo queda eso, y sé decir que por mi parte puedo ir se-
100 guro al juicio,[47] pues tengo el padre alcalde; cuatro dedos de enjundia de cristiano viejo rancio tengo sobre los cuatro costados de mi linaje.[48] Miren se veré el tal retablo.

PEDRO Todos lo pensamos ver, señor Benito Repollo.

JUAN No nacimos acá en las malvas,[49] señor Pedro Capacho.

105 **GOBERNADOR** Todo será menester, según voy viendo,[50] señores alcalde, regidor y escribano.

JUAN Vamos, autor, y manos a la obra;[51] que Juan Castrado me llamo, hijo de Antón Castrado y de Juana Macha; y no digo más, en abono y seguro que[52] podré ponerme cara a cara y a pie quedo[53] delante del
110 referido retablo.

CHIRINOS Dios lo haga.

Entran JUAN CASTRADO *y* CHANFALLA.

GOBERNADOR Señora autora, ¿qué poetas se usan ahora en la Corte, de fama y rumbo,[54] especialmente de los llamados cómicos? Porque yo tengo mis puntas y collar de poeta,[55] y me pico de la farándula y cará-
115 tula.[56] Veinte y dos comedias tengo, todas nuevas, que se ven las unas a las otras;[57] y estoy aguardando coyuntura[58] para ir a la Corte, y enriquecer con ellas media docena de autores.

CHIRINOS A lo que vuesa merced, señor gobernador, me pregunta de los poetas, no le sabré responder, porque hay tantos, que quitan el sol, y
120 todos piensan que son famosos. Los poetas cómicos son los ordinarios[59] y siempre se usan, y así no hay para qué nombrarlos. Pero dígame vuesa merced, por su vida, ¿cómo es su buena gracia?[60] ¿Cómo se llama?

---

40 **qué...** *how far you're off target*
41 **haced...** *make them speak to me in a straightforward way*
42 **a...** *fácilmente*
43 **leído...** *well read and lettered*
44 **algarabías...** *nonsense, incomprehensible foreign words*
45 *modo de portarse o hablar*
46 *qualifications*
47 *judgment*
48 **cuatro dedos...** *I have four fingers' worth of rancid, old Christian grease on the four sides (grandparents) of my lineage*
49 **acá...** *out in the fields*
50 **Todo...** *Everything will be done as needed from what I can see*
51 **manos...** *let's get to work*
52 **en...** *in confidence and assurance that*
53 **a...** *with my feet set*
54 *splendor*
55 **yo...** *I am something of a poet*
56 **me...** *I consider myself an actor and mime*
57 **todas...** *so new they are seen one by the other*
58 *opportunity*
59 *most common*
60 **¿cómo...** ? *what is your pen name?*

GOBERNADOR   A mí, señora autora, me llaman el licenciado Gomecillos.

CHIRINOS   ¡Válgame Dios! ¿Vuesa merced es el señor licenciado Gomecillos, el que compuso aquellas coplas tan famosos de «Lucifer estaba malo» y «Tómale mal de fuera»?[61]

GOBERNADOR   Malas lenguas hubo que me quisieron ahijar[62] esas coplas, y así fueron mías como del Gran Turco.[j] Las que yo compuse, y no quiero negar, fueron aquellas que trataron del diluvio de Sevilla; que puesto que los poetas son ladrones unos de otros, nunca me precié de hurtar[63] nada a nadie. Con mis versos me ayude Dios, y hurte el que quiera.[64]

Sale CHANFALLA.

CHANFALLA   Señores, vuesas mercedes vengan; quo todo está a punto,[65] y no falta más que comenzar.

CHIRINOS   ¿Está ya el dinero *in carbonam*?[66]

CHANFALLA   Y aun entre las telas del corazón.[67]

CHIRINOS   Pues te doy por aviso, Chanfalla, que el gobernador es poeta.

CHANFALLA   ¿Poeta? ¡Cuerpo del mundo! Pues dale por engañado, porque todos los de humor semejante son hechos a la mazacona,[68] gente descuidada, crédula y no nada maliciosa.

BENITO   Vamos, autor; que me saltan los pies[69] por ver esas maravillas.

Entran todos.

Salen JUANA CASTRADA *y* TERESA REPOLLA *(labradoras), la una como desposada, que es la Castrada.*

JUANA   Aquí te puedes sentar, Teresa Repolla amiga, que tendremos el retablo enfrente; y pues sabes las condiciones que han de tener los miradores del retablo, no te descuides,[70] que sería una gran desgracia.

TERESA   Ya sabes Juana Castrada, que soy tu prima, y no digo más. Tan cierto tuviera yo el cielo[71] como tengo cierto ver todo aquello que el retablo muestre. Por el siglo de mi madre,[72] que me sacase los mismos ojos de mi cara si alguna desgracia me aconteciese. ¡Bonita soy yo para eso![73]

JUANA   Sosiégate,[74] prima; que toda la gente viene.

Salen el GOBERNADOR, BENITO REPOLLO, JUAN CASTRADO, PEDRO CAPACHO, *el autor, la autora y el músico, y la otra gente del pueblo, y un sobrino de Benito, que ha de ser aquel gentilhombre que baila.*

---

[j] Aquí se refiere al Sultán de Constantinopla.

61 **Lucifer...** *"Lucifer was ill" and "Give it to him"*
62 atribuir
63 **nunca...** *I never prided myself on stealing*
64 **hurte...** *let anyone who wishes steal them*
65 **a...** preparado
66 **in...** *"in the bag"*
67 **entre...** *next to my heart*
68 **hechos...** *made sloppily*
69 **me...** *I'm jumping up and down*
70 **no...** *don't slip up; be careful*
71 **Tan...** *Would that I could go to heaven as surely*
72 **Por...** *I swear by the age of my mother*
73 **¡Bonita...** ! *I'm a pretty one for that! (Don't worry about that!)*
74 *Calm down*

CHANFALLA   Siéntense todos; el *Retablo* ha de estar detrás de este repostero,[75] y la autora también; y aquí el músico.

BENITO   ¿Músico es éste? Métanlo también detrás del repostero; que a trueco de[76] no verlo, daré por bien empleado[77] el no oírlo.

CHANFALLA   No tiene vuesa merced razón, señor alcalde Repollo, de descontentarse del músico, que en verdad que es muy buen cristiano e hidalgo de solar[78] conocido.

GOBERNADOR   Calidades son bien necesarias para ser buen músico.

BENITO   De solar bien podrá ser, mas de sonar *abrenuntio*.[79]

RABELÍN   Eso se merece el bellaco que[80] viene a sonar delante de...

BENITO   Pues por Dios, que hemos visto aquí sonar a otros músicos tan...

GOBERNADOR   Quédese esta razón en el *de* del señor Rabel y en el *tan* del alcalde, que será proceder al infinito; y el señor Montiel comience su obra.

BENITO   Poca balumba[81] trae este autor para tan gran retablo.

JUAN   Todo debe de ser de maravillas.

CHANFALLA   Atención, señores, que comienzo. ¡Oh tú, quienquiera que fuiste, que fabricaste este retablo con tan maravilloso artificio, que alcanzó el renombre de *las maravillas* por la virtud que en él se encierra, te conjuro, apremio[82] y mando que luego incontinente[83] muestres a estos señores algunas de las tus maravillosas maravillas, para que se regocijen y tomen placer sin escándalo alguno! Ea, que ya veo que has otorgado mi petición, pues por aquella parte asoma la figura del valentísimo Sansón, abrazado con las columnas del templo, para derribarlo al suelo y tomar venganza de sus enemigos. Tente,[84] valeroso caballero, tente, por la gracia de Dios Padre; no hagas tal desaguisado[85] para que no cojas debajo y hagas tortilla[86] tanta y tan noble gente como aquí se ha juntado.

BENITO   ¡Téngase, cuerpo de tal,[87] conmigo! Bueno sería que en lugar de habernos venido a holgar, quedásemos aquí hechos plasta.[88] Téngase, señor Sansón, pesia a mis males;[89] que se lo ruegan buenos.

PEDRO   ¿Lo veis vos, Castrado?

JUAN   Pues ¿no lo había de ver? ¿Tengo yo los ojos en el colodrillo?[90]

GOBERNADOR   (*aparte*) Milagroso caso es éste; así veo yo a Sansón ahora como al Gran Turco. Pues en verdad que me tengo por legítimo y cristiano viejo.

CHIRINOS   Guárdate, hombre; que sale el mismo toro que mató al ganapán[91] en Salamanca; échate,[92] hombre; échate, hombre; Dios te libre, Dios te libre.

CHANFALLA   ¡Echense todos, échense todos!

Se echan todos y se alborotan.[93]

---

75 *blanket (hung as a curtain)*
76 **a...** *in exchange for*
77 **daré...** *I'll consider myself lucky*
78 *lineage*
79 *by no means*
80 **Eso...** *That's what the fool deserves who*
81 *props*
82 *urge*
83 *inmediatamente*
84 *Stop*
85 *injusticia*
86 **cojas...** *trap underneath and flatten like an omelet*
87 **cuerpo...** *a mild swear*
88 **hechos...** *turned into paste*
89 **pesia...** *despite my sins*
90 *back of my head*
91 *laborer*
92 *get out of the way*
93 **se...** *get excited, make a racket*

BENITO El diablo lleva en el cuerpo el torillo; sus partes tiene de hosco y de bragado; si no me tiendo, me lleva de vuelo.[94]

JUAN Señor autor, haga, si puede, que no salgan figuras que nos alboroten; y no lo digo por mí, sino por estas muchachas, que no les ha quedado gota de sangre en el cuerpo, de la ferocidad del toro.

JUANA Y ¡cómo, padre! No pienso volver en mí en tres días; ya me vi en sus cuernos, que los tiene agudos como una lesna.[95]

JUAN No serías tu mi hija si no lo vieras.

GOBERNADOR (*aparte*) Basta, que todos ven lo que yo no veo; pero al fin habré de decir que lo veo, por la negra honrilla.[96]

CHIRINOS Esa manada[97] de ratones que allá va, desciende por línea recta de aquellos que se criaron en el arca de Noé; unos son blancos, unos albarazados, unos jaspeados y unos azules;[98] y finalmente, todos son ratones.

JUANA ¡Jesús, ay de mí! Ténganme, que me arrojaré por aquella ventana. ¿Ratones? ¡Desdichada! Amiga, apriétate las faldas[99] y mira que no te muerdan; y ¡monta que son pocos![100] Por el siglo de mi abuela, que pasan de mil.

TERESA Yo sí soy la desdichada, porque se me entran sin reparo ninguno;[101] un ratón morenico me tiene asida de una rodilla; socorro venga del cielo, pues en la tierra me falta.

BENITO Aun bien que tengo gregüescos;[102] que no hay ratón que se me entre, por pequeño que sea.

CHANFALLA Esta agua que con tanta prisa se deja descolgar de las nubes, es de la fuente que da origen y principio al río Jordán; toda mujer a quien toque en el rostro, se le volverá como de plata bruñida,[103] y a los hombres se les volverán las barbas como de oro.

JUANA ¿Oyes, amiga? Descubre el rostro, pues ves lo que te importa.[104] ¡Oh qué licor tan sabroso! Cúbrase, padre, no se moje.

JUAN Todos nos cubrimos, hija.

BENITO Por las espaldas me ha calado el agua hasta la canal maestra.[105]

PEDRO Yo estoy más seco que un esparto.[106]

GOBERNADOR (*aparte*) ¿Qué diablos puede ser esto, que aun no me ha tocado una gota donde todos se ahogan? Mas ¿si viniera yo a ser bastardo entre tantos legítimos?

BENITO Quítenme de allí aquel músico; si no, voto a Dios que me vaya sin ver más figura.[107] ¡Válgate el diablo por músico aduendado,[108] y que hace de menudear sin cítola y sin son![109]

RABELÍN Señor alcalde, no tome conmigo la hincha;[110] que yo toco como Dios ha sido servido de enseñarme.

BENITO ¿Dios te había de enseñar, sabandija?[111] Métete tras la manta; si no, por Dios que te arroje este banco.[112]

---

94 **sus...** *he has his portion of gruff and maliciousness; if I don't lie down, he'll toss me.*
95 *file*
96 **negra...** *rotten honor code*
97 *flock*
98 **albarazados...** *some motley, some marbled, some dark*
99 **apriétate...** *hold your skirts tight*
100 **¡monta...** ! *there are lots of them!*
101 **se...** *they're running up my skirts without even stopping*
102 *tights, leggings*
103 **plata...** *burnished silver*
104 **pues...** *since you'll see what's really important to you*
105 **me...** *has soaked me to the skin*
106 *type of grass*
107 *apparitions*
108 *bewitched*
109 **menudear...** *to strum without a beat or notes*
110 **no...** *no se enoje conmigo*
111 *louse*
112 *bench*

RABELÍN   El diablo creo que me ha traído a este pueblo.

PEDRO   Fresca es el agua del santo río Jordán[k]; y aunque me cubrí lo que pude, todavía me alcanzó un poco en los bigotes,[113] y apostaré[114] que los tengo rubios como un oro.

BENITO   Y aun peor cincuenta veces.

CHIRINOS   Allá van hasta dos docenas de leones rampantes y de osos colmeneros;[115] todo viviente se guarde; que, aunque fantásticos, no dejarán de dar alguna pesadumbre,[116] y aun de hacer las fuerzas de Hércules con espadas desenvainadas.[117]

JUAN   Ea, señor autor, ¡cuerpo de nosla![118] ¿Y ahora nos quiere llenar la casa de osos y de leones?

BENITO   ¡Mirad qué ruiseñores y calandrias[119] nos enviá Tontonelo, sino leones y dragones! Señor autor, o salgan figuras más apacibles, o aquí nos contentamos con las vistas,[120] y Dios le guíe, y no pare más en el pueblo un momento.

JUANA   Señor Benito Repollo, deje salir ese oso y leones, siquiera por nosotras,[121] y recibiremos mucho contento.

JUAN   Pues hija, de antes te espantabas de los ratones, ¿y ahora pides osos y leones?

JUANA   Todo lo nuevo place, señor padre.

CHIRINOS   Esa doncella que ahora se muestra, tan galana y tan compuesta,[122] es la llamada Herodías, cuyo baile alcanzó en premio la cabeza del Precursor de la Vida;[l] si hay quien la ayude a bailar, verán maravillas.

BENITO   Esta sí, ¡cuerpo del mundo! que es figura hermosa, apacible y reluciente,[l] ¡y cómo que se vuelve la muchacha! Sobrino Repollo, tú, que sabes de achaque de castañetas,[123] ayúdala, y será la fiesta de cuatro capas.[124]

SOBRINO   Que me place, tío Benito Repollo.

Tocan la zarabanda.

PEDRO   ¡Toma mi abuelo, si es antiguo el baile de la zarabanda y de la chacona![125]

BENITO   Ea, sobrino, ténselas tiesas a esa bellaca judía;[126] pero si ésta es judía, ¿cómo ve estas maravillas?

CHANFALLA   Todas las reglas tienen excepción, señor alcalde.

Suena una trompeta o corneta dentro del teatro y entra un furrier de compañías.

---

[k] Las aguas del río Jordán eran famosas por su poder de rejuvenecer.
[l] Salomé bailó (no Herodías) y pidió la cabeza de San Juan Bautista.

[113] *moustache*
[114] *I'll bet*
[115] **leones...** *rampant lions and honey bears*
[116] *grief*
[117] **hacer...** *have the strength of Hercules with unsheathed swords (their teeth)*
[118] **cuerpo...** *a mild swear*
[119] **ruiseñores...** *nightingales and larks*
[120] **las...** *las figuras ya vistas*
[121] **siquiera...** *at least for us*
[122] **tan galana...** *attractive and well-dressed*
[123] **que...** *who know about castanets*
[124] **de...** *muy grande y elegante*
[125] **zarabanda...** *dos bailes de la época*
[126] **ténselas...** *hold on to that sly Jewess*

FURRIER   ¿Quién es aquí el señor gobernador?

GOBERNADOR   Yo soy. ¿Qué manda vuesa merced?

FURRIER   Que luego, al punto, mande hacer alojamiento para treinta
275   hombres de armas que llegarán aquí dentro de media hora, y aun
antes, que ya suenan la trompeta, y adiós.

Se va.

BENITO   Yo apostaré que los envía el sabio Tontonelo.

CHANFALLA   No hay tal; que ésta es una compañía de caballos que estaba
alojada dos leguas de aquí.

280   **BENITO**   Ahora yo conozco bien a Tontonelo, y sé que vos y él sois unos
grandísimos bellacos, no perdonando al músico; y mirad que os
mando que mandéis a Tontonelo que no tenga atrevimiento de enviar
estos hombres de armas, que le haré dar doscientos azotes[127] en las espaldas, que se vean unos a otros.[128]

285   **CHANFALLA**   Digo, señor alcalde, que no los envía Tontonelo.

BENITO   Digo que los envía Tontonelo, como ha enviado las otras sa-
bandijas que yo he visto.

PEDRO   Todos las hemos visto, señor Benito Repollo.

BENITO   No digo yo que no, señor Pedro Capacho. No toques más,
290   músico de entre sueños,[129] que te romperé la cabeza.

Vuelve el Furrier.

FURRIER   Ea, ¿está ya hecho el alojamiento? Que ya están los caballos en
el pueblo.

BENITO   ¿Que todavía ha salido con la suya[130] Tontonelo? Pues yo os voto
a tal, autor de humos y de embelecos,[131] que me lo habéis de pagar.

295   **CHANFALLA**   Séanme testigos que me amenaza el alcalde.

CHIRINOS   Séanme testigos que dice el alcalde que lo que manda Su Majestad, lo manda el sabio Tontonelo.

BENITO   Atontonelada te vean mis ojos,[132] plega a Dios todopoderoso.

GOBERNADOR   Yo para mí tengo que verdaderamente estos hombres de
300   armas no deben de ser de burlas.[133]

FURRIER   ¿De burlas habían de ser, señor gobernador? ¿Está en su seso?

JUAN   Bien podrían ser atontonelados; como esas cosas que hemos visto
aquí. Por vida del autor, que haga salir otra vez a la doncella Herodías
para que vea este señor lo que nunca ha visto; quizá con esto le co-
305   hecharemos[134] para que se vaya presto del lugar.

CHANFALLA   Eso en buen hora, y la veis aquí donde vuelve, y hace de
señas a su bailador[135] a que de nuevo la ayude.

127 *whiplashes*
128 **que...** *so big they will run together*
129 **de...** *nightmarish*
130 **ha...** *has continued to in- sist on having his way*
131 **autor...** *director of magic (smoke) and trickery*
132 **Atontonelada...** *I wish you were bewitched*
133 **de...** *fabricated*
134 *we can bribe*
135 *Benito Repollo's nephew*

SOBRINO   Por mí no quedará, por cierto.[136]

BENITO   Eso sí, sobrino, cánsala, cánsala; vueltas y más vueltas; ¡vive Dios, que es un azoque[137] la muchacha! ¡A ello, a ello!

FURRIER   ¿Está loca esta gente? ¿Qué diablos de doncella es ésta, y qué baile, y qué Tontonelo?

PEDRO   Luego, ¿no ve de doncella herodiana el señor furrier?

FURRIER   ¿Qué diablos de doncella tengo de ver?

PEDRO   Basta, de *ex illis*[138] es.

GOBERNADOR   De *ex illis* es, de *ex illis* es.

JUAN   De ellos es, de ellos el señor furrier, de ellos es.

FURRIER   Soy de la mala puta que los parió; y por Dios vivo, que si echo mano a la espada, que los haga salir por las ventanas, que no por la puerta.

PEDRO   Basta, ¡de *ex illis* es!

BENITO   Basta; de ellos es, pues no ve nada.

FURRIER   Canalla barretina,[m] si otra vez me dicen que soy de ellos, no les dejaré hueso sano.

BENITO   Nunca los confesos ni bastardos fueron valientes; y por eso no podemos dejar de decir: de ellos es, de ellos es.

FURRIER   ¡Cuerpo de Dios con los villanos![139] Esperad.

Mete la mano a la espada y acuchilla[140] con todos; y el alcalde aporrea[141] al Rabelín, y la Chirinos descuelga la manta y dice:

CHIRINOS   El diablo ha sido[142] la trompeta y la venida de los hombres de armas; parece que los llamaron con campanilla.

CHANFALLA   El suceso ha sido extraordinario; la virtud del *Retablo* se queda en su punto,[143] y mañana lo podemos mostrar al pueblo, y nosotros mismos podemos cantar el triunfo de esta batalla, diciendo: «¡Vivan Chirinos y Chanfalla!»

✦ Comprensión y expansión

A. Conteste las siguientes preguntas o comente los temas según la pieza.

1. ¿Cómo se sabe que esta trampa no es la primera que han hecho Chanfalla y Chirinos?
2. ¿Cómo es el Rabelín? Explique.
3. Dé unos ejemplos del lenguaje lisonjero que usan Chanfalla y Chirinos.

---

[136] **Por...** *She certainly won't have to wait because of me.*
[137] **que...** *she's as lively as quicksilver*
[138] **ex...** *"one of them" (Latin)*
[139] *country bumpkins*
[140] *fences*
[141] *hits with a stick*
[142] *causado*
[143] **en...** *perfect*

[m] El barrete era un gorro popular en el siglo XV, pero ya fuera de moda en el XVI. Lo llevaban solamente los campesinos y los judíos.

4. ¿Quiénes no pueden ver lo que se enseña en el *Retablo de la maravillas*?
5. ¿Para qué ocasión importante del pueblo van a representar el retablo?
6. ¿Cuándo quieren los actores que se les pague?
7. ¿Es Benito un cristiano viejo? Explique.
8. Al empezar la música, ¿quiénes dudan oírla?
9. Según el gobernador, ¿cuáles son las cualidades necesarias para ser buen músico?
10. ¿Cuál es la primera de las maravillas?
11. ¿Cómo reacciona Juana a la maravilla de los ratones? ¿Y Teresa?
12. ¿Cómo explica Chanfalla el origen y el efecto del agua maravillosa?
13. ¿Cuál es la reacción de Juana a la maravilla de los leones y osos?
14. ¿Quién es la doncella que baila en el retablo?
15. ¿Por qué es esa doncella una excepción a las reglas del retablo?
16. ¿Qué le manda el Furrier el gobernador?
17. ¿Cómo explica Benito la llegada de los hombres de armas?
18. ¿De qué acusan al Furrier los habitantes del pueblo?
19. Explique el triunfo de Chirinos y Chanfalla.

B. Las frases que siguen reflejan la realidad o la ilusión en *El retablo de las maravillas*. Lea cada una de ellas y marque **R** (realidad) o **I** (ilusión) en los espacios correspondientes.

____ 1. Hay osos y leones en el pueblo.
____ 2. El sabio Tontonelo compuso *El retablo de las maravillas*.
____ 3. El sobrino de Benito toca la zarabanda.
____ 4. El retablo se representa en la casa de Juan Castrado.
____ 5. El gobernador es poeta.
____ 6. Juana tiene miedo de los ratones.
____ 7. Herodías baila la zarabanda y la chacona.
____ 8. Treinta hombres de armas van a llegar al pueblo y necesitan alojamiento.

C. Reconstruya la pieza, numerando del 1 al 7, en orden cronológico, las oraciones que siguen.

____ 1. El agua del río Jordán moja a los espectadores.
____ 2. Sansón derriba el templo.
____ 3. Los caballos de los hombres de armas llegan al pueblo.
____ 4. Los ratones corren por la casa.
____ 5. El Furrier no ve a la doncella que baila.
____ 6. Los leones y los osos llenan la casa.
____ 7. El toro feroz aterroriza a los espectadores.

✦ Temas de discusión o análisis

1. Haga un resumen del entremés.
2. ¡Usted es artista! Haga un dibujo sencillo del escenario del entremés.
3. ¿Qué efecto dramático tienen los «apartes»* del gobernador? Estudie lo que dice el gobernador en las líneas 199 a 201.

4. Caracterice a uno de los siguientes personajes: Chanfalla, Chirinos, el gobernador, Juana, el Furrier.
5. Estudie el contexto de las referencias a la «limpieza de sangre». Fíjese en lo que satiriza Cervantes y comente la opinión que él presenta.
6. Analice los elementos que reflejan una crítica de Cervantes a la literatura de la época. Estudie el diálogo de las líneas 116 a 138.

✦ Temas de proyección personal

1. Si usted fuera un personaje del entremés, ¿cuál le gustaría ser? ¿Cómo se llamaría usted? ¿Intervendría en la acción? ¿Por qué? Explique.
2. Escriba una versión moderna de *El retablo de las maravillas*. Escoja un prejuicio actual y modifique el diálogo del entremés para satirizar la sociedad contemporánea.
3. Si usted no está de acuerdo con la política de su país, ¿qué medios usa para dar a conocer su opinión? ¿Cómo puede ser el arte un vehículo de protesta?
4. ¿Qué tipo de teatro de títeres puede verse hoy en día? ¿Tienen las obras representadas otro papel que el de entretener?

FELIX LOPE DE VEGA Y CARPIO

Nota biográfica

Félix Lope de Vega y Carpio (1562–1635), dramaturgo, poeta, soldado y sacerdote, nació en Madrid. Llevó una vida agitada, íntimamente ligada a las circunstancias de la España de su época. Se movió entre los dos extremos que regían la vida española de fines del siglo XVI y principios del XVII, acción y reflexión; representa la quintaesencia del carácter español del período. Fue hombre de instintos contradictorios, y personificó la inquietud y el ansia de vida espiritual que caracterizan el Siglo de Oro. Lope de Vega fue un muchacho despierto y precoz. Aprendió gramática y retórica con los jesuitas, y luego estudió en la Universidad de Alcalá. Al parecer, abandonó sus estudios por una mujer. La vida de Lope de Vega estuvo marcada por una serie de episodios amorosos que, a pesar de contrariedades y desgracias, seguirían hasta su muerte.

En 1583 Lope de Vega participó en la conquista de la isla Terceira en las Azores. Este mismo año comenzaron sus relaciones con Elena Osorio, casada y la «Filis» de sus obras. En 1587 la relación terminó en escándalo y en el destierro de Lope de Vega de Madrid, por libelos escritos contra la familia de Elena. En 1588 casó con Isabel de Urbina antes de embarcarse en la Armada

Invencible. Tras el fracaso de la Invencible, Lope de Vega vivió durante dos años en Valencia. En 1596 volvió a Madrid, donde fue procesado por vivir con una viuda sin estar casados. En 1598, después de la muerte de su primera esposa, contrajo matrimonio con Juana Guardo. Este matrimonio hizo más difíciles sus relaciones con Micaela de Luján, la «Camila Lucinda» de sus versos, con la que tuvo tres hijos.

Ya en 1604, en *El peregrino en su patria*, Lope de Vega suministró una lista de sus más de doscientas obras dramáticas. En 1605 entró al servicio del duque de Sessa y, en 1613, después de la muerte de su hijo Carlos Félix y de su esposa Juana, fue ordenado sacerdote. Esto, sin embargo, no le impidió continuar sus desvaríos amorosos. Más tarde, apareció en su vida la que sería su amor más profundo y duradero, Marta de Nevares Santoyo, de 26 años, y casada desde los trece. Después de la muerte del marido de Marta, vivieron con su hija y los hijos de Lope de Vega en casa de éste.

Los últimos quince años de la vida de Lope de Vega fueron una sucesión de desgracias. Marta de Nevares perdió la vista y la razón durante la década de 1620. Convaleció largo tiempo, bajo el cuidado del poeta, hasta su muerte en 1632. En 1634, un noble de la Corte raptó y luego abandonó a su hija Antonia Clara. Poco después, su hijo Lope Félix murió en un naufragio. Rodeado de melancolía y de soledad, Lope de Vega falleció el 27 de agosto de 1635, a los ochenta y dos años de edad.

La producción literaria de Lope de Vega es tan vasta que su autor merece sin duda el apelativo cervantino de «monstruo de la naturaleza». En efecto, cultivó todos los géneros literarios en boga de su época, desde la novela pastoril, *La Arcadia* (1598), hasta el poema épico, *La Dragontea*, pasando por las imitaciones de los antiguos, *La Circe* (1624), *La gatomaquia* (1634), y la poesía narrativa religiosa, *La Corona trágica* (1627). Tampoco deben olvidarse la gran cantidad de poemas sueltos, versos líricos, letrillas,* canciones o sonetos.

Pero fue, sin duda, en el teatro donde el genio de Lope de Vega encontró su mejor expresión. Desde el comienzo de su carrera, supo hacer de su obra dramática un teatro nacional. Su éxito radicó en su concepto del teatro como arte para el pueblo. Lope de Vega se convierte en el intérprete de la colectividad, y su teatro está estrechamente ligado a la ideología y a la psicología de la España del Siglo de Oro. Expone sus ideas sobre la práctica teatral en el *Arte nuevo de hacer comedias* (1609). Estructuralmente, limita la obra de teatro o comedia a tres actos o jornadas; se atiene a ciertas formas métricas y les da funciones precisas. En cuanto a contenido, Lope de Vega usa los temas del honor y del amor, e integra personajes de diversas clases sociales. En el teatro de Lope de Vega la mujer es fuerte, atractiva y valiente.

Su obra teatral es enorme. El mismo menciona un total de mil quinientas obras en 1632. De ellas, más de cien, según el autor, fueron escritas en veinticuatro horas, sin duda, para los corrales o teatros públicos de la época. Se conocen los títulos de setecientas veintitrés comedias y cuarenta y cuatro autos sacramentales.* Este inmenso corpus teatral ha sido objeto de diversos intentos de clasificación, el más usual divide temáticamente el teatro de Lope de Vega. Un grupo incluye sus obras de problemas religiosos, doctrinales o filosóficos; otro grupo tiene sus fuentes en textos históricos o legendarios y, finalmente, un tercer grupo trata de las circunstancias sociales de aquel período. Entre éstas destacan las comedias sobre el uso injusto del poder por parte de un noble, como *El mejor alcalde el rey* (1620–23), *Peribáñez y el comendador de Ocaña* (1605–1608) y *Fuenteovejuna* (1612–14), de la que aquí se incluye el tercer acto.

✦ Guía y actividades de pre-lectura

Fuenteovejuna se desarrolla sobre el trasfondo histórico de las luchas internas del reino de Castilla durante el último tercio del siglo XV. Fernán Gómez, comendador de la Orden de Calatrava, valiente y libertino, milita en el bando opuesto al de los Reyes Católicos, Isabel y Fernando. Después de participar en la toma de Ciudad Real, regresa a Fuenteovejuna, encomendada a su orden, y persigue a Laurencia. Frondoso, novio de Laurencia, amenaza al comendador y éste jura vengarse de la afrenta. El consejo de la villa le suplica al comendador que no los deshonre, pero él se burla de ellos. El comendador marcha a la guerra, y se celebran las bodas de Frondoso y Laurencia. El comendador irrumpe en la celebración, apresa a Frondoso y rapta a Laurencia. El pueblo se reúne para tomar una decisión ante los abusos del comendador. La deliberación del pueblo no resulta decisiva. Laurencia, víctima de los avances del comendador, insulta a los hombres y los incita a la venganza. El pueblo mata al comendador y se declara colectivamente culpable. Llega el juez real y trata de obtener una confesión, pero la única respuesta que obtiene a su pregunta es: «Fuenteovejuna lo hizo». En la última escena, el pueblo se acoge a la clemencia del rey y se declara inocente del delito de rebelión.

Son de destacar varios aspectos de *Fuenteovejuna*. En primer lugar, la caracterización de los personajes: el comendador, por ejemplo, es presentado mediante rasgos negativos, la soberbia y el ejercicio injusto del poder. Desde el comienzo de la obra, Lope de Vega traza la contradicción entre poder y conciencia. También desde el principio se hacen claras dos actitudes en el pueblo, representadas por Laurencia y Pascuala. Laurencia está dispuesta a resistir los abusos, mientras que Pascuala considera que es imposible resistirse al poder. Como resultado, se percibe el poder del comendador como inescapable destino del pueblo. El pueblo funciona como personaje colectivo. En la escena del tormento, el autor elige a los más débiles —un viejo, un niño y Mengo— para representar al pueblo frente a la justicia del rey, y así pone de relieve el heroísmo del pueblo.

La venganza colectiva del pueblo radica sobre el principio de la justicia, que es el árbitro de las acciones del pueblo, sobre la que se funda la libertad. Cuando el poder no cumple con su obligación legal, el pueblo tiene derecho a administrar justicia, y a unirse para eliminar la injusticia. De este modo la venganza es redimida por la justicia y el heroísmo. En *Fuenteovejuna* triunfa el heroísmo del pueblo.

1. *Fuenteovejuna* tiene como base un conflicto ético y político: la relación entre ley, justicia e injusticia, y lealtad y deslealtad. ¿Tienen derecho los ciudadanos a desafiar los dictámenes del poder? ¿En qué casos puede justificarse la desobediencia? ¿Es posible justificar la resistencia violenta ante los abusos de poder?

2. La ley y la justicia no siempre son compatibles; en ocasiones lo legal no es lo justo. *Fuenteovejuna* es un buen ejemplo del problema que surge cuando la ley y la justicia no corren paralelas. ¿Qué ejemplos podría dar usted de casos similares en el mundo contemporáneo? ¿Cuáles son algunas de las consecuencias de una situación en la que la ley y la justicia se separan?

3. La acción dramática de *Fuenteovejuna* transcurre sobre el trasfondo de las luchas civiles que asolaron a España a fines del siglo XV. Investigue la situación política de España entre los años 1479 y 1492. ¿Cómo refleja la obra dicha inestabilidad?

Fuenteovejuna

ACTO TERCERO

Salen ESTEBAN, ALONSO *y* BARRILDO.

ESTEBAN	¿No han venido a la junta?[1]
BARRILDO	No han venido.
ESTEBAN	Pues más apriesa[2] nuestro daño corre.
BARRILDO	Ya está lo más del pueblo prevenido.
5 **ESTEBAN**	Frondoso con prisiones en la torre,
	y mi hija Laurencia en tanto aprieto,[3]
	y si la piedad de Dios no los socorre[4]...

Salen JUAN ROJO *y el* REGIDOR.[5]

JUAN	¿De qué dais voces, cuando importa tanto
	a nuestro bien, Esteban, el secreto?
10 **ESTEBAN**	Que doy tan pocas es mayor espanto.[6]

Sale MENGO.

MENGO	También vengo yo a hallarme en esta junta.
ESTEBAN	Un hombre cuyas canas[7] baña el llanto,[8]
	labradores honrados,[9] os pregunta
	qué obsequias[10] debe hacer toda esa gente
15	a su patria sin honra, ya perdida.
	Y si se llaman honras justamente,
	¿cómo se harán, si no hay entre nosotros
	hombres a quien este bárbaro no afrente?[11]
	Respondedme: ¿hay alguno de vosotros
20	que no esté lastimado[12] en honra y vida?
	¿No os lamentáis[13] los unos de los otros?
	Pues si ya la tenéis todos perdida,
	¿a qué aguardáis?[14] ¿Qué desventura[15] es ésta?

1 reunión
2 aprisa
3 *trouble*
4 ayuda
5 funcionario del consejo municipal
6 *alarm*
7 *white hair*
8 *weeping*
9 **labradores...** *honest peasants*
10 funerales
11 ofenda, insulte
12 herido
13 quejáis
14 esperáis
15 desgracia

JUAN	La mayor que en el mundo fue sufrida.
25	Mas pues ya se publica y manifiesta
	que en paz tienen los reyes a Castilla,
	y su venida a Córdoba se apresta,[16]
	vayan dos regidores de la villa,
	y echándose a sus pies pidan remedio.
30 **BARRILDO**	En tanto que Fernando, aquel que humilla
	a tantos enemigos[17] otro medio
	será mejor, pues no podrá, ocupado,
	hacernos bien, con tanta guerra en medio.
REGIDOR	Si mi voto de vos fuera escuchado,
35	desamparar la villa doy por voto.[18]
JUAN	¿Cómo es posible en tiempo limitado?
MENGO	A la fe, que si entiende el alboroto,[19]
	que ha de costar la junta alguna vida.
REGIDOR	Ya, todo el árbol[20] de paciencia roto,
40	corre la nave[21] de temor perdida.
	La hija quitan con tan gran fiereza[22]
	a un hombre honrado, de quien es regida[23]
	la patria en que vivís, y en la cabeza
	la vara quiebran tan injustamente.
45	¿Qué esclavo se trató con más bajeza?[24]
JUAN	¿Qué es lo que quieres tú que el pueblo intente?
REGIDOR	Morir, o dar la muerte a los tiranos,
	pues somos muchos y ellos poca gente.
BARRILDO	¡Contra el señor las armas en las manos!
50 **ESTEBAN**	El rey sólo es señor, después del cielo,
	y no bárbaros hombres inhumanos.
	Si Dios ayuda nuestro justo celo,[25]
	¿qué nos ha de costar?
MENGO	Mirad, señores,
55	que vais en estas cosas con recelo.[26]
	Puesto que por los simples labradores
	estoy aquí, que más injurias[27] pasan,
	más cuerdo[28] represento sus temores.
JUAN	Si nuestras desventuras se compasan,[29]
60	para perder las vidas, ¿qué aguardamos?[30]
	Las casas y las viñas nos abrasan:[31]
	tiranos son; a la venganza vamos.

Sale LAURENCIA, *desmelenada.*[32]

LAURENCIA	Dejadme entrar, que bien puedo,
	en consejos de los hombres;
65	que bien puede una mujer,
	si no a dar voto, a dar voces.
	¿Conocéisme?[33]

16 prepara
17 **En...** En tanto que Fernando humilla a tantos enemigos
18 **Si...** Si escucháis mi opinión, voto por abandonar, huir de la villa.
19 *revolt against authority*
20 *mast of a ship* (lit.: *tree*)
21 barco
22 *fierceness*
23 **de...** los que gobiernan
24 *vileness*
25 *zeal*
26 **que...** que se debe pensar cuidadosamente lo que se va a hacer
27 ofensas
28 *wise*
29 **se...** *happen all together*
30 esperamos
31 queman
32 *disheveled*
33 ¿Me conocéis?

ESTEBAN	¡Santo cielo!
	¿No es mi hija?
70 JUAN	¿No conoces
	a Laurencia?
LAURENCIA	Vengo tal,
	que mi diferencia os pone
	en contingencia quién soy.[34]
75 ESTEBAN	¡Hija mía!
LAURENCIA	No me nombres[35]
	tu hija.
ESTEBAN	¿Por qué, mis ojos?
	¿Por qué?
80 LAURENCIA	Por muchas razones,

y sean las principales,
porque dejas que me roben
tiranos sin que me vengues,
traidores sin que me cobres.
85 Aún no era yo de Frondoso,[36]
para que digas que tome,
como marido, venganza;
que aquí por tu cuenta corre;[37]
que en tanto que de las bodas
90 no haya llegado la noche,
del padre, y no del marido,
la obligación presupone;
que en tanto que no me entregan
una joya, aunque la compren,
95 no ha de correr por mi cuenta
las guardas ni los ladrones.
Llevóme de vuestros ojos
a su casa Fernán Gómez:
la oveja al lobo dejáis
100 como cobardes pastores.
¿Qué dagas[38] no vi en mi pecho,
qué desatinos atroces,[39]
qué palabras, qué amenazas,
y qué delitos atroces,
105 por rendir mi castidad
a sus apetitos torpes?
Mis cabellos,[40] ¿no lo dicen?
¿No se ven aquí los golpes,
de la sangre y las señales?
110 ¿Vosotros sois hombres nobles?
¿Vosotros padres y deudos?[41]
¿Vosotros que no se os rompen
las entrañas de dolor,[42]
al verme en tantos dolores?

[34] **en...** la condición en que vengo os hace dudar quién soy
[35] llames
[36] **Aún...** *Since I wasn't married to Frondoso yet*
[37] **que...** *since it's your responsibility*
[38] *daggers*
[39] **desatinos...** *brutal follies*
[40] pelo
[41] familiares
[42] **que...** *whose hearts do not break of pain*

115	Ovejas sois, bien lo dice
	de Fuenteovejuna el nombre.
	Dadme unas armas a mí,
	pues sois piedras, pues sois bronces,
	pues sois jaspes,[a] pues sois tigres...
120	—Tigres no, porque feroces
	siguen quien roba sus hijos,
	matando los cazadores
	antes que entren por el mar,[43]
	y por sus ondas[44] se arrojen.
125	Liebres cobardes nacisteis;
	bárbaros sois, no españoles.
	Gallinas, ¿vuestras mujeres
	sufrís que otros hombres gocen?
	Poneos ruecas en la cinta.[45]
130	¿Para qué os ceñís estoques?[46]
	¡Vive Dios, que he de trazar
	que solas mujeres cobren
	la honra de estos tiranos,
	la sangre de estos traidores,
135	y que os han de tirar piedras,
	hilanderas,[47] maricones,[48]
	amujerados,[49] cobardes,
	y que mañana os adornen
	nuestros tocas[50] y basquiñas,[51]
140	solimanes y colores![52]
	A Frondoso quiere ya,
	sin sentencias, sin pregones,[53]
	colgar el comendador
	del almena[54] de una torre;
145	de todos hará lo mismo;
	y yo me huelgo,[55] medio-hombres,
	porque quede sin mujeres
	esta villa honrada, y torne
	aquel siglo de amazonas,[b]
150	eterno espanto del orbe.[56]

ESTEBAN Yo, hija, no soy de aquellos
que permiten que los nombres
con esos títulos viles.
Iré solo, si se pone
155 todo el mundo contra mí.

---

[43] **antes...** *before they set out for the sea*
[44] olas
[45] **Poneos...** *Put distaffs in your belts.*
[46] *swords*
[47] *spinners*
[48] *fags*
[49] *effeminates*
[50] *toques*
[51] *petticoats*
[52] **solimanes...** *makeup and cosmetics*
[53] anuncios públicos
[54] *parapet*
[55] alegro
[56] mundo

---

[a] El jaspe es una variedad de cuarzo opaco, de varios colores. Aquí sirve para comparar la dureza del cuarzo con la insensibilidad de los hombres de la villa.

[b] Se refiere a las mujeres de alguna de las razas guerreras que los antiguos suponían que habían existido en los tiempos heroicos.

JUAN	Y yo, por más que me asombre
	la grandeza del contrario.
REGIDOR	Muramos todos.
BARRILDO	Descoge[57]
160		un lienzo al viento en un palo,
	y mueran estos inormes.[58]
JUAN	¿Qué orden pensáis tener?
MENGO	Ir a matarle sin orden,
	Juntad al pueblo a una voz;
165		que todos están conformes[59]
	en que los tiranos mueran.
ESTEBAN	Tomad espadas, lanzones,[60]
	ballestas,[61] chuzos[62] y palos.
MENGO	¡Los reyes nuestros señores
170		vivan!
TODOS	¡Vivan muchos años!
MENGO	¡Mueran tiranos traidores!
TODOS	¡Traidores tiranos mueran!

Vanse todos.

LAURENCIA	Caminad, que el cielo os oye.
175		—¡Ah, mujeres de la villa!
	¡Acudid, porque se cobre
	vuestro honor, acudid todas!

Salen PASCUALA, JACINTA *y otras mujeres.*

PASCUALA	¿Qué es esto? ¿De qué das voces?
LAURENCIA	¿No veis cómo todos van
180		a matar a Fernán Gómez,
	y hombres, mozos y muchachos
	furiosos, al hecho corren?
	¿Será bien que solos ellos
	de esta hazaña[63] el honor gocen,
185		pues no son de las mujeres
	sus agravios[64] los menores?
JACINTA	Di, pues, ¿qué es lo que pretendes?
LAURENCIA	Que todas puestas en orden,
	acometamos a un hecho[65]
190		que dé espanto a todo el orbe.
	Jacinta, tu grande agravio,
	que sea cabo;[66] responde
	de una escuadra de mujeres.
JACINTA	No son los tuyos menores.
195	**LAURENCIA**	Pascuala, alférez[67] serás.
PASCUALA	Pues déjame que enarbole

57 Extiende
58 monstruos, malvados
   (lit.: *enormous ones*)
59 de acuerdo
60 *pikes*
61 *crossbows*
62 palos con punta a modo
   de lanzas
63 *heroic feat*
64 *wrongs*
65 **acometamos...** hagamos
   algo (lit.: ataquemos)
66 líder
67 oficial del ejército que
   llevaba la bandera

en un asta[68] la bandera:
verás si merezco el nombre.

LAURENCIA No hay espacio para eso,
200 pues la dicha nos socorre:
bien nos basta que llevemos
nuestras tocas por pendones.[69]

PASCUALA Nombremos un capitán.

LAURENCIA Eso no.

205 **PASCUALA** ¿Por qué?

LAURENCIA Que adonde
asiste mi gran valor,
no hay Cides ni Rodamontes.[c]

Vanse.

Sale Frondoso, atadas las manos; FLORES, ORTUÑO,
CIMBRANOS *y el* COMENDADOR.

COMENDADOR De ese cordel[70] que de las manos sobra,
210 quiero que le colguéis, por mayor pena.

FRONDOSO ¡Qué nombre, gran señor, tu sangre cobra!

COMENDADOR Colgadle luego en la primera almena.

FRONDOSO Nunca fue mi intención poner por obra
tu muerte entonces.

215 **FLORES** Grande ruido suena.
(Ruido suene.)

COMENDADOR ¿Ruido?

FLORES Y de manera que interrumpen
tu justicia, señor.

ORTUÑO Las puertas rompen.
(Ruido.)

220 **COMENDADOR** ¡La puerta de mi casa, y siendo casa
de la encomienda![71]

FLORES El pueblo junto viene.

JUAN *(Dentro.)* Rompe, derriba, hunde, quema, abrasa.

ORTUÑO Un popular motín mal se detiene.

225 **COMENDADOR** ¡El pueblo contra mí!

FLORES La furia pasa
tan adelante, que las puertas tiene
echadas por la tierra.

COMENDADOR Desatadle.

230 Templa,[72] Frondoso, ese villano alcalde.

FRONDOSO Ya voy, señor, que amor les ha movido.

[c] El Cid es el personaje principal del «Cantar de Mío Cid» y el héroe nacional de España; Roda-
monte es un personaje de *Orlando furioso,* obra de Ariosto, escritor italiano del siglo XV.

FÉLIX LOPE DE VEGA Y CARPIO | **135**

[68] *pole*
[69] *standards*
[70] *cord*
[71] *commandership*
[72] *Restrain*

73 *place of lodging*
74 *deciden*
75 *portcullis, iron grating
that slides over the entrance
to a fortress*

MENGO (*Dentro.*) ¡Vivan Fernando y Isabel, y mueran
los traidores!

FLORES Señor, por Dios te pido
235 que no te hallen aquí.

COMENDADOR Si perseveran,
este aposento[73] es fuerte y defendido.
Ellos se volverán.

FLORES Cuando se alteran
240 los pueblos agraviados, y resuelven,[74]
nunca sin sangre o sin venganza vuelven.

COMENDADOR En esta puerta, así como rastrillo[75]
su furor con las armas defendamos.

FRONDOSO (*Dentro.*) ¡Viva Fuenteovejuna!
245 **COMENDADOR** ¡Qué caudillo!
Estoy porque a su furia acometamos.

FLORES De la tuya, señor, me maravillo.

ESTEBAN Ya el tirano y los cómplices miramos.
¡Fuenteovejuna, y los tiranos mueran!

Salen todos.

250 **COMENDADOR** Pueblo, esperad.

TODOS Agravios nunca esperan.

COMENDADOR Decídmelos a mí, que iré pagando
a fe de caballero esos errores.

TODOS ¡Fuenteovejuna! ¡Viva el rey Fernando!
255 ¡Mueran malos cristianos y traidores!

COMENDADOR ¿No me queréis oír? Yo estoy hablando;
yo soy vuestro señor.

TODOS Nuestros señores
son los Reyes Católicos.

260 **COMENDADOR** Espera.

TODOS ¡Fuenteovejuna, y Fernán Gómez muera!

Vanse, y salen las mujeres armadas.

LAURENCIA Parad en este puesto de esperanzas,
soldados atrevidos, no mujeres.

PASCUALA ¿Lo[s] que mujeres son en las venganzas,
265 en él beban su sangre, es bien que esperes?

JACINTA Su cuerpo recojamos en las lanzas.

PASCUALA Todas son de esos mismos pareceres.

ESTEBAN (*Dentro.*) ¡Muere, traidor comendador!

COMENDADOR Ya muero.
270 ¡Piedad, Señor, que en tu clemencia espero!

BARRILDO	(*Dentro.*) Aquí está Flores.
MENGO	Dale a este bellaco;[76]

que ése fue el que me dio dos mil azotes.

FRONDOSO	(*Dentro.*) No me vengo si el alma no le saco.
275 **LAURENCIA**	No excusamos entrar.[77]
PASCUALA	No te alborotes.[78]

Bien es guardar la puerta.

BARRILDO	(*Dentro.*) No me aplaco.[79]

¡Con lágrimas ahora, marquesotes!d

280 **LAURENCIA**	Pascuala, yo entro dentro; que la espada

no ha de estar tan sujeta ni envainada.

Vase.

BARRILDO	(*Dentro.*) Aquí está Ortuño.
FRONDOSO	(*Dentro.*) Córtale la cara.

Sale FLORES, *huyendo, y* MENGO *tras él.*

FLORES	¡Mengo, piedad!, que no soy yo el culpado.
285 **MENGO**	Cuando ser alcahuete no bastara,

bastaba haberme el pícaro azotado.[81]

PASCUALA	Dánoslo a las mujeres, Mengo, para...

Acaba por tu vida.

MENGO	Ya está dado;

290	que no le quiero yo mayor castigo.
PASCUALA	Vengaré tus azotes.
MENGO	Eso digo.
JACINTA	¡Ea, muera el traidor!
FLORES	¡Entre mujeres!
295 **JACINTA**	¿No le viene muy ancho?[82]
PASCUALA	¿Aqueso lloras?
JACINTA	Muere, concertador de sus placeres.
PASCUALA	¡Ea, muera el traidor!
FLORES	¡Piedad, señoras!

Sale ORTUÑO, *huyendo de* LAURENCIA.

300 **ORTUÑO**	Mira que no soy yo...
LAURENCIA	Ya sé quién eres.

Entrad, teñid las armas vencedoras
en esos viles.

---

d Barrildo se refiere irónicamente a los sirvientes del Comendador, que se comportaban como marqueses mientras se escondían tras el poder del Comendador, y que ahora lloran por sus vidas.

Notes (margin):

76 malo, ruin, sin vergüenza

77 **No...** *We won't hesitate to enter.*

78 **No...** *Don't get upset (excited).*

79 **No...** *I'm not calming down.*

80 *sheathed*

81 **Cuando...** *If it weren't enough that he was a go-between, it would be enough that the scoundrel flogged me.*

82 **¿No...** ? *Doesn't that suit him?*

ORTUÑO	Moriré matando.
305 **TODOS**	¡Fuenteovejuna, y viva el rey Fernando!

Vanse, y salen el rey don FERNANDO *y la reina doña* ISABEL, *y don* MAN-
RIQUE, *maestre.*

MANRIQUE	De modo la prevención
	fue,[83] que el efecto esperado,
	llegamos a ver logrado
	con poca contradicción.
310	Hubo poca resistencia;
	y supuesto que la hubiera,[84]
	sin duda ninguna fuera
	de poca o ninguna esencia.
	Queda el de Cabra ocupado
315	en conservación del puesto,
	por si volviese dispuesto
	a él el contrario osado.[85]
REY	Discreto el acuerdo fue,
	y que asista es conveniente,
320	y reformando la gente,
	el paso tomado esté.
	Que con eso se asegura
	no poder hacernos mal
	Alfonso, que en Portugal
325	tomar la fuerza procura.
	Y el de Cabra es bien que esté
	en ese sitio asistente,[86]
	y como tan diligente,
	muestras de su valor dé;
330	porque con esto asegura
	el daño que nos recela,
	y como fiel centinela,
	el bien del reino procura.
FLORES	Católico rey Fernando,
335	a quien el cielo concede
	la corona de Castilla
	como a varón excelente;
	oye la mayor crueldad
	que se ha visto entre las gentes
340	desde donde nace el sol
	hasta donde se oscurece.
REY	Repórtate.[87]
FLORES	Rey supremo,
	mis heridas no consienten
345	dilatar[88] el triste caso,
	por ser mi vida tan breve.[89]
	De Fuenteovejuna vengo,

83 **De...** *The preparation was such that*
84 **y...** y aunque la hubiera habido (se refiere a «resistencia» en la línea anterior)
85 atrevido
86 presente
87 *Control yourself.*
88 *delay*
89 corta

donde, con pecho inclemente,
los vecinos de la villa
350 a su señor dieron muerte.
Muerto Fernán Gómez queda
por sus súbditos aleves;[90]
que vasallos indignados
con leve[91] causa se atreven.
355 Con título de tirano,
que le acumula la plebe,[92]
a la fuerza de esta voz,
el hecho fiero acometen;
y quebrantando su casa,
360 no atendiendo a que se ofrece
por la fe de caballero,
a que pagara a quien debe,
no sólo no le escucharon,
pero con furia impaciente
365 rompen el cruzado pecho[e]
con mil heridas crueles,
y por las altas ventanas
le hacen que al suelo vuele,
adonde con picas[93] y espadas
370 le recogen las mujeres.
Llévanle a una casa muerto,
y a porfía,[94] quien más puede,
mesa[95] su barba y cabello,
y apriesa su rostro hieren.
375 En efecto fue la furia
tan grande que en ellos crece,
que las mayores tajadas[96]
las orejas a ser vienen.
Sus armas[97] borran con picas
380 y a voces dicen que quieren
tus reales armas fijar,
porque aquéllas les ofenden.
Saqueáronle[98] la casa,
cual si de enemigos fuese,
385 y gozosos entre todos
han repartido sus bienes.
Lo dicho he visto escondido,
porque mi infelice[99] suerte
en tal trance[100] no permite
390 que mi vida se perdiese;
y así estuve todo el día
hasta que la noche viene,

90 traidores
91 *trivial*
92 **Con...** *All the people (common folk) have judged him a tyrant*
93 lanzas
94 **a...** *en competición*
95 *arranca*
96 *slices, slashes (i.e., they hack away)*
97 *coats of arms*
98 *They sacked*
99 *infeliz*
100 *critical moment*

---

[e] Los que pertenecían a la Orden de Calatrava llevaban una cruz sobre el pecho.

101 *severe*

102 **si...** *if a measure of verse is lacking, the most careful fix it*

103 *mejor que buena*

y salir pude escondido
para que cuenta te diese.

395 Haz, señor, pues eres justo,
que la justa pena lleven
de tan riguroso[101] caso
los bárbaros delincuentes:
mira que su sangre a voces

400 pide que tu rigor prueben.

REY Estar puedes confiado
que sin castigo no queden.
El triste suceso ha sido
tal, que admirado me tiene,

405 y que vaya luego un juez
que lo averigüe conviene,
y castigue a los culpados
para ejemplo de las gentes.
Vaya un capitán con él,

410 porque seguridad lleve;
que tan grande atrevimiento
castigo ejemplar requiere;
y curad a este soldado
de las heridas que tiene.

Vanse, y salen los labradores y labradoras, con la cabeza de FERNÁN
GÓMEZ *en una lanza.*

415 **MÚSICOS** *¡Muchos años vivan*
Isabel y Fernando,
y mueran los tiranos!

BARRILDO Diga su copla Frondoso.
FRONDOSO Ya va mi copla a la fe;

420 si le faltare algún pie,
enmiéndelo el más curioso.[102]
¡Vivan la bella Isabel
y Fernando de Aragón,
pues que para en uno son,

425 *él con ella, ella con él!*
A los cielos San Miguel
lleve a los dos las manos.
¡Vivan muchos años,
y mueran los tiranos!

430 **LAURENCIA** Diga Barrildo.
BARRILDO Ya va;
que a fe que la he pensado.
PASCUALA Si la dices con cuidado,
buena y rebuena[103] sera.

435 **BARRILDO** *Vivan los reyes famosos*
muchos años, pues que tienen

	la victoria, y a ser vienen
	nuestros dueños venturosos.[104]
	Salgan siempre victoriosos
440	*de gigantes y de enanos,*[105]
	¡y mueran los tiranos!
MÚSICA	*¡Muchos años vivan*
	Isabel y Fernando,
	y mueran los tiranos!
445 LAURENCIA	Diga Mengo.
FRONDOSO	Mengo diga.
MENGO	Yo soy poeta donado.[106]
PASCUALA	Mejor dirás lastimado
	el envés de la barriga.[107]
450 MENGO	*Una mañana en domingo*
	me mandó azotar[108] *aquél,*
	de manera que el rabel[109]
	daba espantoso respingo;[110]
	que agora[111] *que los pringo,*[112]
455	*¡vivan los reyes cristianigos,*[113]
	y mueran los tiránigos.[114]
MÚSICA	*¡Vivan muchos años!*
ESTEBAN	Quita la cabeza allá.
MENGO	Cara tiene de ahorcado.[115]

Saca un escudo[116] JUAN ROJO *con las armas (reales).*

460 REGIDOR	Ya las armas han llegado.
ESTEBAN	Mostrá[117] las armas acá.
JUAN	¿Adonde se han de poner?
REGIDOR	Aquí, en el Ayuntamiento.
ESTEBAN	¡Bravo escudo!
465 BARRILDO	¡Qué contento!
FRONDOSO	Ya comienza a amanecer,
	con este sol, nuestro día.
ESTEBAN	¡Vivan Castilla y León,
	y las barras de Aragón,[f]
470	y muera la tiranía!
	Advertir[118] Fuenteovejuna,
	a las palabras de un viejo;
	que el admitir[119] su consejo
	no ha dañado vez ninguna.
475	Los reyes han de querer
	averiguar[120] este caso,
	y más tan cerca del paso
	y jornada[121] que han de hacer.

104 afortunados
105 *dwarfs*
106 *lay brother, amateur*
107 **envés...** *other side of the belly*
108 *to flog*
109 *backside*
110 *wince*
111 ahora
112 *slander*
113 cristianos (humorísticamente)
114 tiranos (humorísticamente)
115 **Cara...** *His face looks like that of a hanged man.*
116 *shield*
117 Mostrad
118 *Take notice*
119 aceptar
120 *find out*
121 viaje

---

[f] El escudo de Aragón tiene barras rojas y amarillas.

		Concertaos[122] todos a una[123]
480		en lo que habéis de decir.
	FRONDOSO	¿Qué es tu consejo?
	ESTEBAN	Morir
		diciendo *Fuenteovejuna*,
		y a nadie saquen de aquí.
485	**FRONDOSO**	Es el camino derecho.
		Fuenteovejuna lo ha hecho.
	ESTEBAN	¿Queréis responder así?
	TODOS	Sí.
	ESTEBAN	Ahora, pues; yo quiero ser
490		agora el pesquisidor,[124]
		par ensayarnos[125] mejor
		en lo que habemos de hacer.
		Sea Mengo el que esté puesto
		en el tormento.
495	**MENGO**	¿No hallaste
		otro más flaco?[126]
	ESTEBAN	¿Pensaste
		que era de veras?[127]
	MENGO	Di presto.
500	**ESTEBAN**	¿Quién mató al comendador?
	MENGO	Fuenteovejuna lo hizo.
	ESTEBAN	Perro, ¿si te martirizo?[128]
	MENGO	Aunque me matéis, señor.
	ESTEBAN	Confiesa, ladrón.
505	**MENGO**	Confieso.
	ESTEBAN	Pues, ¿quién fue?
	MENGO	Fuenteovejuna.
	ESTEBAN	Dadle otra vuelta.
	MENGO	Es ninguna.
510	**ESTEBAN**	Cagajón[129] para el proceso.

Sale el REGIDOR.

	REGIDOR	¿Qué hacéis de esta suerte aquí?
	FRONDOSO	¿Qué ha sucedido, Cuadrado?
	REGIDOR	Pesquisidor ha llegado.
	ESTEBAN	Echá[130] todos por ahí.
515	**REGIDOR**	Con él viene un capitán.
	ESTEBAN	Venga el diablo: ya sabéis
		lo que responder tenéis.
	REGIDOR	El pueblo prendiendo[131] van,
		sin dejar alma ninguna.
520	**ESTEBAN**	Es que no hay que tener temor.
		¿Quién mató al comendador,
		Mengo?
	MENGO	¿Quién? Fuenteovejuna.

122 Poneos de acuerdo
123 **Todos...** juntos
124 investigador
125 *rehearse*
126 *weak, thin*
127 **¿Pensaste...?** *Did you think this was for real?*
128 *torture*
129 *Mule dung*
130 Váyanse
131 *arresting*

Vanse y salen el MAESTRE *y un* SOLDADO.

MAESTRE ¡Qué tal caso ha sucedido!
525 Infelice fue su suerte.
Estoy por darte la muerte,
por la nueva que has traído.

SOLDADO Yo, señor, soy mensajero,
y enojarte[132] no es mi intento.[133]

530 MAESTRE ¡Que a tal tuvo atrevimiento
un pueblo enojado y fiero!
Iré con quinientos hombres,
y la villa he de asolar;[134]
en ella no ha de quedar
535 ni aun memoria de los hombres.

SOLDADO Señor, tu enojo reporta;
porque ellos al rey se han dado,
y no tener enojado
al rey, es lo que importa.

540 MAESTRE ¿Cómo al rey se pueden dar,
si de la encomienda son?

SOLDADO Con él sobre esa razón
podrás luego pleitear.[135]

MAESTRE Por pleito, ¿cuándo salió
545 lo que él se entregó en sus manos?
Son señores soberanos,
y tal reconozco yo.
Por saber que al rey se han dado,
me reportará mi enojo,
550 y ves su presencia escojo
por lo más bien acertado;[136]
que puesto que tengo culpa
en casos de gravedad,
en todo mi poca edad
555 viene a ser quien me disculpa.
Con vergüenza voy; mas es
honor quien puede obligarme,
y importa no descuidarme
en tan honrado interés.

Vanse; sale LAURENCIA, *sola.*

560 LAURENCIA Amando, recelar daño en lo amado,
nueva pena de amor se considera;
que quien en lo que ama daño espera,
aumenta en el temor nuevo cuidado.
El firme pensamiento desvelado,[137]
565 si le aflige[138] el temor, fácil se altera;
que no es a firme fe pena ligera

132 *to make you angry*
133 *intención*
134 *destruir*
135 *to litigate*
136 **por...** *as the best course to take*
137 *watchful*
138 *distresses*

ver llevar el temor el bien robado.

    Mi esposo adoro; la ocasión que veo
al temor de su daño me condena,
570 si no le ayuda la felice suerte.

    Al bien suyo se inclina mi deseo:
si está presente, está cierta mi pena;
si está en ausencia, está cierta mi muerte.

Sale FRONDOSO.

FRONDOSO	¡Mi Laurencia!
575 **LAURENCIA**	¡Esposo amado!

    ¿Cómo a estar aquí te atreves?

FRONDOSO   ¿Esas resistencias debes
a mi amoroso cuidado?

LAURENCIA   Mi bien, procura guardarte,[139]
580 porque tu daño recelo.

FRONDOSO No quiera, Laurencia, el cielo
que tal llegue a disgustarte.

LAURENCIA   ¿No temes ver el rigor
que por lo demás sucede,
585 y el furor con que procede
aqueste pesquisidor?

    Procura guardar la vida.
Huye, tu daño no esperes.

FRONDOSO ¿Cómo que procure quieres
590 cosa tan mal recibida?

    ¿Es bien que los demás deje
en el peligro presente,
y de tu vista me ausente?

    Porque no es puesto en razón
595 que por evitar mi daño
sea con mi sangre extraño.

                (*Voces dentro.*)

Voces parece que he oído,
y son, si yo mal no siento,
de alguno que dan tormento.
600 Oye con atento oído.

Dice dentro el JUEZ *y responden.*

JUEZ   Decid la verdad, buen viejo.

FRONDOSO Un viejo, Laurencia mía,
atormentan.

LAURENCIA   ¡Qué porfía![140]

605 **ESTEBAN** Déjenme un poco.

JUEZ   Ya os dejo.

    Decir, ¿quién mató a Fernando?

ESTEBAN	Fuenteovejuna lo hizo.
LAURENCIA	Tu nombre, padre, eternizo.
610		......................................g
FRONDOSO	¡Bravo caso!
JUEZ	Ese muchacho
	aprieta.[141] Perro, yo sé
	que lo sabes. Di quién fue.
615		¿Callas? Aprieta, borracho.
NIÑO	Fuenteovejuna, señor.
JUEZ	Por vida del rey, villanos,
	que os ahorque con mis manos.
	¿Quién mató al comendador?
620 **FRONDOSO**	¡Que a un niño le den tormento,
	y niegue de aquesta[142] suerte!
LAURENCIA	¡Bravo pueblo!
FRONDOSO	Bravo y fuerte.
JUEZ	Esa mujer al momento
625		en ese potro[143] tened.
	Dale esa mancuerda[144] luego.
LAURENCIA	Ya está de cólera[145] ciego.
JUEZ	Que os he de matar, creed,
	en ese potro, villanos.
630		¿Quién mató al comendador?
PASCUALA	Fuenteovejuna, señor.
JUEZ	¡Dale!
FRONDOSO	Pensamientos vanos.
LAURENCIA	Pascuala niega, Frondoso.
635 **FRONDOSO**	Niegan niños: ¿qué te espantas?
JUEZ	Parece que los encantas.
	¡Aprieta!
PASCUALA	¡Ay, cielo piadoso!
JUEZ	¡Aprieta, infame! ¿Estás sordo?
640 **PASCUALA**	Fuenteovejuna lo hizo.
JUEZ	Traedme aquél más rollizo,
	ese desnudo, ese gordo.
LAURENCIA	¡Pobre Mengo! El es sin duda.
FRONDOSO	Temo que ha de confesar.
645 **MENGO**	¡Ay, ay!
JUEZ	Comienza a apretar.
MENGO	¡Ay!
JUEZ	¿Es menester ayudar?
MENGO	¡Ay, ay!
650 **JUEZ**	¿Quién mató, villano,
	al señor comendador?
MENGO	¡Ay, yo lo diré, señor!

[141] **Ese...** *Tighten this boy (on the rack).*
[142] **de...** de esta manera
[143] *rack*
[144] *each turn of the rack*
[145] *anger*

───────

g Los puntos indican que falta un verso del texto original.

JUEZ	Afloja un poco la mano.
FRONDOSO	El confiesa.
655 **JUEZ**	Al palo aplica
	la espalda.
MENGO	Quedo:[146] que yo
	lo diré.
JUEZ	¿Quién lo mató?
660 **MENGO**	Señor, Fuenteovejunica.
JUEZ	¿Hay tan gran bellaquería?[147]
	Del dolor se están burlando.
	En quien estaba esperando,
	niega con mayor porfía.
665 **FRONDOSO**	¡Oh, Mengo, bien te haga Dios!
	Temor que tuve de dos,
	el tuyo me lo ha quitado.

Salen con MENGO, BARRILDO *y el* REGIDOR.

BARRILDO	¡Vítor[148] Mengo!
REGIDOR	Y con razón.
670 **BARRILDO**	¡Mengo, Vítor!
FRONDOSO	Eso digo yo.
MENGO	¡Ay, ay!
BARRILDO	Toma, bebe, amigo.
	Come.
675 **MENGO**	¡Ay, ay! ¿Qué es?
BARRILDO	Diacitrón.[149]
MENGO	¡Ay, ay!
FRONDOSO	Echa de[150] beber.
BARRILDO	Ya va.
680 **FRONDOSO**	Bien lo cuelo.[151] Bueno está.
LAURENCIA	Dale otra vez a comer.
MENGO	¡Ay, ay!
BARRILDO	Esta va por mí.
FRONDOSO	El que bien niega, bien bebe.
685 **LAURENCIA**	Solemnemente lo embebe.
REGIDOR	¿Quieres otra?
MENGO	¡Ay, ay! Sí, sí.
FRONDOSO	Bebe; que bien lo mereces.
LAURENCIA	A vez por vuelta las cuela.[152]
690 **FRONDOSO**	Arrópale,[153] que se hiela.
BARRILDO	¿Quieres más?
MENGO	Sí, otras tres veces.
	¡Ay, ay!
FRONDOSO	Si hay vino pregunta.
695 **BARRILDO**	Sí hay; bebe a tu placer;
	que quien niega ha de beber.
	¿Qué tiene?

146 *Stop*
147 *wickedness*
148 Victorioso
149 Bebida
150 **Echa...** Empieza a
151 bebo
152 **A...** *He's taking one drink for each turn of the rack.*
153 Abrígalo

MENGO	Una cierta punta[154]
	Vamos; que me arromadizo.[155]
700 **FRONDOSO**	Que beba, que éste es mejor.
	¿Quién mató al comendador?
MENGO	Fuenteovejuna lo hizo.

Vanse.

FRONDOSO	Justo es que honores le den.
	Pero decidme, mi amor,
705	¿quién mató al comendador?
LAURENCIA	Fuenteovejuna, mi bien.
FRONDOSO	¿Quién le mató?
LAURENCIA	Dasme espanto.
	Pues Fuenteovejuna fue.
710 **FRONDOSO**	Y yo, ¿con qué te maté?
LAURENCIA	¿Con qué? Con quererte tanto.

Vanse, y salen el REY *y la* REINA, *y* MANRIQUE *después.*

ISABEL	No entendí señor, hallaros
	aquí, y es buena mi suerte.
REY	En nueva gloria convierte
715	mi vista el bien de miraros.
	Iba a Portugal de paso,
	y llegar aquí fue fuerza.
ISABEL	Vuestra majestad le tuerza
	siendo conveniente el caso.[156]
720 **REY**	¿Cómo dejáis a Castilla!
ISABEL	En paz queda, quieta y llana.
REY	Siendo vos la que la allana,[157]
	no lo tengo a maravilla.

Sale don MANRIQUE.

MANRIQUE	Para ver vuestra presencia
725	el maestre de Calatrava,
	que aquí de llegar acaba,
	pide que le deis licencia.[158]
ISABEL	Verle tenía deseado.
MANRIQUE	Mi fe, señora, os empeño,[159]
730	que, aunque es en edad pequeño,
	es valeroso soldado.

Vase, y sale el MAESTRE.

MAESTRE	Rodrigo Téllez Girón,
	que de loaros[160] no acaba,

154 **Una...** Un sabor algo
agrio.
155 **Me...** Me acatarro, me
da catarro
156 **Vuestra...** *Your Majesty
went out of your way since
it suited you.*
157 *keeps it smooth*
158 permiso
159 **Mi...** Os doy, señora, mi
palabra
160 alabaros

161 *favor*
162 *afflictions*
163 **en...** nunca jamás

maestre de Calatrava,
735 os pide, humilde, perdón.
    Confieso que fui engañado,
    y que excedí de lo justo
    en cosas de vuestro gusto,
    como mal aconsejado.
740   El consejo de Fernando[h]
    y el interés, me engañó,
    injusto fiel; y ansí, yo,
    perdón, humilde, os demando.
    Y si recibir merezco
745 esta merced[161] que suplico,
    desde aquí me certifico
    en que a serviros me ofrezco,
    y que en aquesta jornada
    de Granada, adonde vais,
750 os prometo que veáis
    el valor que hay en mi espada;
    donde sacándola apenas,
    dándoles fieras congojas,[162]
    plantaré mis cruces rojas
755 sobre sus altas almenas;
    y más quinientos soldados
    en serviros emplearé,
    junto con la firma y fe
    de en mi vida[163] disgustaros.
760 **REY**   Alzad, maestre, del suelo;
    que siempre que hayáis venido,
    seréis muy bien recibido.
MAESTRE   Sois de afligidos consuelo.
ISABEL   Vos, con valor peregrino,
765   sabéis bien decir y hacer.
MAESTRE   Vos sois una bella Ester,
    y vos un Jerjes divino.[i]

Sale MANRIQUE.

MANRIQUE   Señor, el pesquisidor
    que a Fuenteovejuna ha ido,
770   con el despacho ha venido
    a verse ante tu valor.
REY   Sed juez de estos agresores.
MAESTRE   Si a vos, señor, no mirara,

---

[h] Fernán Gómez le aconsejó tomar Ciudad Real.
[i] Ester fue la joven judía que se casó con Asuero I (Jerjes), rey de los asirios (babilonios), y que
   salvó a su pueblo de la muerte.

sin duda les enseñara
775 a matar comendadores.

REY Eso ya no os toca a vos.
ISABEL Yo confieso que he de ver
el cargo en vuestro poder,
si me lo concede Dios.

Sale el JUEZ.

780 **JUEZ** A Fuenteovejuna fui
de la suerte que has mandado,
y con especial cuidado
y diligencia asistí,
haciendo averiguación
785 del cometido delito,
una hoja no se ha escrito
que sea en comprobación;
porque conformes a una,
con un valeroso pecho,
790 en pidiendo quién lo ha hecho,
responden: «Fuenteovejuna».
Trescientos he atormentado,
con no pequeño rigor,
y te prometo, señor,
795 que más que esto no he sacado.
Hasta niños de diez años
a potro arrimé, y no ha sido
posible haberlo inquirido,
ni por halagos ni engaños.
800 Y pues tan mal se acomoda
el poderlo averiguar,
o los has de perdonar,
o matar la villa toda.
Todos vienen ante ti
805 para más certificarte:[164]
de ellos podrás informarte.

REY Que entren, pues vienen, les di.

Salen los dos alcaldes, FRONDOSO, *las mujeres y los villanos que quisieren.*

LAURENCIA ¿Aquestos los reyes son?
FRONDOSO Y en Castilla poderosos.
810 **LAURENCIA** Por mi fe, que son hermosos:
¡bendígalos San Antón![j]

---

[j] Se refiere a San Antonio de Padua (1195–1231), fraile franciscano conocido como predicador.

ISABEL	¿Los agresores son éstos?
ESTEBAN	Fuenteovejuna, señora,
	que humildes llegan agora
	para serviros dispuestos.
	La sobrada tiranía
	y el insufrible rigor
	del muerto comendador,
	que mil insultos hacía,
	fue el autor de tanto daño.
	Las haciendas nos robaba
	y las doncellas forzaba,
	siendo de piedad extraño.[165]
FRONDOSO	Tanto, que aquesta zagala,[166]
	que el cielo me ha concedido,
	en que tan dichoso he sido,
	que nadie en dicha me iguala,
	cuando conmigo casó,
	aquella noche primera,
	mejor que si suya fuera,
	a su casa la llevó;
	y a no saberse guardar
	ella, que en virtud florece,
	ya manifiesto parece
	lo que pudiera pasar.
MENGO	¿No es ya tiempo que hable yo?
	Si me dais licencia, entiendo
	que os admiréis, sabiendo
	del modo que me trató.
	Porque quise defender
	una moza de su gente,
	que con término insolente
	fuerza la querían hacer,
	aquel perverso Nerón,
	de manera me ha tratado,
	que el reverso[167] me ha dejado
	como rueda de salmón.
	Tocaron mis atabales[168]
	tres hombres con tal porfía,
	que aun pienso que todavía
	me duran los cardenales.
	Gasté en este mal prolijo,[169]
	porque el cuero se me curta,[170]
	polvos de arrayán[171] y murta,[172]
	más que vale mi cortijo.[173]
ESTEBAN	Señor, tuyos ser queremos.
	Rey nuestro eres natural,

815
820
825
830
835
840
845
850
855

165 **de...** *pitiless*
166 muchacha
167 espalda
168 la espalda, las nalgas
(lit.: tambores)
169 **Gasté...** Gasté más de
lo que tengo en
curarme de este mal
170 **el cuero...** la piel se me
cure
171 *myrtle*
172 arrayán más pequeño
173 finca

174 **discreto...** Frondoso se dirige al público que presencia la obra

```
           y con título de tal
           ya tus armas puesto habemos.
860            Esperamos tu clemencia,
           y que veas, esperamos,
           que en este caso te damos
           por abono la inocencia.
REY            Pues no puede averiguarse
865        el suceso por escrito,
           aunque fue grave el delito,
           por fuerza ha de perdonarse.
               Y la villa es bien se quede
           en mí, pues de mí se vale,
870        hasta ver si acaso sale
           comendador que la herede.
FRONDOSO   Su majestad habla, en fin,
           como quien tanto ha acertado.
           Y aquí, discreto senado,174
875        Fuenteovejuna da fin.
```

✦ Comprensión y expansión

A. Conteste las preguntas o comente los temas según la pieza.

1. ¿Por qué deciden los villanos de Fuenteovejuna rebelarse contra la autoridad del Comendador?
2. ¿Cómo reaccionan los sirvientes del Comendador, Flores y Ortuño, ante el ataque de los villanos?
3. ¿Por qué exige venganza Laurencia a los hombres de la villa?
4. ¿De qué acusa Laurencia a los hombres de Fuenteovejuna?
5. ¿Por qué le dice Laurencia a Esteban: «No me nombres tu hija»?
6. ¿Quién es el padre de Laurencia? ¿Con quién va a casarse ésta?
7. ¿Qué deciden hacer los villanos ante los abusos del Comendador?
8. ¿Cuál iba a ser el destino de Frondoso antes de la rebelión?
9. ¿Qué participación tuvieron las mujeres en la rebelión contra el poder del Comendador? ¿Quiénes eran las líderes de las mujeres de Fuenteovejuna?
10. ¿Qué consejo le da Esteban al pueblo para explicar la muerte del Comendador?
11. ¿Qué decide el rey al recibir las noticias de la rebelión de Fuenteovejuna y de la muerte del Comendador?
12. ¿Cuál es el resultado de la investigación del juez, de los sucesos de Fuenteovejuna?
13. ¿Por qué es Mengo víctima de una golpiza a manos de los sirvientes del Comendador?
14. ¿Cómo termina la obra?

B. Identifique y explique la importancia o la significación de los siguientes personajes.

1. Laurencia
2. Frondoso
3. Esteban
4. el Comendador Fernán Gómez
5. Fernando de Aragón
6. Isabel de Castilla
7. Manrique
8. Mengo
9. Rodrigo Téllez Girón, maestre de Calatrava
10. Pascuala

C. Reconstruya el drama numerando del 1 al 10, en orden cronológico, las oraciones que siguen.

____ 1. El maestre de Calatrava pide perdón por su deslealtad.
____ 2. Los villanos deciden reunirse en una junta para planificar sus acciones frente a los abusos del Comendador.
____ 3. El rey perdona la rebelión de los villanos.
____ 4. Laurencia exige a los hombres de la villa que tomen venganza por los abusos de los que han sido víctimas.
____ 5. Esteban es interrogado por el juez pesquisidor, y responde que Fuenteovejuna mató al Comendador.
____ 6. Los villanos atacan la casa del Comendador.
____ 7. Esteban no reconoce a su hija, que ha sido víctima de los desmanes del Comendador.
____ 8. Los villanos celebran su victoria sobre el Comendador cantando una serie de coplas.
____ 9. Los villanos matan al Comendador.
____ 10. Un niño del pueblo es sometido a tormento, y responde que Fuenteovejuna mató al Comendador.

✦ Temas de discusión o análisis

1. ¿Cree usted que la rebelión de Fuenteovejuna es una acción justa? Explique.
2. El rey Fernando termina por perdonar la rebelión de Fuenteovejuna. ¿Cree usted que el perdón responde a un imperativo moral y ético, o a razones de índole práctica? ¿Por qué?
3. Comente la visión sociopolítica que parece desprenderse del desenlace de *Fuenteovejuna*. ¿Está usted de acuerdo en que la obra apoya la revolución?
4. ¿Cree usted que el desenlace de la obra apunta hacia un cambio fundamental en la vida del pueblo de Fuenteovejuna? Explique.
5. Comente el uso simbólico del lobo y de la oveja en el tercer acto de *Fuenteovejuna*.
6. Analice el concepto de la honra en la selección.

7. Los sucesos de *Fuenteovejuna* son llevados ante un tribunal de justicia. Si usted fuera el fiscal, ¿qué argumentos usaría para convencer al jurado de la culpabilidad, por rebelión, de Fuenteovejuna? Si fuera el abogado defensor, ¿cómo presentaría su argumento final al jurado? Organice sus ideas y preséntelas ante la clase, que hará el papel de jurado para decidir la inocencia o la culpabilidad de Fuenteovejuna.

8. Las frases que siguen pertenecen a alguno de los personajes de Fuenteovejuna. Lea cada una de ellas y escriba el nombre del personaje en los espacios correspondientes. Comente la importancia de cada cita dentro del contexto.

   a. «Morir, o dar muerte a los tiranos...» _____

   b. «¿Vosotros sois hombres nobles? ¿Vosotros padres y deudos?... Ovejas sois, bien lo dice de Fuenteovejuna el nombre...» _____

   c. «Cuando se alteran los pueblos agraviados, y resuelven, nunca sin sangre o sin venganza vuelven.» _____

   d. «Los reyes han de querer averiguar este caso... Concertaos todos a una en lo que habéis de decir.» _____

   e. «Pues no puede averiguarse el suceso por escrito, aunque fue grave el delito, por fuerza ha de perdonarse.» _____

✦ Temas de proyección personal

1. ¿Cómo reaccionaría usted si viviera en Fuenteovejuna, y tuviera que sufrir los abusos del Comendador?

2. Usted es el rey Fernando o la reina Isabel, y tiene que tomar una decisión sobre lo ocurrido en Fuenteovejuna. ¿Castigaría a los villanos? ¿Los perdonaría? Explique.

3. Imagínese que el conflicto de poder presentado en *Fuenteovejuna* ocurre hoy en día. ¿Cree usted que el desenlace sería distinto? ¿Por qué? ¿Qué factores cree usted que intervendrían en el problema? Comente.

LUIS DE GÓNGORA Y ARGOTE

Nota biográfica

Luis de Góngora y Argote (1561–1627), poeta y cura, nació en Córdoba de una familia noble. De joven, fue aficionado a la música, la buena mesa y los toros. Vivió en Córdoba durante gran parte de su vida, estudió en la Universidad de Salamanca y más tarde se trasladó a Madrid. Allí residió como capellán de honor de Felipe III. Pasó los últimos años de su vida en extrema penuria y en 1625 sufrió un ataque de apoplejía. Volvió a Córdoba en 1626 y murió al año siguiente. Según el metro, la obra de Góngora puede dividirse en dos tipos de composiciones. El primer grupo comprende las de metros populares como las letrillas y los romances; el segundo grupo comprende poemas en endecasílabos como los sonetos, y la *Fábula de Polifemo y Galatea* (1612) y las *Soledades* (1613). Góngora escribió poesías de carácter burlesco y poesías en las que el objetivo es alcanzar la perfección. Desarrolló un estilo intelectual y abstruso al que se llama «culteranismo».* Su característica principal es el uso exagerado de figuras retóricas, las alusiones clásicas y una gran complejidad sintáctica muy diferente a la del lenguaje cotidiano. Su poesía era para la aristocracia, no para el pueblo. Por su estilo culterano, Góngora fue mal comprendido y se vio atacado por escritores como Lope de Vega y especialmente por Quevedo. Sus enemigos lo llamaron «príncipe de las tinieblas». Sin embargo, tuvo muchos defensores e imitadores, entre ellos la monja mexicana Sor Juana Inés de la Cruz.

✦ Guía y actividades de pre-lectura

Góngora escribió usando varias formas poéticas, algunas de ellas muy complejas y otras más sencillas. La mayor parte de sus poemas no fueron publicados durante su vida, pero circulaban en copias manuscritas. Poeta barroco por excelencia, su poesía se caracteriza por el uso abundante de la metáfora, la antítesis, el hipérbaton,* los efectos pictóricos y musicales, y de la mitología, y por el cultismo,* el empleo de neologismos.* Según la estética barroca, la belleza radica más en la complejidad y en los adornos que en la simplicidad. Se dio el nombre de «gongorismos» a sus metáforas, por ejemplo, el mar como «húmedo templo de Neptuno». Un tema favorito de Góngora es la belleza y la constancia de la naturaleza, que fue para él un refugio de la Corte. La poesía gongorina influyó en los poetas modernos que celebraron el tricentenario de Góngora en 1927.

Se incluyen aquí dos poemas de Góngora. El primero se sirve de una forma métrica popular, el romancillo.* Parece una composición sencilla; sin embargo, es de notar la abundancia de metáforas y de elementos de la naturaleza. La segunda selección es un soneto,* una de las formas poéticas preferidas del poeta, que ejemplifica las obras gongorinas de inspiración cortesana, que son elogios de una persona famosa, una ciudad o un edificio. En ese soneto, Góngora celebra Córdoba, su ciudad natal.

1. Busque, en el *Glosario de términos literarios y culturales,* la palabra «barroco». ¿Ha visto usted algún edificio de estilo barroco? ¿Dónde? Descríbalo.

2. Lea la primera estrofa del romancillo. ¿A quién se dirige la voz poética? ¿Cómo describe el poeta las flores del romero?

3. Mire la fotografía de Córdoba que aparece en la página 156. Si usted escribiera un poema sobre esa ciudad, ¿qué elementos escogería para describirla?

Romancillo

Las flores del romero,[1]
niña Isabel,
hoy son flores azules,
mañana serán miel.[2]

₅ Celosa[3] estás, la niña,
celosa estás de aquel
dichoso,[4] pues le buscas,
ciego, pues no te ve,
ingrato,[5] pues te enoja,
₁₀ y confiado,[6] pues
no se disculpa[7] hoy
de lo que hizo ayer.
Enjuguen esperanzas
lo que lloras por él;[8]
₁₅ que celos entre aquéllos
que se han querido bien
hoy son flores azules,
mañana serán miel.
Aurora de ti misma,[9]
₂₀ que cuando a amanecer
a tu placer empiezas,
te eclipsa tu placer.
Serénense[10] tus ojos,
y más perlas no des,[11]
₂₅ porque al Sol le está mal
lo que a la Aurora bien.[12]
Desata[13] como nieblas
todo lo que no ves;
que sospechas de amantes
₃₀ y querellas[14] después
hoy son flores azules,
mañana serán miel.

---

1 *rosemary*
2 *honey*
3 *Jealous*
4 afortunado
5 *ungrateful*
6 *conceited*
7 **no...** *doesn't apologize*
8 **Enjuguen...** *Let hopes dry the tears you shed for him*
9 **Aurora...** *Dawn of your own self*
10 *Clear*
11 **más...** *don't shed any more tears* (lit.: *pearls*)
12 **al Sol...** *what is not fitting for the sun is good for the dawn*
13 *It disperses*
14 *quarrels*

✦ Comprensión

Conteste las siguientes preguntas o comente los temas según el poema.

1. ¿A quién le habla el poeta en la segunda estrofa? ¿Y en la tercera?
2. ¿Cuál es el tema del poema? Explique.
3. ¿Cómo se siente la niña?
4. ¿Qué le aconseja la voz poética?
5. ¿Qué son las «perlas» de los ojos?

Vista de Córdoba: el río Guadalquivir, el puente romano, la mezquita y la catedral.

6. Señale tres ejemplos del uso de la antítesis en el poema. Según su opinión, ¿por qué emplea el poeta esta figura retórica? ¿Qué efecto crea?

Soneto CLIII

A LA CIUDAD DE CÓRDOBA Y SU FERTILIDAD

¡Oh excelso[1] muro, oh torres levantadas
de honor, de majestad, de gallardía![2]
¡Oh gran río, gran rey de Andalucía,[a]
de arenas nobles, ya que no doradas![3]
5 ¡Oh fértil llano,[4] oh sierras encumbradas,
que privilegia el cielo y dora[5] el día!
¡Oh siempre gloriosa patria mía,
tanto por plumas[6] cuanto por espadas![7]
Si entre aquellas ruinas y despojos[8]
10 que enriquece Genil y Darro[b] baña

[1] *lofty*
[2] valor, gracia
[3] *golden*
[4] *plain*
[5] *gilds*
[6] escritores (lit.: *pens*)
[7] guerreros (lit.: *swords*)
[8] *rubble*

[a] Aquí se alude al río Guadalquivir.
[b] El Genil y el Darro son dos ríos de la región andaluza.

tu memoria no fue alimento[9] mío,
nunca merezcan mis ausentes ojos
ver tus muros, tus torres y tu río,
tu llano y sierra, ¡oh patria, oh flor de España!

9 *nourishment*

✦ Comprensión

Conteste las siguientes preguntas según el poema.

1. ¿Qué elementos o aspectos de la ciudad elogia el poeta?
2. ¿Por qué es gloriosa Córdoba?
3. ¿Qué imágenes usa el poeta para referirse a Córdoba?
4. ¿Cuál es la idea principal de las dos últimas estrofas?

✦ Expansión

A. Lea las definiciones que siguen y escriba las palabras definidas en los espacios correspondientes.

1. estado emotivo en que una persona
   sospecha la infidelidad _____
2. el día que viene después de hoy _____
3. substancia dulce que preparan
   las abejas _____
4. astro luminoso, centro de nuestro
   sistema solar _____
5. joya que se forma en el interior de
   ciertas conchas _____
6. corriente de agua bastante grande _____
7. cordillera de montañas _____

B. Complete las siguientes afirmaciones, marcando con un círculo la letra de la respuesta más apropiada.

1. En el romancillo, el poeta le habla...
   a. a su madre.   b. a una muchacha.   c. al amante de Isabel.
2. El tono del romancillo es...
   a. triste.   b. pesimista.   c. optimista.
3. Las flores azules representan...
   a. las perlas.   b. los dolores.   c. la aurora.
4. La miel representa...
   a. la alegría.   b. la niebla.   c. el sol.

✦ Temas de discusión o análisis

1. Analice la estructura del soneto «A la ciudad de Córdoba y su fertilidad».
2. Basándose en el soneto, haga una descripción de Córdoba escrita en prosa.
3. Escríbale una carta a la niña Isabel y exprese, con sus propias palabras, la idea principal del romancillo.

4. Haga una lista de las imágenes contenidas en los dos poemas. Luego, analícelas según el contexto de la obra.
5. Identifique los rasgos del «gongorismo» en los dos poemas.
6. Compare y contraste la importancia o el papel de la naturaleza en los dos poemas.

✦ Temas de proyección personal

1. Describa, en prosa o en verso, su ciudad natal o favorita.
2. Escoja una imagen de la naturaleza semejante a la del romero en el romancillo. Luego, explíquele a un(a) compañero(a) por qué la escogió y cómo esta imagen crea una impresión de optimismo.
3. Escríbale una carta a la niña Isabel y exprese allí, con sus propias palabras, la idea principal del romancillo.

FRANCISCO DE QUEVEDO

Nota biográfica

Francisco Gómez de Quevedo y Villegas (1580–1645), poeta y prosista, nació en Madrid de familia noble. Estudió primero en un colegio de jesuitas y luego en las Universidades de Alcalá y Valladolid, donde adquirió una impresionante educación humanística. Con su protector, el duque de Osuna, fue a Sicilia en 1613 y después a Nápoles. Durante su estancia en Italia tuvo varios cargos diplomáticos. En una ocasión tuvo que escaparse de Venecia disfrazado de mendigo. Cuando el duque de Osuna cayó en desgracia, Quevedo fue desterrado de la Corte. Volvió a la Corte cuando Felipe IV subió al trono, y en 1632 fue nombrado secretario del rey. En 1639 incurrió la enemistad del favorito del rey y fue encarcelado. Irremediablemente enfermo fue puesto en libertad en 1643 y murió en Villanueva de los Infantes en 1645. Quevedo escribió mucho y sobre una gran variedad de temas: religiosos, morales, filosóficos, satíricos, amorosos, políticos y personales. Es considerado el primer gran poeta satírico de España. Entre sus muchas obras, cabe señalar *Historia de la vida del Buscón llamado don Pablos* (1626), una novela picaresca, *Los sueños* (1627), una sátira sobre la sociedad, y sus poesías satíricas y líricas. Dos colecciones de sus poemas se publicaron después de su muerte: *El Parnaso español* (1648) y *Las tres musas últimas castellanas* (1670). Enemigo de Góngora y gran crítico del culteranismo, Quevedo fue el más alto representante del conceptismo,* movimiento barroco que se manifiesta sobre todo en la prosa. Es un movimiento intelectual que apela a la inteligencia y pone énfasis en los llamados «conceptos» —asociaciones ingeniosas de ideas o palabras. Valora la sutileza y el laconismo,* es decir la brevedad y la concisión. Se distingue del culteranismo por su rechazo del lenguaje elevado y culto. Sin embargo, las dos corrientes emplean muchos juegos de palabras y la prosa conceptista está llena de antítesis, paradojas,* paralelismos* y de muchas otras figuras retóricas.

Las obras de Quevedo reflejan su alta sensibilidad moral y filosófica. Por un lado, exalta las virtudes y por el otro lamenta los vicios, las valores mundanales y la decadencia de la sociedad. Quevedo era una persona angustiada y pesimista. Sus obras revelan cierta amargura y muestran una preocupación con la muerte, tema que se repite en la literatura barroca. Se incluyen aquí tres poemas de Quevedo. El primero, «Poderoso caballero es don Dinero», es una letrilla satírica, y el tercero, «A un hombre de gran nariz», es una caricatura humorística. En la segunda obra, Salmo XVII, el poeta reflexiona sobre la decadencia de España y sobre su propia vejez.

1. En la literatura medieval, ya se encuentra la figura de don Dinero; la personificación del poder que tiene el dinero en este mundo. Según su opinión, ¿por qué elegiría Quevedo la imagen de «poderoso caballero» para personificar el dinero? ¿Qué imágenes le trae a la mente? Además, ¿qué actitudes posibles podría expresar el escritor con respecto a la influencia del dinero en el poema? ¿Cómo se compararían esas actitudes con las que son prevalente hoy día? Explique.

2. El segundo poema es un soneto de tema moral y también personal en el que el poeta asocia la decadencia de España con su propia vejez. Según su opinión, ¿qué emociones o sentimientos expresará Quevedo sobre la vejez y la muerte cercana? ¿Por qué? Comente.

3. El título del tercer poema es «A un hombre de gran nariz». ¿Cómo describiría usted una nariz muy grande? ¿Qué imágenes le vienen a la mente? Según su opinión, ¿por qué dedicaría Quevedo un poema a este rasgo físico en vez de otro? Explique.

Poderoso caballero es don Dinero.

UNA LETRILLA SATÍRICA

Madre, yo al oro me humillo;[1]
él es mi amante y mi amado,
pues, de puro[2] enamorado,
de contino[3] anda amarillo;[a]
5 que pues, doblón o sencillo,[4]
hace todo cuanto quiero,
poderoso caballero
es don Dinero.

10 Nace en las Indias honrado,
donde el mundo le acompaña;[5]
viene a morir en España,
y es en Génova[b] enterrado.
Y pues quien le trae al lado
es hermoso, aunque sea fiero,[6]
15 *poderoso caballero*
es don Dinero.

[1] **me...** *I humble myself*
[2] **de...** totalmente
[3] **de...** siempre
[4] **doblón...** *doubloon or a coin of lesser value*
[5] **donde...** *where everyone attends him*
[6] *fierce, cruel*

---

[a] Aquí el autor usa un juego de palabras para describir la complexión pálida del amante.
[b] Génova era la ciudad italiana donde residían los banqueros de la corona española.

Es galán y es como un oro,[7]
tiene quebrado el color,[8]
persona de gran valor,
20 tan cristiano como moro.
Pues que da y quita el decoro
y quebranta cualquier fuero,[9]
poderoso caballero
es don Dinero.

25 Son sus padres principales,[10]
y es de nobles descendiente,
porque en las venas de Oriente
todas las sangres son reales;
y pues es quien hace iguales
30 al duque y al ganadero,[11]
poderoso caballero
es don Dinero.

Mas ¿a quién no maravilla
ver en su gloria sin tasa[12]
35 que es lo menos[13] de su casa
doña Blanca de Castilla?[c]
Pero, pues da al bajo[14] silla
y al cobarde hace guerrero,[15]
poderoso caballero
40 *es don Dinero.*

Sus escudos de armas nobles[16]
son siempre tan principales,
que sin sus escudos[17] reales
no hay escudos de armas dobles;
45 y pues a los mismos robles[18 d]
da codicia su minero,[19]
poderoso caballero
es don Dinero.

Por importar en los tratos[20]
50 y dar tan buenos consejos,
en las casas de los viejos
gatos[21] le guardan de gatos.[22]
Y pues él rompe recatos[23]
y ablanda[24] al juez más severo,
55 *poderoso caballero*
es don Dinero.

Y es tanta su majestad
(aunque son sus duelos hartos),[25]
que con haberle hecho cuartos,[26]
60 no pierde su autoridad;
pero, pues da calidad
al noble y al pordiosero,[27]
poderoso caballero
es don Dinero.

65 Nunca vi damas ingratas[28]
a su gusto y afición,
que a las caras[29] de un doblón
hacen sus caras baratas;[e]
y pues las hace bravatas[30]
70 desde una bolsa de cuero,[31]
poderoso caballero
es don Dinero.

Más valen en cualquier
tierra
(¡mirad si es harto sagaz!)[32]
75 sus escudos en la paz
que rodelas[33] en la guerra.
Y pues al pobre la entierra
y hace proprio al forastero,[34]
poderoso caballero
80 *es don Dinero.*

7 **es...** *of great worth*
8 **quebrado...** *off-color, unhealthy*
9 **quebranta...** *breaks any
law*
10 **padres...** *personas importantes*
11 *cattle owner*
12 *limit, measure*
13 **lo...** *the least or most lowly
member*
14 **da...** *the lowly*
15 *warrior*
16 **escudos...** *coats of noble
arms, shields*
17 *coins*
18 *oak trees*
19 **da...** *his name makes (even
the trees) greedy*
20 *dealings*
21 *bolsones para guardar el
dinero*
22 *ladrones*
23 *inhibitions*
24 *softens*
25 **duelos...** *griefs extreme*
26 **con...** *even when quar-
tered*
27 *beggar*
28 *ungrateful*
29 *sides*
30 **las...** *makes them boastful*
31 *leather*
32 **¡mirad...** ! *Look how wise
he is!*
33 *round shields*
34 **hace...** *naturalizes the foreigner*

✦ Comprensión

Conteste las siguientes preguntas según el poema.

1. ¿A quién se dirige este poema?
2. ¿Cómo describe el «yo» del poema su afición al dinero?
3. ¿Qué satiriza Quevedo en la segunda estrofa? Explique.

---

c Aquí hay un juego de palabras. Doña Blanca de Castilla era la esposa de Pedro I y reina de
Castilla. Una «blanca» era también una moneda de escaso valor.

d Naves de roble hacían el viaje a las Indias para ir a buscar oro.

e Aquí hay un juego con la palabra «cara» que también significa «lado», «querido» y «rostro».

4. ¿Qué poderes tiene don Dinero? Haga una lista de ellos.
5. Según Quevedo, ¿qué efecto tiene don Dinero sobre las mujeres?

Salmo XVII

Miré los muros de la patria mía,
si un tiempo fuertes, ya desmoronados,[1]
de la carrera de la edad[2] cansados,
por quien caduca ya su valentía.[3]

5　　Salíme[4] al campo; vi que el sol bebía
los arroyos del yelo desatados,[5]
y del monte quejosos los ganados,[6]
que con sombras hurtó[7] su luz al día.

Entré en mi casa; vi que, amancillada,[8]
10　de anciana habitación era despojos;[9]
mi báculo,[10] más corvo[11] y menos fuerte.

Vencida de la edad sentí mi espada,[12]
y no hallé cosa en que poner los ojos
que no fuese recuerdo de la muerte.

[1] *dilapidated*
[2] **la carrera...** *the racing of time*
[3] **por...** *which now causes their bravery to fall*
[4] *Me salí*
[5] **arroyos...** *brooks freed from ice*
[6] **quejosos...** *the cattle were complaining*
[7] *stole*
[8] *stained*
[9] *remnants*
[10] *cane, walking stick*
[11] *bent*
[12] *sword*

◆ Comprensión

Conteste las siguientes preguntas según el poema.

1. Según la voz poética, ¿cómo son los muros de España?
2. ¿Qué vio el «yo» del poema en la naturaleza?
3. ¿Qué vio en su casa?
4. ¿Cómo se siente el poeta al final del poema?
5. ¿Cuál es el tema de este soneto? Explique.
6. ¿Cómo es el tono del poema?

A un hombre de gran nariz

Erase[1] un hombre a una nariz pegado,[2]
érase una nariz superlativa,
érase una alquitara[3] medio viva,
érase un peje espada mal barbado;[4]

5　　era un reloj de sol mal encarado,[5]
érase un elefante boca arriba,[6]
érase una nariz sayón y escriba,[7]
un Ovidio Nasón[a] mal narigado.

Erase el espolón de una galera,[8]

[1] *There once was*
[2] *fastened*
[3] *beaker*
[4] **peje...** *badly bearded swordfish*
[5] **reloj...** *lopsided sundial*
[6] **boca...** *face up*
[7] **sayón...** *executioner and scribe*
[8] **espolón...** *bowsprit of a galley*

[a] Ovidio Nasón (43 a. de J. C.–17 d. de J. C.) fue un poeta romano. Aquí el poeta hace un juego de palabras con el apellido Nasón. En el lenguaje coloquial un «naso» significa una nariz grande.

érase una pirámide de Egipto,
las doce tribus de narices era;
érase un naricísimo[9] infinito,
frison[b] archinariz, caratulera,[10]
sabañon garrafal,[11] morado y frito.

9 *nosiest*
10 **frisón...** *a Frisian arch-
nose, a mask-mold*
11 **sabañón...** *a whopping
chilblain*

✦ Comprensión

Conteste las siguientes preguntas según el poema.

1. ¿Cómo es el tono de este soneto? Explique.
2. En su opinión, ¿cuáles de las imágenes, en la primera estrofa, es más descriptiva? Explique.
3. Y en la segunda estrofa, ¿cuál de las imágenes prefiere? ¿Por qué?
4. Según usted, ¿qué quiere decir «las doce tribus de narices»?
5. ¿En qué consiste el juego de palabras con «naricísimo» y «archinariz»? Explique.

✦ Expansión

A. Lea las definiciones del poema «A un hombre de gran nariz» que siguen y escriba las palabras definidas en los espacios correspondientes.

1. monumento que tiene forma triangular   _____
2. de color violeta oscuro   _____
3. animal con trompa   _____
4. país atravesado por el río Nilo en Africa   _____
5. antónimo de **boca abajo**   _____
6. barco antiguo de guerra y de comercio   _____

B. Identifique y explique la importancia o la significación de los siguientes elementos en el «Salmo XVII».

1. los muros de la patria
2. el campo
3. los arroyos de hielo desatados
4. la anciana habitación
5. el báculo

C. Indique si los comentarios que siguen reflejan correctamente o no el contenido de «Poderoso caballero es don Dinero». Escriba **V** (verdadero) o **F** (falso) en los espacios correspondientes. Si lo que lee es falso, corríjalo.

____ 1. El dinero viene de Génova.
____ 2. La afición al dinero es un atributo de los moros.
____ 3. Se pone el dinero en los barcos de Génova.
____ 4. La afición al dinero corrompe a los administradores de la justicia.

———

b Un frisón es un habitante de Frisia, una provincia de Holanda. En el lenguaje figurativo se aplica a una cosa corpulenta en relación con las de su género.

_____ 5. El dinero siempre le trae la felicidad.
_____ 6. El dinero es capaz de hacer transformaciones extensas.

◆ Temas de discusión o análisis

1. Resuma y comente la idea principal de «Poderoso caballero es don Dinero».
2. Explique la correlación entre la patria, la naturaleza y el «yo» en el «Salmo XVII».
3. Busque la palabra «salmo» en un diccionario español. Tomando en cuenta esta definición, analice el contenido del «Salmo XVII». ¿Es un «salmo» o no? Según su opinión, ¿por qué elegiría Quevedo ese título para su poema?
4. Compare y contraste la temática y el tono de «Salmo XVII» y «A un hombre de gran nariz».
5. Explique la forma del soneto y la rima de «A un hombre de gran nariz».
6. ¡Usted es artista! Haga un dibujo del hombre de la gran nariz e incluya también algunas de las imágenes visuales como el «reloj de sol», el «elefante boca arriba» o la «pirámide de Egipto», por ejemplo.

◆ Temas de proyección personal

1. Según su opinión, ¿tiene el dinero demasiada importancia en la sociedad actual? Explique.
2. En la primera estrofa del «Salmo XVII», Quevedo hace una descripción de la España en decadencia. ¿Está Estados Unidos en la misma situación hoy día? Comente.
3. ¡Usted es poeta! Valiéndose del refrán de «Poderoso caballero es don Dinero», escriba una versión moderna del poema con algunos ejemplos contemporáneos.

MARIA DE ZAYAS Y SOTOMAYOR

Nota biográfica

María de Zayas y Sotomayor (1590–1661), novelista y poeta, nació en Madrid de una familia noble. Vivió allí durante muchos años y mantuvo relaciones con otros escritores; Lope de Vega, por ejemplo, le dedicó unos versos laudatorios. Se sabe muy poco sobre la biografía de esta autora. Posiblemente vivió en Nápoles cuando su padre hizo el servicio militar allí. La publicación en Zaragoza de su segunda serie de novelas ha llevado a varios biógrafos a concluir que ella también vivió en esa ciudad. No se sabe la fecha de su muerte.

Escribió poesías y una comedia, *Traición en la amistad*. Es recordada más por sus novelas cortesanas en dos series: *Novelas amorosas y ejemplares* (1637) y *Parte segunda del Sarao y entretenimiento honesto, Desengaños amorosos* (1647). Sus narraciones cortas muestran la influencia del cuentista italiano Boccaccio, quien escribió la famosa colección de cuentos titulada *El Decamerón*. En la época de Zayas, era muy rara la publicación de obras escritas por mujeres. Ella habla de los prejuicios contra las mujeres que querían publicar sus escritos y critica la opinión de algunas personas de que «ser mujer es ser incapaz». La actitud feminista de Zayas se manifiesta en sus novelas. Las heroínas muchas veces sufren por culpa de hombres crueles, pero no son pasivas.

◆ Guía y actividades de pre-lectura

Se incluye aquí «La fuerza del amor», una novela corta de las *Novelas amorosas y ejemplares*. El tema recurrente en las novelas de Zayas es el amor. En «La fuerza del amor», un amor-pasión motiva la acción de la obra. Dicho amor nace rápidamente y conduce a la desgracia de la protagonista. La única solución que se le presenta a ella es huir a un convento. En eso, las novelas de Zayas se distinguen de otras del género de la novela cortesana que típicamente tienen un final feliz. Los personajes de Zayas son tipos: el galán, la dama, la familia, los criados, pero la autora hace observaciones acertadas sobre su psicología. También se nota en la obra de Zayas el realismo con que trata los asuntos eróticos y la función de algunos elementos sobrenaturales como la hechicería o el encantamiento. La protagonista recurre a medios extremos para tratar de salir de su situación desesperada. Se observan características del arte barroco en las tramas complicadas, en el uso de las figuras retóricas como la metáfora y la antítesis, y en el tema del desengaño.

1. Basándose en el título «La fuerza del amor» y en la **Guía de pre-lectura**, ¿cuáles serán, en su opinión, algunos de los eventos principales de la novela? ¿Por qué? Comente.

2. ¿Conoce usted algunas otras obras literarias que traten el tema del amor-pasión? ¿Qué elementos tienen en común? Al leer «La fuerza del amor», compárela con otras historias que usted conoce.

3. ¿Qué opina usted del amor-pasión? ¿Es posible que conduzca a la felicidad? Explique.

La fuerza del amor

En Nápoles, insigne[1] y famosa ciudad de Italia por su riqueza, hermosura y agradable sitio, nobles ciudadanos y gallardos[2] edificios, coronados de jardines y adornados de cristalinas fuentes,[3] hermosas damas y gallardos caballeros, nació Laura, peregrino[4] y nuevo milagro de naturaleza, tanto, que
5 entre las más gallardas y hermosas fue tenida por celestial extremo; pues habiendo escogido los curiosos ojos de la ciudad entre todas ellas once, y

[1] *renowned, illustrious*
[2] *graceful*
[3] *fountains*
[4] singular, perfecto

de estas once tres, Laura fue de las once una, y de las tres una. Fue tercera
en el nacer, pues gozó[5] del mundo después de haber nacido en él dos hermanos tan nobles y virtuosos como ella hermosa. Murió su madre del
parto[6] de Laura, quedando su padre por gobierno y amparo[7] de los tres gallardos hijos, que si bien sin madre, la discreción del padre suplió medianamente esta falta.[8] Era don Antonio, que éste era el nombre de su padre, del
linaje[9] y apellido de Carrafa, deudo[10] de los duques de Nochera, y señor de
Piedrablanca. Criáronse[11] don Alejandro, don Carlos y Laura con la
grandeza y cuidado que su estado pedía, poniendo en esto su noble padre
el cuidado que requería[12] su estado y riqueza, enseñando a los hijos en las
buenas costumbres y ejercicios que dos caballeros y una tan hermosa dama
merecían, viviendo la bella Laura con el recato[13] y honestidad que a una
mujer tan rica y principal era justo, siendo los ojos[14] de su padre y hermanos alabanza[15] de la ciudad. Quien más se señalaba[16] en querer a Laura
era don Carlos, el menor de los hermanos, que la amaba tan tierno[17] que
se olvidaba de sí por quererla; y no era mucho, que las gracias de Laura
obligaban, no sólo a los que tan cercano deudo tenían con ella, mas a los
que más apartados[18] estaban de su vista. No hacía falta su madre para su
recogimiento,[19] demás de ser su padre y hermanos vigilantes guardas de su
hermosura, y quien más cuidadosamente velaba[20] a esta señora eran sus
honestos pensamientos, si bien cuando llegó a la edad de discreción no
pudo negar su compañía a las principales señoras, sus deudas,[21] para que
Laura pagase a la desdicha[22] lo que debe la hermosura.

Es costumbre en Nápoles ir las doncellas a los saraos[23] y fiestas que en
los palacios del virrey[24] y casas particulares[25] se hacen, aunque en algunas
tierras de Italia no lo aprueban por acertado,[26] pues en las más de ellas se
les niega ir a misa,[27] sin que basten a derogar[28] esta ley que ha puesto en
ellas la costumbre las penas[29] que los ministros eclesiásticos y seglares[30] les
imponen. Salió, en fin, Laura a ver y ser vista, tan acompañada de hermosura como de honestidad, aunque al acordarse de Diana no se fiara[31] de
su recato. Fueron sus bellos ojos basiliscos[a] de las almas; su gallardía monstruo de las vidas, y su riqueza y nobles prendas,[32] cebo[33] de los deseos de
mil gallardos y nobles mancebos[34] de la ciudad, pretendiendo por medio
de casamiento gozar de tanta hermosura.

Entre los que pretendían servir a Laura se aventajó[35] don Diego de
Piñatelo, de la noble casa de los duques de Monteleón, caballero rico y
galán. Vio, en fin, a Laura, y rindióle[36] el alma con tal fuerza que casi no
la acompañaba sólo por no desamparar[37] la vida; tal es la hermosura mirada en ocasión; túvola don Diego en un festín[38] que se hacía en casa de
un príncipe de los de aquella ciudad, no sólo para verla, sino para
amarla, y después de amarla darla a entender su amor, tan grande en
aquel punto como si hubiera mil años que la amaba. Usase en Nápoles
llevar a los festines un maestro de ceremonias, el cual saca a danzar a las
damas y las da al caballero que le parece. Valióse don Diego en esta
ocasión del que en el festín asistía, ¿quién duda que sería a costa de

---

[a] El basilisco es un animal legendario que podía matar con la mirada.

5 *enjoyed*
6 *childbirth*
7 protección
8 **suplió...** *partly made up for that lack*
9 *lineage, ancestry*
10 paciente
11 *Were raised*
12 *required, demanded*
13 modestia
14 *delight*
15 *object of praise*
16 **Quien...** *The one who stood out*
17 *tenderly*
18 *distant, removed*
19 *protection, seclusion from the world*
20 *kept vigil, watched over*
21 *female relatives/ debts*
22 *misfortune, unhappiness*
23 *soirées*
24 *viceroy*
25 *private*
26 **por...** *as appropriate, proper*
27 *mass*
28 *abolish*
29 *punishments, penalties*
30 seculars
31 **no...** *one would not trust in, rely on*
32 *qualities* (lit.: *articles belonging to her*)
33 *lure, bait*
34 jóvenes, muchachos
35 **se...** *advanced himself*
36 *surrendered to her*
37 abandonar
38 banquete

dinero?, pues apenas calentó con él las manos al maestro, cuando vio en las suyas las de la bella Laura el tiempo que duró el danzar una gallarda;[39] mas no le sirvió de más que de arderse[40] con aquella nieve, pues apenas se atrevió a[41] decir:

«Señora, yo os adoro», cuando la dama, fingiendo[42] justo impedimento[43] le dejó y se volvió a su asiento, dando que sospechar[44] a los que miraban y que sentir[45] a don Diego, el cual quedó tan triste como desesperado, pues en lo que quedaba de día no mereció de Laura el que ni siquiera le favoreciese con los ojos. Llegó la noche, que don Diego pasó revolviendo mil pensamientos, ya animado con la esperanza, ya desesperando con el temor, mientras la hermosa Laura, tan ajena de sí[46] cuanto propia de su cuidado, llevando en la vista la gallarda gentileza de don Diego y en la memoria el «yo os adoro» que le había oído, ya se determinaba a querer y ya pidiéndose estrecha[47] cuenta de su libertad y perdida opinión,[48] como si en sólo amar se hiciese yerro,[49] arrepentida[50] se reprendía a sí misma, pareciéndole que ponía en condición, si amaba, la obligación de su estado, y si aborrecía,[51] se obligaba al mismo peligro. Con estos pensamientos y cuidados empezó a negarse a sí misma el gusto, y a la gente de su casa la conversación, deseando ocasiones para ver la causa de su descuido,[52] y dejando pasar los días, al parecer de don Diego, con tanto descuido que no se ocupaba en otra cosa sino en dar quejas contra el desdén de la enamorada señora, la cual no le daba, aunque lo estaba, más favores que los de su vista, y esto tan al descuido y con tanto desdén que no tenía lugar ni aun para poderle decir su pena, porque aunque la suya la pudiera obligar a dejarse pretender, el cuidado con que la encubría era tan grande que a sus más queridas criadas guardaba el secreto de su amor. Sucedió que una noche de las muchas que a don Diego le amaneció[53] a las puertas de Laura, viendo que no le daban lugar para decir su pasión, trajo a la calle un criado que con un instrumento fuese tercero[54] de ella, por ser su dulce y agradable voz de las buenas de la ciudad, procurando declarar en un romance su amor y los celos que le daba un caballero muy querido de los hermanos de Laura, y que por este respecto entraba a menudo en su casa. En fin, el músico, después de haber templado,[55] cantó el romance siguiente:

Si el dueño que elegiste,
altivo[56] pensamiento,
reconoce obligado
otro dichoso dueño,
    ¿por qué te andas perdido,
sus pisadas siguiendo,
sus acciones notando,
su vista pretendiendo?
    ¿De qué sirve que pidas
ni su favor al cielo,
ni al amor imposibles,
ni al tiempo sus efectos?

39 baile antiguo
40 *to burn*
41 **se...** *he dared*
42 *feigning*
43 *excusa*
44 *to be suspicious*
45 sufrir
46 **ajena...** *beside herself*
47 *strict*
48 *reputation*
49 *error*
50 *regretful, repentant*
51 *hated*
52 *carelessness, neglect*
53 empezó el día
54 intermediario
55 **después...** *after tuning*
56 *haughty*

¿Por qué a los celos llamas,
si sabes que los celos
en favor de lo amado
imposibles han hecho?

Si a tu dueño deseas
ver ausente, eres necio,[57]
que por matar, matarte,
no es pensamiento cuerdo.[58]

Si a la discordia pides
que haga lance[59] en su pecho,
bien ves que a los disgustos
los gustos vienen ciertos.

Si dices a los ojos
digan su sentimiento,
ya ves que alcanzan[60] poco,
aunque más miran tiernos.

Si quien pudiera darte
en tus males remedio,
que es amigo piadoso
siempre agradecimiento

también preso le miras
en ese ángel soberbio,[61]
¿cómo podría ayudarte
en tu amoroso intento?

Pues si de sus cuidados,
que tuvieras por premio,
si su dueño dijera:
de ti lástima tengo.

Mira tu dueño, y miras
sin amor a tu dueño,
¿y aun este desengaño[62]
no te muda[63] el intento?

A Tántalo[b] pareces,
que el cristal lisonjero[64]
casi en los labios mira,
y nunca llega a ellos.

¡Ay, Dios, si mereciera
por tanto sentimiento
algún fingido[65] engaño,
por tu muerte me temo!

Fueran de purgatorio
tus penas, pero veo

[57] ignorante, tonto
[58] razonable
[59] *quarrel*
[60] *reach*
[61] *proud*
[62] *disillusionment*
[63] cambia
[64] *flattering*
[65] *feigned*

---

[b] Tántalo es un ser mitológico que fue arrojado al Tártaro por Zeus y condenado a ser presa de
hambre y sed inextinguibles.

que son sin esperanza
las penas del infierno.
      Mas[66] si elección hiciste,
morir es buen remedio,
que volver las espaldas
será cobarde[67] de hecho.

Escuchando estaba Laura la música desde el principio de ella por una menuda celosía,[68] y determinó volver por su opinión,[69] viendo que la perdía, en que don Diego por sospechas, como en sus versos mostraba, se la quitaba; y así, lo que el amor no pudo hacer, hizo este temor de perder su crédito, y aunque batallando su vergüenza con su amor, se resolvió a volver por sí, como lo hizo, pues abriendo la ventana, le dijo: «Milagro fuera, señor don Diego, que siendo amante no fuerais celoso, pues jamás se halló amor sin celos; mas son los que tenéis tan falsos, que me han obligado a lo que jamás pensé, porque siento mucho ver mi fama en lenguas de poesía y en las cuerdas de ese laúd,[70] y lo que peor es, en boca de ese músico, que, siendo criado, será fuerza ser enemigo; yo no os olvido por nadie, que si alguno en el mundo ha merecido mis cuidados, sois vos, y seréis el que me habéis de merecer, si por ellos aventurase[71] la vida. Disculpe[72] vuestro amor mi desenvoltura[73] y el verme ultrajada[74] mi atrevimiento,[75] y tenedle desde hoy para llamaros mío, que yo me tengo por dichosa[76] de ser vuestra. Y creedme que no dijera esto si la noche con su oscuro manto[77] no me excusara la vergüenza y colores que tengo en decir estas verdades.» Pidiendo licencia[78] a su turbación,[79] el más alegre de la tierra quiso responder y agradecer a Laura el enamorado don Diego, cuando sintió abrir las puertas de la casa y saltearle[80] tan brevemente dos espadas, que a no estar prevenido[81] y sacar el criado también la suya pudiera ser que no le dieran lugar para llevar sus deseos amorosos adelante. Laura, que vio el suceso y conoció a sus dos hermanos, temerosa[82] de ser sentida,[83] cerró la ventana y se retiró a su aposento,[84] acostándose, más por disimular que por desear reposo.[85] Fue el caso que como don Alejandro y don Carlos oyesen la música, se levantaron a toda prisa y salieron, como he dicho, con las espadas desnudas en las manos, las cuales fueron, si no más valientes que las de don Diego y su criado, a lo menos más dichosas, pues siendo herido de la pendencia,[86] hubo de retirarse, quejándose de su desdicha,[87] aunque mejor fuera llamarla ventura, pues fue fuerza que supieran los padres la causa, y viendo lo que su hijo granjeaba[88] con tan noble casamiento, sabiendo que era éste su deseo, pusieron terceros que lo tratasen con el padre de Laura. Y cuando pensó la hermosa Laura que las enemistades serían causa de eternas discordias, se halló esposa de don Diego. ¿Quién viera este dichoso suceso y considerara el amor de don Diego, sus lágrimas, sus quejas y los ardientes deseos de su corazón, que no tuviese a Laura por muy dichosa? ¿Quién duda que dirán los que tienen en esperanzas sus pensamientos: ¡Oh, quién fuera tan venturoso[89] que mis cosas tuvieran tan dichoso fin como el de esta noble dama!, y más las mujeres, que no miran en más inconvenientes que su gusto? Y de la misma suerte, ¿quién verá a don Diego gozar en

66 Pero
67 *coward*
68 **menuda...** *small lattice window, slatted shutter*
69 **volver...** *salvage her reputation*
70 *lute*
71 *risked*
72 *Pardon*
73 *effrontery, boldness*
74 *offended, outraged*
75 *boldness*
76 afortunada, feliz
77 *cloak*
78 *permission, license*
79 *troubled emotions*
80 atacarlo
81 *forewarned*
82 *fearful*
83 *perceived*
84 *bedroom*
85 *rest, quiet*
86 *dispute, quarrel*
87 mala fortuna
88 *was going to gain*
89 *happy, fortunate*

Laura un asombro[90] de hermosura, un extremo de riqueza, un colmo[91] de entendimiento y un milagro de amor, que no diga que no crió otro más dichoso el cielo? Pues por lo menos siendo las partes iguales, ¿no es fácil de creer que este amor había de ser eterno? Y lo fuera si Laura no fuera como hermosa desdichada, y don Diego como hombre mudable;[92] pues a él no le sirvió el amor contra el olvido, ni la nobleza contra el apetito,[93] ni a ella le valió la riqueza contra la desgracia, la hermosura contra el remedio, la discreción contra el desdén, ni el amor contra la ingratitud, bienes que en esta edad cuestan mucho y se estiman[94] poco. Fue el caso que don Diego, antes que amase a Laura, había empleado sus cuidados en Nise, gallarda dama de Nápoles, si no de lo mejor de ella, por lo menos no era de lo peor, ni tan falta de bienes de naturaleza y fortuna, que no la diese muy levantados pensamientos, más de lo que en su calidad merecía, pues los tuvo de ser mujer de don Diego; y a este título le había dado todos los favores que pudo y él quiso; pues como los primeros días y aun los primeros meses de casado se descuidase de Nise, que todo cansa a los hombres, procuró con las veras[95] posibles saber la causa, y diose en eso tal modo en saberla, que no faltó quien se lo dijo todo; demás que[96] como la boda había sido pública y don Diego no pensaba ser su marido, no se recató[97] de nada. Sintióse Nise con grandísimo extremo[98] ver casado a don Diego; mas al fin era mujer y con amor, que siempre olvida agravios, aunque sea a costa de opinión. Procuró gozar de don Diego, ya que no como marido, a lo menos como amante, pareciéndole no poder vivir sin él; y para conseguir su propósito solicitó con palabras y obligó con lágrimas a que don Diego volviese a su casa, que fue la perdición de Laura, porque Nise supo con tantos regalos enamorarle de nuevo, que ya empezó Laura a ser enfadosa como propia, cansada como celosa y olvidada como aborrecida; porque don Diego amante, don Diego solícito, don Diego porfiado[99] y, finalmente, don Diego, que decía a los principios ser el más dichoso del mundo, no sólo negó todo esto, mas se negó a sí mismo lo que se debía; pues los hombres que desprecian tan a las claras[100] están dando alas al agravio,[101] y llegando un hombre a esto, cerca está de perder el honor. Empezó a ser ingrato,[102] faltando a la cama y mesa; y no sintiendo los pesares que daba a su esposa, desdeñó[103] sus favores y la despreció diciendo libertades, pues es más cordura[104] negar lo que se hace que decir lo que se piensa. Pues como Laura veía tantas novedades en su esposo, empezó con lágrimas a mostrar sus pesares,[105] y con palabras a sentir sus desprecios, y en dándose una mujer por sentida[106] de los desconciertos[107] de su marido, dese por perdida, pues como es fuerza decir su sentimiento, daba causa a don Diego para, no sólo tratar mal de palabras, mas a poner las manos en ella.[108] Sólo por cumplimiento iba a su casa la vez que iba; tanto la aborrecía y desestimaba, pues le era el verla más penoso que la muerte. Quiso Laura saber la causa de estas cosas, y no le faltó quien le dio larga cuenta[109] de ellas. Lo que remedió Laura fue el sentirlas más, viéndolas sin remedio, pues no le hay si el amor se trueca.[110] Lo que ganó en darse por entendida de las libertades de don Diego fue darle ocasión para perder más la vergüenza e irse más desenfrenadamente[111] tras sus deseos, que no tiene más recato el vicioso que hasta que

90 *amazement*
91 *summit, height*
92 *fickle, changeable*
93 *deseo sexual*
94 **se...** *are appreciated*
95 *fervor, actividad*
96 **demás...** *in addition*
97 **no...** *did not hide*
98 **Sintióse...** *Nise was extremely upset*
99 *stubborn*
100 **a...** *evidentemente, abiertamente*
101 **dando...** *emboldening the offense*
102 *cruel*
103 *scorned*
104 *sanity, soundness of mind*
105 *sorrows, griefs*
106 *ofendida*
107 *offensive actions*
108 **poner...** *to hit her*
109 **le...** *explained to her in great detail*
110 **se...** *undergoes a change*
111 *wildly, unrestrainedly*

235 es su vicio público. Vio Laura a Nise en una iglesia, y con lágrimas la pidió que desistiese de su pretensión, pues con ella no aventuraba más que perder la honra y ser causa de que ella pasase mala vida. Nise, rematada[112] de todo punto, como mujer que ya no estimaba su fama ni temía caer en más bajeza que la que estaba, respondió a Laura tan desabridamente,[113]
240 que con lo mismo que pensó la pobre dama remediar su mal y obligarla, con eso la dejó más sin remedio y más resuelta a seguir su amor con mayor publicidad. Perdió de todo punto el respeto a Dios y al mundo, y si hasta allí con recato[114] enviaba a don Diego papeles, regalos y otras cosas, ya sin él ella y sus criados le buscaban, siendo estas libertades para Laura
245 nuevos tormentos y firmísimas pasiones, pues ya veía en su desventura menos remedio que primero, con lo que pasaba sin esperanzas la más desconsolada vida que decirse puede.

Tenía celos, ¡qué milagro!, como si dijésemos rabiosa enfermedad. Notaban su padre y sus hermanos su tristeza y deslucimiento,[115] y viendo
250 la perdida hermosura de Laura, vinieron a rastrear[116] lo que pasaba y los malos pasos en que andaba don Diego, y tuvieron sobre el caso muchas rencillas[117] y disgustos, hasta llegar a pesadumbres[118] declaradas. De esta suerte andaba Laura algunos días, siendo, mientras más pasaban mayores las libertades de su marido, menos su paciencia. Como no siempre se
255 pueden llorar desdichas, quiso una noche que la tenían desvelada[119] sus cuidados y la tardanza de don Diego, cantando divertirlas, y no dudando que estaría don Diego en brazos de Nise, tomó una arpa, en que las señoras italianas son muy diestras,[120] y unas veces llorando y otras cantando, disimulando el nombre de don Diego con el de Albano, cantó así:

260
      ¿Por qué, tirano Albano,
si a Nise reverencias,
y a su hermosura ofreces
de tu amor las finezas;[121]
      por qué de sus ojos
265
está tu alma presa,[122]
y a los tuyos su cara
es imagen bella;
      por qué si en sus cabellos
la voluntad enredas,[123]
270
y ella a ti, agradecida,
con voluntad te premia;
      por qué si de su boca,
caja de hermosas perlas,[124]
gustos de amor escuchas,
275
con que tu gusto aumentas;
      a mí, que por quererte
padezco[125] inmensas penas,
con deslealtad y engaños
me pagas mis finezas?
280
      Y ya que me fingiste
amorosas ternezas,[126]

112 *at the end of her wits, desperate*
113 desagradablemente
114 **con...** discretamente
115 *lack of brilliance, dullness*
116 *look into, investigate*
117 *disputas*
118 *griefs, regrets*
119 *sleepless*
120 *skillful*
121 *kindnesses, favors*
122 *imprisoned*
123 *you entangle*
124 **caja...** *box of beautiful pearls* (fig.: *teeth*)
125 sufro
126 palabras dulces

dejárasme vivir
en mi engaño siquiera.

    ¿No ves que no es razón
acertada ni cuerda[127]
despertar a quien duerme,
y más en cuanto pena?

    ¡Ay de mí, desdichada!
¿Qué remedio me queda
para que el alma mía
a este su cuerpo vuelva?

    Dame el alma, tirano;
mas, ¡ay!, no me la vuelvas,
que más vale que el cuerpo
por esta causa muera.

    Malhaya, amén, mil veces,
cielo tirano, aquella
que en prisiones de amor
prender a su alma deja.

    Lloremos, ojos míos,
tantas lágrimas tiernas,
que del profundo mar
se cubran las arenas.

    Y al son de aquestos celos,
instrumentos de quejas,
cantaremos llorando
lastimosas endechas.[128]

    Oíd atentamente,
nevadas y altas peñas,[129]
y vuestros ecos claros
me sirvan de respuesta.

    Escuchad, bellas aves,
y con arpadas[130] lenguas
ayudaréis mis celos
con dulces cantinelas.

    Mi Albano adora a Nise,
y a mí penar me deja;
éstas son mis pasiones
y aquéstas sí son penas.

    Su hermosura divina
amoroso celebra,
y por cielos adora
papeles de su letra.

    ¿Por qué dirás, Ariadna,[c]
que lloras y lamentas

285
290
295
300
305
310
315
320
325

127 **acertada...** *proper nor reasonable*
128 canciones tristes
129 **nevadas...** *snow-covered and lofty mountain*
130 *singing*

---

[c] Ariadna era hija de Minos; le dio a Teseo el hilo que lo ayudó a salir del Laberinto. Después, fue abandonada por él y se arrojó al mar.

de tu amante desvíos,[131]
sinrazones[132] y ausencias?

    Tú, afligido Fenicio,[d]
aunque tus carnes veas
330   con tal rigor comidas
por el águila fiera;[133]
    y si atado[134] en el Cáucaso,
padeces, no lo sientas,
que mayor es mi daño,
335   más fuertes mis sospechas.

    Desdichada Ixión,[e]
no sientas de la rueda
el penoso ruido,
porque mis penas sientas.
340   Tántalo, que a las aguas,
sin que gustarlas puedas,
llegas, pero no alcanzas,
pues huyen si te acercas;
    vuestras penas son pocas,
345   aunque más se encarezcan:[135]
pues no hay dolor que valga,
sino que celos sean.

    Ingrato, plegue[136] al cielo
que con celos te veas,
350   rabiando como rabio,[137]
y que cual yo padezcas.
    Y esta enemiga mía
tantos te dé, que seas
un Midas[f] de cuidados,
355   como él de las riquezas.

131 *coldness, indifference*
132 *injustices, unreasonable acts*
133 *fierce*
134 *tied up, bound*
135 **se...** *become dearer*
136 *may it please*
137 *I rage*
138 **no...** *would not move to pity*
139 **se...** *took pride in being*
140 **vertiendo...** *shedding rivers of tears*

¿A quién no enterneciera[138] Laura con quejas tan dulces y bien sentidas, sino a don Diego, que se preciaba[139] de ingrato? El cual, entrando al tiempo que ella llegaba con sus endechas a este punto, y las oyese, y entendiese el motivo de ellas, desobligado con lo que pudiera obligarse, y 360 enojado de lo que fuera justo agradecer y estimar, empezó a maltratar a Laura de palabras, diciéndole tales y tan pesadas, que la obligó a que, vertiendo cristalinas corrientes[140] por su hermoso rostro, le dijese: «¿Qué es esto, ingrato? ¿Cómo das tan largas alas a la libertad de tu mala vida, que sin temor del cielo ni respeto alguno te enfadas de lo que fuera justo

---

[d] La referencia es aquí incorrecta. Prometeo, y no Fenicio, fue encadenado en el Cáucaso y atormentado por un águila que comía su hígado.

[e] Ixión es otra figura mitológica; fue atada a una rueda en llamas que había de girar eternamente.

[f] Midas es el nombre del rey de Frigia que obtuvo de los dioses la facultad de transformar en oro todo lo que tocaba.

alabar? Córrete de que el mundo entienda y la ciudad murmure tus vicios
sin rienda,[141] que parece que estás despertando con ellos tu afrenta[142] y
mis deseos. Si te pesa[143] de que me queje de ti, quítame la causa que tengo
para hacerlo o acaba con mi cansada vida, ofendida de tus maldades. ¿Así
tratas mi amor? ¿Así estimas mis cuidados? ¿Así agradeces mis sufrimientos? Haces bien, pues no tomo a la causa estas cosas, y la hago entre mis
manos pedazos. ¿Qué espera un marido que hace lo que tú, sino que su
mujer, olvidando la obligación de su honor, se le quite? No porque yo lo
he de hacer, aunque más ocasiones me des, que el ser quien soy y el
grande amor que por mi dicha os tengo no me darán lugar; mas temo que
has de darlo a los viciosos como tú, para que pretendan lo que tú despre-
cias; y a los maldicientes y murmuradores, para que lo imaginen y digan:
Pues ¿quién verá una mujer como yo y un hombre como tú, que no tenga
tanto atrevimiento como tú descuido?»[144] Palabras eran éstas para que
don Diego, abriendo los ojos del alma y del cuerpo, viese la razón de
Laura; pero como tenía tan llena el alma de Nise como desierta de su
obligación, acercándose más a ella y encendido en una infernal cólera,[145]
la empezó a arrastrar[146] por los cabellos y maltratarla de manos, tanto que
las perlas de sus dientes presto[147] tomaron forma de corales bañados en la
sangre que empezó a sacar en las crueles manos; y no contento con esto,
sacó la daga[148] para salir con ella del yugo[149] tan pesado como el suyo, a
cuya acción las criadas, que estaban procurando apartarle de su señora,
alzaron las voces, dando gritos, llamando a su padre y a sus hermanos,
que, desatinados[150] y coléricos,[151] subieron al cuarto de Laura, y viendo el
desatino de don Diego y a la dama bañada en sangre, creyendo don Carlos que la había herido, arremetió[152] a don Diego, y quitándole la daga de
la mano, se la iba a meter por el corazón, si el arriesgado[153] mozo, viendo
su manifiesto[154] peligro, no se abrazara con don Carlos, y Laura, haciendo
lo mismo, le pidiera que se reportarse,[155] diciendo: «¡Ay, hermano! Mira
que en esa vida está la de tu triste hermana.» Reportóse don Carlos, y
metiéndose su padre por medio, apaciguó[156] la pendencia,[157] y volviéndose a sus aposentos, temiendo don Antonio que si cada día había de
haber aquellas ocasiones sería perderse, se determinó no ver por sus ojos
tratar mal a una hija tan querida; y así, otro día, tomando su casa, hijos y
hacienda, se fue a Piedrablanca, dejando a Laura en su desdichada vida,
tan triste y tierna de verlos ir, que la faltó poco para perderla. Causa por
la que, oyendo decir que en aquella tierra había mujeres que obligaban
por fuerza de hechizos[158] a que hubiese amor, viendo cada día el de su
marido en menoscabo[159] y pensando remediarse por este camino, encargó que la trajesen una.

No fue muy perezoso el tercero a quien la hermosa y afligida Laura
encargó que le trajese a la embustera,[160] y le trajo una, a quien la discreta
y cuidadosa Laura, después de obligada con dádivas,[161] sed de semejantes
mujeres, enterneció con lágrimas y animó con promesas, contándole sus
desdichas, y en tales razones la pidió lo que deseaba, diciéndola: «Amiga,
si tú haces que mi marido aborrezca[162] a Nise y vuelva a tenerme el amor
que al principio de mi casamiento me tuvo, cuando él era más leal y yo
más dichosa, tú verás en mi agradecimiento y liberal satisfacción de la

141 *restraint* (lit.: *reins*)
142 *dishonor*
143 *molesta*
144 *carelessness*
145 *rage*
146 *drag*
147 *soon*
148 *dagger*
149 *yoke, burden*
150 perturbed
151 furiosos
152 atacó
153 *rash*
154 evidente
155 *to control himself, pull himself together*
156 *calmed, quelled*
157 *quarrel*
158 *magic spells, witchcraft*
159 **en...** *lessening, diminishing*
160 *deceiver, trickster*
161 regalos
162 *despise, hate*

manera que estimo tal bien, pues pensaré que quedo muy corta con darte la mitad de toda mi hacienda.[163] Y cuando esto no baste, mide[164] tu gusto
415 con mi necesidad y señálate tú misma la paga de este beneficio, que si lo que yo poseo es poco, me venderé para satisfacerte.» La mujer, asegurando a Laura de su saber, contando milagros en sucesos ajenos, facilitó[165] tanto su petición, que ya Laura se tenía por segura, a la cual la mujer dijo había menester,[166] para ciertas cosas que había de aderezar[167] para traer
420 consigo en una bolsilla, barbas, cabellos y dientes de un ahorcado,[168] las cuales reliquias, con las demás cosas, harían que don Diego mudase la condición, de suerte que se espantaría,[169] y que la paga no quería que fuese de más valor que conforme a lo que sucediese. «Y creed, señora, decía la falsa enredadora,[170] que no me bastan hermosuras ni riquezas a
425 hacer dichosas, sin ayudarse de cosas semejantes a éstas, que si supieses las mujeres que tienen paz con sus maridos por mi causa, desde luego te tendrías por dichosa y asegurarías tus temores.» Confusa estaba la hermosa Laura, viendo que le pedía una cosa tan difícil para ella, pues no sabía el modo como viniese a sus manos; y así, dándole cien escudos[171] de
430 oro, le dijo que el dinero todo lo alcanzaba, que los diese a quien la trajese aquellas cosas. A lo cual replicó la taimada hechicera,[172] que con esto quería entretener la cura para sangrar[173] la bolsa de la afligida dama y encubrir su enredo,[174] que ella no tenía de quien fiarse, demás que estaba la virtud en que ella lo buscase y se lo diese, y con esto, dejando a Laura en
435 la tristeza y confusión que se puede pensar, se fue.

Discurriendo[175] estaba Laura cómo podía buscar lo que la mujer la pedía, y hallando por todas partes muchas dificultades, el remedio que halló fue hacer dos ríos caudalosos[176] de sus hermosos ojos, no hallando de quien poderse fiar, porque le parecía que era afrenta que una mujer
440 como ella anduviese en tan mecánicas[177] cosas. Con estos pensamientos no hacía sino llorar; y hablando consigo misma decía, asidas[178] sus blancas manos una con otra: «Desdichada de ti, Laura, y cómo fueras más venturosa, si como le costó tu nacimiento la vida a tu madre fuera también la tuya sacrificio de la muerte. ¡Oh amor, enemigo de las gentes! Y qué de
445 males han venido por ti al mundo, y más a las mujeres, que, como en todo, somos las más perdidosas y las más fáciles de engañar, parece que sólo contra ellas tienes el poder o, por mejor decir, el enojo. No sé para qué el cielo me crió hermosa, noble y rica, si todo había de tener tan poco valor contra la desdicha, sin que tantas dotes[179] de naturaleza y fortuna
450 me quitasen la mala estrella en que nací. O ya que lo soy, ¿para qué me guarda la vida? Pues tenerla un desdichado, más es agravio que ventura. ¿A quién contaré mis penas que me las remedie? ¿Quién oirá mis quejas que se enternezca? Y ¿quién verá mis lágrimas que me las enjugue?[180] Nadie, por cierto, pues mi padre y mis hermanos, por no oírlas, me han
455 desamparado,[181] y hasta el cielo, consuelo de los afligidos, se hace sordo[182] por no dármele. ¡Ay, don Diego! Y ¿quién lo pensara? Mas sí debiera pensar si mirara que eres hombre, cuyos engaños quitan el poder a los mismos demonios; y hacen ellos lo que los ministros de maldades dejan de hacer. ¿Dónde se hallará un hombre verdadero? ¿En cuál dura la
460 voluntad un día? Y más si se ven queridos. Malhaya la mujer que en ellos

163 **quedo...** *I wouldn't do enough if I gave you half my estate*
164 *measure*
165 *hizo fácil*
166 *necesidad*
167 *preparar*
168 *hanged man*
169 **se...** *would be frightened*
170 *one who embroils or entangles*
171 *ancient golden coins*
172 **taimada...** *crafty witch*
173 *robar*
174 *entanglement, imbroglio, plot*
175 *Pensando*
176 *abundant, full*
177 *low, mean*
178 *clasped, held together*
179 *talents, gifts*
180 *wipe away, dry*
181 *abandonado*
182 *deaf*

cree, pues al cabo hallará el pago de su amor como yo le hallo. ¿Quién es la necia[183] que desea casarse viendo tantos y tan lastimosos ejemplos? ¿Cómo es mi ánimo tan poco, mi valor tan afeminado y mi cobardía tanta, que no quito la vida, no sólo a la enemiga de mi sosiego,[184] sino al ingrato
465 que me trata con tanto rigor? ¡Mas, ay, que tengo amor! Y en lo uno temo perderle y en lo otro enojarle. ¿Por qué, vanos legisladores del mundo, atáis nuestras manos para las venganzas, imposibilitando nuestras fuerzas con vuestras falsas opiniones, pues nos negáis letras y armas? ¿Nuestra alma no es la misma que la de los hombres? Pues si ella es la que da valor
470 al cuerpo, ¿quién obliga a los nuestros a tanta cobardía? Yo aseguro que si entendiérais que también había en nosotras valor y fortaleza, no os burlaríais[185] como os burláis; y así, por tenernos sujetas desde que nacimos, vais enflaqueciendo[186] nuestras fuerzas con temores de la honra, y el entendimiento con el recato de la vergüenza, dándonos por espadas rue-
475 cas[187] y por libros almohadillas.[188] g ¡Mas triste de mí! ¿De qué sirven estos pensamientos, pues ya no sirven para remediar cosas tan sin remedio? Lo que ahora importa es pensar cómo daré a esta mujer lo que pide.»

Y diciendo esto, se ponía a pensar qué haría, y volvía luego a sus quejas. Quien oyera las que estaba dando Laura diría que la fuerza del amor
480 estaba en su punto, mas aun faltaba otro extremo mayor, y fue que viendo cerrar la noche y viendo ser la más oscura y tenebrosa que en todo aquel invierno había hecho, respondiendo a su pretensión su opinión, sin mirar a lo que se ponía y lo que aventuraba si don Diego venía y la hallaba fuera, diciendo a sus criados que si venía le dijesen
485 que estaba en casa de alguna de las muchas señoras que había en Nápoles, poniéndose un manto de una de ellas, con una pequeña linternilla,[189] se puso en la calle y fue a buscar lo que ella pensaba había de ser su remedio.

Hay en Nápoles, como una milla apartada de la ciudad, camino de
490 Nuestra Señora del Arca, imagen muy devota de aquel reino, y el mismo por donde se va a Piedrablanca, como a un tiro de piedra[190] del camino real y a un lado de él, un humilladero,[191] de cincuenta pies de largo y otros tantos de ancho,[192] la puerta del cual está hacia el camino, y enfrente de ella un altar con una imagen pintada en la misma pared. Tiene
495 el humilladero estado y medio de alto,[193] el suelo es una fosa[194] de más de cuatro de hondura,[195] que coge toda la dicha capilla,[196] y sólo queda alrededor un poyo,[197] de media vara de ancho,[198] por el cual se anda todo el humilladero. A estado de hombre, y menos, hay puestos por las paredes unos garfios de hierro,[199] en los cuales cuelgan[200] a los que ahorcan
500 en la plaza; y como los tales se van deshaciendo,[201] caen los huesos en aquel hoyo,[202] que como está sagrado[203] les sirve de sepultura. Pues a esta parte tan espantosa[204] guió sus pasos Laura, donde a la sazón había seis hombres que por salteadores[205] habían ajusticiado[206] pocos días hacía, y

------

g Se hace referencia aquí a las dos profesiones nobles del Siglo de Oro: la de soldado y la de escritor.

183 *foolish woman*
184 tranquilidad
185 **no...** *you wouldn't mock, make fun of*
186 *weakening*
187 *distaff (for spinning)*
188 *sewing cushion*
189 *small lantern*
190 **a...** *at a stone's throw*
191 *shrine, common grave*
192 **de...** *wide*
193 **estado...** *ten to eleven feet high (one estado = 7 feet)*
194 *grave*
195 **de...** *deep*
196 *chapel*
197 *stone seat*
198 **de media...** *about a foot and a half (one vara = 2.8 feet)*
199 **garfios...** *iron hooks*
200 *they hang*
201 *disintegrating, decomposing*
202 *pit, hole*
203 *sacred*
204 *terrifying*
205 *highwaymen*
206 *executed*

llegando allí con ánimo increíble, que se lo daba el amor, tan olvidada del
peligro como acordada de sus fortunas, pues podía temer, si no a la gente
con quien iba a negociar, a lo menos caer dentro de aquella profundidad,
donde, si tal fuera, jamás se supiera de ella.

Ya he contado cómo el padre y hermanos de Laura, por no verla maltratar y ponerse en ocasión de perderse con su cuñado, se habían retirado
a Piedrablanca, donde vivían, si no olvidados de ella, a lo menos desvia-
dos[207] de verla. Estando don Carlos acostado en su cama, al tiempo que
llegó Laura al humilladero, despertó con riguroso y cruel sobresalto,[208]
dando tales voces que parecía se le acababa la vida. Alborotóse[209] la casa,
vino su padre, acudieron sus criados; todos confusos y turbados y solem-
nizando su dolor con lágrimas, le preguntaban la causa de su señal, la cual
estaba escondida aun al mismo tiempo que la sentía. El cual, vuelto más
en sí, levantándose de la cama y diciendo: «En algún peligro está mi hermana», se comenzó a vestir con toda diligencia, dando orden a un criado
para que luego al punto le ensillase[210] un caballo, el cual apercibido, saltó
en él, y sin querer aguardar[211] que le acompañase algún criado, a todo
correr de él partió la vía de Nápoles con tanta prisa que a la una se halló
enfrente del humilladero, donde paró el caballo de la misma suerte que
si fuera de piedra. Procuraba don Carlos pasar adelante, mas era porfiar[212] en la misma porfía, porque atrás ni adelante era posible volver;
antes, como arrimándole la espuela[213] quería que caminase, el caballo
daba unos bufidos[214] espantosos. Viendo don Carlos tal cosa y acordándose del humilladero, volvió a mirarle, y como vio luz que salía de la linterna que su hermana tenía, pensó que alguna hechicería le detenía, y
deseando saberlo de cierto, probó si el caballo quería caminar hacia allá,
y apenas hizo la acción, cuando el caballo, sin apremio alguno, hizo la voluntad de su dueño; y llegando a la puerta con su espada en la mano, dijo:
«Quienquiera que sea quien está ahí dentro, salga luego fuera, que si no
lo hace, por vida del Rey que no me he de ir de aquí hasta que con la luz
del día vea quién es y qué hace en tal lugar.» Laura, que en la voz conoció
a su hermano, pensando que se iría, y mudando cuanto pudo la suya, le
respondió: «Yo soy una pobre mujer, que por cierto caso estoy en este lugar; y pues no os importa saber quién soy, por amor de Dios que os vayáis;
y creed que si porfiáis en aguardar, me arrojaré[215] luego al punto en esa
sepultura, aunque piense perder la vida y el alma.» No disimuló[216] Laura
tanto el habla, que su hermano, que no la tenía olvidada, como ella
pensó, dando una gran voz acompañada con un suspiro, dijo: « ¡Ay, hermana! Grande mal hay, pues tú estás aquí; sal fuera, que no en vano me
decía mi corazón este suceso.» Pues viendo Laura que ya su hermano la
había conocido, con el mayor tiento[217] que pudo, por no caer en la fosa,
salió arrimándose a las paredes, y tal vez a los mismos ahorcados; y llegando donde su hermano, lleno de mil pesares la aguardaba, no sin lágrimas se arrojó en sus brazos, y apartándose a un lado, supo de Laura en
breves razones la ocasión que había tenido por venir allá, y ella de él la
que le había traído a tal tiempo; y el remedio que don Carlos tomó fue
ponerla sobre su caballo y, subiendo asimismo él, dar la vuelta a

207 *turned, kept from*
208 *sudden alarm, shock*
209 *Became agitated*
210 *saddle*
211 *wait*
212 **mas...** pero era inútil
213 **arrimándole...** *spurring on (the horse)*
214 *snorts*
215 **me...** *I'll throw myself*
216 **No...** *[She] didn't dis-guise*
217 *caution (in walking)*

Piedrablanca, teniendo por milagrosa su venida, y lo mismo sintió Laura, mirándose arrepentida[218] de lo que había hecho.

Cerca de la mañana llegaron a Piedrablanca, donde sabido de su padre el suceso, haciendo poner un coche y metiéndose en él con sus hi-
555 jos y su hija, se vino a Nápoles, y derecho al palacio del virrey, a cuyos pies arrodillado[219] le dijo que para contar un caso portentoso[220] que había sucedido le suplicaba mandase venir allí a don Diego Piñatelo, su yerno, porque importaba a su autoridad y sosiego. Su excelencia así lo hizo, y como llegase don Diego a la sala del virrey y hallase en ella a su suegro,
560 cuñados y mujer, quedó absorto,[221] y más cuando Laura, en su presencia, contó al virrey lo que en este caso queda escrito, acabando la plática con decir que ella estaba desengañada de lo que era el mundo y los hombres y que así no quería más batallar con ellos, porque cuando pensaba lo que había hecho y dónde se había visto, no acababa de admirarse; y que
565 supuesto esto, ella se quería entrar en un monasterio, sagrado poderoso, para valerse[222] de las miserias a que las mujeres están sujetas. Oyendo don Diego esto, y negándole al alma el ser la causa de tanto mal, en fin, como hombre bien entendido, estimando en aquel punto a Laura más que nunca y temiendo que ejecutase su determinación, no esperando él por sí
570 alcanzar de ella cosa alguna, según estaba agraviada, tomó por medio al virrey, suplicándole, pidiese a Laura que volviese con él, prometiendo la enmienda[223] de allí en adelante. Hízolo el virrey, mas Laura, temerosa de lo pasado, no fue posible lo aceptase, antes más firme en su propósito, dijo que era cansarse en vano, que ella quería hacer por Dios, que era
575 amante más agradecido, lo que por un ingrato había hecho; con que este mismo día entró en la Concepción, convento noble, rico y santo. Don Diego, desesperado, se fue a su casa, y tomando las joyas y dinero que halló, se partió sin despedirse de nadie de la ciudad, donde a pocos meses se supo que en la guerra que la majestad de Felipe II tenía con el duque
580 de Saboya[h] había acabado la vida.

✦ Comprensión y expansión

A. Conteste las siguientes preguntas según el texto.

1. ¿Dónde nació Laura? Describa su ciudad natal.
2. ¿Cuándo murió la madre de Laura?
3. ¿Cómo influyó en la educación de Laura el estado social de su padre?
4. ¿Cuál de los hermanos de Laura la quería más?
5. ¿Dónde vio don Diego a Laura? Explique.
6. ¿Qué le dijo don Diego cuando bailó con ella? ¿Cómo reaccionó ella?
7. ¿Qué hizo don Diego para atraer la atención de Laura?
8. ¿Cuál es la idea central del romance?

218 *regretful*
219 *on his knees*
220 *maravilloso, extraordinario*
221 *engrossed, absorbed in thought*
222 *to make use*
223 *making of amends*

---

[h] El duque de Saboya era dueño de Saboya, región ahora parte de Francia, situada en la frontera entre Italia y Suiza.

9. ¿Cómo respondió Laura? Resuma lo que dijo.
10. ¿Cuál fue la reacción de los hermanos de Laura?
11. ¿A qué resultado condujo el hecho de que don Diego fuera herido?
12. ¿Cómo nos anuncia la narradora que algo malo va a ocurrir?
13. ¿Quién era Nise? Explique.
14. ¿Cuál fue la estrategia de Nise para conseguir el amor de don Diego? ¿Tuvo éxito?
15. ¿Cómo se transformó don Diego?
16. ¿Respondió él a las lágrimas de Laura? ¿Cómo?
17. ¿Qué le pidió Laura a Nise cuando la vio en la iglesia? ¿Cómo respondió Nise?
18. ¿Qué notaron los hermanos y el padre de Laura?
19. ¿Cuáles son las emociones que Laura expresa en su canción?
20. ¿Quién entró mientras cantaba Laura? ¿Cómo trató a Laura esa persona?
21. ¿Quiénes llegaron para socorrer a Laura? ¿Qué vieron?
22. ¿Qué decisión tomó el padre de Laura? ¿Qué efecto tuvo sobre Laura esa decisión?
23. ¿A quién le pidió ayuda Laura?
24. Según la hechicera, ¿qué cosas necesita Laura para influir en su marido?
25. En el lamento de Laura, ¿qué critica ella?
26. ¿Qué es el «humilladero»?

B. Identifique y explique la importancia o la significación de los siguientes personajes o elementos.

1. Nápoles
2. don Antonio
3. don Carlos
4. el festín
5. el maestro de ceremonias
6. el criado de don Diego
7. Nise
8. la linterna
9. la hechicera
10. el humilladero

C. Reconstruya la novela, numerando del 1 al 9, en orden cronológico, las oraciones que siguen.

_____ 1. Laura le declara su amor a don Diego.
_____ 2. Laura toca el arpa y canta.
_____ 3. El padre de Laura decide trasladarse a Piedrablanca.
_____ 4. Don Diego ve a Laura en un festín.
_____ 5. Laura habla con Nise en una iglesia.
_____ 6. Muere la madre de Laura.
_____ 7. Los hermanos de Laura hieren a don Diego.
_____ 8. El padre y los hermanos de Laura la ven bañada de sangre.
_____ 9. Laura consulta con una hechicera.

✦ Temas de discusión o análisis

1. Resuma o comente la historia de Laura y su desengaño.
2. Analice las costumbres relacionadas con el cortejo descritas en la novela.
3. Comente los episodios de maltrato físico que sufre Laura. ¿Cómo reaccionan su padre y sus hermanos?
4. Compare la Laura del principio y del final de la obra. ¿Cómo cambia? Analice el mensaje feminista de Zayas.
5. Describa las varias tentativas de Laura para remediar su situación.
6. Haga un retrato moral de don Diego.
7. ¿Qué influencia tiene Nise sobre don Diego?
8. ¿Qué opina usted de los personajes masculinos de la obra? ¿Y de los femeninos? ¿Cuáles son más interesantes? Comente.

✦ Temas de proyección personal

1. El abuso físico de las mujeres continúa siendo un grave problema hoy en día. Compare los remedios actuales con los que existían para Laura.
2. Escriba un epílogo para la narración y continúe la historia de Laura.
3. Escríbale una carta a Nise expresando su opinión acerca de las relaciones entre ella y don Diego.

✦ Temas intertextuales

1. Comente el simbolismo de la azucena en el Soneto XXIII de Garcilaso y en el poema de San Juan de la Cruz titulado «En una noche oscura».
2. Compare el tema de la niñez en el *Lazarillo* y en el *Libro de su Vida* de Santa Teresa.
3. Compare el tema del amor en el Soneto X de Garcilaso y en «La fuerza del amor» de Zayas.
4. Compare el tema de la vejez en el Soneto XXIII de Garcilaso y en el Salmo XVII de Quevedo.
5. Compare la visión del mundo que tiene el «yo» poético de «Vida retirada» de Fray Luis con la que tiene la voz poética de «Poderoso caballero es don Dinero» de Quevedo.
6. Comente el efecto de la lectura en el *Libro de su Vida* de Santa Teresa y en el *Quijote* cervantino.
7. Analice la confusión de la realidad y la ilusión en el capítulo 8 del *Quijote* y en el *Retablo de las maravillas*.
8. Analice la crítica social en el *Lazarillo* y en el *Retablo de las maravillas*.
9. Compare la relación entre hermana y hermano en el *Libro de su Vida* de Santa Teresa y en «La fuerza del amor» de Zayas.
10. Compare el tema del soneto de Góngora, «A la ciudad de Córdoba y su fertilidad», con el del Salmo XVII de Quevedo.

11. Analice la descripción de la dama en el Soneto XXIII de Garcilaso y compárela con la del hombre en «A un hombre de gran nariz» de Quevedo.

12. Comente el tema de la naturaleza en el Soneto XXIII de Garcilaso, en «Vida retirada» de Fray Luis, en el «Las flores del romero» de Góngora y en el Salmo XVII de Quevedo.

13. Analice el tema de las armas y las letras en el *Quijote*, en «A la ciudad de Córdoba y su fertilidad» de Góngora y en el Salmo XVII de Quevedo. ¿Cómo se relaciona el tema con la biografía de cada uno de los autores? Comente.

De la Ilustración a la Generación del 98

Fernando VII, *Francisco de Goya (Museo del Prado)*.

Sinopsis histórico-literaria

El período presentado en este capítulo abarca casi dos siglos de la literatura española, el XVIII y el XIX. Incluye los movimientos intelectuales de la Ilustración,* el neoclasicismo,* el romanticismo,* el realismo* y el naturalismo.* Estos movimientos tienen su origen en el extranjero, especialmente en Francia e Inglaterra, y tienen impacto en los escritores españoles, que usan estas influencias para poner de relieve los problemas de su país. En lo que toca a la política, España experimenta un período de gran decadencia e inestabilidad durante estos dos siglos.

El siglo XVIII es conocido como el «Siglo de las luces» o de la «Ilustración», sobre todo por las ideas políticas liberales que conducen a la independencia de Estados Unidos en 1776 y a la Revolución Francesa en 1789. En 1700, empieza a reinar en España la dinastía francesa de los Borbones. Carlos II, de la familia Habsburgo, muere sin herederos y deja el trono a Felipe, duque de Anjou, y nieto de Luis XIV y de María Teresa, hermana de Carlos II. La decisión de Luis XIV de dejar la corona francesa a Felipe V (1700–1746) provoca la Guerra de Sucesión entre los partidarios de la Casa de Austria y la de los Borbones. La guerra termina en 1713 con el tratado de Utrecht. Felipe V es reconocido rey de España, pero los españoles pierden el Peñón de Gibraltar y sus tierras en Italia. A Felipe V lo sucede su hijo menor Fernando VI (1746–1759), cuyo reinado fue uno de paz y de prosperidad. Murió sin descendencia, por lo que su hermano Carlos III heredó la corona. El reinado de Carlos III (1759–1778) se destaca por valerse del poder absoluto y como el mayor representante del «despotismo ilustrado», tendencia que justificaba el uso de tal poder para mejorar el país. Este movimiento impuso cambios de influencia francesa en el ámbito cultural, y reformas políticas y administrativas extrañas a la tradición española. Ya desde Felipe V los intelectuales ganan prestigio en la Corte, se establecen nuevas instituciones de ciencia y se fundan varias escuelas especiales.

El espíritu de la Ilustración se caracteriza por la crítica racionalista y por la investigación científica. Por eso, la literatura de esa época generalmente es didáctica y el género literario que predomina es el ensayo. En la primera mitad del siglo, deben mencionarse dos escritores que destacan por su actitud crítica, Fray Benito Jerónimo Feijóo e Ignacio de Luzán. Entre los ensayistas de la segunda mitad del siglo están Gaspar Melchor de Jovellanos y José Cadalso y Vázquez, autor de las divertidas *Cartas Marruecas*, publicadas póstumamente a partir de 1789.

En las obras de muchos autores de esa época, se nota la influencia del neoclasicismo francés. Inspirado por la *Poética* de Aristóteles y el *Arte poética* de Horacio, el neoclasicismo preconiza la adherencia a las reglas estéticas de las tres unidades —acción, lugar y tiempo—, y también valora la sencillez lingüística y el equilibrio formal. Todo eso constituye una estética contraria a la del arte barroco en el que los españoles sobresalieron durante el Siglo de Oro.

En el teatro, Nicolás Fernández de Moratín y su hijo Leandro son partidarios del drama al estilo neoclásico francés. Leandro adapta las comedias de Molière al español y, además, escribe sus propias obras, como es el caso de *El sí de las niñas* (1801). Ramón de la Cruz, dramaturgo de la segunda mitad del siglo XVIII, es uno de los representantes más conocidos de la comedia tradicional española.

Las corrientes intelectuales y las costumbres francesas tienen mucha influencia en los españoles del siglo XVIII. Se adapta, por ejemplo, la costumbre francesa del salón literario, reuniones en las que la gente distinguida discute los acontecimientos literarios y políticos del momento. También se inicia la costumbre muy española de las «tertulias», reuniones menos formales de escritores que tienen lugar generalmente en un café. En la famosa Tertulia de la Fonda de San Sebastián, por ejemplo, se reunían, entre otros, los escritores José Cadalso y Tomás de Iriarte, autor, este último, de fábulas* inspiradas en las obras de Aristóteles y Horacio, y en las de otros autores más modernos como Boileau y La Fontaine.

A fines del siglo XVIII sube al trono Carlos IV (1778–1808), sucesor de Carlos III. Desgraciadamente, este rey es recordado sobre todo por su carácter débil y falta de personalidad. Deja el gobierno en manos de su ministro Manuel Godoy, favorito de su esposa, la reina María Luisa. Un famoso retrato, *La Familia de Carlos IV*, obra del gran pintor Francisco de Goya, muestra la fragmentación de la familia real. Todos los miembros representados en el cuadro parecen estar alienados los unos de los otros.

La colaboración de Godoy con Napoleón Bonaparte ocasiona años de guerra y destrucción para España. A principios del siglo XIX, España declara la guerra a Inglaterra y, en la batalla de Trafalgar (1805), las escuadras españolas y francesas son destruidas. Carlos IV abdica en favor de su hijo Fernando VII (1813–1833), pero Napoleón se reúne con ellos en Bayona, Francia, y los obliga a renunciar a la corona de España en favor de su hermano José Bonaparte. Los ejércitos franceses invaden España en 1808, y José I reina desde 1808 hasta 1813. Los españoles luchan por la libertad de su país en la Guerra de la Independencia (1808–1814). Un nuevo parlamento, elegido en Cádiz en 1810, proclama una constitución en 1812. Napoleón y Fernando VII firman un tratado, y el soberano español recobra su corona y vuelve a España. Finalmente, las tropas de Napoleón regresan a Francia en 1814.

El pueblo español recibe a Fernando VII como rey a pesar de su colaboración con Napoleón. Desgraciadamente, Fernando VII decide abolir el régimen constitucional de las Cortes de Cádiz. Su reinado se caracteriza por la represión brutal contra los liberales. Estos años de caos interno provocan y al mismo tiempo facilitan las guerras de independencia en la América española (1808–1824). A la muerte de Fernando VII, hereda el trono español su hija Isabel II (1833–1868), que tenía entonces tres años de edad. Durante su minoría es regente su madre, doña María Cristina de Borbón. Don Carlos, hermano de Fernando y tío de Isabel II, no la reconoce como reina y dirige dos guerras para destronar a su sobrina. La primera de las dos Guerras Carlistas ocurre de 1833 a 1840 y la segunda, de 1847 a 1849.

Después de la muerte de Fernando VII (1833), regresan a España muchos exiliados políticos que se habían refugiado en Inglaterra y en Francia durante los veinte años de su reinado. A su regreso, los exiliados vuelven con ideas que reflejan recientes cambios en el pensamiento político-cultural europeo. Estas nuevas tendencias importadas impulsan de manera decisiva el desarrollo del romanticismo español. En España, el romanticismo representa un movimiento ideológicamente liberal. Los románticos celebran el individualismo, la exaltación del «yo», así como el sentimiento, la libertad y el pasado nacional. Sus obras reflejan la personalidad de los autores, quienes a menudo proyectan sus emociones en el paisaje que describen y revelan un subjetivismo no visto antes en la literatura española. Entre los escritores de la época romántica se cuentan el poeta José de Espronceda, el prosista Mariano José de Larra, y los dramaturgos don Angel de Saavedra, más conocido como el Duque de Rivas, autor del drama romántico *Don Alvaro o la fuerza del sino* (1835), y José Zorrilla, autor de la conocida obra *Don Juan Tenorio* (1844). El protagonista de esta pieza de Zorrilla está inspirado en el famoso personaje creado por Tirso de Molina, gran dramaturgo del Siglo de Oro.

En contraste con la poesía romántica, la posromántica se caracteriza principalmente por su lirismo y por su musicalidad. Dentro de la producción posromántica, sobresalen los poemas de Gustavo Adolfo Bécquer y de Rosalía de Castro. Por el lenguaje sonoro y sencillo y por la musicalidad de los versos, las obras de ambos, pero especialmente la de Bécquer, anuncian una tendencia nueva en la poesía española.

Durante las décadas de los años sesenta y setenta, hay en España grandes trastornos políticos y, en general, reina un estado de inestabilidad sociopolítica. Los liberales se rebelan contra la reina, Isabel II. Estalla la revolución, conocida como la «Gloriosa revolución de 1868». Esta guerra tiene como consecuencia el destronamiento de la reina, y la familia real se ve forzada a refugiarse en Francia. En 1869 se vota una constitución, pero inmediatamente después los carlistas empiezan una nueva guerra civil. En 1873 se proclama la Primera República que dura muy poco; termina en 1874 cuando los partidarios de Alfonso XII lo nombran rey y restauran la monarquía. Alfonso XII muere muy joven, y su viuda María Cristina de Habsburgo queda como regente durante la minoría de edad de su hijo Alfonso XIII. A fines del siglo XIX, los cubanos y los filipinos se levantan contra el gobierno español, y Estados Unidos, interviniendo a favor de Cuba, declara la guerra a España en la llamada Guerra de Cuba (1898). Esta guerra, conocida en inglés como «*The Spanish-American War*», va a terminar desastrosamente para España.

El caos gubernamental de las últimas décadas del siglo se refleja en la fragmentación política de los escritores e intelectuales de la segunda mitad de dicho siglo. Se dividen en dos campos: los liberales como el gran novelista Benito Pérez Galdós y los conservadores como Ramón de Campoamor, conocido por sus poesías sentimentales recogidas en las *Humoradas* (1886–1888).

En cuanto a la realidad cultural, a mediados de siglo se observa una tendencia nueva en la vida intelectual: la del realismo. En gran parte, esta corriente es una reacción contra el lado subjetivo y fantástico del romanticismo. Para los realistas, el arte es una imitación de la vida, en el sentido de que debe basarse en la observación minuciosa de la realidad visual. En las novelas y en los cuentos de dichos autores, se nota el gusto por la descripción detallada.

Galdós, representante cumbre del realismo español, describe las costumbres y los problemas de la clase media madrileña, mientras que algunos otros realistas españoles se ocupan de describir el ambiente regional. Entre estos últimos, Fernán Caballero, pseudónimo de Cecilia Böhl de Fáber, describe las costumbres andaluzas. Es autora de *La gaviota* (1849), la primera novela realista española. Vicente Blasco Ibáñez representa el ambiente valenciano, y Clarín, pseudónimo de Leopoldo Alas, es el portavoz de Asturias. Blasco Ibáñez y Clarín se preocupan de reflejar la vida de la gente rural, víctimas de la injusticia social y del progreso tecnológico. Crítico de las ideas liberales de Clarín, el novelista y cuentista Pedro Antonio de Alarcón denuncia la decadencia de su sociedad y predica el retorno a los valores tradicionales. Otro conocido tradicionalista de esa época es José María de Pereda.

A fines del siglo XIX, Emilia Pardo Bazán, prosista y crítica literaria, inicia en España un debate sobre el naturalismo, movimiento literario nacido en Francia y encabezado por el novelista francés Emilio Zola. Zola describe las terribles condiciones de vida de los mineros franceses con el fin de agudizar la conciencia nacional y de impulsar reformas sociales. Defensora del programa de reforma social que apoyan los naturalistas, Pardo Bazán se opone al determinismo de dicho movimiento que, según ella, pone un énfasis excesivo en la influencia de la herencia y en el impacto sociocultural del medio ambiente.

Al cerrarse el siglo XIX, la estabilidad política de España continúa deteriorando. Durante la primera parte del siglo XX, las divisiones ideológicas señaladas entre los intelectuals se agudizan progresivamente y dividen cada vez más al público. La desastrosa Guerra de Cuba (1898) va a motivar una importante producción literaria, las obras de un grupo de autores que examinan la conciencia nacional y tratan de promover reformas extensas. Este grupo de escritores forma parte de la llamada «Generación del 98».

JOSE CADALSO

Nota biográfica

José Cadalso y Vázquez (1741–1782), poeta, dramaturgo y prosista, nació en Cádiz de familia acomodada. El tío de Cadalso, sacerdote jesuita, se encargó de su educación por haber muerto su madre y estar su padre en América. Este sólo conoció a su hijo después de trece años cuando lo vio en París. Cadalso estudió en la capital francesa y en la Inglaterra, y viajó a varios países europeos antes de regresar a España. Según sus *Apuntaciones autobiográficas*, España era para él un país «totalmente extraño». Al terminar algunos años de estudios en Madrid, vivió de nuevo en París y en Londres. Regresó a su patria, y empezó la carrera militar después de la muerte de su padre en 1761. En 1768 fue desterrado a Zaragoza por haber escrito un panfleto satírico, que circulaba en forma manuscrita, en el que se burlaba de ciertas damas y caballeros de la

Corte. Después de volver a Madrid en 1770, se enamoró de una de las actrices más famosas de la época, María Ignacia Ibáñez, quien murió inesperadamente en 1771. Dos años de actividad literaria, de 1771 a 1773, precedieron a un período de participación en varias campañas militares, incluyendo el sitio de Gibraltar. Entre 1773 y 1774 vivió en Salamanca donde se formó un círculo literario en torno a él. En 1782, a la edad de cuarenta años, Cadalso murió como consecuencia de un accidente militar. Entre sus obras más conocidas figuran *Noches lúgubres* (1775), obra en forma de diálogo que refleja su dolor por la muerte de su amada María Ignacia, y *Cartas Marruecas*, escritas entre 1773 y 1774, y publicadas póstumamente a partir de 1789.

✦ Guía y actividades de pre-lectura

Escritas entre 1773 y 1774, pero publicadas después de la muerte del autor, las *Cartas Marruecas* pertenecen al género de la literatura epistolar.* El libro consta de noventa cartas precedidas por una introducción y seguidas por la «Protesta literaria del editor». Las cartas, estructuradas de manera similar, presentan las impresiones de un marroquí, Gazel, que visita España y les describe las costumbres españolas a su viejo maestro Ben-Beley y a su amigo Nuño.

Cadalso se inspiró en modelos literarios ya existentes, especialmente en las *Lettres persanes* (1721) del escritor francés Montesquieu, pero su obra también deriva de sus propias experiencias como viajero y «extranjero» en su propio país. Las *Cartas* giran en torno a tres temas principales: el pasado nacional, la sociedad española del siglo XVIII y los problemas morales universales.

1. Según usted, ¿por qué se sirve Cadalso de la perspectiva de un marroquí para hacer observaciones sobre la sociedad española? ¿Por qué no pone sus críticas en boca de un español? Explique.

2. ¿Cuáles son algunas de las ventajas del género epistolar? Imagínese que puede leer una carta o un ensayo que tratan el mismo tema. ¿Cuál de los dos textos preferiría usted leer? ¿Por qué? Explique.

Carta XXXVIII

Del mismo al mismo

Uno de los defectos de la nación española, según el sentir[1] de los demás europeos, es el orgullo. Si esto es así, es muy extraña la proporción en que este vicio se nota entre los españoles, pues crece según disminuye el carácter del sujeto, parecido en algo a lo que los físicos[2] dicen haber hallado
5 en el descenso de los graves[3] hacia el centro: tendencia que crece mientras más baja el cuerpo que la contiene. El rey lava los pies a doce pobres en ciertos días del año, acompañado de sus hijos, con tanta humildad,

1 la opinión
2 *physicists*
3 *heavy objects*

que yo, sin entender el sentido religioso de esta ceremonia, cuando asistí a ella me llené de ternura y prorrumpí[4] en lágrimas. Los magnates o nobles de primera jerarquía,[5] aunque de cuando en cuando hablan de sus abuelos, se familiarizan hasta con sus ínfimos criados. Los nobles menos elevados hablan con más frecuencia de sus conexiones, entronques y enlaces.[6] Los caballeros de las ciudades ya son algo pesados[7] en punto de nobleza. Antes de visitar a un forastero o admitirle en sus casas, indagan[8] quién fue su quinto abuelo, teniendo buen cuidado de no bajar un punto de esta etiqueta, aunque sea en favor de un magistrado del más alto mérito y ciencia, ni de un militar lleno de heridas y servicios. Lo más es que, aunque uno y otro forastero tengan un origen de los más ilustres, siempre se mira como tacha[9] inexcusable el no haber nacido en la ciudad donde se halla de paso, pues se da por regla general que nobleza como ella no la hay en todo el reino.

Todo lo dicho es poco en comparación de la vanidad de un hidalgo[a] de aldea.[10] Este se pasea majestuosamente en la triste plaza de su pobre lugar, embozado en su mala capa,[11] contemplando el escudo de armas[12] que cubre la puerta de su casa medio caída, y dando gracias a la providencia divina de haberle hecho don Fulano de Tal.[13] No se quitará el sombrero, aunque lo pudiera hacer sin embarazarse;[14] no saludará al forastero que llega al mesón[15] aunque sea el general de la provincia o el presidente del primer tribunal de ella. Lo más que se digna[16] hacer es preguntar si el forastero es de casa solar[17] conocida al fuero[18] de Castilla, qué escudo es el de sus armas, y si tiene parientes conocidos en aquellas cercanías.[19] Pero lo que te ha de pasmar[20] es el grado en que se halla este vicio en los pobres mendigos. Piden limosna;[21] si se les niega con alguna aspereza,[22] insultan al mismo a quien poco ha[23] suplicaban. Hay un proverbio por acá que dice: «El alemán pide limosna cantando, el francés llorando y el español regañando.»[24]

4 *I broke out*
5 **magnates...** *persons in the highest rank of the nobility*
6 **entronques...** *relationships and linkings*
7 *annoying*
8 investigan, inquieren
9 *defect, fault*
10 pueblo pequeño
11 **embozado...** *with his poor cape wrapped up to just below his eyes*
12 **escudo...** *coat of arms*
13 **don...** *Sir So and So of Such and Such*
14 **sin...** sin dificultad
15 *inn*
16 **se...** *he deigns*
17 **casa...** *noble house or lineage*
18 ley particular o de alguna provincia
19 **en...** en aquella vecindad, región
20 sorprender
21 *alms*
22 *harshness*
23 **poco...** hacía poco
24 *scolding, grumbling*

✦ Comprensión y expansión

A. Conteste las siguientes preguntas según la carta.

1. ¿Qué critica Gazel en su carta, de la sociedad española?
2. ¿Qué relación hay entre la posición social de alguien y su orgullo? Explique.
3. ¿Cuáles de los nobles hablan más de sus conexiones?
4. ¿Cómo tratan a los forasteros los caballeros de la ciudad? Comente.
5. ¿Qué tipo de noble es el más orgulloso?
6. ¿Cómo es la ropa característica de esos nobles? Descríbala brevemente.
7. ¿Cómo trata a los forasteros el típico noble de ese grupo? Explique.
8. ¿Cómo se manifiesta el orgullo de los mendigos? Comente.

---

[a] El hidalgo es el hijo de un noble, descendiente de los visigodos. La expresión «hijo de godo» se convirtió en «hijo de algo», y ha pasado a «hidalgo».

B. Lea las definiciones que siguen y escriba las palabras definidas en los espacios correspondientes.

1. especialista en física _____
2. lo que se le da a un pobre por caridad _____
3. persona que viene de fuera, o que visita un lugar sin ser de allí _____
4. artículo de ropa largo y sin mangas _____
5. opinión demasiado buena que tiene uno de sí mismo _____
6. antónimo de **virtud** _____
7. artículo del vestido que sirve para cubrir la cabeza _____

C. Indique si los comentarios que siguen reflejan correctamente o no el contenido de la carta. Escriba **V** (verdadero) o **F** (falso) en los espacios correspondientes. Si lo que lee es falso, corríjalo.

____ 1. Las personas de la alta nobleza hablan de sus abuelos de vez en cuando.
____ 2. Los caballeros de la ciudad aceptan generosamente a los forasteros.
____ 3. Hacen excepciones para los militares distinguidos.
____ 4. Por regla general, los nobles de algunas ciudades se consideran superiores a los de cualquier otro lugar.
____ 5. El hidalgo típico es rico.
____ 6. Un hidalgo saluda a todos los forasteros, excepto a los generales de la provincia.
____ 7. Los mendigos españoles insultan a la gente que no les da nada.

✦ Temas de discusión o análisis

1. Analice el hábito predominante de los españoles, según Cadalso.
2. Comente el comportamiento de los varios grupos de la nobleza con respecto a lo siguiente.
   a. el tratamiento de los forasteros
   b. la discusión sobre los abuelos y la familia
3. Comente la ironía* de las acciones del hidalgo.
4. Compare la crítica que hace Cadalso de la sociedad española con la que hace Cervantes en *El retablo de las maravillas*, incluido en la sección II de esta antología.

✦ Temas de proyección personal

1. Escoja algún comportamiento que usted considere típico de la gente de su ciudad o de su país y escriba una descripción de una persona que tiene esa idiosincrasia.

2. Imagine que usted es un(a) extranjero(a) y que visita su país por primera vez. Escríbale una carta a un(a) amigo(a) describiendo lo que observa.

3. Analice el orgullo nacional de la gente de su propio país. Describa algunas de las formas en las que usted cree que se manifiesta ese orgullo.

TOMAS DE IRIARTE

Nota biográfica

Tomás de Iriarte (1750–1791), fabulista y comediógrafo, nació en la isla de Tenerife (Canarias). Su tío Juan de Iriarte era miembro de la Real Academia Española de la Lengua y ayudó, durante su vida, a su sobrino, al que llevó a Madrid a los catorce años. Pasó su vida en Madrid donde participó en la Tertulia de la Fonda de San Sebastián, famosa por ser lugar de reunión de muchos escritores que discutían allí asuntos literarios. Cadalso asistía a la misma tertulia; allí nació la amistad entre los dos que produciría más tarde una interesante correspondencia. A la muerte de su tío, Tomás pasó a ocupar el puesto de traductor de la secretaría de Estado, que éste había dejado vacante. En 1776 obtuvo el cargo de archivero del Consejo Supremo de la Guerra, lo cual le aseguró la estabilidad económica. Iriarte es el prototipo del cortesano intelectual del siglo XVIII: participaba en tertulias elegantes, frecuentaba la mejor sociedad, coleccionaba grabados y pinturas, e incluso cultivaba la música. Su fama, sin embargo, se debe a su talento de escritor. Tomás de Iriarte murió de salud delicada en 1791, a los cuarenta años. Entre las obras de Iriarte caben señalar *Los literatos en cuaresma* (1773) y *Fábulas literarias* (1782), su obra más importante. También escribió comedias como *El señorito mimado* (1783), *La señorita malcriada* (1788) y *El don de gentes* (1790).

✦ Guía y actividades de pre-lectura

La fábula* es un relato corto, generalmente en verso, que presenta una enseñanza moral por medio de un cuento. Muchas veces sus personajes son animales. El género de la fábula es muy apropiado al gusto moral y didáctico del ambiente intelectual neoclásico. Las *Fábulas literarias* de Iriarte reflejan las preocupaciones estéticas del neoclasicismo: el estudio de los clásicos, la importancia de las reglas y la necesidad de escribir con un estilo claro y sencillo.

1. ¿Conoce usted alguna otra obra en la que los personajes sean animales? Según su opinión, ¿por qué preferiría un(a) autor(a) usar animales en vez de seres humanos para presentar sus ideas? Comente.

2. ¿Ha leído usted otras fábulas? ¿Le gustaron o no? Explique.

3. En un libro de referencia lea un artículo sobre las fábulas de Esopo y resúmalo para la clase.

La familia de Carlos IV, *Francisco de Goya (Museo del Prado).*

El burro flautista

Esta fabulilla,
salga bien o mal,
me ha ocurrido ahora
por casualidad.
Cerca de unos prados[1]
que hay en mi lugar,
pasaba un borrico[2]
por casualidad.
Una flauta en ellos
halló, que un zagal[3]
se dejó olvidada
por casualidad.
Acercóse a olerla
el dicho animal;
y dio un resoplido[4]

1 *meadows*
2 burrito
3 joven pastor
4 *snort*

por casualidad.
En la flauta el aire
se hubo de colar[5]
y sonó la flauta
por casualidad.
20   «¡Oh!, dijo el borrico,
¡qué bien sé tocar!
Y dirán que es mala
la música asnal.» [6]
25   Sin reglas del arte
borriquitos hay
que una vez aciertan
por casualidad.

5 se... *happened to pass
   through*
6 de asnos

✦ Comprensión

Conteste las siguientes preguntas según el poema.

1. ¿Dónde encuentra la flauta el burro?
2. ¿Por qué está allí la flauta?
3. ¿Qué hace el burro cuando ve la flauta? Explique por qué suena la flauta.
4. ¿Cómo reacciona el burro después de sonar la flauta?
5. ¿Cuál es la moraleja de la fábula? Explíquela brevemente.

La ardilla y el caballo

Mirando estaba una ardilla[1]
a un generoso alazán,[2]
que dócil a espuela y rienda[3]
se adiestraba en galopar.[4]
5   Viéndole hacer movimientos
tan veloces, y a compás,[5]
de aquesta suerte le dijo
con muy poca cortedad:[6]
      «Señor mío,
10   de ese brío,[7]
ligereza[8]
y destreza[9]
no me espanto;[10]
que otro tanto
15 suelo[11] hacer, y acaso[12] más.
Yo soy viva,
soy activa,
me meneo,[13]

1 *squirrel*
2 caballo de color rojizo
3 **espuela...** *spur and rein*
4 **se...** *became skilled at gal-
   loping*
5 **a...** con un ritmo regular
6 timidez
7 fuerza
8 *agility, swiftness*
9 *skill, dexterity*
10 **no...** *I'm not impressed*
11 yo acostumbro a
12 tal vez
13 **me...** *I waggle, hustle*

me paseo;
20 yo trabajo,
subo y bajo,
no me estoy quieta jamás.»
El paso detiene[14] entonces
el buen potro,[15] y muy formal,
25 en los términos siguientes
respuesta a la ardilla da:
«Tantas idas
y venidas,
tantas vueltas
30 y revueltas
(quiero, amiga,
que me diga)
¿son de alguna utilidad?
Yo me afano,[16]
35 mas no en vano;
sé mi oficio,
y en servicio
de mi dueño
tengo empeño[17]
40 de lucir[18] mi habilidad.»
Con que algunos escritores
ardillas también serán,
si en obras frívolas gastan
todo el calor natural.

[14] **El paso...** *He breaks stride*
[15] *colt*
[16] **me...** trabajo ardientemente
[17] **tengo...** *I'm determined*
[18] demostrar

✦ Comprensión

Conteste las siguientes preguntas según el poema.

1. ¿De qué color es el caballo que mira la ardilla?
2. ¿Cómo describe sus propias acciones la ardilla?
3. ¿De qué manera le habló el caballo a la ardilla?
4. Según la opinión del caballo, ¿tienen mucha importancia los movimientos de la ardilla?
5. ¿De qué manera quiere mostrar su talento el caballo?
6. Según esta fábula, ¿en qué se parecen ciertos escritores a la ardilla?

✦ Expansión

A. Complete las siguientes frases con los antónimos correspondientes.

1. La ardilla no es pasiva sino _____.
2. Sube y _____ .
3. Da muchas idas y _____ .
4. Los movimientos del caballo no son lentos
   sino _____ .

5. El caballo habla de una manera que no es informal
    sino _____ .

B. Reconstruya la fábula, numerando de 1 a 5, en orden cronológico, las oraciones que siguen.

    ____ 1. El burro halló la flauta.
    ____ 2. El burro pasó por el prado.
    ____ 3. El zagal dejó su flauta en el prado.
    ____ 4. La flauta sonó por casualidad.
    ____ 5. El burro dio un resoplido.

◆ Temas de discusión o análisis

1. Describa el carácter del burro en «El burro flautista».
2. Compare el carácter de la ardilla con el del caballo en «La ardilla y el caballo».
3. Comente el efecto de la repetición de «por casualidad» en «El burro flautista».
4. Analice el mensaje neoclásico de las dos fábulas.

◆ Temas de proyección personal

1. Escriba la historia de «El burro flautista» desde otro punto de vista.
    a. el de la flauta
    b. el del zagal que perdió la flauta
2. Escriba la historia de «La ardilla y el caballo» desde otro punto de vista.
    a. el de la ardilla
    b. el del caballo
3. Escriba una fábula, en verso o en prosa, que tenga una moraleja relacionada con el trabajo universitario.

JOSE DE ESPRONCEDA

Nota biográfica

José de Espronceda (1808–1842), poeta romántico, a veces llamado el «Byron español» por la turbulencia de su vida, nació en Almendralejo (Badajoz) y se educó en Madrid. Pasó seis años en el exilio (1827–1833) viviendo en Londres y Paris, donde participó en la Revolución Francesca de 1830. Durante un viaje a Portugal se enamoró de Teresa Mancha, el gran amor de su vida. Más tarde la encontró en Londres. Al enterarse de su matrimonio la raptó y se escaparon juntos. Sin embargo, al cabo de un tiempo ella lo abandonó. Espronceda se dedicó a promover causas liberales progresistas; tomó parte en un complot, que fracasó, contra el régimen de Fernando VII. La amnistía de

1832 le permitió volver a España. Fue miembro fundador del partido republicano. Murió en 1842 de una infección de la garganta. Entre sus obras principales están *El estudiante de Salamanca* (1840), un extenso poema narrativo y el más famoso de su producción, *El diablo mundo* (versión completa, 1840) y sus composiciones breves de tipo romántico, también publicadas en 1840.

✦ Guía y actividades de pre-lectura

La selección que sigue, «Canción del pirata», es la más conocida de las composiciones breves de Espronceda. En su conjunto estas composiciones representan una protesta vehemente contra la sociedad conservadora de la época. Ilustran la glorificación romántica de ciertos tipos antisociales como los piratas, los criminales, los verdugos, los mendigos, y su hostilidad hacia las convenciones sociales de su tiempo. El carácter de esos personajes está marcado por el individualismo, por la libertad absoluta y por el rechazo de las normas convencionales. Esta reacción contra el convencionalismo está relacionada con el tema de la inevitabilidad de la muerte. Una de las ideas centrales de la «Canción del pirata» es que todos estamos condenados a muerte.

1. Imagine que usted es pirata y describa su retrato imaginario. ¿En qué se basa para formar esa imagen mental de pirata? ¿De qué otras fuentes deriva usted su retrato imaginario?

2. Busque y lea un artículo sobre los piratas del siglo XIX en algún libro de referencia y resúmalo para la clase.

Canción del pirata

Con diez cañones por banda,[1]
Viento en popa[2] a toda vela[3]
No corta el mar, sino vuela
Un velero bergantín:[4]
5   Bajel[5] pirata que llaman
Por su bravura el *Temido*,[6]
En todo mar conocido
Del uno al otro confín.[7]

La luna en el mar rïela,[8]
10 En la lona[9] gime[10] el viento,
Y alza en blando[11] movimiento
Olas[12] de plata y azul;
Y ve el capitán pirata,
Cantando alegre en la popa,
15 Asia a un lado, al otro Europa
Y allá a su frente Stambul.[13]

«Navega,[14] velero[15] mío,
Sin temor,[16]
Que ni enemigo navío,[17]
20 Ni tormenta, ni bonanza[18]
Tu rumbo a torcer alcanza,[19]
Ni a sujetar tu valor.

«Veinte presas[20]
Hemos hecho
25 A despecho[21]
Del inglés,
Y han rendido[22]
Sus pendones[23]
Cien naciones
30 A mis pies.

«Que es mi barco mi tesoro,
Que es mi Dios la libertad,

1 **por...** a cada lado
2 *stern*
3 **a...** *full sail*
4 **velero...** *brigantine*
5 *Vessel*
6 *"The Dreaded One"*
7 **Del...** *From one end to the other.*
8 *sparkles, gleams*
9 *canvas*
10 *groans*
11 *soft, mild*
12 *Waves*
13 *Istanbul*
14 *Sail*
15 *ship*
16 *fear*
17 *ship*
18 *calma*
19 **Tu...** *Succeeds in changing your course*
20 *prize, captured ships*
21 **A...** *In spite of*
22 *laid down*
23 *flags*

Mi ley la fuerza y el viento,[24]
Mi única patria la mar.

35 «Allá muevan feroz guerra
Ciegos reyes
Por un palmo más de tierra:[25]
Que yo tengo aquí por mío
Cuanto abarca el mar bravío,[26]
40 A quien nadie impuso leyes.

«Y no hay playa,
Sea cual quiera,
Ni bandera
De esplendor,[27]
45 Que no sienta
Mi derecho,
Y dé pecho[28]
A mi valor.

«Que es mi barco mi tesoro...

50 «A la voz de '¡barco viene!'[29]
Es de ver[30]
Como vira y se previene[31]
A todo trapo[32] a escapar:
Que yo soy el rey del mar,
55 Y mi furia es de temer.

«En las presas
Yo divido
Lo cogido[33]
Por igual:
60 Sólo quiero
Por riqueza
La belleza
Sin rival.

«Que es mi barco mi tesoro...

65 «¡Sentenciado estoy a muerte!
Yo me río:
No me abandone la suerte,
Y al mismo que me condena,
Colgaré de alguna entena,[34]
70 Quizá en su propio navío.

«Y si caigo,
¿Qué es la vida?
Por perdida
Ya la dí,
75 Cuando el yugo[35]
Del esclavo,
Como un bravo,
Sacudí.[36]

«Que es mi barco mi tesoro...

80 «Son mi música mejor
Aquilones;[37]
El estrépito y temblor[38]
De los cables sacudidos,[39]
Del negro mar los bramidos[40]
85 Y el rugir[41] de mis cañones.

«Y del trueno[42]
Al son violento,
Y del viento
Al rebramar,[43]
90 Yo me duermo
Sosegado,[44]
Arrullado[45]
Por el mar.

«Que es mi barco mi tesoro,
95 Que es mi Dios la libertad,
Mi ley la fuerza y el viento,
Mi única patria la mar.»

24 **Mi...** *My law is might and wind*
25 **Allá...** *Let blind kings rage fierce wars for an inch of land*
26 **abarca...** *the wild sea holds*
27 **bandera...** *glorious flag*
28 **dé...** *pay tribute*
29 **¡barco...** ! *ship ahoy!*
30 **Es...** *You should see*
31 **Como...** *How she veers and gets ready*
32 **A...** *Under full sail*
33 **Lo...** *The booty*
34 *lateen sail*
35 *yoke*
36 *I shook off*
37 *North winds*
38 **estrépito...** *crash and shaking*
39 *jolted*
40 *bellows, roars*
41 *roaring*
42 *thunder*
43 *roaring*
44 *Calmado*
45 *Lulled*

✦ Comprensión y expansión

A. Conteste las siguientes preguntas según el poema.

1. ¿Qué nombre dan al velero del pirata?
2. ¿Cuál es la idea central de lo que le dice el pirata a su velero?
3. ¿Por qué no le interesa conquistar tierra al pirata?
4. ¿Se considera un rey el pirata? Explique.

5. ¿Cómo divide las presas?
6. ¿A qué está sentenciado el pirata?
7. ¿Por qué no le importa la vida?
8. ¿Cuál es la mejor música para el pirata?
9. ¿Qué ruidos lo ayudan a dormirse?

B. En cada uno de los siguientes grupos de palabras hay un elemento que está fuera de lugar. Identifíquelo y márquelo con un círculo, explicando brevemente por qué no pertenece al grupo.

1. banda / popa / vela / luna
2. viento / trueno / presas / tormenta
3. entena / yugo / lona / cables
4. cañón / bajel / velero / navío
5. tesoro / riqueza / olas / presas

C. Complete las frases de la columna izquierda con finales apropiados de la columna derecha y escriba las letras en los espacios correspondientes.

_____	1. La ley del pirata proviene de...	a. al sonido del trueno.
_____	2. Su patria es...	b. conocido en todo mar.
_____	3. El *Temido* es...	c. el mar.
_____	4. El pirata canta...	d. rey del mar.
_____	5. El pirata se considera...	e. en la popa.
_____	6. Se duerme...	f. la fuerza y el viento.

✦ Temas de discusión o análisis

1. Analice al pirata como figura antisocial. ¿Qué convenciones sociales rechaza?
2. Describa los rasgos principales del carácter del pirata. Incluya todos los detalles que ilustran esos rasgos.
3. Comente las imágenes auditivas. ¿Qué efecto tienen dichas imágenes sobre el tono del poema? ¿Y sobre la representación del carácter del pirata?
4. Comente la influencia del romanticismo en el retrato del pirata.
5. En el poema, las cualidades antisociales del pirata están «romantizadas» y parecen positivas. ¿Es posible interpretar negativamente esas mismas cualidades antisociales? Explique.

✦ Temas de proyección personal

1. Describa a un pirata famoso. Compare su descripción con la de Espronceda.
2. Según su opinión, ¿por qué son interesantes o atractivos los personajes antisociales? En su caso particular, ¿le resulta posible identificarse con ellos? ¿Por qué? Comente.

❖❖❖

MARIANO JOSE DE LARRA

Nota biográfica

Mariano José de Larra (1809–1837), periodista, dramaturgo y novelista, nació en Madrid y empezó la escuela en Francia. Ya en España, abandonó sus estudios a los diecinueve años y empezó su carrera periodística. Se casó muy joven, pero su matrimonio terminó en separación en 1834. Junto con José de Espronceda, Larra ejemplifica el tipo del héroe romántico rebelde y desesperado. Los dos se reunían con otros colegas en el café del Teatro del Príncipe. Este grupo organizó debates, lecturas de poesía y otros eventos similares. Larra hizo varios viajes al extranjero y conoció a algunos escritores románticos franceses. Alcanzó una gran popularidad por sus artículos de costumbres en los que criticaba a la sociedad española de la época. Usa la sátira para retratar con eficacia los diferentes defectos que observa. Su crítica es mordaz y refleja su amargura. Larra también fue conocido por sus ideas liberales, y escribió artículos de asunto político, en los que defiende el progreso y la tolerancia, y critica la tradición y el absolutismo que impiden dicho progreso. Desesperado por el fracaso de dichas ideas en el ámbito político de su época y frente a otro desastre amoroso —el rompimiento con su amante, una mujer casada—, Larra se suicidó en 1837 a la edad de veintisiete años. Más que cualquier otro género, Larra desarrolló el periodismo. Por sus temas los artículos pueden dividirse en artículos de costumbres, en los que critica la sociedad de su época; artículos de tema político, en los que se refleja su liberalismo y critica la tradición y el absolutismo, y artículos de crítica literaria, en los que defiende la libertad en el arte. También escribió dramas, *Macías* (1834), y una novela con el tema del amor trágico, *El doncel de don Enrique el Doliente.*

❖ Guía y actividades de pre-lectura

Se incluye aquí uno de los artículos de costumbres escritos por Larra. Satiriza la sociedad de su época, describiéndola desde el punto de vista de un extranjero, un hombre de negocios francés que visita España y se encuentra con costumbres muy diferentes a las suyas y con una burocracia imposible de penetrar. Larra usa la ironía y la exageración para criticar a su país a través del humor y de la risa.

1. Al leer el título «Vuelva usted mañana», ¿cree usted que el autor piensa representar un estereotipo positivo o negativo de los españoles? ¿Cuál? Explique.

2. Piense en algún otro estereotipo nacional que usted conoce. Por ejemplo, ¿qué ideas exageradas de los estadounidenses tienen algunos extranjeros? Explique.

La gallina ciega, *Francisco de Goya (Museo del Prado)*.

Vuelva usted mañana

Gran persona debió de ser el primero que llamó pecado mortal a la pereza; nosotros, que ya en uno de nuestros artículos anteriores estuvimos más serios de lo que nunca nos habíamos propuesto, no entraremos ahora en largas y profundas investigaciones acerca de la historia de este pecado, por más que conozcamos[1] que hay pecados que pican[2] en historia, y que la historia de los pecados sería un tanto cuanto[3] divertida. Convengamos[4] solamente en que esta institución ha cerrado y cerrará las puertas del cielo a más de un cristiano.

    Estas reflexiones hacía yo casualmente no hace muchos días, cuando se presentó en mi casa un extranjero de éstos que, en buena o en mala parte[5] han de tener siempre de nuestro país una idea exagerada e hiperbólica, de éstos que, o creen que los hombres aquí son todavía los espléndidos, francos,[6] generosos y caballerescos seres de hace dos siglos, o que son aún las tribus nómadas del otro lado del Atlante;[7] en el primer caso vienen imaginando[8] que nuestro carácter se conserva tan intacto como nuestras ruinas; en el segundo vienen temblando por esos caminos, y preguntan si son los ladrones que los han de despojar[9] los individuos de al-

1 **por...** *however much we know*
2 **que...** *that pretend to be*
3 **un tanto...** *somewhat*
4 *Let's agree*
5 **en buena...** *for better or for worse*
6 *sinceros*
7 *the Atlas Mountains*
8 **vienen...** *se imaginan*
9 *rob, strip*

gún cuerpo de guardia establecido precisamente para defenderlos de los azares[10] de un camino, comunes a todos los países.

20 Verdad es que nuestro país no es de aquéllos que se conocen a primera ni segunda vista, y si no temiéramos que nos llamasen atrevidos, lo compararámos de buena gana[11] a esos juegos de manos[12] sorprendentes e inescrutables para el que ignora su artificio, que estribando en una grandísima bagatela,[13] suelen después de sabidos dejar asombrado de[14] su poca perspi-
25 cacia al mismo que se devanó los sesos[15] por buscarles causas extrañas. Muchas veces la falta de una causa determinante en las cosas nos hace creer que debe de haberlas profundas para mantenerlas al abrigo de[16] nuestra penetración. Tal es el orgullo del hombre que más quiere declarar en alta voz que las cosas son incomprensibles cuando no las comprende él, que
30 confesar que el ignorarlas puede depender de su torpeza.

Esto no obstante, como quiera que entre nosotros mismos se hallen muchos en esta ignorancia de los verdaderos resortes[17] que nos mueven, no tendremos derecho para extrañar que los extranjeros no los puedan tan fácilmente penetrar.

35 Un extranjero de éstos fue el que se presentó en mi casa, provisto[18] de competentes cartas de recomendación para mi persona. Asuntos intrincados de familia, reclamaciones futuras, y aun proyectos vastos concebidos en París de invertir aquí sus cuantiosos caudales[19] en tal cual[20] especulación industrial o mercantil, eran los motivos que a nuestra patria le conducían.

40 Acostumbrado a la actividad en que viven nuestros vecinos, me aseguró formalmente que pensaba permanecer aquí muy poco tiempo, sobre todo si no encontraba pronto objeto seguro en que invertir su capital. Me pareció el extranjero digno de alguna consideración, trabé presto amistad con él,[21] y lleno de lástima traté de persuadirle[22] a que se volviese a su casa
45 cuanto antes,[23] siempre que seriamente trajese otro fin que no fuese el de pasearse. Le admiró la proposición, y fue preciso explicarme más claro.

—Mirad —le dije—, M. Sans-Délai[a] (que así se llamaba); vos venis decidido a pasar quince días y a solventar[24] en ellos vuestros asuntos.

—Ciertamente —me contestó—. Quince días, y es mucho. Mañana por
50 la mañana buscamos un genealogista para mis asuntos de familia; por la tarde revuelve sus libros, busca mis ascendientes,[25] y por la noche ya sé quién soy. En cuanto[26] a mis reclamaciones, pasado mañana las presento fundadas en los datos que aquél me dé, legalizados en debida forma: y como será una cosa clara y de justicia innegable (pues sólo en este caso haré
55 valer mis derechos), al tercer día se juzga el caso y soy dueño de lo mío. En cuanto a mis especulaciones, en que pienso invertir mis caudales, al cuarto día ya habré presentado mis proposiciones. Serán buenas o malas, y admitidas o desechadas[27] en el acto,[28] y son cinco días; en el sexto, séptimo y octavo veo lo que hay que ver en Madrid; descanso el noveno; el décimo tomo
60 mi asiento en la diligencia,[29] si no me conviene estar más tiempo aquí, y me vuelvo a mi casa; aun me sobran, de los quince, cinco días.

_____

[a] El autor usa una expresión francesa que significa «Sin-Retraso».

[10] *mishaps*
[11] **de...** *willingly, gladly*
[12] **juegos...** *sleights of hand*
[13] **estribando...** *being based upon a very large trifle*
[14] **suelen...** *after being known usually leave astonished at*
[15] **se...** *racked his brains*
[16] **al...** *sheltered from*
[17] *springs*
[18] *equipped*
[19] **sus...** una gran cantidad de dinero
[20] **en...** *in such and such*
[21] **trabé...** *I soon made friends with him*
[22] convencerlo
[23] **cuanto...** *as soon as possible*
[24] resolver
[25] antepasados
[26] **En...** Con respecto
[27] rechazadas
[28] **en...** inmediatamente
[29] *stagecoach*

Al llegar aquí M. Sans-Délai, traté de reprimir una carcajada que me andaba retozando ya hacía rato en el cuerpo,[30] y si mi educación logró sofocar mi inoportuna jovialidad, no fue bastante a impedir que se asomase
65 a mis labios una suave sonrisa de asombro y de lástima que sus planes ejecutivos me sacaban al rostro, mal de mi grado.[31]

—Permitidme, M. Sans-Délai —le dije entre socarrón y formal[32] —, permitidme que os convide a comer para el día en que llevéis quince meses de estancia[33] en Madrid.
70 —¿Cómo?

—Dentro de quince meses estáis aquí todavía.

—¿Os burláis?

—No por cierto.

—¿No me podré marchar cuando quiera? ¡Cierto que la idea es
75 graciosa!

—Sabed que no estáis en vuestro país, activo y trabajador.

—¡Oh!, los españoles que han viajado por el extranjero han adquirido la costumbre de hablar siempre mal de su país por hacerse superiores a sus compatriotas.
80 —Os aseguro que en los quince días con que contáis no habréis podido hablar siquiera a una sola de las personas cuya cooperación necesitáis.

—¡Hipérboles! Yo les comunicaré a todos mi actividad.

—Todos os comunicarán su inercia.
85 Conocí que no estaba el señor de Sans-Délai muy dispuesto a dejarse convencer sino por la experiencia, y callé por entonces,[34] bien seguro de que no tardarían mucho los hechos en hablar por mí.

Amaneció el día siguiente, y salimos entrambos[35] a buscar a un genealogista, lo cual sólo se pudo hacer preguntando de amigo en amigo y
90 de conocido en conocido; encontrámosle por fin, y el buen señor, aturdido de ver nuestra precipitacion[36] declaró francamente que necesitaba tomarse algún tiempo; se le instó,[37] y por mucho favor nos dijo definitivamente que nos diéramos una vuelta por allí dentro de unos días. Me sonreí y nos marchamos. Pasaron tres días; fuimos. «Vuelva usted mañana
95 —nos respondió la criada—, porque el señor no se ha levantado todavía.» «Vuelva usted mañana —nos dijo al siguiente día— , porque el amo acaba de salir.» «Vuelva usted mañana —nos respondió el otro—, porque el amo está durmiendo la siesta.» «Vuelva usted mañana —nos respondió el lunes siguiente—, porque hoy ha ido a los toros.» ¿Qué día, a qué hora se ve a
100 un español? Le vimos por fin, y «Vuelva usted mañana —nos dijo—, porque se me ha olvidado. Vuelva usted mañana, porque no está en limpio.» A los quince días ya estuvo; pero mi amigo le había pedido una noticia del apellido Díez, y él había entendido Díaz, y la noticia no servía. Esperando nuevas pruebas, nada dije a mi amigo, desesperado ya de dar
105 jamás con sus abuelos.

Es claro que faltando este principio no tuvieron lugar las reclamaciones.

Para las proposiciones que acerca de varios establecimientos y empresas utilísimas pensaba hacer había sido preciso buscar un traductor; por

30 **una...** *a loud laugh that had been tickling my insides for some time*
31 **mal...** *unwillingly, in spite of myself*
32 **entre...** *half mockingly and half seriously*
33 residencia
34 **por...** *for the time being*
35 juntos
36 prisa
37 insistimos

los mismos pasos que el genealogista nos hizo pasar el traductor; de mañana en mañana nos llevó hasta el fin del mes. Averiguamos que necesitaba dinero diariamente para comer, con la mayor urgencia; sin embargo, nunca encontraba momento oportuno para trabajar. El escribiente hizo después otro tanto con las copias, sobre[38] llenarlas de mentiras, porque un escribiente que sepa escribir no lo hay en este país.

No paró aquí; un sastre tardó veinte días en hacerle un frac,[39] que le había mandado llevarle en veinticuatro horas; el zapatero le obligó con su tardanza a comprar botas hechas,[40] la planchadora[41] necesitó quince días para plancharle una camisola, y el sombrerero a quien le había enviado su sombrero a variar el ala,[42] le tuvo dos días con la cabeza al aire y sin salir de casa.

Sus conocidos y amigos no le asistían a una sola cita, ni avisaban cuando faltaban, ni respondían a sus esquelas.[43] ¡Qué formalidad y qué exactitud!

—¿Qué os parece de esta tierra, M. Sans-Délai? —le dije al llegar a estas pruebas.

—Me parece que son hombres singulares...

—Pues así son todos. No comerán por no llevar la comida a la boca.

Se presentó con todo, yendo y viniendo días, una proposición de mejoras para un ramo que no citaré,[44] quedando recomendada eficacísimamente.[45]

A los cuatro días volvimos a saber el éxito de nuestra pretensión.

—Vuelva usted mañana —nos dijo el portero—. El oficial de la mesa[46] no ha venido hoy.

«Grande causa le habrá detenido», dije yo entre mí. Nos fuimos a dar un paseo, y nos encontramos, ¡qué casualidad! al oficial de la mesa en el Retiro,[b] ocupadísimo en dar una vuelta con su señora al hermoso sol de los inviernos claros de Madrid.

Martes era el día siguiente, y nos dijo el portero:

—Vuelva usted mañana, porque el señor oficial de la mesa no da audiencia hoy.

«Grandes negocios habrán cargado sobre él»[47] dije yo. Como soy el diablo y aun he sido duende,[c] busqué ocasión de echar una ojeada por el agujero de una cerradura. Su señoría[48] estaba echando un cigarrillo al brasero, y con una charada[49] del *Correo* entre manos, que le debía de costar trabajo el acertar.

—Es imposible verle hoy —le dije a mi compañero—: su señoría está, en efecto, ocupadísimo.

Nos dio audiencia el miércoles inmediato, y ¡qué fatalidad!, el expediente[50] había pasado a informe[51] por desgracia, a la única persona enemiga indispensable de monsieur y su plan, porque era quien debía salir en él perjudicado.[52] Vivió el expediente dos meses en informe, y vino tan

---

38 además de
39 *tails, swallow-tailed coat*
40 *ready-made*
41 *ironer*
42 **a variar...** *to change the brim*
43 cartas breves
44 **ramo...** *branch of the government that I won't name*
45 **quedando...** *leaving it very well recommended*
46 **de...** *del departamento*
47 **habrán...** *must have burdened him*
48 **Su...** *His excellency*
49 *puzzle*
50 *file*
51 **había...** *had been sent to another department for investigation*
52 **salir...** *come out hurt*

[b] El Retiro o el parque del Buen Retiro es el más grande de Madrid.

[c] Duende significa «*gnome*». Larra se refiere aquí a su revista *El duende satírico del día*.

informado[53] como era de esperar. Verdad es que nosotros no habíamos podido encontrar empeño[54] para una persona muy amiga del informante.
155 Esta persona tenía unos ojos muy hermosos, los cuales sin duda alguna le hubieran convencido en sus ratos perdidos de la justicia de nuestra causa.

Vuelto el informe, se cayó en la cuenta[55] en la sección de nuestra bendita oficina de que el tal expediente no correspondía a aquel ramo; era preciso rectificar este pequeño error; se pasó al ramo, establecimiento y
160 mesa corrrespondientes, y hétenos[56] caminando después de tres meses a la cola[57] siempre de nuestro expediente, como hurón que busca el conejo,[58] y sin poderlo sacar muerto ni vivo de la huronera.[59] Fue el caso al llegar aquí que el expediente salió del primer establecimiento y nunca llegó al otro.

165 —De aquí se remitió con fecha tantos[60] —decían en uno.

—Aquí no ha llegado nada —decían en otro.

—¡Voto va![61] —dije yo a M. Sans-Délai—, ¿sabéis que nuestro expediente se ha quedado en el aire, como el alma de Garibay,[d] y que debe de estar ahora posado[62] como una paloma sobre algún tejado[63] de esta activa
170 población?

Hubo que hacer otro. ¡Vuelta a los empeños![64] ¡vuelta a la prisa!, ¡qué delirio!

—Es indispensable —dijo el oficial con voz campanuda[65] —que esas cosas vayan por sus trámites[66] regulares.

175 Es decir, que el toque[67] estaba, como el toque del ejercicio militar, en llevar nuestro expediente tantos o cuantos años de servicio.

Por último, después de cerca de medio año de subir y bajar, y estar a la firma, o al informe, o a la aprobación, o al despacho, o debajo de la mesa, y de volver siempre mañana, salió con una notita al margen que
180 decía: «A pesar de la justicia y utilidad del plan del exponente, negado.»

—¡Ah, ah, M. Sans-Délai! —exclamé riéndome, a carcajadas—. Este es nuestro negocio.

Pero M. Sans-Délai se daba a todos los oficinistas, que es como si dijéramos a todos los diablos.

185 —¿Para esto he echado yo mi viaje tan largo? ¿Después de seis meses no habré conseguido sino que me digan en todas partes diariamente: *Vuelva usted mañana*, y cuando este dichoso *mañana* llega en fin, nos dicen redondamente[68] que no? ¿Y vengo a darles dinero? ¿Y vengo a hacerles favor? Preciso es que la intriga más enredada se haya fraguado para opo-
190 nerse a nuestras miras.[69]

—¿Intriga, M. Sans-Délai? No hay hombre capaz de seguir dos horas una intriga. La pereza es la verdadera intriga; os juro que no hay otra: esa es la gran causa oculta. Es más fácil negar las cosas que enterarse de ellas.

Al llegar aquí no quiero pasar en silencio algunas razones de las que
195 me dieron para la anterior negativa, aunque sea una pequeña digresión.

—Ese hombre se va a perder[70] —me decía un personaje muy grave y muy patriótico.

---

[d] Garibay fue condenado a errar eternamente por la tierra.

Sidenotes:

53 **vino...** *it returned as well appraised*
54 *influence, "pull"*
55 **se...** *it was realized*
56 *here we are*
57 **a...** *on the trail*
58 **hurón...** *a ferret searching out a rabbit*
59 *burrow*
60 **con...** *on such and such a date*
61 **¡Voto... !** *I swear!*
62 *perched*
63 *roof*
64 **¡Vuelta... !** *Back to work!*
65 *pompous*
66 *channels*
67 *lo esencial*
68 *plainly, categorically*
69 **la intriga...** *the most involved plot has been devised to oppose our plans*
70 *arruinar*

71 *boldness*
72 **papilla...** *baby food like
you had when you were
born*
73 *traps*
74 *bastante*
75 *obtain, gain*
76 **se...** *he establishes roots*
77 **a...** *después de*
78 *tie*

—Esa no es una razón —le repuse—; si él se arruina, nada se habrá perdido en concederle lo que pide; él llevará el castigo de su osadía[71] o de su ignorancia.

—¿Cómo ha de salir con su intención?

—Y suponga usted que quiere tirar su dinero y perderse; ¿no puede uno aquí morirse siquiera, sin tener un empeño para el oficial de la mesa?

—Puede perjudicar a los que hasta ahora han hecho de otra manera eso mismo que ese señor extranjero quiere hacer.

—¿A los que lo han hecho de otra manera, es decir, peor?

—Sí, pero lo han hecho.

—Sería lástima que se acabara el modo de hacer mal las cosas. ¿Conque, porque siempre se han hecho las cosas del modo peor posible, será preciso tener consideraciones con los perpetuadores del mal? Antes se debiera mirar si podrían perjudicar los antiguos al moderno.

—Así está establecido; así se ha hecho hasta aquí; así lo seguiremos haciendo.

—Por esa razón deberían darle a usted papilla todavía como cuando nació.[72]

—En fin, señor Bachiller,[e] es un extranjero.

—¿Y por qué no lo hacen los naturales del país?

—Con esas socaliñas[73] vienen a sacarnos la sangre.

—Señor mío —exclamé, sin llevar más adelante mi paciencia—, está usted en un error harto[74] general. Usted es como muchos que tienen la diabólica manía de empezar siempre por poner obstáculos a todo lo bueno, y el que pueda, que los venza. Aquí tenemos el loco orgullo de no saber nada, de quererlo adivinar todo y no reconocer maestros. Las naciones que han tenido, ya que no el saber, deseos de él, no han encontrado otro remedio que el recurrir a los que sabían más que ellas. Un extranjero —seguí —que corre a un país que le es desconocido, para arriesgar en él sus caudales, pone en circulación un capital nuevo, contribuye a la sociedad, a quien hace un inmenso beneficio con su talento y su dinero. Si pierde, es un héroe; si gana, es muy justo que logre el premio de su trabajo, pues nos proporciona ventajas que no podíamos acarrearnos[75] solos. Este extranjero que se establece en este país no viene a sacar de él el dinero, como usted supone; necesariamente se establece y se arraiga[76] en él, y a la vuelta de[77] media docena de años, ni es extranjero ya, ni puede serlo; sus más caros intereses y su familia le ligan[78] al nuevo país que ha adoptado; toma cariño al suelo donde ha hecho su fortuna, al pueblo donde ha escogido una compañera; sus hijos son españoles, y sus nietos lo serán; en vez de extraer el dinero, ha venido a dejar un capital suyo que traía, invirtiéndolo y haciéndolo producir; ha dejado otro capital de talento, que vale por lo menos tanto como el del dinero; ha dado de comer a los pocos o muchos naturales de quien ha tenido necesariamente que valerse; ha hecho una mejora, y hasta ha contribuido al

---

[e] Bachiller es el diploma que se recibe después de la escuela secundaria. Uno de los pseudónimos de Larra fue señor Bachiller.

aumento de la población con su nueva familia. Convencidos de estas importantes verdades, todos los Gobiernos sabios y prudentes han llamado a sí a los extranjeros: a su grande hospitalidad ha debido siempre la Francia su alto grado de esplendor; a los extranjeros de todo el mundo que ha llamado la Rusia ha debido llegar a ser una de las primeras naciones en muchísimo menos tiempo que el que han tardado otras en llegar a ser las últimas; a los extranjeros han debido los Estados Unidos... Pero veo por sus gestos de usted —concluí interrumpiéndome oportunamente a mí mismo —que es muy difícil convencer al que está persuadido de que no se debe convencer. ¡Por cierto, si usted mandara,[79] podríamos fundar en usted grandes esperanzas! La fortuna es que hay hombres que mandan más ilustrados que usted, que desean el bien de su país, y dicen: «Hágase el milagro, y hágalo el diablo».[80] Con el Gobierno que en el día tenemos, no estamos ya en el caso de sucumbir a los ignorantes o a los malintencionados, y quizá ahora se logre que las cosas vayan mejor, aunque despacio, mal que les pese a los batuecos.[81]

Concluída esta filípica,[82] me fui en busca de mi Sans-Délai.

—Me marcho, señor Bachiller —me dijo—; en este país no hay tiempo para hacer nada; sólo me limitaré a ver lo que haya en la capital de más notable.

—¡Ay!, mi amigo —le dije—, idos en paz y no queráis acabar con vuestra poca paciencia; mirad que la mayor parte de nuestras cosas no se ven.

—¿Es posible?

—¿Nunca me habéis de creer? Acordaos de los quince días...

Un gesto de M. Sans-Délai me indicó que no le había gustado el recuerdo.

«*Vuelva usted mañana* —nos decían en todas partes—, porque hoy no se ve. Ponga usted un memorialito[83] para que le den a usted un permiso especial.» Era cosa de ver la cara de mi amigo al oír lo del memorialito: se le representaba en la imaginación el informe, y el empeño, y los seis meses, y... Se contentó con decir: *Soy un extranjero*. ¡Buena recomendación entre los amables compatriotas míos! Se aturdía[84] mi amigo cada vez más, y cada vez nos comprendía menos. Días y días tardamos en ver las pocas rarezas que tenemos guardadas. Finalmente, después de medio año largo, si es que puede haber un medio año más largo que otro, se restituyó[85] mi recomendado a su patria maldiciendo de esta tierra, y dándome la razón que yo ya antes me tenía, y llevando al extranjero noticias excelentes de nuestros batuecos, diciendo, sobre todo, que en seis meses no había podido hacer otra cosa sino volver siempre mañana, y a que a la vuelta de tanto mañana, eternamente futuro, lo mejor o más bien lo único que había podido hacer bueno había sido marcharse.

¿Tendrá razón, perezoso lector (si es que has llegado ya a esto que estoy escribiendo), tendrá razón el buen M. Sans-Délai en hablar mal de nosotros y de nuestra pereza? ¿Será cosa de que vuelva el día de mañana con gusto a visitar nuestros hogares? Dejemos esta cuestión para mañana, porque ya estarás cansado de leer hoy; si mañana u otro día no tienes, como sueles, pereza de volver a la librería, pereza de sacar tu bolsillo y pereza de abrir los ojos para ojear[86] los pocos folletos que tengo que darte

79 *were in charge*
80 **Hágase...** *Let the devil do it as long as it is done*
81 tontos
82 *diatribe, invective*
83 *memorandum*
84 *was amazed*
85 **se...** devolvió
86 *skim, page through*

290 ya, te contaré cómo a mí mismo, que todo esto veo y conozco y callo mucho más, me ha sucedido muchas veces, llevado de esta influencia, hija del clima y de otras causas, perder de pereza más de una conquista amorosa; abandonar más de una pretensión[87] empezada y las esperanzas de más de un empleo, que me hubiera sido acaso, con más actividad, 295 poco menos que asequible,[88] renunciar, en fin, por pereza de hacer una visita justa o necesaria, a relaciones sociales que hubieran podido valerme de mucho en el transcurso de mi vida; te confesaré que no hay negocio que no pueda hacer hoy que no deje para mañana; te referiré que me levanto a las once, y duermo siesta; que paso haciendo quinto pie[89] de la 300 mesa de un café hablando o roncando, como buen español, las siete y las ocho horas seguidas; te añadiré que cuando cierran el café, me arrastro lentamente a mi tertulia diaria (porque de pereza no tengo más que una), y un cigarrito tras otro me alcanzan clavado en un sitial,[90] y bostezando sin cesar, las doce o la una de la madrugada; que muchas 305 noches no ceno de pereza, y de pereza no me acuesto; en fin, lector de mi alma, te declararé que de tantas veces como estuve en esta vida desesperado ninguna me ahorqué[91] y siempre fue de pereza. Y concluyo por hoy confesándote que ha más de tres meses que tengo, como la primera entre mis apuntaciones,[92] el título de este artículo, que llamé *Vuelva usted* 310 *mañana*; que todas las noches y muchas tardes he querido durante este tiempo escribir algo en él, y todas las noches apagaba mi luz diciéndome a mí mismo con la más pueril credulidad en mis propias resoluciones: *¡Eh, mañana lo escribiré!* Da gracias a que llegó por fin este mañana, que no es del todo malo; pero ¡ay de aquel mañana que no ha de llegar jamás!

87 proyecto
88 *accesible*
89 **haciendo...** sin moverme
90 **clavado...** *nailed to a chair*
91 **me...** *hanged myself*
92 notas

✦ Comprensión y expansión

A. Conteste las siguientes preguntas según el texto.
1. ¿Sobre qué idiosincrasia reflexiona el autor?
2. ¿Quién llega a la casa del autor?
3. ¿Por qué vino a España?
4. ¿Por qué es irónico su nombre?
5. ¿Cuánto tiempo piensa pasar en España Monsieur Sans-Délai?
6. ¿Para cuándo invita el autor a Monsieur Sans-Délai? Explique.
7. Según lo que dijo la criada, ¿qué cosas urgentes hacía el genealogista en vez de trabajar?
8. ¿Qué problemas tuvieron con el traductor? ¿Y con el sastre?
9. ¿Cómo explica Monsieur Sans-Délai su decisión de irse de España?
10. ¿Cuánto tiempo se quedó en España?
11. Según el autor, ¿es verdad lo que dijo de los españoles Monsieur Sans-Délai? ¿Por qué? Explique.

B. Todos los sustantivos de la columna izquierda provienen de «Vuelva usted mañana». Escriba los adjetivos correspondientes en los espacios indicados.

1. pereza   _____
2. exageración   _____
3. sorpresa   _____

4. incomprensión   _____

5. competencia   _____

6. trabajo   _____

7. superioridad   _____

8. oportunidad   _____

9. verdad   _____

10. amor   _____

C. Complete las siguientes afirmaciones, marcando con un círculo la letra de la respuesta apropiada.

1. Un extranjero típico...
   a. es perezoso.
   b. confunde a los guardias con los ladrones.
   c. vive al otro lado del Atlante.
2. Monsieur Sans-Délai vino a España porque quería...
   a. conocer el país y a la gente.
   b. pasar sus vacaciones aquí.
   c. invertir dinero.
3. El genealogista no vio a los dos amigos porque...
   a. fue a la corrida de toros.
   b. se quedó dormido.
   c. fue a la corrida de toros y se quedó dormido.
4. Monsieur Sans-Délai tuvo que comprar botas hechas a causa de la tardanza de...
   a. una planchadora.
   b. un zapatero.
   c. un sastre.
5. Monsieur Sans-Délai volvió a Francia al final de...
   a. seis meses.
   b. quince días.
   c. quince meses.
6. El narrador confiesa que...
   a. pasa siete u ocho horas en un café.
   b. duerme la siesta.
   c. se levanta a mediodía.

✦ Temas de discusión o análisis

1. Resuma o cuente con sus propias palabras la historia narrada en «Vuelva usted mañana».
2. Comente la ventaja de narrar el artículo desde el punto de vista de un extranjero.
3. Discuta el uso de la hipérbole* en el artículo. ¿Qué efecto tiene?
4. Analice el uso de la ironía* y de la sátira* en el artículo. Dé varios ejemplos específicos del artículo.
5. Analice el uso de la repetición. ¿Qué efecto tiene en el último párrafo?

✦ Temas de proyección personal

1. Escoja una costumbre que usted quiere criticar y escriba un breve cuento cómico en el que lo satiriza.
2. Entreviste a un(a) compañero(a) de clase y pregúntele si ha tenido que sufrir la incompetencia de alguna burocracia. Pídale ejemplos, cómicos, si es posible. Luego resuma la entrevista.
3. Según su opinión, ¿reflejan de alguna manera la realidad los estereotipos? ¿Cree usted que existen características de personalidad o carácter, nacionales o regionales? ¿Por qué? Comente y dé algunos ejemplos.
4. Según usted, ¿hay características comunes de la gente de todos los países? ¿Son éstas más importantes que las diferencias nacionales? ¿Por qué? Explique.

GUSTAVO ADOLFO BECQUER

Nota biográfica

Gustavo Adolfo Bécquer (1836–1870), poeta y prosista, nació en Sevilla. Hijo de un pintor relativamente conocido, quedó huérfano de niño. Estudió pintura por un tiempo, pero la abandonó y se trasladó a Madrid para dedicarse a la literatura. Al principio no tuvo éxito en su nueva carrera y vivió en la pobreza. Finalmente, en 1864, obtuvo un puesto gubernamental como censor de novelas. Por desgracia, en 1858 Bécquer sufrió de una enfermedad de la que nunca se recuperó por completo. Diez años más tarde, su matrimonio fracasó y Bécquer, acompañado por dos de sus hijos, fue a Toledo a vivir con su hermano. Allí, en diciembre de 1870, murió a los 34 años, la misma edad que tenía a su muerte el autor romántico Espronceda. El período más importante de la producción literaria de Bécquer se extendió desde 1858 hasta 1866. Es recordado en particular por las *Rimas*, una colección de poemas muy emotivos publicada póstumamente en 1871, aunque algunos de dichos poemas fueron publicados antes. El poeta preparó el manuscrito final de todo el volumen durante 1867 y 1868. Desafortunadamente, ese manuscrito se perdió durante la revolución de 1868 y Bécquer tuvo que preparar otro. Ese segundo manuscrito es la base de las ediciones modernas de las *Rimas*. Bécquer también escribió prosa: *Leyendas* (1871), cuentos poéticos que evocan el pasado y el mundo de los sueños, y *Desde mi celda*, una colección de cartas escritas en el monasterio de Veruela.

✦ Guía y actividades de pre-lectura

Se incluyen aquí tres de las más famosas «rimas» de Bécquer. En todas ellas se nota la musicalidad evocativa que anuncia una tendencia nueva en la poesía española. El lenguaje de Bécquer es sonoro y sencillo; prefiere no usar artificios retóricos. Por eso, se dice que su poesía es «premodernista»; es decir que su estilo es sencillo. Su fascinación por el mundo de los sueños y la musicalidad de sus versos influyen y anuncian la obra de los poetas de la primera parte del siglo veinte. El tema central de las rimas es el amor, sus momentos de exaltación enfatizados por sus desilusiones y penas, como la Rima XXXIII, en la que expresa las emociones de una pareja después de una riña. Otras reflejan la influencia del romanticismo alemán con su predilección por el tema de la búsqueda de lo ideal, como la Rima XI. Y otras en las que la inspiración poética y el genio son el centro de su inspiración, como la Rima XXI.

1. ¿Conoce usted la obra de algún (alguna) poeta norteamericano(a) o inglés (inglesa) conocido(a) por la musicalidad de sus versos? ¿Le gusta ese tipo de poesía? ¿Por qué? Comente.

2. Muchas de las *Rimas* sirven para practicar la pronunciación. Antes de estudiar con cuidado la Rima XXI, léala en voz alta para apreciar su musicalidad.

Los fusilamientos del 3 de mayo de 1808, *Francisco de Goya (Museo del Prado).*

Rima XXXIII

Es cuestión de palabras, y no obstante,[1]
    Ni tú ni yo jamás
Después de lo pasado, convendremos[2]
    En quién la culpa está.

5 ¡Lástima que el amor un diccionario
    No tenga donde hallar
Cuando el orgullo es simplemente orgullo,
    Y cuando es dignidad!

[1] **no...** *nevertheless*
[2] estaremos de acuerdo

✦ Comprensión

Conteste las siguientes preguntas según el poema.
1. Al empezar el poema, ¿qué acaba de tener lugar?
2. ¿Están de acuerdo las dos personas? ¿Por qué?
3. Según la voz poética, ¿qué necesita el amor para resolver ese tipo de problemas?

Rima XI

«Yo soy ardiente,[1] yo soy morena,
yo soy el símbolo de la pasión;
de ansia de goces[2] mi alma está llena.
¿A mí me buscas»? «No es a ti, no».

5 «Mi frente es pálida; mis trenzas, de oro;
puedo brindarte dichas[3] sin fin;
yo de ternura guardo un tesoro.
¿A mí me llamas»? «No; no es a ti».

«Yo soy un sueño, un imposible,
10 vano[4] fantasma de niebla y luz;
soy incorpórea, soy intangible;
no puedo amarte». ¡«Oh, ven; ven tú»!

[1] *passionate*
[2] **ansia...** *desire for pleasures*
[3] **brindarte...** ofrecerte felicidades
[4] *illusory*

✦ Comprensión

Conteste las siguientes preguntas según el poema.
1. ¿Qué simboliza la mujer morena?
2. Y la mujer rubia, ¿qué representa?

3. ¿Por qué rechaza el poeta a las mujeres de las dos primeras estrofas?
4. ¿Qué tipo de mujer desea el «yo» poético? ¿Cómo es la mujer de la tercera estrofa? Explique la reacción del poeta.

Rima XXI

¿Qué es poesía? —dices mientras clavas[1]
   En mi pupila tu pupila azul;
¿Qué es poesía? ¿Y tú me lo preguntas?
   Poesía... eres tú.

[1] *you fix*

✦ Comprensión

Conteste las siguientes preguntas según el poema.

1. ¿Cuál es la relación entre las dos voces del diálogo? Explique.
2. ¿De qué color son los ojos de la persona a la que se dirige la voz poética?
3. Según el «yo» poético, ¿qué es la poesía?

✦ Expansión

A. Lea las definiciones que siguen y escriba las palabras definidas en los espacios correspondientes.

1. opinión demasiado buena que uno
tiene de sí mismo

2. conjunto de gotitas de agua en suspensión en el aire

3. respeto hacia uno mismo

4. reunión, en orden alfabético, de todas las palabras de un idioma

5. parte central y oscura del ojo

6. parte superior de la cara

B. Complete las siguientes afirmaciones, marcando con un círculo la letra de la respuesta más apropiada.

1. El «yo» poético de la Rima XI busca...
   a. ternura.
   b. pasión.
   c. un sueño.
2. La mujer morena simboliza...
   a. la pasión.
   b. el oro.
   c. la niebla.

3. Las dos personas de la Rima XXI...
   a. se besan.
   b. se miran.
   c. se abrazan.
4. El orgullo puede también interpretarse como...
   a. un diccionario.
   b. un acuerdo.
   c. un tipo de dignidad.

✦ Temas de discusión o análisis

1. En la Rima XI, analice el tema romántico de la búsqueda del ideal imposible.
2. Comente el retrato físico de las mujeres de la Rima XI. ¿Son proyectadas de forma estereotípica? ¿Cree usted que busca una mujer real? Explique.
3. Analice el tema del amor en la Rima XXXIII.
4. Comente la idea principal de la Rima XXI.
5. Discuta cómo se logra el efecto de musicalidad en dos de los poemas.
6. Estudie el modernismo,* presentado en la sección IV (páginas 260–262) de esta antología. Luego analice las características «premodernistas» de los tres poemas de Bécquer aquí incluidos.

✦ Temas de proyección personal

1. ¿Tiene usted una imagen definida o aproximada de su «persona ideal»? ¿Cómo es? Descríbala.
2. En su opinión, ¿qué diferencias existen entre la mujer ideal de Bécquer y la mujer moderna? Comente.
3. Usted es poeta. Escriba su propio poema basándose en la Rima XXI. Empiece con una lista de sentimientos o de sus cosas favoritas, como por ejemplo: «La felicidad... eres tú», «El helado de fresas... eres tú», etc.

ROSALIA DE CASTRO

Nota biográfica

Rosalía de Castro (1837–1885), poeta gallega, nació en Santiago de Compostela y murió de cáncer a los cuarenta y ocho años. Pasó su juventud en Galicia, su región natal, donde aprendió gallego y llegó a conocer las formas de la poesía popular de la región. En 1856, abandonada por su novio después de una corta relación con otro hombre, se trasladó a Madrid. Allí conoció a Gustavo Adolfo Bécquer y a otros escritores de la época. Se casó con Manuel

Murguía, historiador y crítico de arte, y tuvieron seis hijos. De salud delicada, esta exquisita poeta tenía un temperamento muy sensible. Sus últimos años fueron tristes, sufrió de enfermedades y de tristeza causada por la muerte temprana de un hijo. Castro escribió poesías en gallego y las publicó en *Cantares gallegos* (1863) y *Folas Novas* (1880). También compuso poemas en castellano, que fueron recogidos en una colección titulada *En las orillas del Sar* (1884), de un lirismo inigualable.

✦ Guía y actividades de pre-lectura

De la única colección en castellano, *En las orillas del Sar*, se incluyen aquí dos poemas: «Dicen que no hablan las plantas» y «Hora tras hora...». En ambos se percibe la cualidad personal y emotiva que tipifica la poesía de esta autora. Expresa dolor por la muerte y por el paso de las cosas. Además, describe a veces una ansiedad por algo indefinible. En todo eso, su obra refleja la influencia del romanticismo. También en el primer poema, se observa otro elemento de la literatura romántica: la identificación emocional con la naturaleza. No obstante, la poesía de Castro, al igual que la de Bécquer, tiene características premodernistas. Emplea imágenes sencillas y no usa figuras retóricas complicadas. Sus versos son musicales, es decir, el ritmo y los sonidos evocan impresiones visuales y auditivas.

1. ¿Qué le sugiere a usted el título «Dicen que no hablan las plantas»? ¿Está implícita o no la opinión de la autora? Explique.

2. Busque y lea un artículo científico sobre la cuestión de cómo los sonidos, incluso el habla humana, influyen en el crecimiento de las plantas. Resúmalo para la clase.

3. En su opinión, ¿evoca el título «Hora tras hora...» algo agradable o algo inquietante? Explique.

Dicen que no hablan las plantas

Dicen que no hablan las plantas, ni las fuentes,
    ni los pájaros,
ni la onda[1] con sus rumores, ni con su brillo los astros;[2]
lo dicen, pero no es cierto, pues siempre cuando yo
    paso
de mí murmuran[3] y exclaman:

    Ahí va la loca, soñando
con la eterna primavera de la vida y de los campos,
y ya bien pronto, bien pronto, tendrá los cabellos
    canos,[4]
y ve temblando, aterida,[5] que cubre la escarcha el
    prado.[6]

[1] *wave*
[2] estrellas
[3] *they whisper*
[4] blancos
[5] *numb with cold*
[6] **que...** *that frost covers the meadow*

Hay canas en mi cabeza; hay en los prados escarcha;
mas yo prosigo[7] soñando, pobre, incurable sonámbula,[8]
con la eterna primavera de la vida que se apaga
y la perenne frescura de los campos y las almas,
aunque los unos se agostan[9] y aunque las otras se
    abrasan.[10]

Astros y fuentes y flores, no murmuréis de mis
    sueños;
sin ellos, ¿cómo admiraros, ni cómo vivir sin ellos?

15

20

7 continúo
8 *sleepwalking*
9 **se...** *become parched*
10 **se...** *burn (with passion)*

✦ Comprensión

Conteste las siguientes preguntas según el poema.

1. ¿A qué o a quién se dirige el «yo» poético?
2. ¿Qué dicen de ella las plantas y los otros elementos de la naturaleza?
3. ¿Con qué sueña la voz poética?
4. ¿Qué tienen en común los prados y la voz poética?

Hora tras hora...

Hora tras hora, día tras día,
entre el cielo y la tierra que quedan
eternos vigías,[1]
como torrente que se despeña[2]
pasa la vida.

Devolvedle a la flor su perfume
después de marchita;
de las ondas[3] que besan la playa
y que unas tras otras besándola expiran,
recoged los rumores, las quejas,
y en planchas[4] de bronce grabad[5] su armonía.

Tiempos que fueron, llantos[6] y risas,
negros tormentos, dulces mentiras,
¡ay! ¿en dónde su rastro[7] dejaron,
en dónde, alma mía?

5

10

15

1 *lookouts*
2 **torrente...** *a stream rushing toward a precipice*
3 *waves*
4 *sheets*
5 *engrave*
6 *weeping*
7 *trace, vestige*

✦ Comprensión

Conteste las siguientes preguntas según el poema.

1. Según la voz poética, ¿cómo pasa la vida?
2. ¿Qué imagen usa la poeta para describir el movimiento de las ondas?

3. ¿Por qué quiere el «yo» poético que los ruidos sean grabados en bronce?

4. ¿Qué le pregunta a su alma la voz poética?

✦ Expansión

A. Complete las siguientes frases, escribiendo la palabra apropiada en los espacios correspondientes.

1. En invierno ——————————
   cubre los —————————— .
2. La poeta tiene —————————— en su cabeza.
3. En el cielo brillan los —————————— .
4. La voz poética sueña con la eterna —————————— .
5. Un sinónimo de **llantos** es —————————— .
6. Las flores tienen un —————————— .

B. Complete las frases de la columna izquierda con finales apropiados de la columna derecha y escriba las letras en los espacios correspondientes.

____ 1. Los campos...	a. sus rumores.
____ 2. La vida pasa como...	b. la playa.
____ 3. Las ondas hablan con...	c. la escarcha que cubre el
____ 4. Las ondas besan...	prado.
____ 5. Los cabellos canos se	d. un torrente.
parecen a...	e. se agostan.

✦ Temas de discusión y análisis

1. Explique el sueño de la voz poética en «Dicen que no hablan las plantas». ¿Qué importancia tiene ese sueño para ella?
2. Lea en voz alta «Hora tras tora...» y luego comente de qué manera el ritmo regular de los versos evoca el paso del tiempo.
3. Analice algunos elementos que muestran la influencia del romanticismo en la obra de Castro.
4. Analice las características premodernistas de los poemas.
5. Compare el tema central de los dos poemas. ¿Qué tienen en común? Explique.

✦ Temas de proyección personal

1. ¿Se identifica usted a veces con la naturaleza? ¿Cuándo y dónde? Dé ejemplo y explique.
2. ¿Ha pensado alguna vez en el carácter transitorio de las cosas y de la vida en general? Describa los pensamientos y emociones que le han producido.
3. ¿Le gustan a usted las plantas y las flores? Basándose en sus propias experiencias con las plantas, escriba un poema o un ensayo corto titulado «Dicen que no hablan las plantas».

4. Investigue el fondo científico de la cuestión de la comunicación entre las personas y las plantas, y escriba un ensayo sobre ese tema.

FERNAN CABALLERO

Nota biográfica

Fernán Caballero, pseudónimo de Cecilia Böhl de Fáber (1796–1877), es la figura más importante de la novela española posromántica. Nació en Suiza, pero pasó la mayor parte de su vida en Andalucía adonde su padre, un hispanista de la época, se había trasladado con su familia en 1813. Durante su larga vida, la novelista se casó tres veces y quedó viuda tres veces. Su primer matrimonio, a los diecinueve años, fue un fracaso. Se casó por segunda vez en 1822 con el marqués de Arco-Hermoso y vivió feliz durante trece años hasta la muerte del marqués en 1835. Pasó esos años en Andalucía observando a la gente del campo y acumulando anécdotas populares, canciones y proverbios que le sirvieron para sus obras. Su tercer casamiento tuvo lugar en 1837; su marido era diecisiete años más joven que ella. La autora murió en Sevilla en 1877, viuda y sin hijos, después de un largo período de enfermedad. Su gran amor por España, especialmente por Andalucía, influyó en su decisión de escribir literatura costumbrista.* *La Gaviota* fue su primera narración larga y la más conocida; su traducción en español fue publicada en 1849 ya que el original había sido redactado en francés. En el prólogo a *La Gaviota*, dijo que quería «dar una idea exacta, verdadera y genuina de España y especialmente del estado actual de su sociedad, del modo de pensar de sus habitantes, de su índole, aficiones y costumbres». Ese fuerte deseo de observar y de pintar la realidad, influido por el famoso novelista francés Balzac, anuncia los principios del realismo en España. Además de *La Gaviota*, escribió varias otras novelas. También publicó algunas colecciones de cuentos, como *Relaciones*, *Cuadros de costumbres* y *Cuentos y poesías andaluces*.

✦ Guía y actividades de pre-lectura

Se incluye aquí el cuento «El galleguito», que narra la historia de un muchacho de Galicia que trata de quedar bien con la gente de otra región. En este caso es con los patrones de barco de la ciudad andaluza de Cádiz. El puerto de Cádiz está separado de la ciudad por una bahía donde desemboca el río Guadalete. Hoy día un puente largo atraviesa la bahía y conecta el puerto con la ciudad; antes era necesario cruzarla en barco. En este cuento se encuentran dos mundos: el del niño gallego y el de los adultos andaluces.

1. Estudie un mapa de España para situar la provincia de Galicia y la ciudad de Cádiz. En un libro de referencia, busque información sobre las dos

regiones. ¿Cómo cree usted que el niño del cuento se va a sentir en un ambiente muy diferente al suyo?

2. ¿Conoce usted otros cuentos o novelas en que el (la) protagonista sea un(a) niño(a)? ¿Hay algunos problemas típicos que encuentran o pueden encontrar esos (esas) niños(as)? ¿Cuáles? Explique.

El galleguito

Había en Cádiz un galleguito muy pobre, que quería ir al Puerto para ver a un hermano suyo que era allí *mandadero*,[1] pero quería ir de balde.[2]

Púsose en la puerta del muelle[3] a ver si algún patrón[4] que fuese al Puerto lo quería llevar. Pasó un patrón, que le dijo:

5 —Galleguiño, ¿te vienes al Puerto?

—*Eu non teño diñeiriño,*[a] si me llevara de balde, patrón, iría.

—Yo, no —contestó éste—; pero estáte ahí, que detrás de mí viene el patrón Lechuga, que lleva la gente de balde.

A poco pasó el patrón Lechuga y el galleguito le dijo que si le quería
10 llevar al Puerto de balde, y el patrón le dijo que no.

—Patrón Lechuga —dijo el galleguito—, y si le canto a usted una copliña[5] que le guste, ¿me llevará?

—Sí, pero si no me gusta ninguna de las que cantes, me tienes que pagar el pasaje.

15 A lo que se convino[6] el galleguito y se hicieron a la vela.[7]

Cuando llegaron a la barra, esto es, a la entrada del río, empezó el patrón a cobrar el pasaje a los que venían en el barco; y cuando llegó al galleguito, le dijo éste:

—Patrón Lechuga, allá va una copliña.
20 Y empezó a cantar:

Si foras a miña terra
e preguntaren por min,
ti dices que estou en Cádiz,
vendendo auga e anís.[b]

25 —¿Ha gustado, patrón? —preguntó en seguida.

—No —respondió el patrón.

—Pues, patrón, allá va otra:

Patrón Lechuga, por Dios,
Gústele algunha copliña,

<table>
<tr><td>1</td><td>*messenger, errand boy*</td></tr>
<tr><td>2</td><td>**de...** gratis, sin pagar</td></tr>
<tr><td>3</td><td>*wharf, pier*</td></tr>
<tr><td>4</td><td>*skipper*</td></tr>
<tr><td>5</td><td>canción popular breve</td></tr>
<tr><td>6</td><td>**se...** estuvo de acuerdo</td></tr>
<tr><td>7</td><td>**se...** *they set sail*</td></tr>
</table>

---

[a] Traducción del gallego: Yo no tengo dinero.

[b] Si fueras a mi tierra / y preguntaran por mí / tú dices que estoy en Cádiz, / vendiendo agua y anís.

²⁵ *porque aos meus cartos*
entráronlle a morriña.^c

—¿Ha gustado, patrón?
—No.
—Pues allá va otra:

³⁰ *Galleguiño, galleguiño,*
non sexas mais retracheiro,
mete a man na bolsa,
e paga ó patrón o seu diñeiro.^d

—¿Ha gustado, patrón?
³⁵ —Esa sí.
—Pues *non* pago —dijo alegre el galleguito.
Y se fue sin pagar.

✦ Comprensión y expansión

A. Conteste las siguientes preguntas según el cuento.

1. ¿Cuál es el dilema del galleguito?
2. ¿Qué le pide al patrón Lechuga el galleguito?
3. ¿En qué se pusieron de acuerdo?
4. ¿Le gustó al patrón la primera canción? ¿Y la segunda?
5. ¿Por qué le gustó la tercera? Explique.
6. ¿Tuvo que pagar su pasaje el galleguito?

B. Lea las definiciones que siguen y escriba las palabras definidas en los espacios correspondientes.

1. jefe de un barco   _____
2. niño de Galicia   _____
3. persona que se emplea en hacer
   mandados para otra   _____
4. dinero que se paga para pasar de un
   sitio a otro   _____
5. pared a lo largo de un río o de un
   puerto   _____

C. Indique si los comentarios que siguen reflejan correctamente o no el contenido del cuento. Escriba **V** (verdadero) o **F** (falso) en los espacios correspondientes. Si lo que lee es falso, corríjalo.

_____ 1. El hermano del galleguito era un patrón.
_____ 2. El muchacho quiere ir a un puerto en Galicia.

----

^c Patrón Lechuga, por Dios / que le guste alguna coplilla / porque a mi dinero / le ha entrado morriña.

^d Galleguito, galleguito / no te hagas el remolón / mete la mano en la bolsa / y paga el dinero al patrón.

_____ 3. Si no le gusta al patrón ninguna de las canciones del muchacho, éste tendrá que pagar su viaje.

_____ 4. En su segunda canción, el galleguito dice que tiene un problema de dinero.

_____ 5. Al final el galleguito tiene que pagar su pasaje.

✦ Temas de discusión o análisis

1. Comente el tema de las tres canciones del galleguito. ¿Qué tienen en común? ¿Hay cierta progresión temática?
2. Analice cómo el galleguito le hace decir al patrón que le gusta la tercera canción. ¿Cree usted que lo engaña?
3. Analice los dos mundos que se encuentran en el cuento: el del niño y el de los adultos.
4. Comente el elemento cómico del cuento.
5. Compare la historia del galleguito con uno de los episodios del _Lazarillo._ (Vea sección II de este libro.)

✦ Temas de proyección personal

1. Escriba un cuento en que el (la) protagonista, un(a) niño(a), resulte ser más listo(a) que un adulto.
2. ¿Recuerda usted alguna experiencia de su niñez en la que usted fue más listo(a) que una persona mayor? Cuéntela.
3. Escriba un cuento en el que el (la) protagonista visita una ciudad extranjera y trata de conseguir algo sin pagar.

PEDRO ANTONIO DE ALARCON

Nota biográfica

Pedro Antonio de Alarcón (1833–1891), novelista y cuentista, nació en Guadix (Granada) y murió en Valdemoro. Empezó a escribir cuando era muy joven. Antes de los diecisiete años ya había escrito y estrenado tres comedias y un drama histórico. Trató de asociarse con el mundo literario de Madrid, pero fracasó y volvió a Granada en 1853. Se alistó al ejército para combatir en la guerra de Africa y después, en 1860, publicó su _Diario de un testigo de la guerra de Africa_ que tuvo un gran éxito. Las opiniones políticas de Alarcón vacilaron hasta la revolución de 1868, pero ésa reforzó su preferencia por el gobierno conservador y por los católicos tradicionalistas. Sus novelas escritas después de la revolución están marcadas por una agresividad religiosa que provocó polémicas. Vio la irreligiosidad como causa de los problemas humanos y sociales. Alarcón escribió cuentos y también muchas novelas. Las novelas de su segunda época, como *El escándalo* (1875), *El niño de la bola* (1880) y especialmente *La pródiga* (1882), tienen una preocupación claramente moralizadora. Su obra maestra fue *El sombrero de tres picos* (1874), novela pintoresca que inspiró al compositor Manuel de Falla a componer su gran ballet del mismo título.

✦ Guía y actividades de pre-lectura

Se incluye aquí «Tic... Tac», un cuento cómico pero que tiene un fuerte mensaje moral. En esta historia de adulterio, el autor modifica el papel tradicional del marido burlado para ridiculizar al amante y para hacer triunfar al marido.

1. Busque en un libro de referencia un artículo sobre la historia del matrimonio y de los casamientos arreglados por la familia. ¿Cree usted que el adulterio será más frecuente en las sociedades donde los esposos no se casan por amor? Explique su opinión.

2. ¿Conoce usted otro cuento o alguna novela que narre una historia de adulterio? ¿Es divertido(a) o serio(a)? Resuma la trama y cuéntesela a la clase.

3. Lea rápidamente el primer párrafo del cuento y fíjese en los nombres de los personajes. En su opinión, ¿qué revelan esos nombres sobre la actitud del autor hacia sus personajes?

Tic... tac

I

Arturo de Miracielos (un joven muy hermoso pero que, a juzgar por su conducta, no tenía casa ni hogar) consiguió cierta noche, a fuerza de ruegos, quedarse a dormir en las habitaciones de una amiga suya, no menos hermosa que él, llamada Matilde Entrambasaguas, que hacía éstas y otras
5 caridades a espaldas de su marido,[1] demostrando con ello que el pobre señor tenía algo de fiera[2]...

Mas he aquí que dicha noche, a eso de la una, oyéronse fuertes golpes en la única puerta que daba acceso al departamento[3] de Matilde, acompañados de un vocejón[4] espantoso,[5] que gritaba:

10 —¡Abra usted, señora!

—¡Mi marido!... —balbuceó[6] la pobre mujer.

—¡Don José! —tartamudeó[7] Arturo—. ¿Pues no me dijiste que nunca venía por aquí?

—¡Ay! No es lo peor que venga... —añadió la hospitalaria beldad[8]—,
15 sino que es tan mal pensado, que no habrá manera de hacerle creer que estás aquí inocentemente.

1 **a...** *behind her husband's back*
2 *wild beast*
3 habitación
4 voz muy fuerte
5 que inspiraba miedo
6 *stammered*
7 *stammered, stuttered*
8 **hospitalaria...** *hospitable beauty*

—¡Pues mira, hija, sálvame! —replicó Arturo—. Lo primero es lo primero.

—¡Abre cordera![9] —prosiguió[10] gritando don José; a quien el portero había notificado que la señora daba aquella noche posada a un peregrino.[11]

(El apellido de don José no consta[12] en los autos;[13] sólo se sabe que no era hermoso.)

—¡Métete ahí! —le dijo Matilde a Arturo, señalándole uno de aquellos antiguos relojes de pared, de larguísima péndola, que parecían ataúdes[14] puestos de pie derecho.

—¡Abre, paloma![15] —bramaba[16] entretanto el marido, procurando derribar[17] la puerta.

—¡Jesús, hombre!... —gritó la mujer—. ¡Qué prisa traes! Déjame siquiera coger la bata[18]...

A todo esto, Arturo se había metido en la caja del reloj como Dios le dio a entender, o sea reduciéndose a la mitad de su volumen ordinario.

Ya podéis adivinar que aquel cuerpo *extraño*, con que no contó el relojero al construir su obra, impidió la función de las pesas[19] y la oscilación de la péndola, parando, por consiguiente, la máquina.

—¡No pares el reloj, desgraciado! —exclamó Matilde—. ¡Si lo paras, me pierdes y te pierdes! Mi marido no puede conciliar el sueño más que al arrullo[20] de ese reloj o de otro igual que tiene en su alcoba, y al advertir que el mío se halla parado tratará de darle cuerda[21]... ¡y se encontrará contigo!

Así diciendo echó la llave a[22] la caja de la péndola.

II

En el ínterin, don José había conseguido por su parte forzar la cerradura[23] de la puerta del gabinete, y penetraba en la alcoba echando fuego por los ojos...

—¿Dónde está? —berreó[24] de una manera indescriptible.

—¿Qué buscas, Pepe? —interrogó la mujer con asombrosa calma—. ¿Se te ha perdido algo?

—¡Se me ha perdido el honor! —repuso el marido, mirando debajo de la cama.

—¡Desventurado! ¡Y lo buscas ahí!

En aquel tiempo no había en Sevilla mesitas de noche.

Porque la escena era en Sevilla.

—¿Dónde está? —seguía preguntando don José—. ¿Dónde está tu infame cómplice?

En cuanto al reloj..., el reloj andaba perfectamente, como si nadie hubiera dentro de la caja.[25] Quiero decir que la péndola sonaba cual si oscilase libremente en el vacío...

—Tic... tac..., tic... tac..., tic... tac... —oíase allí dentro.

No se le ocurrió, pues, a don José ni por asomos,[26] registrar[27] el interior del reloj.

9 *lamb*
10 continuó
11 *pilgrim*
12 **no...** *is not recorded*
13 documentos
14 *coffins*
15 *dove*
16 *bellowed, roared*
17 *knock down*
18 *robe*
19 **impidió...** *prevented the weights from working*
20 *lullaby*
21 **darle...** *to wind it up*
22 **echó...** cerró con llave
23 *lock*
24 *he bawled*
25 *cabinet*
26 **ni...** *by any means*
27 *to search*

Y como en ningún otro paraje[28] encontrara a persona alguna, nuestro hombre cayó de rodillas delante de su esposa, cuya indignación, elocuencia y cólera[29] iban tomando vuelo,[30] y le dijo:

—¡Perdona, Matilde mía! He sido engañado por ese miserable
65 portero, que, sin duda, estaba borracho. Mañana lo despediré. Por lo que a ti hace, cree que mi amor, mi renovado amor, te demostrará cuán arrepentido estoy de haber dudado de tu inocencia.

Matilde hizo inauditos[31] esfuerzos por que no hubiera paz; quejóse de lo ocurrido, protestó; lloró, insultó a don José, etc., etc.; pero éste le res-
70 pondía a todo:

—Tienes razón..., tienes razón... ¡Soy una fiera!

Y, entretanto, volvía a cerrar la puerta que forzó, guardábase la llave, y tomaba posesión de su propio y legítimo puesto en el lecho[32] conyugal, exclamando como un bendito:[33]

75 —¡Vaya, mujer, acuéstate y no seas tonta!...

III

A la madrugada, despertóse don José bruscamente, y dijo en voz baja:

—¿Duermes, Matilde?

—No; que estoy despierta.

—Dime, ¿es ilusión mía, o se ha parado el reloj?

80 —Tic... tac..., tic... tac..., tic... tac... —resonó al mismo tiempo dentro de la caja.

—Es ilusión tuya... —respondió la mujer—. ¿No estás oyendo?

—¡Es verdad! —repuso don José—. Pero lo que no es ilusión es que te adoro más que nunca..., y que no me canso de repetírtelo esta noche...

IV

85 Un año después había en la casa de dementes[34] de Toledo un joven muy hermoso, cuya locura estaba reducida[35] a figurarse que era un reloj de pared, y a estar siempre imitando el ruido de la péndola, por medio de un chasquido[36] en el cielo de la boca, hasta producir este sonido:

—Tic... tac..., tic... tac..., tic... tac...

90 Y dicen que era admirable la perfección con que lo hacía.

De donde se deduce, como moraleja, que algunas veces los célibes hermosos hacen el papel de maridos feos.

✦ Comprensión y expansión

A. Conteste las siguientes preguntas según el cuento.

1. ¿Qué quiere decir al narrador cuando comenta que Arturo no parece tener ni casa ni hogar?
2. ¿Quién golpeaba en la puerta de Matilde? ¿Por qué?
3. ¿Qué le había dicho el portero a don José?
4. ¿Dónde se escondió Arturo? ¿Qué problema causó? Explique.
5. ¿Por qué era necesario que el reloj no parara?

28 lugar, sitio
29 enojo
30 **iban...** estaban progresando, intensificándose
31 extraordinarios
32 cama
33 *simple-minded soul*
34 *locos*
35 *limited*
36 *clicking sound*

6. ¿Qué hizo don José al entrar en la alcoba de Matilde?
7. ¿Cómo le mostró a Matilde su arrepentimiento?
8. ¿Qué efecto tuvo eso sobre don José?
9. ¿Qué le pasó a Arturo?
10. ¿Cuál es la moraleja del cuento?

B. En cada uno de los siguientes grupos de palabras hay un elemento que está fuera de lugar. Identifíquelo y márquelo con un círculo, explicando brevemente por qué no pertenece al grupo.

1. fiera / paloma / cordera
2. reloj / péndola / portero
3. mesita de noche / golpes / lecho
4. adivinar / bramar / gritar
5. tartamudear / interrogar / balbucear

C. Reconstruya el cuento, numerando de 1 a 9, en orden cronológico, las oraciones que siguen.

____ 1. Don José golpea la puerta de Matilde.
____ 2. Don José fuerza la cerradura y entra en la alcoba de Matilde.
____ 3. Arturo entra en la habitación de Matilde.
____ 4. Arturo se esconde dentro del reloj de pared.
____ 5. Arturo se cree un reloj de pared.
____ 6. El portero le dice a don José que Matilde le da posada a un peregrino.
____ 7. Don José pasa la noche con Matilde.
____ 8. El reloj para por un momento.
____ 9. Matilde protesta e insulta a don José.

✦ Temas de discusión o análisis

1. Resuma o comente con sus propias palabras la historia de «Tic... Tac».
2. Explique la moraleja del cuento. Según su opinión, ¿siente o no el narrador algún tipo de compasión por los amantes?
3. Comente lo que le dice a su mujer don José. ¿Hay algún cambio de tono durante el cuento? ¿Hay alguna ironía en lo que le dice al principio del cuento?
4. Haga comentarios sobre los recursos humorísticos del autor.
5. Cuente la historia de «Tic... Tac» desde otro punto de vista.
   a. el de Arturo
   b. el del portero
   c. el de la péndola

✦ Temas de proyección personal

1. Escriba una historia de adulterio, real o ficticio, que tenga lugar hoy día.
2. Comente alguna novela o alguna película actual cuya trama toque o comente el tema del adulterio.

BENITO PEREZ GALDOS

Nota biográfica

Benito Pérez Galdós (1843–1920), figura cumbre del realismo español, fue un gran novelista y prolífico autor. Nació en Las Palmas (Canarias), de donde salió en 1862 para estudiar derecho en Madrid. Allí no terminó sus estudios pero empezó su carrera de escritor. Hizo muchos viajes por España asimilando lo que observaba para sus futuras novelas. También viajó por el extranjero, especialmente por Inglaterra y por Francia. Trabajó como periodista a partir de 1865, profesión que cultivó durante toda su vida. Su obra literaria refleja la influencia de escritores ingleses del siglo XIX, sobre todo de Charles Dickens. En 1887 fue elegido miembro de la Real Academia Española de la Lengua. Muy activo en la política de su país, Galdós fue elegido diputado por el partido republicano en 1907. En 1920 murió en Madrid, ciego y relativamente pobre. Galdós escribió sus primeras novelas durante la década de mil ochocientos setenta y luego empezó sus *Episodios nacionales*, cinco series de novelas históricas escritas durante casi cuarenta años. Explorando el pasado reciente de España, esas cuarenta y seis novelas presentan una visión histórica del siglo XIX. Autor de setenta y siete novelas, Galdós escribió además veintidós obras dramáticas y numerosos cuentos, ensayos y artículos. Galdós incluye todos los ambientes y clases sociales en su literatura, así como todas las regiones españolas. A menudo, sus personajes aparecen en varias de sus novelas. Destacadas son las novelas que tratan el fanatismo religioso y también las «contemporáneas» que describen la sociedad madrileña de su época. Del primer grupo, son de notar *Doña Perfecta* (1876), *Gloria* (1877) y *La familia de León Roch* (1878); entre las del segundo grupo, *Fortunata y Jacinta* (1886–1887), *Angel Guerra* (1890–1891) en cuatro volúmenes y *Misericordia* (1897).

✦ Guía y actividades de pre-lectura

En su discurso inaugural a la Real Academia (1887), Galdós se identifica como escritor «realista». Según el realismo, el arte del (de la) novelista reside en la observación y en la representación detallada de la realidad. Así define Galdós la novela: «Imagen de la vida en la novela, y el arte de componerla estriba en reproducir [...] todo lo espiritual y físico que nos constituye y nos rodea». La novela, en cuanto es imagen de la vida, crea un mundo ficticio que se basa en las observaciones de la sociedad en que vive el escritor. Se incluye aquí «La novela en el tranvía», un cuento publicado por primera vez en 1871. El narrador sube al tranvía y se encuentra con un amigo que es médico. La historia que le cuenta el médico y un artículo incompleto de folletín estimulan la imaginación del narrador, quien queda obsesionado con terminar la historia y totalmente absorto en la observación del mundo que lo rodea. Casi no pudiendo distinguir entre la realidad y la ficción, trata de acomodar todo lo que ve y lo que oye en el tranvía a la ficción novelesca que está inventando. Los pasajeros del tranvía ejemplifican varios tipos sociales madrileños e incluyen otros más en sus conversaciones. Así, el tranvía se convierte en un pequeño mundo, un microcosmo de la sociedad madrileña de esa época.

1. ¿Conoce usted alguna otra obra literaria —o quizás alguna película— en la que un medio de transporte sea un microcosmo del mundo? ¿Cuál? Dé un informe sobre esa obra o película a la clase.

2. ¿Ha leído usted alguna otra obra en la que el narrador o el personaje principal confunda la ficción con la realidad? Vuelva a leer la selección de *Don Quijote*, en la sección II (página 112) de esta antología, y resúmala para la clase.

La novela en el tranvía

I

Partía el coche de la extremidad del barrio de Salamanca, para atravesar todo Madrid en dirección al de Pozas. Impulsado por el egoísta deseo de tomar asiento antes que las demás personas, movidas de[1] iguales intenciones, eché mano a la barra que sustenta[2] la escalera de la imperial,[3]
5 puse el pie en la plataforma y subí; pero en el mismo instante —¡oh imprevisión![4]— tropecé con otro viajero que, por el opuesto lado, entraba. Lo miro y reconozco a mi amigo el señor Dionisio Cascajares de la Vallina, persona tan inofensiva como discreta, que tuvo, en aquella crítica ocasión, la bondad de saludarme con un sincero y entusiasta apretón de manos.[5]

10   Nuestro inesperado choque no había tenido consecuencias de consideración, si se exceptúa la abolladura[6] parcial de cierto sombrero de paja[7] puesto en la extremidad de una cabeza de mujer inglesa, que tras[8] de mi amigo intentaba subir, y que sufrió, sin duda por falta de agilidad, el rechazo de su bastón.

15   Nos sentamos, y sin dar a aquel percance[9] exagerada importancia, empezamos a charlar.

    El señor Dionisio Cascajares de la Vallina es un médico afamado,[10] aunque no por la profundidad de sus conocimientos patológicos, y un hombre de bien, pues jamás se dijo de él que fuera inclinado a tomar lo
20 ajeno ni a matar a sus semejantes[11] por otros medios que por los de su peligrosa y científica profesión. Bien puede asegurarse que la amenidad[12] de su trato y el complaciente[13] sistema de no dar a los enfermos otro tratamiento que el que ellos quieren, son causa de la confianza que inspira a multitud de familias de todas jerarquías, mayormente cuando tam-
25 bién es fama que en su bondad sin límites presta servicios ajenos[14] a la ciencia, aunque siempre de índole rigurosamente honesta.

    Nadie sabe como él sucesos interesantes que no pertenecen al dominio público, ni ninguno tiene en más estupendo grado la manía de pre-

[1] **movidas...** que tenían
[2] *holds*
[3] *upper deck (of the trolley)*
[4] *unforeseen event*
[5] **apretón...** *handshake*
[6] *dent*
[7] *straw*
[8] detrás
[9] desgracia, mala suerte
[10] famoso
[11] otros seres humanos
[12] *pleasantness*
[13] *obliging*
[14] distintos

guntar, si bien este vicio, de exagerada inquisitividad, se compensa en él por la prontitud con que dice cuanto sabe, sin que los demás se tomen el trabajo de preguntárselo. Júzguese por esto si la compañía de tan hermoso ejemplar de la ligereza humana será solicitada por los curiosos y por los lenguaraces.[15]

Este hombre, amigo mío, como lo es de todo el mundo, era el que sentado iba junto a mí, cuando el coche, resbalando[16] suavemente por su calzada de hierro[17] bajaba la calle de Serrano, deteniéndose alguna vez para llenar los pocos asientos que quedaban ya vacíos. Ibamos tan estrechos, que me molestaba grandemente el paquete de libros que conmigo llevaba, y ya le ponía sobre esta rodilla, ya sobre la otra; ya, por fin, me resolví a[18] sentarme sobre él, temiendo molestar a la señora inglesa, a quien cupo en suerte[19] colocarse a mi siniestra[20] mano.

II

—¿Y usted, adónde va? —me preguntó Cascajares, mirándome por encima de sus espejuelos[21] Pazules, lo que me hacía el efecto de ser examinado por cuatro ojos.

Contestéle evasivamente, y él, deseando, sin duda, no perder aquel rato sin hacer alguna útil investigación, insistió en sus preguntas, diciendo:

—Y Fulanito, ¿qué hace? Y Fulanito, ¿dónde está? —con otras indagatorias[22] del mismo jaez,[23] que tampoco tuvieron respuesta cumplida.

Por último, viendo cuán inútiles eran sus tentativas para pegar la hebra,[24] echó por camino más adecuado a su expansivo temperamento, y empezó a desembuchar.[25]

—¡Pobre Condesa! —dijo, expresando con un movimiento de cabeza y un visaje[26] su desinteresada compasión—. Si hubiera seguido mis consejos, no se vería en situación tan crítica.

—¡Ah! Es claro —contesté maquinalmente, ofreciendo también el tributo de mi compasión a la señora Condesa.

—Figúrese usted —prosiguió —que se ha dejado dominar por aquel hombre, y aquel hombre llegará a ser el dueño de la casa. ¡Pobrecilla! Cree que con llorar y lamentarse se remedia todo, y no: urge tomar una determinación. Porque ese hombre es un infame:[27] le creo capaz de los mayores crímenes.

—¡Ah! ¡Sí; es atroz! —dije yo también, participando, irreflexivamente, de su imaginación.

—Es como todos los hombres de malos instintos y de baja condición, que, si se elevan un poco, luego no hay quien les sufra. Bien claro indica su rostro que de allí no puede salir cosa buena.

—Ya lo creo; eso salta a la vista.[28]

—Le explicaré a usted en breves palabras. La Condesa es una mujer excelente, angelical, tan discreta como hermosa, y digna, por todos conceptos, de mejor suerte. Pero está casada con un hombre que no comprende el tesoro que posee, y pasa la vida entregado al juego[29] y a toda

[15] personas habladoras
[16] *sliding, slipping*
[17] **calzada...** *iron train tracks*
[18] **resolví...** decidí
[19] **cupo...** le tocó
[20] izquierda
[21] anteojos, lentes
[22] preguntas, investigaciones
[23] carácter, tipo
[24] **pegar...** empezar una conversación
[25] hablar de lo que sabía
[26] *grimace, face*
[27] *scoundrel*
[28] **salta...** es muy evidente
[29] **entregado...** *given to gambling*

clase de entretenimientos ilícitos. Ella, entretanto, se aburre y llora. ¿Es extraño que trate de sofocar su pena divirtiéndose honestamente aquí y allí, dondequiera que suene un piano? Es más: yo mismo se lo aconsejo, y le digo: «Señora, procure usted distraerse, que la vida se acaba. Al fin, el señor Conde se ha de arrepentir de sus locuras y se acabarán las penas.» Me parece que estoy en lo cierto.

—¡Ah! ¡Sin duda! —contesté con oficiosidad, continuando en mis adentros[30] tan indiferente como al principio a las desventuras[31] de la Condesa.

—Pero no es eso lo peor —añadió Cascajares, golpeando el suelo con su bastón—, sino que ahora el señor Conde ha dado en la flor de estar celoso...; sí, de cierto joven que se ha tomado a pechos[32] la empresa de distraer a la Condesa.

—El marido tendrá la culpa de que lo consiga.

—Todo eso sería insignificante, porque la Condesa es la misma virtud; todo eso sería insignificante, digo, si no existiera un hombre abominable, que sospecho ha de causar un desastre en aquella casa.

—¿De veras? ¿Y quién es ese hombre? —pregunté, con una chispa[33] de curiosidad.

—Un antiguo mayordomo,[34] muy querido del Conde, y que se ha propuesto martirizar a aquella infeliz, cuanto sensible, señora. Parece que se ha apoderado de[35] cierto secreto que la compromete y con este arma pretende..., ¡qué sé yo!... ¡Es una infamia!

—Sí que lo es, y ello merece un ejemplar castigo —dije yo, descargando también el peso de mis iras sobre aquel hombre.

—Pero ella es inocente; ella es un ángel...: Pero, calle; estamos en la Cibeles.[a] Sí, ya veo, a la derecha, el Parque de Buenavista. Mande usted parar, mozo; que no soy de los que hacen la gracia de saltar cuando el coche está en marcha, para descalabrarse contra los adoquines.[36] Adiós, mi amigo, adiós.

Paró el coche y bajó don Dionisio Cascajares y de la Vallina, después de darme otro apretón de manos y de causar segundo desperfecto[37] en el sombrero de la dama inglesa, aún no repuesta del primitivo susto.[38]

III

¡Cosa singular! Siguió el ómnibus su marcha, y yo, a mi vez, seguí pensando en la incógnita[39] Condesa, en su cruel y suspicaz[40] consorte, y sobre todo, en el hombre siniestro que, según la enérgica expresión del médico, a punto estaba de causar un desastre en aquella casa. Considera, lector, lo que es el humano pensamiento: cuando Cascajares principió[41] a referirme[42] aquellos sucesos, yo renegaba de[43] su inoportunidad y pesadez,[44] mas poco tardó mi imaginación en apoderarse de aquel mismo

---

[a] Plaza de Madrid, con una estatua de la diosa Cibeles en su centro, a la que se refiere comúnmente por «la Cibeles».

30 cosas dichas a sí mismo
31 *misfortunes*
32 **se...** *has taken to heart*
33 *spark*
34 *butler*
35 **se...** *has taken possession of*
36 **descalabrarse...** *hurt their heads on the cobblestones*
37 *damage*
38 **repuesta...** *recovered from the first fright*
39 *desconocida*
40 *suspicious*
41 *comenzó*
42 *contarme*
43 **renegaba...** *cursed*
44 *tiresomeness*

asunto, para darle vueltas de arriba abajo, operación psicológica que no deja de ser estimulada por la regular marcha del coche y el sordo y monótono rumor de sus ruedas, limando[45] el hierro de los carriles.[46]

Pero al fin dejé de pensar en lo que tan poco me interesaba, y, recorriendo con la vista el interior del coche, examiné, uno por uno, a mis compañeros de viaje. ¡Cuán distintas caras y cuán diversas expresiones! Unos, parecen no inquietarse ni lo más mínimo de los que van a su lado: otros, pasan revista al corrillo[47] con impertinente curiosidad; unos están alegres; otros, tristes; aquél, bosteza, el de más allá, ríe, y, a pesar de la brevedad del trayecto, no hay uno que no desee terminarlo pronto; pues entre las cosas fastidiosas, ninguna aventaja a la que consiste en estar una docena de personas mirándose las caras sin decirse palabra, y contándose, recíprocamente, sus arrugas, sus lunares,[48] y este o el otro accidente observado en el rostro o en la ropa.

Es singular aquel breve conocimiento con personas que no hemos visto y que, probablemente, no volveremos a ver. Al entrar, ya encontramos a alguien: otros, vienen después que estamos allí; unos se marchan, quedándonos nosotros, y, por último, también nos vamos. Imitación es esto de la vida humana, en que el nacer y el morir son como las entradas y salidas a que me refiero, pues van renovando sin cesar, en generaciones de viajeros, el pequeño mundo que allí dentro vive. Entran, salen, nacen, mueren... ¡Cuántos han pasado por aquí antes que nosotros! ¡Cuántos vendrán después!

Y para que la semejanza sea más completa, también hay un mundo chico de pasiones en miniatura dentro de aquel cajón. Muchos van allí que se nos antojan[49] excelentes personas, y nos agrada[50] su aspecto, y hasta les vemos salir con disgusto. Otros, por el contrario, nos revientan[51] desde que les echamos la vista encima: les aborrecemos[52] durante diez minutos; examinamos con cierto rencor sus caracteres frenológicos[b] y sentimos verdadero gozo al verles salir. Y en tanto, sigue corriendo el vehículo, remedo[53] de la vida humana, siempre recibiendo y soltando, uniforme, incansable, majestuoso, insensible a lo que pasa en su interior; sin que le conmuevan, ni poco ni mucho, las mal sofocadas pasioncillas de que es mudo teatro; siempre corriendo, corriendo sobre las dos interminables paralelas de hierro, largas y resbaladizas como los siglos.

IV

Mientras pensaba en esto, el coche subía por la calle de Alcalá, hasta que me sacó del golfo de tan revueltas cavilaciones[54] el golpe de mi paquete de libros al caer al suelo. Recogílo al instante; mis ojos se fijaron en el pedazo de periódico que servía de envoltorio[55] a los volúmenes, y, maquinalmente, leyeron medio renglón[56] de lo que allí estaba impreso. De súbito sentí vivamente picada mi curiosidad: había leído algo que me

[45] *rubbing against*
[46] *tram tracks*
[47] *group of talkers*
[48] **sus arrugas...** *its wrinkles, its moles*
[49] **se...** nos parecen
[50] gusta
[51] *annoy*
[52] **les...** *we detest them*
[53] imitación, copia
[54] pensamientos
[55] *wrapping*
[56] línea escrita

―――

[b] La frenología es el estudio del carácter según la forma del cráneo.

interesaba y ciertos nombres esparcidos[57]en el pedazo de folletín hirieron
a un tiempo la vista y el recuerdo. Busqué el principio y no lo hallé: el papel estaba roto, y únicamente pude leer, con curiosidad primero y después con afán[58] creciente, lo que sigue:

«Sentía la Condesa una agitación indescriptible. La presencia de Mudarra, el insolente mayordomo, que, olvidando su bajo origen, atreviérase
a poner los ojos en cosa tan alta, le causaba continua zozobra.[59] El infante
la estaba espiando sin cesar, la vigilaba como se vigila a un preso.[60] Ya no
le detenía ningún respeto, ni era obstáculo a su innoble asechanza[61] la
sensibilidad y delicadeza de tan excelente señora.

»Mudarra penetró a deshora[62] en la habitación de la Condesa, que,
pálida y agitada, sintiendo a la vez vergüenza y terror, no tuvo ánimo para
despedirle.[63]

»—No se asuste usía[64] señora Condesa —dijo con forzada y siniestra
sonrisa, que aumentó la turbación[65] de la dama—; no vengo a hacer a usía
daño alguno.

»—¡Oh Dios mío! ¡Cuándo acabará este suplicio![66] —exclamó la Condesa, dejando caer sus brazos con desaliento[67]—. Salga usted: yo no puedo
acceder a sus deseos. ¡Qué infamia! Abusar de ese modo de mi debilidad y
de la indiferencia de mi esposo, único autor de tantas desgracias.

»—¿Por qué tan arisca,[68] señora Condesa? —añadió el feroz mayordomo—. Si yo no tuviera el secreto de su perdición[69] en mi mano, si yo no
pudiera imponer al señor Conde de ciertas particularidades..., pues..., re-
ferentes a aquel caballerito... Pero no abusaré, no, de estas terribles armas. Usted me comprenderá al fin, conociendo cuán desinteresado es el
grande amor que ha sabido inspirarme.

»Al decir esto, Mudarra dio algunos pasos hacia la Condesa, que se
alejó, con horror y repugnancia, de aquel monstruo.

»Era Mudarra un hombre como de unos cincuenta años, moreno, rechoncho y patizambo,[70] de cabellos ásperos y en orden, grande y colmi-
lluda[71] la boca. Sus ojos, medio ocultos tras la frondosidad[72] de largas, negras y espesísimas cejas, en aquellos instantes expresaban la más bestial e
impaciente concupiscencia.[73]

»—¡Ah puerco espín![74] —exclamó con ira, al ver el natural despego[75]
de la dama—. ¡Qué desdicha no ser un mozalbete almidonado![76] Tanto
remilgo,[77] sabiendo que puedo informar al señor Conde... Y me creerá,
no lo dude usía; el señor Conde tiene en mí tal confianza, que lo que yo
digo es para él el mismo Evangelio..., pues..., y como está celoso..., si yo le
presento el papelito...

»—¡Infame! —exclamó la Condesa con noble arranque[78] de indignación y dignidad—. Yo soy inocente, y mi esposo no será capaz de prestar
oídos a tan viles calumnias. Y aunque fuera culpable, prefiero mil veces
ser despreciada por mi marido y por todo el mundo a comprar mi tranquilidad a ese precio. Salga usted de aquí al instante.

»—Yo también tengo mal genio,[79] señora Condesa —dijo el mayordomo, devorando su rabia—, yo también gasto mal genio, y cuando me
amosco[80]... Puesto que usía lo toma por la tremenda[81] vamos por la
tremenda. Yo sé lo que tengo que hacer, y demasiado condescendiente he

57 *scattered*
58 interés
59 inquietud, ansiedad
60 prisionero
61 *trap, snare*
62 **a...** *at the wrong moment*
63 *dismiss him*
64 **No...** No tenga miedo,
   vuestra señoría
65 *upset*
66 pena, tortura
67 *dismay*
68 desagradable
69 *disgrace*
70 **rechoncho...** *chubby and
   bowlegged*
71 *having large eyeteeth*
72 *bushiness*
73 *lust*
74 **puerco...** *porcupine*
75 *coolness, indifference*
76 **mozalbete...** *dapper
   young man*
77 *finickiness*
78 *outburst*
79 **mal...** *bad temper*
80 enojo
81 **lo...** *takes it to extremes*

sido hasta aquí. Por última vez propongo a usía que seamos amigos, y no me ponga en el caso de hacer un disparate.[82] Conque[83] señora Condesa...

205 »Al decir esto, Mudarra contrajo la pergaminosa[84] piel y los rígidos[85] tendones de su rostro, haciendo una mueca parecida a una sonrisa, y dio algunos pasos como para sentarse en el sofá junto a la Condesa. Esta se levantó de un salto, gritando:

»—¡No; salga usted! ¡Infame! Y no tener quien me defienda... ¡Salga 210 usted!...

»El mayordomo entonces era como una fiera a quien se escapa la presa[86] que ha tenido un momento antes entre sus uñas. Dio un resoplido,[87] hizo un gesto de amenaza y salió despacio, con pasos muy quedos.[88] La Condesa, trémula[89] y sin aliento, refugiada en la extremidad del 215 gabinete, sintió las pisadas, que, alejándose, se perdían en la alfombra de la habitación inmediata, y respiró al fin cuando le consideró[90] lejos. Cerró todas las puertas y quiso dormir; pero el sueño huía de sus ojos, aún aterrados[91] con la imagen del monstruo.

»CAPÍTULO XI.—El complot.—Mudarra, al salir de la habitación de la 220 Condesa, se dirigió a la suya y, dominado por fuerte inquietud nerviosa, comenzó a registrar cartas y papeles, diciendo entre dientes: «Ya no aguanto más; me las pagará todas juntas...» Después se sentó, tomó la pluma, y poniendo delante una de aquellas cartas, y examinándola bien, empezó a escribir otra, tratando de remedar la letra. Mudaba la vista,[92] 225 con febril[93] ansiedad, del modelo a la copia, y, por último, después de gran trabajo, escribió, con caracteres enteramente iguales a los del modelo, la carta siguiente, cuyo sentido era de su propia cosecha: *Había prometido a usted una entrevista, y me apresuro...*»

El folletín estaba roto y no pude leer más.

V

230 Sin apartar la vista del paquete, me puse a pensar en la relación que existía entre las noticias sueltas que oí de boca del señor Cascajares de la Vallina y la escena leída en aquel papelucho,[94] folletín, sin duda, traducido de alguna de esas desatinadas[95] novelas de Ponson du Terrail o de Montepin. Será una tontería, dije para mí, pero es lo cierto que ya me inspira 235 interés esa señora Condesa, víctima de la barbarie de un mayordomo impasible[96] cual no existe sino en la trastornada[97] cabeza de algún novelista nacido para aterrar[98] a la gente sencilla. ¿Y qué haría el maldito para vengarse? Capaz sería de imaginar cualquier atrocidad de esas que ponen fin a un capítulo de sensación. Y el Conde, ¿qué hará? Y aquel mozalbete de 240 quien hablaron, Cascajares, en el coche, y después Mudarra, en el folletín, ¿qué hará?, ¿quién será? ¿Que hay entre la Condesa y ese incógnito caballerito? Algo daría por saber...

VI

Recorrí con los ojos el interior del coche y, ¡horror!, vi una persona que me hizo estremecer[99] de espanto. Mientras estaba yo embebido[100] en la in-245 teresante lectura del pedazo del folletín, el tranvía se había detenido

82 *blunder, foolish move*
83 Así que
84 *parchment-like*
85 *stiff*
86 *prey*
87 **Dio...** *He snorted*
88 *quiet*
89 temblando
90 creyó
91 *terrified*
92 **Mudaba...** *He shifted his glance*
93 *feverish*
94 *despicable paper, "rag"*
95 *foolish*
96 *unfeeling*
97 *disturbed, muddled*
98 causar terror
99 *shudder*
100 *absorbed*

varias veces para tomar o dejar algún viajero. En una de estas ocasiones había entrado aquel hombre, cuya súbita[101] presencia me produjo tan grande impresión. Era él, Mudarra, el mayordomo en persona, que estaba sentado frente a mí, con sus rodillas tocando las mías. En un segundo le examiné de pies a cabeza y reconocí las facciones[102] cuya descripción había leído. No podía ser otro; hasta los más insignificantes detalles de su vestido indicaban claramente que era él. Reconocí la tez[103] morena y lustrosa,[104] los cabellos indomables, cuyas mechas[105] surgían en opuestas direcciones, como los culebras[106] de Medusa; los ojos hundidos[107] bajo la espesura[108] de unas agrestes[109] cejas; las barbas, no menos revueltas[110] e incultas que el pelo; los pies, torcidos[111] hacia dentro, como los de los loros,[112] y, en fin, la misma mirada, el mismo hombre en el aspecto, en el traje, en el respirar, en el toser, hasta en el modo de meterse la mano en el bolsillo para pagar.

De pronto le vi sacar una cartera, y observé que este objeto tenía en la cubierta una gran *M* dorada, la inicial de su apellido. Abrióla, sacó una carta y miró el sobre con sonrisa de demonio, y hasta me pareció que decía entre dientes:

—¡Qué bien imitada está la letra!

En efecto, era una carta pequeña, con el sobre garabateado[113] por mano femenina. El lo miró bien, recreándose[114] en su infame obra, hasta que observó que yo, con curiosidad indiscreta y descortés, alargaba demasiado el rostro para leer el sobrescrito.[115] Dirigióme una mirada que me hizo el efecto de un golpe, y guardó su cartera.

El coche seguía corriendo, y en el breve tiempo necesario para que yo leyera el trozo de novela, para que pensara un poco en tan extrañas cosas, para que viera al propio Mudarra, novelesco, inverosímil, convertido en ser vivo y compañero mío en aquel viaje, había dejado atrás la calle de Alcalá, atravesaba la Puerta del Sol y entraba triunfante en la calle Mayor, abriéndose paso por entre los demás coches, haciendo correr a los carromatos rezagados[116] y perezosos, y ahuyentando[117] a los peatones, que, en el tumulto de la calle, y aturdidos por la confusión de tantos y tan diversos ruidos, no ven la mole[118] que se les viene encima sino cuando ya la tienen a muy poca distancia.

Yo seguía contemplando a aquel hombre como se contempla a un objeto de cuya existencia real no estamos muy seguros, y no quité los ojos de su repugnante facha[119] hasta que no le vi levantarse, mandar parar el coche y salir, perdiéndose luego entre el gentío de la calle.

VII

Varias personas salieron y entraron, y la decoración viviente del coche mudó por completo.

Cada vez era más viva la curiosidad que me inspiraba aquel suceso, que al principio podía considerar como forjado[120] exclusivamente en mi cabeza por la coincidencia de varias sensaciones ocasionadas en la conversación o en la lectura, pero que, al fin, se me figuraba cosa cierta y de indudable realidad.

101 *sudden*
102 *features*
103 piel del rostro
104 *shiny*
105 *locks*
106 *snakes*
107 *sunken*
108 *thickness*
109 *wild, uncouth*
110 *disordered*
111 *twisted*
112 *parrots*
113 *scribbled*
114 *taking delight*
115 dirección
116 **carromatos...** *straggling carts*
117 *scaring, driving away*
118 *huge mass or bulk*
119 rostro
120 inventado

Cuando salió el hombre en quien creí ver al terrible mayordomo, me quedé pensando en el incidente de la carta, y me lo expliqué a mi manera, no queriendo ser, en tan delicada cuestión, menos fecundo que el novelista, autor de lo que momentos antes había leído. Mudarra, pensé, deseoso de vengarse de la Condesa, ¡oh infortunada Condesa!, finge su letra[121] y escribe una carta a aquel caballero, con quien hubo esto y lo otro y lo de más allá. En la carta le da una cita en su propia casa; llega el joven a la hora indicada, y, poco después, el marido, a quien se ha tenido cuidado de avisar, para que coja *in fraganti*[122] a su desleal esposa: ¡oh admirable recurso del ingenio! Esto, que en la vida tiene su pro y su contra, en una novela viene como anillo al dedo. La dama se desmaya,[123] el amante se turba, el marido hace una atrocidad, y detrás de la cortina está el fatídico semblante[124] del mayordomo, que se goza en su endiablada venganza.

Yo, que he leído muchas y muy malas novelas, di aquel giro[125] a la que, insensiblemente, iba desarrollándose en mi imaginación por las palabras de un amigo, la lectura de un trozo de papel y la vista de un desconocido.

VIII

[*El narrador va quedando dormido. Estudia y describe las caras de las ocho otras personas del tranvía. Se imagina que el tranvía entra en el mar y que se pueden ver las criaturas del mar por las ventanas. Luego le parece que el tranvía está volando a través del espacio.*]

IX

[*El narrador se duerme profundamente y sueña con la Condesa. La ve claramente, sentada con un perrillo a sus pies. Ella no piensa salir esa noche. Al narrador le parece que puede leer sus pensamientos.*]

X

De repente se abre la puerta, dando paso a un hombre. La Condesa dio un grito de sorpresa y se levantó muy agitada.

—¿Qué es esto? —dijo—. Rafael... ¡Usted! ¡Qué atrevimiento! ¿Cómo ha entrado usted aquí?

—Señora —contestó el que había entrado, joven de muy buen porte—. ¿No me esperaba usted? He recibido una carta suya...

—¡Una carta mía! —exclamó más agitada la Condesa—. Yo no he escrito carta ninguna. ¿Y para qué había de escribirla?

—Señora, vea usted —repuso el joven, sacando la carta y mostrándosela—; es su letra, su misma letra.

—¡Dios mío! ¡Qué infernal maquinación! —dijo la dama con desesperación—. Yo no he escrito esa carta. ¡Ah! Es un lazo[126] que me tienden...

—Señora, cálmese usted... Yo siento mucho...

—Sí; lo comprendo todo... Ese hombre infame. Ya sospecho cuál

---

[121] **finge...** *fakes her handwriting*
[122] **in...** en el acto (Latin: flagranti)
[123] **se...** *faints*
[124] **fatídico...** *ominous face*
[125] *turn, course*
[126] *trap, snare*

habrá sido su idea. Salga usted al instante... Pero ya es tarde; ya siento la voz de mi marido.

En efecto, una voz atronadora[127] se sintió en la habitación inmediata, y al poco rato entró el Conde, que fingió[128] sorpresa de ver al galán, y después, riendo con cierta afectación, le dijo:

—¡Oh Rafael!, usted por aquí... Cuánto tiempo... Venía usted a acompañar a Antonia... Con eso nos acompañará a tomar el té.

La Condesa y su esposo cambiaron una mirada siniestra. El joven, en su perplejidad, apenas acertó a devolver al Conde su saludo. Vi que entraron y salieron varios criados: vi que trajeron un servicio de té y desaparecieron después, dejando solos a los tres personajes. Iba a pasar algo terrible.

Sentáronse; la Condesa estaba pálida como una muerta; el Conde afectaba una hilaridad aturdida, semejante a la embriaguez,[129] y el joven callaba, contestándole sólo con monosílabos. Sirvió el té y el Conde alargó a Rafael una de las tazas, no una cualquiera, sino una determinada. La Condesa miró aquella taza con tal expresión de espanto, que pareció echar en ella todo su espíritu. Bebieron en silencio, acompañando la poción con muchas variedades de las sabrosas pastas *Huntley and Palmers*[c] y otras menudencias[130] propias de tal clase de cena. Después, el Conde volvió a reír con la desaforada[131] y ruidosa expansión que le era peculiar aquella noche, y dijo:

—¡Cómo nos aburrimos! Usted, Rafael, ¡no dice una palabra! Antonia, toca algo. Hace tanto tiempo que no te oímos... Mira, aquella pieza de Gortzchach que se titula *Morte*; la tocabas admirablemente. Vamos, ponte al piano.

La Condesa quiso hablar; pero le era imposible articular palabra. Su marido la miró de tal modo, que la infeliz cedió ante la terrible expresión de sus ojos, como la paloma fascinada por el boa *constrictor*. Se levantó, dirigiéndose al piano, y ya allí, el Conde debió de decirla algo que la aterró más, acabando de ponerla bajo su infernal dominio. Sonó el piano, heridas[132] a la vez multitud de cuerdas, y corriendo de las graves[133] a las agudas,[134] las manos de la Condesa despertaron en un segundo los centenares de sonidos que dormían mudos en el fondo de la caja. Al principio, la música era una confusa reunión de sones[135] que aturdía[136] en vez de agradar; pero luego serenóse aquella tempestad, y un canto fúnebre y temeroso, como el *Dies iræ*[d] surgió de tal desorden. Yo creía escuchar el son triste de un coro de cartujos,[137] acompañado con el bronco mugido de los fagots.[138] Sentíanse después ayes lastimeros como nos figuramos han de ser los que exhalan las ánimas condenadas en el Purgatorio a pedir incesantemente un perdón que ha de llegar muy tarde.

Volvían luego los arpegios prolongados y ruidosos y las notas se encabritaban[139] unas sobre otras, como disputándose cuál ha de llegar

127 *thundering*
128 *feigned*
129 *drunkenness*
130 *trifles*
131 *excessive*
132 *struck*
133 *lows*
134 *highs*
135 *sonidos*
136 *perturbed*
137 *Carthusian monks*
138 **bronco...** *harsh lowing of the bassoons*
139 *rose, shot up*

---

[c] *Huntley and Palmers* es una compañía inglesa que produce alimentos y dulces.

[d] El *Dies iræ* es un himno latino atribuido a Tomás de Celano (1256) y que se usa en la misa de difuntos. La música de este himno era popular durante el período romántico.

primero. Se hacían y deshacían los acordes[140] como se forma y desbarata[141] la espuma[142] de las olas. La armonía fluctuaba y hervía[143] en un oleaje[144] sin fin, alejándose hasta perderse y volviendo más fuerte, en grandes y atropellados remolinos.[145]

Yo continuaba extasiado oyendo aquella música imponente y majestuosa; no podía ver el semblante de la Condesa, sentada de espaldas a mí; pero me la figuraba en tal estado de aturdimiento y pavor, que llegué a pensar que el piano se tocaba solo.

El joven estaba detrás de ella, y el Conde a su derecha, apoyado en el piano. De vez en cuando ella levantaba la vista para mirarle; pero debía de encontrar expresión muy horrenda en los ojos de su consorte, porque tornaba a bajar los suyos y seguía tocando. De repente, el piano cesó de sonar y la Condesa dió un grito.

En aquel instante sentí un fuertísimo golpe en un hombro, me sacudió violentamente y desperté.

XI

Había cambiado de postura en la agitación de mi sueño y me había dejado caer sobre la venerable inglesa que a mi lado iba.

—¡Aaah! Usted, *sleeping*..., molestar... *mí* —dijo con avinagrado mohín,[146] mientras rechazaba mi paquete de libros, que había caído sobre sus rodillas.

—Señora..., es verdad...; me dormí —contesté, turbado,[147] al ver que todos los viajeros se reían de aquella escena.

—¡Oooh!... Yo soy... *going...*, *to* decir al *coachman* usted molestar... *mí.* Usted, caballero... *very shocking* —añadió la inglesa en su jerga[148] ininteligible—. ¡Oooh! Usted creer... *my body* es... su cama *ford.* Usted... *to sleep.* ¡Oooh!, *gentleman, you are a stupid ass.*

Al decir esto, la hija de la Gran Bretaña, que era de sí bastante amoratada,[149] estaba lo mismo que un tomate. Creyérase que la sangre agolpada a sus carrillos[150] y a su nariz, iba a brotar[151] por sus candentes[152] poros, y me mostraba cuatro dientes puntiagudos y muy blancos, como si me quisiera roer.[153] Le pedí mil perdones por mi sueño descortés, recogí mi paquete y pasé revista a las nuevas caras que dentro del coche había. Figúrate, ¡oh cachazudo[154] y benévolo lector!, cuál sería mi sorpresa cuando vi, frente a mí, ¿a quién creerás?: al joven de la escena soñada, al mismo don Rafael en persona. Me restregué los ojos[155] para convencerme de que no dormía, y, en efecto, despierto estaba, y tan despierto como ahora.

Era él, él mismo, y conversaba con otro que a su lado iba. Puse atención y escuché con toda mi alma.

—Pero ¿tú no sospechaste nada? —le decía el otro.

—Algo, sí; pero callé. Ella parecía difunta: tal era su terror. Su marido la mandó tocar el piano, y ella no se atrevió a resistir. Tocó, como siempre, de una manera admirable, y oyéndola llegué a olvidarme de la peligrosa situación en que nos encontrábamos. A pesar de los esfuerzos que ella hacía para aparecer serena, llegó un momento en que le fue imposible

140 *chords*
141 *breaks up*
142 *foam*
143 *boiled*
144 *constant motion of the waves*
145 **atropellados...** *impetuous whirlpools*
146 **avinagrado...** *sour grimace*
147 *embarrassed*
148 *gibberish*
149 *purplish*
150 **agolpada...***rushed to her cheeks*
151 *burst, gush*
152 *red*
153 *gnaw*
154 *cool, phlegmatic, easygoing*
155 **Me...** *I rubbed my eyes*

fingir más. Sus brazos se aflojaron[156] y resbalando de las teclas,[157] echó la cabeza atrás y dio un grito. Entonces su marido sacó un puñal,[158] y dando un paso hacia ella, exclamó con furia: «¡Toca o te mato al instante!» Al ver aquello, hirvió mi sangre toda; quise echarme sobre aquel miserable; pero sentí en mi cuerpo una sensación que no puedo pintarte; creí que, repentinamente, se había encendido una hoguera en mi estómago; fuego corría por mis venas; las sienes me latieron,[159] y caí al suelo, sin sentido.

—¿Y antes, no conociste los síntomas del envenenamiento?[160] —le preguntó el otro.

—Notaba cierta desazón,[161] y sospeché vagamente; pero nada más. El veneno estaba bien preparado, porque hizo el efecto tarde y no me mató, aunque sí me ha dejado una enfermedad para toda la vida.

—Y después que perdiste el sentido, ¿qué pasó?

Rafael iba a contestar, y yo le escuchaba como si de sus palabras pendiera un secreto de vida o muerte, cuando el coche paró.

—¡Ah!, ya estamos en los Consejos. Bajemos —dijo Rafael.

¡Qué contrariedad! Se marchaban y yo no sabía el fin de la historia.

—Caballero, caballero, una palabra —dije al verlos salir.

El joven se detuvo y me miró.

—¿Y la Condesa? ¿Qué fue de la Condesa? —pregunté con mucho afán.

Una carcajada general fue la única respuesta. Los dos jóvenes, riéndose también, salieron sin contestarme palabra. El único ser vivo que conservó su serenidad de esfinge[162] en la cómica escena fue la inglesa, que, llena de indignación al ver mis extravagancias, se volvió a los demás viajeros, diciendo:

—¡Ooooh! *A lunatic fellow!*

XII

El coche seguía, y a mí me abrasaba[163] la curiosidad por saber qué había sido de la desdichada Condesa. ¿La mató su marido? Yo me hacía cargo de las intenciones de aquel malvado. Ansioso de gozarse en su venganza, como todas las almas crueles, quería que su mujer presenciase,[164] sin dejar de tocar, la agonía de aquel incauto[165] joven, llevado allí por una vil celada[166] de Mudarra.

Mas era imposible que la dama continuara haciendo desesperados esfuerzos para mantener su serenidad, sabiendo que Rafael había bebido el veneno. ¡Trágica y espeluznante[167] escena!, pensaba yo, cada vez más convencido de la realidad de aquel suceso; ¡y luego dirán que estas cosas sólo se ven en las novelas!

Al pasar por delante de Palacio, el coche se detuvo y entró una mujer que traía un perrillo en sus brazos. Al instante reconocí al perro que había visto recostado a los pies de la Condesa; era el mismo, la misma lana, blanca y fina; la misma mancha negra sobre una de sus orejas. La suerte quiso que aquella mujer se sentara a mi lado. No pudiendo yo resistir la curiosidad, le pregunté:

156 **se...** *became slack*
157 *keys*
158 *dagger*
159 **las sienes...** *my temples were throbbing*
160 *poisoning*
161 *discomfort*
162 *sphinx*
163 **me...** *I was burning with*
164 *would witness*
165 *unsuspecting*
166 *trap*
167 *hair-raising, terrifying*

168 **en...** cómo acabó
169 fingiendo
170 ruido fuerte
171 **para...** *to myself*

—¿Es de usted ese perro tan bonito?

—¿Pues de quién ha de ser? ¿Le gusta a usted?

465 Cogí una de las orejas del inteligente animal para hacerle una caricia; pero él, insensible a mis demostraciones de cariño, ladró, dio un salto y puso sus patas sobre las rodillas de la inglesa, que me volvió a enseñar sus dos dientes, como queriéndome roer, y exclamó:

—¡Oooh! Usted... *insupportable.*

470 —¿Y dónde ha adquirido usted ese perro? —pregunté, sin hacer caso de la nueva explosión colérica de la mujer británica—. ¿Se puede saber?

—Era de mi señorita.

—¿Y qué fue de su señorita? —dije, con la mayor ansiedad.

—¡Ah! ¿Usted la conocía? —repuso la mujer—. Era muy buena, ¿ver-
475 dad?

—¡Oh!, excelente... Pero ¿me explicará usted en qué paró[168] todo aquello?

—¿De modo que usted está enterado? Usted tiene noticias... ?

—Sí, señora... He sabido todo lo que ha pasado, hasta aquello del té...,
480 pués. Y, diga usted, ¿murió la señora?

—¡Ah! Sí, señor; está en la gloria.

—¿Y cómo fue eso? ¿La asesinaron o fue a consecuencia del susto?

—¡Qué asesinato ni qué susto! —dijo con expresión burlona—. Usted no está enterado. Fue que aquella noche había comido no sé qué, pues...,
485 y le hizo daño... Le dio un desmayo que le duró hasta el amanecer.

«¡Bah! —pensé yo—. Esta no sabe una palabra del incidente del piano y del veneno, o no quiere darse por entendida.»

Después dije en voz alta:

—¿Conque fue de indigestión?

490 —Sí, señor. Yo le había dicho aquella noche: «Señora, no coma usted esos mariscos»; pero no me hizo caso.

—Conque mariscos, ¿eh? —dije con incredulidad—. ¡Si sabré yo lo que ha ocurrido!

—¿No lo cree usted?

495 —Sí..., sí —repuse, aparentando[169] creerlo—. ¿Y el Conde?

—¿Qué Conde?

—Su marido, el esposo de la señora Condesa, el que sacó el puñal cuando tocaba el piano.

La mujer me miró un instante, y después soltó la risa en mis propias
500 barbas.

—¿Se ríe usted?... ¡Bah! ¿Piensa usted que no estoy perfectamente enterado? Ya comprendo; usted no quiere contar los hechos como realmente son. Ya se ve; ¡como en eso hay causa criminal!...

—Es que ha hablado usted de un Conde y de una Condesa.

505 —¿No era el ama de ese perro la señora Condesa, a quien el mayordomo Mudarra... ?

La mujer volvió a soltar la risa con tal estrépito[170] que me desconcerté, diciendo para mi capote:[171] «Esta debe de ser cómplice de Mudarra, y, naturalmente, ocultará todo lo que pueda.»

510 —Usted está loco —añadió la desconocida.

—*Lunatic, lunatic... Mí... suffocated... Oooh! My God!*

—Sí; yo lo sé todo; vamos, no me lo oculte usted. Dígame de qué murió la señora Condesa.

—¿Qué Condesa ni qué ocho cuartos,[172] nombre de Dios? —dijo la mujer, volviéndose a reír.

—¡Si creerá usted que me engaña a mí con sus risitas! —contesté—. La Condesa ha muerto envenenada o asesinada; no me queda la menor duda.

XIII

Llegó el coche al barrio de Pozas, y yo, al término de mi viaje. Salimos todos: la inglesa me echó una mirada que indicaba su regocijo[173] por verse libre de mí, y cada cual se dirigió a su destino. Yo seguí a la mujer del perro, aturdiéndola[174] a preguntas, hasta que entró en su casa, riendo siempre de mi empeño[175] en averiguar vidas ajenas. Al verme solo en la calle, recordé el objeto de mi viaje, y me dirigí a la casa donde debía entregar aquellos libros. Devolvílos a la persona que me los había prestado para leerlos, y me puse a pasear frente al Buen Suceso, esperando a que saliese de nuevo el coche para regresar al otro extremo de Madrid.

No podía apartar de la imaginación a la infortunada Condesa, y cada vez me confirmaba más en mi idea de que la mujer con quien últimamente hablé había querido engañarme, ocultando la verdad de la misteriosa tragedia.

XIV

Iba anocheciendo ya cuando el coche se disponía[176] a partir. Entré, y lo primero que mis ojos vieron fue a la señora inglesa, sentada donde antes estuvo. Cuando me vio subir y tomar sitio a su lado, la expresión de su rostro no es definible; se puso otra vez como la grana,[177] exclamando:

—¡Oooh!... Usted..., *mí* quejarse al *coachman*... Usted reventar *mi fort it.*[178]

Tan preocupado estaba yo con mis confusiones, que, sin hacerme cargo de[179] lo que la inglesa me decía en su híbrido y trabajoso lenguaje, le contesté:

—Señora, no hay duda de que la Condesa murió envenenada o asesinada. Usted no tiene ni idea de la ferocidad de aquel hombre.

Seguía el coche, y de trecho en trecho[180] se detenía para recoger pasajeros. Cerca del Palacio Real entraron tres, tomando asiento enfrente de mí. Uno de ellos era un hombre alto, seco y huesudo, con muy severos ojos y un hablar campanudo[181] que imponía respeto.

No hacía diez minutos que estaban allí, cuando este hombre se volvió a los otros dos, y dijo:

—¡Pobrecilla! ¡Cómo se lamentaba en sus últimos instantes! La bala[182] le entró por encima de la clavícula derecha y después bajó hasta el corazón.

—¿Cómo? —exclamé yo, repentinamente, dirigiéndome a ellos—. ¿Conque fue de un tiro?[183] ¿No murió de una puñalada?

Los tres me miraron con sorpresa.

172 **ocho...** tonterías
173 alegría
174 *bewildering her*
175 deseo fuerte
176 **se...** *was about*
177 **se...** *her face turned red again*
178 **Usted...** *I can't stand this fellow.*
179 **hacerme...** considerar, tomar en cuenta
180 **de...** de vez en cuando
181 *resonant*
182 *bullet*
183 *shot*

—De un tiro, sí, señor —dijo con cierto desabrimiento[184] el alto, seco y huesudo.

555 —Y aquella mujer sostenía que había muerto de una indigestión —dije, interesándome cada vez más en aquel asunto—. Cuente usted, ¿y cómo fue?

—¿Y a usted, qué le importa? —dijo el otro, con muy avinagrado gesto.

560 —Tengo mucho interés por conocer el fin de esa horrorosa tragedia. ¿No es verdad que parece cosa de novela?

—¡Qué novela ni qué niño muerto! ¿Usted está loco, o quiere burlarse de nosotros?

—Caballerito, cuidado con las bromas —dijo el alto y seco.

565 —¿Creen ustedes que no estoy enterado? Lo sé todo; he presenciado[185] varias escenas de ese horrendo crimen. Pero dicen ustedes que la Condesa murió de un pistoletazo.[186]

—Válganos Dios; nosotros no hemos hablado de Condesa, sino de mi perra, a quien cazando disparamos inadvertidamente un tiro. Si usted 570 quiere bromear puede buscarme en otro sitio, y ya le contestaré como merece.

—Ya, ya comprendo; ahora hay empeño en ocultar la verdad —dije, juzgando que aquellos hombres querían desorientarme en mis pesquisas,[187] convirtiendo en perra a la desdichada Condesa.

575 Ya preparaba el otro su contestación, sin duda más enérgica de lo que el caso requería, cuando la inglesa se llevó el dedo a la sien[188] como para indicarles que yo no regía[189] bien de la cabeza. Calmáronse con esto y no dijeron una palabra más en todo en viaje, que terminó para ellos en la Puerta del Sol. Sin duda me habían tenido miedo.

XV

580 Tan dominado yo continuaba por aquella preocupación, que en vano quería serenar[190] mi espíritu, razonando conmigo mismo los verdaderos términos de tan embrollada[191] cuestión. Pero cada vez eran mayores mis confusiones, y la imagen de la pobre señora no se apartaba de mi imaginación. En todos los semblantes que iban sucediéndose dentro del coche 585 creía ver algo que contribuyera a explicar el enigma. Yo sentía una sobreexcitación cerebral espantosa, y sin duda el trastorno[192] interior debía de pintarse en mi rostro, porque todos me miraban como se mira una cosa que no se ve todos los días.

XVI

Faltaba aún algún incidente que había de turbar más mi cabeza en aquel 590 viaje fatal. Al pasar por la calle de Alcalá, entró un caballero con su señora; él quedó junto a mí. Era un hombre que parecía afectado de una fuerte y reciente impresión, y hasta creí que alguna vez se llevó el pañuelo a los ojos para enjugar[193] las invisibles lágrimas que, sin duda, corrían bajo el cristal verde obscuro de sus descomunales antiparras.[194]

184 *rudeness, sharpness*
185 *witnessed*
186 *gunshot*
187 investigaciones
188 *temple*
189 funcionaba
190 calmar
191 complicada
192 confusión, turbación
193 *wipe*
194 **descomunales...** enormes anteojos

595   Al poco rato de estar allí, aquel hombre dijo, en voz baja, a la que parecía ser su mujer:

—Pues hay sospechas de que ha habido envenenamiento; no lo dudes. Me lo acaba de decir don Mateo. ¡Desdichada mujer!

—¡Qué horror! Ya me lo figuraba también —contestó su consorte—.
600 De aquellos cafres,[195] ¿qué se podía esperar?

—Juro no dejar piedra sobre piedra hasta averiguarlo.

Entonces yo, que era todo oídos, exclamé, también en voz baja:

—Sí, señor; ha habido envenenamiento. Me consta.

—¿Cómo? ¿Usted sabe? ¿Usted también la conocía? —me dijo viva-
605 mente el de las antiparras verdes, volviéndose hacia mí.

—Sí, señor; y no dude usted que la muerte ha sido violenta, por más que quieran hacernos creer que fue una indigestión.

—Lo mismo digo yo. ¡Qué excelente mujer era! Pero... ¿cómo sabe usted... ?

610 —Lo sé, lo sé —repuse, muy satisfecho de que aquél no me tuviera por loco.

—Luego usted irá a declarar al Juzgado,[196] porque ya se está for-mando la sumaria.[197]

—Me alegro; para que castiguen a esos bribones.[198] Iré a declarar, iré
615 a declarar; sí, señor.

A tal extremo había llegado mi obcecación[199] que concluí por pene-trarme de aquel suceso, mitad soñado, mitad leído, y lo creí como ahora creo que es pluma esto con que escribo.

—Pues sí, señor; es preciso aclarar este enigma para que se castigue a
620 los autores del crimen. Yo declararé: fue envenenada con una taza de té, lo mismo que el joven.

—Oye, Petronila —dijo a su esposa el de las antiparras—, con una taza de té.

—Sí; estoy asombrada —contestó la dama—. Cuidado con lo que
625 fueron a inventar esos hombres.

—Sí, señor; con una taza de té. La Condesa tocaba el piano...

—¿Qué Condesa? —preguntó aquel hombre, interrumpiéndome.

—La Condesa, la envenenada.

—Si no se trata de ninguna Condesa, hombre de Dios.

630 —Vamos; usted también es de los empeñados en ocultarlo.

—¡Bah, bah!; si en esto no ha habido ninguna Condesa ni Duquesa, sino simplemente la lavandera[200] de mi casa, mujer del guardagujas[201] del Norte.

—¿Lavandera, eh? —dije en tono de picardía—. Si también me
635 querrá usted hacer tragar[202] que es una lavandera.

El hombre aquel y su esposa me miraron con expresión burlona, y des-pués se dijeron en voz baja algunas palabras. Por un gesto que vi hacer a la señora comprendí que había adquirido el profundo convencimiento de que yo estaba borracho. Llenéme de resignación ante aquella ofensa, y
640 callé, contentándome con despreciar en silencio, cual conviene a las grandes almas, tan irreverente suposición. Cada vez era mayor mi zozobra; la Condesa no se apartaba ni un instante de mi pensamiento, y había lle-

195 salvajes
196 *court, tribunal*
197 *written proceedings*
198 *rascals*
199 *mental obfuscation*
200 *laundress*
201 *switchman*
202 creer (lit.: *swallow*)

gado a interesarme tanto por su siniestro fin como si todo aquello no fuera elaboración enfermiza de mi propia fantasía, impresionada por sucesivas visiones y diálogos. En fin, para que se comprenda a qué extremos llegó mi locura, voy a referir el último incidente de aquel viaje; voy a decir con qué extravagancia puse término a aquel doloroso pugilato[203] de mi entendimiento, empeñado en fuerte lucha con un ejército de sombras.

XVII

Entraba el coche por la calle de Serrano, cuando por la ventanilla que frente a mí tenía miré a la calle, débilmente iluminada por la escasa luz de los faroles, y vi pasar a un hombre. Di un grito de sorpresa y exclamé desatinado:

—Ahí va, es él, el feroz Mudarra, el autor principal de tantas infamias.

Mandé parar el coche y salí, mejor dicho, salté a la puerta, tropezando con[204] los pies y las piernas de los viajeros; bajé a la calle y corrí tras aquel hombre, gritando:

—¡A ése, a ése! ¡Al asesino!

Júzguese cuál sería el efecto producido por estas voces en aquel pacífico barrio.

Aquel hombre, el mismo exactamente que yo había visto en el coche por la tarde, fue detenido. Yo no cesaba de gritar:

—¡Es el que preparó el veneno para la Condesa, el que asesinó a la Condesa!

Hubo un momento de indescriptible confusión. Afirmó él que yo estaba loco; pero que quieras que no, los dos fuimos conducidos a la Prevención.[205] Después perdí por completo la noción de lo que pasaba. No recuerdo lo que hice aquella noche en el sitio donde me encerraron. El recuerdo más vivo que conservo después de tan curioso lance[206] fue el de haber despertado del profundo letargo en que caí, verdadera borrachera moral producida, no sé por qué, por uno de esos pasajeros fenómenos de enajenación[207] que la ciencia estudia con gran cuidado como precursores de la locura definitiva.

Como es de suponer, aquello no tuvo consecuencias, porque el antipático personaje que yo bauticé con el nombre de Mudarra es un honrado comerciante de ultramarinos, que jamás había envenenado a Condesa alguna. Pero aún por mucho tiempo después persistía yo en mi engaño, y solía exclamar:

—Infortunada Condesa; por más que digan, yo siempre sigo en mis trece.[208] Nadie me persuadirá de que no acabaste tus días a manos de tu iracundo esposo.

XVIII

Ha sido preciso que transcurran algunos meses para que las sombras vuelvan al ignorado sitio de donde surgieron, volviéndome loco, y torne la realidad a dominar en mi cabeza. Me río siempre que recuerdo aquel viaje, y toda la consideración que antes me inspiraba la soñada víctima la dedico

203 *fight*
204 **tropezando...** *stumbling over*
205 *police station*
206 episodio, incidente
207 alienación, distracción
208 **sigo...** persisto en mi idea

685 ahora, ¿a quién creeréis?, a mi compañera de viaje de aquella angustiosa ex- ²⁰⁹ precipitadamente
pedición, a la irascible inglesa, a quien disloqué un pie en el momento de
salir atropelladamente²⁰⁹ del coche para perseguir al supuesto mayordomo.

———

Madrid, noviembre de 1871.

✦ Comprensión y expansión

A. Conteste las siguientes preguntas según el texto.

I

1. ¿Con quién se tropezó el narrador al subir la escalera del tranvía?
2. ¿Qué clase de amigo es ese señor?
3. ¿Qué hizo el narrador con el paquete de libros que llevaba? ¿Por qué?

II

4. ¿Cuál es el dilema de la Condesa?
5. ¿Qué le contó al narrador Cascajares?
6. ¿Provocó la curiosidad del narrador esa historia? Comente su reacción.

III

7. ¿Qué efecto tuvo el tranvía sobre la imaginación del narrador?
8. ¿De qué manera es el viaje en tranvía una imitación de la vida humana?

IV

9. ¿Qué despertó la curiosidad del narrador?
10. ¿Cuál es el conflicto entre la Condesa y el mayordomo?

V

11. ¿Es la historia del folletín una ficción o un verdadero artículo de noti-
    cias? Explique.

VI–VII

12. ¿A quién vio el narrador dentro del coche? Explique qué efecto tuvo
    en la imaginación del narrador.

X

13. ¿Cómo se desarrolla la historia de la Condesa en este capítulo?

XI

14. ¿Por qué se despertó el narrador?
15. ¿Cómo reaccionó «Rafael» cuando el narrador le pidió noticias de la
    Condesa?
16. ¿Qué importancia tiene eso para el lector del cuento? ¿Le ayuda a dis-
    tinguir entre la realidad y la ficción?

XII

17. ¿Quién entró al coche cuando pasaba por delante de Palacio?
18. ¿Creyó ella la historia que le contó el narrador?

XIII

19. ¿A quién siguió el narrador?
20. ¿Qué hizo él con los libros?
21. ¿Qué idea quedó en su mente?

XIV

22. ¿De la muerte de quién habló el hombre alto y seco?

XV

23. ¿Cómo describe su estado emocional en este momento el narrador?

XVI

24. ¿Del envenenamiento de quién hablaron el caballero y la señora?

XVII–XVIII

25. ¿A quién vio pasar por la calle el narrador? ¿Adónde fueron conducidos los dos?
26. En realidad, ¿quién era «Mudarra»?
27. Al final del cuento, ¿en quién pensaba el narrador?

B. Marque con un círculo la palabra de cada grupo que no es sinónima de las otras.

1. espejuelos   amatistas   antiparras
2. visaje   mueca   rueda
3. celada   capote   lazo
4. pesquisas   investigaciones   paquetes
5. perrillo   trastorno   obcecación
6. ahuyentar   aterrar   averiguar
7. puñal   remedo   imitación
8. confusión   contestación   zozobra

C. Las preguntas que siguen describen a algunas de las personas incluidas en «La novela en el tranvía». Lea cada una de ellas y escriba el nombre apropiado en los espacios correspondientes.

1. ¿Quién copió la letra de la Condesa?   _____

2. ¿Quién ha leído muchas novelas malas?   _____

3. ¿Sobre quién cayó el paquete de libros?   _____

4. ¿Quién fue responsable del envenenamiento de Rafael?   _____

5. ¿Quién se dejó dominar por su marido?   _____

6. ¿Quién murió de un sospechado envenenamiento?   _____

7. ¿Quién tenía la manía de hacer muchas preguntas?   _____

8. ¿Quién tenía cabellos que recordaban las culebras de Medusa?   _____

9. ¿Quién se parecía a un tomate? _____

10. ¿Quién quedó con un pie dislocado? _____

✦ Temas de discusión o análisis

1. Dé varios ejemplos del uso de la ironía* en el cuento.
2. Analice la contribución del personaje de la señora inglesa a la unidad estructural del cuento. Estudie su función narrativa en los varios capítulos en los que el narrador la menciona. Busque semejanzas en esos trozos y resúmalas.
3. Analice la función narrativa del paquete de libros. Explique cómo ese objeto contribuye a la unidad estructural del cuento.
4. Escriba la historia de «La novela en el tranvía» desde otro punto de vista.
   a. el del paquete de libros
   b. el de la señora inglesa
5. Basándose en dos o tres capítulos del cuento, trabaje con un(a) compañero(a) de clase y escriba un minidrama. Si su profesor(a) está de acuerdo, preséntenselo a la clase.
6. Analice la técnica descriptiva de Galdós en este cuento. ¿Qué detalles significativos usa para retratar a los personajes y para describir el medio ambiente?
7. Analice el conflicto entre la realidad y la ficción que experimenta el protagonista.
8. Como lector(a) del cuento, comente su propia confusión entre la realidad y la ficción dentro del cuento. ¿Qué pistas da el autor para ayudarlo(la) a decidir entre lo que es realidad y lo que es ficción?

✦ Temas de proyección personal

1. Imagínese que usted también es un(a) pasajero(a) del tranvía. ¿Con qué personajes le gustaría a usted hablar? Escriba un diálogo entre usted y uno(a) de los(as) pasajeros(as).
2. Escriba un cuento que tenga lugar en un vehículo de servicio público.

LEOPOLDO ALAS (CLARIN)

Nota biográfica

Clarín, pseudónimo de Leopoldo Alas (1852–1901), escritor, crítico literario y catedrático, nació en Zamora. Se educó en Oviedo, hizo el doctorado de Derecho en Madrid y, desde 1883 hasta su muerte, ocupó una cátedra en la

Facultad de Derecho de Oviedo. Fue un crítico literario controversial y severo que defendió a los escritores liberales como Benito Pérez Galdós y atacó a los conservadores como Pedro Antonio de Alarcón. Además de sus numerosos artículos de crítica literaria, escribió novelas y cuentos. De las dos novelas que publicó, se destaca *La Regenta* (1884), su obra maestra y una de las mejores novelas españolas del siglo XIX. También son importantes sus novelas cortas y sus cuentos en los que figuran frecuentemente personajes de la clase humilde, víctimas de la creciente urbanización del siglo XIX.

✦ Guía y actividades de pre-lectura

La selección que sigue, «¡Adiós, Cordera!», forma parte de la colección de cuentos *El señor y lo demás son cuentos*, publicada en 1893. La acción tiene lugar en la antigua provincia de Asturias, escenario de gran parte de la ficción de Clarín. El cuento muestra cómo el progreso tecnológico, que benefició a la burguesía, causó el sufrimiento de la gente rural pobre.

1. Piense en el título «¡Adiós, Cordera!» ¿Qué imágenes o emociones evoca en usted la figura de la cordera?

2. ¿Cuáles son los atributos literarios tradicionales (originalmente bíblicos) de las ovejas y del cordero?

3. ¿Ha leído usted alguna otra obra que contraste la vida del campo con la de la ciudad? ¿Cuál? Basándose en ella, ¿cuáles serán los posibles conflictos entre esos dos mundos en el cuento que va a leer?

4. ¿Conoce usted algunas consecuencias negativas de la tecnología? ¿Cuáles? Resúmalas y dé un informe a la clase.

«¡Adiós, Cordera!»

Eran tres: ¡siempre los tres! Rosa, Pinín y la Cordera.

El *prao*[1] Somonte era un recorte[2] triangular de terciopelo[3] verde tendido, como una colgadura, cuesta abajo por la loma.[4] Uno de sus ángulos, el inferior, lo despuntaba el camino de hierro[5] de Oviedo a Gijón. Un palo[6] de telégrafo, plantado allí como pendón[7] de conquista, con sus jícaras[8] blancas y sus alambres[9] paralelos, a derecha e izquierda, representaba para Rosa y Pinín el ancho[10] mundo desconocido,[11] misterioso, temible, eternamente ignorado. Pinín, después de pensarlo mucho, cuando a fuerza de[12] ver días y días el poste tranquilo, inofensivo, campechano,[13] con ganas sin duda de aclimatarse en la aldea[14] y parecerse todo lo posible a un árbol seco, fue atreviéndose con él,[15] llevó la confianza al extremo de abrazarse al leño[16] y trepar[17] hasta cerca de los alambres. Pero nunca llegaba a tocar la porcelana de arriba, que le recordaba las jícaras que había visto en la rectoral[18] de Puao. Al verse tan cerca del misterio sagrado, le acometía[19] un pánico de respeto y se dejaba resbalar[20] de prisa hasta tropezar con los pies en el césped.[21]

1 *meadow*
2 *swatch*
3 *velvet*
4 **tendido...** *extended like a drape downhill along the slope*
5 **lo...** *the railroad tracks cut across the tip*
6 *pole*
7 *banner, standard*
8 *cable insulators* (lit.: *small cups*)
9 *wires*
10 *wide*
11 *no conocido*
12 **a...** *by dint of*
13 *good-natured*
14 *pueblo*
15 **fue...** *he began to get bold with it*
16 *wood* (fig.: *trunk*)
17 *climb*
18 *residencia del cura*
19 *overtook*
20 *slide down*
21 **hasta...** *until his feet struck against the grass*

Rosa, menos audaz, pero más enamorada de lo desconocido, se contentaba con arrimar el oído[22] al palo del telégrafo, y minutos y hasta cuartos de hora pasaba escuchando los formidables rumores metálicos que el viento arrancaba[23] a las fibras del pino seco en contacto con el alambre. Aquellas vibraciones, a veces intensas como las del diapasón[24] que, aplicado al oído, parece que quema[25] con su vertiginoso latir,[26] eran para Rosa los papeles que pasaban, las cartas que se escribían por hilos,[27] el lenguaje incomprensible que lo ignorado hablaba con lo ignorado; ella no tenía curiosidad por entender lo que los de allá, tan lejos, decían a los del otro extremo del mundo. ¿Qué le importaba? Su interés estaba en el ruido por el ruido mismo, por su timbre[28] y su misterio.

La Cordera, mucho más formal que sus compañeros, verdad es que, relativamente, de edad también mucho más madura, se abstenía de toda comunicación con el mundo civilizado, y miraba de lejos el palo del telégrafo, como lo que era para ella, efectivamente: cosa muerta, inútil, que no le servía siquiera para rasgarse.[29] Era una vaca que había vivido mucho. Sentada horas y horas, pues, experta en pastos,[30] sabía aprovechar el tiempo, meditaba más que comía, gozaba del placer de vivir en paz, bajo el cielo gris y tranquilo de su tierra, como quien alimenta el alma, que también tienen los brutos; y si no fuera profanación, podría decirse que los pensamientos de la vaca matrona, llena de experiencia, debían de parecerse todo lo posible a las más sosegadas y doctrinales[31] odas de Horacio.[a]

Asistía a los juegos de los pastorcicos encargados de *llindarla*[32] como una abuela. Si pudiera, se sonreiría al pensar que Rosa y Pinín tenían por misión en el prado cuidar de que ella, de que la Cordera, no se extralimitase,[33] no se metiese por la vía del ferrocarril ni saltara a la heredad[34] vecina. ¡Qué había de saltar! ¡Qué se había de meter!

Pastar[35] de cuando en cuando, no mucho, cada día menos, pero con atención, sin perder el tiempo en levantar la cabeza por curiosidad necia, escogiendo sin vacilar los mejores bocados, y, después, sentarse sobre el cuarto trasero[36] con delicia, a rumiar[37] la vida, a gozar el deleite[38] del no padecer, del dejarse existir. Esto era lo que ella tenía que hacer, y todo lo demás, aventuras peligrosas. Ya no recordaba cuándo le había picado la mosca.[39] El *xatu*,[40] los saltos locos por las praderas[41] adelante... ¡todo eso estaba tan lejos!

Aquella paz sólo se había turbado[42] en los días de prueba de la inauguración del ferrocarril. La primera vez que la Cordera vio pasar el tren, se volvió loca. Saltó la sebe[43] de lo más alto del Somonte, corrió por prados ajenos,[44] y el terror duró muchos días, renovándose, más o menos violento, cada vez que la máquina asomaba por la trinchera[45] vecina. Poco a poco se fue acostumbrando al estrépito[46] inofensivo. Cuando llegó a convencerse de que era un peligro que pasaba, una catástrofe que amenazaba sin dar, redujo sus precauciones a ponerse en pie y a mirar de frente, con la cabeza erguida,[47] al formidable monstruo; más adelante no hacía más

[a] Horacio (65–8 a. de J. C.) fue un gran poeta romano.

22 **arrimar...** *drawing her ear close to*
23 *drew out of, pulled from*
24 *tuning fork*
25 *burns*
26 **vertiginoso...** *rapid throb, pulsating*
27 *wires*
28 *tone*
29 *to scratch herself*
30 *grasses for grazing*
31 **sosegadas...** tranquilas y didácticas
32 **encargados...** responsables de cuidarla
33 **se...** *wander away*
34 finca
35 *To graze*
36 **cuarto...** *hindquarter*
37 *ruminate, ponder*
38 placer
39 **le...** había tenido recuerdos desagradables
40 *stud bull*
41 prados de pasto
42 **se...** *had been disturbed*
43 *stake fence*
44 que pertenecían a otros
45 *rail bed*
46 ruido fuerte
47 *erect*

que mirarlo, sin levantarse, con antipatía y desconfianza; acabó por no mirar al tren siquiera.

En Pinín y Rosa la novedad del ferrocarril produjo impresiones más
65 agradables y persistentes. Si al principio era una alegría loca, algo mezclada de miedo supersticioso, una excitación nerviosa que les hacía prorrumpir[48] en gritos, gestos, pantomimas descabelladas,[49] después fue un recreo pacífico, suave, renovado varias veces al día. Tardó mucho en gastarse aquella emoción de contemplar la marcha vertiginosa, acompañada
70 del viento, de la gran culebra[50] de hierro, que llevaba dentro de sí tanto ruido y tantas castas de gentes desconocidas, extrañas.

Pero telégrafo, ferrocarril, todo eso, era lo de menos: un accidente pasajero[51] que se ahogaba en el mar de soledad que rodeaba el *prao* Somonte. Desde allí no se veía vivienda humana; allí no llegaban ruidos
75 del mundo más que al pasar el tren. Mañanas sin fin, bajo los rayos del sol a veces, entre el zumbar[52] de los insectos, la vaca y los niños esperaban la proximidad del mediodía para volver a casa. Y luego, tardes eternas, de dulce tristeza silenciosa, en el mismo prado, hasta venir la noche, con el lucero vespertino[53] por testigo mudo en la altura. Rodaban las nubes allá
80 arriba, crecían las sombras de los árboles y de las peñas[54] en la loma y en la cañada,[55] se acostaban los pájaros, empezaban a brillar algunas estrellas en lo más obscuro del cielo azul, y Pinín y Rosa, los niños gemelos, los hijos de Antón de Chinta, teñida[56] el alma de la dulce serenidad soñadora de la solemne y seria Naturaleza, callaban horas y horas, después de sus
85 juegos, nunca muy estrepitosos,[57] sentados cerca de la Cordera, que acompañaba el augusto[58] silencio de tarde en tarde[59] con un blando son[60] de perezosa esquila.[61]

En este silencio, en esta calma inactiva, había amores. Se amaban los dos hermanos como dos mitades de un fruto verde, unidos por la misma
90 vida, con escasa conciencia de lo que en ellos era distinto, de cuanto los separaba; amaban Pinín y Rosa a la Cordera, la vaca abuela, grande, amarillenta,[62] cuyo testuz parecía una cuna.[63] La Cordera recordaría a un poeta la zavala del *Ramayana*,[b] la vaca santa: tenía en la amplitud de sus formas, en la solemne serenidad de sus pausados y nobles movimientos,
95 aires y contornos[64] de ídolo destronado, caído, contento con su suerte, más satisfecha con ser vaca verdadera que dios falso. La Cordera, hasta donde es posible adivinar estas cosas, puede decirse que también quería a los gemelos encargados de apacentarla.[65]

Era poco expresiva; pero la paciencia con que los toleraba cuando en
100 sus juegos ella les servía de almohada, de escondite, de montura[66] y para otras cosas que ideaba[67] la fantasía de los pastores, demostraba tácitamente el afecto del animal pacífico y pensativo.

En tiempos difíciles, Pinín y Rosa habían hecho por la Cordera los imposibles de solicitud y cuidado. No siempre Antón de Chinta había tenido
105 el prado Somonte. Este regalo era cosa relativamente nueva. Años atrás,

[b] La zavala del *Ramayana* se refiere aquí a la vaca sagrada del poema épico indio *Ramayana*.

48 *burst out*
49 *preposterous, wild*
50 *snake*
51 **un...** *a passing occurrence*
52 *buzzing*
53 **lucero...** *estrella de la noche*
54 rocas grandes
55 *ravine*
56 *colored, stained*
57 ruidoso
58 *majestic*
59 **de...** *from time to time*
60 sonido
61 *cowbell*
62 *yellowish*
63 **cuyo...** *whose nape seemed a cradle*
64 *contours, outlines*
65 to take to pasture
66 **almohada...** *pillow, hiding place, mount*
67 *invented, thought up*

la Cordera tenía que salir a la gramática, esto es, a apacentarse como podía, a la buena ventura[68] de los caminos y callejas,[69] de las rapadas y escasas praderías del común,[70] que tanto tenían de vía pública como de pastos. Pinín y Rosa, en tales días de penuria,[71] la guiaban a los mejores altozanos,[72] a los parajes[73] más tranquilos y menos esquilmados,[74] y la libraban de las mil injurias[75] a que están expuestas las pobres reses[76] que tienen que buscar su alimento en los azares[77] de un camino.

En los días de hambre en el establo, cuando el heno escaseaba[78] y el narvaso para *estrar* el lecho caliente[79] de la vaca faltaba también, a Rosa y a Pinín debía la Cordera mil industrias que la hacían más suave la miseria. ¡Y qué decir de los tiempos heroicos del parto y la cría,[80] cuando se entablaba[81] la lucha necesaria entre el alimento y regalo de la nación[82] y el interés de los Chintos, que consistía en robar a las ubres de la pobre madre toda la leche que no fuera absolutamente indispensable para que el ternerillo[83] subsistiese! Rosa y Pinín, en tal conflicto, siempre estaban de parte de la Cordera, y en cuanto había ocasión, a escondidas, soltaban el recental,[84] que ciego y como loco, a testarazos[85] contra todo, corría a buscar el amparo[86] de la madre, que le albergaba[87] bajo su vientre, volviendo la cabeza agradecida y solícita, diciendo, a su manera:

—Dejen a los niños y a los recentales que vengan a mí.

Estos recuerdos, estos lazos,[88] son de los que no se olvidan.

Añádase a todo que la Cordera tenía la mejor pasta[89] de vaca sufrida del mundo. Cuando se veía emparejada bajo el yugo[90] con cualquier compañera, fiel a la gamella,[91] sabía someter su voluntad a la ajena, y horas y horas se la veía con la cerviz[92] inclinada, la cabeza torcida, en incómoda postura, velando[93] en pie mientras la pareja dormía en tierra.

Antón de Chinta comprendió que había nacido para pobre cuando palpó[94] la imposibilidad de cumplir aquel sueño dorado suyo de tener un corral propio con dos yuntas[95] por lo menos. Llegó, gracias a mil ahorros, que eran mares de sudor y purgatorios de privaciones, llegó a la primera vaca, la Cordera, y no pasó de ahí; antes de poder comprar la segunda se vio obligado, para pagar atrasos[96] al amo, el dueño de la *casería*[97] que llevaba en renta, a llevar al mercado a aquel pedazo de sus entrañas, la Cordera, el amor de sus hijos. La Chinta había muerto a los dos años de tener la Cordera en casa. El establo y la cama de matrimonio estaban pared por medio, llamando pared a un tejido de ramas de castaño[98] y de cañas de maíz. La Chinta, musa de la economía en aquel hogar miserable, había muerto mirando a la vaca por un boquete del destrozado tabique de ramaje,[99] señalándola como salvación de la familia. «Cuidadla, es vuestro sustento», parecían decir los ojos de la pobre moribunda, que murió extenuada[100] de hambre y de trabajo.

El amor de los gemelos se había concentrado en la Cordera; el regazo,[101] que tiene su cariño especial, que el padre no puede reemplazar, estaba al calor de la vaca en el establo y allá, en el Somonte.

Todo eso lo comprendía Antón a su manera, confusamente. De la venta necesaria no había que decir palabra a los niños. Un sábado de julio, al ser de día, de mal humor, Antón echó a andar hacia Gijón, lle-

68 **a...** *with no fixed plan or destination*
69 calles pequeñas
70 **rapadas...** *public meadows, mown and sparse*
71 *hardship*
72 montes de poca altura
73 lugares
74 *impoverished*
75 *affronts*
76 vacas
77 desgracias imprevistas
78 **heno...** *hay was scarce*
79 **narvaso...** *cornstalks to spread out for a warm bed*
80 **parto...** *birth and raising*
81 **se...** empezaba
82 *baby calf just born*
83 *little calf*
84 **soltaban...** *let the baby calf loose*
85 **a...** *butting*
86 protección
87 protegía
88 *bonds, ties*
89 **la...** *the best temperament*
90 *yoke*
91 su parte del yugo
92 *nape*
93 *keeping awake*
94 tocó, conoció claramente
95 pares de bueyes u otros animales
96 *back payments*
97 *tenant farm*
98 **tejido...** *weaving made of chestnut branches*
99 **boquete...** *hole in the broken partition of branches*
100 debilitada
101 *lap*

vando la Cordera por delante, sin más atavío[102] que el collar de esquila. Pinín y Rosa dormían. Otros días había que despertarlos a azotes.[103] El
155 padre los dejó tranquilos. Al levantarse se encontraron sin la Cordera. «Sin duda, *mío pa*[104] la había llevado al *xatu*.» No cabía otra conjetura. Pinín y Rosa opinaban que la vaca iba de mala gana; creían ellos que no deseaba más hijos, pues todos acababa por perderlos pronto, sin saber cómo ni cuándo.

160 Al obscurecer, Antón y la Cordera entraban por la *corrada*,[105] mohínos,[106] cansados y cubiertos de polvo. El padre no dio explicaciones, pero los hijos adivinaron el peligro.

No había vendido, porque nadie había querido llegar al precio que a él se le había puesto en la cabeza. Era excesivo: un sofisma[107] del ca-
165 riño. Pedía mucho por la vaca para que nadie se atreviese a llevársela. Los que se habían acercado a intentar fortuna se habían alejado pronto, echando pestes[108] de aquel hombre que miraba con ojos de rencor y desafío al que osaba[109] insistir en acercarse al precio fijo en que él se abroquelaba.[110] Hasta el último momento del mercado estuvo Antón de
170 Chinta en el Humedal, dando plazo a la fatalidad.[111] «No se dirá», pensaba, «que yo no quiero vender: son ellos, que no me pagan la Cordera en lo que vale». Y, por fin, suspirando, si no satisfecho, con cierto consuelo, volvió a emprender el camino por la carretera de Candás adelante, entre la confusión y el ruido de cerdos y novillos,[112] bueyes y
175 vacas, que los aldeanos de muchas parroquias del contorno conducían con mayor o menor trabajo, según eran de antiguo las relaciones entre dueños y bestias.

En el Nataoyo, en el cruce de dos caminos, todavía estuvo expuesto el de Chinta a quedarse sin la Cordera; un vecino de Carrió que le había
180 rondado[113] todo el día ofreciéndole pocos duros[114] menos de los que pedía, le dio el último ataque, algo borracho.

El de Carrió subía, subía luchando entre la codicia,[115] y el capricho de llevar la vaca. Antón, como una roca. Llegaron a tener las manos enlazadas,[116] parados en medio de la carretera, interrumpiendo el paso. Por
185 fin, la codicia pudo más; el pico de los cincuenta[117] los separó como un abismo; se soltaron las manos, cada cual tiró por su lado; Antón, por la calleja que, entre madreselvas[118] que aun no florecían y zarzamoras[119] en flor, le condujo hasta su casa.

Desde aquel día en que adivinaron el peligro, Pinín y Rosa no
190 sosegaron.[120] A media semana se *personó*[121] el mayordomo[122] del corral de Antón. Era otro aldeano de la misma parroquia, de malas pulgas,[123] cruel con los *caseros* atrasados. Antón, que no admitía reprimendas,[124] se puso lívido ante las amenazas de desahucio.[125]

El amo no esperaba más. Bueno, vendería la vaca a vil precio, por una
195 merienda. Había que pagar o quedarse en la calle.

Al sábado inmediato acompañó al Humedal Pinín a su padre. El niño miraba con horror a los contratistas de carnes, que eran los tiranos del mercado. La Cordera fue comprada en su justo precio por un rematante[126] de Castilla. Se la hizo una señal[127] en la piel y volvió a su establo de Puao, ya vendida, ajena, tañendo[128] tristemente la esquila. Detrás

102 adorno
103 **a...** *with a beating*
104 **mío...** mi padre
105 corral
106 *sulky*
107 *sophism*
108 palabras enojadas
109 se atrevía a
110 **en...** con el que se defendía
111 **plazo...** *time to fate*
112 **cerdos...** *hogs and young bulls*
113 **que...** *who had hung around him*
114 monedas de cinco pesetas
115 avaricia
116 **tener...** darse la mano
117 **el pico...** la última de las cincuenta pesetas
118 *honeysuckle*
119 *blackberry bushes*
120 se tranquilizaron
121 **se...** llegó en persona
122 *administrator*
123 **de...** de mal humor
124 **no...** no podía aceptar reproches
125 **amenazas...** *threats of eviction*
126 *highest bidder*
127 *brand*
128 *ringing*

caminaban Antón de Chinta, taciturno, y Pinín, con ojos como puños.[129]
Rosa, al saber la venta, se abrazó al testuz de la Cordera, que inclinaba la
cabeza a las caricias como al yugo.

«¡Se iba la vieja!» pensaba con el alma destrozada[130] Antón el
205 huraño.[131] Ella será bestia, pero sus hijos no tenían otra madre ni otra
abuela.

Aquellos días en el pasto, en la verdura del Somonte, el silencio era
fúnebre. La Cordera, que ignoraba su suerte; descansaba y pacía como
siempre... como descansaría y comería un minuto antes de que el brutal
210 porrazo[132] la derribase[133] muerta. Pero Rosa y Pinín yacían desolados,[134]
tendidos sobre la hierba, inútil en adelante. Miraban con rencor los
trenes que pasaban y los alambres del telégrafo. Era aquel mundo desconocido, tan lejos de ellos por un lado, y por otro el que les llevaba su
Cordera.

215 El viernes, al obscurecer, fue la despedida. Vino un encargado del
rematante de Castilla por la res. Pagó; bebieron un trago Antón y el
comisionado,[135] y se sacó a la quintana[136] la Cordera. Antón había apu-
rado[137] la botella; estaba exaltado; el peso del dinero en el bolsillo le animaba también. Quería aturdirse.[138] Hablaba mucho, alababa las
220 excelencias de la vaca. El otro sonreía, porque las alabanzas de Antón
eran impertinentes. ¿Que daba la res tantos y tantos *xarros*[139] de leche?
¿Que era noble en el yugo, fuerte con la carga? ¿Y qué, si dentro de
pocos días había de estar reducida a chuletas y otros bocados[140] suculen-
tos? Antón no quería imaginar esto; se la figuraba viva, trabajando,
225 sirviendo a otro labrador, olvidada de él y de sus hijos, pero viva, feliz...
Pinín y Rosa, sentados sobre el montón de *cucho*,[141] recuerdo para ellos
sentimental de la Cordera y de los propios afanes,[142] unidos por las
manos, miraban al enemigo con ojos de espanto. En el supremo instante se arrojaron sobre su amiga; besos, abrazos: hubo de todo. No
230 podían separarse de ella. Antón, agotada[143] de pronto la excitación del
vino, cayó como en un marasmo;[144] cruzó los brazos y entró en el corral
obscuro. Los hijos siguieron un buen trecho[145] por la calleja de altos setos[146] el triste grupo del indiferente comisionado y la Cordera, que iba
de mala gana con un desconocido y a tales horas. Por fin, hubo que se-
235 pararse. Antón, malhumorado, exclamaba desde casa:

—¡Bah, bah, *neños*, acá vos digo: basta de *pamemas!*[147] —Así gritaba de
lejos el padre con voz de lágrimas.

Caía la noche; por la calleja obscura, que hacían casi negra los altos
setos, formando casi bóveda,[148] se perdió el bulto de la Cordera, que
240 parecía negra de lejos. Después no quedó de ella más que el *tintán* pausado de la esquila, desvanecido con la distancia, entre los chirridos
melancólicos de cigarras[149] infinitas.

—¡Adiós, Cordera! —gritaba Rosa, deshecha en llanto.— ¡Adiós,
Cordera de *mío* alma!
245 —¡Adiós, Cordera! —repetía Pinín, no más sereno.

—¡Adiós! —contestó por último, a su modo, la esquila, perdiéndose
su lamento triste, resignado, entre los demás sonidos de la noche de julio
en la aldea.

129 *swollen to the size of fists*
130 destruida
131 *sullen one*
132 *blow*
133 **la...** *knocked her over*
134 **yacían...** estaban estira-
dos muy tristes
135 *representative*
136 prado
137 acabado
138 *become dazed*
139 jarros
140 *morsels*
141 *dung*
142 trabajo duro
143 *exhausted, run out*
144 estado de depresión
145 **un...** *a long way*
146 *hedgerows*
147 tonterías
148 *vaulted ceiling*
149 **chirridos...** *melancholy
chirping of cicadas*

Al día siguiente, muy temprano, a la hora de siempre, Pinín y Rosa
250 fueron al *prao* Somonte. Aquella soledad no lo había sido nunca para
ellos triste; aquel día el Somonte, sin la Cordera, parecía el desierto.

De repente silbó la máquina, apareció el humo, luego el tren. En un
furgón[150] cerrado, con unas estrechas ventanas altas, o respiradores, vis-
lumbraron[151] los hermanos gemelos cabezas de vacas que, pasmadas,[152]
255 miraban por aquellos tragaluces.[153]

—¡Adiós, Cordera! —gritó Rosa, adivinando allí a su amiga, a la vaca
abuela.

—¡Adiós, Cordera! —vociferó Pinín con la misma fe, enseñando los
puños al tren, que volaba camino de Castilla.

260 Y, llorando, repetía el rapaz,[154] más enterado que su hermana de las
picardías[155] del mundo:

—La llevan al matadero... Carne de vaca, para comer los señores, los
curas... los indianos.[c]

—¡Adiós, Cordera!
265 —¡Adiós, Cordera!

Y Rosa y Pinín miraban con rencor la vía, el telégrafo, los símbolos de
aquel mundo enemigo, que les arrebataba,[156] que les devoraba a su compañera de tantas soledades, de tantas ternuras silenciosas, para sus apetitos, para convertirla en manjares[157] de ricos glotones...

270 —¡Adiós, Cordera!
—¡Adiós, Cordera!

Pasaron muchos años. Pinín se hizo mozo y se lo llevó el Rey. Ardía la
guerra carlista.[d] Antón de Chinta era casero de un cacique[158] de los vencidos; no hubo influencia para declarar inútil[159] a Pinín, que, por ser, era
275 como un roble.

Y una tarde triste de octubre, Rosa, en el *prao* Somonte, sola, esperaba
el paso del tren correo de Gijón, que le llevaba a sus únicos amores, su
hermano. Silbó a lo lejos la máquina, apareció el tren en la trinchera,
pasó como un relámpago.[160] Rosa, casi molida[161] por las ruedas, pudo ver
280 un instante en un coche de tercera multitud de cabezas de pobres quin-
tos[162] que gritaban, gesticulaban, saludando a los árboles, al suelo, a los
campos, a toda la patria familiar, a la pequeña, que dejaban para ir a
morir en las luchas fratricidas de la patria grande, al servicio de un rey y
de unas ideas que no conocían.

285 Pinín, con medio cuerpo fuera de una ventanilla, tendió los brazos a
su hermana; casi se tocaron. Y Rosa pudo oír, entre el estrépito de las
ruedas y la gritería de los reclutas, la voz distinta de su hermano, que sollozaba,[163] exclamando, como inspirado por un recuerdo de dolor lejano:

—¡Adiós, Rosa! ¡Adiós, Cordera!
290 —¡Adiós, Pinín! ¡Pinín de *mío* alma!

---

[c] Se daba el nombre de «indianos» a los emigrantes que volvían de América después de hacer
fortuna.
[d] Aquí se refiere a la guerra carlista de 1873.

150 *boxcar*
151 *glimpsed, saw faintly*
152 muy sorprendidas
153 *skylights*
154 muchacho
155 acciones bajas y viles
156 *snatched away*
157 alimentos
158 *political boss*
159 **declarar...** *disqualify*
160 *lightning bolt*
161 *crushed*
162 *draftees*
163 *sobbed*

Allá iba, como la otra, como la vaca abuela. Se lo llevaba el mundo. Carne de vaca para los glotones, para los indianos; carne de su alma, carne de cañón[164] para las locuras del mundo, para las ambiciones ajenas.

Entre confusiones de dolor y de ideas, pensaba así la pobre hermana
295 viendo al tren perderse a lo lejos, silbando triste, con silbido que repercutían los castaños, las vegas y los peñascos.[165]

¡Qué sola se quedaba! Ahora sí, ahora sí que era un desierto el *prao* Somonte.

—¡Adiós, Pinín! ¡Adiós, Cordera!

300 Con qué odio miraba Rosa la vía manchada de carbones apagados; con qué ira los alambres del telégrafo. ¡Oh!, bien hacía la Cordera en no acercarse. Aquello era el mundo, lo desconocido, que se lo llevaba todo. Y sin pensarlo, Rosa apoyó la cabeza sobre el palo clavado[166] como un pendón en la punta del Somonte. El viento cantaba en las entrañas del
305 pino seco su canción metálica. Ahora ya lo comprendía Rosa. Era canción de lágrimas, de abandono, de soledad, de muerte.

En las vibraciones rápidas, como quejidos, creía oír, muy lejana, la voz que sollozaba por la vía adelante:

—¡Adiós, Rosa! ¡Adiós, Cordera!

164 **carne...** *cannon fodder*
165 rocas grandes
166 fijado

✦ Comprensión y expansión

A. Conteste las siguientes preguntas según el texto.

1. ¿Cómo es el prado Somonte?
2. ¿Qué objeto representa para Rosa y Pinín el mundo desconocido?
3. ¿Qué hace Pinín con el palo de telégrafo? Y Rosa, ¿cómo reacciona ella ante el palo?
4. ¿Cómo es la Cordera? ¿Cómo es su vida?
5. ¿Qué turba la paz de su existencia? ¿Qué efecto tiene eso sobre ella al principio? ¿Se ajusta o no al peligro?
6. ¿Cómo es la vida en el prado Somonte? Dé algunos ejemplos.
7. Cuándo murió la madre de los gemelos? ¿Qué estaba haciendo antes de morir?
8. ¿Por qué está Antón de mal humor un sábado de julio? ¿Qué hace?
9. ¿Cómo influye en la acción la llegada del mayordomo?
10. ¿Qué le va a pasar a la Cordera? En ese momento, ¿qué simbolizan el telégrafo y la vía del ferrocarril?
11. ¿Qué ven Rosa y Pinín?
12. ¿Qué le pasa a Pinín? ¿Qué ve Rosa?
13. En ese momento, ¿qué paralelos hay entre la salida de la Cordera y la de Pinín?

B. Los grupos de palabras o de frases que siguen describen a algunas personas o elementos incluidos en «¡Adiós, Cordera!». Lea cada uno de ellos y escriba la palabra adecuada en los espacios correspondientes.

1. pendón de conquista
   árbol seco
   poste tranquilo

   _____

2. culebra de hierro
formidable monstruo
máquina
_____

3. experta en pastos
la matrona
la abuela
_____

4. dos mitades de un fruto verde
los niños gemelos
los hijos de Antón de Chinta
_____

5. carne de vaca para los glotones
carne de su alma
carne de cañón para las
locuras del mundo
_____

C. Las frases que siguen describen a algunos de los personajes incluidos en «¡Adiós, Cordera!». Lea cada una de ellas y marque **R** (Rosa), **P** (Pinín) o **C** (la Cordera) en los espacios correspondientes.

_____ 1. Era como un roble.

_____ 2. Se abstenía de toda comunicación con el mundo civilizado.

_____ 3. Esperó el paso del tren correo de Gijón.

_____ 4. Miró con horror a los contratistas de carne.

_____ 5. Trepó el palo del telégrafo hasta los alambres.

_____ 6. Se volvió loca la primera vez que vio pasar el tren.

_____ 7. Miró con ira los alambres del telégrafo.

_____ 8. Ignoraba su suerte y descansaba como siempre.

_____ 9. Pasaba hasta cuartos de hora escuchando los ruidos del pino seco.

✦ Temas de discusión o análisis

1. Resuma o comente con sus propias palabras la historia de «¡Adiós, Cordera!».
2. Analice las palabras de Pinín cuando ve a la Cordera irse en el ferrocarril y las de Rosa cuando ve a Pinín hacer lo mismo. Comente la crítica social de ambas situaciones.
3. Comente los contrastes entre el silencio de la vida en el prado Somonte y los ruidos de la tecnología.
4. Escriba la historia de «Adiós, Cordera!» desde otro punto de vista.
   a. el de la Cordera
   b. el del palo del telégrafo
   c. el de Antón de Chinta
   d. el del prado Somonte

✦ Temas de proyección personal

1. Cuente o escriba otra historia similar a «¡Adiós, Cordera!» que refleje afecto humano por un animal.

2. ¿Conoce usted alguna obra literaria o alguna película que trate el tema de los efectos negativos de la tecnología? Compárela con el cuento de Clarín.
3. Cuente o escriba otra historia que critique la guerra y la muerte de personas inocentes.

EMILIA PARDO BAZAN

Nota biográfica

La condesa Emilia Pardo Bazán (1852–1921), novelista, cuentista y crítica literaria, nació en La Coruña (Galicia) y murió en Madrid. El papa Pío IX les confirió un título a sus padres, quienes habían pertenecido a la alta burguesía. Unica hija, Pardo Bazán leyó mucho en su juventud. También viajó bastante por Europa, especialmente por Francia. A los diecisiete años se casó y se trasladó a Madrid. Escribió mucho y publicó *Pascual López*, su primera novela, en 1879. Desde 1916 ocupó la cátedra de lenguas neolatinas en la Universidad de Madrid, siendo la primera mujer a quien se le concedía ese honor. Con una colección de artículos escritos en 1882 y publicados en forma de libro en 1883 con el título *La cuestión palpitante*, la autora entró a participar en la gran polémica de su tiempo. En dichos artículos, presenta sus opiniones sobre el naturalismo, movimiento literario encabezado por el novelista francés Emilio Zola. Por un lado, Pardo Bazán admiró a Zola pero, por otro, se opone al determinismo de la escuela naturalista, según el cual la herencia y el ambiente determinan el carácter y la vida del ser humano. Para Pardo Bazán, ese determinismo niega el libre albedrío y en consecuencia, la dignidad del alma humana. La autora defendió el realismo como «una teoría más ancha, completa y perfecta que el naturalismo». La publicación de *La cuestión palpitante* produjo mucha controversia e incluso llevó a la separación de Pardo Bazán de su marido. Ella continuó participando en polémicas literarias y políticas, y tomó parte en la lucha por la emancipación de la mujer. Entre 1892 y 1921, año de su muerte, publicó más de quinientos cuentos. También escribió novelas cortas, numerosos estudios de crítica literaria y varias novelas, entre ellas *La tribuna* (1882), *Los pazos de Ulloa* (1886) y su continuación, *La madre naturaleza* (1887). En esas novelas trata problemas sociales como las condiciones laborales de los obreros y su explotación por la aristocracia decadente. Así se asocia la novelista al programa social y reformador del naturalismo literario que quiere producir cambios sociales.

✦ Guía y actividades de pre-lectura

Aquí se incluye «El encaje roto», uno de los numerosos cuentos de Emilia Pardo Bazán, publicado por primera vez en *El Liberal* (19 de septiembre de

1897) y luego en sus *Cuentos de amor* (1898). En general, el estilo de la autora es enérgico y audaz; está marcado también por la descripción muy detallada del ambiente y de los personajes, una característica de la literatura realista y, especialmente, de la naturalista. La atención que presta al medio ambiente es representativa de las escuela naturalista. En cuanto al tema del cuento, vemos algo de las preocupaciones feministas de la escritora.

1. ¿Qué le sugiere a usted el título «El encaje roto»? ¿Con qué asocia usted «los encajes»? ¿Qué evoca para usted la imagen de «encaje roto»? Explique.

2. Según usted, ¿tiene el ambiente una influencia dominante en el carácter humano? ¿Por qué? Al leer el cuento, preste atención a la importancia del ambiente.

El encaje roto

Convidada[1] a la boda de Micaelita Aránguiz con Bernardo de Meneses, y no habiendo podido asistir, grande fue mi sorpresa cuando supe al día siguiente —la ceremonia debía verificarse[2] a las diez de la noche en casa de la novia— que ésta, al pie del mismo altar, al preguntarle el obispo de
5 San Juan de Arce si recibía a Bernardo por esposo, soltó un «no» claro y enérgico; y como reiterada con extrañeza[3] la pregunta, se repitiese la negativa, el novio, después de arrostrar[4] un cuarto de hora la situación más ridícula del mundo, tuvo que retirarse, deshaciéndose la reunión y el enlace[5] a la vez.
10   No son inauditos[6] casos tales, y solemos leerlos en los periódicos; pero ocurre entre gente de clase humilde, de muy modesto estado, en esferas donde las convivencias sociales no embarazan[7] la manifestación franca y espontánea del sentimiento y de la voluntad.
        Lo peculiar de la escena provocada por Micaelita era el medio am-
15 biente[8] en el que se desarrolló. Parecíame ver el cuadro, y no podía consolarme de no haberlo contemplado por mis propios ojos. Figurábame el salón atestado,[9] la escogida concurrencia,[10] las señoras vestidas de seda y terciopelo, con collares de pedrería;[11] al brazo la mantilla[12] blanca para tocársela[13] en el momento de la ceremonia; los hombres con resplande-
20 cientes placas o luciendo veneras de Ordenes militares en el delantero del frac;[14] la madre de la novia, ricamente prendida,[15] atareada,[16] solícita, de grupo en grupo, recibiendo felicitaciones; las hermanitas, conmovidas, muy monas,[17] de rosa la mayor, de azul la menor, ostentando[18] los brazaletes de turquesas,[19] regalo del cuñado futuro; el obispo que ha de bende-
25 cir[20] la boda, alternando grave y afablemente, sonriendo, dignándose soltar chanzas[21] urbanas o discretos elogios, mientras allá, en el fondo, se adivinaba[22] el misterio del oratorio revestido de flores, una inundación de rosas blancas, desde el suelo hasta la cupulilla,[23] donde convergen radios[24] de rosas y de lilas como la nieve, sobre rama verde, artísticamente
30 dispuesta, y en el altar, la efigie de la Virgen protectora de la aristocrática mansión, semioculta por una cortina de azahar,[25] el contenido de un de-

[1] Invitada
[2] tener lugar
[3] sorpresa
[4] *facing, tolerating*
[5] casamiento (lit.: unión)
[6] *unheard of*
[7] impiden
[8] **medio...** *environment*
[9] *crowded, packed*
[10] *gathering*
[11] **seda...** *silk and velvet, with jeweled necklaces*
[12] *veil*
[13] ponérsela en la cabeza
[14] **placas...** *insignias or displaying badges of military orders on the front of their swallow-tailed coats*
[15] vestida
[16] muy ocupada
[17] bonitas
[18] mostrando
[19] *turquoise*
[20] *bless*
[21] bromas
[22] **se...** *could be seen*
[23] cúpula pequeña
[24] *sprays*
[25] flor del naranjo

partamento lleno de azahar que envió de Valencia el riquísimo propietario Aránguiz, tío y padrino de la novia, que no vino en persona por viejo y achacoso[26] —detalles que corren de boca en boca, calculándose la
35 magnífica herencia que corresponderá a Micaelita, una esperanza más de ventura para el matrimonio, el cual irá a Valencia a pasar su luna de miel—. En un grupo de hombres me representaba al novio algo nervioso, ligeramente pálido, mordiéndose el bigote sin querer, inclinando la cabeza para contestar a las delicadas bromas y a las frases halagüeñas[27]
40 que le dirigen...

Y, por último, veía aparecer en el marco de la puerta que da a las habitaciones interiores una especie de aparición, la novia, cuyas facciones[28] apenas se divisan bajo la nubecilla de tul, y que pasa haciendo crujir[29] la seda de su traje, mientras en su pelo brilla, como sembrado de
45 rocío,[30] la roca antigua del aderezo[31] nupcial... Y ya la ceremonia se organiza, la pareja avanza conducida con los padrinos, la cándida[32] figura se arrodilla al lado de la esbelta[33] y airosa[34] del novio... Apíñase[35] en primer término la familia, buscando buen sitio para ver amigos y curiosos, y entre el silencio y la respetuosa atención de los circunstantes..., el obispo for-
50 mula una interrogación, a la cual responde un «no» seco como un disparo, rotundo como una bala.[36] Y —siempre con la imaginación— notaba el movimiento del novio, que se revuelve herido, el ímpetu de la madre, que se lanza para proteger y amparar[37] a su hija; la insistencia del obispo, forma de su asombro; el estremecimiento del concurso,[38] el ansia
55 de la pregunta transmitida en un segundo: «¿Qué pasa? ¿Qué hay? ¿La novia se ha puesto mala? ¿Que dice «no»? Imposible ...Pero ¿es seguro? ¡Qué episodio! ...»

Todo esto, dentro de la vida social, constituye un terrible drama. Y en el caso de Micaelita, al par que drama, fue logogrifo.[39] Nunca llegó a
60 saberse de cierto la causa de la súbita[40] negativa.

Micaelita se limitaba a decir que había cambiado de opinión y que era bien libre y dueña[41] de volverse atrás, aunque fuese al pie del ara,[42] mientras el «sí» no hubiese partido de sus labios. Los íntimos de la casa se devanaban los sesos,[43] emitiendo suposiciones inverosímiles. Lo indudable
65 era que todos vieron, hasta el momento fatal, a los novios satisfechos y amarteladísimos;[44] y las amiguitas que entraron a admirar a la novia engalanada,[45] minutos antes del escándalo, referían que estaba loca de contento y tan ilusionada y satisfecha, que no se cambiaría por nadie. Datos eran estos para oscurecer más el extraño enigma que por largo tiempo
70 dio pábulo a la murmuración,[46] irritada con el misterio y dispuesta a explicarlo desfavorablemente.

A los tres años —cuando ya casi nadie iba acordándose del sucedido de las bodas de Micaelita—, me la encontré en un balneario[47] de moda donde su madre tomaba las aguas. No hay cosa que facilite las relaciones
75 como la vida del balneario, y la señorita de Aránguiz se hizo tan íntima mía, que una tarde, paseando hacia la iglesia, me reveló su secreto, afirmando que me permite divulgarlo, en la seguridad de que explicación tan sencilla no será creída por nadie.

26 enfermizo
27 *flattering*
28 *features*
29 *rustle*
30 **sembrado...** *sprinkled with dew*
31 *set*
32 blanca
33 delgada
34 *graceful*
35 *Crowded together*
36 *bullet*
37 proteger
38 **estremecimiento...** *shuddering of the crowd*
39 *a riddle*
40 *sudden*
41 *in control*
42 *altar*
43 **se...** *racked their brains*
44 *completely absorbed in each other*
45 adornada, embellecida
46 **dio...** *encouraged gossip*
47 *spa*

«—Fue la cosa más tonta... De puro tonta no quise decirla; la gente siempre atribuye los sucesos a causas profundas y trascendentales, sin reparar[48] en que a veces nuestro destino lo fijan las niñerías, las "pequeñeces" más pequeñas... Pero son pequeñeces que significan algo, y para ciertas personas significan demasiado. Verá usted lo que pasó: y no concibo que no se enterase nadie, porque el caso ocurrió allí mismo, delante de todos; sólo que no se fijaron porque fue, realmente, un decir Jesús.[49]

»Ya sabe usted que mi boda con Bernardo de Meneses parecía reunir todas las condiciones y garantías de felicidad. Además, confieso que mi novio me gustaba mucho, más que ningún hombre de los que conocía y conozco; creo que estaba enamorada de él. Lo único que sentía era no poder estudiar su carácter; algunas personas le juzgaban violento; pero yo le veía siempre cortés, deferente, blando como un guante, y recelaba[50] que adoptase apariencias destinadas a engañarme y a encubrir una fiera y avinagrada[51] condición. Maldecía[52] yo mil veces la sujeción de la mujer soltera, para la cual es un imposible seguir los pasos[53] a su novio, ahondar[54] en la realidad y obtener informes leales, sinceros hasta la crudeza[55] —los únicos que me tranquilizarían—. Intenté someter a varias pruebas a Bernardo, y salió bien de ellas; su conducta fue tan correcta, que llegué a creer que podía fiarle[56] sin temor alguno mi porvenir y mi dicha.[57]

»Llegó el día de la boda. A pesar de la natural emoción, al vestirme el traje blanco reparé una vez más en el soberbio volante de encaje[58] que lo adornaba, y era regalo de mi novio. Había pertenecido a su familia aquel viejo Alenzón[a] auténtico, de una tercia de ancho[b] —una maravilla—, de un dibujo exquisito, perfectamente conservado, digno del escaparate[59] de un museo. Bernardo me lo había regalado encareciendo[60] su valor, lo cual llegó a impacientarme, pues por mucho que el encaje valiese, mi futuro debía suponer que era poco para mí.

»En aquel momento solemne, al verlo realzado[61] por el denso raso[62] del vestido, me pareció que la delicadísima labor significaba una promesa de ventura y que su tejido,[63] tan frágil y a la vez tan resistente, prendía en sutiles mallas[64] dos corazones. Este sueño me fascinaba cuando eché a andar hacia el salón, en cuya puerta me esperaba mi novio. Al precipitarme para saludarle llena de alegría por última vez, antes de pertenecerle en alma y cuerpo, el encaje se enganchó[65] en un hierro[66] de la puerta, con tan mala suerte que al quererme soltar oí el ruido peculiar del desgarrón[67] y pude ver que un jirón[68] del magnífico adorno colgaba sobre la falda. Sólo que también vi otra cosa: la cara de Bernardo, contraída[69] y desfigurada por el enojo más vivo; sus pupilas chispeantes,[70] su boca entreabierta ya para proferir la reconvención y la injuria[71]... No llegó a tanto porque se encontró rodeado de gente; pero en aquel instante fugaz se alzó un telón[72] y detrás apareció desnuda un alma.

---

[a] Se refiere al encaje producido en Alençon (Francia).

[b] Una tercia es una tercera parte de una vara. (La vara equivale aproximadamente a 2,8 pies; una tercia es más o menos 11 pulgadas de ancho.)

48 considerar
49 un... en un instante
50 *I suspected*
51 **fiera...** *fierce and sour*
52 *I cursed*
53 **seguir...** *to follow*
54 *to go into deeply*
55 *crudeness, roughness*
56 *entrust to him*
57 *felicidad*
58 **soberbio...** *magnificent flounce of lace*
59 *display case*
60 exagerando
61 *set off*
62 *satin*
63 *weave*
64 *links*
65 **se...** *got caught on*
66 *piece of iron hardware*
67 *rip*
68 *shred, small piece*
69 *contracted*
70 *sparking*
71 **proferir...** reprochar e insultar
72 **se...** a curtain went up

»Debí de inmutarme;[73] por fortuna, el tul de mi velo me cubría el rostro. En mi interior algo crujía y se despedazaba,[74] y el júbilo[75] con que atravesé el umbral[76] del salón se cambió en horror profundo. Bernardo se me aparecía siempre con aquella expresión de ira, dureza y menosprecio[77] que acababa de sorprender en su rostro; esta convicción se apoderó de[78] mí, y con ella vino otra: la de que no podía, la de que no quería entregarme[79] a tal hombre, ni entonces, ni jamás... Y, sin embargo, fui acercándome al altar, me arrodillé, escuché las exhortaciones del obispo... Pero cuando me preguntaron, la verdad me saltó a los labios, impetuosa, terrible... Aquel "no" brotaba[80] sin proponérmelo; me lo decía a mí propia..., ¡para que lo oyesen todos!

—¿Y por qué no declaró usted el verdadero motivo, cuando tantos comentarios se hicieron?

—Lo repito: por su misma sencillez... No se hubiesen convencido jamás. Lo natural y vulgar es lo que no se admite. Preferí dejar creer que había razones de esas que llaman serias...»

[73]	*changed my expression*
[74]	**se...** *was coming apart*
[75]	alegría
[76]	*threshold*
[77]	desdén
[78]	**se...** *took hold of*
[79]	darme
[80]	*sprang out, burst forth*

✦ Comprensión y expansión

A. Conteste las siguientes preguntas según el texto.

1. ¿Qué supo la narradora el día después de la supuesta boda de Micaelita Aránguiz y Bernardo de Meneses?
2. ¿Qué hizo el novio?
3. Según la narradora, ¿por qué ocurren tales cosas entre la gente de clase humilde?
4. ¿Son Micaelita y Bernardo novios de clase humilde? ¿Cuáles son los primeros detalles que revelan el estado económico de los novios y de sus familias?
5. ¿Cómo se imagina al novio la narradora? ¿Y a la novia?
6. ¿Qué dijo Micaelita sobre su decisión?
7. ¿Cuándo y dónde se encontraron Micaelita y la narradora?
8. ¿Tuvo la narradora permiso de revelar el secreto? ¿Por qué?
9. ¿Qué es lo único que no le gustaba a Micaelita de su novio?
10. ¿Por qué maldecía ella la situación de las mujeres solteras?
11. ¿Cómo era el volante de encaje que adornaba el traje de Micaelita?
12. ¿Qué significaba el encaje para ella?
13. ¿Qué le pasó al encaje cuando Micaelita entraba en el salón?
14. ¿Cómo reaccionó Bernardo frente a eso? ¿Qué reveló esa reacción sobre su carácter?
15. ¿Cómo se sintió Micaelita?
16. ¿Por qué es irónica la última frase del cuento?

B. Lea las frases siguientes y escriba los sinónimos de las palabras subrayadas en los espacios correspondientes.

1. La ceremonia debía <u>tener lugar</u> a las

diez de la noche. _____

2. La narradora fue <u>invitada</u> a la boda,
   pero no pudo asistir.   _____

3. El novio tuvo que <u>tolerar</u> una situación
   ridícula.   _____

4. La madre de la novia estuvo muy
   <u>ocupada</u>.   _____

5. El novio era <u>delgado</u>.   _____

6. Micaelita creía que podría fiarle sin
   <u>miedo</u> su futuro.   _____

7. Bernardo <u>aumentaba</u> el valor del
   encaje de Alenzón.   _____

8. Cuando Micaelita <u>empezó</u> a caminar
   hacia el salón, el encaje se le enganchó
   en un hierro de la puerta.   _____

C. Complete las siguientes afirmaciones, marcando con un círculo la letra de la respuesta más apropiada.

1. La ceremonia debía tener lugar en...
   a. la residencia del obispo.   b. la casa de Micaelita.

2. La hermanita menor de Micaelita llevaba un vestido...
   a. rosa.   b. azul.

3. El azahar fue enviado por...
   a. el abuelo de la novia.   b. el tío de la novia.

4. El novio nervioso se mordía...
   a. el bigote.   b. el labio.

5. El traje de la novia era de...
   a. seda.   b. tul.

6. Más tarde la narradora se encontró con...
   a. la madre de Micaelita.   b. Micaelita.

7. El encaje se rompió...
   a. antes de la ceremonia.   b. inmediatamente después de la
                                      ceremonia.

✦ Temas de discusión o análisis

1. Resuma o comente con sus propias palabras la historia de «El encaje roto».

2. Según su opinión, ¿está justificada la decisión de Micaelita? ¿Por qué? Explique.

3. Comente el uso de la abundancia de detalles en el estilo de la autora. Dé algunos ejemplos de detalles que revelan aspectos importantes de los personajes.

4. ¿Qué importancia tiene el ambiente del cuento? ¿Influye en los personajes? Explique.

5. Cuente la historia de «El encaje roto» desde otro punto de vista.
   a. el de Bernardo
   b. el del encaje
   c. el del obispo

✦ Temas de proyección personal

1. Imagine que Micaelita y Bernardo se casaron y describa los primeros años de su matrimonio.
2. Cuente la historia de un casamiento que haya terminado de manera abrupta.
3. ¿Conoce o ha leído alguna historia de un casamiento que haya terminado abruptamente? Compárelo con el de «El encaje roto».

✦ *Temas intertextuales* ✦

1. Compare las técnicas satíricas de que se sirven José Cadalso y Mariano José de Larra en sus obras para criticar la sociedad española de sus épocas respectivas.
2. Basándose en las selecciones leídas de José Cadalso y de Mariano José de Larra, describa su conclusión sobre el español típico de los siglos XVIII y XIX.
3. Compare la situación del niño en Cádiz en «El galleguito» de Fernán Caballero con la de Monsieur Sans-Délai en Madrid en «Vuelva usted mañana» de Mariano José de Larra.
4. Comente los contrastes entre la actitud hacia el matrimonio que se ve reflejada en «Tic... Tac» de Pedro Antonio de Alarcón y en «El encaje roto» de Emilia Pardo Bazán.
5. Analice la función de los animales en «¡Adiós, Cordera!» de Clarín y en las fábulas de Tomás de Iriarte.
6. Haga una comparación entre la técnica humorística de Mariano José de Larra y la de Antonio de Alarcón. Dé ejemplos específicos.
7. Analice y compare el estilo realista de Benito Pérez Galdós con el de Emilia Pardo Bazán.
8. Comente la función de la naturaleza en los poemas de Rosalía de Castro y en la «Canción del pirata» de José de Espronceda.
9. Analice los temas y el estilo románticos de Gustavo Adolfo Bécquer y de José de Espronceda, y compárelos con los temas y otros elementos realistas de Benito Pérez Galdós y de Emilia Pardo Bazán.
10. Analice y comente las teorías estéticas del neoclasicismo (fábulas de Tomás de Iriarte) y compárelas con las del romanticismo (poesía de José de Espronceda).
11. Compare el tema del conflicto entre ficción y realidad en «La novela en el tranvía» de Benito Pérez Galdós y en la selección de *Don Quijote*, incluida en la sección II de esta antología.

SECCION IV

De la generación del 98
a la Guerra Civil

El tren, *Darío de Regoyas.*

Sinopsis histórico-literaria

En esta sección se inicia el estudio de la literatura española del siglo XX. Se incluyen aquí obras escritas y publicadas entre 1898 y 1936, es decir, entre la Guerra de Cuba —conocida en Estados Unidos como «*The Spanish-American War*»— y el estallido de la Guerra Civil Española. En general, se distinguen tres grupos o «generaciones» de escritores en este período: la del 98, la del 27 y la del 36. Las selecciones aquí incluidas representan principalmente la producción literaria de la generación del 98.

Durante esta época tienen lugar una serie de acontecimientos históricos desastrosos que van a tener gran influencia en la producción literaria de España y de todo el mundo occidental: la Guerra de Cuba (1898), la Primera Guerra Mundial (1914–1918), la Revolución Rusa (1917) y la Guerra Civil Española (1936–1939), resultado de años de conflictos sociales y políticos que se hacen cada vez más violentos. En Europa surgen varios movimientos, entre ellos el cubismo,* el expresionismo* y el surrealismo,* que también influyen, en mayor o menor grado, en los escritores españoles de esos años. Además tienen su impacto las obras de algunos autores latinoamericanos. Bajo la influencia del poeta nicaragüense Rubén Darío, el modernismo* llega a España, lo que constituye el primer ejemplo de la madre patria influida por la literatura de sus ex-colonias. La presencia en España de Pablo Neruda, el gran poeta chileno, contribuye al desarrollo de una literatura preocupada por los problemas sociales y políticos de la época.

Este período se abre con el desastre militar de la Guerra de Cuba, después de la cual España pierde sus últimas colonias ultramarinas: Cuba, Puerto Rico y Filipinas. El «desastre» de 1898 da impulso en España a la protesta y al deseo de una reforma radical. Forman parte de la generación del 98 los escritores que denuncian la política responsable del fiasco y que apoyan reformas significativas y profundas. Quieren influir con sus escritos para llegar a una España mejor y a un nuevo espíritu nacional. Según ellos, el alma verdadera de España no se había manifestado en la política de la época precedente. Para llegar a lo esencial español, investigan la historia, la literatura y el paisaje del país. Expresan su vinculación a todas las regiones, pero identifican emocionalmente a Castilla como el núcleo del país. Según estos escritores, su austero paisaje refleja el alma de la nación.

Aunque los autores de este período utilizan todos los géneros, escriben principalmente en prosa. En el ensayo se destacan Angel Ganivet, precursor de la generación del 98, el brillante filósofo Ortega y Gasset, y el periodista Azorín. La novela cuenta con escritores como Miguel de Unamuno, figura predominante de la generación del 98, Pío Baroja y Concha Espina, representante femenina de esta generación. Con la producción literaria en prosa del 98, coincide cronológicamente la introducción del modernismo, corriente de renovación especialmente poética, encabezado por Rubén Darío. Darío acuña el término «modernismo» y su obra *Prosas profanas* (1896) es considerada la obra cumbre del período modernista. Se trata del primer movimiento literario nacido en Hispanoamérica, aunque revela la influencia de las corrientes poéticas francesas del mismo siglo, y en especial del parnasianismo* y del simbolismo.* Con su énfasis en «el arte por el arte»,* el modernismo representa en parte una reacción contra el cientificismo del realismo* y del naturalismo.* Los dos movimientos tienen gran influencia e importantes seguidores en España. Por ejemplo, algunos miembros de la generación del 98, como Unamuno y Antonio Machado, se ven influidos por el modernismo, mientras que algunos modernistas, como Ramón del Valle-Inclán, se dejan influir por la preocupación española de sus contemporáneos. Valle-Inclán es en primer lugar un gran estilista, pero también satiriza la sociedad española de su época con la ironía grotesca de sus «esperpentos».* De manera similar, en el teatro, aunque con un tono muy diferente, Jacinto Benavente se vale de la sátira para señalar ciertos problemas sociales, y los hermanos Quintero escriben y representan comedias costumbristas y divertidas. Benavente recibe el Premio Nóbel de Literatura en 1922 por su renovación del teatro burgués español. Entre sus obras principales se destacan *La noche del sábado* (1903) y *Los intereses creados* (1909).

Frente a la Primera Guerra Mundial, los españoles se dividen en dos campos: los tradicionalistas germanófilos, como el dramaturgo Jacinto Benavente, y los liberales proaliados, que incluye a la mayor parte de los intelectuales. Durante esos años, muchos problemas graves, tanto internos como externos, mantienen muy ocupado al gobierno español que consecuentemente opta por la neutralidad en el conflicto. El rey Alfonso XIII (1902–1931), que subió al poder a los dieciséis años, cambia ministros de manera tan arbitraria que en un período de veintiún años, entre 1902 y 1923, hay treinta y tres gobiernos diferentes. El problema más grave que tiene que enfrentar el rey es la guerra marroquí. Se decide en una conferencia internacional que Marruecos será compartido entre Francia y España, pero los marroquíes quieren su independencia y se rebelan. En España hay manifestaciones violentas y huelgas para protestar esta guerra costosa. En 1923, después de haber perdido la confianza en el monarca, un golpe militar impone la dictadura del general Miguel Primo de Rivera, aprobada por el rey. La mayor parte de los intelectuales se oponen a la dictadura y al rey, lo que provoca represalias por parte del general. Unamuno es destituido de su cargo de rector de la Universidad de Salamanca y confinado a las islas Canarias en 1924, y Valle-Inclán pasa un breve tiempo en la cárcel en 1929.

En medio del caos político de las dos décadas de entre guerras (1917–1936), no obstante, florece la poesía. La conmemoración en 1927 del tercer centenario de la muerte de Góngora inspira el nombre de un segundo grupo o «generación» de escritores, la «generación del 27», integrada por un grupo de poetas jóvenes, entre los que se cuentan Rafael Alberti, Vicente Aleixandre, Damaso Alonso, Manuel Altolaguirre y su esposa Concha Méndez, Luis Cernuda, Ernestina de Champourcín, Federico García Lorca, Jorge Guillén, Pedro Salinas y Josefina de la Torre. Influyen en ellos sus predecesores españoles y el arte europeo de vanguardia. Tienen un extraordinario entusiasmo por la poesía y sus obras producen un período prolífico y brillante para la poesía española. El interés inicial de estos poetas por la «poesía pura»,* preconizada por el poeta Juan Ramón Jiménez, se desarrolla hacia un compromiso social y político. Eso tiene mucho que ver con el ambiente político del momento cada vez más explosivo. También es decisiva la presencia en España del poeta Pablo Neruda, quien defiende, en la revista *Caballo Verde para la Poesía*, la práctica de una poesía «impura» (en contraposición a la poesía «pura» con énfasis en la perfección formal), en donde se reflejen las pasiones y los problemas de la vida.

La dictadura de Primo de Rivera no logra poner fin a los problemas sociales ni a los conflictos regionales. A la dictadura sigue el gobierno dirigido por el general Dámaso Berenguer. A pesar de que su gobierno es pacificador y liberal, y propone elecciones municipales, en 1930 el general se ve obligado a dimitir ya que los distintos partidos políticos se niegan a cooperar. Sube al poder el almirante Juan Bautista Aznar, quien procede con las elecciones municipales que se celebran en 1931 para decidir entre la monarquía y la República. Los españoles votan contra la monarquía, y el rey Alfonso XIII se ve obligado a dejar España para evitar una guerra civil. Se promulga la constitución republicana con leyes consideradas revolucionarias para la España de esa época. Los derechistas se oponen a ellas por muy progresistas y los izquierdistas las consideran demasiado conservadoras. Los republicanos moderados ganan el poder en las elecciones de 1933, pero los obreros y los separatistas se rebelan contra el nuevo gobierno un año después en «la revolución de Asturias», llamada así por la participación mayoritaria de los mineros de la región de Asturias. En febrero de 1936 se celebran otras elecciones y triunfa, por un margen muy pequeño, el Frente Popular, una alianza de grupos izquierdistas. El ejército reacciona contra eso con el pronunciamiento de guerra del 17 de julio de 1936 dirigido por el general Francisco Franco, quien tomará el poder en 1939 y no lo abandonará hasta su muerte en 1975, después de treinta y seis años de dictadura.

Durante los años de conflictos sociales y políticos que preceden a la Guerra Civil, la mayor parte de los intelectuales apoyan la República. La literatura florece durante los cinco años de régimen republicano. Además de la gran catástrofe colectiva, la guerra tiene también consecuencias trágicas para las artes. Al estallar la Guerra Civil, algunos escritores deciden huir al extranjero, otros mueren, y algunos ofrecen sus talentos intelectuales a la España franquista. Antonio Machado, por ejemplo, se une a la causa de los «republicanos» mientras que su hermano Manuel apoya a los «nacionales». La novelista Concha Espina fue puesta bajo detención domiciliaria por los republicanos. Al gran poeta y dramaturgo Federico García Lorca lo asesinaron los derechistas en Granada unos días después del comienzo de la guerra. En 1939, al terminar la guerra, se produce una gran dispersión de escritores e intelectuales. Muchos optan por el exilio, pero muchos otros se quedan en España. El poeta Miguel Hernández muere en la cárcel en 1942. A partir de la instauración de la dictadura de Franco, los escritores siguen caminos tan diversos que aunque se pueda hablar de una «generación del 36» —los que empezaron a escribir en los años treinta—, todavía es muy difícil hablar de características generales de la literatura de ese período.

ANTONIO MACHADO

Nota biográfica

Antonio Machado (1875–1939), catedrático y gran poeta de la generación del 98, nació en Sevilla. Pasó su juventud en Madrid y residió repetidas veces en París. En 1902 conoció allí a Rubén Darío, y en 1910 asistió a las clases del filósofo francés Enrique Bergson, conocido por sus ideas sobre el tiempo y el recuerdo. Obtuvo la cátedra de lengua francesa en el Instituto de Soria. Allí se casó, y a la muerte de su esposa Leonor fue a vivir a Baeza (Andalucía). En 1917 se trasladó a Segovia donde enseñó durante muchos años y donde encontró amor de nuevo con la «Guiomar» de sus versos. Desde allí hizo viajes frecuentes a Madrid. En colaboración con su hermano Manuel Machado, escribió una serie de obras de teatro. Llevó una vida sencilla; sus pasatiempos eran el paseo y la lectura. Sin embargo, cuando empezó la Guerra Civil se puso al servicio de la República. Durante este período residió en Madrid. Al estallar la guerra se trasladó a Valencia y luego a Barcelona. Al terminar la guerra cruzó la frontera francesa acompañado de su anciana madre. A los pocos días murió en el exilio en Collioure (Francia). Sus obras poéticas más conocidas son *Soledades, galerías y otros poemas* (1907), *Campos de Castilla* (1912), *Nuevas canciones* (1924) y *De un cancionero apócrifo* (1926). La primera edición de *Soledades* (1903) revela la influencia del movimiento modernista español.

◆ Guía y actividades de pre-lectura

En el prólogo de sus *Poesías completas* (1917), Machado habla de los poemas de la primera edición de *Soledades*, escritos entre 1899 y 1902. Dice que admiraba la poesía modernista de Rubén Darío, pero que prefería seguir un camino diferente «mirando hacia dentro». Según Machado, el elemento poético es «una honda palpitación del espíritu». Por eso prefería las formas métricas sencillas como el romance* o el cantar y utilizaba la rima asonante.* Sus poemas reflejan el sentir estético del 98, es decir, la expresión sobria y sencilla de las profundas emociones humanas. Su poesía temprana evoca sueños y recuerdos de su niñez en Andalucía; incluye muchas alusiones personales y usa símbolos como el camino, ríos, fuentes y el viajero solitario. También se encuentran en sus obras algunos temas característicos de la generación del 98: el pesimismo ante la situación del país, la esperanza de una España mejor y el paisaje de Castilla como reflejo del alma nacional.

Aquí se incluyen tres poemas. El primero evoca imágenes visuales de Andalucía, mientras que el segundo no representa un ambiente determinado, sino que asocia el camino y los viajes con la vida y las experiencias del poeta. El tercero, y el más largo, encabeza la colección *Campos de Castilla*. El poeta usa el motivo del viaje a la vez que presenta un breve resumen de su vida y de su estética.

1. Después de leer el título de cada poema, y antes de leer la selección, ¿cuáles de los temas o símbolos ya mencionados cree usted que va a encontrar? ¿Por qué?

2. ¿Le gusta a usted la poesía de forma sencilla o compleja? ¿Por qué? ¿Cree usted que le va a gustar o no la poesía de Machado?

Noche de verano

Es una hermosa noche de verano.
Tienen las altas casas
abiertos los balcones
del viejo pueblo a la anchurosa[1] plaza.
En el amplio rectángulo desierto,
bancos de piedra, evónimos[2] y acacias
simétricos dibujan
sus negras sombras en la arena blanca.
En el cenit,[3] la luna, y en la torre,
la esfera[4] del reloj iluminada.
Yo en este viejo pueblo paseando
solo, como un fantasma.

[1] *wide, spacious*
[2] *spindle trees*
[3] *zenith*
[4] *round face* (lit.: *sphere*)

5

10

✦ Comprensión

Conteste las siguientes preguntas según el poema.

1. ¿Hacia dónde se abren los balcones de las casas?
2. ¿Cómo es la plaza?
3. ¿Hay gente en la plaza?
4. ¿Cómo son los árboles de la plaza?
5. ¿Qué tipo de luz vemos?
6. ¿Qué ve el poeta en el cenit? ¿Y en la torre?
7. ¿Qué hace el poeta?
8. ¿Cómo se siente el poeta?

He andado muchos caminos

He andado muchos caminos,
he abierto muchas veredas,[1]
he navegado en cien mares
y atracado[2] en cien riberas.[3]
En todas partes he visto
caravanas de tristeza,
soberbios[4] y melancólicos
borrachos[5] de sombra negra,

[1] *footpaths, trails*
[2] *docked*
[3] *shores*
[4] *haughty*
[5] *drunkards*

5

y pedantones[6] al paño[7]
que miran, callan, y piensan
10 que saben, porque no beben
el vino de las tabernas.
Mala gente que camina
y va apestando[8] la tierra...
15 Y en todas partes he visto
gentes que danzan o juegan,
cuando pueden, y laboran
sus cuatro palmos[9] de tierra.
Nunca, si llegan a un sitio,
20 preguntan adónde llegan.
Cuando caminan, cabalgan[10]
a lomos de[11] mula vieja,
y no conocen la prisa
ni aun en los días de fiesta.
25 Donde hay vino, beben vino;
donde no hay vino, agua fresca.
Son buenas gentes que viven,
laboran, pasan y sueñan,
y en un día como tantos,
30 descansan bajo la tierra.

[6] *great pedants*
[7] **al...** *off stage*
[8] *corrupting, plaguing*
[9] **cuatro...** *small plot*
[10] *ride*
[11] **a...** *on the back of*

✦ Comprensión

Conteste las siguientes preguntas según el poema.

1. ¿Por dónde y cómo ha viajado el poeta?
2. ¿Qué clase de gente encuentra?
3. ¿Qué detalles da el poeta sobre los dos tipos de gente que ha visto?
4. ¿Qué efecto tiene la mala gente?
5. ¿Qué hace la gente buena?

Retrato

Mi infancia son recuerdos de un patio de Sevilla,
y un huerto claro donde madura el limonero;[1]
mi juventud, veinte años en tierra de Castilla;
mi historia, algunos casos que recordar no quiero.
5 Ni un seductor Mañara,[a] ni un Bradomín[b] he sido
—ya conocéis mi torpe aliño indumentario[2]—,

[1] **madura...** *the lemon tree grows*
[2] **torpe...** *awkward or plain style of dress*

---

[a] Miguel de Mañara (1626–1679) fue un caballero español conocido por su vida licenciosa.
[b] El marqués de Bradomín, personaje de las *Sonatas* de Valle-Inclán, simboliza la decadencia.

mas recibí la flecha que me asignó[3] Cupido,
y amé cuanto ellas puedan tener de hospitalario.

Hay en mis venas gotas de sangre jacobina,[c]
pero mi verso brota[4] de manantial[5] sereno;
y, más que un hombre al uso que sabe su doctrina,
soy, en el buen sentido de la palabra, bueno.

Adoro la hermosura, y en la moderna estética
corté las viejas rosas del huerto de Ronsard[d]
mas no amo los afeites[6] de la actual cosmética,
ni soy un ave de esas del nuevo gay-trinar.[e]

Desdeño las romanzas de los tenores huecos[7]
y el coro de los grillos[8] que cantan a la luna.
A distinguir me paro las voces de los ecos,
y escucho solamente, entre las voces, una.

¿Soy clásico o romántico? No sé. Dejar quisiera
mi verso, como deja el capitán su espada:
famosa por la mano viril que la blandiera,[9]
no por el docto oficio del forjador[10] preciada.[11]

Converso con el hombre que siempre va conmigo
—quien habla solo espera hablar a Dios un día—;
mi soliloquio es plática[12] con este buen amigo
que me enseñó el secreto de la filantropía.

Y al cabo,[13] nada os debo; debéisme cuanto he escrito.
A mi trabajo acudo,[14] con mi dinero pago
el traje que me cubre y la mansión que habito,
el pan que me alimenta y el lecho en donde yago.[16]

Y cuando llegue el día del último viaje,
y esté al partir la nave que nunca ha de tornar,
me encontraréis a bordo ligero de[17] equipaje,
casi desnudo, como los hijos de la mar.

[3] *assigned*
[4] *flows*
[5] *spring, source*
[6] *cosmetics, make-up*
[7] *hollow, affected*
[8] *crickets*
[9] *wielded*
[10] *forger*
[11] *valued, esteemed*
[12] conversación
[13] **al...** *in the end*
[14] *I go*
[16] *I lie*
[17] **ligero...** con poco

✦ Comprensión

Conteste las siguentes preguntas según el poema.

1. ¿Qué detalles evocan imágenes visuales de Andalucía?
2. ¿Cómo describe su juventud el poeta?
3. ¿Cuál ha sido la actitud del poeta hacia el amor?
4. ¿Cómo describe su modo de vestir?
5. ¿Qué le gusta de la poesía antigua? ¿Qué no le gusta del uso moderno?

---

[c] Los jacobinos eran miembros de un partido político revolucionario durante la época de la Revolución francesa.

[d] Pierre de Ronsard fue un poeta francés del siglo XVI, conocido por sus poemas amorosos; usó la rosa como símbolo de la belleza y la juventud.

[e] Referencia a la expresión «gay saber» o «gaya ciencia», que significa maestría en el arte de rimar y combinar las estrofas.

6. ¿Con quién conversa el poeta? ¿Por qué?
7. ¿Cuál es su actitud hacia la muerte?

✦ Expansión

A. Lea las definiciones que siguen y escriba las palabras definidas en los espacios correspondientes.

1. sinónimo de **cama** _____
2. discurso de una persona que se habla a
   sí misma _____
3. sinónimo de **trabajar** _____
4. sitio central de una ciudad _____
5. campo pequeño donde se cultivan
   verduras, legumbres y árboles frutales _____
6. partícula esférica que se separa de
   un líquido _____
7. bebida hecha del zumo de uva
   fermentado _____

B. Indique si los comentarios que siguen reflejan correctamente o no el contenido de los poemas. Escriba **V** (verdadero) o **F** (falso) en los espacios correspondientes. Si lo que lee es falso, corríjalo.

«Noche de verano»
____ 1. Los balcones de las casas se abren a la plaza.
____ 2. Hay mucha gente en la plaza.
____ 3. Se ven muchas estrellas brillantes.
____ 4. El poeta está solo.

«He andado muchos caminos»
____ 5. El poeta no ha viajado mucho.
____ 6. El poeta ha visto a mucha gente triste.
____ 7. La gente buena baila y trabaja.
____ 8. Ellos tienen mucha prisa.

«Retrato»
____ 9. El patio que recuerda el poeta está en Córdoba.
____ 10. El poeta pasó su juventud en Madrid.
____ 11. Cuando joven, había sido un «don Juan».
____ 12. Admira la poesía francesa.
____ 13. Se considera un poeta romántico.
____ 14. Le gusta hablarse a sí mismo.

✦ Temas de discusión o análisis

1. Comente o escriba, con sus propias palabras, el resumen de uno o dos de los poemas.
2. Discuta la visión del mundo que tiene el «yo» de «He andado muchos caminos». ¿Es optimista, pesimista o neutral? Incluya detalles del poema para apoyar su opinión.

3. Comente el tema de la soledad en «Una noche de verano». ¿Cómo sabemos que el «yo» poético está solo antes de que él nos lo revele?
4. Compare el tema de la soledad en «Una noche de verano» con su presentación en «Retrato».
5. Analice la estética de Machado según él mismo la explica en «Retrato».
6. Analice el motivo del viaje en los tres poemas.

✦ Temas de proyección personal

1. Describa un lugar que le gusta mucho o un lugar que le evoca recuerdos de su niñez.
2. Describa un viaje durante el cual aprendió algo sobre la vida.
3. Si usted ha viajado mucho, en la realidad o en sus sueños, escriba su propia versión de «He andado muchos caminos». Incluya, por ejemplo, el medio de transporte usado, la gente y el paisaje que vio, o escoja un viaje especial, como su llegada a la universidad y escriba sus primeras impresiones de todo lo que vio durante esos primeros días.

PIO BAROJA

Nota biográfica

Pío Baroja y Nessi (1872–1956), médico y novelista, nació en San Sebastián y murió en Madrid. De origen vasco como Unamuno, escribió parte de una colección de cuentos, *Vidas sombrías* (1900), mientras ejercía la carrera de medicina en las provincias vascongadas. Luego dejó la medicina para dedicarse a la literatura. También dirigió, con su hermano, la panadería de su familia en Madrid. Era un escéptico y no creía en casi nada, por eso sus novelas generalmente son pesimistas. Estas han tenido una gran influencia sobre la novela española posterior a la Guerra Civil. Además, el novelista norteamericano Ernesto Hemingway le dijo a Baroja en cierta ocasión que había aprendido de él el arte de escribir cuentos. La obra de Baroja se centra en la vida, en el presente. Es subjetivo y apasionado, y a través de sus personajes protesta, se revela y, a veces, expresa indiferencia ante la injusticia cruel y la mezquindad del ser humano. Baroja escribió casi cien novelas, incluyendo once trilogías; de éstas se destaca *La lucha por la vida* (1904), obra en la que investigó una serie de problemas sociales contemporáneos. También muy conocidas son *El árbol de la ciencia* (1911), *Memorias de un hombre de acción* (un ciclo de novelas) y *Zalacaín el aventurero* (1909).

✦ Guía y actividades de pre-lectura

«Lo desconocido», de la colección *Vidas sombrías*, ejemplifica el estilo impresionista de Baroja. Con pocos detalles, esta narración traza el retrato físico y psicológico de sus personajes para crear una impresión general de éstos. La protagonista de «Lo desconocido» siente un conflicto entre el mundo del convencionalismo y el de los recuerdos y la fantasía.

1. Antes de leer el cuento, piense en su título: «Lo desconocido». Para usted, ¿qué ideas trae a la mente este título? ¿Se siente usted a veces atraído(a) por lo desconocido? Comente.

2. ¿Tiene usted muchas fantasías? Según su opinión, ¿es bueno o malo tenerlas? ¿Por qué? Explique.

Lo desconocido

Se instalaron, marido y mujer, en el vagón; él, después de colocar las carteras de viaje, se puso un guardapolvo[1] gris, se caló una gorrilla,[2] encendió un cigarro y se quedó mirando al techo con indiferencia; ella se asomó a la ventanilla a contemplar aquel anochecer de otoño.

5   Desde el vagón se veía el pueblecillo de la costa, con sus casas negruzcas,[3] reunidas para defenderse del viento del mar. El sol iba retirándose poco a poco del pueblo; relucía entonces con destellos[4] metálicos en los cristales de las casas, escalaba los tejados,[5] ennegrecidos por la humedad, y subía por la oscura torre de la iglesia hasta iluminar solamente la cruz
10 de hierro del campanario,[6] que se destacaba triunfante con su tono rojizo[7] en el fondo gris del crepúsculo.[8]

    —Pues no esperamos poco —dijo él, con un ceceo[9] de gomoso[10] madrileño, echando una bocanada de humo[11] al aire.

    Ella se volvió con rapidez a mirarle, contempló a su marido, que
15 lucía[12] sus manos blancas y bien cuidadas llenas de sortijas, y, volviéndole la espalda, se asomó de nuevo a la ventanilla.

    La campana de la estación dio la señal de marcha; comenzó a moverse el tren lentamente; hubo esa especie de suspiro que producen las cadenas[13] y los hierros al abandonar su inercia; pasaron las ruedas con es-
20 trépito[14] infernal, con torpe traqueteo,[15] por las placas giratorias[16] colocadas a la salida de la estación; silbó[17] la locomotora con salvaje energía; luego el movimiento se fue suavizando, y comenzó el desfile, y pasaron ante la vista caseríos,[18] huertas,[19] fábricas de cemento, molinos,[20] y después, con una rapidez vertiginosa,[21] montes y árboles, y casetas de guar-
25 davías,[22] y carreteras solitarias, y pueblecillos oscuros apenas vislumbrados[23] a la vaga claridad del crepúsculo.

    Y, a medida que avanzaba la noche, iba cambiando el paisaje: el tren se detenía de cuando en cuando en apeaderos[24] aislados, en medio de eras,[25] en las cuales ardían montones de rastrojos.[26]
30   Dentro del vagón seguían, solos, marido y mujer; no había entrado ningún otro viajero; él había cerrado los ojos y dormía. Ella hubiera querido hacer lo mismo; pero su cerebro parecía empeñarse en sugerirle recuerdos que la molestaban y no la dejaban dormir.

    ¡Y qué recuerdos! Todos fríos, sin encanto.
35   De los tres meses pasados en aquel pueblo de la costa, no le quedaban

1 *duster, light coat*
2 **se...** *pulled down his cap*
3 *blackish*
4 *sparkles*
5 *roofs*
6 *bell tower*
7 *reddish*
8 *twilight*
9 *lisping pronunciation*
10 *dandy*
11 **bocanada...** *puff of smoke*
12 *showed off*
13 *chains*
14 *din*
15 **torpe...** *heavy clattering*
16 **placas...** *turntables*
17 *whistled*
18 *hamlets*
19 *vegetable gardens*
20 *mills*
21 *dizzying*
22 **casetas...** *trackwalkers' huts*
23 *que se podían ver*
24 *wayside stations*
25 *thrashing floors*
26 *stubble*

más que imágenes descarnadas[27] en la retina, ningún recuerdo intenso en el corazón.

Veía la aldea en un anochecer de verano, junto a la ancha ría,[28] cuyas aguas se deslizaban[29] indolentes entre verdes maizales;[30] veía la playa, una playa solitaria, frente al mar verdoso que la acariciaba con olas lánguidas; recordaba crepúsculos de agosto, con el cielo lleno de nubes rojas y el mar teñido[31] de escarlata: recordaba los altos montes escalados por árboles de amarillo follaje,[32] y veía en su imaginación auroras alegres, mañanas de cielo azul, nieblas que suben de la marisma[33] para desvanecerse[34] en el aire, pueblos con gallardas[35] torres, puentes reflejados en los ríos, chozas,[36] casas abandonadas, cementerios perdidos en las faldas de los montes.

Y en su cerebro resonaban el son del tamboril,[37] las voces tristes de los campesinos aguijoneando al ganado,[38] los mugidos[39] poderosos de los bueyes;[40] el rechinamiento[41] de las carretas,[42] y el sonar triste y pausado[43] de las campanas del *Angelus*.

Y, mezclándose con sus recuerdos, llegaban del país de los sueños otras imágenes, reverberaciones de la infancia, reflejos de lo inconsciente, sombras formadas en el espíritu por las ilusiones desvanecidas y los entusiasmos muertos.

Como las estrellas que en aquel momento iluminaban el campo con sus resplandores pálidos, así sus recuerdos brillaban en su existencia, imágenes frías que impresionaron su retina, sin dejar huella[44] en el alma.

Sólo un recuerdo bajaba de su cerebro al corazón a conmoverlo dulcemente. Era aquel anochecer que había cruzado sola, de un lado a otro de la ría, en un bote. Dos marineros jóvenes, altos, robustos, con la mirada inexpresiva del vascongado[45] movían los remos.[46] Para llevar el compás,[47] cantaban con monotonía un canto extraño, de una dulzura grande. Ella, al oírlo, con el corazón aplanado[48] por una languidez sin causa, les pidió que cantaran alto y que se internaran mar adentro.

Los dos remaron para separarse de tierra, y cantaron sus zortzicos,[a] canciones serenas que echaban su amargura en un crepúsculo esplendoroso. El agua, teñida de rojo por el sol moribundo,[49] se estremecía[50] y palpitaba con resplandores sangrientos, mientras las notas reposadas caían en el silencio del mar tranquilo y de redondeadas[51] olas.

Y, al comparar este recuerdo con otros de su vida de sensaciones siempre iguales, al pensar en el porvenir plano que le esperaba, penetró en su espíritu un gran deseo de huir de la monotonía de su existencia, de bajar del tren en cualquier estación de aquéllas y marchar en busca de lo desconocido.

De repente se decidió, y esperó a que parara el tren. Como nacida de la noche, vio avanzar una estación hasta detenerse frente a ella, con su andén[52] solitario, iluminado por un farol.[53]

La viajera bajó el cristal de la ventanilla, y sacó el brazo para abrir la portezuela.

---

[a] Los zortzicos o zorcicos son composiciones musicales populares del País Vasco.

27 *bare*
28 *estuary*
29 **se...** *glided*
30 *cornfields*
31 *colored*
32 *hojas*
33 *salt marsh*
34 *desaparecer*
35 *elegant, graceful*
36 *huts*
37 *small drum*
38 **aguijoneando...** *goading the herd*
39 *mooing*
40 *oxen*
41 *creaking*
42 *carts*
43 *lento*
44 *trace*
45 *vasco, vascuense*
46 *oars*
47 **llevar...** *keep time*
48 *dulled*
49 *setting* (lit.: *dying*)
50 **se...** *shivered*
51 *rounded*
52 *platform*
53 *street lamp*

Al abrirla y al asomarse a ella, sintió un escalofrío[54] que recorrió su espalda. Allá estaba la sombra, la sombra que la acechaba.[55] Se detuvo. Y, bruscamente, sin transición alguna, el aire de la noche le llevó a la realidad, y sueños, recuerdos, anhelos,[56] desaparecieron.

85   Se oyó la señal, y el tren tornó a su loca carrera por el campo oscuro, lleno de sombras, y las grandes chispas[57] de la locomotora pasaron por delante de las ventanillas como brillantes pupilas sostenidas en el aire...

54 *chill*
55 *was lying in wait*
56 *longings*
57 *sparks*

✦ Comprensión y expansión

A. Conteste las siguientes preguntas según el texto.

1. ¿Dónde están el hombre y la mujer?
2. ¿Qué hora es, más o menos?
3. ¿Hay otros viajeros en el vagón?
4. ¿Qué hace el marido? ¿Y la mujer?
5. ¿Qué recuerdos le quedan a la mujer?
6. ¿Tiene algún recuerdo especial?
7. ¿Cómo fue su vida anterior?
8. ¿Qué siente la mujer?
9. ¿Qué decidió ella?
10. ¿Qué la llevó a la realidad?

B. Lea las definiciones que siguen y escriba las palabras definidas en los espacios correspondientes.

1. sinónimo de **astro**   _____
2. ventana pequeña   _____
3. sustantivo relacionado con el verbo
   recordar   _____
4. conjunto de vagones y locomotora   _____
5. instrumento de madera para mover un
   barco   _____
6. parte del día entre la puesta del sol y el
   principio de la noche   _____
7. sinónimo de **anillo**   _____

C. Indique si los comentarios que siguen reflejan correctamente o no el contenido del cuento. Escriba **V** (verdadero) o **F** (falso) en los espacios correspondientes. Si lo que lee es falso, corríjalo.

_____ 1. El marido y la mujer se instalaron en el vagón con mucha gente.

_____ 2. Desde el vagón se veían las montañas del norte.

_____ 3. El marido fumaba.

_____ 4. Más tarde él dormía.

_____ 5. La mujer también dormía.

_____ 6. Ella quería huir de la realidad de su vida aburrida.

_____ 7. Ella bajó sola del tren.

✦ Temas de discusión o análisis

1. Comente o escriba con sus propias palabras la historia de «Lo desconocido».
2. Describa al marido del cuento. ¿Qué detalles nos revelan su carácter?
3. ¿Qué recuerdo de la protagonista se destaca de los demás? ¿Qué tiene que ver ese recuerdo con el deseo de huir que ella parece sentir?
4. Muchos detalles del cuento evocan imágenes visuales o auditivas. Analice la función de algunas de éstas.
5. Analice la situación de la protagonista desde una perspectiva feminista.

✦ Temas de proyección personal

1. Describa algún momento de su vida en el que usted estaba por tomar una decisión pero súbitamente cambió de idea e hizo otra cosa.
2. Describa algunos recuerdos que usted tiene y explique qué importancia tienen en su vida.
3. Si usted pudiera escapar de su vida actual, ¿adónde iría y qué haría? ¿Por qué? Comente.

SERAFIN Y JOAQUIN ALVAREZ QUINTERO

Nota biográfica

Los hermanos Serafín (1871–1938) y Joaquín (1873–1944) Alvarez Quintero, nacieron en Utrera (Sevilla) y murieron en Madrid. Escribieron juntos más de doscientas obras teatrales, casi exclusivamente comedias y sainetes.* Sus obras, muy populares a principios de siglo, evocan el ambiente de Andalucía con cierto sentimentalismo y optimismo. En medio de la tensión y violencia de esos años, el público respondió con entusiasmo a la visión de una realidad más agradable. Entre las obras más conocidas de los hermanos Quintero se cuentan *El patio* (1901), *Las flores* (1901), *Mañana de sol* (1905), *El genio alegre* (1906) y *Malvaloca* (1912).

✦ Guía y actividades de pre-lectura

La acción de *Mañana de sol* tiene lugar en Madrid. Su diálogo, vivo y natural, nos revela la psicología de los dos personajes principales: dos ancianos que se encuentran un día en un parque madrileño descubren que tienen mucho en común porque se habían conocido antes. Representan su propia pieza personal dentro de la obra, elaborando personajes ficticios basados en cómo ellos quisieran ser recordados.

1. Antes de leer la selección, ¿qué cree usted que tendrán en común los dos ancianos?

2. Si usted se encontrara con alguien a quien no había visto desde hacía mucho tiempo, ¿cómo reaccionaría? ¿Le revelaría o no su identidad? ¿Por qué? Comente.

Mañana de sol

PASO DE COMEDIA (1905)

PERSONAJES

DOÑA LAURA
PETRA
DON GONZALO
JUANITO

Lugar apartado[1] de un paseo público, en Madrid. Un banco a la izquierda del actor. Es una mañana de otoño templada[2] y alegre.

Doña Laura y Petra salen por la derecha. Doña Laura es una viejecita setentona,[3] muy pulcra,[4] de cabellos muy blancos y manos muy finas y bien cuidadas. Aunque está en la edad de chochear,[5] no chochea. Se apoya de una mano en una sombrilla,[6] y de la otra en el brazo de Petra, su criada.

DOÑA LAURA Ya llegamos... Gracias a Dios. Temí que me hubieran quitado el sitio. Hace una mañanita tan templada...

PETRA Pica[7] el sol.

DOÑA LAURA A ti, que tienes veinte años. (*Siéntase en el banco.*) ¡Ay!...
5 Hoy me he cansado más que otros días. (*Pausa. Observando a Petra, que parece impaciente.*) Vete, si quieres, a charlar con tu guarda.

PETRA Señora, el guarda no es mío; es del jardín.

DOÑA LAURA Es más tuyo que del jardín. Anda en su busca, pero no te alejes.

10 **PETRA** Está allí esperándome.

DOÑA LAURA Diez minutos de conversación, y aquí en seguida.

PETRA Bueno, señora.

DOÑA LAURA (*Deteniéndola.*) Pero escucha.

PETRA ¿Qué quiere usted?

15 **DOÑA LAURA** ¡Que te llevas las miguitas de pan![8]

PETRA Es verdad; ni sé dónde tengo la cabeza.

DOÑA LAURA En la escarapela[9] del guarda.

PETRA Tome usted. (*Le da un cartucho[10] de papel pequeñito y se va por la izquierda.*)

20 **DOÑA LAURA** Anda con Dios. (*Mirando hacia los árboles de la derecha.*) Ya están llegando los tunantes.[11] ¡Cómo me han cogido la hora![12]... (*Se*

1 out-of-the-way
2 mild
3 in her seventies
4 neat
5 dotage, senility
6 parasol
7 burns, is very hot
8 **miguitas...** crumbs of bread
9 badge
10 roll
11 rascals
12 **¡Cómo...!** How they have figured out when I come!

levanta, va hacia la derecha y arroja adentro, en tres puñaditos, las migas de pan.) Estas, para los más atrevidos... Estas, para los más glotones... Y éstas, para los más granujas,[13] que son los más chicos... Je... (*Vuelve a su banco y desde él observa complacida el festín[14] de los pájaros.*) Pero, hombre, que siempre has de bajar tú el primero. Porque eres el mismo: te conozco. Cabeza gorda, boqueras[15] grandes... Igual a mi administrador. Ya baja otro. Y otro. Ahora dos juntos. Ahora tres. Ese chico va a llegar hasta aquí. Bien; muy bien; aquél coge su miga y se va a una rama a comérsela. Es un filósofo. Pero ¡qué nube! ¿De dónde salen tantos? Se conoce que ha corrido la voz[16]... Je, je... Gorrión[17] habrá que venga desde la Guindalera.[a] Je, je... Vaya, no pelearse, que hay para todos. Mañana traigo más.

Salen Don Gonzalo y Juanito por la izquierda del foro.[18] Don Gonzalo es un viejo contemporáneo de doña Laura, un poco cascarrabias.[19] Al andar arrastra los pies. Viene de mal temple[20] del brazo de Juanito, su criado.

DON GONZALO   Vagos,[21] más que vagos... Más valía que estuvieran diciendo misa...

JUANITO   Aquí se puede usted sentar: no hay más que una señora.
(*Doña Laura vuelve la cabeza y escucha el diálogo.*)

DON GONZALO   No me da la gana, Juanito. Yo quiero un banco solo.

JUANITO   ¡Si no lo hay!

DON GONZALO   ¡Es que aquél es mío!

JUANITO   Pero si se han sentado tres curas...

DON GONZALO   ¡Pues que se levanten!... ¿Se levantan, Juanito?

JUANITO   ¡Qué se han de levantar! Allí están de charla.

DON GONZALO   Como si los hubieran pegado al banco... No; si cuando los curas cogen un sitio... ¡cualquiera los echa![22] Ven por aquí, Juanito, ven por aquí.
(*Se encamina hacia la derecha resueltamente.[23] Juanito lo sigue.*)

DOÑA LAURA   (*Indignada.*) ¡Hombre de Dios!

DON GONZALO   (*Volviéndose.*) ¿Es a mí?

DOÑA LAURA   Sí señor; a usted.

DON GONZALO   ¿Qué pasa?

DOÑA LAURA   ¡Que me ha espantado usted los gorriones, que estaban comiendo miguitas de pan!

DON GONZALO   ¿Y yo qué tengo que ver con los gorriones?

DOÑA LAURA   ¡Tengo yo!

DON GONZALO   ¡El paseo es público!

---

[a] La Guindalera es un suburbio de Madrid.

---

[13] *rascally*
[14] banquete
[15] *corners of the beak*
[16] **ha...** *the word has spread*
[17] *Sparrow*
[18] *back of the stage*
[19] *grouchy*
[20] *humor*
[21] *Loafers*
[22] **¡cualquiera... !** *no one can throw them out*
[23] *resolutely*

DOÑA LAURA   Entonces no se queje usted de que le quiten el asiento los curas.

DON GONZALO   Señora, no estamos presentados. No sé por qué se toma usted la libertad de dirigirme la palabra. Sígueme, Juanito.
(*Se van los dos por la derecha.*)

DOÑA LAURA   ¡El demonio del viejo! No hay como llegar a cierta edad para ponerse impertinente. (*Pausa.*) Me alegro; le han quitado aquel banco también. ¡Anda! para que me espante los pajaritos.[24] Está furioso... Sí, sí; busca, busca. Como no te sientes en el sombrero... ¡Pobrecillo! Se limpia el sudor... Ya viene, ya viene.. Con los pies levanta más polvo que un coche.

DON GONZALO   (*Saliendo por donde se fue y encaminándose a la izquierda.*) ¿Se habrán ido los curas, Juanito?

JUANITO   No sueñe usted con eso, señor. Allí siguen.

DON GONZALO   ¡Por vida... ! (*Mirando a todas partes perplejo.*) Este Ayuntamiento, que no pone más bancos para estas mañanas de sol... Nada, que me tengo que conformar con el de la vieja. (*Refunfuñando,[25] siéntase al otro extremo que doña Laura, y la mira con indignación.*) Buenos días.

DOÑA LAURA   ¡Hola! ¿Usted por aquí?

DON GONZALO   Insisto en que no estamos presentados.

DOÑA LAURA   Como me saluda usted, le contesto.

DON GONZALO   A los buenos días se contesta con los buenos días, que es lo que ha debido usted hacer.

DOÑA LAURA   También usted ha debido pedirme permiso para sentarse en este banco, que es mío.

DON GONZALO   Aquí no hay bancos de nadie.

DOÑA LAURA   Pues usted decía que el de los curas era suyo.

DON GONZALO   Bueno, bueno, bueno... se concluyó. (*Entre dientes.*) Vieja chocha... Podía estar haciendo calceta[26]...

DOÑA LAURA   No gruña[27] usted, porque no me voy.

DON GONZALO   (*Sacudiéndose[28] las botas con el pañuelo.*) Si regaran un poco más, tampoco perderíamos nada.

DOÑA LAURA   Ocurrencia es:[29] limpiarse las botas con el pañuelo de la nariz.

DON GONZALO   ¿Eh?

DOÑA LAURA   ¿Se sonará[30] usted con un cepillo?

DON GONZALO   ¿Eh? Pero, señora, ¿con qué derecho... ?

DOÑA LAURA   Con el de vecindad.

DON GONZALO   (*Cortando por lo sano.[31]*) Mira, Juanito, dame el libro; que no tengo ganas de oír más tonterías.

DOÑA LAURA   Es usted muy amable.

24 **para...** *for frightening my birds*
25 *Grumbling*
26 **haciendo...** *knitting*
27 *grumble*
28 *Dusting off*
29 **Ocurrencia...** *That's a new idea*
30 **Se...** *You must blow your nose*
31 **Cortando...** *Getting on safe ground*

DON GONZALO   Si no fuera usted tan entremetida[32]...

100 **DOÑA LAURA**   Tengo el defecto de decir todo lo que pienso.

DON GONZALO   Y el de hablar más de lo que conviene. Dame el libro, Juanito.

JUANITO   Vaya, señor.

Saca del bolsillo un libro y se lo entrega. Paseando luego por el foro, se aleja hacia la derecha y desaparece.
Don Gonzalo, mirando a doña Laura siempre con rabia, se pone unas gafas prehistóricas, saca una gran lente,[33] y con el auxilio de toda esa cristalería[34] se dispone a leer.

DOÑA LAURA   Creí que iba usted a sacar ahora un telescopio.

105 **DON GONZALO**   ¡Oiga usted!

DOÑA LAURA   Debe usted de tener muy buena vista.

DON GONZALO   Como cuatro veces mejor que usted.

DOÑA LAURA   Ya, ya se conoce.

DON GONZALO   Algunas liebres[35] y algunas perdices[36] lo pudieran
110   atestiguar.[37]

DOÑA LAURA   ¿Es usted cazador?

DON GONZALO   Lo he sido... Y aún... aún...

DOÑA LAURA   ¿Ah, sí?

DON GONZALO   Sí, señora. Todos los domingos, ¿sabe usted? cojo mi es-
115   copeta y mi perro, ¿sabe usted? y me voy a una finca de mi propiedad, cerca de Aravaca... A matar el tiempo, ¿sabe usted?

DOÑA LAURA   Sí, como no mate usted el tiempo... ¡lo que es otra cosa!

DON GONZALO   ¿Conque no? Ya le enseñaría yo a usted una cabeza de jabalí[38] que tengo en mi despacho.[39]

120 **DOÑA LAURA**   ¡Toma! y yo a usted una piel de tigre que tengo en mi sala. ¡Vaya un argumento!

DON GONZALO   Bien está, señora. Déjeme usted leer. No estoy por darle a usted más palique.[40]

DOÑA LAURA   Pues con callar, hace usted su gusto.

125 **DON GONZALO**   Antes voy a tomar un polvito.[41] (*Saca una caja de rapé.*[42]) De esto sí le doy. ¿Quiere usted?

DOÑA LAURA   Según. ¿Es fino?

DON GONZALO   No lo hay mejor. Le agradará.

DOÑA LAURA   A mí me descarga[43] mucho la cabeza.

130 **DON GONZALO**   Y a mí.

DOÑA LAURA   ¿Usted estornuda?

DON GONZALO   Sí, señora: tres veces.

32 *meddlesome*
33 *magnifying glass*
34 *glasswork*
35 *hares*
36 *partridges*
37 *testify*
38 *wild boar*
39 oficina
40 *small talk*
41 *a pinch of snuff* (lit.: *a little dust*)
42 *snuff*
43 *clears*

44 *faces*
45 *allow*

DOÑA LAURA   Hombre, y yo otras tres: ¡qué casualidad!

Después de tomar cada uno su polvito, aguardan los estornudos haciendo visajes,[44] y estornudan alternativamente.

DOÑA LAURA   ¡Ah...chis!

135 **DON GONZALO**   ¡Ah...chis!

DOÑA LAURA   ¡Ah...chis!

DON GONZALO   ¡Ah...chis!

DOÑA LAURA   ¡Ah...chis!

DON GONZALO   ¡Ah...chis!

140 **DOÑA LAURA**   ¡Jesús!

DON GONZALO   Gracias. Buen provechito.

DOÑA LAURA   Igualmente. (Nos ha reconciliado el rapé.)

DON GONZALO   Ahora me va usted a dispensar[45] que lea en voz alta.

DOÑA LAURA   Lea usted como guste: no me incomoda.

145 **DON GONZALO**   (*Leyendo.*) «Todo en amor es triste; mas, triste y todo, es lo mejor que existe.» De Campoamor;[b] es de Campoamor.

DOÑA LAURA   ¡Ah!

DON GONZALO   (*Leyendo.*) «Las niñas de las madres que amé tanto, me besan ya como se besa a un santo.» Estas son humoradas.[c]

150 **DOÑA LAURA**   Humoradas, sí.

DON GONZALO   Prefiero las doloras.[d]

DOÑA LAURA   Y yo.

DON GONZALO   También hay algunas en este tomo. (*Busca las doloras y lee.*) Escuche usted ésta: «Pasan veinte años: vuelve él...»

155 **DOÑA LAURA**   No sé qué me da verlo a usted leer con tantos cristales...

DON GONZALO   ¿Pero es que usted, por ventura, lee sin gafas?

DOÑA LAURA   ¡Claro!

DON GONZALO   ¿A su edad?... Me permito dudarlo.

DOÑA LAURA   Déme usted el libro. (*Lo toma de mano de don Gonzalo, y lee.*)
160 «Pasan veinte años; vuelve él, y al verse, exclaman él y ella: (—¡Santo Dios! ¿y éste es aquél?...) (—Dios mío ¿y ésta es aquélla?...).» (*Le devuelve el libro.*)

DON GONZALO   En efecto: tiene usted una vista envidiable.

---

[b] Ramón de Campoamor (1817–1901) fue un poeta español del siglo XIX.

[c] Las *Humoradas* (1886–1888) es una colección de poemas de carácter cómico-sentimental, escrita por Campoamor. Se dice también de otros poemas escritos en el mismo estilo.

[d] Las *Doloras* (1846) es otra colección de poemas de Campoamor. Igual que las humoradas, este término se aplica a otros poemas del mismo estilo.

DOÑA LAURA   (¡Como que me sé los versos de memoria!)

165 **DON GONZALO**   Yo soy muy aficionado a los buenos versos... Mucho. Y hasta los compuse[46] en mi mocedad.[47]

DOÑA LAURA   ¿Buenos?

DON GONZALO   De todo había. Fui amigo de Espronceda, de Zorrilla, de Bécquer[e]... A Zorrilla lo conocí en América.

170 **DOÑA LAURA**   ¿Ha estado usted en América?

DON GONZALO   Varias veces. La primera vez fui de seis años.

DOÑA LAURA   ¿Lo llevaría a usted Colón en una carabela?[48]

DON GONZALO   (*Riéndose.*) No tanto, no tanto... Viejo soy, pero no conocí a los Reyes Católicos...

175 **DOÑA LAURA**   Je, je...

DON GONZALO   También fui gran amigo de éste: de Campoamor. En Valencia nos conocimos... Yo soy valenciano.

DOÑA LAURA   ¿Sí?

DON GONZALO   Allí me crié; allí pasé mi primera juventud... ¿Conoce
180   usted aquello?

DOÑA LAURA   Sí, señor. Cercana a Valencia, a dos o tres leguas de camino, había una finca que si aún existe se acordará de mí. Pasé en ella algunas temporadas. De esto hace muchos años; muchos. Estaba próxima al mar, oculta entre naranjos y limoneros... Le decían...
185   ¿cómo le decían?... *Maricela.*

DON GONZALO   ¿*Maricela*?

DOÑA LAURA   *Maricela.* ¿Le suena[49] a usted el nombre?

DON GONZALO   ¡Ya lo creo! Como si yo no estoy trascordado[50] —con los años se va la cabeza—, allí vivió la mujer más preciosa que nunca he
190   visto. ¡Y ya he visto algunas en mi vida!... Deje usted, deje usted... Su nombre era Laura. El apellido no lo recuerdo... (*Haciendo memoria.*) Laura. Laura... ¡Laura Llorente!

DOÑA LAURA   Laura Llorente...

DON GONZALO   ¿Qué?
195   (*Se miran con atracción misteriosa.*)

DOÑA LAURA   Nada... Me está usted recordando a mi mejor amiga.

DON GONZALO   ¡Es casualidad!

DOÑA LAURA   Sí que es peregrina[51] casualidad. La *Niña de Plata.*

DON GONZALO   La *Niña de Plata*... Así le decían los huertanos[52] y los
200   pescadores. ¿Querrá usted creer que la veo ahora mismo, como si la tuviera presente, en aquella ventana de las campanillas azules?[53]... ¿Se acuerda usted de aquella ventana?...

---

[e] Espronceda, Zorrilla y Bécquer son tres escritores del período romántico.

46 escribí
47 juventud
48 *tall ship*
49 *sounds familiar*
50 *forgetful*
51 extraordinaria
52 *farmers*
53 **campanillas...** *bluebells*

DOÑA LAURA   Me acuerdo. Era la de su cuarto. Me acuerdo.

DON GONZALO   En ella se pasaba horas enteras... En mis tiempos, digo.

205 **DOÑA LAURA**   (*Suspirando.*) Y en los míos también.

DON GONZALO   Era ideal, ideal... Blanca como la nieve... Los cabellos muy negros... Los ojos muy negros y muy dulces... De su frente parecía que brotaba[54] luz... Su cuerpo era fino, esbelto,[55] de curvas muy suaves...
      «¡Qué formas de belleza soberana[56] modela Dios en la escultura hu-
210 mana!» Era un sueño, era un sueño...

DOÑA LAURA   (¡Si supieras que la tienes al lado, ya verías lo que los sueños valen!) Yo la quise de veras, muy de veras. Fue muy desgracia-da.[57] Tuvo unos amores muy tristes.

DON GONZALO   Muy tristes.

215 (*Se miran de nuevo.*)

DOÑA LAURA   ¿Usted lo sabe?

DON GONZALO   Sí.

DOÑA LAURA   (¡Qué cosas hace Dios! Este hombre es aquél.)

DON GONZALO   Precisamente el enamorado galán,[58] si es que nos referi-
220 mos los dos al mismo caso...

DOÑA LAURA   ¿Al del duelo?[59]

DON GONZALO   Justo: al del duelo. El enamorado galán era... era un pa-riente mío, un muchacho de toda mi predilección.

DOÑA LAURA   Ya vamos, ya. Un pariente... A mí me contó ella en una de
225 sus últimas cartas, la historia de aquellos amores, verdaderamente románticos.

DON GONZALO   Platónicos. No se hablaron nunca.

DOÑA LAURA   El, su pariente de usted, pasaba todas las mañanas a ca-ballo por la veredilla[60] de los rosales, y arrojaba a la ventana un ramo
230 de flores, que ella cogía.

DON GONZALO   Y luego, a la tarde, volvía a pasar el gallardo jinete,[61] y recogía un ramo de flores que ella le echaba. ¿No es esto?

DOÑA LAURA   Eso es. A ella querían casarla con un comerciante... un cualquiera, sin más títulos que el de enamorado.

235 **DON GONZALO**   Y una noche que mi pariente rondaba[62] la finca para oírla cantar, se presentó de improviso[63] aquel hombre.

DOÑA LAURA   Y le provocó.

DON GONZALO   Y se enzarzaron.[64]

DOÑA LAURA   Y hubo desafío.

240 **DON GONZALO**   Al amanecer: en la playa. Y allí se quedó malamente herido el provocador. Mi pariente tuvo que esconderse primero, y luego que huir.

DOÑA LAURA   Conoce usted al dedillo[65] la historia.

DON GONZALO   Y usted también.

---

54 *shone forth*
55 *svelte, graceful*
56 *great, supreme*
57 *unlucky*
58 *beau, elegant young man*
59 **¿Al...?** *The one of the duel?*
60 *path*
61 **gallardo...** *gallant rider*
62 *was wandering around*
63 **de...** *unexpectedly*
64 **se...** *they quarreled*
65 **al...** *perfectly, by heart*

DOÑA LAURA Ya le he dicho a usted que ella me la contó.

DON GONZALO Y mi pariente a mí... (Esta mujer es Laura... ¡Qué cosas hace Dios!)

DOÑA LAURA (No sospecha quién soy: ¿para qué decírselo? Que conserve aquella ilusión...)

DON GONZALO (No presume[66] que habla con el galán... ¿Qué ha de presumirlo?... Callaré.)
(*Pausa.*)

DOÑA LAURA ¿Y fue usted, acaso, quien le aconsejó a su pariente que no volviera a pensar en Laura? (¡Anda con ésa!)[67]

DON GONZALO ¿Yo? ¡Pero si mi pariente no la olvidó un segundo!

DOÑA LAURA Pues ¿cómo se explica su conducta?

DON GONZALO ¿Usted sabe?... Mire usted, señora: el muchacho se refugió primero en mi casa —temeroso[68] de las consecuencias del duelo con aquel hombre, muy querido allá—; luego se trasladó a Sevilla; después vino a Madrid... Le escribió a Laura ¡qué sé yo el número de cartas! —algunas en verso, me consta[69]... Pero sin duda las debieron de interceptar los padres de ella, porque Laura no contestó... Gonzalo, entonces, desesperado, desengañado,[70] se incorporó[71] al ejército de Africa, y allí, en una trinchera,[72] encontró la muerte, abrazado a la bandera española y repitiendo el nombre de su amor: Laura... Laura... Laura...

DOÑA LAURA (¡Qué embustero![73])

DON GONZALO (No me he podido matar de un modo más gallardo.[74])

DOÑA LAURA ¿Sentiría usted a par del alma[75] esa desgracia?

DON GONZALO Igual que si se tratase de mi persona. En cambio, la ingrata, quién sabe si estaría a los dos meses cazando mariposas en su jardín, indiferente a todo...

DOÑA LAURA Ah, no señor; no, señor...

DON GONZALO Pues es condición de mujeres...

DOÑA LAURA Pues aunque sea condición de mujeres, la *Niña de Plata* no era así. Mi amiga esperó noticias un día, y otro, y otro... y un mes, y un año... y la carta no llegaba nunca. Una tarde, a la puesta del sol, con el primer lucero[76] de la noche, se la vio salir resuelta camino de la playa... de aquella playa donde el predilecto de su corazón se jugó la vida. Escribió su nombre en la arena —el nombre de él—, y se sentó luego en una roca, fija la mirada en el horizonte... Las olas murmuraban su monólogo eterno... e iban poco a poco cubriendo la roca en que estaba la niña... ¿Quiere usted saber más?... Acabó de subir la marea[77]... y la arrastró consigo...

DON GONZALO ¡Jesús!

DOÑA LAURA Cuentan los pescadores de la playa, que en mucho tiempo no pudieron borrar las olas aquel nombre escrito en la arena. (¡A mí no me ganas tú a finales poéticos!)

66 **No...** *She doesn't suspect*
67 **¡Anda...** ! *Take that!*
68 *afraid*
69 **me...** *I happen to know*
70 *disillusioned*
71 **se...** *joined*
72 *trench*
73 **¡Qué...** ! *What a liar!*
74 **de...** *in a more gallant way*
75 **a par...** *to the bottom of your heart*
76 *star*
77 *tide*

DON GONZALO   (¡Miente más que yo!)

290   (*Pausa.*)

DOÑA LAURA   ¡Pobre Laura!

DON GONZALO   ¡Pobre Gonzalo!

DOÑA LAURA   (¡Yo no le digo que a los dos años me casé con un fabricante de cervezas!)

295 **DON GONZALO**   (¡Yo no le digo que a los tres meses me largué[78] a París con una bailarina!)

DOÑA LAURA   Pero, ¿ha visto usted cómo nos ha unido la casualidad, y cómo una aventura añeja[79] ha hecho que hablemos lo mismo que si fuéramos amigos antiguos?

300 **DON GONZALO**   Y eso que empezamos riñendo.[80]

DOÑA LAURA   Porque usted me espantó los gorriones.

DON GONZALO   Venía muy mal templado.

DOÑA LAURA   Ya, ya lo vi. ¿Va usted a volver mañana?

DON GONZALO   Si hace sol, desde luego. Y no sólo no espantaré los go-
305   rriones, sino que también les traeré miguitas...

DOÑA LAURA   Muchas gracias, señor... Son buena gente; se lo merecen todo. Por cierto que no sé dónde anda mi chica... (*Se levanta.*) ¿Qué hora será ya?

DON GONZALO   (*Levantándose.*) Cerca de las doce. También ese bribón[81]
310   de Juanito... (*Va hacia la derecha.*)

DOÑA LAURA   (*Desde la izquierda del foro, mirando hacia dentro.*) Allí la diviso[82] con su guarda... (*Hace señas con la mano para que se acerque.*)

DON GONZALO   (*Contemplando, mientras, a la señora.*) (No... no me descubro... Estoy hecho un mamarracho[83] tan grande... Que recuerde
315   siempre al mozo que pasaba al galope y le echaba las flores a la ventana de las campanillas azules...)

DOÑA LAURA   ¡Qué trabajo le ha costado despedirse! Ya viene.

DON GONZALO   Juanito, en cambio... ¿Dónde estará Juanito? Se habrá engolfado[84] con alguna niñera. (*Mirando hacia la derecha primero, y ha-
320   ciendo señas como doña Laura después.*) Diablo de muchacho...

DOÑA LAURA   (*Contemplando al viejo.*) (No... no me descubro... Estoy hecha una estantigua[85]... Vale más que recuerde siempre a la niña de los ojos negros, que le arrojaba las flores cuando él pasaba por la veredilla de los rosales...)

*Juanito sale por la derecha y Petra por la izquierda. Petra trae un manojo
de violetas.*

325 **DOÑA LAURA**   Vamos, mujer; creí que no llegabas nunca.

DON GONZALO   Pero, Juanito, ¡por Dios! que son las tantas...

PETRA   Estas violetas me ha dado mi novio para usted.

78 **me...** *I went off*
79 *ancient*
80 *quarreling*
81 *rascal*
82 *catch a glimpse*
83 *a grotesque figure*
84 **Se...** *He must have gotten
   involved*
85 *phantom, scarecrow*

DOÑA LAURA   Mira qué fino... Las agradezco mucho... (*Al cogerlas se le caen dos o tres al suelo.*) Son muy hermosas...

86 *shaking*
87 **se...** *stoops*

330   **DON GONZALO**   (*Despidiéndose.*) Pues, señora mía, yo he tenido un honor muy grande... un placer inmenso...

DOÑA LAURA   (*Lo mismo.*) Y yo una verdadera satisfacción...

DON GONZALO   ¿Hasta mañana?

DOÑA LAURA   Hasta mañana.

335   **DON GONZALO**   Si hace sol...

DOÑA LAURA   Si hace sol... ¿Irá usted a su banco?

DON GONZALO   No señora; que vendré a éste.

DOÑA LAURA   Este banco es muy de usted.

(*Se ríen.*)

340   **DON GONZALO**   Y repito que traeré miga para los gorriones...

(*Vuelven a reírse.*)

DOÑA LAURA   Hasta mañana.

DON GONZALO   Hasta mañana.

Doña Laura se encamina con Petra hacia la derecha. Don Gonzalo, antes de irse con Juanito hacia la izquierda, tembloroso[86] y con gran esfuerzo se agacha[87] a coger las violetas caídas. Doña Laura vuelve naturalmente el rostro y lo ve.

JUANITO   ¿Qué hace usted, señor?

345   **DON GONZALO**   Espera, hombre, espera...

DOÑA LAURA   (*No me cabe duda: es él...*)

DON GONZALO   (*Estoy en lo firme: es ella...*)
(*Después de hacerse un nuevo saludo de despedida.*)

DOÑA LAURA   (¡Santo Dios! ¿y éste es aquél?...)

350   **DON GONZALO**   (¡Dios mío! ¿y ésta es aquélla?...)

Se van, apoyado cada uno en el brazo de su servidor y volviendo la cara sonrientes, como si él pasara por la veredilla de los rosales y ella estuviera en la ventana de las campanillas azules.

✦ Comprensión y expansión

A.   Conteste las siguientes preguntas según la pieza.

1. ¿Por qué trae doña Laura miguitas de pan al parque?
2. ¿Con quién charla Petra?
3. ¿Por qué está enojado don Gonzalo?
4. ¿Dónde se sienta don Gonzalo?
5. ¿Qué usa don Gonzalo para poder leer?

6. ¿Por qué cree don Gonzalo que es buena la vista de doña Laura?
7. ¿Qué hacen los dos casi al mismo tiempo antes de empezar a comunicarse?
8. ¿Qué lugar conocen los dos?
9. ¿Quién era el novio de Laura Llorente? ¿Y quién es Laura?
10. ¿Por qué no se revelan su identidad?
11. ¿Existe todavía algo del antiguo amor? ¿Cómo lo sabe usted?

B. Lea las definiciones que siguen y escriba las palabras definidas en los espacios correspondientes.

1. pájaro pequeño   _____
2. despedir ruidosamente aire por la boca
   y la nariz   _____
3. antónimo de **olvidar**   _____
4. asiento de madera o piedra en un
   parque   _____
5. antónimo de **privado**   _____
6. parte interior y blanda del pan   _____
7. persona que sirve en una casa por un
   salario y manutención   _____

C. Las frases que siguen describen a algunas de las personas incluidas en *Mañana de sol*. Lea cada una de ellas y marque **DL** (Doña Laura) o **DG** (Don Gonzalo) en los espacios correspondientes. Comente si la descripción corresponde a la vida real del personaje o a una situación imaginaria.

_____ 1. Se casó dos años más tarde.

_____ 2. Se fue con otra persona tres meses más tarde.

_____ 3. No recibió ninguna carta.

_____ 4. Se trasladó a Sevilla.

_____ 5. Se suicidó tirándose al mar.

_____ 6. Se incorporó al ejército de Africa.

_____ 7. Escribió el nombre de él en la arena.

_____ 8. Arrojó hacia la ventana un ramo de flores.

✦ Temas de discusión o análisis

1. Comente o escriba en sus propias palabras la historia de los dos viejos.
2. Cuente o escriba la historia desde otro punto de vista.
   a. el de doña Laura
   b. el de don Gonzalo
   c. el de los gorriones
3. Estudie los «apartes»* y explique su importancia en el desarrollo de la acción.
4. Comente el optimismo y sentimentalismo de la comedia.
5. Cambie el desenlace y escriba otra escena final para la comedia.

✦ Temas de proyección personal

1. Escriba una historia de amor.
2. Imagínese un encuentro con su primer(a) novio(a) o con alguien a quien no ha visto hace mucho tiempo y escriba un diálogo con esa persona.

JUAN RAMON JIMENEZ

Nota biográfica

Juan Ramón Jiménez (1881–1958), poeta y prosista, recibió el Premio Nóbel de Literatura en 1956. Nació en Moguer (Huelva). Llevó una vida bastante recluida, pero en su juventud pasó algún tiempo en París y participó activamente en la vida literaria madrileña. En 1916 se casó con Zenobia Camprubí Aymar, mujer muy culta y traductora de poesía, quien lo ayudó mucho en su obra literaria. Ella murió pocos días después de que su esposo recibiera el Premio Nóbel. Al estallar la Guerra Civil, Jiménez cruzó el Atlántico; vivió en Cuba y también enseñó en varias universidades de los Estados Unidos. Finalmente, en 1951, se trasladó a Puerto Rico, donde murió en 1958. En sus primeras obras se nota la influencia del modernismo,* la musicalidad y el sentimentalismo, pero más tarde desarrolló un estilo original que buscaba la perfección formal. Quería escribir una poesía que expresara la vida interior, una poesía «pura» y «desnuda». Explica su estética en su famoso poema titulado «Inteligencia». Publicó más de cuarenta libros de poesía; entre los más conocidos se cuentan *Sonetos espirituales* (1914–1915), *Piedra y cielo* (1918) y *Animal de fondo* (1949). Sus obras en prosa incluyen *Platero y yo* (1914) y *Diario de poeta y mar* (1948), publicado originalmente con el título *Diario de un poeta recién casado.*

✦ Guía y actividades de pre-lectura

Aquí se incluyen dos poemas de Jiménez: «Inteligencia» y «El viaje definitivo». En el primero el poeta expresa su deseo de captar algo que se esconde bajo la superficie de las cosas. Ese interés por la esencia absoluta revela el platonismo del poeta, quien dijo en cierta ocasión: «Soy, fui y seré platónico...» (*La corriente infinita,* 1961). La manera de escribir el título de este poema no es un error ortográfico, sino que refleja la preferencia del poeta por expresar las palabras de manera fonética. El segundo poema es una meditación en forma de visión poética de su propia muerte. La paz sencilla de la escena descrita en el poema contrasta con la idea que generalmente tenemos de la muerte.

1. ¿Ha leído usted algo sobre el platonismo o el neoplatonismo*? Lea los dos primeros versos del poema. Basándose en esos versos y en la **Guía de pre-lectura,** ¿qué cree usted que dirá el autor sobre la poesía?

2. Al leer el título «El viaje definitivo», ¿qué ideas le vienen a la mente? Según su opinión, ¿por qué será definitivo el viaje? Explique.

Intelijencia

¡Intelijencia, dame
el nombre exacto de las cosas!
... Que mi palabra sea
la cosa misma,
5   creada por mi alma nuevamente.
Que por mí vayan todos
los que no las conocen, a las cosas;
que por mí vayan todos
los que ya las olvidan, a las cosas;
10   que por mí vayan todos
los mismos que las aman, a las cosas...
¡Intelijencia, dame
el nombre exacto, y tuyo,
y suyo, y mío, de las cosas!

Eternidades, 1916–1917

✦ Comprensión

Conteste las siguientes preguntas según el poema.

1. ¿Qué le pide el poeta a «Intelijencia»?
2. ¿Cómo va a ayudar eso a las otras personas?
3. ¿Por qué dice el «yo» del poema que el nombre exacto de las cosas es «y tuyo, y suyo, y mío»?

El viaje definitivo

...y yo me iré. Y se quedarán los pájaros
cantando;
y se quedará mi huerto,[1] con su verde árbol,
y con su pozo blanco.

5   Todas las tardes, el cielo será azul y plácido;
y tocarán, como esta tarde están tocando,
las campanas del campanario.

Se morirán aquellos que me amaron;
y el pueblo se hará nuevo[2] cada año:

[1] *vegetable garden*
[2] **se...** *will renew itself*

y en el rincón aquel de mi huerto florido y
encalado,[3]
mi espíritu errará,[4] nostálgico...

Y yo me iré; y estaré solo, sin hogar, sin árbol
verde, sin pozo blanco,

15   sin cielo azul y plácido...
y se quedarán los pájaros cantando.

3 *whitewashed*
4 *will wander*

✦ Comprensión

Conteste las siguientes preguntas según el poema.

1. ¿Qué harán los pájaros?
2. ¿Cómo se quedará el huerto?
3. ¿Qué otras cosas continuarán tal como son o como están ahora?
4. ¿Qué hará el «yo» poético?
5. ¿Qué cambiará para él en comparación con el presente?

✦ Guía y actividades de pre-lectura

Juan Ramón Jiménez también escribió prosa poética. Se incluyen aquí dos capítulos de *Platero y yo*, la expresión del cariño de un hombre por su burrito y la evocación de Andalucía, región natal del autor, con sus paisajes coloridos. En general *Platero y yo* suele considerarse un libro para niños, pero es más bien un diario de las impresiones del narrador.

1. Antes de leer las selecciones, imagínese un burro pequeño. ¿Cómo lo describiría usted? Luego, compare su descripción con la de *Platero y yo*.

2. ¿Conoce usted otros libros que en realidad están escritos para adultos, pero que parecen ser para niños? ¿Le gusta a usted este tipo de literatura? ¿Por qué? Explique.

━━━━━━━━━━

Platero y yo

1

Platero es pequeño, peludo, suave;[1] tan blando por fuera, que se diría todo de algodón, que no lleva huesos. Sólo los espejos de azabache[2] de sus ojos son duros cual[3] dos escarabajos[4] de cristal negro.

Lo dejo suelto y se va al prado,[5] y acaricia tibiamente[6] con su hocico,[7]
5 rozándolas apenas,[8] las florecillas rosas, celestes[9] y gualdas[10]... Lo llamo dulcemente: «¿Platero?» y viene a mí con un trotecillo[11] alegre que parece que se ríe, en no sé qué cascabeleo[12] ideal...

Come cuanto le doy. Le gustan las naranjas mandarinas, las uvas moscateles, todas de ámbar; los higos morados[13] con su cristalina gotita
10 de miel[14]...

1 *smooth*
2 *jet*
3 *como*
4 *scarabs*
5 *meadow*
6 *warmly*
7 *muzzle*
8 **rozándolas...** *barely touching them*
9 *sky blue*
10 *amarillas*
11 *little trot*
12 *jingling*
13 **higos...** *purple figs*
14 **cristalina...** *clear droplet of honey*

Vista del pueblo andaluz de Casares.

Es tierno y mimoso[15] igual que un niño, que una niña...; pero fuerte y seco por dentro, como de piedra. Cuando paseo sobre él, los domingos, por las últimas callejas[16] del pueblo, los hombres del campo, vestidos de limpio y despaciosos, se quedan mirándolo:

—Tien' asero.

Tiene acero.[17] Acero y plata de luna, al mismo tiempo.

CXXXV

Esta tarde he ido con los niños a visitar la sepultura[18] de Platero, que está en el huerto[19] de la Piña, al pie del pino redondo y paternal. En torno,[20] abril había adornado la tierra húmeda de grandes lirios[21] amarillos.

Cantaban los chamarices[22] allá arriba, en la cúpula verde, toda pintada de cenit azul, y su trino menudo,[23] florido y reidor, se iba en el aire de oro de la tarde tibia,[24] como un claro sueño de amor nuevo.

Los niños, así que iban llegando, dejaban de gritar. Quietos y serios, sus ojos brillantes en mis ojos, me llenaban de preguntas ansiosas.

—¡Platero, amigo! —le dije yo a la tierra—: si, como pienso, estás ahora en un prado del cielo y llevas sobre tu lomo[25] peludo a los ángeles adolescentes, ¿me habrás, quizá, olvidado? Platero, dime: ¿te acuerdas aún de mí?

Y, cual contestando a mi pregunta, una leve[26] mariposa blanca, que antes no había visto, revolaba[27] insistentemente, igual que un alma, de lirio en lirio...

15 *fond of being petted*
16 *little streets*
17 *spirit, strength*
18 *grave*
19 *vegetable garden*
20 **En...** *Around*
21 *lilies*
22 *greenfinches*
23 **trino...** *little trill*
24 *tepid*
25 *back*
26 *light*
27 *was fluttering around*

✦ Comprensión y expansión

A. Conteste las siguientes preguntas según el texto.

1. ¿Cómo es Platero?
2. ¿Qué hace Platero en el prado?
3. ¿Qué come Platero?
4. ¿Qué dicen de Platero los hombres del pueblo?
5. ¿Dónde está la sepultura de Platero?
6. ¿Con quién visita la sepultura el autor?
7. ¿Cómo se comportan sus acompañantes?
8. ¿Qué le pregunta el autor a Platero?
9. ¿Cree recibir el autor algún tipo de respuesta? Explique.

B. Todas las frases o palabras de la columna izquierda provienen de *Platero y yo*. Busque el color apropiado en la lista de la columna derecha y escriba las letras correspondientes en los espacios. Para algunos de ellos, hay más de una posibilidad.

_____ 1. naranjas mandarinas   a. negro

_____ 2. espejos de azabache   b. ámbar

_____ 3. uvas moscateles   c. verde

_____ 4. florecillas   d. rosa

_____ 5. lirios   e. anaranjado

_____ 6. una mariposa   f. celeste

_____ 7. el cenit   g. azul

                                            h. blanco

                                            i. amarillo

C. Lea las frases siguientes y escriba el cognado de las palabras subrayadas en los espacios correspondientes.

1. El poeta habla de un viaje <u>definitivo</u>.   _____
2. El cielo será <u>plácido</u>.   _____
3. El espíritu del poeta será <u>nostálgico</u>.   _____
4. El poeta quiere saber el nombre <u>exacto</u>
   de las cosas.   _____
5. Le habla a la <u>Intelijencia</u> personificada.   _____

✦ Temas de discusión o análisis

1. Analice las características humanas que el autor le da a Platero.
2. Según su opinión, ¿qué función tienen los elementos de la naturaleza incluidos en el Capítulo I de *Platero y yo*? ¿De qué manera sirven para completar el retrato de Platero?
3. Compare las descripciones del ambiente en *Platero y yo* con los elementos del paisaje en «El viaje definitivo».
4. ¿Cuál es la significación de la primavera en el Capítulo CXXXV de *Platero y yo*? ¿Cómo crea el autor un vínculo entre Platero, ya muerto, y su amo?

5. ¿Qué tienen en común la visión de la muerte en «El viaje definitivo» y la descripción del narrador de su visita a la sepultura de Platero? Comente especialmente el paisaje y la naturaleza.

✦ Temas de proyección personal

1. ¿Tiene usted algún animal en casa? Describa un animal favorito. ¿Le parece que tiene características humanas? Comente.
2. Muchas personas se oponen a que se maten animales para la alimentación o para la industria de la confección. ¿Qué opina usted de esos dos asuntos tan controversiales?

RAMON MARIA DEL VALLE-INCLAN

Nota biográfica

Ramón María del Valle-Inclán (1866–1936), novelista, dramaturgo y poeta, nació en Villanueva de Arosa (Galicia) y murió en Santiago de Compostela. Era muy conocido por sus excentricidades en el vestir y por sus exagerados gestos teatrales. Sus primeras obras muestran sólo tangencialmente las preocupaciones típicas de la generación del 98. Le interesaban, por el contrario, el arte y la perfección estilística. Durante los años de la Primera Guerra Mundial se interesó cada vez más por los problemas políticos de España, lo que influyó en su decisión de dedicarse también a la sátira y al uso de lo grotesco para reflejar la realidad nacional. Fue encarcelado por breve tiempo en 1924, durante la dictadura del general Miguel Primo de Rivera. El mismo llamó «esperpento» a su estilo satírico-grotesco y de lenguaje pintoresco. Proyectó escribir un ciclo de nueve novelas bajo el título *El ruedo ibérico*, pero sólo publicó *La corte de los milagros* (1927), *Viva mi dueño* (1928) y *Baza de espadas* (1932), que dejó incompleta. Entre sus obras más conocidas se cuentan *Los cuernos de Don Friolera* (1921), *Sonatas* (1902–1905), *Flor de santidad* (1904), *Luces de Bohemia* (1924) y *Tirano Banderas* (1926).

✦ Guía y actividades de pre-lectura

«Un ejemplo» forma parte de *Jardín umbrío* (1903, 1914), una colección de cuentos folklóricos escritos con un estilo imaginativo y poético. El narrador de los cuentos dice que los oyó de boca de una anciana gallega. «Un ejemplo» es semejante a un cuento medieval de milagros en el que se acepta lo milagroso como parte de la vida diaria. La intervención divina es posible en cualquier momento. Las experiencias del protagonista, un ermitaño, ilustran el valor que le da el pensamiento cristiano tradicional al sufrimiento personal.

1. Antes de leer el cuento, ¿cree usted que el sufrimiento tiene algún aspecto positivo? Explique.

2. Según usted, ¿qué tipo de persona es un ermitaño? ¿Conoce usted a alguien que lleve una vida aislada? Descríbalo(la).

Un ejemplo

Amaro era un santo ermitaño[1] que por aquel tiempo vivía en el monte vida penitente. Cierta tarde, hallándose[2] en oración, vio pasar a lo lejos por el camino real a un hombre todo cubierto de polvo. El santo ermitaño, como era viejo, tenía la vista cansada y no pudo reconocerle, pero su corazón le advirtió[3] quién era aquel caminante que iba por el mundo envuelto[4] en los oros de la puesta solar, y alzándose de la tierra corrió hacia él implorando:

—¡Maestro, deja que llegue un triste pecador![5]

El caminante, aun cuando iba lejos, escuchó aquellas voces y se detuvo esperando. Amaro llegó falto de aliento,[6] y llegando, arrodillóse y le besó la orla[7] del manto,[8] porque su corazón le había dicho que aquel caminante era Nuestro Señor Jesucristo.

—¡Maestro, déjame ir en tu compañía!

El Señor Jesucristo sonrió:

—Amaro, una vez has venido conmigo y me abandonaste.

El santo ermitaño, sintiéndose culpable, inclinó la frente:

—¡Maestro, perdóname!

El Señor Jesucristo alzó la diestra[9] traspasada[10] por el clavo de la cruz:

—Perdonado estás. Sígueme.

Y continuó su ruta por el camino que parecía alargarse[11] hasta donde el sol se ponía, y en el mismo instante sintió desfallecer[12] su ánimo aquel santo ermitaño:

—¿Está muy lejos el lugar adonde caminas, Maestro?

—El lugar adonde camino, tanto está cerca, tanto lejos...

—¡No comprendo, Maestro!

—¿Y cómo decirte que todas las cosas, o están allí donde nunca se llega o están en el corazón?

Amaro dio un largo suspiro. Había pasado en oración la noche y temía que le faltasen fuerzas para la jornada,[13] que comenzaba a presentir larga y penosa. El camino a cada instante se hacía más estrecho, y no pudiendo caminar unidos, el santo ermitaño iba en pos del[14] Maestro. Era tiempo de verano, y los pájaros, ya recogidos a sus nidos, cantaban entre los ramajes, y los pastores descendían del monte trayendo por delante el hato de las ovejas.[15] Amaro, como era viejo y poco paciente, no tardó en dolerse del polvo, de la fatiga y de la sed. El Señor Jesucristo le oía con aquella sonrisa que parece entreabrir los Cielos a los pecadores:

—Amaro, el que viene conmigo debe llevar el peso de mi cruz.

Y el santo ermitaño se disculpaba y dolía:

—Maestro, a verte tan viejo y acabado como yo, habías de quejarte asina.[16]

1 *hermit*
2 *finding himself*
3 *warned*
4 *wrapped*
5 *sinner*
6 **falto...** *short of breath*
7 *border*
8 *cloak*
9 mano derecha
10 *pierced*
11 *to lengthen, extend*
12 *weaken*
13 *journey*
14 **en...** detrás del
15 **hato...** *flock of sheep*
16 así

40 El Señor Jesucristo le mostró los divinos pies que, desgarrados[17] por las espinas del camino, sangraban en las sandalias, y siguió adelante. Amaro lanzó un suspiro de fatiga:

—¡Maestro, yo no puedo más!

Y viendo a un zagal[18] que llegaba por medio de una gándara[19] donde
45 crecían amarillas retamas,[20] sentóse a esperarle. El Señor Jesucristo se detuvo también:

—Amaro, un poco de ánimo y llegamos a la aldea.[21]

—¡Maestro, déjame aquí! Mira que he cumplido cien años y que no puedo caminar. Aquel zagal que por allí viene tendrá cerca la majada,[22] y
50 le pediré que me deje pasar en ella la noche. Yo nada tengo que hacer en la aldea.

El Señor Jesucristo le miró muy severamente:

—Amaro, en la aldea una mujer endemoniada[23] espera su curación hace años.

55 Calló, y en el silencio del anochecer sintiéronse unos alaridos[24] que ponían espanto.[25] Amaro, sobrecogido,[26] se levantó de la piedra donde descansaba, y siguió andando tras el Señor Jesucristo. Antes de llegar a la aldea salió la luna plateando la cima[27] de unos cipreses donde cantaba escondido aquel ruiseñor[28] celestial que otro santo ermitaño[a] oyó trescien-
60 tos años embelesado.[29] A lo lejos temblaba apenas el cristal de un río, que parecía llevar dormidas en su fondo las estrellas del cielo. Amaro suspiró:

—Maestro, dame licencia para descansar en este paraje.[30]

Y otra vez contestó muy severamente el Señor Jesucristo:

—Cuenta los días que lleva sin descanso la mujer que grita en
65 la aldea.

Con estas palabras cesó el canto del ruiseñor, y en una ráfaga[31] de aire que se alzó de repente pasó el grito de la endemoniada y el ladrido de los perros vigilantes en las eras.[32] Había cerrado la noche y los murciélagos[33] volaban sobre el camino, unas veces en el claro de la luna y otras en la os-
70 curidad de los ramajes. Algún tiempo caminaron en silencio. Estaban llegando a la aldea cuando las campanas comenzaron a tocar por sí solas, y era aquel el anuncio de que llegaba el Señor Jesucristo. Las nubes que cubrían la luna se desvanecieron[34] y los rayos de plata al penetrar por entre los ramajes iluminaron el camino, y los pájaros que dormían en los
75 nidos despertáronse con un cántico, y en el polvo, bajo las divinas sandalias, florecieron las rosas y los lirios,[35] y todo el aire se llenó con su aroma. Andados muy pocos pasos, recostada[36] a la vera[37] del camino, hallaron a la mujer que estaba poseída del Demonio. El Señor Jesucristo se detuvo y la luz de sus ojos cayó como la gracia de un milagro sobre aquélla
80 que se retorcía[38] en el polvo y escupía[39] hacia el camino. Tendiéndole las manos traspasadas, le dijo:

—Mujer, levántate y vuelve a tu casa.

---

[a] Hace referencia a la leyenda medieval en la que se hace dormir a un monje durante trescientos años.

[17] *torn*
[18] *country boy*
[19] *lowland*
[20] *broom plants*
[21] *village*
[22] *sheepfold*
[23] *possessed by the devil*
[24] *howls*
[25] *fright*
[26] *frightened*
[27] *top*
[28] *nightingale*
[29] *enchanted*
[30] sitio, lugar
[31] *gust*
[32] *vegetable patches*
[33] *bats*
[34] **se...** *vanished*
[35] *lilies*
[36] *lying down*
[37] *side*
[38] **se...** *was writhing*
[39] *spitting*

La mujer se levantó, y ululando,[40] con los dedos enredados[41] en los cabellos, corrió hacia la aldea. Viéndola desaparecer a lo largo del camino, se lamentaba el santo ermitaño:

—Maestro, ¿por qué no haberle devuelto aquí mismo la salud? ¿A qué ir más lejos?

—¡Amaro, que el milagro edifique también a los hombres sin fe que en este paraje la dejaron abandonada! Sígueme.

—¡Maestro, ten duelo[42] de mí! ¿Por qué no haces con otro milagro que mis viejas piernas dejen de sentir cansancio?

Un momento quedó triste y pensativo el Maestro. Después murmuró:

—¡Sea!... Ve y cúrala, pues has cobrado[43] las fuerzas.

Y el santo ermitaño, que caminaba encorvado[44] desde luengos[45] años, enderezóse gozoso, libre de toda fatiga:

—¡Gracias, Maestro!

Y tomándole un extremo del manto se lo besó. Y como al inclinarse viese los divinos pies, que ensangrentaban el polvo donde pisaba, murmuró avergonzado y enternecido:[46]

—¡Maestro, deja que restañe[47] tus heridas!

El Señor Jesucristo le sonrió:

—No puedo, Amaro. Debo enseñar a los hombres que el dolor es mi ley.

Luego de estas palabras se arrodilló[48] a un lado del camino, y quedó en oración mientras se alejaba el santo ermitaño. La endemoniada, enredados los dedos en los cabellos, corría ante él. Era una vieja vestida de harapos,[49] con los senos velludos[50] y colgantes. En la orilla del río, que parecía de plata bajo el claro de la luna, se detuvo acezando.[51] Dejóse caer sobre la hierba y comenzó a retorcerse y a plañir.[52] El santo ermitaño no tardó en verse a su lado, y como sentía los bríos[53] generosos de un mancebo,[54] intentó sujetarla. Pero apenas sus manos tocaron aquella carne de pecado le acudió una gran turbación.[55] Miró a la endemoniada y la vio bajo la luz de la luna, bella como una princesa y vestida de sedas orientales, que las manos perversas desgarraban por descubrir las blancas flores de los senos. Amaro tuvo miedo. Volvía a sentir con el fuego juvenil de la sangre las tentaciones de la lujuria,[56] y lloró recordando la paz del sendero,[57] la santa fatiga de los que caminan por el mundo con el Señor Jesucristo. El alma, entonces, lloró acongojada,[58] sintiendo que la carne se encendía. La mujer habíase desgarrado por completo la túnica y se le mostraba desnuda. Amaro, próximo a desfallecer, miró angustiado en torno suyo y sólo vio en la vastedad de la llanura[59] desierta el rescoldo[60] de una hoguera abandonada por los pastores. Entonces recordó las palabras del Maestro: «¡El dolor es mi ley!»

Y arrastrándose llegó hasta la hoguera, y fortalecido escondió una mano en la brasa,[61] mientras con la otra hacía la señal de la cruz. La mujer endemoniada desapareció. Albeaba[62] el día. El santo ermitaño alzó la mano de la brasa, y en la palma llagada[63] vio nacerle una rosa y a su lado al Señor Jesucristo.

[40] *wailing*
[41] *entangled*
[42] compasión
[43] **has...** *you have recovered*
[44] *stooped*
[45] largos
[46] *moved to pity*
[47] *stop the flow of blood from*
[48] **se...** *kneeled*
[49] *rags*
[50] *hairy*
[51] *panting*
[52] *wail*
[53] *vigor*
[54] joven
[55] *confusion, disturbance*
[56] *lust*
[57] camino
[58] *anguished*
[59] *plain*
[60] *embers*
[61] *live coals*
[62] *was dawning*
[63] *wounded*

✦ Comprensión y expansión

A. Conteste las siguientes preguntas según el texto.

  1. ¿Quién es Amaro?
  2. ¿Hacia quién corre? ¿Por qué?
  3. ¿Qué hace el caminante?
  4. ¿Quién es el caminante?
  5. ¿Qué le pide Amaro?
  6. ¿Qué le contesta Nuestro Señor Jesucristo? ¿Cómo reacciona Amaro?
  7. ¿Cómo le parece el camino a Amaro? ¿Adónde van?
  8. ¿Qué le muestra Nuestro Señor Jesucristo a Amaro cuando éste se queja?
  9. ¿Cuántos años tiene Amaro?
  10. ¿Qué espera la mujer de la aldea?
  11. ¿Por qué tocan por sí solas las campanas?
  12. ¿Qué crece bajo los pies de Nuestro Señor Jesucristo?
  13. ¿Qué hace la endemoniada?
  14. ¿Qué debe enseñar el Señor Jesucristo?
  15. ¿Qué pide Amaro? ¿Lo recibe?
  16. ¿Qué le manda hacer el Señor Jesucristo a Amaro?
  17. ¿Qué aspecto tiene la endemoniada? ¿Cómo se transforma?
  18. ¿Qué siente Amaro?
  19. ¿Cuándo desaparece la mujer?
  20. ¿Qué ve Amaro en su mano?

B. Identifique y explique la importancia o la significación de los siguientes personajes o elementos.

  1. el caminante
  2. el ruiseñor
  3. la mujer endemoniada
  4. la brasa
  5. la rosa de la palma

C. Reconstruya el cuento, numerando de 1 a 10, en orden cronológico, las oraciones que siguen.

  ____ 1. La vieja endemoniada se transformó en una bella joven.
  ____ 2. Las campanas tocaron por sí solas.
  ____ 3. Amaro comenzó a sentir dolor por causa de la fatiga y de la sed.
  ____ 4. El caminante se detuvo para hablar con Amaro.
  ____ 5. El ermitaño puso la mano en la brasa.
  ____ 6. Hallaron a la mujer endemoniada.
  ____ 7. Amaro vio pasar a un hombre cubierto de polvo.
  ____ 8. El Señor Jesucristo, con un milagro, lo hizo sentir más joven a Amaro.
  ____ 9. Cesó el canto del ruiseñor.
  ____ 10. El Señor Jesucristo le dijo a Amaro que lo siguiera.

✦ Temas de discusión o análisis

1. Comente o escriba con sus propias palabras la historia del ermitaño.
2. Analice la función de lo «milagroso» o «sobrenatural» en el cuento.
3. Comente el motivo del viaje en el cuento.
4. ¿De qué manera representan el ermitaño y su viaje la experiencia de todo ser humano? Explique.
5. Comente desde una perspectiva feminista la función de la mujer endemoniada en el cuento.

✦ Temas de proyección personal

1. ¿Cree usted en los milagros? ¿Por qué?
2. Describa una experiencia difícil o extraña, personal o de otra persona, o una experiencia religiosa profunda.
3. ¿Le gustaría a usted ser ermitaño(a) de vez en cuando? ¿Cuándo? Explique.

CONCHA ESPINA

Nota biográfica

Concha Espina de la Serna (1869–1955), novelista, cuentista, poeta y dramaturga, nació en Santander, ciudad de la costa cantábrica. La evocación del ambiente de su región natal es un elemento predominante en su producción literaria. En 1892 se casó con Ramón de la Serna y la pareja se trasladó a Chile donde pasaron casi cuatro años. Allí empezó su carrera de periodista escribiendo para una publicación diocesana. Después de volver a España, publicó su primera novela, *Mis flores* (1904). Desgraciadamente, en 1908 su matrimonio terminó en separación; a partir de entonces tuvo que ganarse la vida por sí sola. Se estableció en Madrid, donde publicó *La niña de Luzmela* (1909), la segunda de una serie de novelas y de otros escritos que produciría durante su vida. Por ser mujer, emprendió su carrera de escritora con cierta oposición. Algunos escritores no aceptaron inmediatamente a Espina. Sin embargo, otros, como Gerardo Diego y Federico García Lorca, la acogieron con respeto y amistad. En 1914, su novela *La esfinge maragata* ganó el Premio Fastenrath de la Real Academia, y esto le dio fama y notoriedad. La novela, rica en descripciones de costumbres rurales, cuenta la historia de una mujer que acepta un matrimonio sin amor. Durante los años veinte Espina ganó más premios, y fue representante del rey Alfonso XIII en misiones culturales a Cuba, República Dominicana y Puerto Rico. También enseñó en Middlebury College (Vermont). Al estallar la Guerra Civil Española, Luzmela, la aldea donde vivía Espina, fue una plaza fuerte de los republicanos. Como sus dos hijos luchaban del lado de los nacionalistas, Espina estuvo bajo detención domiciliaria. A partir de 1939 empezó a perder la vista; sin embargo, continuó escribiendo hasta los últimos años de su vida. Murió en Madrid.

✦ Guía y actividades de pre-lectura

Concha Espina se destaca por ser la primera escritora española de cierto renombre que se gana la vida escribiendo. Su estilo cuidadoso y apasionado es impresionista. Emplea frases sencillas, usando cláusulas coordinadas en vez de subordinadas; también le gustan la repetición, los juegos con imágenes y el uso de luz y sombra. Por una parte, sus obras tienen mucho en común con la novela costumbrista del siglo XIX; por otra, sus temas se relacionan con los de la generación del 98. Sus descripciones del paisaje regional, como las de Azorín, están llenas de emoción y lirismo. También es evidente la influencia del romanticismo,* cuando la voz de la narradora se identifica con los elementos de la naturaleza que describe.

Las selecciones siguientes son de *Simientes* (1922), una colección de cuentos y ensayos que, según lo que expresa Espina en el prefacio a dicho libro, representan sus «primeros renglones» y están agrupados «un poco arrebatadamente, como recogidas en un instante demasiado áspero y brusco». Aquí se incluye «Buscando playa», tres ensayos cortos que forman un conjunto temáticamente unido. La autora compara el ambiente madrileño con el de la costa cantábrica, su región natal. Expresa su amor por el paisaje cantábrico, cuyos elementos fundamentales son el mar y los montes, «...estos dos grandes amigos de nuestra vida». Por el contrario, cuando vive en Madrid, siente «el mal del país».

1. ¿Ha experimentado usted «el mal del país» alguna vez? ¿Dónde estaba y cómo se sintió? Comente.

2. ¿Prefiere usted vivir en la ciudad o en un ambiente rural? ¿Le gusta la costa? En cuanto al paisaje, ¿cree que va a estar de acuerdo con las preferencias de Espina? ¿Por qué?

3. Lea rápidamente el último párrafo de «El mal del país». Resuma la idea principal. Al leer los ensayos, fíjese en los diversos recursos que emplea Espina para ilustrar y desarrollar ese tema.

Buscando playa

EL MAL DEL PAÍS

Mucho sol, cayendo a chorros[1] el día entero, desde un cielo furiosamente azul; mucho bullicio,[2] muchas mujeres bonitas y elegantes; modas nuevas; caras alegres; una decoración primaveral y magnífica, que pudiera

[1] **a...** *in abundance*
[2] *hubbub, noise, stir*

tomarse por un asombroso cartel de anuncios, vivo y flamante,[3] de la próxima feria del Patrono.[a]

Madrid, visto a esta luz radiante y bajo este aspecto de animación y riqueza, es un pueblo encantador, que fascina. Los que hemos nacido bajo otro cielo pálido, sentimos el rigor de esta claridad intensa en los ojos oscuros.

Acostumbrados a ver la vida bullir[4] y desbordarse[5] en un fondo que tiene por marco los bosques y la mar, chocan nuestras miradas, con fatiga, en casas, palacios y monumentos; siempre la piedra pulida,[6] o el revoque[7] artístico, o el humilde ladrillo[8] disimulado, y siempre casas y calles y jardines... ¡Y nunca la mar, los montes para fundir[9] la mirada lejos, con reposo y beatitud!

Andamos con un poco de confusión, con un poco de tristeza, a lo largo de los bulevares inmensos; y nos empuja una inconsciente esperanza de doblar esta esquina o la otra, acaso aquella final, para encontrarnos frente a la bahía y descansar los ojos fatigados de luz y de colores en estos cauces[10] vivos, allá en un horizonte lueñe[11] y sereno, sobre el mar que duerme tendido en su llanura[12] y el monte que vigila enhiesto en sus cumbres.[13]

A veces es tan grande la ilusión de hallar a estos dos grandes amigos de nuestra vida, que sentimos sus voces que nos llaman y nos buscan: la del mar, con arrullos;[14] la del monte, con aromas.

¡Pero no, que todas las ilusiones son mentira! Rumores y perfumes son un amoroso engaño de nuestra imaginación, un refinamiento de la nostalgia que sentimos lejos de Cantabria, la encumbrada[15] señora del mar y del monte.

—Aquí hay mucho que ver —nos dicen con el estímulo de innumerables cosas, cuando «el mal del país» nos sale a la cara en una mueca de hastío.[16]

«Mucho que ver», es cierto. Mas, ya cansados de «ver», quisiéramos «mirar» con ojos contemplativos y reverentes. Y sólo llegarían a calmar nuestras ambiciones de belleza y grandiosidad aquellos dos amigos por quienes suspiramos, soberanos y altaneros[17] los dos, el uno en su llanura, el otro en sus cumbres.

No bastarían a nuestra codicia[18] otras montañas ni otros mares. Los que añoramos[19] son los nuestros: las cordilleras bravas heridas por torrentes de espumas,[20] coronadas de nieblas, que, orgullosas, confunden las cimas con los cielos; los arenales finos y dorados donde el mar sabe ser el colosal artista de los dramas, el dulce poeta de los romances, el maravilloso instrumento que interpreta todos los musicales poemas humanos.

En medio del bullicio de la Corte, entre la alegría y la luz y los halagos de un pueblo encantador, vestido de gala, sentimos «el mal del país», que nos oprime el corazón con una angustia santa y dolorosa.

3 *bright*
4 *bubble up, bustle about, boil*
5 *overflow*
6 *polished*
7 *plastering*
8 *brick, tile*
9 *fuse, melt, found*
10 *bed of a watercourse, channel*
11 *distante, lejano*
12 **tendido...** *extended, stretched out in its flatness*
13 **enhiesto...** *raised high in its peaks*
14 *lullabies*
15 *elevated, raised*
16 **mueca...** *face or expression of weariness*
17 **soberanos...** *sovereign (or supreme) and lofty*
18 *greed, cupidity*
19 *we miss, long for*
20 **heridas...** *wounded by torrents of foam*

---

[a] San Isidro Labrador es el patrono de Madrid y de los agricultores. Se celebra su fiesta el 15 de mayo.

✦ Comprensión

Conteste las siguientes preguntas según el texto.

1. Al principio del ensayo, ¿qué ambiente describe la autora?
2. ¿Cómo es Madrid durante la época de la feria?
3. ¿Cómo anda la narradora a lo largo de las calles madrileñas?
4. ¿Con qué quiere encontrarse en la ciudad?
5. ¿Cuáles son los dos elementos que engañan la imaginación?
6. En el contexto del ensayo, ¿cuál se la diferencia entre «ver» y «mirar»?

PRISIONES

Esta acacia, presa[1] entre las losas de la acera,[2] llega hasta mi balcón y le embalsama[3] con sus flores abiertas, un poco enfermizas, como flores de un tallo[4] prisionero. Cuando sopla en la calle cortesana una ráfaga[5] de viento, el árbol acaricia el barandaje[6] de mi balcón, meciendo[7] sus rami-
5 tas empolvadas y recuerda un susurro de fronda,[8] todo ello con languidez y tristeza, con apocamiento[9] de quien está en prisiones.

　En las casas vecinas hay claveles y nardos[10] entre rejas; hay rosales, que fueran trepadores y pujantes[11] a no tener cautivas sus raíces en un tiesto de barro, tan pequeño; hay pájaros cantores que no cantan, esclavos en-
10 tre alambres[12] en una celdilla diminuta[13] por cantos placenteros[14] toman algunos los trinos lastimosos[15] de estas pobres avecillas prisioneras, que tuvieron la inmensidad del espacio como divino don[16] para sus alas y aprendieron a cantar en la libre grandeza de llanuras y de bosques... Viene la ufana[17] brisa de los campos impregnada de aromas y de salud, y
15 las calles de la Villa le tienden una red de encrucijadas,[18] la acosan[19] y la rinden[20] cautiva, perdidos en la lucha el perfume y las alas, convertida en un soplo,[21] en un suspiro.

　¡Así todas las bellezas de mayo están en prisiones! Yo las busco con an-siedades aldeanas[22] con afición de artista, y las encuentro en cárceles,
20 gimiendo[23] en el leve susurro de la acacia, en la corola pálida de flores empolvadas y mustias, en los trinos esclavos de las aves y en el feble lamento de la brisa.

　De este mes placentero y hermoso, únicamente el sol, por estar en los cielos, se escapa al cautiverio[24] de la villa, libe y señor, triunfante y
25 poderoso. Y como si quisiera vengarse de la crueldad con que los corte-sanos oprimen su cortejo[25] de flores, de brisas y de aves, se muestra duro y atormentador, y envuelve a la gran urbe en sus candentes[26] rayos. No hay celosía ni muro, camarín venturoso[27] ni urbano parque, liberto[28] del te-rrible poder del sol; a todas partes llega adurente[29] y triunfal, rindiendo[30]
30 a la Villa en un cansancio de sopor[31] y de angustia.

　Las cárceles cortesanas donde suspira mayo están, a su vez, presas en estos vengativos furores a cuya invencible soberanía no llegan las cadenas de la civilización.

1 *caught*
2 **losas...** *paving stones of the sidewalk*
3 *perfumes*
4 *stem, stalk*
5 *gust*
6 *railing*
7 *rocking*
8 **susurro...** *whisper of a leaf*
9 *timidity*
10 **claveles...** *carnations and nards*
11 *pushing*
12 *wires*
13 **celdilla...** *tiny little cell*
14 *agradables*
15 **trinos...** *sad (or pitiful) trills*
16 *regalo*
17 *bold, proud*
18 **tienden...** *stretch out a net of crossroads*
19 *pursue closely, persecute*
20 *render*
21 *breath, gust*
22 *típicas de una persona que vive en una aldea*
23 *moaning, wailing*
24 *captivity*
25 *courtship*
26 *candescent, burning*
27 **celosía...** *lattice window or wall, fortunate chamber*
28 *libre*
29 *burning*
30 *surrendering*
31 **cansancio...** *weariness of lethargy*

✦ Comprensión

Conteste las siguientes preguntas según el texto.

1. ¿Cómo son las flores de la acacia?
2. ¿Cómo serían los rosales si no estuvieran en la ciudad?
3. ¿De qué manera son prisioneras las aves?
4. ¿Qué otros elementos primaverales están en prisiones?
5. ¿Cuál es el único elemento natural que se escapa de la prisión?

ADIÓS MADRID

«...que te quedas sin gente»... Se despueblan sus calles, que hace poco no daban lecho[1] suficiente al río humano de la muchedumbre;[2] se cierran los teatros y salones; se entornan las persianas[3] y las puertas; se corren los cerrojos,[4] y ruedan los equipajes con premura[5] hacia los extendidos bra-
5 zos del ferrocarril.

Golondrinas[6] del veraneo, volvemos al nido de la roca marina, al costanero albergue[7] de la ribera cántabra. No vamos a buscar diversión ni agasajos,[8] no llevamos vestidos *nuevos* ni traza pomposa: ansiamos aire puro; reposo apacible, despliegue[9] de paisajes; opulencia de horizontes.
10 Un fuerte anhelo[10] de libertad nos empuja hacia la playa y el valle, hacia el monte y el campo. Sentimos de pronto la inquietud doliente del cautiverio[11] y se nos figura que la estación del Norte nos abre compasiva la puerta de la cárcel.

Y no padecemos desamor al dejarte, Madrid, pueblo hospitalario y son-
15 riente. Tu vida singular nos apasiona. Tus costumbres, únicas, son para nosotros materia inagotable de curiosidad; no acabamos de hacer observaciones raras sobre el goce que aquí se experimenta de andar por las calles muy despacio y trabajar en casa muy de prisa, sobre el procedimiento milagroso por el cual se llenan a todas horas los cafés, los teatros, los cines, los
20 paseos y las aceras de gente que no tiene dinero y que lo gasta...

Eres un puro acertijo, ilustre Villa de los impuestos, Corte fabulosa de los milagros. De todos los confines de la patria venimos a ti en afanosa[12] solicitud, no sabemos de qué; hay en el tumulto de tu peregrina existencia una estimulante ansiedad que nos arrastra: artistas, políticos, sabios,
25 apóstoles, laborantes y desocupados, a ti acudimos con supremo interés, como si detrás de tu sonrisa picaresca y manola[13] tuvieras el tesoro de la ilusión que cada cual persigue.

¡Quizá no es otra cosa lo que busca en tus entrañas el Municipio, levantando en terremoto tus adoquines[14] todos los días y todas las noches
30 con inverosímiles[15] pretextos!

También las autoridades tienen un «ideal», y tú eres el más castizo[16] pueblo de las paradojas...

Pero, sirena, esfinge, sima[17] o paraíso, en este tiempo estival escondes tus encantos, ocultas tus sortilegios y te desmayas[18] bajo el sol, quieta y ar-
35 diente, en siesta perezosa. Roto el hechizo de tu inquietud, nos desprendemos[19] de las cadenas con que nos aprisionas y corremos, libres de

1 cama
2 *crowd, multitude*
3 **se entornan...** *the blinds are half-closed*
4 **se corren...** *the bolts are drawn*
5 *haste*
6 *Swallows*
7 **costanero...** *coastal inn*
8 *affectionate reception*
9 *unfolding, displaying*
10 deseo
11 *captivity*
12 *eager*
13 *characteristic of a low-class Madrilenian*
14 *paving stones*
15 *unlikely, unbelievable*
16 *pure, correct*
17 *abyss*
18 **te...** *you faint, swoon*
19 **nos...** *we detach ourselves*

sugestiones, fuera de las complicadas redes[20] de tus calles, levantadas en barricadas eternas a lo largo de una urbanización absolutamente fantástica.

Adorables emociones nos esperan en la brava costa, en la amada orilla de nuestro mar: hemos de sentir en la carne el escalofrío de las espumas con que las olas rompen en sollozos;[21] hemos de escuchar el temblor gallardo[22] de las fuentes del monte, el cantar suave de los arroyos en la campiña,[23] la algazara[24] de los pájaros libres, el tumulto del viento en los pinares;[25] hemos de sentir palpitar las tinieblas[26] en el bosque bravío,[27] cuando la tarde muere, y hemos de ver despuntar la aurora[28] al borde del cielo pálido, cuando el paisaje despierta y el día nace...

Pero todas estas inefables cosas y otras muchas secretas y sutiles que vamos a sentir y a contemplar no han de hacernos olvidarte. Madrid, insigne[29] villa de la ley del Inquilinato, pueblo gentil de las inverosimilitudes y las sorpresas: si a tus brazos nos torna el destino, de nuestras sensaciones y visiones traeremos para ti un recuerdo de artistas, testimonio de gratitud y devoción. ¡Adiós, Madrid!

20 *nets*
21 *sobs*
22 *bold, gallant*
23 *fields, country*
24 *joyful uproar*
25 *pine groves*
26 *darkness*
27 *bold*
28 **despuntar...** *the dawn break*
29 *famosa, conocida*

✦ Comprensión

Conteste las siguientes preguntas según el texto.

1. Al empezar las vacaciones de verano, ¿qué hace la gente de Madrid?
2. ¿Adónde van?
3. ¿Cuál es la función de la estación del Norte?
4. Por lo general, ¿hay mucha gente en Madrid?
5. ¿Por qué viene la gente a Madrid?
6. ¿Qué les espera en la costa?
7. ¿Van a olvidar Madrid? ¿Por qué sí o por qué no?

✦ Expansión

A. Todos los sustantivos de la columna izquierda provienen de «Buscando playa». Escriba en los espacios correspondientes por lo menos tres adjetivos para describir cada uno de los sustantivos.

1. el cielo   _____   _____   _____
2. las cordilleras   _____   _____   _____
3. el sol   _____   _____   _____
4. las flores   _____   _____   _____

B. Lea las descripciones que siguen y escriba las palabras descritas en los espacios correspondientes.

1. el colosal artista de los dramas   _____
2. el pueblo gentil de las inverosimilitudes y las sorpresas   _____
3. el dulce poeta de los romances   _____
4. la ilustre villa de los impuestos   _____
5. la encumbrada señora del mar y del monte   _____

6. el nido de la roca marina _____

7. la Corte fabulosa de los milagros _____

8. los dos amigos soberanos y altaneros _____

9. los esclavos entre alambres en una
   celdilla diminuta _____

✦ Temas de discusión o análisis

1. Resuma o comente la idea principal de los tres ensayos.
2. Analice la ambivalencia que siente la autora hacia el ambiente madrileño.
3. En su opinión, ¿es posible que esa ambivalencia refleje alguna tensión en la vida de la escritora? Explique.
4. Analice las imágenes de encarcelamiento en «Prisiones».
5. ¿Cree usted que la autora se identifica con las flores encarceladas en «Prisiones»? Explique.
6. En cuanto a la estructura del ensayo «Prisiones», ¿cuál es la función del tercer párrafo?
7. Comente el simbolismo de la acacia encarcelada en «Prisiones».
8. En «Adiós, Madrid», compare las atracciones de la capital con las de la costa.

✦ Temas de proyección personal

1. ¿Prefiere usted el ambiente urbano o el rural? Explique y justifique su preferencia.
2. Describa sus emociones al empezar alguna de sus vacaciones de verano que para usted fueron muy especiales.
3. Describa y comente un momento en el que usted o alguien de su familia haya sentido «el mal del país».

MIGUEL DE UNAMUNO

Nota biográfica

Miguel de Unamuno (1864–1936), pensador, profesor, prosista, poeta y dramaturgo, nació en Bilbao y pasó gran parte de su vida en Salamanca. Allí estudió y obtuvo la cátedra de griego. También fue dos veces rector de la Universidad. De gran espíritu batallador, en 1924 fue destituido de su puesto de rector y exiliado por el dictador Miguel Primo de Rivera. Fue desterrado a una de las islas Canarias, pero Unamuno huyó y se refugió en Francia. Volvió a Salamanca en 1930 y ocupó de nuevo el rectorado de la Universidad. Allí murió triste y abrumado por la tragedia de la Guerra Civil. Las obras de Unamuno están marcadas por una honda preocupación filosófica. En muchas de ellas, el escritor reflexiona sobre la suerte de España y de Castilla, temas tan centrales en la producción literaria de la generación del 98. Comenta el *Quijote*, describe el paisaje español, y en su obra más famosa, *Del sentimiento trágico de la vida en los hombres y en los pueblos* (1913), afirma que este «sentimiento trágico de la vida» distingue a los españoles de los otros pueblos europeos. Entre sus numerosos escritos —novelas, ensayos, poesía, cuentos y teatro—, además del mencionado ensayo filosófico, se destacan sus novelas *Niebla* (1914), *Abel Sánchez* (1917) y su novela corta *San Manuel Bueno, mártir* (1933).

✦ Guía y actividades de pre-lectura

A Unamuno le interesaba la complejidad de la personalidad humana, sobre todo la lucha continua entre la fe y la razón, entre el corazón y la mente. Sus personajes literarios muchas veces son encarnaciones de sus ideas y sentimientos. La tensión intelectual y emocional del autor se manifiesta estilísticamente en su obra a través del uso abundante de paradojas y antítesis. En el cuento aquí incluido, «Al correr los años», observamos la lucha interior de una mujer, Juana, que cree que su marido Juan le es infiel. En la narración se estudian los cambios y las preocupaciones que experimenta un matrimonio a lo largo de los años. Fíjese en las transiciones narrativas, como los momentos en que el narrador expresa sus propias opiniones.

1. Según usted, ¿cuáles son las fases típicas de un matrimonio?

2. En general, ¿qué efecto tendrá el nacimiento de los hijos en la relación entre los esposos?

3. Según su opinión, ¿por qué llama el autor a sus personajes «Juan» y «Juana»? Comente.

Al correr los años

Eheu, fugaces, Postume, Postume, labuntur anni...

—Horacio, Odas II, 14.

El lugar común de la filosofía moral y de la lírica que con más insistencia aparece, es el de cómo se va el tiempo, de cómo se hunden[1] los años en la eternidad de lo pasado.

5 Todos los hombres descubren a cierta edad que se van haciendo viejos, así como descubrimos todos cada año —¡oh, portento de observación!— que empiezan a alargarse[2] los días al entrar en una estación de él, y que al entrar en la opuesta, seis meses después, empiezan a acortarse.[3]

Esto de cómo se va el tiempo sin remedio y de cómo en su andar lo 10 deforma y trasforma todo, es meditación para los días todos del año; pero parece que los hombres hemos consagrado a ella en especial el último de

[1] **se...** *are swallowed up*
[2] *to lengthen*
[3] *to shorten*

él, y el primero del año siguiente, o cómo se viene el tiempo. Y se viene como se va, sin sentirlo. Y basta de perogrulladas.[4]

¿Somos los mismos de hace dos, ocho, veinte años?

15   Venga el cuento.

***

Juan y Juana se casaron después de largo noviazgo, que les permitió conocerse, y más bien que conocerse, hacerse el uno al otro. Conocerse no, porque dos novios, lo que no se conocen en ocho días no se conocen tampoco en ocho años, y el tiempo no hace sino echarles sobre los ojos un 20 velo —el denso velo del cariño— para que no se descubran mutuamente los defectos o, más bien, se los convierten a los encantados ojos en virtudes.

Juan y Juana se casaron después de un largo noviazgo y fue como continuación de éste su matrimonio.

25   La pasión se les quemó como mirra[5] en los trasportes[6] de la luna de miel, y les quedó lo que entre las cenizas de la pasión queda y vale mucho más que ella: la ternura. Y la ternura en forma de sentimiento de la convivencia.

Siempre tardan los esposos en hacerse dos en una carne, como el 30 Cristo dijo (Marcos X, 8). Mas cuando llegan a esto, coronación de la ternura de convivencia, la carne de la mujer no enciende la carne del hombre aunque ésta de suyo[7] se encienda; pero también, si cortan entonces la carne de ella, duélele a él como si la propia carne le cortasen. Y este es el colmo de la convivencia, de vivir dos en uno y de una misma vida. Hasta 35 el amor, el puro amor, acaba casi por desparecer. Amar a la mujer propia se convierte en amarse a sí mismo, en amor propio, y esto está fuera de precepto;[8] pues si se nos dijo «ama a tu prójimo como a ti mismo», es por suponer que cada uno, sin precepto, a sí mismo se ama.

Llegaron pronto Juan y Juana a la ternura de convivencia, para la que 40 su largo noviciado[9] al matrimonio les preparara. Y a las veces, por entre la tibieza de la ternura, asomaban llamaradas[10] del calor de la pasión.

Y así corrían los días.

Corrían y Juan se amohinaba[11] e impacientaba en sí al no observar señales del fruto esperado. ¿Sería él menos hombre que otros hombres a 45 quienes por tan poco hombres tuviera? Y no os sorprenda esta consideración de Juan, porque en su tierra, donde corre sangre semítica, hay un sentimiento demasiado carnal de la virilidad. Y secretamente, sin decírselo el uno al otro, Juan y Juana sentían cada uno cierto recelo[12] hacia el otro, a quien culpaban de la presunta[13] frustración de la esperanza 50 matrimonial.

Por fin, un día Juana le dijo algo al oído a Juan —aunque estaban solos y muy lejos de toda otra persona, pero es que en casos tales se juega al secreteo[14]—, y el abrazo de Juan a Juana fue el más apretado y el más caluroso[15] de cuantos abrazos hasta entonces le había dado. Por fin, la 55 convivencia triunfaba hasta en la carne, trayendo a ella una nueva vida.

Y vino el primer hijo, la novedad, el milagro. A Juan le parecía casi imposible que aquello, salido de su mujer, viviese, y más de una noche, al volver a casa, inclinó su oído sobre la cabecita del niño, que en su cuna

4 *platitudes*
5 *myrrh*
6 *ecstasies*
7 **de...** *on its own*
8 *rule, commandment*
9 *novitiate, period of preparation*
10 *flames*
11 **se...** *became annoyed*
12 *misgiving*
13 *presumed*
14 *whispering*
15 **más...** *warmest*

dormía, para oír si respiraba. Y se pasaba largos ratos con el libro abierto
delante, mirando a Juana cómo daba la leche de su pecho a Juanito.

Y corrieron dos años y vino otro hijo, que fue hija —pero, señor,
cuando se habla de masculinos y femeninos, ¿por qué se ha de aplicar a
ambos aquel género y no éste?— y se llamó Juanita, y ya no le pareció a
Juan, su padre, tan milagroso, aunque tan doloroso le tembló al darlo a
luz[16] a Juana, su madre.

Y corrieron años, y vino otro, y luego otro, y más después otro, y Juan y
Juana se fueron cargando de hijos. Y Juan sólo sabía el día del natalicio[17]
del primero, y en cuanto a los demás, ni siquiera hacia qué mes habían
nacido. Pero Juana, su madre, como los contaba por dolores, podía situar-
los en el tiempo. Porque siempre guardamos en la memoria mucho mejor
las fechas de los dolores y desgracias que no las de los placeres y venturas.
Los hitos[18] de la vida son dolorosos más que placenteros.

Y en este correr de años y venir de hijos, Juana se había convertido de
una doncella[19] fresca y esbelta[20] en una matrona otoñal cargada de
carnes,[21] acaso en exceso. Sus líneas se habían deformado en grande, la
flor de la juventud se le había ajado.[22] Era todavía hermosa, pero no era
bonita ya. Y su hermosura era ya más para el corazón que para los ojos.
Era una hermosura de recuerdos, no ya de esperanzas.

Y Juana fue notando que a su hombre Juan se le iba modificando el
carácter según los años sobre él pasaban, y hasta la ternura de la convivencia se le iba entibiando. Cada vez eran más raras aquellas llamaradas de
pasión que en los primeros años de hogar estallaban de cuando en cuando
de entre los rescoldos[23] de la ternura. Ya no quedaba sino ternura.

Y la ternura pura se confunde a las veces casi con el agradecimiento, y
hasta confina con[24] la piedad.[25] Ya a Juana los besos de Juan, su hombre,
le parecían, más que besos a su mujer, besos a la madre de sus hijos, besos
empapados[26] en gratitud por habérselos dado tan hermosos y buenos, besos empapados acaso en piedad por sentirla declinar en la vida. Y no hay
amor verdadero y hondo,[27] como era el amor de Juana a Juan, que se sa-
tisfaga con agradecimiento ni con piedad. El amor no quiere ser agradecido ni quiere ser compadecido.[28] El amor quiere ser amado porque sí, y
no por razón alguna, por noble que ésta sea.

Pero Juana tenía ojos y tenía espejo por una parte, y tenía, por otra, a
sus hijos. Y tenía, además, fe en su marido y respeto a él. Y tenía, sobre
todo, la ternura que todo lo allana.[29]

Mas creyó notar preocupado y mustio[30] a su Juan, y a la vez que mustio
y preocupado, excitado. Parecía como si una nueva juventud le agitara la
sangre en las venas. Era como si al empezar su otoño, un veranillo de San
Martín[31] hiciera brotar[32] en él flores tardías que habría de helar el invierno.

Juan estaba, sí, mustio; Juan buscaba la soledad; Juan parecía pensar
en cosas lejanas cuando su Juana le hablaba de cerca; Juan andaba distraído. Juana dio en observarle y en meditar, más con el corazón que con
la cabeza, y acabó por descubrir lo que toda mujer acaba por descubrir
siempre que fía la inquisición al corazón y no a la cabeza: descubrió que
Juan andaba enamorado. No cabía duda alguna de ello.

Y redobló[33] Juana de cariño y de ternura y abrazaba a su Juan como

16 **darlo...** *give birth*
17 **día...** *birth date*
18 *landmarks*
19 *maiden*
20 *slender, svelte*
21 **cargada...** *plump*
22 *withered, faded*
23 *embers*
24 **confina...** *borders on*
25 *compassion*
26 *steeped*
27 *deep, profound*
28 *pitied*
29 *smoothes out*
30 *sad, gloomy*
31 **veranillo...** *Indian summer*
32 *bud*
33 *increased, doubled*

para defenderlo de una enemiga invisible, como para protegerlo de una mala tentación, de un pensamiento malo. Y Juan, medio adivinando el sentido de aquellos abrazos de renovada pasión, se dejaba querer y redoblaba ternura, agradecimiento y piedad, hasta lograr reavivar[34] la casi extinguida llama de la pasión que del todo es inextinguible. Y había entre Juan y Juana un secreto patente a ambos, un secreto en secreto confesado.

Y Juana empezó a acechar[35] discretamente a su Juan buscando el objeto de la nueva pasión. Y no lo hallaba. ¿A quién, que no fuese ella, amaría Juan?

Hasta que un día, y cuando él y donde él, su Juan, menos lo sospechaba, lo sorprendió, sin que él se percatara de ello, besando un retrato. Y se retiró angustiada, pero resuelta a saber de quién era el retrato. Y fue desde aquel día una labor astuta, callada y paciente, siempre tras el misterioso retrato, guardándose la angustia, redoblando de pasión, de abrazos protectores.

¡Por fin! Por fin un día aquel hombre prevenido[36] y cauto,[37] aquel hombre tan astuto y tan sobre sí[38] siempre, dejó —¿sería adrede?—,[39] dejó al descuido la cartera[40] en que guardaba el retrato. Y Juana, temblorosa, oyendo las llamadas de su propio corazón que le advertía,[41] llena de curiosidad, de celos, de compasión, de miedo y de vergüenza, echó mano[42] a la cartera. Allí, allí estaba el retrato; sí, era aquél, aquél, el mismo, lo recordaba bien. Ella no lo vio sino por el revés cuando su Juan lo besaba apasionado, pero aquel mismo revés, aquel mismo que estaba entonces viendo.

Se detuvo un momento, dejó la cartera, fue a la puerta, escuchó un rato y luego la cerró. Y agarró el retrato, le dio vuelta y clavó en él los ojos.

Juana quedó atónita,[43] pálida primero y encendida de rubor[44] después; dos gruesas lágrimas rodaron de sus ojos al retrato y luego las empujó besándolo. Aquel retrato era un retrato de ella, de ella misma, sólo que... ¡ay, Póstumo, cuán fugaces corren los años! Era un retrato de ella cuando tenía veintitrés años, meses antes de casarse, era un retrato que Juana dio a su Juan cuando eran novios.

Y ante el retrato resurgió a sus ojos todo aquel pasado de pasión, cuando Juan no tenía una sola cana[45] y era ella esbelta y fresca como un pimpollo.[46]

¿Sintió Juana celos de sí misma? O mejor, ¿sintió la Juana de los cuarenta y cinco años celos de la Juana de los veintitrés, de su otra Juana? No, sino que sintió compasión de sí misma, y con ella, ternura, y con la ternura, cariño.

Y tomó el retrato y se lo guardó en el seno.[47]

Cuando Juan se encontró sin el retrato en la cartera receló[48] algo y se mostró inquieto.

Era una noche de invierno y Juan y Juana, acostados ya los hijos, se encontraban solos junto al fuego del hogar; Juan leía un libro; Juana hacía labor.[49] De pronto Juana dijo a Juan:

—Oye, Juan, tengo algo que decirte.

—Di, Juana, lo que quieras.

Como los enamorados, gustaban de repetirse uno a otro el nombre.

—Tú, Juan, guardas un secreto.

34 **lograr...** *succeed in reawakening*
35 *spy on*
36 *cautious*
37 *prudent*
38 **sobre...** *in control of himself*
39 *on purpose*
40 *wallet*
41 *warned*
42 **echó...** *got her hands on*
43 *astonished*
44 **encendida...** *reddened from blushing*
45 *gray hair*
46 *rosebud*
47 *bosom*
48 *suspected*
49 *needlework*

—¿Yo? ¡No!

—Te digo que sí, Juan.

—Te digo que no, Juana.

—Te lo he sorprendido, así es que no me lo niegues, Juan.

—Pues, si es así, descúbremelo.

Entonces Juana sacó el retrato, y alargándoselo[50] a Juan, le dijo con lágrimas en la voz:

—Anda, toma y bésalo, bésalo cuanto quieras, pero no a escondidas.[51]

Juan se puso encarnado[52] y apenas repuesto de la emoción de sorpresa, tomó el retrato, lo echó al fuego y acercándose a Juana y tomándola en sus brazos y sentándola sobre sus rodillas, que temblaban, le dio un largo y apretado beso en la boca, un beso en que de la plenitud de la ternura refloreció la pasión primera. Y sintiendo sobre sí el dulce peso de aquella fuente de vida, de donde habían para él brotado con nueve hijos más de veinte años de dicha reposada, le dijo:

—A él no, que es cosa muerta y lo muerto al fuego; a él no, sino a ti, a ti, mi Juana, mi vida, a ti que estás viva y me has dado vida, a ti.

Y Juana, temblando de amor sobre las rodillas de su Juan, se sintió volver a los veintitrés años, a los años del retrato que ardía calentándolos con su fuego.

Y la paz de la ternura sosegada[53] volvió a reinar en el hogar de Juan y Juana.

50 *handing it*
51 **a...** *secretly*
52 **se...** *blushed*
53 *quiet, peaceful*

✦ Comprensión y expansión

A. Conteste las siguientes preguntas según el texto.

1. ¿Qué descubren todos los hombres?
2. ¿Hacía mucho tiempo que se conocían Juan y Juana cuando se casaron?
3. ¿Cuáles son las emociones que sentía Juan mientras esperaba la noticia de que tendría su primer hijo?
4. ¿Qué fechas guardamos mejor en la memoria?
5. ¿Cómo cambiaban Juan y Juana al pasar los años?
6. ¿Qué descubrió Juana?
7. ¿Qué hacía Juan cuando Juana lo sorprendió?
8. ¿De quién era el retrato?
9. ¿Qué sintió Juana cuando descubrió que el retrato era suyo?
10. Cuando Juan descubrió que ya no tenía el retrato, ¿cómo reaccionó?
11. ¿Cuándo le habló Juana del retrato?
12. ¿Qué hizo Juan cuando Juana le devolvió el retrato?

B. Todas las palabras de la columna izquierda provienen de «Al correr los años». Busque los antónimos en la lista de la columna derecha y escriba las letras correspondientes en los espacios apropiados.

____	1. alargarse	a. tranquilo
____	2. defectos	b. placeres
____	3. masculino	c. placenteros
____	4. dolores	d. remedio

	5. desgracias	e. acortarse
	6. dolorosos	f. femenino
	7. inquieto	g. primero
	8. último	h. venturas
		i. virtudes
		j. convivencia

C. Complete las frases de la columna izquierda con los finales apropiados de la columna derecha y escriba las letras en los espacios correspondientes.

_____ 1. El lugar común de la filosofía moral es...

_____ 2. Los hombres piensan en cómo se va el tiempo...

_____ 3. Si dos novios no se conocen en ocho días...

     4. El amor convierte losf. defectos...

_____ 5. Amar a la mujer o al marido se convierte...

_____ 6. Los hitos de la vida son...

a. en amarse a sí mismo.

b. especialmente en el último y en el primer día del año.

c. en virtudes.

d. dolorosos más que placenteros.

e. no se conocen en ocho años.

✦ Temas de discusión o análisis

1. Comente o escriba con sus propias palabras la historia de Juan y Juana.
2. Escriba la historia de «Al correr los años» desde otro punto de vista.
   a. el de Juana
   b. el de Juan
   c. el del retrato
3. Analice las etapas principales del matrimonio de Juan y Juana.
4. Comente el tema de la fugacidad del tiempo en el cuento.
5. Analice la lucha interior de Juana.
6. Comente el simbolismo del retrato. ¿Qué representa para Juan? ¿Y para Juana?

✦ Temas de proyección personal

1. Basándose en sus propias experiencias o en alguna obra literaria, comente un episodio en el que un retrato adquiere una función influyente o simbólica.
2. Según usted, ¿es importante conocer a alguien por mucho tiempo antes de casarse? ¿Por qué?
3. En su opinión, ¿cuáles son los ingredientes necesarios para un matrimonio feliz? ¿Cuáles de éstos observa usted en el matrimonio de Juan y Juana?

✦ Guía y actividades de pre-lectura

En esta sección se incluyen también dos poemas de Unamuno: «Castilla» y «Tu voluntad». Aunque nació en el norte, Unamuno, como otros escritores de la generación del 98, veía el alma de España reflejada en la austeridad del paisaje de Castilla, región central situada en una meseta rodeada de montañas. El paisaje típico consiste en llanuras sin árboles. El clima es muy seco, y en general se dice que en Castilla hay «seis meses de invierno y seis de infierno». El segundo poema, «Tu voluntad», fue escrito en 1924 durante el exilio de Unamuno en Francia. En éste lamenta los trágicos conflictos sociales y políticos de su país durante la dictadura del general Miguel Primo de Rivera.

1. Antes de leer el poema «Castilla», mire la fotografía de esta página. ¿Qué evoca en usted el paisaje de la foto?

2. Por lo general, ¿qué tipo de paisaje le gusta a usted? ¿Le gusta el paisaje de la foto? Explique por qué sí o por qué no.

3. Antes de leer el poema «Tu voluntad», piense en el problema del exilio. Según usted, ¿cómo se siente una persona que debe dejar su país por razones políticas?

4. Piense en el título del poema «Tu voluntad». En su opinión, ¿a quién se dirige el «yo» poético? Explique.

Vista de los campos de Castilla.

Castilla

Tú me levantas, tierra de Castilla,
en la rugosa[1] palma de tu mano,
al cielo que te enciende y te refresca,
al cielo, tu amo.

5   Tierra nervuda,[2] enjuta,[3] despejada,
madre de corazones y de brazos,
toma el presente en ti viejos colores
del noble antaño.[4]

Con la pradera cóncava del cielo
10 lindan[5] en torno[6] tus desnudos campos,
tiene en ti cuna el sol y en ti sepulcro
y en ti santuario.

Es todo cima[7] tu extensión redonda
y en ti me siento al cielo levantado,
15 aire de cumbre es el que se respira
aquí, en tus páramos.[8]

¡Ara[9] gigante, tierra castellana,
a ese tu aire soltaré mis cantos,
si te son dignos bajarán al mundo
20 desde lo alto!

1   *rugged*
2   *sinewy*
3   *dry*
4   *distant past*
5   *border*
6   **en...** *around, round about*
7   *summit, height*
8   *high plains*
9   Altar

✦ Comprensión

Conteste las siguientes preguntas según el poema.

1. ¿Qué hace la tierra de Castilla?
2. ¿Cómo es la tierra?
3. ¿Qué tiene el sol en la pradera de Castilla?
4. ¿Cómo se siente el poeta?
5. ¿Con qué objeto religioso compara el poeta la tierra de Castilla?

Tu voluntad

Tu voluntad, Señor, aquí en la Tierra
se haga como en el Cielo; pero mira
que mi España se muere, la mentira
en su cansado corazón se aferra.[1]

1   **se...** *takes hold*

5

2 *entrails*
3 *tears, rends*
4 *wanders*
5 *offenders, guilty*
6 *pharisees*

Sus entrañas[2] desgarra[3] triste guerra
de hermanos enemigos; cese tu ira,
el duro palo del pastor retira,
tiende la mano al que perdido yerra.[4]

Perdónanos, Señor, si somos reos[5]
que hemos de hacer tu nombre siempre santo,
pues a creyentes cubre y cubre a ateos;

tu nombre no es palabra, es todo canto;
lo han manchado en mi patria fariseos[6]
haciendo de él para su envidia manto.

París, 13 de noviembre, 1924

✦ Comprensión

Conteste las siguientes preguntas según el poema.

1. ¿Qué quiere el poeta que mire el Señor?
2. ¿Qué ocurre en España?
3. ¿Cómo usan el nombre del Señor algunos españoles?

✦ Expansión

A. En las siguientes frases del poema, reemplace las palabras subrayadas por sus antónimos correspondientes.

1. No hay verdad en el corazón del país.   _____
2. El nombre del Señor cubre a ateos.   _____
3. Los hermanos son amigos.   _____
4. El presente toma colores del futuro.   _____
5. Los cantos del poeta no subirán al
   mundo.   _____
6. La paz no es triste.   _____

B. Marque con un círculo las palabras que describen el paisaje de Castilla.

montañas   tierra despejada   pradera   mar
flores   campos desnudos   lagos   sol
árboles   ríos

✦ Temas de discusión o análisis

1. Comente la técnica de la personificación en «Castilla». ¿Qué elementos personifica el poeta y qué efecto tiene eso en el poema y en los lectores?
2. En «Castilla», Unamuno usa varias imágenes religiosas. Búsquelas y después explique por qué, según usted, el poeta escogió ésas en particular.

3. En sus propias palabras, resuma o comente la crítica a los hipócritas que hace el «yo» del poema en «Tu voluntad».
4. Según usted, ¿por qué le habla directamente a Dios la voz poética? Si el «yo» poético le hablara a la gente de España, por ejemplo, ¿cambiaría eso el tono del poema? ¿De qué manera? Explique.

✦ Temas de proyección personal

1. Trate de imitar el poema «Castilla» describiendo, en forma poética, un paisaje o un lugar que usted conoce. Empiece con una lista de sustantivos y después añada adjetivos o expresiones que modifiquen los sustantivos.
2. ¿Dónde nació usted? ¿Siente algún vínculo con el paisaje del lugar en el que usted nació, en el que vive ahora o de algún sitio que ha visitado? Describa el lugar y sus propios sentimientos.
3. Cuando usted no está de acuerdo con la política de su país, ¿qué medios usa o puede usar para protestar o hacer que su opinión sea tenida en cuenta? En la historia de su país, ¿hay ejemplos de exilio por razones políticas? ¿Qué opina usted del exilio voluntario? ¿Del exilio forzado por el gobierno?
4. Imagínese que usted ha sido exiliado. ¿Qué y a quién echaría de menos? ¿Por qué?

AZORIN

Nota biográfica

Azorín, pseudónimo de José Martínez Ruiz (1874–1967), novelista, crítico literario, pero sobre todo ensayista, fue quien acuñó la frase «generación del 98». Nació en Monóvar (Alicante). Estudió leyes en Valencia, y más tarde se trasladó a Madrid para dedicarse al periodismo. Después de publicar una trilogía de novelas autobiográficas —*La voluntad, Antonio Azorín* y *Las confesiones de un pequeño filósofo*, entre 1902 y 1904—, Azorín se dedicó a escribir una multitud de obras breves como *La ruta de don Quijote* (1905), *España* (1909), *Castilla* (1912) y *El paisaje de España visto por los españoles* (1917). En éstas la descripción se mezcla con la historia, los recuerdos literarios y las reflexiones personales del autor. Azorín volvió a escribir novelas en los años veinte. Durante la Guerra Civil, vivió en París y después regresó a Madrid. Continuó escribiendo ensayos y publicó unas cuantas novelas más. Entre sus obras más conocidas se cuentan *Don Juan* (1922) y *Una hora de España* (1924).

✦ Guía y actividades de pre-lectura

Aquí se incluye el ensayo «La España invisible», que apareció por primera vez en 1928 en *La Prensa,* un periódico de Buenos Aires (Argentina). Gran pintor del paisaje regional, Azorín evoca con nostalgia el pasado nacional y analiza el alma de España. En el mundo de su creación literaria, el presente y el pasado se entrelazan tanto como los hechos y la imaginación. En su estilo valora la sencillez y la precisión. Prefiere las frases coordinadas a las construcciones subordinadas. También utiliza series de frases breves que le dan un tono lírico y emotivo a su prosa. En los hechos de la vida cotidiana encuentra la realidad y la continuidad de las experiencias humanas. Así, sus descripciones se basan en detalles que dan la impresión del todo. Por eso se asocia su estilo con el impresionismo,* movimiento artístico de fines del siglo XIX.

1. Antes de leer el ensayo, piense en qué detalles evocan para usted lo esencial de España.

2. Al leer el ensayo, identifique y comente los detalles que escoge Azorín para captar el alma de España.

La España invisible

Un amigo nuestro, persona amante de la literatura americana, tiene estos días una preocupación relacionada con su amor a América. La exposición iberoamericana de Sevilla se inaugurará[1] en mayo próximo. Y mi amigo piensa en la muchedumbre[2] de americanos, pertenecientes a todas las
5 repúblicas, que ha de venir a visitarnos. Muchos de esos excursionistas no conocerán España; pondrán por primera vez los pies en esta vieja tierra. ¿Qué impresión —piensa mi amigo— les producirá España? Y otra pregunta, que encierra un problema tan propicio[3] a la meditación; de todas las Españas, ¿cuál es la que visitarán estos hermanos nuestros en la histo-
10 ria? La interrogación merece ser aclarada; no todos comprenderán a primera vista que se hable de una multiplicidad de Españas. No existe, en el área nacional, una sola nación; no existe esa exclusividad en ningún país de Europa y de América. En toda nación, en todo pueblo, existen diversas naciones, diversos pueblos; cuanto más viejo, más histórico es un
15 pueblo, tantos[4] más aspectos ofrece a nuestra consideración. España, la querida patria, es muy viejecita; cuenta por siglos su edad; ha visto muchas cosas en su luenga[5] vida; dado el ser a muchos, muchos, muchísimos hijos. Y todos estos vástagos[6] han ido dejando en su suelo vestigios de su vivir. Hasta en el nombrarse es varia y rica España. Hesperia,[a] Hispania,
20 Iberia... Nombres bien sonoros, melodiosos, encantadores. Desde más allá del Atlántico, ¡qué bien sonaría este bello nombre de Hesperia! Y luego, los lemas[7] de esta amada madre nuestra, son bonitos también; en latín existen dos o tres. Dos o tres en que se expresa que España es la primera besada por el sol. Cuando el sol sale, y la última de quien el sol se despide,
25 cuando el sol trasmonta. Quiere esto decir que España, en su situación geográfica, se halla tan alta, tan aupada,[8] que es la primera que recibe los

1 **se...** *will open, begin*
2 *crowd*
3 *appropriate*
4 **cuanto...** *the older . . . the more*
5 *larga*
6 *offspring*
7 *slogans, mottos*
8 *elevada*

---

[a] Nombre que daban los griegos a Italia y, después, los romanos a España.

rayos solares y la postrera[9] en retenerlos, en el crepúsculo vespertino.[10] Sólo hay otra nación, Suiza, tan alta como España, en Europa. Pero Suiza, tan decantada,[11] tan visitada, ¿tiene la belleza de España? ¿Posee toda la variedad de bellezas de España? Y sobre todo —y esto es indisoluble— ¿hay en Suiza un ambiente espiritual, de tanta densidad como en España, formado por la historia, la leyenda, los sacrificios, los heroísmos, las inspiraciones artísticas, la sentimentalidad religiosa? ¿Hay un tan intenso ambiente, formado por los siglos, que baña y trasfigura hasta las menores cosas?

Y aquí queríamos venir a parar. Sí, en España, existen varias Españas. ¿Cuál de éstas será la predilecta[12] de los excursionistas americanos? Un bonaerense,[13] por ejemplo, que venga a visitar la Exposición de Sevilla, ¿en cuál de las varias Españas penetrará? Este amigo mío a quien he aludido al comienzo de la presente crónica, llega a viajar imaginativamente —en compañía de un argentino. El argentino hipotético es persona distinguida. En su gran capital, Buenos Aires, ha podido ver cuanto se puede ver en una gran metrópoli europea. En cuanto a restaurantes, teatros, lugares diversos de esparcimiento, el distinguido bonaerense no desea nada. Ni en Sevilla, ni en Madrid, ni en Barcelona, ni en San Sebastián, podrá ver ni gustar nada que supere[14] a lo visto y gustado por él, diariamente, en Buenos Aires. Este excursionista imaginario es hombre que gusta también de los paisajes y de los libros. La tierra argentina ofrece paisajes soberbios.[15] América es la tierra de los paisajes maravillosos. En punto a[16] libros, nuestro viajero, curioso de cosas intelectuales, ha echado un vistazo[17] durante el viaje, en las horas de la travesía,[18] a algunos libros españoles. A lo que ya sabía él, ha añadido ahora un poquito. Al llegar a España, este argentino, después de visitar la Exposición de Sevilla, se detiene un momento meditando. Ante su vista se extienden —espiritualmente— las varias Españas que él puede visitar. En este punto interviene mi amigo. Desde Sevilla el bonaerense y el español, emprenden una excursión para visitar la España invisible. ¿La España invisible? —preguntará el lector—. Sí, amigos lectores de La Prensa. La España que de puro[19] visible no se ve. Esta España humilde, prístina, sencilla, no la pueden ver todos. Y ésta, sí, ésta es la España apretada[20] sobre nuestro corazón, ésta es la más querida de todas las Españas. El hombre argentino es hombre de mundo, hombre efusivo: él sabe que por debajo del barniz[21] internacional, cosmopolita, está la materia virgen y prístina. Si él viera la España del barniz internacional, la España, por ejemplo, de los hoteles a la francesa, según el estilo europeo, el tal excursionista consideraría que no había visto nada. Al volver a Buenos Aires llevaría en el fondo de su espíritu, como resumen de España, la visión, un poco borrosa, de cuatro o seis catedrales, y la sensación de los grifos[22] del cuarto de baño que no funcionaban, o la minuta[23] de la comida en el Hotel Palace, que es idéntica a la minuta de Buenos Aires, de París o de Tokio. Y no ha venido para eso a España. Cuando expuso esas ideas a su amigo que le esperaba en Sevilla, sonreía. Los dos han montado en el tren, camino de Castilla, o viajan en automóvil. Al pasar por las grandes ciudades visitan los monumentos dignos de ser vistos. Los primores[24] de la arquitectura siempre serán

9 última
10 **crepúsculo...** *evening twilight*
11 *overpraised*
12 *favorita*
13 habitante de Buenos Aires
14 *surpasses*
15 *superb, lofty*
16 **En...** Con respecto a
17 **ha...** *has cast a glance*
18 *crossing*
19 **de...** *totally*
20 *held tight*
21 *varnish*
22 *faucets*
23 *menú*
24 *exquisiteness, excellence*

merecedores de ser admirados. Pero ya en el camino de Sevilla a Madrid, ¡cuántas cosas dignas de admiración que no están en las guías! Comienza el imperio de la pared desnuda. Una pared que no tiene nada y no es nada. Blanca, nítida,[25] enjalbegada de cal.[26] No es nada y, sin embargo, ¡cuántas emociones suscita! Por el blanco de una casa vulgar, de un huerto,[27] de un convento, del ábside[28] de una iglesia humilde; pared en que se refleja el vivo sol de España y que esplende, en su blancura, bajo el radiante azul del cielo. ¿No hablábamos del ámbito[29] espiritual que la historia de España ha ido formando en España? Ese ambiente trasfigura este muro blanco, que no es nada, que no tiene primores arquitectónicos. La España invisible es la España de estos pueblecitos sencillos, pobres, en que nadie repara[30] y que poseen un ámbito profundo, especial. La España de esta iglesita de paredes desnudas, con sus capillas[31] en que los muros tantos y tantos anhelos[32] han represado. La España de este jardín, casi abandonado, en que los cipreses y los laureles se entrelazan; en el otoño, el agua verdinegra del estanque se cubre de hojas secas; al fondo se divisan los cristales rotos de un caserón.[33] La España de este corredor de un convento; de un convento fundado acaso por Santa Teresa;[b] las paredes son nítidas; las puertas de las celdas[34] se abren a un lado, y enfrente, por las ventanas, se ve un patizuelo[35] con sendas[36] columnas, y en el centro, el brocal de un pozo.[37] La España de esta fondita[38] en la vieja ciudad; se halla nuestro aposento[39] —paredes también lisas[40]— en la pared posterior de la casa, y al levantarnos y abrir la ventana, columbramos[41] allí cerca, casi tocándola con la mano, la maciza,[42] ingente,[43] majestuosa torre de la catedral. La España de esta llanura[44] —la Mancha quijotesca,[45] en que no se divisa ni un árbol, ni la más ligera colina; allá en la lejanía[46] brillan, fulgen, esplenden las paredes blancas y lisas, de una casa de labor.[47] La España de este paisaje alicantino, con almendros, vides, algarrobos[48] y paisaje que no puede ser admirado por el turista internacional; paisaje que no tiene nada, como no tienen nada las paredes blancas—; paisaje de suaves, tenues, impalpables, etéreos grises; grises de una suavidad suprema maravillosa; grises que ni Goya,[c] ni un Ticiano[d] tienen en su paleta.

El viajero bonaerense y su amigo el español recorren esta España invisible. En la montaña alicantina, en la serenidad espléndida de la tarde, sentados, en un alto, al pie de un gran almendro descansan un momento y extienden su vista por el panorama. Ya han visto las paredes flancas de Castilla —paredes teresianas[49]— y las paredes blancas de la Mancha —paredes cervantescas.[50] Y ahora, después de haberse empapado[51] de la espiritualidad de Castilla —Castilla es Santa Teresa, San Juan de la Cruz,[e] Jorge

25 *bright*
26 **enjalbegada...** *whitewashed with lime*
27 *garden of vegetables or fruit*
28 *apse*
29 *ambit, scope*
30 *notices*
31 *chapels*
32 *longings*
33 *large, ramshackle house*
34 *cells, small rooms*
35 *small courtyard*
36 *on each side*
37 **brocal...** *curbstone of a well*
38 *small inn*
39 *lodging*
40 *plain*
41 *we glimpse*
42 *massive*
43 *huge*
44 *plain*
45 *de don Quijote*
46 *distance*
47 **casa...** *farmhouse*
48 **almendros...** *almond trees, grapevines, carob trees*
49 *de los conventos fundados por Santa Teresa*
50 *descritas por Cervantes*
51 *imbibed*

[b] Santa Teresa fue monja, reformadora y escritora del siglo XVI. (Vea la sección II de esta antología.)

[c] Goya fue un pintor español del siglo XIX.

[d] Ticiano fue un pintor italiano del siglo XVI.

[e] San Juan de la Cruz fue un fraile místico y escritor del siglo XVI. (Vea la sección II de esta antología.)

115 Manrique,[f] Juan Ruiz;[g] ahora, después de haberse extasiado[52] en la Castilla invisible, reposan[53] sobre esta tierra —la de Alicante alto— que no tiene par,[54] por su penetrante finura, en toda España. Y esta sí que es una lección para todo hombre de gusto;[55] esta sí que es la piedra de toque[56] de una sensibilidad. ¡Paisaje maravilloso de suaves grises! ¡Trasparencia del aire prodi-
120 giosa![57] Los hombres aquí son sutiles y tan sobrios como en la antigua Grecia. Esta tierra no posee maravillas arquitectónicas y es acaso la más intensa de España. ¿Para qué va a venir a este pedazo de tierra española el turista? No tendría nada que admirar en este panorama. El bonaerense y su amigo el español sonríen al pensar en esta desnudez de materia admira-
125 tiva para el turismo internacional; los dos compañeros de viaje han visto ya lo que nadie ve. Han visto la España invisible. Y ahora, ante este paisaje resumen todas sus impresiones, las resumen en la simplicidad del panorama, en la trasparencia del aire, en los suaves grises de las casitas de labor, tan finas y frágiles, en el almendro retorcido, sensitivo, a cuyo pie se hallan sen-
130 tados. ¡España, España! Toda tu esencia se halla condensada en la pared blanca y en la mesita de sencillo y tosco[58] pino. ¡Sensibilidad desbordante[59] de Santa Teresa! ¡desfoque[60] lírico de San Juan de la Cruz!

52 *enraptured*
53 descansan
54 igual, paralelo
55 *good taste*
56 **piedra...** *touchstone*
57 *maravillosa*
58 *coarse*
59 *overflowing*
60 *lack of focus*

✦ Comprensión y expansión

A. Conteste las siguientes preguntas según el texto.

1. ¿Cuál es la preocupación del amigo de Azorín? ¿Qué preguntas se hace el amigo?
2. ¿Cuáles son algunos de los nombres históricos de España?
3. ¿Cómo se distingue España de Suiza?
4. Según el autor, ¿cómo es el argentino típico?
5. ¿Cómo son los paisajes de América?
6. ¿Cómo es la España internacional y turística?
7. ¿Qué es lo esencial de la España «invisible»?
8. ¿Cómo es el paisaje de la Mancha? ¿Y el de Alicante?

B. Las siguientes palabras provienen de «La España invisible». Escriba los cognados ingleses en los espacios correspondientes.

1. admiración _____
2. consideración _____
3. exposición _____
4. transparencia _____
5. lírico _____
6. sutil _____
7. espléndido _____
8. profundo _____
9. espiritualidad _____
10. multiplicidad _____

---

[f] Jorge Manrique fue un poeta de la Edad Media. (Vea la sección I de esta antología.)
[g] Juan Ruiz fue un escritor medieval, autor del *Libro de buen amor.*

C. Indique si los comentarios que siguen reflejan correctamente o no el contenido del ensayo. Escriba **V** (verdadero) o **F** (falso) en los espacios correspondientes. Si lo que lee es falso, corríjalo.

_____ 1. España es muy vieja.
_____ 2. En Europa, sólo Suiza está a más altura que España.
_____ 3. El ambiente espiritual de España no es muy intenso.
_____ 4. La España invisible es humilde y sencilla.
_____ 5. El «imperio de la pared desnuda» empieza al norte de Madrid.
_____ 6. Hay muchos árboles en la llanura de la Mancha.
_____ 7. El color predominante del paisaje alicantino es el verde.

✦ Temas de discusión o análisis

1. Comente o escriba con sus propias palabras lo esencial de la España «invisible».
2. Compare las regiones de Castilla y de Alicante, según la descripción de Azorín.
3. Analice el estilo literario de Azorín fijándose en el uso de frases cortas y emotivas.
4. Analice el uso de detalles significativos en las descripciones de Azorín.
5. Comente el uso de los colores en el ensayo.
6. Analice cómo el autor entrelaza el presente con el pasado.

✦ Temas de proyección personal

1. Escriba una carta describiendo algún aspecto no muy conocido o «invisible» de algún lugar turístico que usted conoce y recomienda.
2. Entreviste a un(a) compañero(a) de clase para determinar cuál es su lugar favorito. Escriba la entrevista en forma de programa radiofónico de interés turístico.
3. Escriba una entrevista acerca de lo esencial de España. Dé las contestaciones basándose en las opiniones de Azorín.

FEDERICO GARCIA LORCA

Nota biográfica

Federico García Lorca (1898–1936), músico, poeta y dramaturgo, nació en Fuente Vaqueros (Granada). Es la figura más famosa del grupo de poetas de la llamada «generación del 27». Estudió en la universidad granadina y luego en la Universidad de Madrid. Desde 1919 vivió habitualmente en la capital, pero viajó bastante. Entre 1929 y 1930 estuvo en Estados Unidos, Canadá y

Cuba; visitó además Argentina y Uruguay, y conocía Francia e Inglaterra. Fue aficionado a la pintura y a la música; él mismo dibujaba y tocaba canciones populares en la guitarra. Murió asesinado en Granada pocos días después de que empezara la Guerra Civil. Es recordado especialmente por sus tragedias *Bodas de Sangre* (1933), *Yerma* (1934) y *La casa de Bernarda Alba* (1936), y por sus poemas de tema gitano *Poema del cante jondo* (1931) y *Primer Romancero Gitano* (1928). Las obras de Lorca han tenido mucho éxito en el extranjero. Presentan con apasionada fuerza los temas universales del amor y de la muerte, y tratan con gran sensibilidad y compasión a los pobres y a los marginados de la sociedad. Sus textos poéticos exploran y reflejan el fondo trágico del mundo de Andalucía.

✦ Guía y actividades de pre-lectura

Los poemas que aquí se incluyen ejemplifican el uso de la música y de imágenes de color para crear una visión poética, intensa y dramática. Los romances gitanos combinan el ritmo tradicional y dramático del romance* con imágenes y símbolos enigmáticos, yuxtapuestos al estilo surrealista,* y que son a menudo difíciles de interpretar. Los poemas tempranos de Lorca reflejan la

El guitarrista, *Pablo Picasso.*

influencia de Juan Ramón Jiménez y de Machado. Sin embargo, en éstos ya se nota la atracción del poeta por el folklore andaluz. En el *Romancero Gitano* se ve claramente el nuevo estilo de Lorca, su inspiración popular y su gran audacia en la creación de metáforas. Durante una conferencia en 1926, el propio Lorca dijo de su «Romance sonámbulo» que nadie «...sabe lo que pasa, ni aún yo, porque el misterio poético es también misterio para el poeta que lo comunica, pero que muchas veces lo ignora». No obstante, los símbolos, aunque misteriosos, evocan fuertes impresiones reforzadas por el ritmo marcado de los versos. Para apreciar los poemas de Lorca es importante leerlos en voz alta. Averigüe también si el laboratorio de lenguas de su institución tiene discos o cintas de la poesía de Lorca.

1. En general, cuando usted piensa en España, ¿qué imágenes visuales le vienen a la mente? ¿Se imagina algo relacionado con el mundo de los gitanos? ¿Sus bailes o costumbres? Comente.

2. ¿Cómo describiría usted el sonido y la música de la guitarra? ¿Alegre o triste? ¿Cree usted que el tono del poema «La guitarra» será alegre o triste? ¿Por qué? Explique.

La guitarra

Empieza el llanto[1]
de la guitarra.
Se rompen las copas
de la madrugada.
5   Empieza el llanto
de la guitarra.
Es inútil
callarla.
Es imposible
10   callarla.
Llora monótona
como llora el agua,
como llora el viento
sobre la nevada.[2]
15   Es imposible
callarla.
Llora por cosas
lejanas.
Arena del Sur caliente
20   que pide camelias blancas.
Llora flecha sin blanco,[3]
la tarde sin mañana,
y el primer pájaro muerto
sobre la rama.

[1] *crying, weeping*
[2] *snowfall*
[3] *target*

¡Oh guitarra!
Corazón malherido[4]
por cinco espadas.

⁴ *wounded badly*

(Poema del cante jondo.)

✦ Comprensión

Conteste las siguientes preguntas según el poema.

1. ¿Con qué reacción humana asocia el poeta la música de la guitarra?
2. ¿Es posible callar la guitarra?
3. ¿Cómo es el corazón descrito en las últimas líneas del poema?

Canción de jinete[1]

Córdoba.
Lejana y sola.

Jaca[2] negra, luna grande,
y aceitunas en mi alforja.[3]
Aunque sepa los caminos
yo nunca llegaré a Córdoba.

Por el llano,[4] por el viento,
jaca negra, luna roja.
La muerte me está mirando
desde las torres de Córdoba.

¡Ay qué camino tan largo!
¡Ay mi jaca valerosa![5]
¡Ay que la muerte me espera,
antes de llegar a Córdoba!

Córdoba.
Lejana y sola.

(Canciones, 1927)

¹ *rider*
² *Pony*
³ *saddlebag*
⁴ *plain, flatland*
⁵ *brave, strong*

✦ Comprensión

Conteste las siguientes preguntas según el poema.

1. ¿Adónde va el jinete? ¿Cómo viaja?
2. ¿Qué lleva el jinete consigo?
3. ¿Qué le espera al jinete?
4. ¿Llegará él a Córdoba? ¿Por qué si o por qué no? Explique.

Romance sonámbulo

Verde que te quiero verde.
Verde viento. Verdes ramas.
El barco sobre la mar
y el caballo en la montaña.
5 Con la sombra en la cintura[1]
ella sueña en su baranda,[2]
verde carne, pelo verde,
con ojos de fría plata.
Verde que te quiero verde.
10 Bajo la luna gitana,
las cosas la están mirando
y ella no puede mirarlas.

Verde que te quiero verde.
Grandes estrellas de escarcha[3]
15 vienen con el pez[4] de sombra
que abre el camino del alba.
La higuera[5] frota[6] su viento
con la lija[7] de sus ramas,
y el monte, gato garduño,[8]
20 eriza[9] sus pitas agrias.[10]
Pero ¿quién vendrá? ¿Y por
dónde... ?
Ella sigue en su baranda,
verde carne, pelo verde,
25 soñando en la mar amarga.

—Compadre, quiero cambiar
mi caballo por su casa,
mi montura[11] por su espejo,
mi cuchillo por su manta.
30 Compadre, vengo sangrando,[12]
desde los puertos de Cabra.[a]
—Si yo pudiera, mocito,
este trato[13] se cerraba.
Pero yo ya no soy yo,
35 ni mi casa es ya mi casa.

—Compadre, quiero morir
decentemene en mi cama.

De acero, si puede ser,
con las sábanas[14] de holanda.[b]
40 ¿No ves la herida que tengo
desde el pecho a la garganta?
—Trescientas rosas morenas
lleva tu pechera[15] blanca.
Tu sangre rezuma[16] y huele
45 alrededor de tu faja.[17]
Pero yo ya no soy yo,
ni mi casa es ya mi casa.
—Dejadme subir al menos
hasta las altas barandas;
50 ¡dejadme subir!, dejadme,
hasta las verdes barandas.
Barandales[18] de la luna
por donde retumba[19] el agua.

55 Ya suben los dos compadres
hacia las altas barandas.
Dejando un rastro[20] de sangre.
Dejando un rastro de lágrimas.
Temblaban en los tejados[21]
farolillos[22] de hojalata.[23]
60 Mil panderos[24] de cristal
herían la madrugada.

Verde que te quiero verde,
verde viento, verdes ramas.
Los dos compadres subieron.
65 El largo viento dejaba
en la boca un raro gusto
de hiel,[25] de menta[26] y de albahaca.[27]
—¡Compadre! ¿Dónde está, dime,
70 dónde está tu niña amarga?
—¡Cuántas veces te esperó!
¡Cuántas veces te esperara,
cara fresca, negro pelo,
en esta verde baranda!

[1] waist
[2] railing
[3] frost
[4] pitch, tar
[5] fig tree
[6] rubs
[7] sandpaper
[8] ladrón
[9] bristles
[10] **pitas...** bitter century plants
[11] riding gear
[12] bleeding
[13] deal
[14] sheets
[15] shirt front
[16] oozes
[17] sash
[18] Supports of a railing
[19] resounds
[20] trail
[21] roofs
[22] little lanterns
[23] tin
[24] tambourines
[25] bile
[26] mint
[27] sweet basil

[a] Cabra es un pueblo situado al sur de Córdoba.
[b] Se llama holanda a cierta tela de algodón o de hilo muy fina.

75   Sobre el rostro del aljibe[28]
se mecía[29] la gitana.
Verde carne, pelo verde,
con ojos de fría plata.
Un carámbano[30] de luna
80 la sostiene sobre el agua.
La noche se puso íntima
como una pequeña plaza.

Guardias civiles borrachos
en la puerta golpeaban.
85   Verde que te quiero verde.
Verde viento. Verdes ramas.
El barco sobre la mar.
Y el caballo en la montaña.

(Romancero Gitano)

28 *cistern*
29 **se...** *rocked*
30 *icicle*

✦ Comprensión

Conteste las siguientes preguntas según el poema.

1. ¿Quién está en la baranda? ¿Qué hace?
2. ¿Es de noche o de día? Explique.
3. ¿Qué desea el hombre que habla?
4. ¿Adónde subieron él y su compadre?
5. ¿Qué hace la mujer?
6. Al final del poema, ¿quiénes golpean a la puerta? ¿Por qué? Comente.

✦ Expansión

A. Lea las definiciones que siguen y escriba las palabras definidas en los espacios correspondientes.

1. animal con alas   _____
2. planeta satélite de la Tierra   _____
3. instrumento musical de cuerdas _____
4. efusión de lágrimas con lamentos _____
5. corriente de aire en dirección
   determinada   _____
6. arma con punta afilada   _____

B. Complete las frases de la columna izquierda con los finales apropiados de la columna derecha y escriba las letras en los espacios correspondientes.

____ 1. La guitarra llora como...	a. nunca llegará a Córdoba.
____ 2. Aunque el jinete sepa los caminos...	b. bajo la luna.
	c. buscan a los dos hombres.
____ 3. La muerte lo mira...	d. el agua o el viento.
____ 4. Una mujer espera en la baranda...	e. morir decentemente.
	f. desde las torres de Córdoba.
____ 5. El hombre quiere...	g. muere echándose en el aljibe.
____ 6. La mujer...	
____ 7. Los guardias civiles...	

✦ Temas de discusión o análisis

1. Resuma y comente las imágenes que usa Lorca para describir el sonido de la guitarra. ¿Está usted de acuerdo con que la guitarra suena triste?
2. Según usted, ¿qué simboliza el color de la luna en la «Canción de jinete»? ¿Por qué? Explique.

3. Resuma y comente el papel de la mujer en «Romance sonámbulo».

4. Analice las imágenes de «Romance sonámbulo». ¿Cuáles son difíciles de descifrar o interpretar? Escoja algunas imágenes enigmáticas y presente su propia interpretación.

5. Comente el efecto dramático del diálogo usado en «Romance sonámbulo».

✦ Temas de proyección personal

1. Haga un dibujo que ilustre la escena descrita en «Canción de jinete» o en «Romance sonámbulo».

2. Discuta el efecto de la música en las emociones. Según su opinión, ¿hay algunos instrumentos musicales que suenan tristes y otros que suenan alegres? ¿Cuáles? Explique.

3. ¿Tiene usted un instrumento favorito o un tipo de música favorita? ¿Por qué prefiere usted ese instrumento o esa música? Comente.

✦ *Temas intertextuales* ✦

1. Analice el motivo del viaje en «Retrato» de Antonio Machado y en «Viaje definitivo» de Juan Ramón Jiménez.

2. Compare el tema de Castilla en «Castilla» de Miguel de Unamuno con el del ensayo de Azorín.

3. Analice el motivo del viajero solitario en «He andado muchos caminos» de Antonio Machado, «Un ejemplo» de Ramón María del Valle-Inclán y «Canción de jinete» de Federico García Lorca.

4. Compare las descripciones de Andalucía en los poemas de Antonio Machado, en las obras de Juan Ramón Jiménez y en el ensayo de Azorín.

5. Comente el tema del tiempo en «Al correr los años» de Miguel de Unamuno y en «Retrato» de Antonio Machado.

6. Analice la función de los colores en los poemas de Federico García Lorca y en las obras de Juan Ramón Jiménez.

7. Compare a la pareja de «Al correr los años» de Miguel de Unamuno con la de «Lo desconocido» de Pío Baroja.

8. Compare la representación del mal en «Un ejemplo» de Ramón María del Valle-Inclán con la de «Ejemplo XLV» de don Juan Manuel en la sección I de esta antología.

9. Compare a la protagonista de «Lo desconocido» de Pío Baroja con don Quijote.

10. Analice la función del recuerdo en «Al correr los años» de Miguel de Unamuno y *Mañana de sol* de los hermanos Quintero.

11. Analice, compare y/o contraste el estilo impresionista de Concha Espina, de Azorín y de Pío Baroja.

12. Analice y comente el motivo del tren en «Adiós, Madrid» de Concha Espina, «Lo desconocido» de Pío Baroja y «¡Adiós, Cordera!» de Clarín en la sección III de esta antología.

De la Guerra Civil a la muerte de Franco

Barcelona, 1936: Salida de un tren de soldados republicanos.

Sinopsis histórico-literaria

Este capítulo se centra en el siglo XX, y está enfocado en el estudio de la literatura española escrita y publicada entre el estallido de la Guerra Civil Española, el 17 de julio de 1936, y la muerte del general Francisco Franco, el 20 de noviembre de 1975. Este período abarca dos guerras, la Guerra Civil Española y la Segunda Guerra Mundial (1939–1945), además de la «posguerra», o sea los treinta y seis años de la dictadura del general Franco que siguen a la Guerra Civil.

Casi sin excepciones, toda la literatura de ese período refleja el impacto de la Guerra Civil Española. Cada escritor adopta su propia manera de responder a dicho conflicto y a los cambios consecuentes introducidos por el nuevo régimen, que incluyen la censura impuesta a la literatura y a las artes en general. Se condenan numerosas obras y muchos autores se ven obligados a publicar fuera del país. Algunos de éstos son posteriormente «recuperados», es decir, aceptados y publicados en España. Gran parte de los intelectuales, artistas y escritores se exilian a Francia, a Estados Unidos o a otros países hispanohablantes, pero un grupo impresionante de escritores, que eran niños durante el conflicto, alcanzan la madurez a mediados de siglo.

La Guerra Civil Española es el resultado de los crecientes conflictos y tensiones entre derechistas e izquierdistas durante las primeras décadas de este siglo y las finales del anterior. El Frente Popular, coalición de socialistas, republicanos y comunistas, triunfa en las elecciones de febrero de 1936, por un margen muy pequeño. El 17 de julio de 1936, un pronunciamiento dirigido por el general Franco causa los primeros estallidos de la guerra, provocando luchas y enfrentamientos entre derechistas e izquierdistas por toda España. Madrid, Barcelona y Valencia, por ejemplo, son en esa época ciudades republicanas, mientras que Burgos y Salamanca constituyen territorio nacionalista. Los intelectuales se comprometen en la lucha: muchos se alistan en un lado o en el otro. Algunos de ellos se dedican a escribir la llamada literatura «de urgencia», con la esperanza de que sus palabras tengan la misma eficacia que las armas. En el teatro, surge una producción de circunstancias que se beneficia del talento de varios autores republicanos. Los últimos versos conocidos del poeta Antonio Machado expresan el sentimiento de urgencia que sentían todos: «si mi pluma valiera tu pistola / de capitán, contento moriría» (citados por Santos Sanz Villanueva, *Historia de la literatura española. El siglo XX, Literatura actual*, tomo 6/2).

La intervención extranjera agudiza el conflicto. En un principio Hitler y Mussolini intervienen a favor de los nacionales, y más tarde Rusia y México envían armas a los republicanos. Además, miles de voluntarios antifascistas llegan para luchar en las famosas Brigadas Internacionales. En contraste, los países democráticos deciden no intervenir en el conflicto. La creciente ayuda de Alemania y la falta de organización de algunos izquierdistas contribuyen al triunfo de los nacionales. Por consiguiente, se establece un régimen totalitario bajo el liderazgo del general Franco.

Las consecuencias de la guerra son nefastas para España. Casi un millón de personas mueren en el campo de batalla; aproximadamente doscientas mil son ejecutadas por razones políticas o sociales, y los vencedores fusilan a otras doscientas mil en brutales represalias al final de la guerra. Se arresta o encarcela a muchos más. Así describe las increíbles consecuencias humanas del conflicto Miguel Hernández, poeta y soldado republicano que muere en la cárcel en 1942: «El árbol solo y seco. / La mujer como un leño de viudez sobre el lecho. / El odio sin remedio. / ¿Y la juventud? / En el ataúd» («Guerra», *Cancionero y romancero de ausencias*, 1939–1942). Disminuye la población no sólo porque hay muchos muertos sino también por la gran cantidad de emigrados. Casi medio millón de españoles emigran de España durante los últimos meses de la guerra. Luego muchos salen también por razones económicas; trabajan fuera de España y mandan cierto porcentaje de su sueldo a sus familiares.

La situación del país no mejorará de manera significativa hasta mediados de la década de los cincuenta. Durante la Segunda Guerra Mundial, Franco apoya a Hitler, pero nunca declara la guerra contra las fuerzas aliadas. No obstante, esa alianza con Hitler deja a España abandonada y aislada del resto de Europa. Además, el gobierno practica una política de autosuficiencia que termina en el fracaso. Las duras condiciones económicas que padecen los españoles durante esa época se convierten en un tema frecuente de la literatura realista durante los años cincuenta.

Mientras todo el país sufre como consecuencia de las condiciones económicas producidas por la guerra, la literatura, por el gran número de escritores exiliados, está marcada por una ruptura con la tradición del pasado inmediato. El régimen trata de crear una cultura y una literatura que conformen con los ideales del nuevo estado. Algunos escritos de los años cuarenta muestran esas tentativas propagandísticas, además de reflejar el carácter inflexible de la censura durante esa década. Con algunas excepciones notables, es superior la literatura «peregrina» que se escribe fuera del país. Entre los exiliados se encuentran León Felipe, Jorge Guillén, Pedro Salinas, Luis Cernuda, Rafael Alberti, Juan Ramón Jiménez, Max Aub, Ramón J. Sender, Francisco Ayala, Rosa Chacel, Luisa Carnés, María Zambrano y Alejandro Casona, para mencionar sólo algunos nombres representativos. Dentro de España, Vicente Aleixandre junto con Dámaso Alonso y Gerardo Diego mantienen vivo el espíritu de la generación del 27. En 1944, Aleixandre publica su *Sombra del paraíso*, y en el mismo año aparece *Hijos de la ira*, un libro muy influyente de Dámaso Alonso. También se destaca la publicación de dos novelas clave: *Nada* (1945), obra existencial de Carmen Laforet, y *La familia de Pascual Duarte* (1942), novela de Camilo José Cela que inicia el «tremendismo»,* con su tendencia a exagerar los elementos grotescos, sangrientos y patológicos de la realidad. Al terminar la década, el estreno de *Historia de una escalera* (1949) de Antonio Buero Vallejo anuncia la renovación del teatro. En esta obra el escritor rompe con los escenarios burgueses tradicionales y sitúa su pieza en un ambiente humilde con personajes de la clase trabajadora.

Finalmente, durante la década de los cincuenta, las condiciones externas obligan al gobierno a seguir caminos de mayor modernización económica. Se establecen relaciones económicas con otros países y se busca al mismo tiempo su ayuda con tentativas de reivindicación. Eso posibilita las inversiones de capital extanjero necesarias para incentivar el desarrollo industrial. Además, se emprende con gran éxito un programa para la atracción del turismo, que introduce al país nuevas costumbres e ideas en general muy diferentes a las de la mayor parte de los españoles. Tiene lugar el llamado «milagro económico», fechado de manera aproximada a partir de 1955. El nivel de vida de los españoles sube enormemente; aparece por ejemplo el auto S.E.A.T., muy popular, y desaparecen las cartillas de racionamiento. Gradualmente España se incorpora a la comunidad internacional. En 1952 es admitida en la U.N.E.S.C.O. y entra a formar parte de las Naciones Unidas en 1955.

Con el desarrollo económico, también hay un resurgimiento de la literatura que empieza a renovarse. Antes de estudiar esa renovación, sin embargo, hay que hablar de los efectos de la censura. Inflexible durante los años cuarenta, se modera gradualmente durante la época de la dictadura. No sólo censura el gobierno la literatura producida en España, sino que prohibe la lectura de ciertos autores extranjeros y aun menosprecia las obras de autores liberales españoles del siglo anterior como, por ejemplo, las de Clarín y Galdós. En 1966, la política de la censura oficial se convierte en la práctica de la autocensura; el gobierno pide que los artistas tengan discreción en lo que producen y que los editores cumplan los deberes del censor. No obstante, el Ministerio de Información retiene el derecho de suprimir cualquier obra que no le parezca apropiada. Durante los años setenta, hay más y más crítica de la censura y en general se considera que ésta se mitiga a partir de entonces. Sin embargo, se continúan vigilando y suprimiendo las publicaciones que no conforman con los gustos compatibles con la censura.

Dada la vigilancia de la censura, el dilema con el que se enfrentan la mayor parte de los autores es: ¿cómo criticar la opresión del régimen franquista? Algunos tratan la situación de una manera indirecta y filosófica, distanciada de los problemas contemporáneos. Escriben sobre temas de interés actual como los abusos del poder o de la libertad individual en conflicto con la represión política, pero sitúan sus obras en un contexto alegórico o en algún otro período histórico. Las obras de otros autores aparecen en el extranjero hasta que sean más tarde «recuperados» en España. Finalmente, la censura da impulso a un teatro clandestino o «subterráneo». Los dramaturgos que ejemplifican esta tendencia representan obras sencillas en los cafés, donde los actores pueden sentarse fácil y rápidamente cuando llegan las autoridades.

Más que ningún otro género, el teatro sufre como consecuencia de las restricciones de la censura porque los autores no pueden alcanzar al público sin el permiso de las autoridades para estrenar sus obras. Surge un debate sobre la postura del artista frente a la censura. Dicho debate enfrenta a los dos dramaturgos más importantes de la posguerra: Antonio Buero Vallejo y Alfonso Sastre, ambos opuestos al régimen franquista. Buero Vallejo es soldado republicano durante la guerra y luego prisionero político por varios años. Sastre, nacido en 1926, se hace activista y es encarcelado dos veces. Buero Vallejo preconiza una postura que llega a ser conocida como el «posibilismo», según la cual el dramaturgo debe aprovechar las oportunidades permitidas por la censura. Sastre, por el contrario, afirma que el «posibilismo» puede enmascarar actitudes conformistas y él avanza el «imposibilismo», la necesidad de hacer frente a las autoridades. El mismo es testigo de la imposibilidad de estrenar sus obras. Desde la prohibición temprana de *Escuadra hacia la muerte* (1953), la censura rechaza mucho de su teatro.

Buero Vallejo ha escrito piezas realistas, críticas y testimoniales, como *El tragaluz* (1967) donde hay una mención explícita de la Guerra Civil, así como obras de tema histórico, tales como *Las meninas* (1960) o *El concierto de San Ovidio* (1962), y dramas predominantemente simbolistas como *La tejedora de sueños* (1952) o *La Fundación* (1974). El simbolismo constituye un componente fuerte de toda su obra; símbolos como la escalera, el sótano o la prisión son imágenes recurrentes que se aplican al estado de la colectividad: la sociedad española y la humanidad entera. En contraste, la mayor parte del teatro de Sastre trata de manera directa el tema de la rebelión contra la injusticia. *En la red* (1959), por ejemplo, tiene por fondo los conflictos internos de un grupo clandestino, mientras que *La mordaza* (1954) refleja una situación opresiva dentro de una familia. Como teórico del drama, Sastre también ha escrito extensamente sobre la función social del teatro. Ha sido el patrocinador principal del movimiento de literatura social, afirmando que la misión del arte consiste en transformar positivamente el mundo.

Tanto Buero Vallejo como Sastre han sido guías para la generación posterior de dramaturgos. Estos, en general, emprenden uno de dos caminos: el del teatro realista, como es el caso de Lauro Olmo, o el del «nuevo teatro», más alegórico e imaginativo que el primero ejemplificado por José Ruibal y Antonio Martínez Ballesteros, entre otros. Los dos grupos comparten una visión crítica de la sociedad contemporánea, pero se valen de diferentes métodos para representar sus temas. Los «nuevos» lo hacen de manera alegórica; los personajes funcionan como tipos o símbolos. La secretaria, por ejemplo, en la obra del mismo título de Ruibal, se convierte en símbolo de la opresión. Finalmente, hay que señalar la obra de Fernando Arrabal, creador del llamado «teatro pánico». Este dramaturgo vanguardista y experimental se ha visto obligado a representar sus obras en el extranjero.

Volviendo a la literatura de los años cincuenta, es necesario mencionar que en dicha década operan dos grupos generacionales de autores: los que ya han escrito antes de la Guerra Civil como Aleixandre, y la nueva generación, la llamada «generación de medio siglo», que se da a conocer durante esa década. Entre ellos se cuentan Jesús Fernández Santos, Ignacio Aldecoa, Ana María Matute, Carmen Martín Gaite, Rafael Sánchez Ferlosio y varios otros. Estos escritores nacieron en su mayoría a finales de la guerra o durante la década anterior; por eso no participan en la lucha, pero se ven como víctimas de ella y como herederos de la consiguiente situación sociopolítica. Así describe en *Ancia* (1958) a la generación de la posguerra el gran poeta Blas de Otero: «Una generación desarraigada. / Unos hombres sin más destino que / apuntalar las ruinas».

En general, los prosistas de mitad de siglo practican una literatura realista, marcada por la descripción detallada de la realidad viva, y localizable en cualquier pueblo o ciudad española. No hablan esos escritores directamente de la guerra, pero sus consecuencias aparecen con frecuencia en sus obras. Sus protagonistas son a menudo niños(as) o gente de las clases menos privilegiadas. Representativas de ese «neorrealismo»* son las obras de Ana María Matute y Carmen Martín Gaite. Luego, a finales de los años cincuenta, un grupo de escritores preconizan la producción de una literatura con un mensaje crítico y a veces político; es decir, una literatura comprometida que tiene una misión social. El poeta Gabriel Celaya expresa esa perspectiva en los siguientes versos del conocido poema «La poesía es un arma cargada de futuro»: «Maldigo la poesía concebida como un lujo / cultural o los neutrales / que, lavándose las manos, se desentienden y evaden. / Maldigo la poesía de quien no toma partido hasta mancharse.» (*Las resistencias del diamante*, 1958). Algunos de esos autores, como Sastre, también son críticos o teóricos que defienden esas obras y que tratan de ayudar en su difusión, lo que en la práctica es más fácil para la poesía y aun para la prosa que para el teatro.

Durante la década de los sesenta, algunos escritores reaccionan contra la literatura comprometida. Hay cierto movimiento hacia la literatura pura y hacia la experimentación formalista. No obstante, otros autores se sirven de la novela experimental para criticar el régimen. En 1966 aparecen dos novelas experimentales clave: *Cinco horas con Mario* de Miguel Delibes, escrita en forma de un largo monólogo interior, y *Señas de identidad* de Juan Goytisolo, que constituye un ataque violento contra el período franquista.

Otro factor importante para la literatura de los años sesenta es el creciente interés por la literatura hispanoamericana. Este interés aumenta cuando se dan a conocer las obras de los autores del conocido «boom» de la década de los sesenta: Mario Vargas Llosa, Julio Cortázar, Gabriel García Márquez y otros. En 1962, por ejemplo, el escritor peruano Vargas Llosa recibe el premio Biblioteca Breve.

A finales de los años sesenta aparece otra influencia renovadora con la publicación de las obras de algunos escritores que nacieron entre 1936 y 1950, los llamados «novísimos». Durante los años sesenta y la primera parte de la década de los setenta, la expresión y la crítica indirectas se vuelven más importantes. Muchos escritores recurren a lo simbólico y a lo alegórico en sus obras. Ese interés por lo formalista y lo mítico conduce a cambios en el gusto público y también al reconocimiento de algunos autores, como Juan Benet y Gonzalo Torrente Ballester, a quienes previamente no se les había prestado mucha atención.

En el dominio político, la era franquista va cerrándose paulatinamente. A finales de 1973, la E.T.A. (grupo terrorista vasco) es responsable del asesinato del primer ministro Luis Carrero Blanco y así pone fin al plan franquista de «continuismo». Franco quería que, después de su muerte, Carrero Blanco continuara como primer ministro. En el verano de 1974, Franco sufre un ataque de flebitis y muere al año siguiente, el 20 de noviembre de 1975. Ya en 1969 había nombrado a su sucesor como jefe de estado: el príncipe Juan Carlos de Borbón, nieto de Alfonso XIII. El nuevo rey no había expresado entonces sus opiniones políticas. Para sorpresa y alivio del país y del mundo, cuando empieza su actuación, el príncipe Juan Carlos inicia un proceso de liberalización.

LUIS CERNUDA

Nota biográfica

Luis Cernuda (1902–1963), poeta y crítico literario, nació en Sevilla. Allí ingresó en la universidad y estudió con el gran poeta Pedro Salinas. En 1928 dejó Sevilla y se instaló en Madrid. También enseñó por un año en Toulouse (Francia). En Madrid trabajó en las misiones pedagógicas iniciadas por el gobierno republicano. Durante la Guerra Civil, se exilió en Inglaterra y Escocia y enseñó en Glasgow (1939–1943), Cambridge (1943–1945) y Londres (1945–1947). En 1947 se trasladó a Estados Unidos donde enseñó en Mount Holyoke College hasta 1952, año en que se instaló en México como profesor de la U.N.A.M. (Universidad Nacional Autónoma de México). A partir de 1960 residió y enseñó en California, pero pasó los veranos en México, donde murió en 1963. Cernuda publicó varias obras de crítica literaria, algunas traducciones, dos libros de poemas en prosa y numerosas poesías. Entre sus colecciones de poemas hay que mencionar *Perfil del aire* (1927), *La realidad y el deseo* (1936, completada en 1958 y aumentada póstumamente en 1964), *Las nubes* (1943), *Como quien espera el alba* (1947) y *Desolación de la quimera* (1962).

✦ Guía y actividades de pre-lectura

Es posible distinguir tres fases principales en la producción poética de Cernuda. A este prolífico poeta lo asociamos con la generación del 27. Fue en el año 1927 en el que publicó *Perfil del aire*, su primera colección de poesías. En dicha obra se nota claramente la influencia de Salinas. Su producción, especialmente la temprana, expresa sentimientos melancólicos que recuerdan el tono y el estilo de Bécquer. Más tarde, Cernuda se interesó en las teorías del surrealismo, atraído indudablemente por la rebelión que preconizaban éstas contra el convencionalismo social y artístico de la época. En ese momento el arte era para él en parte refugio y en parte escape de la realidad. La Guerra Civil transformó la vida y la obra de Cernuda. Su arte, cada vez más personal y profundo, empezó a representar las emociones provocadas por el conflicto nacional y por su propio exilio. Los sentimientos expresados en dicha producción reflejan emociones intensas que él había experimentado. En su edición definitiva de *La realidad y el deseo*, dice Cernuda: «Siempre traté de componer mis poemas a partir de un germen inicial de experiencia...». Los temas de melancolía y de hostilidad hacia las convenciones sociales reflejan hasta cierto punto el sufrimiento y el aislamiento experimentados por su condición de homosexual. Muchos de sus poemas, como los de *Los placeres prohibidos*, abordan franca y emotivamente el amor entre seres del mismo sexo. La obra de Cernuda se destaca por la densidad lírica de su estilo. Abandona gradualmente las formas métricas tradicionales por el verso libre. Aquí se incluyen dos poemas de Cernuda que tratan el tema del exilio. Tienen un marco personal, pero también expresan las complejas y contradictorias emociones de gran parte de la generación de intelectuales españoles que decidieron o debieron vivir en el exilio durante la dictadura de Franco.

1. Antes de leer los poemas, piense en el problema del exilio. Según usted, ¿cómo se sentiría una persona que debe dejar su país por razones políticas?

2. En «Un español habla de su tierra», el poeta se refiere a los vencedores de la Guerra Civil como «Caínes». Lea la historia de Caín y Abel en el libro de Génesis (4, 1–16) y comente en clase lo que ha leído.

Un español habla de su tierra

Las playas, parameras[1]
Al rubio sol durmiendo,
Los oteros, las vegas[2]
En paz, a solas, lejos;

5   Los castillos, ermitas,
Cortijos[3] y conventos,
La vida con la historia,
Tan dulces al recuerdo,

Ellos, los vencedores
10   Caínes[a] sempiternos,
De todo me arrancaron.
Me dejan el destierro.

Una mano divina
Tu tierra alzó en mi cuerpo
15   Y allí la voz dispuso[4]
Que hablase tu silencio.

Contigo solo estaba,
En ti sola creyendo;
Pensar tu nombre ahora
20   Envenena[5] mis sueños.

Amargos son los días
De la vida, viviendo
Sólo una larga espera
A fuerza de recuerdos.

[1] bleak, bare
[2] knolls, lowlands
[3] Farms
[4] mandó
[5] Poisons

[a] Caínes se refiere aquí a los que actuan como Caín, asesino de su hermano Abel, en el libro de Génesis del Antiguo Testamento.

Un día, tú ya libre
De la mentira de ellos,
Me buscarás. Entonces
¿Qué ha de decir un muerto?

(Las nubes.)

✦ Comprensión

Conteste las siguientes preguntas según el poema.

1. ¿Qué describe el poeta en las dos primeras estrofas? ¿Qué evocan para usted esas descripciones?
2. ¿Por qué llama «Caínes» a los vencedores?
3. Estudie las estrofas cuatro y cinco. ¿Quién o qué es el «tú» a quien le habla la voz poética? Explique su opinión.
4. ¿Cuál es el tono que predomina en las dos últimas estrofas? ¿Qué emociones evocan? Explique.

Hacia la tierra

Cuando tiempo y distancia
Engañan los recuerdos,
¿Quién lo ignora?, es amargo
Volver. Porque interpuesto

Algo está entre los ojos
Y la imagen primera,
Mudando[1] duramente
Amor en extrañeza.

Es acaso un espacio
Vacío, una luz ida,
Ajada[2] en toda cosa
Ya la hermosura viva.

Mas volver debe el alma
Tal pájaro en otoño
Y aquel dolor pasado
Visitar, y aquel gozo;[3]

Nube de una mañana
Aurea, rama de púrpura
Junto a una tapia,[4] sombra
Azul bajo la luna.

[1] Cambiando
[2] *Faded*
[3] placer, alegría
[4] pared hecha de barro

Posibles paraísos
O infiernos ya no entiende
El alma sino en tierra.
Por eso el alma quiere,

25   Cansada de los sueños
Y los delirios tristes,
Volver a la morada[5]
Suya antigua. Y unirse,

30   Como se une la piedra
Al fondo de su agua,
Fatal, oscuramente,
Con una tierra amada.

(Como quien espera el alba.)

5 casa

✦ Comprensión

Conteste las siguientes preguntas según el poema.

1. Según el «yo» del poema, ¿en qué influyen los recuerdos? ¿Cómo?
2. ¿Qué obligación siente el alma?
3. ¿Qué imágenes usa el poeta para evocar el dolor y el gozo del pasado?
4. ¿Qué es lo que ya no entiende el alma? Explique.
5. ¿Cuáles son los dos deseos del alma?

✦ Expansión

A. Lea las definiciones que siguen y escriba las palabras definidas en los espacios correspondientes.

1. antónimo de **lleno**   _____
2. edificio fuerte con murallas, torres, etc. _____
3. sinónimo de **exilio**   _____
4. belleza grande   _____
5. antónimo de **dulce**   _____
6. memoria de algo anterior   _____
7 residencia de religiosos(as)   _____

B. Complete las frases de la columna izquierda con los finales apropiados de la columna derecha y escriba las letras en los espacios correspondientes.

____ 1. El alma es como...   a. unirse con la tierra que ama.
____ 2. Los días de la vida son...   b. entre los ojos y la imagen
____ 3. El tiempo y la distancia   primera.
       engañan...   c. a fuerza de recuerdos.
____ 4. La espera vive...   d. un pájaro en otoño.
____ 5. Un espacio vacío está...   e. amargos.
____ 6. El alma quiere...   f. los recuerdos.

Guernica, *Pablo Picasso.*

✦ Temas de discusión o análisis

1. Resuma o comente las emociones evocadas por el «yo» poético en los dos poemas.
2. Analice los elementos del paisaje y del ambiente españoles escogidos por Cernuda para evocar a España en «Un español habla de su tierra».
3. Analice el uso de la antítesis* en «Un español habla de su tierra».
4. Comente la función del encabalgamiento* en «Hacia la tierra».
5. Analice el tema de la unión imposible en «Hacia la tierra».

✦ Temas de proyección personal

1. Imagínese que las circunstancias lo (la) han convertido en exiliado(a). ¿Qué y a quién echaría de menos? ¿Por qué?
2. ¿Ha sufrido usted o alguien que usted conoce a causa de la política de su país? Explique.

CAMILO JOSE CELA

Nota biográfica

Camilo José Cela (1916–), novelista y prosista de renombre, nació en Iria Flavia (Coruña). Ha gozado de gran popularidad por su talento de escritor y también por su llamativa personalidad pública. Autor de novelas, cuentos, libros de viaje y mucho más, este gran escritor ganó el Premio Nóbel de Literatura en 1989. Cuando era niño, su familia se trasladó a Madrid, donde estudió en la universidad. Cursó estudios de medicina, derecho y filosofía y letras, pero nunca llegó a terminar. Durante la Guerra Civil, sirvió en el ejército nacionalista; más tarde calificó su apoyo a los franquistas como un grave error suyo. Con sus escritos de las décadas de los años cuarenta y cincuenta se enfrentó a la censura. Durante los años cincuenta, se trasladó a Mallorca, y en 1957 entró en la Real Academia Española. La obra de Cela influyó profundamente en las corrientes literarias de la posguerra. Su famosa novela *La familia de Pascual Duarte* (1942) causó gran escándalo por la crueldad de la historia y generó la tendencia conocida como el «tremendismo»: la descripción imparcial de una acumulación de escenas brutales y groseras, marcadas por un fuerte pesimismo. Cela más tarde repudió el tremendismo. Las autoridades condenaron la novela y confiscaron la segunda edición. Otra de sus obras muy influyente en la producción literaria de su época es *Viaje a la Alcarria* (1948), el primero de una serie de libros de viaje, que pone de relieve el poder de observación y la habilidad descriptiva del autor. Esta obra dio impulso al resurgimiento de este tipo de libros. También provocó mucha controversia su obra *La colmena* (1951), aparecida en Argentina porque la censura había prohibido su publicación en España. Esa novela, con sus más de trescientos personajes, da un panorama nihilista del Madrid empobrecido de los primeros años de la posguerra. Marcó los principios de la literatura testimonial de la generación española del medio siglo. Otra novela, *Vísperas, festividad y octava de San Camilo del año 1936 en Madrid* (1969), tiene por fondo el estallido de la Guerra Civil. Entre las obras más recientes de Cela están *El huevo del juicio* (1993), *A bote pronto* (1994), *El asesinato del perdidor* (1994), y *La cruz de San Andrés* (1994). Cela ha experimentado con una gran variedad de técnicas y de temas literarios, que incluye la publicación de un diccionario erótico. En general, la pluralidad de estilos que practica muestra la gran flexibilidad de su talento narrativo. Cualquiera que sea el tono de sus escritos — burlesco, truculento o compasivo—, su estilo permanece cuidadoso, expresivo y muy personal.

✦ Guía y actividades de pre-lectura

La selección que sigue, «Un niño piensa» (1945), fue incluida en la *Obra completa* (1964) de Cela con otros cuentos escritos entre 1941 y 1953. Este cuento en particular ha sido traducido al inglés y al javanés. Aquí el autor nos da una narración desde el punto de vista de un niño. Varios cuentos de Cela tienen como personajes a niños, y en este texto el escritor muestra una ternura conmovedora. Es evidente su aguda capacidad de observación cuando nos permite ver una mañana en la vida de un niño a través del punto de vista del niño mismo.

1. Piense en el título «Un niño piensa». Según usted, ¿en qué pensará un niño por la mañana? ¿Recuerda en qué pensaba usted cuando era niño(a)?

2. ¿Ha leído usted otras obras escritas desde el punto de vista de un(a) niño(a)? ¿Cuáles? ¿Le han gustado o no? ¿Por qué? Explique.

Un niño piensa

*A los niños que navegan, heroicos, dolorosos y ciegos, por su
propia memoria.
   Y a los muertos que cruzan, estoicos, doloridos y mudos, por la
memoria de los demás.*

Da gusto estar metido en la cama, cuando ya es de día. Las rendijas[1] del balcón brillan como si fueran de plata, de fría plata, tan fría como el hierro de
la verja[2] o como el chorro del grifo,[3] pero en la cama se está caliente, todo
muy tapado, a veces hasta la cabeza también. En la habitación hay ya un
5 poco de luz y las cosas se ven bien, con todo detalle, mejor aún que a pleno
día, porque la vista está acostumbrada a la penumbra, que es igual todas las
mañanas, durante media hora; la ropa está doblada sobre el respaldo de la
silla; la cartera —con los libros, la regla y la aplastada cajita de cigarrillos
donde se guardan los lápices, las plumas y la goma de borrar— está colgada
10 de los dos palitos que salen de encima de la silla, como si fueran dos hombros; el abrigo está echado a los pies de la cama, bien estirado,[4] para taparle
a uno mejor. Las mangas del abrigo adoptan caprichosas posturas y, a veces,
parecen los brazos de un fantasma muerto encima de la cama, de un fantasma a quien hubiera matado la luz del día al sorprenderle, distraído, mi-
15 rando para nuestro sueño... Se ve también el vaso de agua que queda
siempre sobre la mesa de noche, por si me despierto; es alto y está sobre un
platito que tiene dibujos azules; en el fondo se ve como un dedo de azúcar
que ha perdido ya casi todo su blanco color. Si se le agita, el azúcar empieza
a subir como si no pesase, como si le atrajese un imán[5]... Entonces, uno
20 ladea[6] la cabeza, para verlo mejor, y del borde del vaso sale un destello[7] con
todos los colores del arco iris que brilla, unas veces más, otras veces menos,
como si fuera un faro;[8] es el mismo todas las mañanas, pero yo no me canso
nunca de mirarlo. Si un pintor pintase un vaso con agua hasta la mitad y un
reflejo redondo en el borde con todos los colores, un reflejo que pareciese
25 una luz y que saliese del cristal como si realmente fuera algo que pudiése-
mos coger con la mano, estoy seguro de que nadie le creería.

    Volvemos a dejar caer la cabeza sobre la almohada[9] y tiramos del
abrigo hacia arriba; notamos fresco en los pies, pero no nos apura, ya
sabemos lo que es; sacamos un pie por abajo y nos ponemos a mirar para
30 él. Es gracioso pensar en los pies; los pies son feos y mirándolos detenidamente[10] tienen una forma tan rara que no se parecen a nada; miro para
el dedo gordo, pienso en él y lo muevo; miro entonces para el de al lado,
pienso en él, y no lo puedo mover. Hago un esfuerzo, pero sigo sin
poderlo mover; me pongo nervioso y me da risa. Los cuatro dedos pe-
35 queños hay que moverlos al mismo tiempo, como si estuvieran pegados
con goma; los dedos de la mano, en cambio, se mueven cada uno por su
cuenta. Si no, no se podría tocar el piano, la cosa es clara; en cambio, con
los pies no se toca el piano; se juega al fútbol y para jugar al fútbol no hay
que mover los dedos para nada... Entonces desearía ardientemente estar
40 ya en el recreo jugando al fútbol; miro otra vez para el pie y ya no me

1 *slits*
2 **hierro...** *iron railing or grate*
3 **chorro...** *jet from the faucet*
4 *stretched out*
5 *magnet*
6 *turns sideways*
7 *sparkle*
8 *beam of a lighthouse*
9 *pillow*
10 *con cuidado*

parece tan raro. A lo mejor, con ese pie, saco de apuros al equipo cuando el partido está en lo más emocionante y se ve al padre Ortiz que cruza el patio para tocar la campana. Después, en la clase, todos me mirarían agradecidos. ¡Ah! Pero, a veces, ese pie no me sirve para nada; me cogen
45 hablando y me ponen debajo de la campana, mirando para la pared; la pared es de cal[11] y con el pie me entretengo en irle quitando pedazos, poco a poco. Pero eso tampoco es divertido...

Vuelvo a tapar el pie, rápidamente; de buena gana me pondría a llorar...

50 Pienso: a las botas les pasa como a las violetas o a las azules hortensias[12]... Es curioso: se van a dormir al office porque nadie se atreve a dejarlas de noche dentro de la habitación... Cuando pienso unos instantes en las violetas me invaden unas violentas ganas de llorar. Después lloro, lloro con avidez unos minutos, y llego a sentirme tan feliz al ser desgracia-
55 do, que de buena gana me pasaría la vida en la cama, sin ir al colegio, sin salir a jugar a ningún lado, sólo llorando, llorando sin descanso...

Me disgusta no ser constante, pero cuando lloro, por las mañanas, acabo siempre por quedarme dormido. Duermo no sé cuánto tiempo, pero cuando me despierta mi madre, que es rubia y que tiene los ojos
60 azules y que es, sin duda alguna, la mujer más hermosa que existe, el sol está ya muy alto, inundándolo todo con su luz.

Me despierta con cuidado, pasándome una mano por la frente como para quitarme los pelos de la cara. Yo me voy dando cuenta poco a poco, pero no abro los ojos; me cuesta mucho trabajo no sonreír... Me dejo
65 acariciar, durante un rato, y después le beso la mano; me gusta mucho la sortija que tiene con dos brillantes. Después me siento en la cama de golpe,[13] y los dos nos echamos a reír. Soy tan feliz...

Me visten y después viene lo peor. Me llevan de la mano al cuarto de baño; yo voy tan preocupado que no puedo pensar en nada. Mi madre se
70 quita la sortija para no hacerme daño y la pone en el estantito de cristal donde están los cepillos de los dientes y las cosas de afeitarse de mi padre; después me sube a una silla, abre el grifo y empieza a frotarme la cara como si no me hubiera lavado en un mes. ¡Es horrible! Yo grito, pego patadas[14] a la silla, lloro sin ganas, pero con una rabia terrible, me defiendo como
75 puedo... Es inútil; mi madre tiene una fuerza enorme. Después, cuando me seca, con una toalla que está caliente que da gusto, me sonríe y me dice que debiera darme vergüenza dar esos gritos; nos damos otro beso.

Si el desayuno está muy frío, me lo calientan otra vez; si está muy caliente, me lo enfrían cambiándolo de taza muchas veces...
80 Después me ponen la boina[15] y el impermeable. Mi madre me besa de nuevo porque ya no me volverá a ver hasta la hora de la comida.

11 *lime*
12 *hydrangeas*
13 **de...** de repente
14 **pego...** *I kick*
15 *beret*

✦ Comprensión y expansión

A. Conteste las siguientes preguntas según el texto.

1. Al empezar el cuento, ¿dónde está el niño?
2. ¿Qué hora es, aproximadamente? ¿Cómo lo sabe usted?

3. Si usted no leyera el título del cuento, ¿cómo sabría que el narrador es un niño? Dé algunos ejemplos.
4. ¿Qué queda sobre la mesita de noche? ¿Por qué?
5. ¿Qué parte de su cuerpo contempla el niño?
6. ¿Qué experiencias recuerda el niño al contemplar sus pies?
7. Según su opinión, ¿por qué llora el niño?
8. ¿Quién despierta al niño?
9. ¿Qué es lo peor para el niño? ¿Por qué?
10. ¿Qué ocurre justamente antes de que el niño salga de su casa?

B. Las seis palabras de la lista provienen de «Un niño piensa». Busque dos palabras o frases relacionadas con ellas y escríbalas en los espacios correspondientes.

la goma de borrar	el abrigo	las rendijas	el fútbol
la pared de cal	las plumas	los ojos azules	el grifo
la sortija	la toalla	el impermeable	la verja

1. la boina   _____   _____
2. los lápices   _____   _____
3. la madre   _____   _____
4. el balcón   _____   _____
5. los pies   _____   _____
6. el baño   _____   _____

C. Complete las siguientes afirmaciones, marcando con un círculo la letra de la respuesta más apropiada.

1. En el estantito de cristal están...
   a. los cepillos de dientes.   b. la boina.
   c. un vaso de agua.
2. El niño grita cuando...
   a. se le lava la cara.   b. se despierta.
   c. ve al padre Ortiz.
3. En la cajita de cigarrillos hay...
   a. palitos.   b. lápices.
   c. faros.
4. El niño llora cuando piensa en...
   a. las hortensias.   b. el piano.
   c. las violetas.
5. Si el desayuno está frío...
   a. tiene que tomarlo frío.   b. se lo calientan.
   c. la madre lo toma y prepara otro.

✦ Temas de discusión o análisis

1. Resuma o comente la historia que cuenta el niño.
2. Según usted, ¿es el niño una persona feliz o triste? Justifique su opinión basándose en algunos detalles del cuento.
3. Analice las transformaciones hechas por la imaginación del niño.
4. Comente el afecto que existe entre el niño y su mamá.

5. Escriba la historia de «Un niño piensa» desde otro punto de vista.
   a. el de la madre
   b. el de la cama
   c. el del padre Ortiz

✦ Temas de proyección personal

1. Describa algún recuerdo que usted tiene de su niñez.
2. Describa parte de un día típico desde el punto de vista de un(a) niño(a). Puede usar la perspectiva de su hermano(a) o de algún(a) otro(a) niño(a) que usted conoce.
3. Describa un objeto cualquiera que usted ve transformado por la magia de su imaginación.

CARMEN LAFORET

Nota biográfica

Carmen Laforet (1921–), novelista y cuentista, nació en Barcelona. Sin embargo, a la edad de dos años se trasladó con su familia a Las Palmas, y no volvió a su ciudad natal hasta los dieciocho años, después de la Guerra Civil. Hizo estudios universitarios en Barcelona y en Madrid, y en 1940 empezó a escribir para periódicos. Su primera novela publicada, *Nada* (1945), ganadora del Premio Nadal y del Premio Fastenrath, le aseguró una fama permanente. Se ve en dicha novela el impacto de la Guerra Civil y el contacto de la autora con el existencialismo* predominante en esos años. La protagonista vuelve a Barcelona después de la guerra y es testigo de la destrucción espiritual que siguió al conflicto. Ella siente la insatisfacción existencial o «náusea» ante el mundo que la rodea y además percibe la sociedad como un verdadero infierno. La segunda novela de Laforet, *La isla de los demonios* (1952), refleja el ambiente isleño de las Canarias. La autora ha publicado otras novelas y varias narraciones cortas. Entre sus obras se encuentran *La mujer nueva* (1955), distinguida con el Premio Menorca y con el Premio Nacional de Literatura, *La insolación* (1963) y *Paralelo 35* (1967). En 1975 Laforet se trasladó a Roma. Su producción literaria ha disminuido últimamente, pero ha hecho varios viajes para dar conferencias y hablar de sus obras.

✦ Guía y actividades de pre-lectura

Los personajes de Laforet son interesantes por su desarrollo psicológico. La autora sabe dar vida y realismo a los temas que toca. Además, traza los ambientes y caracteriza a los personajes con un estilo muy logrado. En *Nada*, por ejemplo, observamos cómo la protagonista, una muchacha de dieciocho años, crece y madura. La seguimos desde sus primeros esfuerzos en busca de su propia identidad hasta convertirse en adulta. Aquí se incluye el cuento «La muerta», de la colección del mismo título (1952). Trata de una familia que tiene que adaptarse primero a las enfermedades prolongadas de la madre y después a su muerte. La autora enfoca la narración desde el proceso psicológico de adaptación por la parte del marido.

1. Lea los dos primeros párrafos del cuento. ¿Cuáles son los detalles que revelan algo sobre la persona muerta y sobre su relación con el señor Paco?

2. Después de leer estos dos primeros parrafos, ¿cual le parece a usted será el tono que va a asumir el cuento? ¿Sombrío, ligero, distante...?

La muerta

El señor Paco no era un sentimental. Era un buen hombre al que le gustaba beber, en compañía de amigos, algunos traguitos de vino al salir del trabajo y que sólo se emborrachaba en las fiestas grandes, cuando había motivo para ello. Era alegre, con una cara fea y simpática. Debajo
5 de la boina le asomaban unos cabellos blancos, y sobre la bufanda[1] una nariz redonda y colorada.

Al entrar en la casa esta nariz quedó un momento en suspenso, en actitud de olfatear,[2] mientras el señor Paco, que se acababa de quitar la bufanda, abría la boca, con cierto asombro. Luego reaccionó. Se quitó el
10 abrigo viejo, en una de las mangas le habían cosido sus hijas una tira negra de luto,[3] y lo colgó en el perchero[4] que adornaba el pasillo desde hacía treinta años. El señor Paco se frotó[5] las manos, y luego hizo algo totalmente fuera de sus costumbres. Suspiró profundamente.

Había sentido a su muerta. La había sentido, allí, en el callado corre-
15 dor[6] de la casa, en el rayo de sol que por el ventanuco se colaba hasta los ladrillos rojos que pavimentaban el pasillo. Había notado la presencia de su mujer, como si ella viviese. Como si estuviese esperándolo en la cálida cocina, recién encalada,[7] tal como sucedía en los primeros años de su matrimonio... Después las cosas habían cambiado. El señor Paco había
20 sido muy desgraciado y nadie podría reprocharle unos traguitos de vino y algunas aventurillas que le costaron, es verdad, sus buenos cuartos[8]... Nadie podría reprochárselo con una mujer enferma siempre y dos hijas alborotadas[9] y mal habladas como demonios. Nadie se lo había reprochado jamás. Ni la pobre María, su difunta, ni su propia conciencia.
25 Cuando las lenguas de sus hijas se desataron[10] en alguna ocasión más de lo debido, la misma María había intervenido desde su cama o desde su sillón para callarlas, suavemente, pero con firmeza. En la soledad de la alcoba, cuando algunas noches había estado él, malhumorado, inquieto, revolviéndose en la cama. María misma lo había compadecido.[11]
30 —¡Pobre Paco!

Bien podría compadecerle. Ella bien feliz había sido siempre... No le faltó nunca su comida, ni le faltaron sus medicinas, porque Paco trabajó

[1] scarf
[2] sniff
[3] tira... black mourning band
[4] coat rack
[5] se... rubbed
[6] hallway
[7] whitewashed
[8] sus... su dinero
[9] excited, impetuous
[10] se... became loose
[11] lo... had had pity on him

siempre bien, como un burro de carga. Alguna vez, la verdad, había él especulado con la muerte de su mujer. Y esto lo sentía ahora. Pero... ¡Había estado desahuciada[12] tantas veces!... Se avergonzaba de pensarlo, pero no pudo menos de hacer proyectos, en una ocasión, con una viuda de buenas carnes, que vivía en la vecindad, y que le dejaba sin respiración cuando le soltaba una risa para contestar a sus piropos... Esto fue en época en que María estaba paralítica... «Cosa progresiva —decían los médicos—, llegará el día en que la parálisis ataque al corazón y entonces... hay que estar preparados.»

El señor Paco estuvo preparado. Ya lo había estado cuando la hidropesía,[13] cuando el tumor en el pecho, cuando... La vida de María en los últimos veinte años había sido un ir de una enfermedad mala a otra peor... Y ella tan contenta. ¡Con tal de tener sus medicinas! Y hasta sin eso; porque a la hija casada había llegado a darle el dinero de sus medicinas, muchas veces para comprarle cosas a los niños... Pero lo que era seguro es que, sufrir, lo que decían los médicos que estaba sufriendo... no, María no notaba aquellos padecimientos.[14] Nunca se quejó. Y cuando uno sufre, se queja. Eso lo sabe todo el mundo... Entre una enfermedad y otra, ayudaba torpemente a las hijas a poner orden en aquella casa descuidada, donde, continuamente, resonaban gritos y discusiones entre las dos hermanas, que no se podían ver[15]... Esto sí mortificaba a la pobre, aquellas discusiones que eran el escándalo de la vecindad, y nunca, ni en su agonía, pudo gozar de paz.

El señor Paco, durante los tres años de la parálisis de su mujer, había tenido aquellos secretos proyectos respecto a la vecina viuda. Pensaba echar a las hijas como fuera[16] y quedarse con el piso... No faltaba más... Y luego, a vivir... Alguna compensación tenía que ofrecerle el destino.

Todos los días acechaba[17] la cara pálida y risueña de María, que hundida[18] en su sillón, en un rincón de la cocina, tenía sobre las rodillas paralíticas al nieto más pequeño, o cosía, con sus manos aun hábiles, sin dar importancia a aquello que el señor Paco le ponía de tan mal humor: Que la cocina estuviese sucia, con las paredes negras de no limpiarse en años, y el aire lleno de humo y de olor a aceite malo.

María levantaba hacia él sus ojos suaves, aquella boca pálida donde siempre flotaba la misteriosa e irritante sonrisa, y el señor Paco desviaba[19] los ojos; él notaba que ella le compadecía, como si le adivinase los pensamientos, y desviaba los ojos. Podía compadecerle todo lo que quisiera; pero el caso es que no se moría nunca; aunque para la vida que llevaba, como decía él a sus amigos, cuando el vino le soltaba la lengua, para la vida que llevaba la pobre mujer, mejor estaría ya descansando...

Un día el señor Paco sintió derrumbarse todos sus proyectos. Al volver del trabajo, cuando abrió la puerta de la cocina, encontró a la mujer de pie, como si tal cosa, fregando cacharros.[20] La sonrisa con que le recibió fue un poco tímida.

—¿Sabes?... Esta mañana vi que me podía levantar sola, que podía andar... Me alegré por las chicas... ¡Tienen tanto trabajo las pobres!...

Parece que también ha salido de ésta.

12 sin esperanza de curarse
13 *dropsy*
14 sufrimientos
15 **que...** *that couldn't stand each other*
16 **como...** *at any cost*
17 *watched stealthily*
18 *sunken*
19 *turned away*
20 **fregando...** *scrubbing pots and pans*

80 El señor Paco no dijo nada. No pudo manifestar ninguna clase de alegría ni de asombro. Por otra parte, tampoco hacía falta. Las hijas, el yerno y hasta los nietos, tomaban la curación de la paralítica como la cosa más natural. Discutían lo mismo, cuando la madre estaba en pie y les ayudaba en la medida de sus fuerzas que cuando estaba sentada en un sillón de 85 hule.[21]

Al señor Paco con la imposibilidad de realizar el nuevo matrimonio que soñaba se le pasó el enamoramiento por la viuda frescachona[22] y, en verdad, cuando, al fin, María cayó enferma de muerte, él no tenía ningún deseo del desenlace.[23] Lo que le sucedió fue que hasta el último minuto 90 estuvo sin creerlo. Lo mismo les sucedía a las hijas, que estaban acostumbradas a tener años y años a una madre agonizante. La noche antes de morir, sin poder ya incorporarse en la cama, María hilvanaba[24] torpemente el trajecillo de un nieto... Y, como de costumbre, no pudo hacer nada para impedir las discusiones habituales de la familia, en su último 95 día en la tierra.

El señor Paco se portó decentemente en su entierro, con una cara afligida. Pero al volver del cementerio ya la había olvidado. ¡Era tan poca cosa allí aquella mujer menuda y silenciosa!

Habían pasado ya más de tres semanas que estaba bajo la tierra. Y 100 ahora, sin venir a cuento,[25] el señor Paco la sentía. Llevaba varios días sintiéndola al entrar en la casa, y no podía decir por qué. La recordaba como cuando era joven, y él había estado orgulloso de ella, que era limpia y ordenada como ninguna; con aquel cabello negro anudado en un moño, siempre brillante, y aquellos dientes blanquísimos. Y aquel olor de 105 limpieza, de buenos guisos[26] que tenía su cocina, que ella misma encalaba cada sábado, y aquella tranquilidad, aquel silencio que ella parecía poner en dondequiera que entraba...

Aquel día cayó el señor Paco en la cuenta[27] de que era por eso... Aquel silencio... Hacía tres semanas que las hijas no discutían.

110 Ellas también, quizá, sentían a la muerta.

—Pero no... —el señor Paco se sonó ruidosamente —no... eso son cosas de viejo, de lo viejo que está uno ya.

Sin embargo, era indudable que las hijas no discutían. Era indudable que en vez de dejar las cosas por hacer, pretextando cada una que aquel 115 trabajo urgente le pertenecía a la otra, en vez de eso, se repartían las labores, y la casa marchaba mejor. El señor Paco quizá por esto, o quizás porque se iba haciendo viejo, como él pensaba, estaba más en la casa, y hasta se había aficionado algo a uno de los nietos.

Dio unos pasos por el corredor, sintió el calor de la mancha de sol en 120 la nariz y en la nuca,[28] al atravesarla, y empujó la puerta de la cocina, quedando unos momentos deslumbrado en el umbral.[29]

La cocina estaba blanca y reluciente como en los primeros tiempos de su matrimonio. En la mesa estaban puestos los platos. El yerno estaba comiendo y, cosa nunca vista, lo atendía la hija soltera, mientras la her- 125 mana se ocupaba de los dos mocosos[30] pequeños... Aquello era tan raro que le hizo carraspear.[31]

21 *rubber*
22 *fresh-looking*
23 *outcome*
24 *was basting*
25 **sin...** *for no reason at all*
26 platos cocinados
27 **cayó...** el señor Paco se dio cuenta
28 *nape*
29 *threshold*
30 *brats*
31 *clear his throat*

—Esto parece otra cosa. ¿Eh, señor Paco?

El yerno estaba satisfecho de aquellas paredes blancas oliendo a cal.

El señor Paco miró a sus hijas. Le parecía que hacía años que no las
130 miraba. Sin saber por qué dijo que se le estaban pareciendo ahora a la
madre.

—Ya quisieran. La señora María era una santa.

Esta idea entró en la cabeza del señor Paco, mientras iba consu-
miendo su sopa, lenta y silenciosamente. La idea apuntada por el yerno
135 de que la muerta había sido una santa.

—La verdad, padre —dijo de pronto una de las hijas—, que a veces
no sabe uno como viven algunas personas. La pobre madre no hizo más
que sufrir y aguantar todo... Yo quisiera saber de qué le sirvió vivir así para
morirse sin tener ningún gusto...

140 Después de esto, nada. El señor Paco no tenía ganas de contestar, ni
nadie... Pero parecía que en la cocina clara hubiese como una respuesta,
como una sonrisa, algo...

Otra vez suspiró el señor Paco, honda, sentidamente, después de
limpiarse los labios con la servilleta.

145 Mientras se ponía el abrigo, para irse a la calle de nuevo; las hijas
cuchichearon[32] sobre él, en la cocina.

—¿Te has fijado en el padre?... se está volviendo viejo. ¿Te fijaste
como se quedó, así, alelado,[33] después de comer? Ni se dio cuenta cuando
Pepe salió...

150 El señor Paco las estaba oyendo. Sí, él tampoco sabía bien lo que le
pasaba. Pero no podía librarse de la evidencia. Estaba sintiendo de
nuevo a la muerta, junto a él. No tenía esto nada de terrible. Era algo
cálido, infinitamente consolador. Algo inexpresable. Ahora mismo,
mientras se enrollaba al cuello la bufanda, era como si las manos de ella
155 se la atasen[34] amorosamente... Como en otros tiempos... Quizá para eso
había vivido y muerto ella, así, doliente y risueña, insignificante y magnífica. Santa... para poder volver a todo, y a todos consolarles después
de muerta.

32 *whispered*
33 *stunned*
34 *tied*

✦ Comprensión y expansión

A. Conteste las siguientes preguntas según el texto.

1. ¿Cómo era el señor Paco? Descríbalo.
2. ¿Cómo saben los lectores que alguien murió?
3. ¿Por qué no podrán reprocharle nada al señor Paco?
4. ¿Cuándo especuló el señor Paco con la muerte de su mujer? ¿Por
    qué?
5. ¿De qué enfermedades sufría María?
6. ¿Por qué se sorprendió tanto el señor Paco cuando vio a María fre-
    gando cacharros?
7. ¿Cómo era María cuando era joven?

8. ¿Cómo cambiaron las hijas después de la muerte de su madre? Explique.
9. ¿Qué otros cambios tuvieron lugar en esa época?
10. ¿Cómo se sentía el señor Paco al final del cuento? Explique.

B. Lea las definiciones que siguen y escriba las palabras definidas en los espacios correspondientes.

1. beber vino u otra bebida alcohólica en exceso   _____
2. artículo de ropa que se lleva en el cuello   _____
3. lugar donde se prepara la comida   _____
4. substancia empleada para curar enfermedades   _____
5. mujer cuyo marido está muerto   _____
6. privación del movimiento voluntario   _____
7. persona especialmente virtuosa   _____

C. Indique si los comentarios que siguen reflejan correctamente o no el contenido del texto. Escriba **V** (verdadero) o **F** (falso) en los espacios correspondientes. Si lo que lee es falso, corríjalo.

____ 1. Paco y María tenían dos hijas y un hijo.
____ 2. Paco no bebía mucho.
____ 3. María siempre se quejaba.
____ 4. La parálisis de María duró dos años.
____ 5. Paco y María tuvieron varios nietos.
____ 6. Cuando era joven, María tenía el pelo rubio.
____ 7. El yerno dijo que María era una santa.
____ 8. Después de la muerte de María, Paco se casó con una viuda de la aldea.

✦ Temas de discusión o análisis

1. Resuma o comente la historia de «La muerta».
2. ¿Qué cree que significan las paredes encaladas de la cocina?
3. Analice las etapas psicológicas de la adaptación del señor Paco ante las enfermedades y la muerte de María.
4. Comente el comportamiento de las hijas en el cuento.
5. Analice la función literaria de las paredes de la casa y de la bufanda.

✦ Temas de proyección personal

1. ¿Ha tenido usted experiencia con alguna persona que haya estado enferma por mucho tiempo? Describa a la persona y explique las circunstancias.
2. Describa y analice algún acontecimiento que haya producido algún cambio radical en la vida de una familia que usted conoce.

DÁMASO ALONSO

Nota biográfica

Dámaso Alonso (1898–1990), poeta, prosista, profesor y crítico literario, nació y murió en Madrid. Estudió en la Universidad de Madrid donde recibió el doctorado en Filosofía y Letras, y enseñó en varias universidades extranjeras, entre ellas Oxford, Yale y Harvard. Fue catedrático de la Universidad de Madrid y director de la Real Academia. En 1978 recibió el Premio Miguel de Cervantes. En enero de 1990 murió en Madrid a la edad de 91 años. Alonso participó en las actividades de la «generación del 27», especialmente como crítico y sobre todo para darle impulso. Las composiciones de su primera colección de poesía, *Poemas puros, poemillas de la ciudad* (1921), muestran la influencia de Juan Ramón Jiménez, otro gran poeta español. En 1944 se publica *Hijos de la ira*, una colección de poesías que expresan el horror y la angustia sentidos ante los acontecimientos de los años treinta y cuarenta. Esos poemas, además de reflejar fielmente el sentimiento trágico de la vida del siglo XX, tuvieron gran influencia en la poesía de la posguerra. Alonso publicó numerosos ensayos y libros de crítica e historia literaria, además de otras colecciones de poesías, entre ellas *Oscura noticia* (1944), *Hombre y Dios* (1955) y *Gozos de la vista* (1980).

✦ Guía y actividades de pre-lectura

Se incluyen aquí dos poemas: «Hermanos» y «A un río le llamaban Carlos». El primero, uno de los *Tres sonetos sobre la lengua castellana*, expresa en tono optimista la fe religiosa del poeta, un elemento recurrente en sus obras. El segundo, tomado de *Hombre y Dios*, fue escrito cuando Alonso enseñaba en Harvard. Toca con una nota personal los temas universales del paso del tiempo y del destino humano. También recuerda los versos de Jorge Manrique: «Nuestras vidas son los ríos / Que van a dar en la mar, / Que es el morir». El estilo de Alonso es rítmico y cuidadoso, y está marcado por el uso de imágenes fuertes. El autor se sirve de formas tradicionales como el soneto, que conoce a fondo por su trabajo de crítica literaria, pero también introduce innovaciones en la poesía de su época. Con *Hijos de la ira*, rompió radicalmente con las formas tradicionales para expresarse en versos libres, y consecuentemente tuvo gran influencia en los poetas que le siguieron.

1. Observe rápidamente la forma métrica de «Hermanos». ¿Qué forma tradicional usa aquí el poeta?

2. Consulte una enciclopedia para saber en cuántos y en qué países se habla español como lengua principal.

3. Según la **Guía de pre-lectura**, «A un río le llamaban Carlos» recuerda los versos de *Coplas que hizo por la muerte del maestre de Santiago don Rodrigo Man-*

Muerte de un soldado republicano (Death in Action).

rique, su padre de Jorge Manrique, incluidos en la sección I de esta antología. ¿En qué aspectos o imágenes del poema cree usted que se parecerán? ¿Cree usted que será un poema optimista o pesimista? ¿Por qué?

4. Lea un artículo sobre la historia del río Carlos. ¿Por qué recibió este nombre? Resuma lo que ha leído para la clase.

Hermanos

Hermanos, los que estáis en lejanía[1]
tras las aguas inmensas, los cercanos
de mi España natal, todos hermanos
porque habláis esta lengua que es la mía:

5   yo digo «amor», yo digo «madre mía»,
y atravesando mares, sierras, llanos,[2]
—oh gozo— con sonidos castellanos,
os llega un dulce efluvio[3] de poesía.

    Yo exclamo «amigo», y en el Nuevo Mundo,
10 «amigo» dice el eco, desde donde
cruza todo el Pacífico, y aún suena.

[1] **en...** lejos
[2] *plains*
[3] *emanation*

Yo digo «Dios», y hay un clamor profundo;
y «Dios», en español, todo responde,
y «Dios», sólo «Dios», «Dios», el mundo llena.

✦ Comprensión

Conteste las siguientes preguntas según el poema.

1. ¿Dónde están los hermanos a quienes habla la voz poética?
2. ¿Por qué los llama «hermanos»?
3. ¿Qué dice el eco? ¿Y desde dónde?
4. ¿Qué palabra llena el mundo? ¿Qué significa eso?

A un río le llamaban Carlos

(CHARLES RIVER, CAMBRIDGE, MASSACHUSETTS)

Yo me senté en la orilla:
quería preguntarte, preguntarme tu secreto;
convencerme de que los ríos resbalan hacia un anhelo[1] y
    viven;
5   y que cada uno nace y muere distinto (lo mismo que a ti
    te llaman Carlos).
Quería preguntarte, mi alma quería preguntarte
por qué anhelas, hacia qué resbalas, para qué vives.
Dímelo, río,
10 y dime, di, por qué te llaman Carlos.

   Ah, loco, yo, loco, quería saber qué eras, quién eras
(género, especie)
y qué eran, qué significaban «fluir», «fluido», «fluente»;
qué instante era tu instante;
15 cuál de tus mil reflejos, tu reflejo absoluto;
yo quería indagar[2] el último recinto[3] de tu vida:
tu unicidad,[4] esa alma de agua única,
por la que te conocen por Carlos.

   Carlos es una tristeza, muy mansa[5] y gris, que fluye
20 entre edificios nobles, a Minerva[a] sagrados,
y entre hangares que anuncios y consignas coronan.
Y el río fluye y fluye, indiferente.
A veces, suburbana, verde, una sonrisilla
de hierba se distiende,[6] pegada a la ribera.
25 Yo me he sentado allí, sobre la hierba quemada del
    invierno, para pensar por qué los ríos

1 **resbalan...** *glide towards a longing or desire*
2 investigar
3 *enclosure*
4 *uniqueness*
5 *tame*
6 **se...** *sticks out*

---

[a] Minerva es la diosa romana de la sabiduría.

siempre anhelan futuro, como tú lento y gris.
Y para preguntarte por qué te llaman Carlos.

    Y tú fluías, fluías, sin cesar, indiferente,
30   y no escuchabas a tu amante extático,
que te miraba preguntándote,
como miramos a nuestra primera enamorada para saber
      si le fluye un alma por los ojos,
y si en su sima[7] el mundo será todo luz blanca,
35   o si acaso su sonreír es sólo eso: una boca amarga que
      besa.
Así te preguntaba: como le preguntamos a Dios en la
      sombra de los quince años,
entre fiebres oscuras y los días —qué verano— tan lentos.
40   Yo quería que me revelaras el secreto de la vida
y de tu vida, y por qué te llamaban Carlos.

    Yo no sé por qué me he puesto tan triste, contemplando
el fluir de este río.
Un río es agua, lágrimas: mas no sé quién las llora.
45   El río Carlos es una tristeza gris, mas no sé quién la llora.
Pero sé que la tristeza es gris y fluye.
Porque sólo fluye en el mundo la tristeza.
Todo lo que fluye es lágrimas.
Todo lo que fluye es tristeza, y no sabemos de dónde
50   viene la tristeza.
Como yo no sé quién te llora, río Carlos,
como yo no sé por qué eres una tristeza
ni por qué te llaman Carlos.

    Era bien de mañana cuando yo me he sentado a contemplar
55   el misterio fluyente de este río,
y he pasado muchas horas preguntándome,
      preguntándote.
Preguntando a este río, gris lo mismo que un dios;
preguntándome, como se le pregunta a un dios triste:
60   ¿qué buscan los ríos?, ¿qué es un río?
Dime, dime qué eres, qué buscas,
río, y por qué te llaman Carlos.

    Y ahora me fluye dentro una tristeza,
un río de tristeza gris,
65   con lentos puentes grises, como estructuras funerales
      grises.
Tengo frío en el alma y en los pies.
Y el sol se pone.
Ha debido pasar mucho tiempo.
70   Ha debido pasar el tiempo lento, lento, minutos, siglos, eras.

Ha debido pasar toda la pena del mundo, como un tiempo
    lentísimo.
Han debido pasar todas las lágrimas del mundo, como
    un río indiferente.
75   Ha debido pasar mucho tiempo, amigos míos, mucho
    tiempo
desde que yo me senté aquí en la orilla, a orillas
de esta tristeza, de este
río al que le llamaban Dámaso, digo, Carlos.

Dunster House, febrero de 1954

✦ Comprensión

Conteste las siguientes preguntas según el poema.

1. Al comenzar el poema, ¿dónde está el poeta?
2. ¿De qué quiere convencerse?
3. ¿Qué desea preguntarle al río?
4. ¿Siente alguna emoción el río? Explique.
5. En la cuarta estrofa, ¿cómo describe el poeta la relación que tiene con el río? Dé algunos ejemplos para explicar.
6. ¿Qué emoción provoca en el poeta la contemplación del río? ¿Comprende esos sentimientos el poeta?
7. ¿En qué momento del día se sienta el poeta a contemplar el río?
8. ¿Qué representa la puesta de sol? ¿Por qué? Comente.

✦ Expansión

A. Para cada una de las palabras o frases subrayadas, escriba el sinónimo apropiado en los espacios correspondientes.

1. El eco atraviesa el mar.   _____
2. Al decir «Dios» se oye un ruido profundo.   _____
3. Las aguas son muy grandes.   _____
4. Cada río es diferente.   _____
5. El río resbala hacia un deseo particular.   _____
6. El poeta quiere investigar la vida del río.   _____
7. El río es impasible.   _____
8. El poeta está sentado en el borde del río.   _____

B. Las frases que siguen describen a algunas de las personas o elementos incluidos en «A un río le llamaban Carlos». Lea cada una de ellas y marque **C** (Carlos) o **D** (Dámaso) en los espacios correspondientes.

_____ 1. Es una tristeza.
_____ 2. Quiere que le revele el secreto de la vida.
_____ 3. Fluye dentro una tristeza.
_____ 4. Fluye indiferente.
_____ 5. Tiene frío.
_____ 6. Es lento y gris.

✦ Temas de discusión o análisis

1. Comente o resuma el tema de «Hermanos».
2. Analice la función del eco en «Hermanos».
3. Analice la forma métrica del soneto en «Hermanos».
4. Comente o resuma el tema central de «A un río le llamaban Carlos».
5. Analice la personificación del río.
6. Comente la identificación del poeta con el río.
7. Analice la función de los versos libres en «A un río le llamaban Carlos».

✦ Temas de proyección personal

1. ¿Siente usted solidaridad con la gente que habla su idioma? ¿Por qué? Comente.
2. ¿Se identifica usted a veces con la naturaleza? ¿Cuándo? ¿Qué emociones siente? Explique.
3. Piense en el nombre de otro río o lugar, y escriba un poema o un monólogo en prosa preguntándole por qué se llama así.

ANA MARIA MATUTE

Nota biográfica

Ana María Matute (1926–), novelista y cuentista, nació en Barcelona, en el hogar de una familia muy próspera. Su padre era industrial y tenía una fábrica en dicha ciudad. A lo largo de los años, la familia viajó mucho y dividió su tiempo entre Barcelona y Madrid. El contraste entre las dos ciudades tuvo y dejó una fuerte impresión en la joven. De niña, Matute pasaba los veranos y también períodos de convalecencia con sus abuelos en Mansilla de la Sierra, una pequeña aldea de Castilla la Vieja. El ambiente de este pueblo y las enfermedades graves que sufrió cuando niña le inspiraron el escenario y los temas de gran parte de su producción literaria. Al estallar la Guerra Civil, Matute tenía diez años. La familia no fue a Mansilla de la Sierra ese verano de 1936, y en Barcelona, Matute presenció los principios de la guerra con todos sus horrores, experiencia que jamás olvidaría. Después de la guerra, en 1941, dejó sus estudios formales para dedicarse a escribir, a pintar y a estudiar música. A la edad de dieciséis años publicó su primer cuento en una revista de renombre, y así empezó su carrera de escritora profesional durante los años difíciles de la posguerra. Después de haber terminado una novela a los diecisiete años, Matute publicó otra en 1948, *Los Abel*, finalista del Premio Nadal. Ganó el prestigioso Premio de la Crítica con *Los hijos muertos* (1958), narración que tiene por fondo el conflicto histórico de la Guerra Civil. Recientemente, ha publicado *Tres y un sueño* (1993), *Luciérnagas* (1993), *De ninguna parte y otros relatos* (1993), y *El saltamontes verde, y otros cuentos* (1993). Entre sus otras numerosas obras hay que mencionar *Fiesta al Noroeste* (1952); la trilogía *Los* mercaderes: *Primera memoria* (1960) —ganadora del Premio Nadal—, *Los solda-dos lloran de noche* (1964) —que ganó el Premio Fastenrath— y *La trampa* (1969); *La torre vigía* (1971), e *Historias de la Artámila* (1961), una colección de cuentos de la que se incluye aquí una de las selecciones.

✦ Guía y actividades de pre-lectura

«La conciencia», igual que los otros cuentos de *Historias de la Artámila*, tiene por escenario la región rural de Castilla la Vieja donde la autora pasó parte de su niñez. A diferencia de muchas otras narraciones de Matute, el personaje princi-pal no es un niño sino una mujer casada. Sin embargo, «La conciencia» trata dos de los temas recurrentes de esa colección. En primer lugar, se destaca el motivo de la enajenación o de la incapacidad de comunicación de los perso-najes. En segundo término, se observa la interacción entre ilusión y realidad; tanto los lectores del cuento como la protagonista tienen dificultad en distin-guir la realidad de la ilusión. El estilo de Matute es dinámico e irónico, rico en metáforas y en otros recursos literarios. En casi toda su obra, especialmente en sus historias de niños, la autora alcanza un alto lirismo emotivo y personal.

1. ¿Ha leído usted alguna otra obra que trata el tema de la enajenación? ¿Qué obra? Comparta la historia con la clase.

2. ¿Qué evoca en usted el título «La conciencia»? ¿Cree que el personaje principal va a tener la conciencia tranquila? ¿Por qué?

3. Lea la primera frase de la selección. ¿Qué le sugiere con respecto al tono del cuento?

La conciencia

Ya no podía más. Estaba convencida de que no podría resistir más tiempo la presencia de aquel odioso vagabundo. Estaba decidida a terminar. Acabar de una vez, por malo que fuera, antes que soportar su tiranía.

Llevaba cerca de quince días en aquella lucha. Lo que no comprendía
5 era la tolerancia de Antonio para con[1] aquel hombre. No: verdadera-mente, era extraño.

El vagabundo pidió hospitalidad por una noche: la noche del Miér-coles de ceniza,[2] exactamente, cuando se batía[3] el viento arrastrando un polvo negruzco, arremolinado,[4] que azotaba[5] los vidrios de las ventanas
10 con un crujido reseco.[6] Luego, el viento cesó. Llegó una calma extraña a la tierra, y ella pensó, mientras cerraba y ajustaba los postigos:[7]

—No me gusta esta calma.

Efectivamente, no había echado aún el pasador[8] de la puerta cuando llegó aquel hombre. Oyó su llamada sonando atrás, en la puertecilla de la
15 cocina:

—Posadera[9]...

Mariana tuvo un sobresalto.[10] El hombre, viejo y andrajoso,[11] estaba allí, con el sombrero en la mano, en actitud de mendigar.

[1] **para...** hacia
[2] **Miércoles...** *Ash Wednes-day*
[3] **se...** *beat, was beating*
[4] *whirling*
[5] *beat*
[6] **crujido...** *dry creaking*
[7] *shutters*
[8] *bolt*
[9] *Innkeeper*
[10] **tuvo...** *was startled*
[11] *ragged*

—Dios le ampare[12]... —empezó a decir. Pero los ojillos del vagabundo
le miraban de un modo extraño. De un modo que le cortó las palabras.

Muchos hombres como él pedían la gracia del techo, en las noches de
invierno. Pero algo había en aquel hombre que la atemorizó[13] sin motivo.

El vagabundo empezó a recitar su cantinela:[14] «Por una noche, que le
dejaran dormir en la cuadra;[15] un pedazo de pan y la cuadra: no pedía
más. Se anunciaba la tormenta...»

En efecto, allá afuera, Mariana oyó el redoble[16] de la lluvia contra los
maderos de la puerta. Una lluvia sorda,[17] gruesa, anuncio de la tormenta
próxima.

—Estoy sola —dijo Mariana secamente—. Quiero decir... cuando mi
marido está por los caminos no quiero gente desconocida en casa. Vete, y
que Dios te ampare.

Pero el vagabundo se estaba quieto, mirándola. Lentamente, se puso
su sombrero, y dijo:

—Soy un pobre viejo, posadera. Nunca hice mal a nadie. Pido bien
poco: un pedazo de pan...

En aquel momento las dos criadas, Marcelina y Salomé, entraron corriendo. Venían de la huerta,[18] con los delantales sobre la cabeza, gritando y riendo. Mariana sintió un raro alivio al verlas.

—Bueno —dijo—. Está bien... Pero sólo por esta noche. Que mañana
cuando me levante no te encuentre aquí...

El viejo se inclinó, sonriendo, y dijo un extraño romance[19] de gracias.

Mariana subió la escalera y fue a acostarse. Durante la noche la tormenta azotó las ventanas de la alcoba y tuvo un mal dormir.

A la mañana siguiente, al bajar a la cocina, daban las ocho en el reloj
de sobre la cómoda. Al entrar se quedó sorprendida e irritada. Sentado a
la mesa, tranquilo y reposado, el vagabundo desayunaba opíparamente:[20]
huevos fritos, un gran trozo de pan tierno, vino... Mariana sintió un coletazo[21] de ira, tal vez entremezclado de temor, y se encaró con[22] Salomé,
que, tranquilamente se afanaba en el hogar:[23]

—¡Salomé! —dijo, y su voz le sonó áspera, dura—. ¿Quién te ordenó
dar a este hombre... y cómo no se ha marchado al alba?

Sus palabras se cortaban, se enredaban,[24] por la rabia que la iba do-
minando. Salomé se quedó boquiabierta, con la espumadera[25] en alto,
que goteaba[26] contra el suelo.

—Pero yo... —dijo—. El me dijo...

El vagabundo se había levantado y con lentitud se limpiaba los labios
contra la manga.

—Señora —dijo—, señora, usted no recuerda... usted dijo anoche:
«Que le den al pobre viejo una cama en el altillo,[27] y que le den de comer
cuanto pida.» ¿No lo dijo anoche la señora posadera? Yo lo oía bien
claro... ¿O está arrepentida[28] ahora?

Mariana quiso decir algo, pero de pronto se le había helado[29] la voz. El
viejo la miraba intensamente, con sus ojillos negros y penetrantes. Dio media vuelta, y desasosegada[30] salió por la puerta de la cocina, hacia el huerto.

El día amaneció gris, pero la lluvia había cesado. Mariana se estreme-
ció de frío. La hierba estaba empapada,[31] y allá lejos la carretera se

12 *protect*
13 **la...** *le dio miedo*
14 *chant*
15 *stable*
16 *beating*
17 *muffled, dull*
18 *vegetable garden*
19 *ballad, repetitive song*
20 *sumptuously*
21 *twitch*
22 **se...** *she confronted*
23 **se...** *worked hard at the fireplace*
24 **se...** *became confused*
25 *skimming spoon*
26 *dripped*
27 *loft*
28 *regretful*
29 *ran cold, chilled*
30 *upset*
31 *drenched*

borraba en una neblina sutil. Oyó detrás de ella la voz del viejo, y sin querer, apretó las manos una contra otra.

—Quisiera hablarle algo, señora posadera... Algo sin importancia.

Mariana siguió inmóvil, mirando hacia la carretera.

—Yo soy un viejo vagabundo... pero a veces, los viejos vagabundos se enteran de las cosas. Sí: yo estaba *allí*. *Yo lo vi*, señora posadera. *Lo vi, con estos ojos...*

Mariana abrió la boca. Pero no pudo decir nada.

—¿Qué estás hablando ahí, perro? —dijo—. ¡Te advierto que mi marido llegará con el carro a las diez, y no aguanta bromas de nadie!

—¡Ya lo sé, ya lo sé que no aguanta bromas de nadie! —dijo el vagabundo—. Por eso, no querrá que sepa nada... nada de lo que *yo vi* aquel día. ¿No es verdad?

Mariana se volvió rapidamente. La ira había desaparecido. Su corazón latía,[32] confuso. «¿Qué dice? ¿Qué es lo que sabe... ? ¿Qué es lo que vio?» Pero ató su lengua. Se limitó a mirarle, llena de odio y de miedo. El viejo sonreía con sus encías sucias y peladas.[33]

—Me quedaré aquí un tiempo, buena posadera: sí, un tiempo, para reponer fuerzas, hasta que vuelva el sol. Porque ya soy viejo y tengo las piernas muy cansadas. Muy cansadas...

Mariana echo a correr. El viento, fino, le daba en la cara. Cuando llegó al borde del pozo se paró. El corazón parecía salírsele del pecho.

Aquél fue el primer día. Luego, llegó Antonio con el carro. Antonio subía mercancías de Palomar, cada semana. Además de posaderos, tenían el único comercio de la aldea. Su casa, ancha y grande, rodeada por el huerto, estaba a la entrada del pueblo. Vivían con desahogo,[34] y en el pueblo Antonio tenía fama de rico. «Fama de rico», pensaba Mariana, desazonada.[35] Desde la llegada del odioso vagabundo, estaba pálida, desganada.[36] «Y si no lo fuera, ¿me habría casado con él, acaso?» No. No era difícil comprender por qué se había casado con aquel hombre brutal, que tenía catorce años más que ella. Un hombre hosco[37] y temido, solitario. Ella era guapa. Sí: todo el pueblo lo sabía y decía que era guapa. También Constantino, que estaba enamorado de ella. Pero Constantino era un simple aparcero,[38] como ella. Y ella estaba harta de pasar hambre, y trabajos, y tristezas. Sí; estaba harta. Por eso se casó con Antonio.

Mariana sentía un temblor extraño. Hacía cerca de quince días que el viejo entró en la posada. Dormía, comía y se despiojaba descaradamente al sol, en los ratos en que éste lucía, junto a la puerta del huerto. El primer día Antonio preguntó:

—¿Y ése, qué pinta ahí?[39]

—Me dio lástima —dijo ella, apretando entre los dedos los flecos[40] de su chal[41]—. Es tan viejo... y hace tan mal tiempo...

Antonio no dijo nada. Le pareció que se iba hacia el viejo como para echarle de allí. Y ella corrió escaleras arriba. Tenía miedo. Sí. Tenía mucho miedo... «Si el viejo vio a Constantino subir al castaño,[42] bajo la ventana. Si le vio saltar a la habitación, las noches que iba Antonio con el carro, de camino...» ¿Qué podía querer decir, si no, con aquello de *lo vi todo, sí, lo vi con estos ojos?*

32 *throbbed*
33 **encías...** *dirty and tooth-less gums*
34 **Vivían...** *They were well off*
35 *uneasy, restless*
36 *listless*
37 *sullen*
38 *sharecropper*
39 **qué...** *what is he doing here?*
40 *fringe*
41 *shawl*
42 *chestnut tree*

43 *hitching*
44 *chatter*
45 *tongs*
46 baja
47 **hacer...** *doing something
    drastic*

115   Ya no podía más. No: ya no podía más. El viejo no se limitaba a vivir
en la casa. Pedía dinero, ya. Había empezado a pedir dinero, también. Y
lo extraño es que Antonio no volvió a hablar de él. Se limitaba a ignorarle.
Sólo que, de cuando en cuando, la miraba a ella. Mariana sentía la fijeza
de sus ojos grandes, negros y lucientes, y temblaba.

120   Aquella tarde Antonio se marchaba a Palomar. Estaba terminando de
uncir[43] los mulos al carro, y oía las voces del mozo mezcladas a las de Salomé, que le ayudaba. Mariana sentía frío. «No puedo más. Ya no puedo
más. Vivir así es imposible. Le diré que se marche, que se vaya. La vida no
es vida con esta amenaza.» Se sentía enferma. Enferma de miedo. Lo de

125 Constantino, por su miedo, había cesado. Ya no podía verlo. La sola idea
le hacía castañetear[44] los dientes. Sabía que Antonio la mataría. Estaba segura de que la mataría. Le conocía bien.

      Cuando vio el carro perdiéndose por la carretera bajó a la cocina. El
viejo dormitaba junto al fuego. Le contempló, y se dijo: «Si tuviera valor

130 le mataría.» Allí estaban las tenazas[45] de hierro, a su alcance. Pero no lo
haría. Sabía que no podía hacerlo. «Soy cobarde. Soy una gran cobarde y
tengo amor a la vida.» Esto la perdía: «Este amor a la vida...»

      —Viejo —exclamó. Aunque habló en voz queda,[46] el vagabundo abrió
uno de sus ojillos maliciosos. «No dormía», se dijo Mariana. «No dormía.

135 Es un viejo zorro.»

      —Ven conmigo —le dijo—. Te he de hablar.

      El viejo la siguió hasta el pozo. Allí Mariana se volvió a mirarle.

      —Puedes hacer lo que quieras, perro. Puedes decirlo todo a mi
marido, si quieres. Pero tú te marchas. Te vas de esta casa, en seguida...

140   El viejo calló unos segundos. Luego, sonrió.

      —¿Cuándo vuelve el señor posadero?

      Mariana estaba blanca. El viejo observó su rostro hermoso, sus ojeras.
Había adelgazado.

      —Vete —dijo Mariana—. Vete en seguida.

145   Estaba decidida. Sí: en sus ojos lo leía el vagabundo. Estaba decidida y
desesperada. El tenía experiencia y conocía esos ojos. «Ya no hay nada
que hacer», se dijo, con filosofía. «Ha terminado el buen tiempo.
Acabaron las comidas sustanciosas, el colchón, el abrigo. Adelante, viejo
perro, adelante. Hay que seguir.»

150   —Está bien —dijo—. Me iré. Pero él lo sabrá todo...

      Mariana seguía en silencio. Quizás estaba aún más pálida. De pronto,
el viejo tuvo un ligero temor: «Esta es capaz de hacer algo gordo.[47] Sí: es
de esa clase de gente que se cuelga de un árbol o cosa así.» Sintió piedad.
Era joven, aún, y hermosa.

155   —Bueno —dijo—. Ha ganado la señora posadera. Me voy... ¿qué le vamos a hacer? La verdad, nunca me hice demasiadas ilusiones... Claro que
pasé muy buen tiempo aquí. No olvidaré los guisos de Salomé ni el vinito
del señor posadero... No lo olvidaré. Me voy.

      —Ahora mismo —dijo ella, de prisa—. Ahora mismo, vete... ¡Y ya

160 puedes correr, si quieres alcanzarle a él! Ya puedes correr, con tus cuentos sucios, viejo perro...

El vagabundo sonrió con dulzura. Recogió su cayado[48] y su zurrón.[49] Iba a salir, pero, ya en la empalizada,[50] se volvió:

—Naturalmente, señora posadera, *yo no vi nada*. Vamos: ni siquiera sé
165 si había algo que ver. Pero llevo muchos años de camino, ¡tantos años de camino! Nadie hay en el mundo con la conciencia pura, ni siquiera los niños. No: ni los niños siquiera, hermosa posadera. Mira a un niño a los ojos, y dile «¡Lo sé todo! Anda con cuidado...» Y el niño temblará. Temblará como tú, hermosa posadera.

170 Mariana sintió algo extraño, como un crujido,[51] en el corazón. No sabía si era amargo, o lleno de una violenta alegría. No lo sabía. Movió los labios y fue a decir algo. Pero el viejo vagabundo cerró la puerta de la empalizada tras él, y se volvió a mirarla. Su risa era maligna, al decir:

—Un consejo, posadera: vigila a tu Antonio. Sí: el señor posadero
175 también tiene motivos para permitir la holganza[52] en su casa a los viejos pordioseros.[53] ¡Motivos muy buenos, juraría yo, por el modo como me miró!

La niebla, por el camino, se espesaba, se hacía baja. Mariana le vio partir, hasta perderse en la lejanía.

48 *staff*
49 *pouch*
50 *fence*
51 *wrenching*
52 *loafing*
53 *beggars*

✦ Comprensión y expansión

A. Conteste las siguientes preguntas según el texto.

1. ¿Desde el punto de vista de qué personaje vemos la acción?
2. ¿Cuándo empezó el problema? ¿Y cuánto tiempo hace que existe?
3. Según su opinión, ¿quién será Antonio?
4. ¿Siente Mariana que algo malo va a pasar? ¿Por qué? Explique.
5. ¿Bajo qué condiciones le permite al viejo entrar en la casa?
6. ¿Qué hace el viejo a la mañana siguiente? ¿Cómo reacciona Mariana frente a eso?
7. ¿Por qué late tanto el corazón de Mariana?
8. ¿Qué oficio o tipo de trabajo tiene Antonio? ¿Qué detalles nos indican algo de su estado económico?
9. ¿Por qué se casó Mariana con Antonio?
10. ¿Quién es Constantino? Explique.
11. ¿Qué decide hacer Mariana el día que Antonio va a Palomar?
12. ¿Cómo reacciona el viejo?
13. ¿Vio o no algo sospechoso el vagabundo? Comente.

B. Complete las frases de la columna izquierda con el verbo apropiado de la columna derecha y escriba las letras en los espacios correspondientes.

____ 1. El corazón de Mariana...   a. dormía
____ 2. El polvo...   b. se batía
____ 3. El viejo... cerca del fuego.   c. se espesaba
____ 4. El viento... los vidrios.   d. latía
____ 5. La niebla...   e. subió
____ 6. Constantino... al castaño.   f. azotaba

C. Complete el párrafo que sigue escribiendo las palabras o frases apropiadas en los espacios correspondientes.

La noche del _____ llegó un _____ a la casa de Mariana. El marido de Mariana, _____, no estaba. El viento y la lluvia anunciaban la _____ próxima. El viejo pidió _____. A la mañana siguiente, _____, una de las criadas, le dio un _____ grande con huevos y pan. El vagabundo amenazó a Mariana, diciéndole que lo _____. Luego llegó Antonio con _____. Era un hombre _____. Mariana estaba enamorada de _____. Finalmente ella le ordenó al viejo que se _____ y él le confesó que _____.

✦ Temas de discusión o análisis

1. Analice la función de la lluvia, el viento, etc., en el cuento. ¿Está relacionado con la acción o con la psicología de los personajes? Explique.
2. Al leer el cuento, ¿creyó usted que el viejo había realmente visto algo importante? Compare su actitud con la de Mariana.
3. Según su opinión, ¿debió casarse Mariana con Antonio? ¿Por qué? ¿Qué opina usted de su relación con Constantino? Comente.
4. Analice la función de la ironía en el cuento.
5. Analice la cronología y el orden cronológico de la acción.

Argeles-sur-mer y Le Barcares, Francia, 1939: refugiados republicanos.

6. Analice el conflicto entre Mariana y Antonio en función de las clases sociales a que pertenecen.

7. Analice los cambios físicos en el personaje de Mariana según el desarrollo de la trama.

✦ Temas de proyección personal

1. Basándose en su experiencia personal, comente la siguiente afirmación del viejo: «Nadie hay en el mundo con la conciencia pura, ni siquiera los niños.» ¿Está usted de acuerdo? ¿Por qué? Explique.

2. Escriba un cuento en el que el personaje principal tenga la conciencia intranquila.

JOSE RUIBAL

Nota biográfica

José Ruibal (1925–), dramaturgo y uno de los líderes del teatro «subterráneo», nació en Pontevedra (Galicia). Empezó a trabajar como periodista en Madrid a fines de los años cuarenta, pero los problemas de la censura lo obligaron a trasladarse a Argentina. Allí empezó a escribir para el teatro durante la década de los cincuenta. En 1957 estrenó *Los mendigos*, drama de crítica social que ya anuncia sus obras futuras y que en 1969 fue prohibido en España. Viajó por Europa antes de volver a España. Sus obras han sido representadas y publicadas en inglés, alemán y polaco. Ruibal forma parte del grupo de dramaturgos del «nuevo teatro» o «teatro subterráneo», quienes empezaron a estrenar sus obras a fines de los sesenta. Debido a la censura oficial, no tenían acceso a los escenarios tradicionales y se veían en la necesidad de representar piezas breves en cafés. En este «nuevo teatro», los personajes son generalmente tipos y encarnan símbolos, como el poder o la opresión, destinados a criticar a la sociedad de la época. Además, las piezas requerían un escenario sencillo con poca decoración. De esa manera, si la policía entraba en el café, los actores podían sentarse inmediatamente sin dejar indicios de su actividad teatral. Desde la muerte de Franco, Ruibal sigue escribiendo para el teatro y ahora también escribe para la televisión. Entre sus obras más conocidas hay que señalar *El asno* (1962), *El hombre y la mosca* (1968) y *El mono piadoso y seis piezas de café-teatro* (1969). Este último volumen fue publicado originalmente con el título de *Los mendigos y seis piezas de café-teatro* y vuelto a publicar con el nuevo título después de haber sido condenado por las autoridades nacionales.

✦ Guía y actividades de pre-lectura

Las obras de Ruibal reflejan la influencia del «esperpento» o sátira* grotesca que asociamos con Ramón del Valle-Inclán, en donde se representa una parodia* de la realidad. Así lo cómico se convierte en un medio que nos permite soportar los momentos trágicos de la vida, y el autor comenta esa tragedia con el propósito de liberar a la humanidad. La visión de la realidad que presenta el dramaturgo funciona como símbolo o alegoría* y sirve para denunciar situaciones externas al drama. Ruibal dice en la «Introducción» a *La máquina de pedir* (1970) que escribe «contra el público —contra la rutina y la pereza mental de su tiempo» para tratar de elevar el nivel intelectual y moral de su público. Los temas del teatro de Ruibal son a menudo la opresión y la explotación. Animales y máquinas tienen un valor simbólico. *La secretaria*, estrenada en Madrid en 1969, es una alegoría social que condena el abuso de los trabajadores por parte de gerentes y superiores en general, y particularmente la explotación de la mujer por el hombre. La protagonista es una secretaria que habla en forma de monólogo; puede representar a cualquier persona que luche contra la deshumanización de una organización burocrática. También ejemplifica a cualquier mujer que haya sido explotada por cualquier hombre.

1. ¿Ha trabajado usted en alguna organización grande? ¿Vio u oyó hablar de casos de explotación de empleados? Resuma la información que tenga y preséntela en clase.

2. Según su opinión, ¿son las mujeres más explotadas que los hombres en el trabajo? ¿Por qué sí o por qué no? Justifique su opinión y resúmala para la clase.

La secretaria

PERSONAJE

SECRETARIA

Sobre un diván está durmiendo la SECRETARIA. *A su lado, sobre un cajón vacío, hay un despertador próximo a las dieciséis, hora en que sonará. Sentados, con la cabeza apoyada sobre la máquina de escribir, duermen dos* BURÓCRATAS. *Los muebles, de diversos estilos antiguos, están totalmente desvencijados.[1] Se ven botellas descorchadas[2] y restos de comida.*

Cuando suena el despertador, la SECRETARIA, *somnolienta, se incorpora, mientras los otros siguen durmiendo. La mujer bosteza, estira sus brazos, de carnes ya vencidas, alza sus pechos caídos, se arregla el pelo, quemado por los tintes, y salta al suelo. Calza los zapatos, se sube las medias, luciendo piernas todavía hermosas. Vuelta de espaldas, como escondiéndose de sí misma, aprieta la cincha de la faja,[3] metiendo en cintura tripas y rollos, delatores de sus horas de vuelo.[4] Detrás de unos trastos[5] encuentra su cartera. Saca un brillante collar de fantasía, espejo, barra de labios y colorete. Aunque gastada, el color reanima su pasado esplendor. Coquetea, meneando su belleza en repliegue,[6] y se dispone a irse. Ya en la puerta, chasquea[7] los dedos al darse cuenta que se ha olvidado de sus guantes. Comienza a buscarlos, empujando y derribando cuanto le sale al paso.[8] Se pone cada vez más furiosa.*

1 *rickety*
2 *uncorked*
3 **aprieta...** *she tightens the cinch of her girdle*
4 **metiendo...** *putting under her belt the rolls of flab that show her age*
5 *bric-a-brac*
6 **meneando...** *flaunting her beauty in retreat*
7 *snaps*
8 **cuanto...** *whatever gets in her way*

SECRETARIA Mis guantes! ¿Quién se tragó mis guantes? ¿Cómo voy a salir sin guantes? ¿Cómo voy a dar la mano a la gente enguantada? (*Grita al oído de un* BURÓCRATA.) ¡Mis guantes! Me dais un asco increíble. ¡Ay, qué desgraciada soy! ¡Pobre de mí! Pero no debo llorar

5 aquí. Y ante todo, cuidemos las formas.[9] (*Sonriente y soñadora.*) ¡Oh, si volviera a tener veinte años! ¡Mis veinte añitos! ¡Qué derroche! ¿Y dónde estaba yo a los veinte años...? (*Se hace la ilusión de que vuelve a tenerlos, pavoneándose[10] sensual y delicada.*) ¡Oh! ¿Cómo está usted, señor Supergerente...? ¿Que si quiero ser su secretaria particular? Con mu-

10 cho gusto; usted manda, señor Supergerente. ¿Que si sé taquimecanografía?[11] (*Negando.*) ¡Es una palabra larguísima! Pero sé todo lo demás. De acuerdo: lo que no sepa me lo enseña usted. ¡Me gusta tanto tratar con personas mayores...! (*Sorprendida.*) Sí. Ayer cumplí veintidós años. (*Decepcionada.*) ¡Cómo! ¿Me trasladan al despacho del

15 señor Gerente? (*De nuevo optimista.*) ¡Ah! Ya entiendo: es un ascenso. Muchas gracias, señor Supergerente. (*Recoge sus cosas.*) Bajaré a ocupar mi nuevo cargo. Muy buenos días, señor. (*Sale y entra en el piso de abajo, saludando ceremoniosamente.*) A sus órdenes, señor Gerente. Sí. Soy su nueva secretaria particular. ¿Que si sé...? ¡Pues no voy a saber! (*Se me-*

20 *nea[12] provocativa.*) He trabajado dos años al lado del Supergerente, pero usted le gana en todo. ¿Así que su mujer se cela?[13] Comprendo. También yo me celaría si en vez de ser su secretaria particular fuera su esposa particular. (*Suelta una carcajada como producida por cosquillas.*) ¡Qué hombre mas competente es usted! (*Se menea como culebra[14] al sol.*)

25 Muchas gracias por el regalito. ¡Cómo pasa el tiempo! Llevo ya cinco años en esta oficina y se me antoja[15] que fue ayer cuando entré por esa puerta (*Sorprendida.*) ¡Qué! ¿Me echa de su lado? ¡Oh! ¿Se trata de un ascenso? (*Comprendiendo.*) Ya sé; me destinan al despacho del Menos Gerente. (*Añorando el pasado.*) Pero nunca me olvidaré de usted.

30 Primero, una vive de realidades; luego, de recuerdos. Y así vamos barajando[16] el tiempo. Le seré franca: me había..., ¿cómo decirlo...? acostumbrado a sus modales. Ello me hace abrigar[17] un temor ante el nuevo destino. No sé si lograré adaptarme a las exigencias de mi futuro jefe. (*Sobreponiéndose.*) Pero un ascenso es siempre un ascenso.

35 ¡Qué caray![18] Yo tengo mis ambiciones. Me voy abajo. Llámeme cuando me eche de menos. Hasta prontito, señor Gerente. (*Sale emocionada.*) No se olvide de mí. (*Recoge sus cosas, se despide, sale, y entra en el despacho de abajo.*) Buenos días, señor Menos Gerente. Soy su nueva secretaria particular. ¡Cómo! ¿Que no me necesita para nada? (*Aparte.*)

40 Marica.[19] ¿Así que usted sólo usa secretarios, no? (*Aspira.*) ¡Oh! ¡Qué perfume de almendros[20] en flor! Si no me burlo. Simplemente olfateo el aroma eficiente de esta sección. ¿La más concurrida de la empresa? No hace falta que me lo jure. Le creo. Soy creyente. Sí, eso es cierto. Las secretarias sufrimos inexorables lunas;[21] en cambio, sus girasoles[22]

45 están siempre a punto de caramelo.[23] ¡Ojo con la menta...! (*Sale dando un violento portazo. Queda un instante indecisa, derrotada. Luego se dispone a seguir bajando escaleras.*) ¡Me ascenderé yo misma! (*Entra en el nuevo*

9 *appearances*
10 *strutting*
11 **Se...** *shorthand and typing*
12 **Se...** *She waggles*
13 **se...** vigila celosamente
14 *small snake*
15 parece
16 *shuffling, jumbling*
17 *entertain*
18 **¡Qué...!** *What the heck!*
19 Hombre afeminado
20 *almond trees*
21 **inexorables...** *relentless [monthly] cycles* (lit.: moons)
22 senos (lit.: *sunflowers*)
23 **a...** *ready*

despacho.) ¿Cómo está usted, señor Nada Gerente? Soy su nueva secretaria particular. Estoy encantada de tener un jefe de tan buena presencia. ¿Que está cubierta la plaza?[24] ¡Pues no hay derecho! ¿Y no voy a ofenderme? ¿O cree que acabo de caerme de un nido?[25] Se equivoca. Llevo ya siete años en la empresa y llego a este puesto por riguroso turno de antigüedad. ¡De modo que por eso mismo no me necesita! ¿Así que tiene la desfachatez[26] de no respetar el escalafón,[27] cubriendo los puestos de ascenso con secretarias novatas, apañadas[28] por ahí, sin la menor experiencia? ¡Buena anda la empresa![29] *(Recibiendo una noticia agradable.)* ¡Oh, gracias, señor Nada Gerente! ¿De modo que debo presentarme en el despacho del señor Menos Que Nada un pisito más abajo? Hoy he tenido suerte: dos ascensos *(Indicando descensos)* de un golpe. Buenos días. *(Sale, baja, abre varias puertas y entra.)* ¡Caramba, mi querido señor Menos Que Nada! *(Le da la mano.)* Cuánto me alegra trabajar a su lado. *(Sintiéndose gastada.)* Nada mejor que vivir entre la juventud: contagia su entusiasmo. ¿De veras que no sabe quién soy? Adivine. Eso mismo. No entiendo jota. *(Retrocede, asombrada.)* ¿Que no tiene usted secretaria particular fija? *(Avanzando, optimista.)* Comprendo: utiliza varias secretarias a la vez. Eso quiere decir que es usted un funcionario muy activo. ¡Me encanta la gente así! *(Vaporosa.)* ¡Oh, la actividad! Hace diez años, cuando comencé a trabajar al lado del señor Supergerente, me aburría un disparate.[30] ¡El pobre señor casi me tenía de adorno! Gracias a mi propia actividad no me moría de tedio.[31] *(Se menea con maestría.)* ¡Nunca pude estar sin hacer nada! Poseo una gran experiencia. *(Saca un cigarrillo y fuma haciendo piruetas con el humo. Transición al estado actual. Se sienta de mala manera.)* Y así..., así..., así... *(Va indicando descensos)* hasta tres pisitos más de ascensos. Es curioso: un hombre puede comenzar en la portería[32] y terminar siendo Supergerente. En cambio, las mujeres empezamos en el despacho del Supergerente y terminamos en la portería. Evidentemente somos sexos de signo contrario. *(Recupera algo su rumbo[33] anterior.)* ¡Oh, no crean que trabajo en esta sección! Estoy en el piso de arriba. *(Ligera.)* Aquí estoy..., como quien dice..., haciendo oposiciones.[34] Desde luego. Venir a este despacho me supondría un nuevo ascenso. Pero ya estoy cansada. ¡Siempre la secretaria... particular! ¡Estoy harta![35] Toda una vida por unos trapos lujosos. Y en este mercado infernal, donde mis piernas valen más que toda mi persona, ¿qué otra cosa hubiera podido ser... ? Nadie me quiso. Tampoco yo me enamoré gran cosa, ni por mucho tiempo. Amores de estación, como las flores. Me moriré de vieja con el corazón intacto. ¿Morirme de vieja? Eso nunca. Me arrojaré al tren. Hará papilla mi corazón intacto[36]... Pero será mejor que me tire al mar. Sus rizos acarician mi cuerpo hasta la orilla. Todavía seré un cadáver bastante hermoso... ¡Adiós, voy a morir... ! ¿Pero dónde diablos estarán metidos mis guantes? *(Los encuentra fácilmente.)* Aparecieron de pronto. Es indicio de que alguien vela[37] para que se cumpla mi destino. *(Llora.)* ¡Me arrojaré al mar! *(Sale decidida. Vuelve a entrar.)* ¡Felicitadme, queridos! ¡Felicitadme! Me han ascendido. ¡Vengo a trabajar aquí!

24 **¿Que... ?** *You say the position is filled?*
25 **acabo...** *that I was born yesterday* (lit.: *I just fell out of the nest*)
26 *nerve, impudence*
27 *seniority list*
28 *taken, snatched*
29 **¡Buena... !** *What a way to run the company!*
30 **me...** *I was bored silly*
31 *aburrimiento*
32 **en...** *as a doorman or concierge*
33 *spirit*
34 **haciendo...** *taking competitive examinations*
35 **¡Estoy... !** *I've had it!*
36 **Hará...** *It will destroy my unbroken heart*
37 *is watching*

Se sienta en el suelo. Los BURÓCRATAS *se despiertan y teclean torpemente[38] en sus máquinas de escribir.*

[38] **teclean...** *tap at the keys awkwardly*

OSCURO

✦ Comprensión y expansión

A. Conteste las siguientes preguntas según el texto.

1. Al empezar la obra, ¿quiénes están en el escenario? ¿Qué hacen?
2. ¿Cuántos años, cree usted, que tiene la secretaria? ¿Cómo lo sabe?
3. ¿Cuántos años tiene cuando la envían a la oficina del Menos Gerente? ¿Y cuando va al despacho del Menos Que Nada?
4. ¿Cómo explica ella la serie de descensos que ha sufrido?
5. ¿Cómo describe ella el mundo de los negocios? ¿Qué vale allí más que nada?
6. ¿En qué piensa para poner fin a sus problemas?
7. Finalmente, ¿qué decide?

B. Lea las frases siguientes y escriba los sinónimos de las palabras subrayadas en los espacios correspondientes.

1. La secretaria se siente <u>desafortunada</u>. _____
2. Muchas veces ha estado <u>desilusionada</u>. _____
3. Los gerentes se creen muy <u>capaces</u>. _____
4. La mujer de uno de los gerentes <u>tiene celos</u>. _____
5. La secretaria ha trabajado en varios <u>despachos</u>. _____
6. Sus <u>promociones</u> son realmente descensos. _____
7. Uno de los gerentes <u>comete un error</u>. _____

C. Las frases que siguen describen a algunas de las personas incluidas en «La secretaria». Lea cada una de ellas y marque **S** (Supergerente), **G** (Gerente), **MG** (Menos Gerente), **NG** (Nada Gerente) o **MQN** (Menos Que Nada), en los espacios correspondientes.

_____ 1. La mujer de él tiene celos.
_____ 2. No tiene un puesto para ella.
_____ 3. Le da un regalo a ella.
_____ 4. Utiliza varias secretarias al mismo tiempo.
_____ 5. El prefiere secretarios.
_____ 6. Ella trabaja para él a los veinte años.
_____ 7. Ella trabaja para él a los treinta años.

✦ Temas de discusión o análisis

1. Resuma o comente la historia de «La secretaria».
2. Comente la preocupación de la secretaria por su apariencia personal. En su opinión, ¿por qué se preocupa tanto de eso?

3. Analice la función de algún objeto que tenga una significación simbólica en el drama.
4. Comente el tema de la explotación del individuo por la burocracia.

✦ Temas de proyección personal

1. Con un(a) compañero(a) de clase, escriba un minidrama que represente un caso de explotación en el trabajo.
2. Analice la explotación de alguien que trabaja en algún oficio similar al de la secretaria.
3. Cuente una experiencia que represente un caso de explotación que usted conozca o haya experimentado personalmente.
4. Comente la función de la burocracia en su país. ¿Cree usted que la práctica burocrática conduce a la deshumanización?

VICENTE ALEIXANDRE

Nota biográfica

Vicente Aleixandre (1898–1984), poeta y uno de los máximos representantes de la generación del 27, nació en Sevilla. Vivió en Málaga hasta los trece años, cuando se trasladó a Madrid con su familia. Aleixandre estudió y enseñó derecho, pero escribió versos en su tiempo libre. En 1925, la convalecencia de una larga enfermedad le dio la oportunidad de redactar su primer libro de poesías titulado *Ambito*. Permaneció en España durante el período de la posguerra, pero su poesía fue prohibida entre 1936 y 1944. No obstante, en 1949 fue nombrado miembro de la Real Academia Española, y en 1977 recibió el Premio Nóbel de Literatura. La Academia Sueca señaló que la poesía de Aleixandre «ilumina la condición del hombre en el cosmos y en la necesidad de la hora presente». En diciembre de 1984, murió en Madrid el gran poeta. Asistieron a su entierro Dámaso Alonso y Gerardo Diego, compañeros de su misma generación poética. Como Juan Ramón Jiménez en su época, Aleixandre ejerció una gran influencia en los poetas españoles más jóvenes. Sus obras incluyen, entre otras, *Ambito* (1928), *La destrucción o el amor* (1935), *Sombra del paraíso* (1944), *En un vasto dominio* (1962) y *Diálogos del conocimiento* (1974).

✦ Guía y actividades de pre-lectura

La selección que sigue, «Después de la guerra», forma parte de los *Diálogos del conocimiento,* en donde una serie de personajes hacen preguntas sobre el paso del tiempo y el sentido de la vida. Intercambian sus monólogos en forma de poemas dramáticos. Sus afirmaciones reflejan el estado de su mundo, caracterizado por impulsos conflictivos de creación y de destrucción. Así como en toda la obra de Aleixandre, se nota aquí el examen del valor de la vida en un mundo donde el temor y la muerte conducen a la destrucción. En esta selección un viejo y una muchacha expresan sentimientos conflictivos en reacción a la guerra: él habla de muerte y destrucción; ella, de vida y renacimiento. Muchas de las poesías de Aleixandre muestran tensiones similares y tienen un tono pesimista. Algunos de sus temas recurrentes son el amor y la muerte o destrucción, que constituyen para el poeta fuerzas igualmente poderosas. Aleixandre es un maestro del verso libre. Sus poesías tempranas muestran claramente la influencia del surrealismo* que permanecerá en su obra posterior para desarrollarse de una manera personal. Aunque algunas de sus obras intermedias como *En un vasto dominio* son menos herméticas y más accesibles, en *Poemas de la consumación* vuelve al simbolismo del subconsciente, típico del sistema metafórico de los surrealistas: la yuxtaposición de imágenes evocativas que a menudo resultan difíciles de interpretar. Esa forma de yuxtaponer imágenes refleja la libre asociación* de palabras propia del subconsciente.

1. Antes de leer el poema, piense en el título «Después de la guerra». ¿Qué emociones evoca en usted? ¿Qué imágenes le sugiere? Comente.

2. Según usted, ¿qué diferencias habrá entre la perspectiva de una persona joven y la de una persona mayor?

3. ¿Ha estudiado usted el concepto de la libre asociación? Dé un informe en clase sobre la teoría y la práctica de la libre asociación.

Después de la guerra

EL VIEJO

Aquí descanso. La noche inmensa ha caído
sobre mis pasos. Qué soledad horrible. Sólo
    un humo
era el aire. Con mis ojos cansados nada veo.
5 Nada escucho
con mis oídos. Si el mundo fue, idea es ya
y en ella, solo, aliento.[1]
Qué grandeza terrible así pensado
el mundo, como esta idea muerta en que
10   giramos.[2]

LA MUCHACHA

No sé, despierto a solas. Que noche
    transparente.

Aquí en la selva me dormí, con flores:
las que llevaba. Su perfume aspiré. Estalló un
15   fragor.[3] Dormíme.
Ahora de noche, lenta, me despierto.

[1] *breath, encouragement*
[2] *we turn, revolve*
[3] ruido

La sombra suave brilla, con estrellas.
Los pájaros, sin duda, están dormidos.

EL VIEJO

En este cauce[4] seco brilló el agua.
20 No sé quién soy. Mi edad, la de la tierra.
Tierra a solas me siento, sin humanos.
¿Dónde la voz que ayer me dijo: Escapa?
Sentí que el trueno no era humano. Y supe.
Dormí. No sé si siglos. Y llamé. Estoy solo.

LA MUCHACHA

25 La soledad también pueden ser flores.
Aquí en mi mano las llevaba; olores
daba el color. Azules, amarillas,
rosas, moradas,[5] y mi rostro hundióse
en el seno[6] fragante. Y alcé el labio
30 hacia la luz y abrí mi boca y sola
canté. Con todo. El agua, arpegios,
espumas, ruiseñor.[7] Conmigo hermosos,
hermanos, musicales. Todo a una,
éramos voces bajo las estrellas.

EL VIEJO

35 Estrellas hay que quieren ser pensadas,
pues sólo si las piensan ellas viven.
Ahora el mundo vacío está vacante
y un pensamiento es, pero no humano.

LA MUCHACHA

De prisa marcho. No encuentro a nadie.
40 Hermoso
es, sin embargo, el cielo. Cruza el aire.
No huelo flores, pero yo respiro.
Como una flor me siento y vida esparzo.[8]
Larga es la noche, pero ya ha cedido.[9]
45 Dulce será nacer en la luz viva.
Nací con ella y naceré en su seno.
Como una luz muy dulce ahora es mi carne.

EL VIEJO

Toco mi frente. Un hueso solo o piedra.
Piedra caída, como estas piedras mismas.

4 channel, bed of a river or stream
5 púrpuras, violetas
6 bosom
7 nightingale
8 I spread, disseminate
9 withdrawn

10 Toco
11 **pende...** *it hangs and trembles*
12 *beat, throb*
13 *appear at dawn*
14 *crackles, creaks*
15 *vault*

50 ¿Rodó de dónde? Y aquí quedó, parada.
Tiento[10] mi barba, dolorosa, un río
que cae y no llega, pende, y tiembla[11]
como un pavor. ¿De quién? Pues no lo reconozco.

Si solo estoy, no tiemblo. Y el temblor
55 es él, no yo. Es él, y en sí consiste.
Toco mi pecho y suena. ¿Quién lo escucha?
Y hablo. Y no se oye. Y miro, y ciego
soy como el árbol, en la noche. Y toco
su rama venerable, y pongo sólo
60 mi mejilla en su tronco y oigo apenas
una memoria, pues no hay hojas, ni alas.

LA MUCHACHA

Parece que se escucha
ahora el primer rumor. Todo es oscuro, pero
cómo siento latir[12] a las estrellas
65 en mi mejilla. Sin duda me interrogan
y yo respondo, y su luz es carne,
como ésta mía donde tiemblan, donde besan
con labios dulces, como mis hermanas.
Ellas me dicen que la vida es bella.

EL VIEJO

70 No puedo responder al cielo inmenso.
Sólo la voz humana tiene límites.
Tentarlos es saber. Quien sabe toca
su fin. Y es inútil que bese, pues ha muerto.

LA MUCHACHA

Algo me dice que yo vivo, y
75 si vivo existe
el mundo. Oh, sí, la flor está
en la luz, y su perfume
nacerá con la luz. Son mis sentidos
los que nacen, los que amanecen.[13] Toda la luz
80 entre mis labios cruje.[14]

EL VIEJO

La soledad del mineral es sólo
un pensamiento. Pero
sin el hombre no vive. Sólo el cielo
persiste. Y en su bóveda[15]

la luz es mineral. Luz inhumana
85 la luz es mineral. Luz inhumana
que a mí me aplasta y matará mi idea.
Su idea, pues no existo. Nadie existe
que ya me piense. Solo estoy, y no es ello
soledad. Pues la absoluta soledad la mancho.
90 El alba nace. Horrible alba, sin orden.
Desnuda de la carne, el alba ha muerto.

LA MUCHACHA

En los labios la luz, en mi lengua la luz
    sabe a dulzuras.
Cómo germina el día entre mis senos.
95 El cielo existe como yo, y lo siento
todo sobre mis labios tibiamente.

EL VIEJO

No puede ser; no soy, y no hay ya luces.
No existe el ojo o claridad. Voy ciego,
como ciega es el alba. Cubro en noche
100 mi frente. A tientas[16] voy. No oigo.

LA MUCHACHA

Oigo a la luz sonar. Miro, y muy lejos
veo algo, un bulto[17]... ¡Vida, vida hermosa!
Vida que propagada me sorprende.
Pues está en mí y en ella yo estoy viva.
105 En ti, bulto distinto que adivino
no como nube, sino en permanencia.
Oh, mi futuro, ahí, tentable,[18] existes.

EL VIEJO

Me alejo. Ya no veo. Este sayal[19]
ceniza es en mi frente, y voy muriendo,
110 pues corro apenas. Luz, ya nada puedes.

LA MUCHACHA

La vida puede ser tocada y veo
que entre luces sus límites se ofrecen.
Ese bulto es un bien. Te llamo, y pura
soy, e impura, como la realidad. Real,
115   despierto.

16 **A...** *Groping*
17 *form, object not clearly discerned*
18 *tangible*
19 *coarse woolen cloth*

364 | DE LA GUERRA CIVIL A LA MUERTE DE FRANCO

EL VIEJO

Ayer viví. Mañana ya ha pasado.

LA MUCHACHA

Este grito es mi luz. El hombre existe.
Tú y yo somos el hombre. Sí, ha vivido,
pues vivirá. Mañana ya ha nacido,
120 pues aquí estoy. Mañana, y hoy, y ayer.

EL VIEJO

Lejos estoy. Muy lejos. No en espacios,
sino en tiempo. Ayer murió.
Mañana ya ha pasado.

EL VIENTO

Pues todo el hombre ha muerto.

✦ Comprensión y expansión

A. Conteste las siguientes preguntas según el poema.

1. ¿Cuál es la reacción del viejo ante la soledad? ¿Y la de la muchacha?
2. ¿Cómo describe su edad el viejo? ¿Cuál es su significación o importancia?
3. ¿Con qué se compara la muchacha? ¿Cuál es su significación o importancia?
4. ¿En qué piensa el viejo cuando toca su frente y su barba?
5. ¿Qué le dicen las estrellas a la muchacha? ¿Le es posible al viejo tener ese tipo de comunicación con la naturaleza?
6. Para la muchacha, ¿cuál es la condición necesaria para la existencia del mundo?
7. ¿Qué representa el bulto que ve la muchacha? ¿Y qué significa la ceniza en la frente del viejo?
8. ¿Qué dice el viejo sobre mañana? ¿Y qué dice la muchacha? Comente.

B. Lea cada una de las palabras siguientes y escriba las que el poeta asocia con ellas en los espacios correspondientes.

1. el agua _____
2. las flores _____
3. las estrellas _____
4. el árbol _____
5. la boca _____
6. el cauce _____

C. Complete las frases de la columna izquierda con finales de la columna derecha y escriba las letras en los espacios correspondientes.

_____ 1. El viejo se siente como...
_____ 2. Para la muchacha, la soledad...
_____ 3. Para la muchacha, el agua es como...
_____ 4. La muchacha se siente como...
_____ 5. La frente del viejo se parece a...
_____ 6. El viejo es ciego como...

a. un árbol en la noche.
b. puede parecerse a flores.
c. una flor.
d. una piedra.
e. la tierra a solas.
f. un hermano.

✦ Temas de discusión o análisis

1. Resuma o comente el punto de vista del viejo o el de la muchacha.
2. Compare las afirmaciones siguientes de los dos personajes.
   a. La muchacha: «Mañana ya ha nacido, / pues aquí estoy.»
   b. El viejo: «Mañana ya ha pasado.»
3. Analice las referencias a la vista hechas por los dos personajes y explique su significación o importancia.
4. Analice las referencias a sonidos y a olores en el poema.

✦ Temas de proyección personal

1. ¿Cree usted que su reacción después de una guerra sería similar a la del viejo o a la de la muchacha? Explique.
2. Escriba su propio poema sobre alguna guerra real o hipotética. Empiece con una lista de cosas y luego identifique las emociones que provocan en usted, o use la libre asociación y escriba todas las palabras que le vengan a la mente al leer una palabra clave.
3. ¿Vio usted por televisión escenas de la guerra civil en la antigua Yugoslavia, o escenas de la violencia en Africa? Compare sus reacciones frente a esa guerra con las de los personajes del diálogo ante los horrores que han presenciado.

✦ *Temas intertextuales* ✦

1. Compare el tema del paso del tiempo en las siguientes selecciones: «Un español habla de su tierra» de Luis Cernuda, «A un río le llamaban Carlos» de Dámaso Alonso, «Después de la guerra» de Vicente Aleixandre, «La muerta» de Carmen Laforet y *La secretaria* de José Ruibal.
2. ¿Qué diferencias hay entre la actitud ante la guerra del viejo en «Después de la guerra» de Vicente Aleixandre con la del «yo» poético en «Un español habla de su tierra» de Luis Cernuda?

3. Compare y contraste la inocencia de la muchacha en «Después de la guerra» de Vicente Aleixandre con la del niño en «Un niño piensa» de Camilo José Cela.

4. Analice la función literaria del uso de los sonidos en «La conciencia» de Ana María Matute y en «Después de la guerra» de Vicente Aleixandre.

5. ¿Qué función tiene la imaginación en «Un niño piensa» de Camilo José Cela y en «La conciencia» de Ana María Matute?

6. Analice y compare el estilo neorealista* de Ana María Matute y de Carmen Laforet.

7. ¿Cómo es representada la mujer en los cuentos de Ana María Matute y de Carmen Laforet en contraste con *La secretaria* de José Ruibal?

8. Haga una comparación entre la función literaria de la naturaleza en «A un río le llamaban Carlos» de Dámaso Alonso y en «La conciencia» de Ana María Matute.

9. Compare el tema del exilio en los poemas de Luis Cernuda, «Tu voluntad» de Miguel de Unamuno, en la sección IV, y «Fúnebre Nueva York» de Francisco Ayala, en la sección VI.

10. ¿Qué diferencias hay en el tema de la identificación con la naturaleza entre «A un río le llamaban Carlos» de Dámaso Alonso, «Canción del pirata» de José de Espronceda, en la sección III, y en los poemas de Rosalía de Castro, también en la sección III de esta antología?

De la muerte de Franco al presente

Escultura de gente bailando la sardana, en Barcelona.

Sinopsis histórico-literaria

La muerte del general Francisco Franco en 1975 marca, en primer lugar, el final del régimen totalitario y, en segundo, el del período histórico y cultural de la posguerra. Para la cultura española, este mismo año señala el comienzo del proceso de recuperación de la libertad de expresión. Ahora, después de unos veinte años, el gobierno español, democrático, constitucional y monárquico, se mantiene fuerte. Por su parte, la literatura española está marcada, en la actualidad, por una explosión creadora. Autores jóvenes, entre ellos muchas mujeres, abordan nuevos temas, que incluyen algunos de los previamente prohibidos por la censura. También escriben en varias lenguas, en castellano y en lenguas regionales, lo cual estaba prohibido durante la mayor parte de la era franquista y aún antes, durante la dictadura del general Primo de Rivera.

La nueva dirección que va a tomar el gobierno se hace evidente cuando el príncipe Juan Carlos asume el puesto de «jefe de Estado» y da a conocer su deseo de liberalizar el gobierno. El primer ministro Adolfo Suárez (el segundo en ser nombrado porque renuncia el primero, Carlos Arias Navarro) se dedica a asegurar el establecimiento de la democracia. Organiza elecciones nacionales, las primeras en España desde 1936, que se llevan a cabo el 15 de junio de 1977. Además se declara una amnistía para los prisioneros políticos y se permiten las expresiones de tipo regionalista, como la legalización de la lengua y de la bandera vascas, y la celebración de la fiesta nacional de los catalanes. También se legaliza el partido comunista en 1977. Más del ochenta por ciento del electorado participa en las elecciones. Con el treinta y cuatro por ciento de los votos, gana la Unión de Centro Democrático (U.C.D.), encabezada por Suárez. Se acepta al rey y se pasa el poder administrativo a las Cortes. Luego, durante el verano de 1978, las Cortes aprueban una nueva constitución que establece una monarquía constitucional para España. Ese mismo año, los ciudadanos aprueban la constitución en un referéndum nacional.

En 1981, el gobierno supera una breve crisis ocasionada por la renuncia de Suárez. Inicialmente las Cortes no aprueban al nuevo ministro, Leopoldo Calvo Sotelo. Un grupo de militares, descontentos con la situación del país, organizan una tentativa de golpe de estado que fracasa. El rey interviene decisivamente oponiéndose a los militares y poniendo fin a la amenaza al gobierno.

El partido socialista (P.S.O.E.), encabezado por Felipe González, se mantiene fuerte hasta 1996, triunfando en las elecciones de 1982, de 1986 y finalmente las de 1993. Durante más de una década, González se dedica a dos objetivos principales: el mejoramiento de la economía española y la integración de España en la comunidad internacional. En 1986, por ejemplo, España entra a formar parte de la Comunidad Económica Europea (C.E.E.). En las elecciones de 1996, el partido socialista pierde su mayoría y cede su liderazgo al partido conservador de José María Aznar.

En 1992 España celebra una variedad de conmemoraciones históricas y de acontecimientos internacionales. En primer lugar, se conmemora el Quinto Centenario del Descubrimiento de América. Se celebran también dos acontecimientos internacionales que enfatizan la relación de España con el mundo: la Exposición Universal de Sevilla y los Juegos Olímpicos de Barcelona. Además, la Comunidad Europea elige Madrid como Capital Europea de la Cultura. Finalmente, varios eventos recuerdan la vinculación de España con los mundos hebreo y árabe. Por medio de esos acontecimientos, España proclama su enlace con el mundo entero y también reconoce oficialmente la importancia del legado judío y del árabe a la cultura española.

El florecimiento cultural que tiene lugar ahora no se ha producido repentinamente. Ha sido un proceso gradual pero firme. Resulta difícil evaluar la producción literaria de las dos últimas décadas ya que una de ellas no ha terminado y es prematuro tratar de escribir su historia. No obstante, es posible señalar tendencias que se dejan percibir en los escritos posfranquistas. Algunas ya tiene sus raíces en la literatura del pasado y ahora son libres de desarrollarse.

En primer lugar, muchos de los exiliados vuelven a España y reciben reconocimiento. Las obras de autores como Francisco Ayala o Ramón Sender, más conocidos en el extranjero que en España, por ejemplo, son publicadas y sus autores reciben el reconocimiento que merecen. Un caso sobresaliente es el de María Zambrano, que a los ochenta y cuatro años se convierte en la primera mujer en recibir el Premio Cervantes. Dicha escritora ha publicado la mayor parte de sus obras en el exilio.

Gran parte de la producción literaria de este período, especialmente la de la década de los ochenta, tiene que ver con el pasado. Libres de expresarse abiertamente, los escritores de más edad relatan sus experiencias y dan testimonio de la era franquista en el exilio o en España. De ahí que sea abundante la producción del género de «memorias». Se incluyen aquí selecciones de varios escritores que reflexionan sobre el pasado.

Es notable la influencia de las ciencias sociales en esa literatura que mira hacia el pasado. Francisco Ayala, por ejemplo, ha trabajado de sociólogo, y Carmen Martín Gaite tiene un doctorado en historia. Para analizar mejor la época en que han vivido, estos y otros escritores se sirven de las perspectivas de la historia o de la sociología para hacer sus observaciones.

Después de la muerte de Franco y del fin de la censura, los autores han tenido que reorientarse, especialmente en el teatro, más afectado por la censura que los otros géneros. Un período de confusión cede a un verdadero renacimiento de las artes, ayudado en parte por los subsidios gubernamentales que han permitido la fundación de teatros nuevos y la reconstrucción de otros, previamente cerrados, como es el caso del Teatro español de Madrid. Algunos escritores de la generación anterior, como Antonio Buero Vallejo y Alfonso Sastre, han continuado estrenando sus obras. Según la conocida crítica teatral Patricia W. O'Connor, el teatro que se escribe en la era posfranquista aborda a menudo los temas de la transición social y de los conflictos intergeneracionales. Es importante señalar *Tú estás loco, Briones* (1978) de Fermín Cabal, *Las bicicletas son para el verano* (1982) de Fernando Fernán Gómez, *Bajarse al moro* (1985) de José Luis Alonso de Santos, *El verí del teatre*

(1985) del dramaturgo valenciano Rudolf Siera y *Lázaro en el laberinto* (1986) de Antonio Buero Vallejo.

La nueva generación de dramaturgos que se da a conocer en estos últimos años incluye un número impresionante de mujeres, cuyas obras analiza y estudia la profesora O'Connor en su libro titulado *Dramaturgas españolas de hoy* (1988). El régimen de Franco había combatido el feminismo, asociándolo con el comunismo y con el ateísmo, y de ahí que el final de la dictadura señale el comienzo de nuevas oportunidades para las mujeres. Estas participan visiblemente en la vida pública y literaria, incluso en el teatro. En 1987 se inaugura la Asociación de Dramaturgas Españolas. Entre las dramaturgas posfranquistas se encuentran algunas ya conocidas durante la posguerra: Ana Diosdado —la de más éxito—, Carmen Rosino y Lidia Falcón, autora de teatro y otros escritos feministas. De la nueva generación cabe citar a María Manuela Reina, Concha Romero, Paloma Pedrero, Maribel Lázaro y Pilar Pombo. Estas dramaturgas figuran entre el creciente número de autoras españolas que publican obras de mérito. Influidas por la literatura y por el feminismo internacionales, las escritoras españolas tratan nuevos temas con una variedad estilística impresionante y con una franqueza insólita. Se incluye aquí un cuento de Soledad Puértolas, periodista y novelista de creciente reconocimiento que escribe en castellano, y otro de Carme Riera, profesora y prosista que escribe en tres lenguas. También hay que señalar la importancia de las obras de Ana María Moix, Esther Tusquets, Rosa Montero, Lourdes Ortiz, Rosa María Pereda, Arantza Urretbizkaia, Montserrat Roig y Maria Antònia Oliver, para mencionar sólo algunos nombres. Según la conocida crítica literaria Janet Pérez, gran parte de la literatura más interesante de la España contemporánea está escrita por mujeres.

Otra tendencia digna de mención en la literatura del período posfranquista es la proliferación de obras escritas en lenguas regionales, especialmente en catalán y en gallego, pero también en vasco, y en dialectos como el mallorquín y el valenciano. Se incluye aquí un cuento de Carme Riera, profesora de literatura, que escribe tanto en castellano como en catalán y en mallorquín, su dialecto nativo. Aunque el uso de ciertas lenguas ya se había permitido durante los años setenta, hay que recordar que el general Franco y, antes que él, el general Primo de Rivera, habían tratado de suprimir al máximo los movimientos políticos y las lenguas regionales. En el siglo XIX, había tenido lugar una revaloración del catalán tanto como del gallego y de sus respectivas literaturas, que ya existen desde la Edad Media. Ahora tiene lugar otra revaloración de esas lenguas y de sus literaturas. Para algunos, la producción literaria multilingüe de hoy día es una consecuencia desafortunada de los movimientos de autonomía regionales. Sin embargo, para otros, es una prueba de la vitalidad y de la diversidad de la cultura española, y por lo tanto celebran el hecho de que dicha vitalidad no se limite al castellano.

El renacimiento de la cultura española durante el período posfranquista está marcado por su carácter inclusivo y expansivo. Participan en este florecimiento artistas que se expresan en diversas lenguas y que dan a conocer, como no ha ocurrido nunca antes, la riqueza de una cultura que reconoce y valora las contribuciones, pasadas y presentes, de la multiplicidad étnica y cultural de su gente.

MIGUEL DELIBES

Nota biográfica

Miguel Delibes (1920–), novelista y cuentista, nació en Valladolid. Estudió derecho y comercio, y desde 1941 escribió para el periódico *El Norte de Castilla*, del que fue nombrado director en 1958. Fue elegido a la Real Academia en 1974. Ha viajado a varios países europeos y también a Sudamérica y a Estados Unidos, donde enseñó en la Universidad de Maryland. Cuenta sus experiencias norteamericanas en su libro *USA y yo* (1966). Muchas de las obras de Delibes describen a la gente y la vida de su región natal de Castilla la Vieja. Es conocido por su amor al campo y por sus preocupaciones ecológicas. Con su primera novela, *La sombra del ciprés es alargada* (1948), ganó el Premio Nadal. A esa obra siguieron muchas más, entre ellas *El Camino* (1950), una serie de escenas de la vida rural, estructurada en torno a los recuerdos de un niño que deja su aldea para ir a estudiar a la ciudad. También se destacan *Las ratas* (1962), descripción satírica del mundo de los niños y de la vida rural; *Cinco horas con Mario* (1966), otra sátira de la sociedad de la posguerra, escrita en forma de monólogo interior; *Las guerras de nuestros antepasados* (1973), y *Los santos inocentes* (1981), obra realista y trágica que describe la vida en un cortijo o finca castellana, donde los labradores, explotados por sus amos, tienen una existencia durísima y son arquetipos de los inocentes oprimidos. Además de novelas, Delibes ha publicado cuentos y ensayos, entre los que sobresale la colección *Viejas historias de Castilla la Vieja* (1964). Los temas predominantes en sus obras son la niñez, la compasión por la gente rural y la dureza de su vida, la crítica de la burguesía, la importancia de la religión y la búsqueda de la autenticidad individual. En 1990 ganó el Premio Nacional de Literatura.

✦ Guía y actividades de pre-lectura

La selección que sigue es un capítulo de una de las obras más recientes de Delibes, *Mi querida bicicleta* (1988), una serie de episodios y reflexiones personales inspirados en las experiencias juveniles del autor y unificados por medio de sus paseos en bicicleta. En esta obra se observan dos de los temas recurrentes en la producción literaria de Delibes: la tierra de Castilla la Vieja y el mundo de los niños.

El estilo de Delibes es rico y expresivo; se vale de una gran variedad de recursos narrativos. En *Mi querida bicicleta*, se muestra como un excelente artista de la descripción y del análisis psicológico. En contraste con muchas de sus obras, generalmente marcadas por una amarga ironía, el tono de la narración refleja la ternura de una persona adulta que recuerda momentos agradables de su pasado.

1. ¿Ha tenido usted una bicicleta alguna vez? ¿Recuerda cuándo o cómo la obtuvo? Piense en algunas experiencias que usted ha tenido con ella. Si no

ha tenido bicicleta (¡como una de las autoras de este libro!), ¿cree que influyó o no en su juventud? Comparta algunas de sus experiencias con la clase.

2. Piense en el título *Mi querida bicicleta*. Según su opinión, ¿qué tipo de experiencias contará el autor? ¿Por qué? Comente.

Mi querida bicicleta

Pero cuando la bicicleta se me reveló como un vehículo eficaz, de amplias posibilidades, cuya autonomía dependía de la energía de mis piernas, fue el día que me enamoré. Dos seres enamorados, separados y sin dinero, lo tenían en realidad muy difícil en 1941. Yo estaba en Molledo-Portolín
5 (Santander) y Angeles, mi novia, veraneaba en Sedano (Burgos), a cien kilómetros de distancia. ¿Cómo encontrarnos? El transporte además de caro era muy complicado: ferrocarril y autocares, con dos o tres trasbordos en el trayecto.[1] Los ahorros míos, si daban para pagar el viaje no daban para pagar el alojamiento en Sedano; una de dos. ¿Qué hacer? Así
10 pensé en la bicicleta como transporte adecuado, que no ocasionaba otro gasto que el de mis músculos. De modo que le puse a mi novia un telegrama que decía:

—Llegaré miércoles tarde en bicicleta búscame alojamiento te quiere Miguel.

15 Creo que la declaración amorosa sobraba en esos momentos puesto que el cariño estaba suficientemente demostrado pero la generosidad de la juventud nunca tuvo límites. El miércoles, antes de amanecer, amarré en el soporte de la bici dos calzoncillos, dos camisas y un cepillo de dientes y me lancé a la aventura. Aún recuerdo con nostalgia mi paso en-
20 tre dos luces por los pueblecitos dormidos de Santa Olalla y Bárcena de Pie de Concha, antes de abocar a[2] la hoz de Reinosa, cuya subida, de quince kilómetros de longitud, aunque poco pronunciada, me dejó para el arrastre.[3] Solo, sin testigos, mis pretendidas facultades de escalador[4] se desvanecieron.[5] En compensación, del alto de Reinosa a Corconte —vein-
25 ticuatro kilómetros— fue una sucesión de tumbos[6] donde la inercia de cada bajada me proporcionaba casi la energía necesaria para ascender el repecho[7] siguiente. Aquellos primeros años de la década de los cuarenta, con el país arruinado, sin automóviles ni carburante,[8] fueron el reinado de la bicicleta. Otro ciclista, algún que otro peatón, un perro, un
30 afilador,[9] los chirriones acarreando yerba[10] en las proximidades de los pueblos, eran los únicos obstáculos de la ruta. Recuerdo aquel primer viaje de los que hice a Sedano como un día feliz. Sol amable, brisa tibia, la bicicleta rodando sola, sin manos, varga abajo,[11] un grato aroma a prado y boñiga seca,[12] creando una atmósfera doméstica. Me parece recordar que
35 cantaba a voz en cuello,[13] con mi mal oído proverbial, fragmentos amorosos de zarzuela sin temor de ser escuchado por nadie, sintiéndome dueño del mundo.

1 **trasbordos...** *transfers on the route*
2 **antes...** *before reaching*
3 **para...** *like a wreck*
4 *climber*
5 **se...** *vanished, faded*
6 *subidas y bajadas*
7 *steep incline*
8 *fuel*
9 *tool grinder*
10 **chirriones...** *two-wheeled carts transporting grass*
11 **varga...** *down the steepest part of the slope*
12 **a...** *of meadows and dry cow dung*
13 **a voz...** *at the top of my voice*

MIGUEL DELIBES | **373**

Este viaje, como digo, lo repetí varias veces. En ocasiones, cuando me
sobraban dos duros cogía el tren mixto y me evitaba el pechugón[14] hasta
40 Reinosa. Otras veces era al revés, apalabraba[15] a Padilla, el taxista de Covanera, para que me subiera hasta Cabañas de Virtus, con la bicicleta en
la baca,[16] para ahorrarme unos kilómetros escarpados[17] y las rampas
peliagudas[18] de Quintanilla de Escalada. No es fácil olvidar la escena de la
partida del taxi de Padilla, un coche muy viejo y baqueteado,[19] de cinco
45 plazas, creo que con gasógeno,[20] donde, por las buenas o por las malas,
entrábamos trece o catorce personas, con las piernas fuera, asomando por
las ventanillas,[21] y la baca atestada de[22] cestas de huevos, gallinas, sacos de
cemento, patos,[23] aperos de labranza[24] y, coronándolo todo, mi vieja bicicleta azul, más pesada que un muerto, que sería la primera en bajar. Fuese
50 para arriba o para abajo, el lugar de refrigerio[25] era el estanco[26] de
Paradores de Bricia, en el páramo[27] desolado, donde me servían un par
de huevos fritos con chorizo, pan y un vaso de vino por una peseta, diez. Y
en los regresos, ¿cómo olvidar el placer inefable de bajar la hoz de
Reinosa, suavemente, sin esfuerzo, sin dar una sola pedalada en quince
55 kilómetros, como una motocicleta afónica?

Dando por supuesto que todo esto fuese un sacrificio, yo me sentía suficientemente compensado con mi semana en Sedano, junto a Angeles,
bañándonos, subiendo a los picos, pescando cangrejos,[28] cogiendo man-
zanas, haciendo el damero[a] maldito de *La Codorniz* en el jardín de los
60 Gallo, donde ella paraba. Mi alojamiento, la fonda, estaba frente por
frente, en la misma Plaza, bajo la dirección de la señora Pilar, ya de edad,
y sus hijos Luis Peña y Amalia, y los hijos de estos hijos con los que hoy me
sigue uniendo una cordial amistad. En aquel tiempo me daban de comer
tres platos a mediodía y otros tres por la noche, más desayuno, habitación
65 y un rincón en la cuadra para la bicicleta por 18 pesetas diarias. El primer
año coincidí allí con el mayor de los Peña, Juan José, periodista de San Sebastián, que visitaba su Casona en compañía de su madre, quien sorprendido de mi apetito, me dijo un año después, cuando ya teníamos alguna
confianza:
70 —Hay que ver la cantidad de pan que comió usted el día que nos
conocimos.

Naturalmente Peña ignoraba que yo estaba cargando carburante para
el regreso, fortaleciéndome pare recorrer los cien kilómetros que me se-
paraban de Molledo-Portolín.

14 *hard push*
15 *I made a verbal agreement
   with*
16 *rack*
17 *steep*
18 *difíciles*
19 *accustomed to use*
20 *gasogene*
21 **asomando...** *out the win-
   dows*
22 **atestada...** *crowded with*
23 *ducks*
24 **aperos...** *farm tools*
25 *snack*
26 tienda donde se vende
   tabaco
27 *moor*
28 *crayfish*

✦ Comprensión y expansión

A. Conteste las siguientes preguntas según el texto.

1. ¿Cuándo descubrió el narrador las posibilidades de su bicicleta?
2. ¿Qué edad tenía en ese momento?
3. ¿Por qué tenía que ir en bicicleta a Sedano?

---

[a] Aquí se refiere a un juego de la revista humorística *La Codorniz.*

4. ¿Por qué dice el autor que «la declaración amorosa sobraba en esos momentos»?
5. ¿Cómo era la ruta entre Reinosa y Corconte?
6. ¿Por qué llama el autor a los primeros años de la década de los cuarenta «el reinado de la bicicleta»?
7. En esa época, ¿había mucha gente en los caminos?
8. Cuando el joven Miguel Delibes no hacía el viaje en bicicleta, ¿cómo viajaba a Sedano?
9. ¿Quién era Padilla? Describa su coche.
10. ¿Cuánto pagaba el autor por su alojamiento? ¿Recibía algo más que la habitación?
11. ¿Por qué comía tanto el joven?

B. Todos los verbos de la columna izquierda provienen de *Mi querida bicicleta*. Escriba los sustantivos relacionados en los espacios correspondientes.

1. ahorrar _____
2. alojarse _____
3. veranear _____
4. reinar _____
5. recordar _____
6. regresar _____
7. viajar _____
8. subir _____
9. partir _____

C. Complete el párrafo que sigue escribiendo las palabras o frases apropiadas en los espacios correspondientes.

Durante el verano de _____, el autor estaba en _____ y su novia veraneaba en _____. Para hacer el viaje en transporte público, era necesario hacer dos o tres _____. El joven Delibes hizo el primer viaje en bicicleta un _____ y salió antes de _____. En la década de los cuarenta, el país estaba _____. Durante su viaje en bicicleta, Miguel se sentía _____ del mundo. Padilla era un _____ de Covanera. Comieron en un estanco donde le sirvieron _____ fritos con chorizo, _____ y un vaso de _____. Angeles y Miguel pescaron _____ y recogieron _____. Juan José se sorprendió del _____ del joven ciclista.

✦ Temas de discusión o análisis

1. Resuma o comente la historia de *Mi querida bicicleta*.
2. Busque un mapa de la región entre Santander y Burgos y siga el itinerario del autor. Luego, con la ayuda de algún libro sobre España, estudie la topografía del área y comente la ruta seguida por el joven Delibes.

3. Analice el estado económico de la región en esa época, según los detalles que proporciona el autor.
4. ¿Qué detalles significativos usa Delibes en las descripciones?
5. Comente el tono de la selección. Justifique su opinión con algunos ejemplos sacados del texto.
6. Escriba o comente la historia de la selección desde el punto de vista de la bicicleta.

✦ Temas de proyección personal

1. Describa algunas de sus primeras citas con un(a) novio(a).
2. Cuente algunas de sus propias experiencias juveniles relacionadas con viajes importantes.

FRANCISCO AYALA

Nota biográfica

Francisco Ayala (1906–), profesor, novelista, cuentista y ensayista, nació en Granada. Estudió derecho en Madrid y llegó a ser catedrático de derecho político. A los diecinueve años publicó su primera novela, *Tragicomedia de un hombre sin espíritu* (1925). Colaboró en la conocida *Revista de Occidente*, publicada por José Ortega y Gasset, filósofo de la generación del 98. Al estallar la Guerra Civil, Ayala estaba fuera de España; volvió por un tiempo y luego sirvió como secretario de la delegación republicana en Praga. Después de la guerra, Ayala se estableció en Argentina, donde vivió entre 1939 y 1950. Enseñó sociología y siguió publicando obras de ficción, de crítica literaria y de sociología. Vivió también en Brasil y en Puerto Rico, y luego se trasladó a Estados Unidos donde enseñó en varias universidades. Volvió a España por primera vez en 1960. Desde entonces ha continuado escribiendo ficción y ensayos sobre varios temas. Muchos de sus escritos tratan el problema del poder y de su abuso. En general, no ha escrito directamente acerca de la Guerra Civil Española sino que se ha servido de otra época histórica para examinar las injusticias de ese período. En *Mis páginas mejores* (1965), explica que se vale de «episodios del pasado histórico... para tomar distancia frente a esa experiencia [la Guerra Civil] y procurar desentrañarla, es decir, objetivarla en formas artísticas». Algunos de los mejores cuentos de Ayala, como «El inquisidor» o «El hechizado», son representaciones del abuso del poder en otras épocas. Entre sus muchas obras narrativas, hay que señalar *Los usurpadores* (1948), *La cabeza del cordero* (1949), *Muertes de perro* (1958), *El fondo del vaso* (1962), *El as de bastos* (1963) y *El jardín de delicias* (1971). También debe mencionarse aquí la publicación de los dos tomos de sus memorias, *Recuerdos y olvidos* (1982), cuyo segundo volumen fue ganador del Premio Nacional de Literatura en 1983. Más recientemente ha publicado *El regreso* (1992) y dos obras de filosofía y crítica literaria: *Las plumas del fénix* (1989) y *El escritor en su siglo* (1990).

En 1982 aparecen en Madrid las memorias de Ayala, *Recuerdos y olvidos*, publicadas en dos tomos: *Del paraíso al desierto* y *El exilio*. Aquí se incluye «Fúnebre Nueva York», una selección del segundo tomo. *El exilio* rememora los años que el autor vivió en el exilio y los acontecimientos que presenció en Sudamérica. En la selección que sigue, Ayala cuenta sus primeras impresiones de Nueva York, una ciudad que también había visitado y descrito Federico García Lorca, poeta de la generación del 27.

1. En el siguiente ensayo, Ayala se refiere a dos poetas españoles: Francisco de Quevedo y Federico García Lorca. Lea las **Notas biográficas** de ambos poetas (páginas 158 y 315–316) y presente un breve resumen oral sobre ellos.

2. Piense en el título «Fúnebre Nueva York». ¿Qué evoca en usted ese título? Según su opinión, ¿por qué describirá Ayala esa ciudad como fúnebre? Explique.

Fúnebre Nueva York

Muy de pasada me referí en páginas anteriores a la visita que, en mis primeras vacaciones navideñas como profesor de la Universidad de Puerto Rico, había hecho a Nueva York. Esa fue la primera vez que iba a la metrópoli norteamericana, pues había llegado a Puerto Rico en vuelo
5 directo desde Buenos Aires, y nunca antes había tenido ocasión de poner los pies en Estados Unidos. Mi deseo de conocer Nueva York era muy grande; y así, aproveché esas vacaciones para pasar allí algunos días. Pero fueron días rápidos, apresurados y casi por completo ocupados en reuniones con antiguos amigos a quienes desde tiempo atrás no veía. Los vi a
10 ellos de nuevo, pero no puede decirse que viese la ciudad. Para ver —lo que se dice ver— una ciudad necesito yo estar tranquilo, sosegado,[1] cómodo, sin prisas ni urgencias, en una disposición de ánimo receptiva. Estuve, pues, en Nueva York, pero como hubiera podido estar en cualquier otra parte.
15   Un segundo intento, meses más tarde, regresando de Europa en el calor de agosto, resultó también frustrado, y más aún. Llegamos en uno de esos días insufribles del verano neoyorkino, en que la alta temperatura está agravada por una humedad atmosférica en grado de saturación (algo de que ya había padecido en Buenos Aires, aun cuando nunca en medida
20 tan aflictiva); las paredes estaban mojadas como botijo que rezuma.[2] Buscamos refugio en el aire acondicionado de un restaurante, y después de haber comido, y de haber visto por dos veces —para no salir del local refrigerado a la calle inhóspita— la misma película anodina[3] en un cine próximo, resolvimos (por extraño que parezca) volar esa misma tarde a
25 Puerto Rico, donde el clima tropical resultaría más soportable.
    En fin, sólo cuando mi hija fue a estudiar en la Columbia University se me deparó a mí la holgura[4] necesaria para entrar en verdadero con-

[1] descansado
[2] **botijo...** *an earthen vessel that sweats*
[3] insignificante, insípida
[4] **se...** *the space presented itself to me*

tacto con Nueva York. Después de haber cursado ya un segundo año en la Universidad puertorriqueña, y no encontrando allí facilidades para la ca-
30 rrera de arquitectura que se proponía seguir, solicitó admisión Nina en la escuela correspondiente de aquella universidad norteamericana y la obtuvo tras unas pruebas brillantísimas, junto con la necesaria dispensa de edad, pues no había alcanzado aún la mínima exigida. Hicimos arreglos con el matrimonio Onís, que dejaba desocupada su vivienda al trasladarse
35 ellos a Puerto Rico, y ahí se instalaron muy convenientemente la niña y su madre, muy cerca del *campus* universitario al que ingresaba Nina y del que se retiraba don Federico. Apenas pude disponer de unos quince o veinte días libres, allá me fui también yo a pasarlos con mi familia.

Mi primera impresión de la ciudad en aquella temporada fue una im-
40 presión de muerte. Quiero decir que me parecía tropezar con[5] la muerte a cada paso. No puedo imaginar de dónde o de qué provenía esa angustiosa sensación, pues nada en la circunstancias de mi vida la abonaba[6] por aquel entonces. Todo estaba tranquilo y en orden, todo era normal a mi alrededor; y sin embargo, no lograba sustraerme al extraño asedio.[7] El silencio,
45 quizá; el vacío de unos días ociosos[8] cortando el acelerado ritmo de mi trabajo; no sé; pero el hecho es que cuanto se me ponía ante la vista me traía una como intimación mortal; no por cierto contra mí; no es que me sintiera yo en peligro, ni amenazado nadie en particular, sino que, como en el soneto famoso de Quevedo, no hallaba cosa en que poner los ojos que
50 no fuese recuerdo de la muerte. Los signos fúnebres aparecían ante mí por todas partes, o bien cualquier cosa que viera se cargaba en seguida de esa insoportable significación. Aún perdura en mi memoria el repeluzno[9] horrorizado que me produjo la entrada en un autobús donde yo iba de tres estantiguas, claudicantes y grotescas, quevedescas viejas, tres cadáveres
55 emperifollados, emperejilados, enjoyados, amortajados[10]... Figuras tales se me imponían, por más que, reflexivamente, procurase dominar el anormal exceso de mi reacción... Cierta mañana, cuando pensaba que ya iba consiguiendo librarme de esa clase de visiones repugnantes, salí de casa a darme un paseo. Era un domingo soleado, hermoso, con temperatura
60 muy agradable, y me sentía de buen temple. Andaba yo por el vecino *campus* universitario y me complacía en los arriates de flores[11] cuando, descuidadamente, me acerqué a un grupo de curiosos que, en círculo, miraban hacia el suelo en silencio. También yo me asomé a mirar. En medio del círculo yacía, estrellada[12] contra el pavimento, una muchacha
65 de acaso dieciocho o veinte años, que se había tirado por una ventana. Me retiré con el corazón oprimido, y volví a encerrarme en casa. Aquello era una especie de persecución; pero sin duda algo en mi fondo, algo siniestro que habitaba en mí, quién sabe qué, lo propiciaba. Es muy probable que, con toda su vitalidad, o quizá a causa de ella, la gran urbe tenga la triste vir-
70 tud de despertar una nota lúgubre en quien ya llega predispuesto. Después pude comprobar cómo esa nota, y terriblemente intensa, se escucha, dominadora, en el poema famoso de García Lorca. En cuanto a mí, qué duda cabe de que ese algo siniestro, sea ello lo que fuere, está dormido en mi ánimo para despertar cuando la ocasión llega. Repasando mi obra de in-
75 vención, en *El jardín de las delicias*, por ejemplo, resuena de vez en vez, y

5 **tropezar...** *stumble or trip over*

6 **la...** *answered for (explained) it*

7 **no...** *I wasn't successful at eluding the peculiar siege*

8 *at leisure*

9 *repulsion*

10 **estantiguas...** *phantoms, limping and grotesque, old women like Quevedo described, three cadavers dressed up, adorned, bejeweled, shrouded*

11 **arriates...** *flower beds*

12 **yacía...** *was lying, smashed*

puede oírse con cierta frecuencia, esa nota elegíaca. Se oye de un modo [13] claro
muy neto[13] en «Música para bien morir»... localizado en Nueva York.

✦ Comprensión y expansión

A. Conteste las siguientes preguntas según el texto.

1. ¿Cuándo fue a Nueva York por primera vez el autor?
2. ¿Cómo pasó el tiempo allí?
3. Según el ensayo, ¿qué necesita él para ver una ciudad?
4. ¿Qué pasó la segunda vez que Ayala trató de ver Nueva York?
5. Según el auor, ¿cuándo tuvo la oportunidad de ponerse en verdadero contacto con esa ciudad?
6. ¿Cuál fue la primera impresión que tuvo Ayala de Nueva York? Explique.
7. ¿Qué pasó un domingo soleado cuando el autor salió para dar un paseo?
8. ¿Cómo explica Ayala la sensación que le provoca Nueva York?

B. Para cada una de las palabras o frases subrayadas escriba el sinónimo apropiado en los espacios correspondientes.

1. El calor fue intolerable. _____
2. Esos días fueron muy ocupados. _____
3. Vieron una película insignificante. _____
4. Fueron a un cine cercano. _____
5. Ella estudió arquitectura en Nueva York. _____
6. Durante ese período no le gustaba la ciudad. _____
7. Le gustaron los jardines del *campus*. _____

C. Reconstruya el ensayo, numerando de 1 a 7, en orden cronológico, las oraciones que siguen.

____ 1. Ayala buscó refugio en un restaurante con aire acondicionado.
____ 2. Anduvo por los jardines del *campus*.
____ 3. El autor llegó a Puerto Rico.
____ 4. La hija del autor fue a estudiar a Columbia University.
____ 5. Ayala pasó sus vacaciones navideñas en Nueva York.
____ 6. Vio a una muchacha que se había tirado de una ventana.
____ 7. El autor pasó por Nueva York durante un viaje de vuelta a Puerto Rico.

✦ Temas de discusión o análisis

1. Resuma o comente la historia de «Fúnebre Nueva York».
2. Fíjese en las circunstancias que influyeron en la impresión que tuvo Ayala de Nueva York.
3. Analice la función de las imágenes que usa Ayala para describir sus impresiones.

4. Haga un análisis del lenguaje de Ayala en este texto, y de cómo contribuye al tono del ensayo.

✦ Temas de proyección personal

1. ¿Conoce usted Nueva York? ¿Vive, ha vivido o ha visitado alguna vez esa ciudad? Compare sus impresiones de la ciudad de Nueva York con las de Ayala.
2. Describa las emociones o impresiones que usted experimentó durante su visita a alguna otra ciudad.

JUAN BENET

Nota biográfica

Juan Benet y Goitia (1927–1993), novelista, cuentista, crítico literario, ensayista y dramaturgo, nació en Madrid. Su padre era catalán y su madre, vasca. Cuando estalló la Guerra Civil Española y su padre fue fusilado, el joven Benet sólo tenía nueve años. La familia se trasladó a San Sebastián y allí permaneció hasta finales de la guerra. Después se trasladaron a Madrid donde Benet hizo su bachillerato. Luego estudió ingeniería civil y trabajó como ingeniero en varias áreas rurales del noroeste de España. Empezó a escribir durante los años cincuenta y en 1961 publicó su primera colección de cuentos, *Nunca llegarás a nada*. Se estableció en Madrid en 1964 y durante la década de los sesenta empezó a publicar sus primeras novelas.

En general, las obras de Benet se distinguen por su visión intelectualizada de la realidad y por su rechazo de la narrativa tradicional, es decir, de la trama lineal que cuenta una historia o anécdota. La ficción de Benet explora la función de la memoria, con su manera estratificada de representar lo ocurrido. Por eso, el estilo de este autor frecuentemente parece denso y oscuro; no obstante, su prosa es rica y rítmica. Varias de sus obras tienen como escenario un mundo novelesco: «Región». Este lugar imaginario fue creado por el autor, probablemente como representativo de España, y estuvo influido por el ficticio «Yoknapatawpha County» que aparece en las obras del novelista norteamericano William Faulkner. Benet descubrió las obras de Faulkner en 1945, y con la ayuda de su hermano Francisco, quien estudiaba en París, logró pasar de contrabando libros de Faulkner y de otros autores prohibidos en España durante esa época. Entre las obras más conocidas de Benet, debemos señalar *Volverás a Región* (1967), *Una meditación* (1970), *Un viaje de invierno* (1972), *Del pozo y del Numa* (1978), *Saúl ante Samuel* (1980), *El aire de un crimen* (1980), *Herrumbrosas lanzas* (1983), *En la penumbra* (1989), y finalmente *La construcción de la torre de Babel* (1990), con ilustraciones del autor, y *El caballero de Sajonia* (1991), obra de ficción basada en la vida de Martín Lutero. *Una meditación* es una larga reflexión sobre la época de la Guerra Civil Española, escrita en forma de largo monólogo que consta de un solo párrafo de 329 páginas. Esta obra ganó el Premio Biblioteca Breve. En contraste, *Herrumbrosas lanzas*, ganadora del Premio de la Crítica, que también tiene como fondo la Guerra Civil Española, incluye más referencias «realistas» al tiempo y al espacio que las precedentes.

✦ Guía y actividades de pre-lectura

Aquí se incluye «La novela en la España de hoy», un discurso pronunciado por Benet el 19 de abril de 1980 en la Universidad de Chicago, y publicado en 1981 en la colección *La Moviola de Eurípides y otros ensayos*. En este discurso, Benet presenta sus reflexiones, relativamente controversiales, sobre el arte y su relación con los cambios sociales. Discute las transformaciones profundas que tuvieron lugar en España después de la muerte de Franco y afirma que España ya había experimentado un «prematuro posfranquismo» unos diez años antes de la muerte del dictador. Critica la novela realista española de los años cincuenta y sesenta porque para él el arte es una fuerza transcendental que no depende ni debe depender de la política ni dedicarse totalmente a atacar el poder establecido. Así toca el tema del debate sobre la función de la literatura, un problema por lo menos tan antiguo como los diálogos de Platón. En la literatura moderna se plantea esa cuestión en la conocida controversia que opone los conceptos de «el arte por el arte» y «literatura comprometida».

Elecciones de 1977.

1. Según su opinión, ¿debe la literatura tener una función social o política? ¿Debe tener alguna otra función? Explique.

2. ¿Cree usted que va a estar de acuerdo con las ideas del discurso de Benet? ¿Por qué? Comente.

La novela en la España de hoy

Señoras y caballeros:

Ante todo quiero expresar mi agradecimiento al Departamento de Lenguas y Literaturas Románicas de esta Universidad, y especialmente a los señores Gullón y Honigsblum, por su amable invitación para tomar
5 parte en este Simposio. Gracias a ella tendré una vez más oportunidad de disfrutar de la hospitalidad americana y, naturalmente, seré beneficiado con las lecciones impartidas en este encuentro. Pues nada debe ser más interesante que observar nuestro país desde esta lejana y desapasionada perspectiva y calibrar los juicios y opiniones acerca del crítico momento
10 por el que está pasando. Pues en nuestro país, como en toda sociedad que no ha llegado a cierto grado de estabilidad, sólo hay momentos críticos y décadas de estagnación. Lo uno trae lo otro.

España, como pueden ustedes leer en el programa introductorio de este Simposio, continúa siendo un enigma, una realidad incomprendida
15 para muchos; manteniendo frescos muchos de sus encantos, habiendo preservado en buena medida la originalidad de su cultura y gozando de unas peculiaridades que diferencian indiscutiblemente la vida española de la de sus vecinos y allegados, nuestro país parece que conserva íntegro y semioculto todo su trágico y recurrente poder para el desengaño y la re-
20 vancha.[1] Como en cualquier otro momento de nuestra historia la opinión pública se ve atormentada por una cuestión tan capital como raramente expuesta de manera abierta: ¿estamos viviendo acaso nuestra definitiva inclusión dentro del sistema democrático?, ¿o la etapa actual de libertades y derechos civiles no será a la postre[2] sino una breve estancia[3] en aquel sis-
25 tema que, para nuestra desgracia, se verá contradicha y destruida por un nuevo paso atrás hacia cualquier forma moderna de opresión? Pues así ha sido nuestra historia moderna: por cada cinco años de liberalismo y democracia nos vemos obligados a pagar con medio siglo de absolutismo o dictadura. ¿Qué prevalecerá a la postre? ¿Este ir y venir de aquí para allá
30 o bien el lento, sangriento y doloroso progreso hacia una sociedad estable (y todo lo libre que permite la jaula[4] económica en que se halla encerrada) que nuestros vecinos y parientes alcanzaron hace muchos años y, con toda seguridad, de manera más suave e incruenta?[5]

Si se toman en consideración las cifras suministradas por las diversas
35 consultas políticas realizadas en los últimos años, la inmensa mayoría del pueblo español se pronuncia de manera inequívoca por un modelo de sociedad como el que suministra la Europa occidental a la que cada día se

siente más afín.[6] De este destino es posible que le aparte un día la fuerza, pero nunca lo harán las urnas.[7] Así que hoy por hoy la democracia y el liberalismo descansan en las cifras más que en esa fuerza interna de cohesión y repulsa a cualquier amenaza de las libertades y que tal vez la ciudadanía española, por demasiado novicia, no ha tenido tiempo de desarrollar y fomentar aún. Y una vez adquirida, a través de futuros ensayos la forma global política que nuestro país ha de adoptar para su mejor convivencia y supervivencia, el fomento y desarrollo de esa cohesión democrática ha de constituir la línea maestra de su evolución hacia una estable madurez. Los adversarios del liberalismo en España barajan muy pocas y simples ideas, pero es preciso reconocer que algunas, a pesar de ser muy antiguas, tienen la suficiente fuerza como para sembrar[8] la duda en algunas personas. De acuerdo con ellas, nuestras tradiciones, nuestro carácter nacional (si es que existe algo tras esa fórmula tan manoseada[9]), nuestra identidad y, en suma, lo mejor que en cada campo España puede ofrecer con sello propio, se halla vinculado[10] a una manera de entender la vida que se distancia de los ideales compartidos por el mundo occidental y hasta puede ser incompatible con ellos. No voy a perder el tiempo en discutir los fundamentos de una opinión que para toda mente culta —y sobre todo en América, donde no existe otra tradición que la democrática— sonará a *nonsense*. Pero para ponderar las numerosas, ancestrales y a menudo ilógicas complicaciones del pensamiento español hay siempre que tener presente que si nos hemos planteado las mismas metas que otros pueblos afines,[11] nuestros métodos y recursos para alcanzarlas han de diferir en muchos órdenes. Somos y seremos un país pobre, habitado por una sociedad heterogénea, con un pie en el progreso y otro en el atraso. Y aquellos que sólo piensan en una España industrial y moderna tan sólo están trasladando a nuestro suelo una hipotética imagen que difícilmente podemos sustentar.

Si, afortunadamente, los que creen que el pensamiento liberal sólo atenta a nuestra originalidad son pocos, por otra parte es necesario reconocer el precio que hay que pagar para disfrutar los beneficios de la democracia. En cuanto país democrático, somos más dependientes de los otros que en cuanto una aislada dictadura. De ser huérfanos[12] nos hemos convertido en los parientes pobres de una familia rica, y en adelante nos será muy difícil refugiarnos en las complacencias sentimentales e intelectuales derivadas de la injusticia. Ya no tenemos motivos de queja, como bajo Franco; ya no tenemos justificaciones para nuestra escasa productividad cultural; ya somos plenamente responsables, y la responsabilidad se acompaña siempre de cierta nostalgia por la inocencia. Estoy absolutamente persuadido de que la lucha de nuestro pueblo contra el totalitarismo ha pasado a la historia y que sólo quedan unas pocas escaramuzas.[13] Pero si por un lado en el futuro no volverá a ser necesario tomar las armas para combatir a los «salvadores de la patria», por otro perdurará la larga e intemporal lucha entre la razón y la pasión —por así decirlo— en tanto una determinada entidad tipológica, en el curso de su propia evolución, se niegue a sucumbir ante las fuerzas de un progreso anónimo.

España continuará siendo un enigma en tanto nuestro futuro político sea dudoso. Mucha gente insatisfecha con los datos suministrados por los

6 *allied*
7 *ballot boxes*
8 *sow*
9 *overly handled*
10 *linked*
11 *semejantes*
12 *orphans*
13 *skirmishes*

JUAN BENET | **383**

pronósticos sociales y económicos, vuelven sus ojos hacia la cultura y el arte en busca de aquella ojeada[14] al futuro que la ciencia rara vez proporciona. De hecho, la tradición, el arte y la costumbre forman entre sí una compleja estructura de conocimiento que, no guiada por reglas permanentes, es capaz de una inexacta intuición que está vedada[15] a la ciencia. La creación, la crítica y la ironía derivan tantas veces de la indignación, la hija sombría de la insatisfacción. El artista está buscando siempre la plenitud del escenario donde vive, y si falta alguno de los elementos primarios de la belleza, su libertad para moverse en ese escenario nunca será completa, atormentado por la obsesiva carencia[16] de algo que incluso puede desconocer. El mal cuyo origen es desconocido —y poco menos que misterioso— sin ser necesariamente incurable es el más inquietante. Y la inquietud del hombre —su incapacidad para gozar de su asiento terrestre con una actitud siempre la misma, su insaciable necesidad de cambio— es quizá el tema de fondo de toda narrativa. Una sociedad absolutamente sedentaria y una cultura que no evoluciona, no producen novelas, sino cuentos de hadas.

Por lo mismo se tiene la tendencia a esperar que todo cambio político inevitablemente tiende a producir un cambio cultural, sobre todo en aquellos casos, como el español, en que el poder entrante libera a la cultura de los grilletes[17] con que la tenía sujeta el poder saliente, enemigo declarado de ella. Esa esperanza, derivada de una visión de la cultura un tanto vegetal,[18] suele verse con frecuencia defraudada. Tras la revolución se abren las puertas de las cárceles, los antiguos enemigos políticos salen a la calle y entre ellos algunos poetas. Pero tras la revolución la poesía ni es mejor ni peor que antes de ella; es la misma. Espero que no se entienda lo anterior como una defensa de la poesía entre rejas, sino tan sólo como una censura de paso a aquellos practicantes de la cultura que al creer que puede ser encarcelada se sitúan al mismo nivel que los carceleros.

Como fuerza política el arte ha sido siempre muy débil; y, cosa paradójica, sólo le temen los políticos llamados fuertes, los amigos de las medidas enérgicas, los que temen la crítica, los que a las palabras sólo saben replicar con la espada. Y cuando la cultura y el arte se ven obligados a tomar sus propias armas para defender sus ideales contra tal agresión, no hacen sino rebajarse,[19] alejarse de sus metas específicas para emprender una lucha de circunstancias, inexistente en una situación normal, contra un enemigo anacrónico. Por eso, no es raro que la producción artística y cultural de todo un país cuyo estamento[20] intelectual se lanza al combate contra el poder establecido, sea de una calidad muy mediocre, lastrada[21] con elementos bastardos y despectiva[22] de todo refinamiento. El arte en esas circunstancias es un capítulo de la lucha política y pertenece a la historia de esa lucha en mucha mayor medida que a la historia del arte. Tal es el caso, a mi modo de ver, de la novela realista de los años 50 y 60, de la poesía social y de la canción-protesta; forman y formarán parte de la historia de la protesta y apenas ocuparán una línea en la historia de la canción. Aparte de eso, nunca será un arte consumado y ni siquiera llegará a colmar sus propios estatutos: su drama es su incapacidad para superar su *leit-motiv*; un simple paseo por los pueblos y suburbios

14 mirada
15 prohibida
16 falta
17 *fetters, shackles*
18 **un...** demasiado sencilla
19 humillarse
20 clase, grupo
21 *ballasted*
22 *contemptuous*

de la España de los 50 era mucho más dramático y sobrecogedor[23] que la
135 lectura de veinte novelas de la así llamada escuela realista.

Me temo que soy incapaz de establecer un vínculo directo entre los
grandes sucesos históricos y las grandes novelas. Son dos series distintas
de acontecimientos y rara vez hay coincidencia entre sus entes[24] más notables. Piénsese en nuestra historia, o en la historia de cualquiera de los
140 países europeos. ¿Es que ha habido una novela del descubrimiento, de la
supremacía española en Europa, de las guerras de religión, de cualquiera
de los grandes movimientos que sacudieron a Europa desde los tiempos
de Cervantes hasta ahora? Si las hubo, que sin duda las hubo, no han entrado en el libro de la historia de la novela; Cervantes, Sterne, Flaubert,
145 Dickens, Proust, se ocupaban de cosas bien distintas, para bien de todos
nosotros, aun cuando sus contemporáneos les pidieran a gritos que
pusieran su atención sobre los tormentosos sucesos públicos de su
tiempo. Así pues, ¿a qué viene esa insistente demanda por la definitiva
novela de la guerra civil española, por la novela del posfranquismo, por la
150 cultura de la próxima década? ¿Por qué esa manía por suministrar[25] al
creador, desde la plataforma del público o la crítica, el motivo de su inspiración o el argumento de fondo de su narración?

Yo no sé sociología ni historia política y el mismo horror que me produce la investigación de las causas sociales del arte me lleva a renunciar a
155 toda clase de pronóstico sobre la evolución de una cualquiera de sus manifestaciones, sea la novela o cualquier otra. Ahora bien, lo que sí me
atrevo a señalar es que en el campo de la creación literaria en España ha
desaparecido un fetiche: el fetiche del antifranquismo, el fantasma de la
liberación que, para bien o para mal, ha quedado relegado a unas cuan-
160 tas escritoras feministas.

Yo creo que unos diez años antes de la muerte de Franco, la gente
más avisada[26] del país empezó a desinteresarse por la lucha contra el caduco[27] régimen y, guardando las apariencias, desvió[28] su atención hacia
el futuro que había de sucederle; por así decirlo, se entró en un pre-
165 maturo y precoz posfranquismo que tenía bastantes premisas estableci-
das cuando se consumó realmente —un 20 de noviembre de grata[29]
memoria— la defunción del régimen. El fantasma que había atormentado de tal manera a la cultura española, desvanecido[30] en buena medida
diez años antes de aquel funeral, había provocado —de manera casi
170 espontánea— un momento de alegría, de súbito renacimiento, de des-
preocupación por el pasado y nuevas aspiraciones, de un regocijado desprecio hacia el catafalco[31] del régimen. En aquellos años la cultura
española tuvo algo de kermesse.[32] Ahora aquello ha pasado, aunque sólo
sea por el hecho de que en nuestro horizonte ya no se vislumbra[33]
175 ninguna posible fiesta. Ni siquiera estoy convencido de que las feministas
creen en su liberación. La avalancha de nuevas libertades ha dado lo que
tenía que dar, y la aparición en la calle de los objetos prohibidos más ha
servido para demostrar la mayoría de edad de un pueblo que vive en su
mayor parte de espaldas a ellos que para animar la emancipación o des-
180 cubrir goces o placeres antes imprevistos. Poco a poco la novela en España, como en cualquier otro país, irá a ocupar su específico lugar para

23 sorprendente
24 entidades, hechos
25 proveer, dar
26 astuta, prudente
27 viejo
28 *turned*
29 agradable
30 desaparecido
31 *catafalque, platform*
32 feria
33 ve

cumplir su específica misión: dar testimonio de la poca fortuna y mucha desgracia que el hombre puede esperar lo mismo en 1980 que en 1680; y que esa pequeña dosis de ventura[34] y esa montaña de infortunio es obra exclusiva de él, de su ambigua naturaleza, de su torpe[35] sociedad y de su insuficiente ciencia.

³⁴ **dosis...** cantidad de suerte o felicidad
³⁵ *awkward, clumsy*

185

✦ Comprensión y expansión

A. Conteste las siguientes preguntas según el texto.

1. Para Benet, ¿cuál es el aspecto más interesante de participar en el simposio?
2. Según Benet, ¿qué ha conservado España que la diferencia de otros países?
3. ¿Cómo ha sido la historia moderna de España? Explique.
4. ¿Qué tipo de sociedad favorece la mayoría del pueblo español?
5. ¿Qué hacen los adversarios del liberalismo?
6. ¿Cómo caracteriza Benet a España? ¿Cree él que será fácil cambiar el carácter del país?
7. Según Benet, ¿que responsabilidad tiene España después de la dictadura?
8. Con respecto al arte, ¿qué busca mucha gente?
9. Según el autor, ¿qué está buscando siempre el artista? Explique.
10. Según Benet, ¿cuál es posiblemente el tema de fondo de toda narrativa? ¿Es razonable suponer que un cambio político siempre vaya acompañado de un cambio cultural?
11. Según el autor, ¿tiene la revolución algún impacto sobre la poesía?
12. Para él, ¿qué tipo de poder político tiene el arte? ¿Quiénes tienen miedo del arte?
13. Según Benet, ¿debe defender el arte sus ideales contra la agresión? ¿Por qué? ¿Cómo es la producción artística en esas circunstancias?
14. ¿Ve Benet un vínculo entre las «grandes» novelas y su contexto histórico? Explique.
15. Según Benet, ¿qué ha desaparecido casi de la literatura en España? Explique.
16. ¿Qué quiere decir el autor cuando habla de un «prematuro y precoz posfranquismo»?
17. Para Benet, ¿cuál es la misión de la novela?

B. Lea las frases siguientes y escriba el antónimo de las palabras subrayadas en los espacios correspondientes.

1. El país tiene un pie en el <u>retraso</u>. _____
2. Ahora se observa cierta <u>inestabilidad</u>. _____
3. Para muchos, España continúa siendo una realidad <u>comprensible</u>. _____
4. Ha <u>perdido</u> la originalidad de su cultura. _____
5. Había que pagar un período de <u>democracia</u> con otro de... _____

6. Una <u>minoría</u> favorece el liberalismo. _____

7. Hay pocos <u>defensores</u> del cambio
   político. _____

C. Complete el párrafo que sigue escribiendo las palabras o frases apropiadas
   en los espacios correspondientes.

Según el autor, España continúa siendo un _____; conserva su poder para el _____ y la _____.
Algunas ideas de los _____ del _____
tienen suficiente fuerza para causar duda en algunas personas. Benet
también dice que el _____ español tiene ilógicas
_____ y que la imagen de una España industrial y moderna es _____. Hay que pagar un _____
para tener los beneficios de la democracia. La _____
contra el totalitarismo es cosa del pasado, pero la lucha entre la
_____ y la _____ va a perdurar.

✦ Temas de discusión o análisis

1. Resuma o comente las ideas principales enunciadas por Benet en «La
   novela en la España de hoy».
2. Piense en la opinión de España que presenta Benet y resúmala brevemente. ¿Está usted de acuerdo con dicha opinión? Explique.
3. ¿Le parece a usted optimista o pesimista el punto de vista de Benet? Comente.
4. ¿Está usted de acuerdo con la visión del arte que tiene Benet? ¿Por
   qué?

✦ Temas de proyección personal

1. ¿Prefiere usted la literatura «realista» o una literatura más mítica y ale-
   jada de la observación detallada de al realidad? Explique su preferencia y dé algunos ejemplos de literatura que ha leído.
2. ¿Cree usted que la cultura norteameriana, expresada en la literatura,
   el cine o la televisión, debe reflejar con exactitud la realidad de la vida?
   ¿Es posible usar la cultura para luchar contra problemas sociales o
   políticos? Explique su opinión.

RAMON SENDER

Nota biográfica

Ramón J. Sender (1902–1982), novelista, ensayista y poeta, nació en Chala-
mera (Huesca) y murió en San Diego (EE.UU.) Fue el más importante de los
novelistas españoles exiliados. Estudió en la Universidad de Madrid y luchó

en la Guerra de Marruecos (1922–1924). Trabajó en periodismo y fue redactor de dos diarios de la capital. Durante la Guerra Civil Española, fue un defensor ardiente de la causa republicana. Sirvió en el ejército republicano y trágicamente, los nacionalistas mataron a su mujer. Algunas de sus obras más conocidas tratan temas de la guerra y tienen un propósito social y comprometido. Al terminar la Guerra Civil, Sender se exilió en Estados Unidos, donde residió hasta su muerte y donde enseñó en varias universidades, siendo la Universidad de Southern California la última de ellas.

El estilo de Sender es tan rico y variado como la gran cantidad de libros que escribió. La primera etapa de su producción literaria data de antes de la Guerra Civil; a ésa pertenecen *Imán* (1930) y *Mister Witt en el Cantón* (1936), con la que ganó el Premio Nacional de Literatura. Entre 1939 y 1965 no se publicaron obras de Sender en España, pero desde 1965 han aparecido más de cincuenta títulos del autor «recuperado»: entre ellos, una serie de novelas agrupadas bajo los signos del zodíaco, las historias de Nancy —una estudiante norteamericana—, varias novelas históricas y muchas obras más. Algunos títulos representativos de la obra senderiana incluyen *El verdugo afable* (1952), *Crónica del alba*, una serie de nueve novelas publicadas en México (1942–1966) y el conocido *Réquiem por un campesino español*, cuya primera edición, titulada *Mosén Millán* (1952) fue prohibida en España. Entre las obras más recientes de Sender figuran *Album de radiografías secretas* (1982) y *Toque de queda* (1985), colección de reflexiones cortas, publicadas póstumamente, que tratan, según el propio autor, «del clamor de la vejez en el crepúsculo de este día solar que es la vida de cada cual». Aunque Sender ya era un escritor popular en los años treinta, se incluye en este capítulo por dos razones: la primera, porque representa a los autores «recuperados» cuyas obras habían sido prohibidas después de la guerra; la segunda, porque pertenece al grupo de los escritores que han publicado sus reflexiones sobre el pasado.

✦ Guía y actividades de pre-lectura

La selección que sigue, «Pablo, el malagueño», es un ensayo que forma parte de *Album de radiografías secretas*, un libro de ensayos en el que Sender mira hacia el pasado, recuerda los acontecimientos vividos y habla de las personas notables que ha conocido. Entre éstas se destaca el gran pintor Pablo Picasso. En «Pablo, el malagueño» se nota el talento del escritor para captar lo esencial de la persona que describe. En 1981 se celebró el centenario del nacimiento de Picasso y, ese mismo año, se inauguró la exhibición de *Guernica*, el cuadro más controversial de Picasso, en Madrid. El cuadro, que había estado previamente en Nueva York, pertenece al Museo del Prado desde 1981, y se exhibe de manera permanente en el Museo de la Reina Sofía. Por su carácter controversial, está protegido por una barrera de vidrio a prueba de balas.

1. ¿Ha leído usted las memorias de algún otro escritor o de alguna persona importante? ¿De quién? ¿Le gusta ese género de literatura? ¿Por qué? Comente.

2. Lea el título del ensayo. ¿Qué sabe usted sobre la ciudad de Málaga? En un libro de referencia, busque un artículo sobre Málaga y resúmalo para la clase.

3. Busque un artículo sobre el arte de Picasso, léalo y dé un breve informe oral en clase.

Pablo, el malagueño

¿Otra vez? Picasso ha sido y será siempre tema de actualidad. De actualidad palpitante, como decían nuestros abuelos en los tiempos en que la actualidad palpitaba. Es decir, antes de la televisión.

En todas partes se organizan exposiciones y todo ese movimiento en-
5 tusiasta no es sino el comienzo de lo que va a ser la celebración del centenario del nacimiento de Picasso en Málaga, una de las ciudades
mediterráneas de moda.

Porque las ciudades tienen modas, también. Las del Mediterráneo francés pasaron hace tiempo a la historia con excepción de alguna, como
10 Cannes, en cuyos alrededores, por cierto, vivió Picasso los últimos años de su vida. Los pintores suelen ceder su aureola a la ciudades. Así Tiziano[a] en Venecia, Velázquez[b] y Goya[c] en Madrid, El Greco[d] en Toledo.

Yo conocí personalmente a Picasso, como he dicho en páginas anteriores. Era el hombre menos consciente de su propia importancia que se
15 puede imaginar. Era un genio, desde luego, pero como he dicho otras ve-
ces, todo el mundo al nacer es un genio y sigue siéndolo durante su vida. Unos lo expresan pintando, otros escribiendo poesía o componiendo música, algunos promoviendo doctrinas políticas o filosóficas o creando estructuras matemáticas. La inmensa mayoría deben poner su genio en su
20 labor diaria y en la compleja tarea de establecer y condicionar sus recipro-
cidades con los demás.

Tú también eres un genio, lector amigo o enemigo. Y yo.

Todo el mundo es excepcional. En un sentido positivo o negativo. Menos los deficientes mentales que, no pudiendo tolerarse a sí mismos,
25 se dedican a escribir anónimos. Ahora bien, si todo el mundo es excep-
cional y todos tenemos genio resulta que (por la ley de la más elemental

---

[a] El pintor italiano Tiziano (¿1488?–1576) fue el máximo representante del Renacimiento vene-
ciano.
[b] El gran pintor barroco español Diego de Velázquez (1599–1660) fue muy conocido por la maravillosa ejecución de sus obras, especialmente *Las Meninas*, su obra más famosa.
[c] El famoso pintor español Francisco de Goya (1746–1828) fue el precursor de la pintura moderna.
[d] El famoso pintor Doménico Theotocopulos, conocido como El Greco (¿1541?–1614), nació en Creta, pero vivió y trabajó en Toledo. Ganó fama por la originalidad de sus obras.

dialéctica) todos somos iguales. Aunque algunos más iguales que otros, como decía Orwell.[e]

[1] evidente, obvia
[2] *advantage, gain*
[3] **se...** *turned a whit from*

30 Picasso logró expresar su excepcionalidad con la pintura. En su caso, como en el de cada cual, se trata de interpretar la realidad que vive y hacerla patente[1] a los demás: «Yo no tengo la culpa —decía— de ver más que los otros». Así de simple suele manifestarse el artista.

El Greco decía también cosas elementales: «La pintura es cosa de la mente». Todo es cosa de la mente, claro, en materia de expresión. Picasso 35 lo prueba mejor que ningún otro pintor en nuestros días. Pudiendo pintar como Velázquez o como Rafael,[f] pinta sin embargo telas tan excepcionalmente chocantes como *Les demoiselles d'Avignon*.[g] Podría haber pintado lo mismo la *Concepción* de Murillo[h] o el *Cristo* de Zurbarán.[i] Pero estaban ya pintados, y la realidad que nos rodea a todos es infinitamente 40 variable e igualmente sugestiva en sus variaciones.

Pintó Picasso la suya sin preocuparse de tendencias ajenas, de modas o de corrientes en boga. El creó las tendencias, las corrientes y las bogas y todas se llamaban Picasso. No era dueño de su pintura sino esclavo. «La pintura me domina y me tiraniza», decía. Esa tiranía de la expresión, 45 cuando uno acierta a expresarse, es la única tiranía placentera.

Pocos hombres fueron tan felices como Picasso, ciertamente. Aunque todos tengan en su excepcionalidad y su genio natural las mismas posibilidades. Lo curioso de Picasso es que fue igualmente feliz en sus tiempos miserables del Bateau Lavoir.[j] Allí conoció todas las molestias de la po-50 breza, aunque no la soledad porque siempre tuvo al lado una mujer hermosa. Más tarde, y en los años de mayor esplendor y celebridad —cuando, como solía decir, todos los días ganaba el primer premio de la lotería—, no cultivaba lujo alguno.

Eso de la lotería lo decía riéndose y burlándose de su propia fortuna.

55 Vivió siempre igual. Nunca dio un paso por estímulos de provecho[2] económico, pero tampoco se desvió un ápice de[3] la dirección de su gozosa esclavitud. ¿Hay algo más glorioso que aceptar a expresar cada cual por sus propios medios ese genio que a todos nos ha dado Dios al nacer?

A los ateos igual que a los místicos de Avila o de Salamanca. Y 60 cualquiera que sea el templo de nuestra fe o de nuestro escepticismo.

Conocí a Picasso en París, cuando estaba pintando el famoso *Guerni-ca*[k] y era realmente el hombre que había imaginado a través de su obra.

---

[e] El escritor inglés George Orwell (1903–1950) fue el autor de *Animal Farm*, *1984* y muchas otras obras.

[f] El pintor y arquitecto italiano Rafael (1483–1520) es un representante del Renacimiento.

[g] *Les demoiselles d'Avignon* fue el primer cuadro cubista de Picasso y causó mucha controversia.

[h] Murillo (1617–1682), pintor español, fue autor de muchos cuadros místicos como *La Inmaculada Concepción*.

[i] El pintor español Francisco de Zurbarán (1598–1664), autor de obras religiosas, fue conocido por su impresionante realismo.

[j] Bateau Lavoir es el nombre de la casa en París donde vivió Picasso y donde se reunieron pintores y poetas.

[k] Este cuadro lleva el nombre del pueblo vasco de Guernica, cuya destrucción en 1937, durante un bombardeo aéreo, inspiró a Picasso.

Un hombre sencillo e incluso humilde identificado con su propia realidad secreta y tratando de incorporarla a esas zonas de la sensibilidad ciudadana en las que todo el mundo coincide. No era fácil, claro.

Uno de los pintores más viejos y más cerrilmente académico me dijo delante de *Les demoiselles d'Avignon*:

—Yo no firmaría eso, pero el que lo ha hecho sabe todo lo que se puede saber de pintura en este mundo y en el otro.

No es fácil para cada cual expresarse enteramene. Picasso lo consiguió y su victoria es la más completa, sonora y resonante en la historia de las artes y en todos los tiempos y países. Sin deterioros de vejez, desencanto o fatiga, porque a los noventa años pintaba con la misma dedicación entusiasta que a los veinte. El único visitante a quien permitía entrar en su estudio (cuya llave llevaba en el cinto) era una cabra[4] que por cierto ensuciaba la escalinata[5] de mármol de su villa La California.

Las calas[6] del Mediterráneo son calientes como hornos, aunque no tanto como las Californias del Pacífico. El nombre, además, tiene antecedentes en los libros de caballerías como los tienen algunos lugares de *El Quijote*. También amaba Picasso a su Dulcinea y era España por la cual ganó batallas memorables. Esta del *Guernica* es la más famosa y también la más controvertible. Como siempre, después de las batallas unos dicen que sí y otros que no. Y todavía hay otra clase de genios naturales que no discrepan ni asienten[7] sino que dicen como suele decir la naturaleza y el universo entero: quizá.

En eso estamos. Quizá. A propósito, el cuadro de *Guernica* debe quedar incorporado al Museo del Prado como quería Picasso. En la capital de España donde dos millones de españoles arriesgaron la vida voluntariamente durante casi tres años por las libertades populares incluidas las de los campesinos y los obreros de Euzkadi.[l]

No es fácil hablar de pintura contemporánea sin pedantear[8] con lugares comunes académicos, que es lo que han hecho todos, especialmente André Malraux,[m] en Francia. Afortunadamente, esos lugares comunes se renuevan con cada generación o, al menos, con cada siglo; de otra forma las academias serían de una esterilidad culpable, ya que la vida es movimiento, evolución y cambio.

Es decir, creación en la medida precaria en que nos es posible a los hombres frente a la inaccesible y secreta mecánica activa del universo. Del prodigioso universo en el que estamos integrados no sabemos todavía cómo, aunque todos los artistas tratan de averiguarlo dándonos su interpretación colorista, estructural, filosófica, vibratoria (musical), religiosa o poética.

Bajo el elocuente silencio de Dios, en el que nos hacemos la ilusión de descansar cuando no podemos tolerarnos a nosotros mismos fatigados, además de nuestros vanos intentos de tolerar a los otros.

[4] *goat*
[5] escalera exterior
[6] *coves*
[7] **no...** *neither disagree nor agree*
[8] *being pedantic*

---

[l] Euzkadi es el nombre vasco de las provincias vascas.

[m] André Malraux (1901–1976) fue un escritor francés comprometido. Fue autor de novelas y escritos sobre el arte, y Ministro de Cultura durante el gobierno del general Charles de Gaulle.

Tal vez uso la palabra *pedantería* de un modo inadecuado y no se trata sino de esos críticos que tienen la obsesión de parecer más sofisticados que el objeto de nuestro análisis.

Si se observa un poco se verá que ya no digo sino opiniones naturales y elementales (sin cuidado mayor del estilo) que no pueden menos de ser dichas.

La parte biográfica de Picasso es archisabida.[9] Nació en Málaga, fue muy joven a Barcelona. Su padre era un pintor con más oficio[10] que talento, de quien aprendió Pablo, en plena infancia, a dibujar, escultar en yeso[11] objetos, figuras humanas del natural y muchas cosas para olvidarlas después, pero que están presentes en el olvido y que tienen una parte (por acción secreta, pero segura) en la maestría de 1903 y en la de 1910, y de 1925 y en las sucesivas fases por las que Picasso pasa.

Picasso tuvo la academia en casa de sus padres, y tal vez al volar por sus propios medios y rechazar la familia, con ella rechazó todo lo demás. En la familia estaban implicadas les leyes de la perspectiva y las del modelado y modulado y también las de la composición y el encuadre[12] y las de la temperatura y los tonos y el claroscuro. Y el rojo mercurial o hidrogenizante.[13]

Estas cosas hay que olvidarlas en la pintura moderna, pero para olvidarlas hay que haberlas sabido antes y ésa era una de las ventajas de Picasso. Al olvidarlas conocía muy bien los valores de cada omisión (de la ausencia de cada norma). Picasso está formado cuando a fuerza de dibujar desde los cuatro años ha aprendido no sólo a ver las cosas (las formas), sino también, y sobre todo, a amarlas sin relación con esas estructuras que en El Greco se llaman *el alma* y en Goya «la atmósfera» y que los dos creaban a fuerza de color. Pero si reflexionamos despacio, el alma no es en El Greco sino un producto intelectual y en Goya la atmósfera es también una idea cuya violencia destruye y rebasa[14] cualquier clase de sentimiento. Como decía también Leonardo,[n] «pintar es cosa de la testa».[15] A pesar de las embriagueces[16] venecianas.

En ese sentido, Picasso los rebasa a todos. Incluido el «intelectual» Velázquez. Para Pablo el de Málaga pintar era cosa de la *testa* y de los testes.

Será bueno decir algo sobre la persona. Yo lo conocí, a Picasso, aunque por la violencia de las condiciones de la vida, en París, después de la guerra civil, y la necesidad para cada cual de asegurarse una tabla flotante, nuestros encuentros eran ocasionales. Sin embargo, yo no busqué a Picasso, sino él a mí, según ya dije.

La impresión de Pablo Picasso viniendo al escenario de un teatro a felicitarme no puede ser de mucha importancia. Sin embargo, él parecía también impresionado. Me apretó la mano con fuerza. Me dijo palabras de una grande y tal vez tímida sinceridad; yo le contesté dándole las gracias y añadí que, naturalmente, conocía su obra y tenía por ella el mayor respeto y también el más sincero entusiasmo.

---

[n] Leonardo da Vinci (1452–1519) fue el gran arquitecto y pintor italiano —genio del Renacimiento—, y artista de *La Gioconda* y *La última cena*.

9 muy conocida
10 diligencia (lit.: *trade, craft*)
11 *plaster*
12 enfoque de un cuadro
13 *hydrogenating*
14 *exceeds*
15 la cabeza
16 *inebriations*

He hablado de timidez. Y es verdad. Es Picasso el único hombre pequeño (más pequeño que yo, que no soy ningún gigante) entre los que conozco, que no trata de alzarse nunca sobre las puntas de los pies. Y en cuanto a su timidez era cierta y genuina, porque era de la misma clase que la timidez mía y se producía en las mismas circunstancias. Picasso no es tímido delante de un emperador ni delante de un león o de un toro bravo (yo tampoco). Ni él ni yo somos tímidos delante de una mujer hermosa. Podemos hacer lo que haga el hombre más desenvuelto[17] y decidido del mundo. Pero hay dos o tres cosas difíciles para nosotros. No podemos acercarnos al *comptoir* de un hotel de lujo sin sentirnos nerviosos ante la mecánica cortesía del *teller* de turno. No podemos tampoco dar la mano uno tras otro a todos los enlutados[18] y graves familiares de un muerto, después del entierro. Y tal vez (aquél era el caso) es difícil, con los nervios estremecidos[19] por el espectáculo reciente de la escena, entrar con otros en el escenario y decir a un autor o a un director las palabras de felicitación adecuadas. Yo vi que Picasso tenía la misma clase de timidez que yo y eso me hizo sentirme más cerca de él y de su obra. Fue aquello como una secreta revelación. Picasso no sólo era un ser humano, sino que tenía algún rasgo de carácter común conmigo.

En aquellos días turbios de París, una evidencia tan valiosa me confortaba de veras. Había, además, otra cosa aparentemente frívola: Picasso y yo nos parecemos físicamente. Tenemos tal vez los mismos orígenes ibéricos broncos,[20] cálidos de piel, con nariz no aguileña[21] (tampoco roma) y hay en los dos una especie de nervioso, raro y arriesgado sentido de la fatalidad. Como yo doy al carácter de la gente un sentido trascendente, creo que de los dos el más *buena persona* en todos los sentidos (camaradería, honestidad mental y formal, generosidad, etcétera) era Picasso. Por eso tal vez ha sido más feliz. Lo merecía.

Envidiable vida la de Picasso y no por su riqueza (no vivía *como un rico*, lo que en un hombre que tantas cosas tiene, además de dinero, sería imperdonable) ni por su fama, que es también cosa objetiva y secundaria en la vida de los hombres. Al torero le gusta que lo señalen con el dedo, en la calle, pero a un hombre de cierta complejidad y delicadeza moral le molesta. Lo que yo envidio de Picasso es el ajuste cabal[22] y exacto entre lo que sentía y lo que pensaba, entre lo que pensaba y lo que hacía y entre lo que hacía y lo que soñaba. Prodigiosa unidad en la cual además le ayudaba una comunidad de familia, amigos y devotos que confortaban su ánimo de español capaz de grandes emociones.

Porque a pesar de lo que el artificioso Eugenio D'Ors° dice sobre el pintor, Picasso tiene un corazón mejor tal vez que la mayoría de nosotros, y por eso (por miedo a sacarlo a la intemperie[23]) no lo ha puesto en su obra, aunque se puede presentir en seis u ocho retratos de alguna de sus esposas o alguno de sus hijos.

La impresión que me hizo Picasso fue la de una disposición a la familiaridad (a la intimidad amistosa), por la que siempre le estaré agradecido.

° Eugenio D'Ors (1882–1954) fue un ensayista y crítico de arte.

[17] audaz, determinado
[18] *mourning*
[19] *shaken*
[20] *coarse, rough*
[21] *shaped like an eagle's beak*
[22] **ajuste...** equilibrio total
[23] **a...** dejarlo al descubierto (por un sentido de vulnerabilidad)

El era ya muchas veces millonario, famoso en el mundo entero y fuerte detrás de la trinchera[24] poderosa de su nombre. Yo era pobre, exiliado, inseguro en mis pies y casi desconocido. Y él vino a mí, me dijo palabras generosas y me mostró en la mirada, el gesto y el acento algo que en aquel instante fugaz nos identificaba. Al lado estaba el poeta Juan Larrea,[P] impávido,[25] con su cara de *clown* de altura (el del traje de luces, no el grotesco) y su perfil de medalla romana.

No lo olvido a Picasso. Mi gratitud para él consiste en que se me mostraba como el reverso del fantasmón. Todos estamos hartos de medianías[26] que juegan a los dioses, a lo Júpiter tonante, sobre todo en la América hispana de nuestros pecados.

Lo demás de la vida de Picasso cuando ascendió al nivel de figura pública, cuyo mito crecía y se extendía a diario, es conocido. Pintó para los ballets rusos, pasó por todas las escuelas de vanguardia, sin abandonar el cubismo, intentó la escultura. Hizo un poco de surrealismo, y cuando menos se esperaba salía con una colección de dibujos de orden clásico. En todos sus lienzos[27] había, cualquiera que fuera la escuela y la tendencia, la huella de la garra del león.[28]

La verdad es que Picasso se divertía honestamente. ¿Puede esperarse algo mejor de un artista?

El secreto de Picasso consiste en una simplicidad no advertida antes. Es decir, que es el caso eterno del eterno inconsciente revelado a medias por la naturaleza exterior e interior y entrevisto en el lugar y en el momento en que ambas coinciden. «Yo no tengo la culpa de ver más que los demás», decía, y tenía razón. Lo que uno lleva dentro se une con las imágenes exteriores y en el lugar del reunirse producen una misteriosa síntesis. Esa síntesis en el siglo XVI era mística. En el siglo pasado era racionalista y rebelde. En nuestros días el artista parte de la perplejidad interior y va a dar en la perplejidad exterior (como la poesía lírica de hoy), pero la expresión de las dos en el lugar y en el momento donde se juntan produce una evidencia nueva, fría y trascendente. La influencia de esa síntesis picassiana ha sido notable y seguirá siéndolo en las generaciones futuras.

El dejaba adivinar su proceso gestatorio cuando decía que «lleva mucho tiempo aprender a pintar como un niño».

Desde 1923 a 1936, tal vez Picasso da a toda su producción un carácter de gozoso juego con las formas sin limitaciones ni fines previstos. Esto sería peligroso y tal vez ruinoso para un artista que no estuviera tan seguro de sus medios. En esa época nadie sabe qué hacer para seguirle porque aparentemente Picasso se contradice constantemente. Sus *contradicciones*, como las de la naturaleza misma, son creadoras y fecundas. Es Picasso el pintor que menos se repite y, sin embargo, sus rasgos menores son siempre inconfundibles y sólo pueden ser suyos. Se le imita, pero no se le iguala. Hay una dosis de invención inesperada, de violencia y de «salto en el vacío» que sólo él osa[29] y sólo él conoce. Y de la cual sólo él se salva.

[P] Juan Larrea es el poeta español, precursor del movimiento ultraísta.

[24] defensa (lit.: *trench*)
[25] *dauntless*
[26] **hartos...** *fed up with mediocre people*
[27] *canvases*
[28] **la huella...** *the track of the lion's paw*
[29] *dares*

30 *clever*
31 *feigned*
32 *poison*
33 *workshop*
34 *tools*
35 *good choices*

Por entonces a Picasso se le considera como el modelo del artista *puro* en el mundo entero y es un ejemplo y una meta para todos los demás. Los precios de sus cuadros oscilan ya entre cuarenta mil y cincuenta mil dólares, es decir, millones de francos. En los años de la segunda guerra (que se aproximaban) Picasso podría ganar a voluntad, en una semana, mil millones de francos. Devaluados y todo, mil millones eran una bonita suma en un país donde otros pintores de talento vendían sus telas todavía en ocho o diez mil. En fin, Picasso es ya el prodigio indiscutido. Pero pocos pintores han sabido recibir el éxito, digerirlo de un modo más inteligente y sobrio. En esa ejemplar sobriedad se ve el estoico español milenario, muy anterior a Séneca^q y tal vez a Zenón de Citio.^r Porque ya por entonces había colonias íberas en Mileto^s que emigraron a Irlanda y, al parecer, imprimieron en la idiosincrasia del país formas de cultura que han durado hasta hoy, entre ellas el individualismo peliagudo[30] que tenían los tres dioses de nuestra mitología artística: El Greco, Goya y Picasso.

Volviendo a referirnos al aspecto económico, Picasso solía decir, con una inocencia no fingida:[31]

—No comprendo lo que sucede. Es como si cada día me tocara el premio gordo de la lotería.

Es tal vez Picasso el artista a quien más admiro. Mi admiración excluye la reverencia y está hecha de comprensión y respeto. ¿No es bastante? No pretendo que todos estemos de acuerdo. Según el aforismo de Hipócrates,^t lo que alimenta a un hombre puede envenenar[32] a otro.

En primer lugar, admiro en Picasso su dedicación de hombre de taller[33] que me recuerda a los artesanos españoles tan amantes de su trabajo. Después su técnica, sus herramientas[34] sabias, su maestría, que le permite hacer del trabajo creador un juego. Un juego —entendámonos— que revela una ansiedad libre y flotante a la que hay que someter por la disciplina intelectual.

Luego admiro su talento y creo comprender su genio en todos los aspectos. El genio no es una facultad digna de admiración, porque se tiene o no —de un modo natural— y no representa mérito, sino naturaleza.

Pero comprender a un hombre de genio es meritorio en nosotros y delicado y frecuentemente difícil. Comprender a Picasso en todas sus vacilaciones, aciertos,[35] búsquedas, contradicciones y victorias es una tarea compleja y llena de estímulos secretos y de tácitas y brillantes y gustosas compensaciones. Son los efectos *placebos* del viejo latín y de la moderna psiquiatría. La palabreja quiere decir *voy a sentirme bien.* Nada más. Y ¿no es bastante?

Todo lo que puedo saber de pintura lo he aprendido tratando de averiguar en qué consiste la visión desequilibrada de algunos cuadros de

---

^q Séneca (¿4?–65 d. de J. C.) fue un filósofo romano nacido en Córdoba.

^r Zenón de Citio (siglo IV a. de J. C.) fue un filósofo griego y creador de la escuela filosófica estoica.

^s Mileto era una antigua ciudad de Asia Menor en la costa del mar Egeo.

^t Hipócrates (¿460?–377 a. de J. C.) fue un famoso médico griego.

Picasso y el *ingrato deleite*[36] de otros y todavía la perplejidad —y neblina[37] cerebral— en que algunos nos sumen. Cuando acaba uno por asimilar todo eso, ¡cómo se enriquece!

285 A veces llegaban de París dos hijos de Picasso: Claudio y Paloma, hermosos, llenos de vida, con sus nueve o diez años. Eran hijos de una esposa anterior. En verano iban a pasar las fiestas con el padre. El orden de la casa cambiaba. Se convertía en un gimnasio o en un teatro para niños. Bailes indios alrededor de la mesa, el niño disfrazado de *clown*, el padre
290 saliendo por detrás de un bastidor[38] con una flauta para aumentar el jolgorio.[39] Luego el niño boxeando con el padre en el estudio. Se organizaban a diario excursiones a las playas.

Claudio y Kathy andaban en sus bicicletas. Paloma se quedaba después de comer en la mesa con su padre. Y dibujaban y pintaban allí los
295 dos uno al lado del otro. Comentaban el uno la obra del otro de igual a igual. A veces la niña (ocho años) daba consejos a su padre, quien la escuchaba con atención. Más tarde, cuando se quedaba solo, Picasso pensaba en aquellos niños como solemos pensar todos ahora. Sus reflexiones debían de ser las mismas. Nuestros hijos estarán en plena y saludable
300 madurez cuando comience el año dos mil. ¿Qué clase de monstruos habrá en ese año dos mil en esta tierra? Y ya no estaremos nosotros, los padres. Y los arlequines no serán tan amistosos tal vez como ahora.

Todos los valores habrán cambiado. ¿Serán mejores o peores?

Hablando de la vida —así, en general— como tantas veces hablamos
305 los hombres, Picasso no decía que era buena ni mala, lógica ni absurda. Pero decía con un extraño brillo en los ojos: «Es una cosa muy rara, la vida». He ahí una opinión que en otro sería sólo sorprendente e intrascendente, pero que en Picasso es fascinadora. La vida es una cosa que hay que amar con un raro amor, porque ella es rara también. Con un
310 raro, paciente y atento amor. Sin perder minuto, ni detalle, ni sombra. Sin perder un aliento[40] ni una voz. La vida es rara, profunda e inextinguible. Yo no hay que tomarla a broma. Picasso, a pesar de las apariencias de su obra, es uno de los artistas de todos los tiempos que la han tomado más en serio, a la vida. Y la vida le devolvía su reverencia.

315 Como decía el fotógrafo visitante, la casa de Picasso era tal vez la casa más feliz de la tierra. La merecía, probablemente, Picasso. Su vida es un ejemplo de honesta y profunda dedicación. Y esas cosas, el azar,[41] la providencia, los hados[42] o Dios las retribuyen. Cuando se ve una vida como la de Pablo Picasso uno está tentado de creer en ambas justicias, la inma-
320 nente y la trascendente, que no son, desde luego, las de los jueces. Un hombre subordinado con una humildad inteligente a la expresión de su naturaleza secreta, merece que la gente hable de su casa diciendo que es la más feliz del mundo. Y es muy probable que lo sea. ¿Por qué no?

Como otros españoles, la impresión que da Picasso (que damos todos,
325 en un nivel u otro) es la de un animal de Dios. Un ser con una tremenda animalidad antigua, tremendamente sublimada.

Un animal con dimensiones metafísicas, claro.

Ahí (en lo metafísico) es donde el artista genuino español se revela naturalmente. Pero a través de las cosas, que no son sino pretextos. Lo

[36] **ingrato...** placer desagradable
[37] *fog, mist*
[38] *canvas stretcher*
[39] *merrymaking*
[40] *breath*
[41] *chance*
[42] *the fates*

43 *mastery*
44 *easel*
45 *snail*
46 *transparent*
47 *curved*
48 seca

330 que une, pues, a El Greco, a Goya y a Picasso no es su sentido del color
(que en Goya y El Greco es muy parecido) ni tampoco su sentido estructural (aunque a veces el de El Greco y Picasso se parecen), sino el callado,
sereno y profundo señorío[43] de una realidad en la que se apoyan para dar
el salto hacia el vacío. Es decir (para expresarlo con una sola palabra), lo
335 sobrenatural. Dicen algunos refranes españoles con estas u otras palabras,
que el que no es más que hombre, no es hombre siquiera. (Una expresión
estoica.)

Así pasa con la naturaleza en el arte hispánico. La naturaleza debe ser
sobrenatural para existir (para que nosotros la tomemos en serio). Esa di-
340 mensión sobrenatural es tan fuerte en Picasso que su esfuerzo frente al caballete[44] (su único esfuerzo, ya que domina desde joven los medios físicos
y mecánicos de expresión) consiste probablemente en no poner demasiado énfasis en lo sobrenatural. En seguir con un pie desnudo en la realidad aparente que es exclusivamente suya porque no existe otra realidad
345 que la que nosotros fabricamos conscientemente o no. Y mantenerse más
de ochenta años a pesar de todo, plausiblemente, en ella.

Como El Greco y Goya, se desenvuelve Picasso muy a gusto en el
camino de lo real absoluto. De un modo u otro a ese campo tendemos la
mayor parte de los españoles.

350 Lo demás —todo lo demás— no importa. Nada importa nada. Los
acontecimientos históricos más graves y sensacionales no importan nada
cuando estamos en ese plano tan caro a los españoles «de creación», entre los cuales yo estoy de buena fe con merecimientos o sin ellos y en
donde un caracol[45] buscando la lluvia, una niña de ocho años dándonos
355 consejos, una arañita colgada de un hilo diáfano,[46] la mirada de un perro,
el silencio de un anciano, el más mínimo reflejo de la luz en el vaso, en la
pluma de un ave, en la frente combada[47] de un bebé o en los ojos vívidos
de la mujer nos llaman al orden. Al orden secreto. Al tremendo orden secreto de una naturaleza que nadie más que nosotros ve. Esa naturaleza
360 donde todo se agosta,[48] decae y muere por su turno, menos ese absoluto
real del que hablo y que Picasso, Goya y El Greco expresaron a su manera
y nosotros tratamos de entender a la nuestra.

Y en el cual ojalá estemos tú, lector, y yo también integrados.

California, 1981

✦ Comprensión y expansión

A. Conteste las siguientes preguntas según el texto.

1. ¿Qué dice el autor sobre el talento natural de todos nosotros? ¿Está
usted de acuerdo con él?
2. Según Sender, ¿cuál fue el trabajo de Picasso? ¿Qué dijo Picasso de su
arte?
3. Según el autor, ¿qué dijo El Greco de la pintura?
4. De acuerdo con el ensayo, ¿fue influido por las modas Picasso? Explique.

5. ¿Cómo vivió Picasso? ¿Fue feliz? Explique.
6. ¿Cuándo conoció Sender a Picasso? ¿Cómo era el artista en esa época?
7. ¿Cómo era Picasso a los noventa? ¿Qué hacía?
8. ¿Qué dice Sender sobre el cuadro *Guernica*?
9. ¿Cuál es el peligro al hablar de «pintura contemporánea»? ¿Por qué?
10. Según Sender, ¿en qué sentido era tímido Picasso?
11. ¿Qué tenían en común el artista y el autor?
12. Al conocerse, ¿eran muy diferentes? ¿En qué se diferenciaban?
13. Según Sender, ¿cuál fue el secreto de Picasso?
14. ¿Cómo reaccionó el artista frente a su éxito durante los años cuarenta?
15. ¿Qué admira Sender en Picasso?
16. ¿Cómo trataba Picasso a sus propios hijos cuando lo visitaban? ¿Cuál de ellos es famoso(a) hoy en día?
17. En general, ¿qué se decía de la vida de Picasso? ¿Y de su casa?
18. Según Sender, ¿qué une a Picasso con otros pintores españoles? Explique.

B. Todos los sustantivos de la columna izquierda provienen de «Pablo, el malagueño». Escriba los adjetivos correspondientes en los espacios indicados.

1. choque   _____
2. entusiasmo   _____
3. memoria   _____
4. naturaleza   _____
5. felicidad   _____
6. sugestión   _____
7. culpa   _____
8. filosofía   _____
9. timidez   _____
10. sorpresa   _____

C. Indique si los comentarios que siguen reflejan correctamente o no el contenido del texto. Escriba **V** (verdadero) o **F** (falso) en los espacios correspondientes. Si lo que lee es falso, corríjalo.

_____ 1. Sender conoció personalmente a Picasso.
_____ 2. Lo conoció en Madrid.
_____ 3. Picasso nació en Salamanca.
_____ 4. Fue un hombre bastante alto.
_____ 5. De manera regular, una cabra solía entrar en el estudio de Picasso.
_____ 6. Picasso y Sender se parecían físicamente.
_____ 7. El artista era un hombre muy orgulloso.
_____ 8. A los ocho años Paloma Picasso pintó con su padre y le dio consejos.
_____ 9. Picasso era millonario.
_____ 10. Vivió en los alrededores de Madrid durante los últimos años de su vida.

✦ Temas de discusión o análisis

1. Resuma o comente la biografía de Picasso según la versión de Sender.
2. Explique cómo, según Sender, Picasso se distingue de otros artistas.
3. Analice la descripción de Picasso con atención al talento literario de Sender. Fíjese en los detalles que captan lo esencial de la personalidad del pintor.
4. Según Josefa Rivas Crespo, especialista en Sender, el novelista conoció la técnica de la pintura. En su tesis doctoral («La senda de Sender», Universidad de Valencia, 1964) afirma que los recuerdos del escritor van unidos «al color que dan enorme luminosidad a las descripciones». Comente esta observación con respecto al ensayo «Pablo, el malagueño».
5. Estudie el cuadro *Guernica*, reproducido en la página 332 de esta antología. Teniendo en cuenta la biografía del autor y el ensayo que ha leído, ¿por qué cree usted que le interesó ese cuadro? Explique.
6. Analice la actitud del narrador hacia su lector(a).

✦ Temas de proyección personal

1. Comente la opinión de Sender de que «todo el mundo es excepcional».
2. ¿Le gusta a usted el arte de Picasso o prefiere un arte más tradicional? Si le gusta el de Picasso, defiéndalo contra los críticos. Si no le gusta, escoja otro(a) pintor(a) y defienda su obra como superior a la de Picasso.
3. Describa a alguna persona famosa. Trate de imitar la técnica literaria de Sender.

CARMEN MARTIN GAITE

Nota biográfica

Carmen Martín Gaite (1925–), novelista, cuentista, ensayista, historiadora, dramaturga y guionista, es una de las figuras más importantes de la generación de medio siglo. Nació en Salamanca y pertenece a una familia próspera y culta. Después de graduarse de la Universidad de Salamanca en 1948, se trasladó a Madrid para hacer estudios doctorales de historia y de filología. Sin embargo, interrumpió sus estudios durante veinte años para dedicarse a otra carrera: la de escritora de ficción. En la capital, formó parte de un grupo universitario que incluía a algunos de los escritores más importantes de la posguerra, proponentes del género de la «novela social», narrativa realista de propósito crítico, dedicada a la transcripción testimonial de la realidad social e histórica. Entre esos escritores estaban Ignacio Aldecoa,

Medardo Fraile, Alfonso Sastre, Jesús Fernández Santos y Rafael Sánchez Ferlosio. Martín Gaite se casó con Sánchez Ferlosio en 1953, pero se separaron en 1970 y finalmente se divorciaron en 1987. Esta separación y la muerte de sus dos hijos la acostumbraron a la soledad, un tema recurrente de sus obras. La producción literaria de Martín Gaite durante esos veinte años incluye *El balneario* (1954), que obtuvo el Premio Café Gijón; *Entre visillos*, ganadora del Premio Nadal en 1957; *Las ataduras* (1960); *Ritmo lento* (1962); *Retahílas* (1974); *Fragmentos de interior* (1976); y *El cuarto de atrás* (1978), con la que ganó el Premio Nacional de Literatura y le aseguró la atención del público y de la crítica internacionales. Martín Gaite volvió a su doctorado durante los años sesenta, lo terminó, y en 1969 publicó su tesis en forma de biografía histórica con el título *El proceso de Macanaz: Historia de un empapelamiento;* volvió a publicarse en 1975 bajo el título *Macanaz como otro paciente de la Inquisición.* El trabajo histórico-literario de Martín Gaite ha producido también *Usos amorosos del dieciocho en España* (1972), *Desde la ventana* (1987) —estudio sobre las escritoras españolas—, y *Usos amorosos de la postguerra española* (1987), que obtuvo el Premio Anagrama de Ensayo. En 1992 publicó su novela *Nubosidad variable* y en 1994 apareció otra novela, *La reina de las nieves.*

✦ Guía y actividades de pre-lectura

En la selección que sigue, el prólogo a *Usos amorosos de la postguerra española*, Martín Gaite entrelaza sus reflexiones sobre la génesis de ese libro con al-

El rey Juan Carlos, la reina Sofía y su familia en las bodas de la Infanta Elena y Jaime de Marichalar, Madrid, 18 de marzo de 1995.

gunos recuerdos suyos de la época posterior a la Guerra Civil Española. Los temas frecuentes en sus obras novelescas —la búsqueda de la autenticidad, el enfrentamiento de lo convencional, la incomunicación y la soledad— no están totalmente ausentes en sus escritos de no ficción. Para esta escritora, que ha producido textos históricos además de obras de no ficción, los límites entre la novela y otros géneros en prosa son ambiguos. En *Usos amorosos de la postguerra española*, aplica su talento narrativo a asuntos tanto históricos como personales. Examina el fondo histórico-político de la posguerra con particular atención a su impacto sobre la vida amorosa e incluye sus recuerdos y reflexiones personales.

1. Antes de leer, ¿cree usted que el contexto histórico de cualquier época influye en la vida íntima o amorosa de la gente? ¿Por qué? Explique.

2. Basándose en la literatura que ha leído, ¿cree que los límites entre los varios géneros literarios están bien definidos? ¿Por qué? Comente.

Usos amorosos de la postguerra española

INTRODUCCIÓN

Siempre que el hombre ha dirigido su interés hacia cualquier época del pasado y ha tratado de orientarse en ella, como quien se abre camino a tientas[1] por una habitación oscura, se ha sentido un tanto insatisfecho en su curiosidad con los datos que le proporcionan las reseñas de batallas,
5 contiendas religiosas, gestiones[2] diplomáticas, motines,[3] precios del trigo o cambios de dinastía, por muy convincente y bien ordenada que se le ofrezca la crónica de estos acontecimientos fluctuantes. Y se ha preguntado en algún momento: «Pero bueno, esa gente que iba a la guerra, que se aglomeraba en las iglesias y en las manifestaciones, ¿cómo era en reali-
10 dad?, ¿cómo se relacionaba y se vestía, qué echaba de menos, con arreglo a qué cánones se amaba? Y sobre todo, ¿cuáles eran las normas que presidían su educación?»
      Preguntas de este tipo fueron las que me llevaron a hurgar,[4] ya hace quince años, en textos menores del siglo XVIII español (prensa periódica,
15 sermonarios, edictos, correspondencia privada, libros de memorias) y a centrarme, persiguiendo la moda del «cortejo», en el tema del amor entre hombres y mujeres.
      En 1972, la editorial Siglo XXI publicaba la primera edición de mi trabajo *Usos amorosos del dieciocho en España*, que con otro título más
20 académico había presentado en junio de ese mismo año como tesis doctoral en la Universidad de Madrid. Poco después, y alentada[5] por la buena acogida que tuvo aquella monografía, que algunos amigos me comentaron haber leído «como una novela», empecé a reflexionar sobre la relación que tiene la historia con las historias y a pensar que, si había con-
25 seguido dar un tratamiento de novela a aquel material extraído de los archivos, también podía intentar un experimento al revés: es decir,

[1] **a...** *gropingly*
[2] *negotiations*
[3] *uprisings*
[4] *poke or rummage around*
[5] *encouraged*

aplicar un criterio de monografía histórica al material que, por proceder del archivo de mi propia memoria, otras veces había elaborado en forma de novela. De todas maneras, una visita a las hemerotecas,[6] en busca de textos y comentarios para estudiar con rigor los usos amorosos de la postguerra española, se me planteaba como un complemento inexcusable de mis recuerdos personales.

A raíz de la muerte del general Franco, empecé a consultar esporádicamente algunos periódicos y revistas de los años cuarenta y cincuenta, pero sin tener todavía una idea muy precisa de cómo enfocar un asunto que inevitablemente me tentaba más como divagación literaria que como investigación histórica. En esta primera etapa, cuando estaba bastante más interesada en la búsqueda de un tono adecuado para contar todo aquello que en el análisis y la ordenación de los textos que iba encontrando, se me cruzó la ocurrencia de una nueva novela, *El cuarto de atrás*, que en cierto modo se apoderaba del proyecto en ciernes[7] y lo invalidaba, rescatándolo ya abiertamente para el campo de la literatura. Por lo menos eso fue lo que me dije a mí misma a medida que la escribía, y mucho más cuando la vi terminada en 1978.

Pero hace unos tres años, con ocasión de revisar apuntes atrasados a ver lo que tiraba y lo que no, la vieja idea de escribir un ensayo sobre los amores de la inmediata postguerra volvió a resucitar con el mismo entusiasmo inicial, presentándose a mi imaginación como una cuenta pendiente.[8]

El término «postguerra española» es muy discutible. Para los que no consideren cerrada esa etapa —y están en su perfecto derecho de hacerlo— hasta la muerte del general Franco, mi trabajo no constituirá más que el fragmento inicial de una crónica mucho más amplia. Yo también lo tomo así, como arranque de una historia que tal vez algún día siga contando. Aclararé de momento brevemente por qué me he centrado de preferencia en los usos amorosos de mi generación.

Al concluir la guerra civil española, yo tenía trece años; y toda la década siguiente —durante la cual pasé de niña a mujer, empecé a «alternar» con personas del sexo contrario y terminé mi carrera de Letras en Salamanca— estuvo marcada por una condena del despilfarro.[9] La propaganda oficial, encargada de hacer acatar[10] las normas de conducta que al Gobierno y a la Iglesia le parecían convenientes para sacar adelante aquel período de convalecencia, insistía en los peligros de entregarse a cualquier exceso o derroche. Y desde los púlpitos, la prensa, la radio y las aulas de la Sección Femenina se predicaba la moderación. Los tres años de guerra habían abierto una sima[11] entre la etapa de la República, pródiga en novedades, reivindicaciones[12] y fermentos de todo tipo, y los umbrales[13] de este túnel de duración imprevisible por el que la gente empezaba a adentrarse, alertada por múltiples cautelas.[14]

Prohibido mirar hacia atrás. La guerra había terminado. Se censuraba cualquier comentario que pusiera de manifiesto su huella, de por sí bien evidente, en tantas familias mutiladas, tantos suburbios miserables, pueblos arrasados,[15] prisioneros abarrotando[16] las cárceles, exilio, represalias y economía maltrecha.[17] Una retórica mesiánica y triunfal, empeñada en

6 *newspaper and periodical libraries*
7 **en...** *in the bud, in its inception*
8 **una...** *a pending or outstanding account*
9 *wastefulness*
10 observar, respetar
11 *chasm, abyss*
12 *recoveries*
13 *thresholds*
14 *cautions*
15 *razed, destroyed*
16 *filling, crowding*
17 *damaged*

75 minimizar las secuelas[18] de aquella catástrofe, entonaba himnos al porvenir. Habían vencido los buenos. Había quedado redimido el país. Ahora, en la tarea de reconstruirlo moral y materialmente, teníamos que colaborar con orgullo todos los que quisiéramos merecer el nombre de españoles. Y para que esta tarea fuera eficaz, lo más importante era el

80 ahorro, tanto de dinero como de energías: guardarlo todo, no desperdiciar, no exhibir, no gastar saliva en protestas ni críticas baldías,[19] reservarse, tragar.

Las consignas que durante la guerra habían instado[20] al ciudadano de la retaguardia[21] a apretarse el cinturón se materializaron ahora en dos

85 palabras clave: «restricción» y «racionamiento».

Ningún niño de aquel tiempo podrá olvidar el cariz[22] de milagro que adquiría una merienda de pan y chocolate ni el gesto meticuloso y grave de sus padres cuando cortaban los cupones de la cartilla del racionamiento,[23] como tampoco los frecuentes apagones que les obliga-

90 ban a hacer sus deberes del Instituto a la luz de una vela o aquella urgencia de las madres por llenar bañeras y barreños[24] cuando se anunciaba un inminente corte en el suministro[25] de agua. Aun cuando estas restricciones de agua, luz, carbón y alimentos fueran desapareciendo poco a poco dejaron unas secuelas muy hondas de encogimiento[26] y tacañería,

95 que los rectores de la moral imperante supieron aprovechar para sus fines. Las palabras restricción y racionamiento sufrieron un desplazamiento semántico, pasando a abonar[27] otros campos, como el de la relación entre hombres y mujeres, donde también constituía una amenaza terrible dar alas al derroche. Restringir y racionar siguieron siendo

100 vocablos clave, admoniciones agazapadas[28] en la trastienda[29] de todas las conductas.

A la sombra de esta doctrina restrictiva, fuimos creciendo los niños y niñas nacidos antes de la guerra civil, aprendiendo de mejor o peor gana a racionar las energías que pudieran desembocar[30] en la consecución de

105 un placer inmediato. Despilfarrar aquellas energías juveniles, a cuya naturaleza no se podía aludir tampoco más que mediante eufemismos, se consideraba el gasto más pernicioso de todos, el más condenado. Eran energías que había que reservar para apuntalar[31] la familia, institución gravemente cuarteada[32] tras las turbulencias de la contienda reciente, pi-

110 lar fundamental sobre el que había de asentarse ahora el nuevo Estado español.

Tratar de entender cómo se interpretaron y vivieron realmente estas consignas y hasta qué punto condicionaron los usos amorosos de la gente de mi edad y su posterior comportamiento como padres y madres de fa-

115 milia es el objeto del presente trabajo. Abarcaré en él un período de más o menos quince años, aunque a veces traiga a colación[33] testimonios posteriores, unas veces para marcar diferencias y otras, por el contrario, para dejar de manifiesto lo arraigadas[34] que habían quedado aquellas costumbres, a despecho de algunos cambios aparentes.

120 En octubre de 1953 me casé, según el rito católico, en la iglesia de San José de Madrid. Un mes antes había tenido lugar la firma del primer convenio entre España y los Estados Unidos de América, con el que se ini-

18 *the aftermath*
19 *unfounded, idle*
20 *urged*
21 *rearguard*
22 *look, aspect*
23 **cartilla...** *ration book*
24 *earthenware or metal tubs*
25 *supply*
26 *awkwardness, bashfulness*
27 *be used in* (lit.: *fertilize*)
28 *escondidas*
29 *backroom*
30 *empty, flow out*
31 *support, brace*
32 *dividida*
33 **traiga...** *bring in, mention*
34 **lo...** *how deeply rooted*

ciaba el primer cambio en la política económica de nuestro país, propiciando el desarrollo del turismo y una tímida apertura en cuestiones cul-
125 turales y religiosas. A medida que transcurría la década de los cincuenta e iba desapareciendo la penuria de la inmediata postguerra, se notaba también un cambio en la mentalidad de los nuevos adolescentes, aquellos para quienes la mención a la guerra civil empezaba ya a ser una aburrida monserga.[35] Y como consecuencia fueron otros también —o al menos
130 pretendieron serlo— sus usos amorosos y su forma de plantarle cara a la vida. Lo cual no quiere decir, ni mucho menos, que las cuestiones de fondo cambien así por las buenas de una década a otra, ni que a las mujeres quince años más jóvenes que yo tenga por qué sonarles a chino[36] nada de lo que aquí se cuente. Pero ellas y sus novios se conocieron en
135 una época de incipiente desarrollo industrial, donde lo corriente era hablar de prosperidad y consumo más que de sacrificio y ahorro. Y qué duda cabe de que eso influye.

El presente trabajo, para el que llevo tomando notas desde 1975, como queda dicho, verá la luz —si es que llega a verla— gracias a una ayuda de la
140 Fundación March, que me ha permitido investigar sistemáticamente durante los últimos dos años en la Hemeroteca Municipal de Madrid.

Precisamente hoy, 20 de noviembre de 1985, cuando estoy redactando este prólogo en el apartamento de una Universidad americana, se cumple el décimo aniversario de la muerte del general Franco. Ya ha
145 llovido y se ha secado el barro. Existiendo, como ya existen ahora, tantos estudios sociológicos y económicos, crónicas literarias, análisis, libros de memorias y novelas sobre el tema de la inmediata postguerra, se preguntará el lector qué me mueve a mí, a estas alturas de la década de los ochenta, a hurgar en un asunto tan manoseado y sobre el que todo parece
150 estar dicho. Y sin embargo, nadie que emprende un trabajo, a despecho de tales reflexiones, puede dejar de pensar que lo que él va a decir no está dicho todavía, simplemente porque nadie lo ha dicho de esa manera, desde ese punto de vista.

Reconozco que es una arrogancia y una tozudez,[37] pero el vicio de es-
155 cribir siempre se alimenta, en última instancia, de esos dos defectos.

Vassar College, Poughkeepsie. 20 de noviembre de 1985.

35 *gibberish*
36 **sonarles...** *sound Chinese to them*
37 *stubborness*

✦ Comprensión y expansión

A. Conteste las siguientes preguntas según el texto.

1. Según Martín Gaite, ¿qué se pregunta típicamente la persona que estudia cualquier época del pasado?
2. ¿Qué período investigó antes la autora? ¿Qué tema persiguió?
3. ¿Cuál es el título de ese trabajo?
4. ¿Qué decidió hacer con sus propios recuerdos?
5. En 1978, ¿qué terminó la autora?
6. ¿Qué edad tenía al final de la Guerra Civil Española?
7. ¿Qué marcó toda la década de los cuarenta?

8. ¿Qué metáfora emplea la autora para describir la época de la posguerra?
9. Según ella, ¿cómo era la retórica franquista?
10. ¿Cuáles fueron las palabras clave de la propaganda de la posguerra?
11. ¿Qué cosas necesarias estaban restringidas?
12. ¿Para qué debían conservar sus energías los jóvenes?
13. ¿Qué acontecimientos ocurrieron en 1953?
14. ¿Por qué emprendió Martín Gaite el trabajo que describe aquí?

B. Reconstruya la introducción, numerando de 1 a 7, en orden cronológico, las frases que siguen.

_____ 1. revisar apuntes
_____ 2. enfocar el asunto
_____ 3. buscar textos y comentarios
_____ 4. redactar el prólogo
_____ 5. consultar periódicos y revistas
_____ 6. analizar y ordenar los textos
_____ 7. traer a colación testimonios posteriores

C. Indique si los comentarios que siguen reflejan correctamente o no el contenido de la introducción. Escriba **V** (verdadero) o **F** (falso) en los espacios correspondientes. Si lo que lee es falso, corríjalo.

_____ 1. El libro *Usos amorosos del dieciocho en España* no tuvo mucho éxito.
_____ 2. Carmen Martín Gaite visitó hemerotecas para hacer sus indagaciones.
_____ 3. El trabajo sobre una nueva novela interrumpió el proceso de escribir otro libro histórico.
_____ 4. Le llevó veinte años escribir el libro sobre la posguerra.
_____ 5. Durante la década de los cuarenta, la propaganda condenó la moderación.
_____ 6. Los niños comieron mucho chocolate durante la posguerra.
_____ 7. Había restricciones de agua y de luz en esa época.
_____ 8. Para los adolescentes de los años cincuenta, la mención de la guerra civil era un tema aburrido.

✦ Temas de discusión o análisis

1. Resuma o comente las ideas principales del prólogo.
2. Analice las metáforas que emplea Martín Gaite en el texto.
3. Discuta el efecto de la retórica político-económica en la vida íntima o amorosa de la posguerra.
4. Resuma y comente el efecto de los cambios producidos durante los años cincuenta. ¿Está usted de acuerdo en que el contexto político-económico de una época influye en la vida íntima? ¿Por qué? Explique.
5. Analice el lenguaje del texto para discernir si la opinión de Martín Gaite sobre el régimen franquista es positiva o negativa. Dé ejemplos.
6. Analice la actitud de la narradora hacia su lector(a).

✦ Temas de proyección personal

1. Estudie el contexto político-económico de otro período histórico y discuta su influencia en la relación entre los sexos.
2. Estudie la propaganda política de alguna otra época y discuta su efecto sobre las actitudes populares.

SOLEDAD PUERTOLAS

Nota biográfica

Soledad Puértolas (1947–), novelista, cuentista y crítica literaria, nació en Zaragoza. Es una de las escritoras más destacadas del período posfranquista. Estudió periodismo y consiguió la maestría en literatura española de la Universidad de California (Santa Bárbara). Además de sus novelas, ha publicado un estudio sobre Pío Baroja, y numerosos artículos y cuentos. Algunos de sus cuentos están agrupados en la colección *Una enfermedad moral* (1982). Entre sus novelas se cuentan *La corriente del golfo* (1993), *El bandido doblemente armado* (1980), *Burdeos* (1986), *Todos mienten* (1988) y *Queda la noche* (1989), novela de espías, con una perspectiva filosófica, que ganó el Premio Planeta en 1989.

✦ Guía y actividades de pre-lectura

Aquí se incluye el cuento «Contra Fortinelli», que forma parte de *Una enfermedad moral*. El elemento unificador de los relatos de este libro es el hecho de que la mayoría de los personajes sufren de cierta enfermedad moral. En el caso de «Contra Fortinelli», el problema del señor Fortinelli deriva de su obsesión por seguir a Rosalyn, personaje principal femenino. En el prólogo a la segunda edición (1983), la autora dice que, a diferencia de algunos otros cuentos de la colección, éste es «un relato insolente y aparentemente frívolo que fue muy divertido escribir». En cuanto al personaje de Fortinelli, comenta que ella quería que «llegara hasta al final con todas las consecuencias».

1. Lea las seis primeras líneas del cuento. ¿Qué aprende usted en esta sección que le permite identificar a los dos personajes? Explique.
2. Después de leer esas líneas, piense en el título del cuento «Contra Fortinelli» y trate de imaginar la trama, o algunos elementos o aspectos del relato. ¿Quién estará contra el señor Fortinelli? ¿Por qué? ¿Cuáles son algunas posibilidades?

Contra Fortinelli

El señor Fortinelli, detrás de la amplia mesa de su despacho, cruzó los brazos. A la pregunta de la señora Empson, dijo pausadamente:[1]

[1] lentamente

—No, señora, su hijo no tiene ningún problema.

La joven señora Empson se levó la mano al sombrero y cruzó las piernas para mirarse el pie. Después, se levantó. El rector la acompañó hasta
la puerta. La despidió educadamente, pero algo seco.

—Ningún problema —repitió, con una leve sonrisa.

Ella salió al exterior. Había habido algo durante toda la entrevista
que le desconcertaba. En primer lugar, a pesar de que el día estaba
nublado y el despacho del rector se sumergía en la penumbra, no se
habían encendido las lámparas. Y mucho más extraño había sido el contenido de la entrevista. Desde que había recibido la tarjeta de invitación
se había sentido inquieta. «Deseo cambiar impresiones con usted acerca
del comportamiento de su hijo», eran las palabras escritas en la tarjeta.
Eso parecía algo natural, pero hasta el momento nadie se había referido
al pequeño John como si fuese hijo suyo y menos por escrito. A ella
nunca le había preocupado eso. John no era su hijo, pero, ciertamente,
ella debía de cumplir el papel de madre. El señor Fortinelli le había hecho pensar que tenía algo importante que comunicarle y, una vez allí,
una vez acomodada en aquella habitación que él había tenido la indeli-
cadeza de no iluminar, le había dedicado una mirada de indiferencia y
después le había obsequiado[2] con genéricas frases sobre el sistema
educativo que parecían presuponer que el nivel mental de la señora Empson era inferior al del más testarudo[3] alumno. Había sido ella quien, al
término, había tenido que preguntar por John. Y allí estaba la respuesta:
ningún problema.

Ya en su casa, la joven señora arrojó su sombrero sobre la cama y después se arrojó ella también. No le molestaba el tiempo perdido, porque
carecía de esa consciencia, tal vez porque no había recibido una esme-
rada[4] educación, pero se sentía inequívocamente insultada.

Era una joven bastante agraciada.[5] Hacía escaso tiempo había contraído matrimonio con un rico y viudo aristócrata del lugar. Rosalyn, antes
de conocer a su actual esposo, había intentado ser actriz y casi lo estaba
consiguiendo. Había participado en dos películas de cierto éxito pero, de
la noche a la mañana, cambió su vida de relativa bohemia y precariedad
económica por el de la sólida riqueza y se convirtió, ante el asombro general, en la llamativa[6] señora Empson. Esa había sido su carrera. No estaba
mal. Si de lo que se trataba era de casarse, Rosalyn había llegado a la
cúspide.[7] Y a lo mejor se trataba de eso. La boda de Rosalyn fue la prueba
de que en este mundo una cara bonita vale más que una inteligencia
prodigiosa. Rosalyn no se había ocupado de demostrar su inteligencia a
nadie, de forma que sobre su inteligencia no hay mucho que opinar, lo
que es una ventaja para este relato.

Aquella mañana, de vuelta de la oscura entrevista, con el ceño fruncido,[8] tendida sobre la cama, Rosalyn sintió una cosa, una única cosa.
Odiaba a Fortinelli.

A la hora de la cena, el asunto salió a la luz.

—Rosalyn —dijo el pequeño John, que llamaba así a su madrastra,
porque ella se lo había pedido en privado—, me ha dicho el señor
Fortinelli que has estado esta mañana en el colegio.

2 regaled
3 pig-headed
4 careful
5 nice-looking, well-favored
6 attractive
7 a... to the top
8 con... with a frown

—Así es —repuso Rosalyn, con solemnidad.

El señor Empson se vio en la obligación de intervenir. Evitó mirar a su nueva esposa y a su pequeño hijo y dijo al fin, después de prolongar la pausa con un silencio que, estaba claro, lo marcaba él:

—¿Cuál fue el objeto de tu visita, querida?

—El rector me envió una nota —comunicó Rosalyn—. Una nota manuscrita[9] —añadió, como si se tratase de algo insólito[10] y precioso, porque acababa de leer esa palabra en alguna parte y le había gustado y quería que los demás se deleitasen con ella—. Quería cambiar impresiones conmigo.

Cualquiera que fuese el defecto principal de la joven señora no era, desde luego, su lenguaje. Aunque ligeramente forzado,[11] era correctísimo. Su vocabulario estaba siempre en proceso de crecimiento y su sintaxis llevaba camino de ser impecable. A decir verdad, esos eran vicios de la segunda actriz que ya había llegado a ser. Deseaba aprenderse su papel cuanto antes y siempre había creído que el secreto residía en el diálogo. Su marido siguió el curso de aquella respuesta atento y aprobatorio, como si fuera su profesor de idiomas.

—¿Y? —inquirió después, como lo haría cualquier impertinente profesor.

—Nada —concluyó Rosalyn en un tono natural—. Todo va perfectamente.

—Entonces para qué quería hablar contigo —insistió su marido.

Eso era algo que en ese momento la joven señora no estaba en condiciones de contestar.

—Pues para decirme eso. Yo lo encuentro lógico —dijo.

—Te lo podía haber dicho por carta. No sé para qué te ha tenido que molestar.

—Tal vez el señor Fortinelli deseaba conocer a Rosalyn —terció[12] el pequeño John.

Su padre y su madrastra lo miraron asombrados. Por tres razones. Primero: porque tenía razón. Segundo, porque de su tono se infería que el deseo de conocer a Rosalyn era perfectamente natural, lo que cabía esperar[13] de las personas. Y tercero, porque su intevención había sido espontánea y era demasiado pequeño para participar en una conversación de mayores. Su padre no le amonestó.[14] Agudizó su voz para dar a entender que sus palabras eran ya las últimas que se iban a pronunciar sobre el caso. Dijo:

—Si quería conocerte debía haber venido personalmene a hacerlo. Eso es lo correcto.

Este es el punto de ofrecer una breve información sobre el señor Fortinelli, muy breve, la imprescindible. Charles Fortinelli era hijo único de una viuda de guerra. Todo el pueblo había participado en su educación y Charles había devuelto con creces[15] la ayuda recibida y justificado la fe en él depositada. No sólo había destacado en los estudios, sino que se había convertido en el rector del Colegio Padley, el más afamado de los alrededores. Era un hombre de aspecto distinguido y soberbiamente culto. Era una de las máximas personalidades del pueblo. Todavía

9 escrita a mano
10 *unusual*
11 **ligeramente...** *slightly unnatural*
12 *intervened*
13 **cabía...** *was to be expected*
14 *admonished, scolded*
15 **con...** con aumento

vivía con su madre y casi todas las jóvenes del lugar acariciaban durante
100 algún tiempo la esperanza de sacarlo de la casa materna.

Después del incidente de la entrevista, la señora Empson no pensó en
Fortinelli de una forma consciente. Era bastante feliz. Su marido dis-
frutaba observando su aprendizaje y el pequeño John era un muchacho
fácil, independiente, a quien no había que dar mucho afecto ni prestar
105 demasiada atención. No había problemas en su vida.

Había llegado el verano y el curso escolar terminaba. Como siempre,
se celebraba una fiesta de fin de curso y John pidió a su madrastra que
asistiera. Las salidas oficiales de la familia Empson todavía constituían pequeños acontecimientos en el pueblo. Rosalyn sabía comportarse. Salu-
110 daba a los profesores, apoyándose levemente en el brazo de su marido, y
curvaba los labios con una sonrisa cortés y vaga. En el jardín se había im-
provisado un pic-nic. Se habían sacado las mesas del comedor y se habían
cubierto con grandes manteles blancos. Las profesoras habían traído tar-
tas hechas en sus casas y grandes jarras de limonada. Era un día de ve-
115 rano, limpio, todavía no muy caluroso. Las gasas de las señoras flotaban
en el aire y Rosalyn, en su calidad de ex actriz, era observada con envidia.
Ciertamente, es el pasado lo que hace que el interés o la curiosidad se
centre sobre las mujeres. Sólo un presente misterioso puede, en ocasiones, sustituir el vacío de un nítido[16] pasado. Las mujeres que poseen
120 cartas ocultas, ésas son las que nos atraen.

Rosalyn habló poco, porque sabía que en tales reuniones conviene
dar una imagen de cierto retraimiento.[17] Frases convencionales, sin entrar nunca en temas trascendentes. Sus familiares la habían dejado mo-
mentáneamente y ella seguía con su rostro sonriente cuando se topó
125 con[18] Fortinelli. Llevó su mano al sombrero y saludó mecánicamente al
hombre elegante y atractivo que se acercaba hacia ella, hasta que comprendió que era el mismo que la había examinado con indiferencia en la
penumbra del despacho del colegio. Entonces casi dio un salto.

—No le había reconocido —dijo, para justificar su actitud.
130 —No soy el diablo, señora Empson —replicó Fortinelli, divertido.

Y se quedó allí plantado, entre el sol y su sombrero. No le obsequió
con un grave discurso aquella vez. Le contó cosas amenas,[19] anécdotas,
aunque Rosalyn no le escuchaba. Sólo percibía el tono de su voz, sinuoso,
denso. Peor: perverso. Era el diablo. Rosalyn lo sabía. Estaba allí, de espal-
135 das a todo el mundo, apartándola de la fiesta, Dios sabe con qué intención. Sintió un leve mareo y buscó a su marido con la mirada. Elevó su
mano enguantada y le hizo una seña. Pero su marido, al otro extremo del
jardín, devolvió la señal en un gesto que decía: «Estás allí, estoy aquí, todo
está bien.» Su mano descendió, decepcionada.
140 —Se diría que pedía usted ayuda, señora Empson —observó
Fortinelli.

Rosalyn dio un traspiés[20] y estuvo a punto de perder el equilibrio, y
hubiera dado con su cuerpo[21] en el césped si el rector no se hubiera inclinado hacia ella para sostenerla entre sus brazos. Rosalyn no se cayó, desde
145 luego, pero había sentido muy cerca la agitada respiración de Fortinelli y
se separó de él apresuradamente.

16 brillante, resplande-
ciente
17 *shyness, aloofness*
18 **se...** *she bumped into, en-
countered*
19 agradables
20 **dio...** *stumbled*
21 **y...** y se hubiera caído

—Señora Empson —dijo él a sus espaldas—. ¿Desea algo? ¿Algo que pueda hacer por usted?

Rosalyn le devolvió una mirada de horror, negando con la cabeza. Después, trató de recuperar la dignidad que la situación requería y se reunió con su marido, en cuyo brazo se apoyó calladamente. El, al cabo de unos segundos, acarició la mano enguantada de su esposa, le dirigió una breve mirada inquisitiva y prosiguió la conversación. Pero Rosalyn estaba nerviosa. En el viaje de regreso, a solas con su marido y su hijastro, dijo:

—El señor Fortinelli no me parece una persona muy de fiar.

Palabras que, para su asombro, cayeron en el vacío. El niño ni las escuchó. Iba pensando en sus cosas, mirando el campo. Tenía frente a sí las vacaciones, una época de incertidumbre deseada y vagamente temida al tiempo. Pero era muy raro que el señor Empson no hubiese escuchado la observación de su esposa, porque ella había hablado en el mismo momento en que él se inclinó, mirándola, como preguntándole: «Y bien, ¿qué era lo que deseabas decirme?». Ahora miraba hacia adelante, como si hubiera sido atrapado por una idea que no pensaba compartir. Resignada, Rosalyn no insistió. Algo en su interior le decía que de Fortinelli era mejor no hablar, y recordó vagamente consejos escuchados en la infancia acerca de las cosas que las mujeres debían callar. A un marido no se le podía decir todo.

Rosalyn guardó en su interior las últimas palabras de Fortinelli. La humillación de aquel instante no podía ser olvidada. Aquel hombre la trataba como a una mujerzuela, pero ella era la señora Empson y tenía muy buenas razones para no amargarse la vida.

Pero, fuese por azar[22] o por la misma voluntad de Fortinelli, el caso es que se produjo un nuevo encuentro. Caía la tarde, el aire cálido flotaba entre los árboles y Rosalyn avanzaba por el bosquecillo que bordeaba el río. Había estado de visita en casa de los Moore, cuya hija menor se casaba. Habían tomado el té en el porche después de contemplar los regalos y discutir cuáles merecería la pena transportar hasta la India, concluyendo, dolorosamente, que lo más conveniente sería embalar[23] la mayor parte y aguardar al regreso. La pequeña hija de los Moore hablaba del destino de su futuro esposo con expectación. Le excitaba la idea de salir de su hogar y de alejarse tanto de él. Rosalyn, camino de su casa, pensaba en la India. Si hubiera seguido su carrera de actriz era muy probable que ella también hubiera llegado a conocer la India, pues había un proyecto de una película que iba a realizarse allí. Rosalyn sonreía, imaginándose, ricamente ataviada,[24] sobre los anchos lomos de un magnífico elefante a punto de llegar a un caudaloso río[25] en el que iba a bañarse.

—¡Señora Empson! —dijo una voz a su lado.

Ella se detuvo, todavía con la ilusión en su rostro. Pero aquella voz correspondía al mismísimo Fortinelli que, con un libro en las manos, parecía que se acabara de levantar del suelo donde, según explicaba, llevaba algún rato dedicado a la lectura.

—¿Va a su casa? —preguntó.

Rosalyn asintió. Pero ni pudo hablar ni pudo moverse. Miraba a Fortinelli con terror, mientras él se aproximaba. Una vez más, se llevó la

22 *chance*
23 *pack up*
24 adornada
25 **un...** un río con mucha agua

mano a la cabeza, sintió que se iba a marear y cerró los ojos. Hasta que comprendió que no se había mareado, que su cuerpo no se había caído al suelo. Pero ya Fortinelli, aprovechando aquellos instantes de debilidad, la había rodeado entre sus brazos y comenzaba a estrecharla. Rosalyn forcejeó,[26] empujó a Fortinelli hacia atrás y echó a correr, pero se enredó[27] con la falda de su vestido y cayó al suelo y Fortinelli se abalanzó sobre[28] ella.

—¡Puta! —gritó, exasperado—. ¿Por qué me buscas, qué te has creído?

Fue una suerte para Rosalyn que él prefiriera insultarla. Ella concentró sus fuerzas en la evasión. Fortinelli gritó, pegó, sacó de sí su ira, pero no consiguió nada más. Rosalyn escapó y, lo que no sabía Fortinelli entonces, llevándose algo muy preciso; la huella[29] de su mano en mitad de la mejilla.

Cuando Rosalyn llegó a su casa, empezaba a anochecer. Llegó despeinada, magullada[30] y silenciosa, pero decidida. Acusó a Fortinelli de intento de violación. Su marido se levantó, la examinó, vio —él fue quien lo descubrió— la huella de una mano sobre la fresca mejilla de su joven esposa y, tan silencioso como ella, la tomó del brazo y se encaminaron a casa del juez. El juez hizo casi lo mismo que el marido. Con expresión taciturna y concentrada, todos aguardaron la llegada de la comadrona. No se había consumado la violación, lo que confirmó la sinceridad de Rosalyn. Fortinelli fue detenido, una vez comprobada que su mano encajaba[31] perfectamente en la huella que marcaba la cara de Rosalyn, y el asunto se llevó a juicio.

La ciudad estaba alborotada.[32] Casi todos estaban de parte de Fortinelli, porque el pasado de la señora Empson resultaba intolerable para la rutina de la pequeña villa y porque Fortinelli les pertenecía casi desde que nació y había que defenderlo como cosa propia. Pero había algo ante lo que no se podía cerrar los ojos: la espléndida bofetada que su protegido había propinado[33] a la ex actriz. Todavía tenía el rostro amoratado[34] el día del juicio e impresionó al Jurado. Fortinelli nunca pudo recordar el momento en que tal fuerza hubiera salido de su mano. La joven señora, con la huella de su ignominia a la vista de todos, aparecía dignificada a los ojos del pueblo. Difícil era el papel del aristócrata. Al fin y al cabo, no era él quien había defendido su honor, sino su misma esposa, más joven, más bella y más fuerte que él. Cayó sobre él el desprecio de las gentes, pero no hay nada que afirme más en su nobleza a un aristócrata inglés que el desprecio del populacho.[35] Es cuando representa su papel más en serio.

En conclusión: Fortinelli, por aquel acto no consumado del deseo, fue condenado a doce años de reclusión, después de aceptar que su mente se había enturbiado[36] a causa del calor y la belleza. No había sido dueño de su voluntad. Tuvo suerte. Dos cambios de gobierno y la muerte del Arzobispo de Canterbury le supusieron[37] tres amnistías. Salió de la cárcel tres años después del veredicto.

Pero la historia no termina aquí. Rosalyn, cuando la huella de su bofetada se borró, se dedicó a representar el papel de la dignidad ofendida.

26 *struggled*
27 **se...** *got caught*
28 **se...** *fell upon*
29 *mark*
30 *bruised*
31 *fit*
32 agitada, inquieta
33 dado
34 *black and blue, bruised*
35 *populace, crowd*
36 **se...** *became disturbed*
37 *authorized, resulted in*

Vestida de oscuro, saludaba con gesto indiferente y majestuoso a los habitantes del pueblo. Tuvo dos hijos, que jugaban en el parque privado que
245 rodeaba la casa. En suma, no se mezcló. Altiva y hermosa, dio la medida[38] de la perfecta actriz secundaria a quien han ofrecido al fin la oportunidad de su carrera. Y aún le quedaba el mejor acto.

Fue en mitad de la calle, a la salida de la Iglesia. Fortinelli había cumplido su condena y, quien sabe por qué oscuras razones, se le ocu-
250 rrió regresar. No era un encuentro casual. Esta vez lo había preparado Rosalyn. Se escuchó un murmullo en la plaza y Fortinelli vio que sus amigos se retiraban hacia atrás. Hacia él avanzaba la mujer que le había privado de tres años de su vida sin darle nada. La mujer que había destrozado su carrera. Sin embargo, la miró algo embelesado,[39] porque era
255 ahora mucho más hermosa que antes. Avanzó y avanzó, sin mover un solo músculo de su cara y cuando, ya muy cerca de él, se detuvo y él enmudecido,[40] se preguntaba qué frase iba a escuchar de sus labios, vio, como un relámpago, que la pierna de ella se levantaba y un agudo dolor le hizo doblarse sobre su cuerpo. Perdió el conocimiento y cayó al suelo.
260 Con una simple, pero certera y contundente patada, la señora Empson logró que el distinguido y tan estimado Fortinelli se derrumbara en femenil desmayo.[41] Aquella soberbia patada todavía es comentada hoy, muchos años más tarde, como digno remate[42] del suceso. Y, quienquiera que lo cuenta, no deja nunca de añadir: «Y a partir de entonces la
265 señora Empson reemprendió sus actividades sociales y sus hijos anduvieron por la vida con la cabeza bien alta». De esta manera, Rosalyn Walls, con un gesto aparentemente plebeyo, se elevó por encima de las inaccesibles alturas de la nobleza.

38 **dio...** hizo el papel
39 encantado
40 *hushed, silenced*
41 **en...** *in a womanish swoon*
42 conclusión

✦ Comprensión y expansión

A. Conteste las siguientes preguntas según el texto.

1. ¿Qué ocurrió durante la entrevista que desconcertó a la señora Empson?
2. ¿Es John el hijo de la señora Empson? Explique.
3. ¿De qué manera cambió la vida de Rosalyn después de su matrimonio?
4. ¿Sobre qué elemento de su carácter no había opiniones?
5. ¿Por qué dice la autora que Rosalyn había llegado a ser una «segunda actriz»?
6. ¿Qué opinó John sobre la nota del señor Fortinelli?
7. ¿Cuál fue la opinión del señor Empson?
8. ¿Qué información sobre Fortinelli nos da la autora?
9. ¿En qué ocasión se encontró por segunda vez Rosalyn con Fortinelli? ¿Cómo reaccionó?
10. En el viaje de regreso, ¿por qué estuvo nerviosa Rosalyn?
11. ¿Cuáles fueron las circunstancias del próximo encuentro entre Rosalyn y Fortinelli?
12. ¿Qué hizo Fortinelli? Y luego, ¿qué decidió hacer Rosalyn?
13. ¿Por qué fue difícil el papel del señor Empson?

14. ¿A qué fue condenado Fortinelli? ¿Cuándo salió de la cárcel?
15. ¿Cuál fue el último y el mejor acto del drama entre Rosalyn y Fortinelli? ¿Por qué? Explique.

B. En las siguientes frases de «Contra Fortinelli», reemplace las palabras subrayadas por sus antónimos correspondientes.

1. El señor Fortinelli estuvo en su <u>oficina</u>. _____
2. Le habló <u>lentamente</u> a Rosalyn. _____
3. Después de recibir la invitación, estaba <u>preocupada</u>. _____
4. El le <u>dio</u> una mirada de indiferencia. _____
5. Rosalyn se había casado hacía <u>poco</u> tiempo. _____
6. A veces una cara <u>linda</u> vale más que la inteligencia. _____
7. El señor Empson le habló a Rosalyn como si fuera un profesor de <u>lenguas</u>. _____
8. Rosalyn se separó muy <u>de prisa</u> de Fortinelli. _____
9. Se apoyó <u>silenciosamente</u> en el brazo de su marido. _____
10. Rosalyn miró a Fortinelli con <u>horror</u>. _____

C. Complete las siguientes afirmaciones, marcando con un círculo la letra de la respuesta más apropiada.

1. Cuando Rosalyn conoció a Fortinelli, ella estaba en...
   a. su casa.   b. el despacho de él.
   c. la iglesia.
2. Después de la primera entrevista, ella...
   a. se sintió insultada.   b. se quejó del tiempo perdido.
   c. quiso ver a Fortinelli otra vez.
3. Antes de casarse, Rosalyn era...
   a. maestra.   b. rica.
   c. actriz.
4. A ella le gustaba descubrir...
   a. restaurantes caros.   b. palabras nuevas.
   c. nuevos colegios para su hijastro.
5. Fortinelli vivía con...
   a. su madre.   b. su esposa.
   c. su hijo.
6. El tercer encuentro con Fortinelli tuvo lugar...
   a. en el colegio.   b. en la plaza.
   c. en un bosque.
7. La gente de la ciudad estaba de parte...
   a. de Rosalyn.   b. de Fortinelli.
   c. del marido de Rosalyn.
8. Todavía se habla...
   a. del veredicto.   b. del pic-nic en el colegio.
   c. de la patada.

✦ Temas de discusión o análisis

1. Resuma o comente la historia de «Contra Fortinelli».
2. Según su opinión, ¿mereció Fortinelli la condena que recibió? ¿Debió haber pasado más tiempo en la cárcel? ¿Por qué? Explique. Entreviste a algunos(as) compañeros(as) de clase e incluya sus opiniones. Resuma los resultados de las entrevistas en su ensayo y dé un informe oral para la clase.
3. Analice el personaje de Rosalyn y busque las referencias que hace la narradora a su antigua profesión. ¿De qué manera continúa siendo actriz Rosalyn?
4. Haga un análisis de las diversas formas de sexismo que se observan en el comportamiento de Fortinelli con Rosalyn. Dé ejemplos.
5. ¿Cómo se desarrolla el carácter de Rosalyn en el cuento? ¿Cree usted que ella también sufre de una enfermedad moral? ¿Por qué? Explique.

✦ Temas de proyección personal

1. ¿Ha tenido usted una experiencia personal semejante a la de Rosalyn? ¿Ha leído usted sobre algo similar? Resuma y comente esa experiencia.
2. Según su opinión, ¿es difícil para una mujer obtener justicia contra un hombre que la ataca? Dé ejemplos basados en lo que usted ha leído en el periódico o ha escuchado en las noticias.

CARME RIERA

Nota biográfica

Carme Riera (1948–), novelista, cuentista y periodista, nació en Mallorca. Es profesora de literatura castellana en la Universidad Autónoma de Barcelona. También ha incursionado en el periodismo de vez en cuando. Ejemplifica a los autores de la generación posfranquista que cultivan la literatura en castellano y también en sus lenguas regionales. Riera escribe en tres idiomas: en castellano, en catalán y en mallorquín. Por la primera novela que publicó, *Una primavera per a Domènico Guarini* (1980) recibió el Premio Prudenci Bertrana, y más recientemente publicó *Dins el darrer blau* (1994). Su novela *Por persona interpuesta* (1989) ganó el Premio de Novela Ramón Llull. Entre sus otras obras deben mencionarse algunas colecciones de cuentos: *Te deix, amor, el mar com penyora* (*I Leave You, Love, the Sea as Token*), título de la colección y de un cuento galardonado en 1974; *Jo pos por testimoni les gavines* (1977, *I Call the Seagulls as My Witness*); *Palabra de mujer* (1980), que incluye cuentos de los dos volúmenes precedentes, traducidos al castellano; *Epistelis tendríssims* (1981, *Exquisite Epithelia*), *Doce relatos de mujeres* (1982) y *Contra el amor en compañía, y otros relatos* (1991).

✦ Guía y actividades de pre-lectura

Aquí se incluye el cuento titulado «El reportaje», que apareció en *Doce relatos de mujeres*. Tiene por ambiente un pueblo mallorquín. El personaje principal es una joven periodista, lo que deja entrever el interés de Riera por esa profesión. El estilo refleja tanto el carácter indagatorio de los pensamientos de la reportera como el ritmo rápido y conciso del periodismo. Un tema central es el de la dificultad de lograr objetividad en el periodismo. En la investigación que emprende la protagonista, la fantasía se entrelaza con la realidad, y la literatura influye en el reportaje periodístico.

1. Lea la carta que encabeza el cuento. ¿Cómo es el tono? ¿Despierta su curiosidad? ¿Por qué? Explique.

2. Lea las tres últimas frases del primer párrafo. ¿Es posible anticipar de alguna manera el desenlace* de la trama? Explique.

El reportaje

Deyá, 22 de septiembre de 1980.

Querida Hellen: Necesito que me averigües si vive en Santa Bárbara una mujer llamada María Evelyn MacDonald, de unos cuarenta años. De momento no puedo darte más datos. Saber su paradero[1] y entrar en contacto
5 con ella me es absolutamente imprescindible, como verás por el relato que te envío. Te llamaré en cuanto pueda desde Nueva York y te mantendré al corriente de este asunto. Por favor, no creas que me he trastornado. Haz todo lo posible por ayudarme. Pregunta, busca en la guía telefónica... lo que puedas.
10 Un abrazo,

Stephani

Este es un pequeño pueblo de la costa norte de Mallorca. Las casas de piedra se asoman al torrente ofreciéndole sus diminutos jardines malvas.[2] Las buganvillas todavía floridas compiten con las hiedras[3] en su intento
15 de escalar paredes y muros: Sólo desde las ventanas más altas puede verse el mar que penetra a lo lejos la redonda cala[4] desierta. Los últimos veraneantes, los más fieles y rezagados[5] se fueron semanas atrás. Aguantaron hasta que la humedad y las primeras lluvias de otoño amenazaron ensañarse[6] con sus anatomías reumáticas, adictas a la calefacción central. So-
20 mos muy pocos los forasteros que aún permanecemos aquí, aparte de la exigua[7] colonia extranjera establecida en el pueblo hace muchos años. Confieso ya de entrada que yo también me iré en breve. El retraso de mi marcha no obedece ya a ninguna causa puesto que ayer se cumplió lo que esperaba, lo único que me tenía aquí. Y sin embargo siento marcharme.
25 Pero no tengo otra posibilidad. Debo salir de aquí cuanto antes.

1 *whereabouts*
2 *mauve*
3 *ivy*
4 *cove, small bay*
5 *stragglers*
6 *to become cruel*
7 *small, scarce*

Nunca se me hubiera ocurrido imaginar durante los días que siguieron a mi llegada que pasaría aquí todo el verano afanándome[8] únicamente en la búsqueda de noticias para realizar un reportaje. Lo cierto es que el asunto me desbordó.[9] Desde el principio la hostilidad de los nativos frente al tema me pareció anormal. Los habitantes de estas tierras están acostumbrados al trato con extranjeros y son por naturaleza amables y hospitalarios. ¿Por qué se obstinaban en guardar silencio? Ni siquiera mis ofrecimientos monetarios fueron capaces de refrescarles la memoria... Los más jóvenes se excusaban diciendo que nunca oyeron hablar del caso y los más viejos, aquellos que pudieron conocer de cerca los hechos o más aún incluso vivirlos, se negaban a hacer declaraciones.

De Anaïs Nin[a] tampoco se acordaba nadie. «Pasan por aquí tantos artistas... usted comprenderá... estamos acostumbrados a ver a tanta gente... caras nuevas...» Gracias a la mujer de Robert Graves[b] pude averiguar dónde vivió la escritora. Una casita en el «Clot», con un pequeño jardín, como todas. Su actual propietaria, una muchacha negra que pasa los veranos aquí, me dejó visitarla encantada y se alegró mucho de conocer la noticia, pues ignoraba que la Nin hubiera residido en Deyá y menos aun en su casa. «Podría ponerme de acuerdo con los dueños de las celdas que habitaron Chopin[c] y George Sand[d] en Valldemossa y completar, por unos duros más, la visita turística a mi casa. No me dirás que Anaïs Nin no sea una figura de prestigio internacional...»

Naturalmente la casa no guardaba ni una huella[10] de la estancia de la escritora, sin embargo le hice algunas fotos para ilustrar mi reportaje que seguía aún en punto muerto.[11]

En el fondo estaba muy desanimada,[12] me daba cuenta de que había empezado mal, no sacaba nada en claro; lo mejor que podía hacer era olvidar mi compromiso con Partner y con el número extraordinario que su revista publicaba en homenaje a Anaïs Nin y dedicarme a tomar el sol. Al fin y al cabo la culpa era mía. Nunca se debe creer al pie de la letra la afirmación de un escritor cuando dice que la historia que va a narrarnos la escuchó de labios ajenos... Pero en el caso de la Nin me costaba trabajo no tomarla en serio: «Estaba yo pasando el verano en Mallorca, en Deyá... Los pescadores me contaron una extraña historia...» Estas dos frases, con las que inicia su relato *Mallorca*, se me antojaban suficientemente fiables. La extraña historia debió suceder, sin duda, hacia los años cuarenta cuando la Nin estuvo aquí. ¿Por qué si entonces la contaban ahora no querían mencionarla? ¿Tan vergonzoso les parecía que una muchacha nativa tuviera relaciones con un extranjero e hiciera el amor en la playa? ¿Les resultaba más afrentoso ahora que entonces? Era absurdo creer se-

8 *working hard, toiling*
9 **me...** *made me beside myself*
10 *trace*
11 **seguía...** no iba ni para atrás, ni para adelante
12 *discouraged*

---

[a] La escritora Anaïs Nin (1903–1977) nació en Francia de familia hispana. Vivió en Estados Unidos y Europa.
[b] El poeta y novelista inglés Robert Graves (1895–1985) se estableció en Mallorca y murió en Deyá.
[c] Federico Chopin (1810–1849) fue un conocido pianista y compositor polaco.
[d] George Sand (pseudónimo de Aurore Dupin, 1804–1876) fue una novelista francesa, cuyos amores con Chopin son famosos.

13 muy concisa
14 averiguaciones, investigaciones
15 **se...** *was carried out, took
   place*
16 **el...** *the storm flattens*

mejante cosa. ¿Por qué entonces se negaban a hablar? Gisele, mi amiga negra, me sugirió que tal vez todos me estaban diciendo la verdad... desconocían la historia porque nunca ocurrió.

Escribí a Partner. Anaïs Nin utilizó sólo su imaginación. Fue un error suponer lo contrario. El relato *Mallorca* figura entre las páginas de su libro *Delta de Venus*, colección de cuentos escritos por encargo. Sentía muchísimo haberme equivocado. Le propuse, a cambio, escribir un largo artículo sobre Graves y su mundo... Partner me telegrafió desde Nueva York. Quería algo sobre la Nin y pronto. Releí sus *Diarios* a la búsqueda de cualquier dato que pudiera orientarme... ¿Cómo manipulaba la Nin la realidad? ¿Qué concepto tenía de la verdad? Recordé una carta de Henry Miller[e] a la escritora: «Todas tus líneas están cargadas de significación pero, no obstante, por mucho que alguien explique su sentido, el enigma persistirá porque tú eres la única que puede explicarlo. Y en el enigma reside la clave de tu triunfo: nunca lo revelarás...» Subrayé algunos párrafos de sus voluminosas confesiones y por fin me quedé con una afirmación lapidaria:[13] «Lo que mata la vida es la ausencia de misterio.» Comencé a darle vueltas. Partner me había pedido un reportaje, algo ligero, y yo pretendía enviarle un pequeño ensayo, demasiado esotérico para el público a quien iba destinada la revista. Se lo mandé por correo urgente. Volvió a ponerme un telegrama: «Tómate el tiempo necesario, retrasamos publicación. Averigua qué ocurrió con la historia. Tienes la clave: hay un misterio.»

Insistí de nuevo en mis pesquisas[14] pero cambié de táctica. No mencioné para nada a la Nin, ni volví a preguntar si aún vivían la hija del pescador y el joven americano, ni si era verdad que en su juventud hacían el amor en público a la luz de la luna. Me limité a averiguar si había en el pueblo algunas parejas formadas por extranjero y mallorquina o al revés, si era algo usual, si se veía con buenos ojos. Me contestaron que no, que se daban muy pocos casos, ya que las relaciones acababan siempre de modo dramático... las costumbres son diferentes, la forma de vida, el temperamento... Ninguna de esas conclusiones me pareció suficientemente válida, ni siquiera explícita. Protesté, pedí más detalles. Una mujeruca que me había alquilado una habitación me confesó que cada vez que se llevaba a cabo[15] una unión de esta clase sucedía alguna desgracia en el pueblo...

—¿Como qué?

—Desgracias... Se hunde una casa, se cae un muro, el temporal arrasa[16] las huertas.

—Puede ser casual.

—No lo crea, es un castigo.

—¿Por qué?

—Arriba, no les gusta que se hagan así las cosas...

—¿Desde cuándo ocurre?

---

[e] Henry Miller (1891–1980), novelista norteamericano, escribió *Trópico de Cáncer* y *Trópico de Capricornio.*

110 —Desde que ellos murieron.

—¿Quiénes?

—Estos por los que usted se interesa... Pero no le diré nada más.

Todos mis intentos fueron vanos. Supliqué, ofrecí, prometí guardar el secreto. Inútil, no pude sacarle una palabra más. Durante los días que
115 siguieron a nuestra conversación se mostró esquiva,[17] procuraba no verme, tener el menor trato conmigo. Gisele me felicitó en cuanto se lo conté. «Tienes una pista y muy válida, un punto de partida.» La idea fue suya: Bajé a Palma y consulté en la pequeña hemeroteca[18] los periódicos del verano del 41. Anaïs había estado en Deyá aquellos meses. No encon-
120 tré nada de interés. Luego los del 42... En el ejemplar del *Correo* de 21 de septiembre de 1942 aparecía una breve noticia: Habían sido encontrados tres cadáveres flotando en las aguas de la cala de Deyá. Se trataba de los cuerpos de dos mujeres, María Sarrió Companys, hija de pescadores del pueblo, y Evelyn MacDonald, súbdita[19] norteamericana, y el de un hom-
125 bre, George MacDonald, hermano de Evelyn. Al parecer un golpe de mar les arrebató de[20] las rocas por donde paseaban. Nadie contempló el desgraciado accidente ni, por tanto, pudo prestarles auxilio.

Volví a Deyá con una fotocopia del periódico. La comenté con Gisele. Sin duda Anaïs Nin había utilizado parte de la historia, hablaba sólo del
130 amor entre María y el hermano de Evelyn y no decía nada de sus trágicas muertes... La Nin escribió antes de que éstas ocurrieran... ¿Qué pasó en realidad? ¿Por qué tanto misterio alrededor de un accidente tan estúpido como cruel? «Seguro que hay algo más», insistió Gisele, «seguro».

Me costó trabajo hacerle leer el documento a mi casera.[21] Sin gafas no
135 veía bien y desde hacía meses las había perdido. Tampoco quería que yo se lo leyera y menos en voz alta. Por fin, tras mucho insistir, lo pasó ante sus ojos miopes. La barbilla comenzó a temblarle y rompió a llorar:

—Son ellos. Déjelos. Están muertos, sí, pero si les llama volverán otra vez y será horrible. Volverán y no la dejarán dormir. Ninguno de nosotros
140 volverá a dormir nunca más.

—¿Por qué? Cuénteme, por favor... deje de llorar...

—Murieron a causa de sus terribles pecados. Fue un castigo de arriba, no hay duda. La embrujaron,[22] señorita, embrujaron a María... No puedo decirle más, no puedo. Si hablo volverán. Por la noche el ruido del mar
145 no nos dejará dormir, las olas inundarán esta casa y con su rumor traerán sus jadeos[23]... Hacían el amor en la playa los tres, desnudos y juntos. ¿Comprende? Sin importarles si alguien les miraba, del modo más obsceno. Nunca en el pueblo había ocurrido una cosa así... Ellos, los dos extranjeros, fueron los culpables. Habían llegado a Deyá huyendo de la
150 guerra, decían, a finales del año treinta y nueve. Alquilaron una casa a las afueras del pueblo. Escribían a máquina, como usted. Nosotros creíamos que estaban casados. Solían abrazarse en público, sin ningún respeto para con[24] nosotros. El señor cura les amonestó[25] una vez y fue peor. Desde entonces solían bañarse desnudos en la cala, una costumbre atroz, que por
155 desgracia se puso de moda en esta costa, hace más de cuarenta años... Un atardecer María paseaba por las rocas de la cala, era mi amiga, ¿sabe usted?, teníamos la misma edad. Evelyn la llamó desde el agua. María se

17 *unfriendly, aloof*
18 *newspaper and periodical library*
19 *ciudadana*
20 **les...** *carried or swept them off*
21 *landlady*
22 *bewitched, put under a spell*
23 *panting*
24 **para...** *hacia*
25 *reprimanded, reproached*

quitó el vestido y en enaguas[26] se echó al mar. Nadó hasta acercarse a Evelyn. La ropa dificultaba sus movimientos. Evelyn la arrastró hasta el embarcadero[27] y allí la desnudó. Nadaron de nuevo hasta la orilla, tendidas en la arena descansaron a la luz de la luna, el brazo de Evelyn ceñía la cintura de María. Volvieron a encontrarse todas las tardes. María se sentía fascinada por la belleza de Evelyn, por las historias con que solía engatusarla.[28] Yo era la confidente de María y lo sabía bien, la tenía embrujada. Un día se unió a ellas George. Nadó a su lado y junto a ellas, desnudo, se tumbó en la playa. María se dejó amar por los dos... Aquella noche recibió una paliza descomunal[29] de su padre. Permaneció en cama una semana a causa de los golpes. Cuando pudo levantarse desapareció del pueblo en su compañía. En dos años no tuvimos noticias suyas. La policía de Palma nos visitó alguna vez para tratar de obtener datos que pudieran ayudar a dar con su paradero. Por entonces apareció por aquí la escritora sobre la que usted trabaja. La recuerdo vagamente. Alguien le contó la historia, era americana, como ellos. Luego supimos que fue piadosa[30] con María... se refirió sólo a sus amores con George. Al verano siguiente, ya hacia finales de septiembre, volvieron. Traían consigo una niña de pocos meses. Su padre era George, pero no sabíamos cuál de las dos mujeres era su madre... María vino a verme, yo no quise recibirla, nadie en el pueblo quiso recibirla. Al atardecer bajaron a la cala, llevaban consigo a la pequeña metida en un capazo.[31] Todo el pueblo les espiaba entre los matorrales.[32] Se hacían apuestas sobre su desvergüenza, se decía que debíamos darles una lección antes de llamar a la policía. Me hago lenguas todavía de[33] la naturalidad con que se desnudaron; después, en vez de entrar en el agua, se quedaron junto a las rocas del margen derecho de la cala. Se tendieron allí y se abrazaron. Sus jadeos nos llegaban entre el rumor de las olas. Era una inmundicia[34] ver el movimiento de sus cuerpos amándose. Algunos hombres salieron de sus escondrijos[35] con estacas[36] y se les acercaron para amenazarles. Ellos ni se inmutaron.[37] Tuvieron que separarlos a golpes. Los tres, magullados,[38] corrieron hacia el mar. No tenían otra escapatoria posible. Supusimos que intentarían ponerse a salvo nadando hacia la punta más extrema de la cala y escalarían por allí el acantilado.[39] El mar rompía con bastante furia, las olas eran cada vez mayores. Apenas podíamos distinguir sus cabezas y el braceo.[40] Nos pareció oír sus voces, llamándose entre sí. La niña comenzó a llorar. Me la llevé a mi casa, en realidad me sirvió de excusa para alejarme de allí. Poco a poco todo el pueblo fue desfilando hacia sus casas. Al día siguiente aparecieron sus cuerpos flotando en la boca de la cala. Estaban muertos. El juez de Soller subió para hacerse cargo de los cadáveres, a nadie podía sorprender su muerte... Eran demasiado atrevidos, todo el mundo les había visto bañándose en días de temporal... Entregué a la niña a la policía y fue entonces cuando me dijeron que George y Evelyn eran hermanos. El cónsul americano en Palma se puso en contacto con los familiares. Supe más tarde que María Evelyn pasó a vivir con sus abuelos en Santa Bárbara. Si he de serle franca, he hecho todo lo posible por olvidar todo lo ocurrido... Durante años he padecido fuertes insomnios y terribles pesadillas, como todos los del pueblo, por culpa de esta historia,

26 **en...** *in her slip*
27 *pier*
28 *beguile her*
29 **una...** *a severe beating*
30 *compasiva*
31 *a large basket*
32 *bushes and shrubs*
33 **Me...** *I'm still raving about*
34 **Era...** *It was obscene*
35 *hiding places*
36 *clubs*
37 **ni...** *didn't even change expression*
38 *battered and bruised*
39 **escalarían...** *from there they probably would climb the cliff*
40 *their overarm stroke*

aunque nadie se atreva a confesarlo. Muchas noches de temporal hemos oído sus gritos, pidiendo auxilio desde la cala; otras, cuando el mar encalma, nos llegan sus voces apagadas entre el respirar entrecortado de sus cuerpos en el momento del placer... Pero hay más aún, mucho más. Durante los años que siguieron a la desgracia ningún pescador del lugar pudo tirar las redes cerca de la cala sin exponerse a un grave peligro: Un peso enorme las lastraba[41] hacia el fondo...

Es la primera vez que cuento estos hechos, tal vez usted creerá que exagero o que no estoy en mis cabales[42]... Por desgracia las cosas ocurrieron tal y como se las he narrado. Si últimamente no han vuelto a molestarnos es porque nadie ha mencionado de nuevo sus nombres, pero me temo que usted habrá vuelto sin querer a convocarlos... Desde que usted se ocupa del asunto me resulta difícil dormir, igual que a mí les ocurre a algunos vecinos, testigos de aquellos terribles sucesos...

¿Quiere usted una prueba de que no miento? Baje el día 21 por la noche a la cala. Para entonces hará treinta y ocho años de su muerte. Como cada año, sólo saldrán las barcas de los más jóvenes y de los forasteros. Volverán sin haber pescado nada. El mar anda revuelto y suele haber tormenta. Quédese junto a la orilla y mire bien: A medianoche les verá salir de las aguas y tenderse desnudos en la playa para amarse hasta el amanecer...

El relato me sobrecogió en extremo. Corrí a contárselo a Gisele.

—Tu casera desvaría,[43] querida, por aquí tiene fama de loca. Según me han dicho de joven era la maestra, la quitaron porque padecía fuertes depresiones...

Gisele se marchó a principios de septiembre y yo me quedé aquí, esperando. Ayer fui a la cala. Había luna llena. El mar centelleaba.[44] De pronto les vi. Avanzaban nadando hacia la playa, jóvenes, bellísimos como si ni la muerte ni el tiempo hubieran podido nada contra ellos. Y allí junto a la orilla iniciaron un juego amoroso que duró hasta el amanecer...

Cuando volví a casa no pude contarle a la dueña lo que había visto. No estaba. Me había dejado una nota de despedida. Me decía que como cada año iba a pasar unos meses a una casa de salud. Me dejaba instrucciones para cerrar la casa y me deseaba un feliz retorno a mi país. Intenté dormir, no pude, el rumor del mar llegaba insistente hasta mis oídos.

Barcelona, octubre de 1980.

[41] *weighed, pulled down*
[42] **en...** *in my right mind*
[43] *is talking nonsense*
[44] *was shimmering*

✦ Comprensión y expansión

A. Conteste las siguientes preguntas según el texto.

1. ¿Cómo es el pueblo de Deyá?
2. En general, ¿quiénes son los forasteros allí?
3. ¿Qué le pareció anormal a la narradora?
4. En general, ¿cómo son los habitantes del pueblo? ¿Por qué?
5. ¿Dónde vivió Anaïs Nin?
6. ¿Vive alguien allí ahora? ¿Cómo se llama?

7. ¿Qué tiene que ver Anaïs Nin con la historia que investiga la narradora? Explique.
8. ¿Qué noticia descubrió la narradora en el *Correo* del 21 de septiembre de 1942?
9. Según la casera, ¿por qué murieron los tres jóvenes?
10. En realidad, ¿por qué murieron?
11. Según la casera, ¿cuál es la prueba de que ella no miente?
12. ¿Qué vio la narradora el día veintiuno por la noche?

B. Lea las definiciones que siguen y escriba las palabras definidas en los espacios correspondientes.

1. falta de vergüenza   _____
2. sitio donde se para o se detiene   _____
3. persona que pasa el verano en algún
   lugar   _____
4. artículo periodístico basado en una
   encuesta personal   _____
5. persona que se dedica a pescar   _____
6. dejar para después una cosa   _____
7. lugar para embarcar personas,
   animales, cosas, etc.   _____
8. bahía pequeña   _____

C. Reconstruya el cuento, numerando de 1 a 10, en orden cronológico, las oraciones que siguen.

_____ 1. Anaïs Nin llega a Deyá.
_____ 2. Stephani decide que debe salir de Deyá cuanto antes.
_____ 3. Dos extranjeros llegan a Deyá huyendo de la guerra.
_____ 4. Stephani le escribe a Hellen.
_____ 5. María conoce a George y a Evelyn.
_____ 6. Gisele compra la casa en el «Clot».
_____ 7. María desaparece del pueblo.
_____ 8. La casera le cuenta toda la historia a Stephani.
_____ 9. Mueren María, George y Evelyn.
_____ 10. Nace la hija de George.

✦ Temas de discusión o análisis

1. Resuma o comente la historia de «El reportaje».
2. Analice la técnica del suspenso empleada en el cuento. ¿Qué nos dice la autora y cuándo? ¿Qué no nos dice?
3. Según usted, ¿por qué decide Stephani dejar el pueblo cuanto antes? Explique.
4. Analice la progresión con la que es revelado el secreto.
5. Comente la importancia y el propósito de la fantasía en el cuento.
6. Haga un análisis de la función de la literatura en el cuento. ¿Qué impacto tienen las palabras escritas por Anaïs Nin en la narradora de este relato?

✦ Temas de proyección personal

1. Investigue algún episodio histórico o algún pleito famoso y escriba un resumen en forma de reportaje.
2. Esciba un reportaje, verdadero o ficticio, sobre algún acontecimiento que haya tenido lugar en su ciudad o en su universidad.

✦ *Temas intertextuales* ✦

1. Compare las observaciones de Miguel Delibes con las de Carmen Martín Gaite sobre las condiciones económicas de la posguerra en España.
2. Basándose en lo leído de Juan Benet y de Ramón Sender, e incluyendo la información de las **Notas biográficas**, compare y contraste las opiniones de esos dos autores sobre la función del arte.
3. Haga una comparación entre las observaciones de Juan Benet y las de Carmen Martín Gaite con respecto a la era franquista.
4. Analice la personalidad del (de la) narrador(a) y el tono de la narración en las selecciones de Miguel Delibes y de Carmen Martín Gaite.
5. Comente la actitud del (de la) narrador(a) hacia el presente en el discurso de Juan Benet y en el ensayo de Carmen Martín Gaite.
6. Analice la relación entre el (la) narrador(a) y el (la) lector(a) en los ensayos de Ramón Sender y de Carmen Martín Gaite.
7. Comente la interacción entre el personaje principal y su ambiente en el ensayo de Francisco Ayala y en el cuento de Carme Riera.
8. Compare a la protagonista de «Contra Fortinelli» de Soledad Puértolas con la de «El reportaje» de Carme Riera. Preste atención a la situación de la mujer en cada uno de esos cuentos.
9. Imagínese que la protagonista de «El reportaje» de Carme Riera responde a las opiniones expresadas por Juan Benet sobre el feminismo español. Según usted, ¿qué diría ella? Comente.
10. Analice los relatos de Soledad Puértolas y de Carme Riera con respecto a la producción literaria femenina de la época posfranquista. Incluya la información de las **Notas biográficas** y la de la introducción de este capítulo.
11. Compare la visión del arte que tiene Juan Benet con la de Benito Pérez Galdós. Consulte la sección III de esta antología.

Glosario de términos literarios y culturales

alegoría *(allegory)*:   a literary composition with a second meaning that lies partially concealed behind the literal, more obvious meaning. In an allegory, there are continuous parallels between the two or more levels of meaning. Personification is a frequently used technique of allegory.

alejandrino *(alexandrine verse)*:   a line of verse with twelve syllables, frequently divided into two six-syllable units marked by a pause ("caesura").

aliteración *(alliteration)*:   the repetition of the same sounds, usually initial consonants, in a sequence of words.

alusión *(allusion)*:   an indirect reference to someone or something (for example, an event, a person, a place, or a work of art) left unexplained by the author because the reader's familiarity with it is assumed.

amor cortés *(courtly love)*:   a medieval system of idealized conventions concerning the code of honor and proper conduct in matters of the heart. The principal notions of courtly love stem from the poetry of the troubadours, the poets of twelfth-century southern France. From southern France the doctrines of courtly love were adopted at the northern court of Champagne and elaborated in the *Treatise on Love* by Andrew the Chaplain. They then spread throughout Europe and influenced much of later European literature, especially lyric poetry and the novels of chivalry.

amor cortesano: the adaptation of courtly love to the conduct of noblemen and women at the courts in the sixteenth and seventeenth centuries.

antítesis *(antithesis)*:   a figure of rhetoric involving parallel grammatical constructions used to highlight contrasting or opposing ideas.

aparte *(aside)*:   a remark made on stage for the hearing of the audience or of another character. It is not supposed to be heard by all the characters on stage.

argumento *(plot)*:   the author's chosen arrangement or pattern for the development of the events or actions of a narrative or a play. The term originated with Aristotle's *Poetics* where he distinguishes the events of the story from the plot, which forms a coherent whole with a beginning, a middle, and an end.

arquetipo *(archetype)*:   a character, symbol, setting, motif, or theme that appears in the literature of different times and places with such frequency that it seems to express some element of universal human experience or of the collective unconscious. The term was used by the psychologist Carl Jung to designate a sort of inborn human memory.

arte comprometido *(committed art)*:   socially and politically minded literature and art. The French existentialist authors were widely influential in their advocacy of this sort of writing, called *littérature engagée*. See **existencialismo**.

«arte por el arte» *("art for art's sake")*:   the slogan of nineteenth-century aestheticism that considered beauty as an end in itself and opposed subordinating the arts to political, moral, or didactic purposes.

auto sacramental: a short dramatic work, often of one act, with allegorical or biblical characters and a religious theme.

balada *(ballad)*:   a poetic composition generally divided into stanzas of equal length, with a simple and nostalgic theme that is frequently legendary or historical. The stanzas of a ballad often end in the same refrain and echo the rhyme scheme used in the stanzas.

barroco *(baroque)*:   a literary and artistic movement of the sixteenth and seventeenth centuries characterized by a complex and ornate style using numerous figures of speech such as elaborate metaphors, wordplay, learned allusions, euphemisms, and neologisms. This elaborate style in literature mirrored the curved lines and extensive adornment of Baroque art and architecture.

boom: the literary explosion of the 1960s in Spanish-American literature, especially in the narrative genres.

budismo *(Buddhism)*: one of the world's major religions, founded in India in the sixth century B.C.E. by the Buddha, Siddhartha Gautama. The Buddha's teachings emphasize the four Noble Truths, concerning the suffering in life, and the Eightfold Path, the avenue for ending desiring and, thus, suffering. The state of release from desires and suffering is called Nirvana.

cantar de gesta *(epic poem)*: a translation of the French term *chanson de geste*. It is commonly used to designate epic poetry and refers to the singing of epics, songs about heroic deeds, by medieval minstrels at court and in public squares. See **poesía épica**.

Carpe diem *(Seize the day [Latin])*: a theme or motif, usually found in poetry, which advocates enjoying the opportunities of the present. The theme and the phrase *carpe diem* are taken from the *Odes* of the Roman poet Horace.

clímax *(crisis)*: the decisive point in the plot of a story or a play. The outcome depends on it and it brings about the denouement (the untying or clarification of the plot's complications). The term "crisis" differs from the term "climax," which refers more generally to any intense moment in the action: a play may have several climaxes but only one crisis.

códice *(codex)*: the early form of a book. In the fourth century C.E., the codex replaced the papyrus roll as the dominant form for gathering handwritten sheets. Later, vellum (cured animal skin) was used more commonly than papyrus for copying codexes. Finally, paper was introduced to Europe by the Arabs in Spain and used widely in the late Middle Ages and thenceforth with the advent of printing.

conceptismo *(conceptism)*: a literary style of the Baroque period—especially in prose—associated with the Spanish writer Francisco de Quevedo. **Conceptismo** emphasized **conceptos** (conceits), that is, clever associations of ideas and words, and it valued subtlety and conciseness. Generally **conceptismo** refers to prose while **culteranismo** describes the same stylistic tendency in poetry; but the terms are often used interchangeably. See **culteranismo** and **cultismo**.

contrapunto *(counterpoint)*: a musical term, referring to the harmonious joining of independent voices or melodies. In literature it designates the use of significant contrasts, or the combination of independent elements, such as the interweaving of two dramatic plots.

copla: a stanza of poetry.

cosmovisión *(world-view, Weltanschauung [German])*: the philosophy or view of life held by a particular person or by a group of people at a given time.

costumbrismo: a term referring to literature that highlights the description of the customs of a particular region or country. It was practiced extensively in nineteenth-century prose.

criollismo: a word or a custom considered typical of Spanish America; or the praise of Spanish-American customs. A **criollo** is a person of Spanish or European descent born in the Americas.

crónica *(chronicle)*: a form of historical writing that gives a comprehensive, chronological account of events with little analysis or interpretation.

cuarteto *(quatrain, quartet)*: a poetic stanza of four lines, often hendecasyllabic, that is, with lines of eleven syllables.

cubismo *(Cubism)*: an artistic movement of the early twentieth century that emphasized the use of basic geometric forms and the simultaneous depiction of the subject from different points of view. In Cubist literature, several points of view are evoked and images are fragmented and rearranged in new and meaningful ways.

culteranismo: a literary style of the Baroque period associated with the Spanish poet Luis de Góngora. It is characterized by the exaggerated usage of figures of speech, classical allusions, and elevated language. The term **culteranismo** usually refers to poetry while **conceptismo** refers to prose. See **conceptismo**.

cultismo *(learned word)*: a word or expression borrowed directly from a classical language and incorporated into writing done in a cultivated style. **Cultismo** can refer to a learned word or to the tendency to incorporate learned words, and is typical of the Baroque style.

dadaísmo *(Dadaism)*: a nihilistic intellectual movement of the early twentieth century that, in the face of the horrors of World War I, reacted against social and artistic conventions and emphasized anarchy, irrationality, and cynicism. The poet Tristan Tzara founded the movement in 1916, but by 1922 most of its adherents turned their energies to surrealism. Dadaism took its name from the popular French word *dada*, referring to a hobbyhorse and to a conventional, unchallenged idea.

desenlace *(denouement)*: the untying or clarification of the plot's complications. The **desenlace** is brought about by crisis (Spanish: **clímax**) or decisive point in the plot. See **clímax**.

discurso *(discourse)*: a treatise that sets forth a doctrine or philosophical point of view; or the contexts and relationships involved in expressing an idea or telling a story in oral or written form. Modern discourse analysis examines the relationships between sentences and the meaning they produce.

Edad Media *(Middle Ages)*: a period of European history extending approximately 1,000 years from the fall of the Roman Empire to the Renaissance.

égloga *(eclogue)*: a pastoral poem, often consisting of an idealized dialogue between shepherds. Cultivated by Virgil, the form was revived in the Italian Renaissance and then imitated in other literatures.

elegía *(elegy)*: a poem that laments the passing of someone or something. It can also express the poet's reflections on a solemn subject.

encabalgamiento *(enjambement)*: the continuation of meaning and grammatical structure from one line of poetry to the next without a punctuated pause.

enciclopedista *(encyclopedist)*: a writer or philosopher of the Enlightenment associated with the *Encyclopédie ou Dictionnaire raisonné des Sciences, des Arts et des Métiers,* compiled 1751–1780 under the editorship of Denis Diderot. In a broader sense, the term refers to someone who adheres to eighteenth-century rationalism.

encomienda: the rights to land granted to Spanish colonists as a reward from the Spanish crown. The system of **encomienda** included not only property but also dominion over native American inhabitants. The term refers to both the system and the estate itself.

endecasílabo *(hendecasyllabic verse)*: a line of poetry with eleven syllables.

entremés *(farce)*: a short comic or satiric play of one act, staged between the acts of a longer work.

epíteto *(epithet)*: a phrase that describes a characteristic trait of a person or thing. Epithets are often used in formulaic compositions such as epic poetry. El Cid, for example, is often called **buen vasallo**.

epopeya *(epic poem, epic poetry)*: a term designating the genre of epic poetry in general or a particular poem within that genre. See **poesía épica**.

esperpento *(frightful, grotesque)*: a term designating an unattractive and ridiculous person or thing. It was adopted by Ramón del Valle Inclán to refer to the grotesque, colloquial style he used for his satire of Spanish society.

estribillo *(refrain)*:   one or more lines repeated at intervals or after each stanza of a poem.

existencialismo *(existentialism)*:   a twentieth-century European philosophical movement, best known through the works of the French atheist philosopher Jean-Paul Sartre who asserted that "existence precedes essence" and emphasized the role of individual responsibility and authenticity. For Sartre and other existentialists, the world of existence is on its own meaningless or absurd, and humans must create their own meaning by becoming actively involved in social and political causes. Literature should also have a social and political purpose (see **arte comprometido**). Precursors of existentialism were the Danish theologian Søren Kierkegaard and the German philosophers Martin Heidegger and Karl Jaspers. Other influential writers from the mid-twentieth century were Albert Camus and Simone de Beauvoir.

expresionismo *(expressionism)*:   a literary and artistic movement, prevalent especially in early twentieth-century Germany, that emphasized the expression of inner emotions and the artist's subjective feelings instead of "objective" external reality. Fundamentally, expressionism was a reaction against realism and naturalism. It replaced passive observation with active expression in a distorted world of ideas, moods, and emotions.

fábula *(fable)*:   a short tale in prose or verse that illustrates a moral lesson. The characters are frequently animals and it often ends with a short moral in verse.

figura retórica *(figure of speech, rhetorical figure)*:   an expression such as a metaphor, hyperbole, or simile that modifies the accepted literal sense of words or their normal order. Some figures of rhetoric also emphasize patterns of sound.

fórmula *(formula)*:   a stock phrase or fixed set of words that is used repeatedly in certain types of literaure. See **epíteto**, for example, which is a formula typical of epic poetry.

género dramático: a term that is used to designate the written text of a play in contrast to its performance (**teatro**).

gongorismo *(Gongorism)*:   a term referring to the literary style of the Spanish poet Luis de Góngora, and other seventeenth-century poets. It is characterized by the use of neologisms, learned words, Latin syntactical patterns, allusions to classical mythology, and lavish use of metaphors, hyperbole, and antithesis. See also **conceptismo, culteranismo**, and **cultismo**.

hermetismo *(hermeticism)*:   a term derived from Hermes, the Greek god of eloquence. It refers to a style of writing that is obtuse or very difficult to understand.

hipérbaton *(hyperbaton)*:   a figure of rhetoric that involves reversing or altering the normal word order in a phrase or a sentence.

hipérbole *(hyperbole)*:   a figure of rhetoric involving the use of exaggeration that is not meant to be taken literally.

historiografía medieval *(medieval historiography)*:   a term referring to the tendency of medieval chroniclers to set all of history within a Christian perspective, beginning with the story of the Creation in Genesis.

humanismo *(humanismo)*:   a fifteenth-century intellectual movement that renewed the study of classical languages and literatures, particularly Greek. The Renaissance humanists emphasized the positive aspects of human capacities, in contrast to the medieval preoccupation with human sinfulness.

Ilustración *(Enlightenment)*:   a Western European intellectual movement in the eighteenth century, also called "The Age of Reason." It is characterized by an emphasis on rationalism, a faith in human reason and progress, the advocacy of scientific inquiry and tolerance, and the rejection of existing religion in favor of Deism, the belief in doctrines based on human reason and morality and in a supreme being who does not interfere in the universe.

impresionismo *(impressionism)*:   a term that primarily describes a school of nineteenth-century French painters, the best-known being Claude Monet, who used small, unconnected strokes or points of paint (a technique called *pointillisme*) to capture and emphasize the impression made by reflected light in the scenes they depicted. In literature the term refers to the subjective creating of scenes and sensory images, particularly visual ones.

ironía *(irony)*:   a figure of speech used to denote an inconsistency between a statement or event and its context, such as a discrepancy between what is meant and what is said (verbal irony), that between a character's knowledge of his situation and the audience's, or that between the appearance of a situation and its reality (situational or circumstantial irony). The best-known classical models of irony are found in Sophocles' *Oedipus Rex*, where Oedipus does not know during much of the play that he killed his own father.

jarcha: a short fragmentary poem written in the Mozarabic dialect and added to the end of poems in Arabic or Hebrew. Lyric compositions that generally express the pain of a loved one's absence, the **jarchas** are the earliest known examples of poetry written in a romance language from the Iberian Peninsula.

justicia poética *(poetic justice)*:   a writer's assigning a happy outcome to virtuous characters and an unhappy one to vicious characters, or creating a strikingly suitable reward or punishment for a character, as in the case of a villain who is ruined by something of his own making.

laconismo *(laconism)*:   a term referring to brevity and conciseness in style. It is derived from the name for the Greek city of Sparta, whose inhabitants were known for their austerity.

leitmotiv *(motif, leitmotif)*:   the significant repetition of an image, incident, symbol, or situation within one literary work.

letrilla *(rondel)*:   a poetic composition with short lines often put to music. It generally consists of stanzas followed by a short refrain that repeats the theme.

leyenda negra *(black legend)*:   stories that circulated in Europe about the abuses of the Spanish conquistadors and their exploitation of the native peoples of the Americas.

libre asociación *(free association, stream of consciousness)*:   a term referring to the unencumbered flow of images and thoughts from the mind, as well as to the type of literary piece, usually a monologue, that conveys the inner stream of the mind's flow. This type of writing, influenced by Freud's theories, was practiced in the first quarter of the twentieth century and was popular among the surrealists who called it *automatic writing,* or the unobstructed communication of images from the subconscious mind to the pen.

literatura costumbrista: See **costumbrismo**.

literatura de la onda: a movement in twentieth-century literature, particularly in Mexico, that advocated a new form of realism focusing on life in the city and on the problems of youth.

literatura epistolar *(epistolary literature)*:   a type of literature that uses the form of a letter or of a series of letters. Epistolary literature often refers to novels or satire written as a series of letters.

literatura gauchesca *(gaucho literature)*:   a term that describes the literary works dealing with the customs and environment of the gaucho, or "cowboy" who roamed the Argentine pampas tending cattle and who was known for his colorful songs and way of life.

literatura indigenista *(indigenous literature)*: a term that describes the works dealing with themes and subjects related to the native peoples of the Americas.

metáfora *(metaphor)*: a figure of speech that, in an implied comparison, refers to one thing, idea, or action with a word or expression that normally denotes another thing, idea, or action.

metateatro *(metatheatre)*: the technique of including a play within a play. The term is often used to express the idea that the world is like a stage where we are characters or that reality is illusory.

métrica *(metrics)*: the art of utilizing measured patterns of sound that recur at regular intervals, called *metrical patterns*.

metro *(meter)*: the rhythm or measure of verse that characterizes a particular metrical pattern.

místico *(mystic)*: a term that describes the intense religious experience of contemplation and union with God as well as the literature produced by writers who undergo and recount the experience.

modernismo *(modernism)*: a literary movement that arose in Spanish America in the late nineteenth century and was subsequently transmitted to Spain. Introduced by Rubén Darío with the publication of *Azul* (1888), this new style of poetry was strongly influenced by the French symbolists and Parnassians. In rebellion against romanticism, the modernists attempted to renew poetic language and to create a poetry characterized by formal perfection, musicality, and strongly evocative imagery. The wider use of the term applies to the various experimental and avant-garde trends of the early twentieth century.

motivo *(motif, leitmotif)*: See **leitmotiv**.

naturalismo *(naturalism)*: a literary movement of the late nineteenth century led by the French writer Emile Zola. In reaction to the subjectivism of the romantic period, naturalism advocated the highly detailed description of external reality informed by scientific investigation and by the desire for social reform. It also emphasized the influence of the environment on human behavior.

neoclasicismo *(neoclassicism)*: an intellectual current of seventeenth- and eighteenth-century Europe that revived or adapted clasical style or taste using models derived from Greco-Roman literature and art. Neoclassicism emphasized unity, clarity, order, decorum, symmetry, and rationality.

neologismo *(neologism)*: a newly-invented word or phrase, or one which has been newly introduced into a language.

neoplatonismo *(Neoplatonism)*: the revival of Platonism in literature and thought. Begun by the Jewish philosopher Plotinus in the third century, Neoplatonism was cultivated in some circles during the Middle Ages, and later was influential during the Renaissance and the seventeenth century, among some nineteenth-century poets, and in the works of the Spanish poet Juan Ramón Jiménez.

neorrealismo *(neorealism)*: the revival of realism in literature. The term is used to refer to the tendency of Spanish writers of the mid-twentieth century to describe the misery of the period following the Spanish Civil War.

novela de caballería(s) *(chivalric novel)*: a novel involving the heroic deeds and adventures of legendary knights who exemplified a code of idealized behavior.

novela negra: a term that refers to narratives such as detective stories or novels dealing with crimes that take place in violent and sordid surroundings.

novela pastoril *(pastoral or bucolic novel)*: a narrative in which the characters are shepherds and shepherdessess involved in idealized situations of love located in an idealized setting in the countryside. In Spain, the *Diana* of Jorge de Montemayor (c. 1595) initiated the genre, imitating Italian models inspired from Virgil's *Eclogues*.

novela picaresca (*picaresque novel*):   a novel constructed around the escapades of a **pícaro**, a rogue who lives by his wits and recounts his stories in the first person. The genre was established with the publication of *Lazarillo de Tormes*, which was one of the most widely read books of the sixteenth century. In the broad sense, the term refers to a narrative, often autobiographical, with loosely-structured episodes, unified by the travels and adventures of the main character.

octosílabo (*octosyllable*):   a line of poetry with eight syllables.

oda (*ode*):   a long and formal lyric poem with an elaborate structure, often addressed to a person of high rank or to something abstract. The two classical models are the choral odes of Pindar, a Greek poet, and those of Horace, a Roman poet. Imitators of Pindar use stanzas and lines of irregular lengths, while imitators of Horace follow his pattern of stanzas or parts with regular length.

onomatopeya (*onomatopoeia*):   a figure of speech that involves using or creating words whose sound imitates the sound of the thing named or described.

paradoja (*paradox*):   a figure of speech, or more broadly a category of thought, involving two seemingly contradictory elements that may indeed be true. A paradox sometimes appears in the brief form of an *oxymoron*, a compressed phrase that brings together two terms that are usually contradictory, such as "a living death."

paralelismo (*parallelism*) :   the repetition of syntactical forms or patterns to indicate a relationship in their meaning. Sentences, clauses, lines of verse, or groups of words with the same syntactical structure are arranged in pairs, or groups of three or more, that usually indicate some correspondence in meaning.

parnasianismo (*Parnassianism*):   a current in nineteenth-century French poetry that rejected the emotional excesses of romanticism and advocated objectivity, formal perfection and "art for art's sake." It derived its name from Mount Parnassus, a location associated with the Greek Muses and regarded as the seat of poetry and music.

parodia (*parody*):   a comic and often satirical imitation of a serious work.

personificación (*personification, prosopopoeia*):   a figure of speech attributing human qualities or actions to other creatures, objects, or abstract ideas.

pie quebrado: a metrical system combining verses of eight syllables with those of four syllables.

poema épico: See **poesía épica.**

poesía épica (*epic poetry*):   a long narrative poem usually associated with the early history of a nation and the legendary deeds of a national hero. It is characterized by formulaic repetition, description of warfare, lists or catalogues of warriors, and the intervention of the supernatural. An epic poem, in imitation of Homer and Virgil, usually begins *in medias res* (at some exciting moment in the middle of the action).

poesía lírica (*lyric poetry*):   Before the Renaissance, the term refers to poems accompanied by music. It currently refers to poetic compositions with a melodic quality and/or those that express the personal emotions and thoughts of the poetic voice in rhymed or unrhymed verse.

poesía pura (*pure poetry*):   poetry that aims to achieve aesthetic perfection and exact expression of meaning. It is often associated with Juan Ramón Jiménez and his ideal of a poetry that reflects pure form and meaning, conveying the workings of the inner life.

positivismo (*positivism*):   in a broad sense, a term designating a tendency in philosophy that rejects the search for the essence of things (and thus religion and metaphysics) and focuses on knowledge that can be attained through observation and experiential data.   More narrowly, it refers to the philosophy of Auguste Comte (1798–1857) who held that society, after passing through theological and metaphysical stages was entering into a positive or scientific stage. Finding that worship of God was in decay, Comte proposed an organized system for worshipping humanity.

posboom: a literary movement in Spanish America following the "boom." It is characterized by themes rooted in daily life, social and historical experience, a less formal and intellectual style than that of the "boom" writers, and the usage of simpler and more conversational language.

posmodernismo *(postmodernism)*:   the period in Spanish-American literature following **modernismo** when writers retained the stylistic and formal concerns of the earlier period but turned their attention to the social problems of their times. In wider usage, the term is hotly debated but generally denotes the various intellectual tendencies of the second half of the twentieth century such as semiotics and deconstructionism that have challenged traditional methods of literary and philosophical analysis.

posvanguardismo *(post avant-garde)*:   a term denoting literary currents in Spanish America after World War II and following **vanguardismo**.

real maravilloso *(realistic marvelous)*:   a term denoting the occurrences in the narratives of magic realism that are both fantastic and realistic.

realismo *(realism)*:   a literary movement, especially of nineteenth-century prose, that rejected the subjectivity of romanticism and emphasized the observation and objective description of external reality with attention to the everyday life of ordinary people. Realism preceded and laid the foundations for naturalism.

realismo mágico *(magical realism)*:   a type of modern fiction in which political and social reality are combined with fantastic or magical elements. This blending of the real and the magical is recounted in an objective tone and within an otherwise realistic account. The term is associated primarily with leading contemporary Spanish-American novelists such as Gabriel García Márquez, although it was first used by the German critic Franz Roh to characterize post-expressionist painting.

redondilla: a stanza of poetry with four octosyllabic verses (an octosyllabic quatrain) and with consonantal rhyme in *a b b a*.

Renacimiento *(Renaissance)*:   the rebirth of classical culture and learning through the study and imitation of Greco-Roman models. It began in fourteenth- and fifteenth-century Italy and then spread to the rest of Europe. In Spain the reign of Isabel de Castilla and Fernando de Aragón (1469) marks the beginning of the Renaissance. The model person of this period was a courtier dedicated to both arms and letters.

rima *(rhyme)*:   patterns of sound that are identical between syllables or groups of syllables, usually at the end of lines of verse.

rima asonante *(assonantal rhyme, assonance)*:   the rhyme of vowel sounds at the end of lines of verse.

ritmo *(rhythm)*:   the regular repetition of beats that produces a pattern of sounds. Rhythm is less structured than meter, which involves the measurement of units of sound.

romance *(Spanish ballad; romance)*:   a poetic composition with eight octosyllabic verses and assonantal rhyme in alternating, and usually even-numbered verses. The term also is used as a synonym of the **novela de caballerías.**

romancillo: a popular verse form involving the repetition of a pair of lines.

romanticismo *(romanticism)*:   a literary and artistic movement that first emerged in the 1790s in England and Germany and then dominated European literature during the first half of the nineteenth century. In reaction to neoclassicism, romanticism favored spontaneity, originality, and the expression of intense personal sentiments and rejected the restraint of eighteenth-century rationalism, seeing it as impersonal and artificial. In Spanish-American literature, the individualism and freedom advocated by romanticism coincided with the movements for political independence and with the flowering of gaucho literature.

sainete *(one-act farce)*: a dramatic work, usually of one act, that originated in the eighteenth century. It depicts local customs, is usually comical, and the characters generally represent popular types.

sátira *(satire)*: a manner of writing that ridicules or scorns the vices and follies of individuals, institutions, or societies with the hope of correcting them. Usually comic in nature, its tone ranges from amusement to contempt and moral indignation.

sextina *(sestina, Provençal)*: a verse form developed by medieval troubadours, with six six-line stanzas (sestets or sextets) and one three-line stanza (tercet). In each of the six-line stanzas, six end words are repeated in a different order; three of the end words appear in the middle of the lines of the tercet, and the other three at the ends of the lines.

Siglo de Oro *(Golden Age)*: the age of Spain's political and cultural grandeur, spanning approximately from the beginning of the sixteenth century to the end of the seventeenth and encompassing the periods of the Renaissance and the Baroque.

simbolismo *(symbolism)*: a literary movement, especially in French poetry of the second half of the nineteenth century, that advocated subjective, musical poetry and the use of symbols to evoke moods and emotions. It represented a reaction against realism, naturalism, and the objectivity of Parnassianism. In its broadest sense, the term denotes the use of one object to represent or suggest another.

símil *(simile)*: a figure of rhetoric involving the comparison of one thing with another, explicitly announced by the word *like* or *as*.

sinestesia *(synesthesia)*: a figure of rhetoric that involves joining two images or sensations that relate to different types of sensory perception.

soneto *(sonnet)*: a lyric poem of fourteen lines that in Spanish and Spanish-American literature follows the Italian model established by Petrarch: two quatrains (stanzas of four lines) rhymed *a b b a a b b a*, followed by two tercets (stanzas of three lines) rhymed *c d e c d e*. Its rhyme is generally consonantal and its verses hendecasyllabic (eleven syllables), but modern sonnets sometimes vary the metrical scheme.

surrealismo *(surrealism)*: a literary and artistic movement of the 1920s and 1930s led by André Breton and strongly influenced by Sigmund Freud's theories of the unconscious. The surrealists sought to go beyond conventional reality to explore the boundaries between the rational and the irrational and the expression of subconscious thought and feeling. They practiced automatic writing, dictated by the unconscious, and the free association of images. See **libre asociación**.

teatro abierto *(open theatre)*: the Argentine theatre movement that arose in 1981 as a response to the repressive politics and censorship of the military regime.

teatro del absurdo *(theatre of the absurd)*: a term that refers to the works of avant-garde dramatists of the 1950s, especially Samuel Beckett and Eugène Ionesco, who abandoned logic in form, character, and dialogue in order to convey the absurdity and purposelessness of human existence.

teatro de la crueldad *(theatre of cruelty)*: a form of theatre advocated in the early twentieth century by Antonin Artaud and characterized by the representation of violence and eroticism, which was intended to raise the social consciousness of the audience.

teatro épico *(epic theatre)*: a type of drama developed by Bertolt Brecht in the 1920s. Brecht advocated a social function for the dramatist, who should represent ideas that can change the world. Here "epic" denotes the use of narration along with marionette-like characters to contribute to the critical distance between the action and the spectators.

tema *(theme)*: an abstract idea such as love, revenge, or friendship that is conveyed in a literary work.

terceto *(tercet)*: a stanza of poetry with three lines.

tremendismo: a literary movement that exaggerated the worst aspects of social reality. Camilo José Cela's novel, *La familia de Pascual Duarte* (1942), initiated **tremendismo** with its impartial description of brutal and grotesque scenes.

ultraísmo *(ultraism)*: a literary movement begun around 1919 by Jorge Luis Borges and other Spanish-American and Spanish poets who advocated a radical renewal of poetic spirit and technique.

vanguardismo *(avant-garde)*: a term denoting avant-garde experimental movements in art and literature that arose in the first half of the twentieth century, such as **cubismo** and **ultraísmo**.

versos libres *(free verse)*: a term denoting poetry whose line length and rhyme do not conform to any regular meter.

villancico: a popular poetic form originating in the Middle Ages. It includes a refrain and often has a religious theme but may also be festive.

Vocabulario español-inglés

This vocabulary contains all words and idiomatic expressions glossed in the reading selections, with the exception of terms defined in the footnotes. Only contextual meanings given in the readings are included. The gender of nouns is not indicated for masculine nouns ending in **-o** or for feminine nouns ending in **-a**. Adjectives and nouns appear in the masculine singular form only. The following abbreviations have been used: *m* (masculine) and *f* (feminine).

A

a azotes *(m.)* with a beating
a carga cerrada without thought or reflexion
a chorros in abundance
a compás *(m.)* in step
a constelación *(f.)* **de todos** in everyone's eyes, by everyone
a derechas in a straightforward way
a deshora at the wrong moment; unexpectedly
a despecho de in spite of
a escondidas secretly
a escuras *(archaic)* in the darkness
a espaldas de behind the back of
a fuerza de by dint of
a la buena ventura de with no fixed plan or destination
a la intemperie unsheltered, in the open
a la ola on the trail
a la postre finally
a la vuelta de after
a las claras evidently, openly
a lomos de on the back of
a medida que in proportion to, according to
a mi salvo to my benefit
a par *(m.)* **del alma** to the bottom of your heart
a pie *(m.)* **llano** easily
a porfía in competition
a punto de ready, about to; **a punto de caramelo** hard ball syrup stage; *(figurative)* ready
a rienda suelta swiftly
a testarazos butting
a tientas gropingly
a toda vela at full sail
a todo trapo under full sail
a trueco de in exchange for
a tuerto o a derecho rightly or wrongly, justly or unjustly
a un tiro de piedra at a stone's throw
a voz *(f.)* **en cuello** at the top of one's voice, shouting
abad *(m.)* abbot

abalanzarse (sobre) to fall upon, to throw oneself upon, to charge
abarcar to encompass
abarrotar to fill; to crowd
abastado supplied
abastecer to supply with provisions
abatido dejected
abatimiento dejection
abatir to lower
ablandar to soften
abocar to approach
abolladura dent
abonar to affirm; to be used in; *(literally)* to fertilize
abrasar to burn; **abrasarse** to burn, to be consumed *(with a passion)*
abrenuntio *(Latin)* by no means
abreviar to cut short
abrigar to harbor, to entertain *(a fear);* to shelter
abrigo *(figurative)* protector
abroquelarse to defend oneself
absorto engrossed, absorbed in thought
aburrirse un disparate *(m.)* to be bored silly
acabar de caerse de un nido to be very credulous; *(literally)* to just fall from the nest
acaecer to happen
acantilado cliff
acariciarse la barba to stroke one's beard
acarrear to carry, to transport; to cause; **acarrearse** to obtain; to incur
acaso perhaps
acatamiento obedience, respect; observance; presence
acechar to lie in wait; to spy on; to watch stealthily
acemilero muleteer
aceña flour mill powered by water
acera sidewalk
acero steel; *(figurative)* spirit, strength

acertado correct, right, proper
acertar to succeed; to guess correctly
acezar to pant
achacar to accuse
achacoso sickly
achaque *(m.)* excuse, pretext; matter, subject
acierto good choice
acoger to welcome; **acogerse** to seek refuge in, to take lodging
acogida welcome
acometer to attack; to overtake
acompañar to attend
aconsejar to counsel
acordado harmonious
acordar to decide; to remember; to agree to
acorde *(m.)* chord
acortarse to shorten
acosar to pursue closely; to persecute
acuchillar to fence
acudir to attend; to come; to go
acuerdo agreement
acumular to accuse of
adelantarse to move forward
aderezar to prepare
aderezo set *(jewelry)*
adestrar to guide
adiestrar to guide; **adiestrarse** to become skilled
adivinarse to perceive
adivino diviner, soothsayer
admitir to accept
adoquín *(m.)* cobblestone, paving stone
adrede on purpose
aduendado bewitched
adurente *(archaic)* burning
advertir to observe, to notice; to warn
afamado famous
afán *(m.)* hard work; interest; wish
afanarse to work hard
afanoso eager
afecto affection

433

afeite (*m.*) cosmetic, make-up
aferrarse to take hold
aficionado a fond of
afilado pointed
afilador (*m.*) tool grinder
afín allied, similar
afirmar to thrust
afligir to distress
aflojar to weaken, to slacken; **aflojarse** to become slack
afrenta affront, dishonor; shame
afrentar to insult
agacharse to stoop
agasajo affectionate reception
agazapado hidden
agolpado rushed
agora (*archaic*) now
agorero fortuneteller, diviner
agostarse to become dried up, parched
agotado exhausted, run out
agraciado nice-looking
agradar to please
agravio offense; wrong
agreste wild
agrio bitter
aguardar to await
agudo high (*sound*); sharp
agüero augury, omen
aguijar to spur on
aguijón (*m.*) thorn
aguijonear to goad
águila eagle; (*figurative*) expert
aguileño shaped like an eagle's beak
aguja needle
agujero hole
aguzarse to sharpen
ahijar to attribute
ahogar to choke
ahondar to go into deeply
ahorcado hanged man
ahorcarse to hang oneself
ahorrar to free, to emancipate; (*figurative*) to get rid of
ahuyentar to drive or chase away
aína quickly, soon
airado angry
airoso airy; graceful
ajado faded; withered
ajeno belonging to another, of another; different
ajeno de sí beside oneself
ajuste (*m.*) equilibrium
ajusticiado executed
al abrigo de sheltered from
al cabo in the long run; in the end
al dedillo perfectly, by heart
al paño offstage
ala brim
alabanza (object of) praise
alabar to praise
alacrán (*m.*) scorpion
¡alahé! (*archaic*) truly

alambre (*m.*) wire
alargar to hand (*something to someone*); to lengthen; **alargarse** to lengthen, to extend
alarido howl
alazán (*m.*) sorrel-colored horse
albahaca sweet basil
albañar (*m.*) sewer, cesspool; **que albañares debajo de templos pintados** what filth hidden under the beauty
albarazado marbled
albear to whiten; (*figurative*) to dawn
albergar to shelter, to protect
albergue (*m.*) inn
albor (*m.*) dawn
alborada dawn
alborotado agitated; impetuous
alborotarse to get excited, to get upset; to make a racket
alboroto revolt against authority
álbrego south wind
¡albricias! (*interjection*) courage!; greetings!
alcahuete (*m., f.*) go-between
alcándara perch (*for hunting birds*); clothes rack
alcanzar to attain, to reach, to catch up
alcoholado wearing make-up
aldea village
aldeano provincial
alelado stunned
alentado encouraged
aleve traitorous
alfaquí (*m.*) Moslem elder or legal expert
alférez (*m.*) standard bearer
alforja saddlebag
algarabía nonsense; incomprehensible foreign language
algarrobo carob tree
algazara joyful uproar
alguno somebody
aliento breath; encouragement
alimento nourishment
alivio relief
aljibe (*m.*) cistern
allanar to smooth out; to keep smooth
allegar to arrive, to approach
allende moreover
alma soul
almena battlement; parapet
almendro almond tree
almidonado dapper
almo nurturing, nourishing
almohada pillow
almohadilla sewing cushion
almohaza curry comb
alquitara beaker
altanero lofty
alterarse to get angry

altillo loft
altivo haughty
altozano knoll
alumbrar to enlighten
alzar to lift, to raise; to rise
amagar to be imminent
amancillado stained, soiled
amanecer to dawn; to appear at dawn
amanecido at daybreak
amargarse to become bitter
amargo bitter
amarillento yellowish
amarteladísimo completely absorbed in someone
amatado (*archaic*) extinguished
ámbito ambit, scope
amenaza threat
amenidad (*f.*) pleasantness
ameno pleasant
amo master
amohinarse to become annoyed
amonestación (*f.*) admonition
amonestar to admonish, to scold
amoratado black and blue, bruised; purple
amortajado shrouded
amortecido fainted
amoscarse to get angry
amparo protection
amujerado effeminate
ancho wide
anchuroso broad, wide; spacious
¡Anda con ésa! Take that!
andén (*m.*) platform (*railway*)
andrajoso ragged
anhelo desire, longing
ánima soul
aniquilado reduced
anodino insipid
ansia anguish; **ansia de goces** yearning for pleasures
antaño distant past
ante omnia (*Latin*) before all things
antiparras glasses
antojarse(le) to seem (to someone)
anzuelo hook, lure; **anzuelo de codicia** lure of greed
añafil (*m.*) long Moorish trumpet
añejo ancient
añorar to miss, to long for
apacentar to take to pasture
apacible placid
apaciguar to calm, to quell; **apaciguarse** to calm down
apalabrar to make a verbal agreement
apañado taken, snatched
aparcero sharecropper
aparejado apt; ready
aparejarse to get ready
aparejo equipment; opportunity
aparentar to pretend

apartado distant, removed, out of the way

apartarse to withdraw

apeadero wayside station

apedrear to stone

apelar to appeal

apenas hardly, scarcely

apero tool; **apero de labranza** farm tool

apestar to corrupt; to plague

apetecer to desire

apetito sexual appetite

ápice (m.) whit, iota

apiñarse to crowd together

aplacarse to calm down

aplanado dulled

apocamiento timidity

apoderarse de to take hold of; to take possession of

aporrear to hit with a stick

aposentamiento location

aposento lodging; room; bedroom

apostar to bet

apoyar to rest (on), to lean

apremiar to urge

apresar to capture

aprestarse to prepare oneself

apresurado hasty

apresurarse to hasten; to hurry

apretado squeezed

apretar to squeeze; to hold tight; to tighten; **apretar los dientes** (m.) to clench one's teeth; **apretarse las faldas** to hold one's skirt(s) tight

apretón (m.) **de manos** handshake

apriesa (archaic) quickly

aprieto trouble

aprisa quickly

aprovechar to make use of

ápside (m.) apse

apuntación note

apuntalar to support, to brace

apuntar to start to show

apurar to drink up

apuro predicament

aquejar to afflict

aquilón (m.) north wind

ara altar

arada plowed field

arador (m.) mite

arañado scratched

arbitrio will, discretion

árbol (m.) tree; (figurative) mast of a ship

arca coffer, chest

arcador (m.) wool loosener

archisabido well-known

arder to burn

ardiente passionate

ardilla squirrel

arenal (m.) sandy area

argolla ring

arisco unpleasant

arma coat of arms

arpado sweet-voiced

arpar to scratch

arrabal (m.) region; time

arraigado deeply-rooted

arraigarse to settle, to establish roots

arrancar to draw out, to pull from

arranque (m.) impulse, outburst

arrasado razed, destroyed

arrasar to flatten

arrastrar to drag

arrastre (m.) towing; **para el arrastre** like a wreck

arrayán (m.) myrtle

arrebatado impetuous, violent

arrebatar to carry or snatch away

arremeter to attack, to charge; to throw oneself forward

arrepentido regretful, repentant

arriate (m.) flower bed

arriesgado rash, bold

arrimar to spur on (a horse); to place near; **arrimarse** to join; **arrimarse a** to approach, to come close to

arrodillado kneeling

arrodillarse to kneel

arrojar to cast off, to throw; **arrojarse** to throw oneself

arromadizar to catch a cold

arropar to dress, to clothe

arrostrar to face

arroyo brook, stream

arruga wrinkle

arrullado lulled

arrullo lullaby

artificio trick

artimaña trick, trap

asa handle

asador (m.) skewer, spit

asar to roast

asaz much

ascendiente (m.) ancestor

ascua ember

asechanza trap, snare

asedio seige

asentar to calm; to put, to place

asentir to agree, to assent

asequible accessible

asestar to aim

asido clasped, held together

asignar to assign

asina the same way

asir to seize

asistente present

asnal pertaining to an ass or donkey

asno ass

asolar to destroy

asomar por la ventana to look out the window

asombro amazement

aspa vane (of a windmill)

aspereza harshness

asta pole

astro star

asustarse to be scared

atabal (m.) drum; (figurative) back

atado tied up, bound

atar to tie

atareado busy

ataúd (m.) coffin

ataviado adorned

atavío adornment; **atavíos** finery

atemorizado frightened

atemorizar to frighten

atender to pay attention

atener(se) to depend on

atentar to attempt an illegal act

aterido numb with cold

aterrado terrified

aterrar to knock down, to fell; to terrify

atestado crowded

atestiguar to testify

Atlante Atlas Mountains

atónito astonished

atontonelado (humorous) bewitched

atracado docked

atrasos back payments

atreverse to dare

atrevimiento boldness

atribulado distressed

atronador thundering

atropelladamente hastily

atropellado hasty; impetuous

atroz brutal

aturdir to perturb, to agitate; **aturdirse** to be amazed; to become dazed or giddy

augusto majestic

aupado elevated

aurora dawn

autos documents

avariento stingy

ave (f.) bird

aventajarse to advance oneself, to excel

aventurarse to risk

averiguación (f.) inquiry

averiguar to find out

avinagrado sour

avisado astute, prudent

avisar to be on guard

avivar to arouse, to revive; to brighten; **avivar el ojo** to sharpen one's sight

ayuda help; **para ayuda de otro tanto** to help another like himself

ayuntamiento meeting

azabache (m.) jet

azadón (m.) grub hoe

azafrán (m.) saffron

azahar (m.) orange blossom

azar (m.) chance; hazard; mishap

azogue (m.) quicksilver

azor (m.) hawk

azotar to flog, to whip

azote (m.) lash (with a whip)

azucena lily

B

baca rack
báculo cane, walking stick
bagatela trifle
bajel *(m.)* ship, vessel
bajo lowly person
bala bullet
balar to bleat
balbucear to stammer
baldío baseless, unfounded
ballesta crossbow
balneario spa
baluarte *(m.)* bulwark
balumba big parcel; *(figurative)* props
banco bench
banda side *(of a ship)*
baqueteado accustomed to use
barajar to shuffle
baranda railing
barandaje *(m.)* railing
barbado bearded
¡barco viene! ship ahoy!
barniz *(m.)* varnish
barreño earthenware or metal tub
barrera barricade
barriga belly
barro clay
barruntar to guess, to surmise
basquiña petticoat
bastidor *(m.)* canvas stretcher
bata robe; gown
batido abject
batirse to beat
batueco simple, ignorant
beldad *(f.)* beauty
bellaco fool; scoundrel, rascal; *(diminutive)* **bellaquillo**
bellaquería wickedness
bellota acorn
bendecir to bless
bendito simple-minded soul
benigno benevolent
bermellón *(m.)* vermilion
berrear to bawl
beso kiss; *(figurative)* gulp
bien *(m.)* happiness, good
bienaventurado blessed
bienhadado well-destined, lucky
bigotes *(m.)* moustache
blanca penny *(old coin)*; **media blanca** half-penny
blanco target
blandir to brandish
blando smooth, soft
boca arriba face up
bocado morsel
bocanada puff
boina beret
bonaerense *(m.)(f.)* inhabitant of Buenos Aires
bonanza calm at sea
boñiga cow dung
boqueras corners of the beak;

boqueras grandes *(figurative)* big eater
boquete *(m.)* hole, opening
borbollón *(m.)* bubbling; **a borbollones** rapidly
bordadura embroidery
borracho drunkard
borrico ass, donkey
botijo earthen vessel
bóveda vault; vaulted ceiling
braceo overarm stroke *(swimming)*
bragado malicious
bramar to bellow, to roar
bramido bellow, roar
brasa live coal
bravato *(archaic)* boastful
bravío bold, wild
breve short
bribón *(m.)* rascal
brincar to bounce up and down
brindar to offer
brío force
brocal *(m.)* curbstone
bronco coarse, rough, harsh
brotar to bud; to burst (forth); to flow; to shine forth; to spring out
bruñido burnished
¡Buena anda la empresa! That's a helluva way to run a company!
buey *(m.)* ox
bufanda scarf
bufido snort
bullicio hubbub, noise, stir
bullir to bubble up, to boil; to bustle about
bulto form, object not clearly discerned
burdel *(m.)* brothel
burlarse to mock, to make fun of

C

cabal total
cabalgar to mount a horse; to ride
caballeriza stable
caballete *(m.)* easel
cabe beside
cabello hair
caber to fall to; **caberle en suerte** to fall to one by chance
cabo edge, end, side; leader; point, matter
cabra female goat
cachazudo calm, phlegmatic
cachorro pot, pan
cacique *(m.)* political boss
cadena chain
caducar to wear out, to lapse
caduco old
caer en to discover; to catch on; **caer(se) en la cuenta** to realize
cafre *(m.)* barbarous person
cagajón *(m.)* mule dung
caja cabinet; **caja de guerra** war drum

cal *(m.)* lime
cala cove, small bay
calabaza pumpkin, gourd
calabazada blow
calandria lark
calar to soak; **calarse una gorrilla** to pull down a cap on one's head
calderero potmaker; pot seller
caldero kettle
callado silent
callando quietly, furtively
calleja lane
calumniador *(m.)* slanderer
caluroso warm
calzada de hierro iron tracks
camarilla de las escobas broom closet
camarín *(m.)* chamber
camino de hierro railway, railroad tracks
campanario bell tower
campanilla bellflower
campanudo high-sounding, resonant, pompous
campechano good-natured
campiña country, countryside
cana white hair
canal *(f.)* channel; **canal maestra** main channel
candado padlock
candente candescent, burning; red
cándido white
cangrejo crayfish
cano white, grey *(hair)*
cansancio weariness
cantinela chant
cañada ravine
capa cape
capazo large basket
capilla chapel
capuz *(m.)* cloak
cara side *(of a coin)*
carabela tall ship
caracol *(m.)* snail
carámbano icicle
caratulera mask-mold
carburante *(m.)* fuel
carcajada loud laugh
cardenal *(m.)* bruise
carecer to lack
carencia lack
cargado de carnes plump
cargar to burden
caridad charity
cariz *(m.)* look, aspect
carne *(f.)* **de cañón** cannon fodder
carraspear to clear one's throat
carrera race; **carrera de la edad** *(f.)* racing of time
carreta cart
carril *(m.)* train track
carrillo cheek
carromato cart
cartilla de racionamiento ration book

cartucho roll
cartujo Carthusian monk
casa de labor farmhouse
cascabeleo jingling
caserío hamlet
casero landlord
caserón (*m.*) large ramshackle house
caseta hut
caso event, circumstance
castañeta castanet
castañetear to chatter
castaño chestnut tree; (*adjective*) chestnut (*colored*)
castigo punishment
castizo pure, correct
catafalco catafalque, platform
catar to examine; to look at
cativa (*archaic*) captive
cauce (*m.*) channel; bed of a river or stream
caudal (*m.*) wealth, fortune; (*adjective*) carrying or holding a lot of water
caudaloso abundant, full; **un río caudaloso** a river with much water
cautela caution
cautiverio captivity
cauto prudent
cava moat
cavilación (*f.*) thought
cayado walking staff
¡ce, ce, ce! sh! sh!
cebada barley
cebo lure, bait
ceceo pronunciation with a lisp
ceder to withdraw
cedro cedar
ceguedad (*f.*) blindness
celada snare, trap
celar to hide; to watch; **celarse** to be jealously watchful
celdilla little cell
celeste sky-blue
celo jealousy; zeal
celosía latticed window or shutter
celoso jealous
cenit (*m.*) zenith
ceño frown, scowl
centellear to shimmer
centenario centennial, a 100th anniversary; (*figurative*) 100 lashes
centeno rye
ceñir to gird, to put on
cera wax
cercado surrounded
cercanías environs
cerco siege
cerda bristle
cerdo hog
cerradura lock
cerrojo lock
certanedad (*f.*) certainty

certificar to certify, to attest
cervantesco pertaining to Cervantes
cerviz (*f.*) nape
césped (*m.*) grass
cesto basket
cetro scepter
chacona chaconne (*ancient dance*)
chal (*m.*) shawl
chamariz (*m.*) greenfinch
chanza joke, jest
chapado lined with a protective layer of stone or metal; studded with jewels or gold
charada puzzle
charco puddle
chasquear to snap (*one's fingers*)
chasquido clicking sound
chaza a short return in the game of **pelota**
chirrido chirping
chirrión (*m.*) two-wheeled cart
chispa spark
chochear to be in one's dotage
chorro del grifo jet from the faucet
choza hut
chupar to suck; **chupando el vino lo dejaba a buenas noches** sucking up the wine I didn't leave a drop
chuzo pike
cicatrizar to heal
ciceronianca Ciceronian
ciego blind; (*noun*) blind man
ciervo deer
cierzo north wind
cigarra cicada
cima top, summit; height
cimera crest (*on helmet*)
cincha cinch
cinta belt
cintura belt; waist
cirio wax candle
cirujano surgeon
citar to name, to cite
cítola millclapper, millclack
civil human
claro illustrious, famous
claudicante limping
clavado fixed; **clavado en un sitial** nailed to a chair
clavar to fix
clavel (*m.*) carnation
clavo nail
cobarde (*m.*) (*f.*) coward
cobardía cowardly act
cobrar to recover, to regain
coco bogeyman
codicia avarice, greed
codorniz (*m.*) quail
cofradía confraternity
coger to arrest, to catch, to seize; to gather
cohechar to bribe
cojo lame

colar to drink; to pass through
cólera anger
colérico angry
coletazo twitch
colgadura drape
colgar to hang
collar (*m.*) necklace
colmenero honey bear
colmilludo having large eyeteeth
colmo summit, height
colodrillo nape
color (*m.*) rouge (*cosmetic*)
columbrar to glimpse
combado curved
combatido strained
comendador (*m.*) prelate
comisionado representative
como fuera at any cost
como un oro of great value; neat as a pin
¡Cómo me han cogido la hora! How they have figured out when I come!
compadecer to pity
compadecido pitied
compañía de partes group of actors who share in the profits
compasarse to happen all together
complaciente obliging
componer to compose, to write
compuesto well-dressed
con creces (*f.*) with interest
con extremo extremely
con fecha tantos on such and such a date
con recato discreetly
concejo city council
concertarse to come to an agreement
concierto agreement
concordia agreement
concurrencia gathering
concurso crowd
condicioso = codicioso greedy, desirous
conducir to direct
confeso converted person
confiado haughty
confiar to trust
confín (*m.*) boundary; **del uno al otro confín** from one end to the other
confinar con to border on
congoja affliction; anguish
congojado distressed, anguished
congruo congruous
conjurado (*m.*) conspirator
conque so
conseguir to succeed
constar to be recorded or registered; to be clear or obvious
continente (*m.*) expression
contingencia contingency
contorno outline, contour
contraído contracted

contraminar   to outwit
convenir(se)   to agree
convidar   to invite
convite *(m.)*   feast, banquet
convocar   to summon
copia   abundance
copliña   short popular song
coraje *(m.)*   rage
cordel *(m.)*   cord
cordero   lamb
cordura   sanity, soundness of mind
cornada   butting, goring
corneja   crow
corredor *(m.)*   hall, corridor; *(adjective)* fleeting
correr la voz   to be rumored
correr por   to be chargeable to; **por tu cuenta corre**   it's your responsibility
correrse los cerrojos   to draw, to lock the bolts
corrillo   group of talkers
cortar por lo sano   to get on safe ground
cortedad *(f.)*   timidity
cortejo   courtship
cortijo   farm
corvo   bent
coscorrón *(m.)*   bump on the head
costado   side
costal *(m.)*   sack, bag
costanero   coastal
costura   seam
coxquear   *(archaic)* to limp
crecido   full; proud
crepúsculo   twilight
cría   raising
criado   servant
crianza   breeding, manners; **de linda crianza**   of good upbringing
criar   to raise *(children)*
crinado   combed
crisparse   to twitch
cristalería   glassware
cristalino   clear
cristiánigo   *(humorous)* Christian
crudeza   crudeness, roughness
crujido   wrenching
crujir   to grind *(teeth)*; to rustle; to creak
cuadra   stable
cual   as, like
cuantía   quantity
cuanto antes   as soon as possible
cuanto más... tanto más   the more . . . the more
cuarteado   divided
cuarto trasero   hindquarter
cuartos   money
cuchichear   to whisper
cuenta   record, reckoning, account; **una cuenta pendiente**   an outstanding account
cuerda   cord

cuerdo   prudent, reasonable, wise
cuero   skin, hide, leather
¡cuerpo de nos!   mild swear
cuesta abajo   downhill
cuita   trouble, care, grief
cuitadillo   distressed, unlucky person
cuitado   distressed
culebra   (small) snake
culpar   to find guilty
cumbre *(f.)*   hilltop, (mountain) peak; *(figurative)* head
cumplidísimo   very large
cumplido   very polite, courteous
cumplir   to be necessary; to suffice; to carry out
cuna   cradle
cupulilla   small cupola
curar   to take care of
curioso   careful
cursado   versed, experienced
curtirse   to toughen
cúspide *(f.)*   top

D

dádiva   gift
daga   dagger
dante *(m.) (f.)*   giver
dar a luz   to give birth
dar al diablo   to curse
dar alas   to encourage
dar con   to meet; to bump, to strike
dar de espuelas   to spur
dar en el blanco   to hit the target; **¡Qué lejos da del blanco!**   How far you're off target!
dar en el fiel   to come out on the mark
dar filo   to sharpen
dar la medida   to play the role of
dar larga cuenta   explain in detail
dar pábulo a la murmuración   to encourage gossip *(literally, to give food or fuel)*
dar pecho   to pay tribute
dar por   to consider
dar un traspiés   to stumble
dar vueltas a   to turn
dar(le) cuerda   to wind (it) up
dar que sentir   to hurt *(someone's)* feelings
darse por sentido   to take offense
de ancho   wide
de aquesta suerte *(f.)*   in this manner
de balde   gratis, free
de buena gana   willingly, gladly
de burlas   fabricated
de contino   *(archaic)* always
de coro   by memory, by heart
de cuatro capas   large and elegant
de dos en dos   two at a time
de ellas = algunas de ellas   some of them
de entre sueños   nightmarish

de golpe *(m.)*   suddenly
de gusto   of good taste
de harta hermosura   very beautiful
de harto entendimiento   very intelligent
de hondura   deep
de improviso   unexpectedly
de la corrida   from the sprint
de malas pulgas   in a bad mood
de puro   totally
de suyo   on its own
de tarde *(f.)* **en tarde**   from time to time
de trecho en trecho   from time to time
de un trote   with one trot
de veras   truly
decantado   overpraised
decir(se) para su capote   to mutter under one's breath
declarar inútil   to disqualify
declinar   to get weak, to decline *(health)*
defender   to stop, to prohibit
degollado   beheaded
dejar de   to stop, to cease
dejo   tone
delantero   front
delatar   to disclose, to give away
delator *(m.)*   informer
deleitarse en   to delight in, to take pleasure in
deleite *(m.)*   pleasure
deleitoso   pleasant
demás que   in addition
demediar   to share
demente *(m.)*   demented person
denostar   to insult gravely, to defame
denuesto   insult
deparar   to supply, to provide, to present
departamento   room
derecho   straight
derogar   to abolish
derramar   to spill
derretido   melted
derribar   to knock down
desabridamente   disagreeably
desabrimiento   rudeness, sharpness
desaforado   excessive, huge
desaguisado   injustice
desahogo   comfort
desahuciado   without hope
desahucio   eviction
desalentado   breathless
desaliento   dismay
desamparado   abandoned, unprotected
desamparar   to abandon; to let go of
desanimado   discouraged
desasosegado   upset
desatacado   with one's pants undone

desatado freed

desatar to disperse; **desatarse** to talk excessively

desatentadamente unwisely

desatinado foolish, perturbed

desatinar to daze, to bewilder

desatino folly

desayudar to hinder

desazón (*f.*) discomfort

desazonado uneasy, restless

desbaratar to break up

desbordante overflowing

desbordar to be beside oneself; **desbordarse** to overflow

desbravar to lose strength; to moderate

descabalgar to dismount

descabellado preposterous, wild

descaecimiento weakness, decline

descalabrado wounded in the head

descalabrar to beat; **descalabrarse** to hurt one's head

descargar to clear

descarnado bare

descoger to extend

descomunal enormous; severe

desconcierto offensive action

desconocido unknown

descorchado uncorked

descuidado off guard, careless

descuidarse to be off one's guard, to be careless

descuido carelessness, neglect

desde allí en adelante from that time on

desdeñar to scorn

desdicha bad luck, misfortune, unhappiness

desdichado unfortunate, disastrous

desdorarse to become tarnished

desechado rejected

desechar to cast aside

desembocar to empty, to flow out

desembuchar to tell everything

desenconar to relieve, to soothe

desenfrenadamente wildly, without restraint

desengañado disillusioned

desengaño disillusionment

desenlace (*m.*) outcome

desenvainado unsheathed

desenvoltura effrontery, boldness

desenvuelto audacious, determined

desfachatez (*f.*) nerve, impudence

desfallecer to weaken

desfoque (*m.*) lack of focus

desganado listless

desgarrado torn

desgarrar to tear apart, to rend

desgarrón (*m.*) rip

desgracia misfortune

desgraciado unlucky

desgranarse to lose its grapes; to fall apart

deshacer to disintegrate, to decompose

desherrar to remove the shoes from (*a horse*)

deslucimiento dullness

desmayarse to faint

desmayo fainting; swoon

desmedido excessive

desmelenado disheveled

desmoronado dilapidated

desolado sad

desordenado excessive, wild

desordenar to disarrange

despacho office

despaldado having a broken or dislocated back

despectivo contemptuous

despedazar to come apart

despedir to dismiss

despego coolness, indifference

despensero steward in charge of a monastery's provisions

desperfecto damage

despidiente (*m.*) leave-taking

despilfarro wastefulness

despliegue (*m.*) unfolding, displaying

despojar to rob, to strip

despojo booty, spoils; **despojos** rubble, remnants

desprenderse de to detach oneself

despuntar to break the tip of; to cut across; **despuntar la aurora** to dawn

desque (*contraction of* **desde que**) since

destello sparkle

destemplado out of tune

desterrado exiled

destiento surprise; shock

destilar to drip

destreza skill

destrozado broken

desvanecerse to disappear

desvariar to talk nonsense

desvelado sleepless; watchful

desvencijado rickety

desventura misfortune

desviado kept from, diverted

desviar to turn (away)

desvío diversion

detener el paso to break stride

detenidamente carefully

determinar to decide

deuda debt; female relative

deudo relationship; relative (*family*)

devanarse los sesos to rack one's brain

devaneo raving, nonsense

diacitrón (*m.*) type of drink

diapasón (*m.*) tuning fork

dicha happiness

dichoso happy, fortunate

diestra right hand, right; **a diestra** to the right

diestro skillful

dignarse to deign

dilatar to prolong; to exaggerate

diligencia stagecoach

diminuto diminutive, small

Dios (*m.*) God; **Dios da habas a quien no tiene quijadas** God gives wealth to those who don't know how to use it

dirigirse to address, to speak to

discantar to recite

discrepar to disagree

discreto intelligent

disculparse to apologize

disculpe pardon

discurrir to ponder

disfrazado disguised

disimular to disguise, to hide

disparate (*m.*) foolish action

dispensar to allow

disponer to direct, to command; **disponerse a** to be about to

distenderse to stick out

divisar to catch a glimpse

do (*variant of* **donde**) where

doblón (*m.*) doubloon

docto learned, erudite

doctrinal didactic

dolencia ailment

domar to tame

don (*m.*) gift

don Fulano de Tal Sir So and So of Such and Such

donado amateur

donaire (*m.*) grace, charm; witty remark

doncella maiden

donoso witty

dorado gilded, golden

dorar to gild

dote (*f.*) talent, gift

duelo duel; compassion; grief, sorrow, pain

dueña de pro lady-in-waiting

duro hard; hard-hearted; (*noun*) Spanish coin

E

echar to go; to disperse; to throw (out); **echar de** to begin to; to throw; **echar de ver** to notice; **echar la llave a** to lock; **echar mano** (*f.*) **a** to get one's hands on; **echar un vistazo** to cast a glance; **echarse** to get out of the way

edad (*f.*) time

eficacísimamente extremely efficiently

efluvio emanation

elegir to choose

embaimiento deception

embalar to pack up

embalsamar to perfume

embarazar to impede; **embarazarse** to be hampered or impeded; **sin embarazarse** without difficulty

embarazo obstacle, difficulty

embarcadero pier

embebido absorbed

embeleco trick

embelesado captivated, enchanted

embestir to attack

embozar to cover (*lower part of the face*)

embriaguez (*f.*) drunkenness, intoxication

embrollado complicated

embrujar to bewitch, to put under a spell

embuste (*m.*) trick

embustero liar, trickster

empacho embarrassment

empalizada fence

empapado drenched; **empapado en** steeped in

empapar to imbibe

empecer to hurt

empeño strong wish; pull, influence

emperejilado adorned

emperifollado dressed up

empleársele bien a uno to get what one deserves; **Bien se te emplea** It serves you right

en balde in vain

en buena o en mala parte for better or worse

en celada concealed

en cierne (*m.*) in bud; in its inception

en cuanto a with respect to

en el acto immediately

en lejanía far, distant

en más cargo more indebted

en mis adentros to myself

en pos de behind, after, in pursuit of

en punto a with respect to

en repliegue (*m.*) in retreat

en su punto just right, perfect

en tal cual in such and such

en torno around

enaguas slip

enajenación (*f.*) alienation

enano dwarf

encabritarse to rise, to rear up (*a horse*)

encajar to fit

encaje (*m.*) lace

encalado whitewashed

encaramar to elevate; to praise

encararse con to confront

encarecer to exaggerate; **encarecerse** to become more expensive

encargado de responsible for

encender to blush; to light

encía gum (*in the mouth*)

encina oak

encogerse de hombros to shrug one's shoulders

encogimiento awkwardness, bashfulness

encomendar to entrust; **encomendarse** to entrust oneself

encomienda commandership

enconarse to become irritated

encorvado stooped

encrucijada crossroads

encuadre (*m.*) focus

encumbrado elevated, raised

endecha sad song

endemoniado possessed by the devil

enderezar to direct; to straighten up

endurecido toughened

enflaquecer to weaken

engalanado adorned

engancharse to get caught on

engañarse to deceive oneself, to be mistaken

engaño deception, deceit

engatusar to beguile

engolfarse to get involved

enhiesto straight, erect, raised high

enjalbegar to whitewash

enjoyado bejeweled

enjugar to dry, to wipe (away)

enjundia grease, fat

enjuto dry

enlace (*m.*) marriage

enlutado mourning

enmendar to correct

enmienda amends; change

enorme (*archaic*) monstrous

enredado entangled, involved, convoluted

enredador (*m.*) meddler

enredar to entangle; **enredarse** to become confused; **enredarse con** to get caught on, to get tangled up with

enredo entanglement, plot

ensalzado exalted

ensalzar to defend; to glorify

ensangostar(se) to become narrow

ensañarse to get angry; **ensañarse con** to become cruel

ensayar to try; **ensayarse** to rehearse

enseñorearse to take possession

ensillar to saddle (*a horse*)

ensordar to make deaf

ensuciarse to be defiled

entablar to prepare, to begin; **entablarse** to begin

ente (*m.*) entity

entena rigging, lateen yard (*nautical*)

enternecer to move to pity

enternecido moved to pity

entornarse las persianas to half close the blinds

entrambos together

entraña entrails; **entrañas** innards; (*figurative*) heart

entrañable deep

entre mí to myself

entre socarrón y formal half mockingly and half seriously

entregado a devoted to

entregarse to surrender oneself to

entremetido meddlesome

entretener to entertain

entrevenir (*archaic*) to intervene

enturbiar to disturb; **enturbiarse** to become disturbed

envainado sheathed

envenenamiento poisoning

envenenar to poison

envés (*m.*) the other side

envidia envy

envoltorio wrapping

envuelto wrapped

enzarzarse to quarrel

era threshing floor; vegetable garden

erguido erect

erguirse to straighten up

erizar to bristle

ermitaño hermit

errado mistaken

errar to wander

esbelto slim

escalador (*m.*) climber

escalafón (*m.*) seniority list

escalar to climb

escalinata front steps

escalofrío chill

escaparate (*m.*) display case

escaparela badge

escarabajo scarab

escaramuza skirmish

escarcha frost

escardilla small weeding hoe

escarnio derision

escarpado steep

escasear to be scarce

escayola plaster

escobajo stem

escondrijo hiding place

escriba (*m.*) scribe

escribano scribe

escudero squire

escudo ancient coin; shield; **escudo de armas** coat of arms

escudriñar to scrutinize, to examine

escupir to spit

esfera round face (*literally,* sphere)

esfinge (*f.*) sphinx

esforzado bold person

esforzarse to try hard, to strive, to make an effort; **esfuércese la virtud** let your virtue take strength

esgarrochado pricked with a spear

esmerado careful

espada sword; (*figurative*) warrior

espantable frightening, terrifying
espantado frightened
espantarse to be frightened; to be impressed
espanto alarm; fright
espantoso terrifying, frightening
esparcir to spread (out), to disseminate, to sprinkle; to scatter
esparto type of grass
espejuelos glasses
espeluznante terrifying, hair-raising
espesura thickness
espolón (m.) bowsprit
espuma foam
espumadera skimming spoon
esquela short letter
esquila cow bell
esquilmado impoverished
esquivo severe; unfriendly, aloof
estaca club
estado 1 estado =7 feet
estamento class, group
estancia period; stay
estanco tobacco shop
estandarte (m.) banner
estantigua scarecrow, phantom
estar al cabo to get the point, to be thoroughly acquainted with
estar conforme to agree
estar de parto to be in labor
estar(se) en sus trece to stand firm
estimar to value
estirado stretched out
estoque (m.) sword
estoraque (m.) storax (tree and resin)
estorbar to bother
¡Estoy harto! I've had it!
estrecho strict
estregar to rub, to scrub
estrellado smashed
estrellero astronomer
estremecer to shudder; **estremecerse** to shiver
estremecido shaken
estremecimiento shuddering
estrépito noise, din
estrepitoso noisy
estribar to be based on
estribo stirrup
estrofa stanza
Evangelio Gospel
evónimo spindle tree
ex illis (Latin) one of them
excelso lofty
excusar to hesitate; to refuse to do
exiguo small
expediente (m.) file
expeditivo prompt
extasiado enraptured
extenuado weakened
extralimitarse to wander away
extrañeza surprise
extraño foreign, alien

F

fabrido (archaic) well-made
facciones (f.) features (facial)
facha appearance
facilitar to facilitate
fagot (m.) bassoon
faja girdle, sash
falta lack; a return that goes out of bounds in the game of **pelota**
falto de aliento short of breath
fardel (m.) bag, sack
fariseo pharisee
faro beam of a lighthouse
farol (m.) street lamp
farolillo little lantern
fatalidad (f.) fate
fatídico ominous
fausto luxury, ostentation
fe (f.) faith; **honor** (m.) **mi fe os empeño** I give you my word of honor
femenil feminine, womanly
femíneo feminine
fenecer to die
festín (m.) banquet
fiar to entrust; **fiarse (de)** to trust
fiel loyal
fiera wild beast
fiereza fierceness
fiero fierce, cruel
figura apparition
filípica diatribe, invective
finar to die
finca property
fineza kindness, favor
fingidamente feignedly
fingir to feign, to pretend
firmeza stability
físico (archaic) doctor
flaco weak, thin, frail
flamante bright
flecha arrow
fleco fringe
flojedad (f.) weakness
flor (f.) flower; **no vivas en flores** don't spend your time on things of little importance
florido full; full of flowers
follaje (m.) foliage
fondita small inn
fontana spring (water)
forcejear to struggle
forjado invented
forjador (m.) forger
forma appearance
foro back of the stage
forzado forced, unnatural
fosa grave
frac (m.) tails, swallow-tail coat
fragor (m.) noise
fragua forge
fraguar to devise
franco sincere
fregar to scrub
frescachón fresh-looking

frisón (m.) Frisian
frito fried
fronda leaf
frondosidad (f.) bushiness
frotar to rub
fruncido knitted (eyebrows)
fuente (f.) fountain
fuentecilla little drain
fuera de out of, outside of
fuero law (provincial)
fundir to fuse, to melt, to found
furgón (m.) boxcar

G

gaita bagpipe; **De otro temple está esta gaita** He is changing his tune (mind)
galán (m.) beau; (adjective) attractive
galardón (m.) reward, recompense
galera galley
gallarda galliard (sixteenth-century French dance)
gallardía gallantry, bravery
gallardo elegant, graceful; gallant; bold
gamella bow (of yoke)
ganadero cattle owner
ganado herd, livestock
ganancia earnings, profit, gain
ganapán (m.) laborer
gándara lowland
garabatear to scribble
garduño filcher, petty thief
garfio hook
garganta throat
garra paw, claw
garrafal whopping, tremendous
gasógeno gasogene
gato moneybag; money
gemido groan
gemir to groan, to moan, to wail
gerifalte (m.) gerfalcon (game bird)
gestiones (f.) negotiations
gesto face
girar to turn, to revolve
girasol (m.) sunflower; (figurative) breast
giro turn, course
gobernar to manage
golilla gullet
golondrina swallow
golosina gluttony
goloso keen
golpecino little blow
gomoso dandy
gorguera ruff
gorrión (m.) sparrow
gota drop
gotear to drip
gotita droplet
gozar to enjoy
gozo joy, pleasure
gozoso rejoicing
grabar to engrave

grada step
granjear to gain, to acquire
granuja *(m.)* rascal
grato pleasant
grave low *(sound)*
graveza *(archaic)* heaviness
gregüescos tights, leggings
grifo faucet
grillete *(m.)* shackle, fetter
grillo cricket
grosezuelo slightly thick
gruñir to grumble
gualdo yellow
guardagujas *(m.)* switchman
guardapolvo duster, light coat
guardar to protect; **guardarse de**
  to be prepared for; to beware of
guardavía *(m.)* trackwalker
guarecer to nurse, to treat *(the sick)*
guarnecido decorated
¡guay! alas!
guisar to do the cooking
guiso stew, casserole

H

haba bean
haber *(m.)* estate
haber menester *(m.)* to need
haberse to behave; **¿Cómo se hubo?**
  How did he conduct himself?
habido y procreado conceived and
  begotten
hacer algo gordo to do something
  drastic
hacer calceta to knit
hacer cargo de to consider, to take
  into account
hacer caro to praise excessively
hacer cuartos to quarter
hacer labor *(f.)* to do needlework
hacer lenguas to praise, to rave
  about
hacer limosna to give alms
hacer oposiciones *(f.)* to take competitive exams
hacer propio al forastero to natu-
  ralize the foreigner
hacer quinto pie de la mesa to stay
  put, to not move from the table
hacer virgos to restore virginity
hacerse to become, to turn into; **hacerse a la vela** to set sail; **hacerse
  lenguas** to praise, to rave about;
  hacerse nuevo to renew oneself
hacienda estate
hado destiny, fate
halagador flattering
halago flattery, pleasure
halagüeño flattering
halagüero alluring, gratifying
halcón *(m.)* falcon
hallado found
hallar to find; **hallarse** to find
  oneself

harapo rag
harto extreme, much, quite, more
  than enough, very
hartura fulfillment
hastío revulsion, tedium, weariness
hato flock
hazaña deed; heroic feat
hechicería witchcraft
hechicero sorcerer, witch
hechizo magic spell
hecho accustomed; ready-made; **hecho a la mazacona** made sloppily
hecho exploit
helarse to freeze, to become frozen
hembra woman, female
hemeroteca periodicals and newspaper library
hendido split
heno hay
herbolario herbalist
heredad *(f.)* property
hereje *(m.) (f.)* heretic
herir to strike *(a chord);* to wound
herradura horseshoe
herramienta tool
herrero blacksmith
hervir to boil
hétenos here we are
hideputa = hijo de puta son of a bitch
hidropesía dropsy
hiedra ivy
hiel *(f.)* hiel
hierbas secretas poisonous herbs
hierro iron, piece of iron hardware
higo fig
higuera fig tree
hilandera spinner
hilo wire
hilvanar to baste
hincha grudge, hatred
hito landmark; milestone
hocico muzzle
hogar *(m.)* fireplace
hojalata tin
holganza *(f.)* laziness
holgar to be happy (at); to enjoy; to
  rest
holgura space
hondo deep, profound
honrado honest
honrilla concern for what others
  say; **por la negra honrilla** out of
  concern for what others may say
horas de vuelo hours of flight; *(figurative)* age
horca gallows
hornacina niche
hortensia hydrangea
hosco gruff, sullen
hospitalario hospitable
hoyo pit, hole
hueco empty, hollow; affected
huelgo breath
huella mark, trace

huellar to tread on
huérfano orphan
huerta vegetable garden
huertano farmer
huerto orchard
huesa grave
huésped *(m.)* guest
hueste *(f.)* army
huir to flee
hule *(m.)* rubber
humilladero roadside shrine
humillarse to humble oneself
humo smoke
hundido sunken
hundirse to disappear; to sink; *(figurative)* to be swallowed up
huraño sullen
hurgar to poke around
hurón *(m.)* ferret
huronera ferret-hole or burrow
hurtar to steal

I

idear to invent
imán *(m.)* magnet
impasible unfeeling
impávido dauntless
impedimento excuse
imperial *(f.)* upper deck *(trolley)*
ímpetu *(m.)* drive, impulse
imprecar to beseech, to entrust
imprevisión *(f.)* unforeseen event
imprimido impressed, imprinted
in carbonam *(Latin)* in the bag
in fraganti *(Latin: in flagranti)* in the
  act, red-handed
inaudito extraordinary; unheard of
inaugurarse to open, to begin
incauto unsuspecting
incertidumbre *(f.)* uncertainty
inclinado bowed
incógnito unknown
incontinente immediately
incorporarse to join
incruento bloodless
indagación *(f.)* investigation
indagar to investigate
indagatoria questioning
indumentaria dress
inefable indescribable
inexorable relentless
infame *(m.)* scoundrel
infelice unhappy
informe *(m.)* report, investigation
ingenio cleverness, skill
ingente huge
ingenuo candid, guileless
ingrato cruel; ungrateful
injuria offense, affront, insult
inmérito unworthy
inmundicia obscenity
inmutarse to become or look agitated; to change one's expression
inorme *(archaic)* monstrous

inquieto restless
insigne renowned, illustrious
insólito unusual
instar to insist, to urge
intento intention
interlocutor *(m.)* speaker
inverosímil unlikely, unbelievable

J

jabalí *(m.)* wild boar
jaca pony
jadeo panting
jaez *(m.)* type, character; **jaeces** trappings *(for horses)*
jarrazo blow from a jug
jarrillo small jug
jarro jug
jaspe *(m.)* jasper; veined marble; **en jaspes sustentado** supported by jasper columns
jaspeado marbled
jaula cage
jerga gibberish
jerigonza slang
jícara cable insulator *(literally,* small cup)
jinete *(m.)* rider
jirón *(m.)* shred, small piece
¡jo! whoa! **Jo que te estriego, asna coja** I scorn unearned praise
jolgorio merrymaking
jornada journey
júbilo happiness
jubón *(m.)* doublet, close-fitting jacket
judío Jew
juego gambling; **juego de mano** sleight of hand
juez *(m.)* judge
juicio judgment
junta meeting
juntar to unite; to assemble; **juntarse** to get together
jurar to swear
juzgado court, tribunal
juzgar to judge

K

kermesse *(f.)* fair, festival, carnival

L

la mejor pasta the best temperament
labrado decorated
labrador *(m.)* peasant
labrandera seamstress, embroiderer
lacerado wretched; **¡lacerado de mí!** wretched me!
laceria pittance
ladear to tilt, to turn sideways
ladera slope
ladrillo brick, tile
lamentarse to lament

lance *(m.)* turn; episode, incident; quarrel
landre *(f.)* small tumor
landrecilla small round piece of flesh
lanzar to throw
lanzón *(m.)* pike
lapidario very concise
largarse to go away
lastimado wounded
lastimoso sad, pitiful
lastrado ballasted
lastrar to pull down
latir to throb, to pulsate
laúd *(m.)* lute
lauro laurel
lavandera laundress
laza job
lazo trap, snare; bond, tie
leal loyal
lecho bed
legua league
lejanía distance; **en lejanía** far, distant
lema *(m.)* slogan, motto
lengua tongue; **mala lengua** slanderer, gossip
lenguaraz talkative
lente *(f.)* magnifying glass
leña firewood
leño log, wood; *(figurative)* trunk; boat
lesna file
letra enigmatic phrase; handwriting
leve trivial, slight
levemente slightly
liberto free
licencia permission
lid *(f.)* battle
liebre *(f.)* hare
lienzo canvas
ligar to tie
ligeramente slightly
ligereza agility, swiftness
ligero fleeting; slight; **ligero de equipaje** *(m.)* traveling light
lija sandpaper
limar to rub against
limonero lemon tree
limosna alm
limosnera alms box
limosnero charitable
linaje *(m.)* lineage
lindar to border
linternilla small lantern
lirio lily
liso plain
lisonja flattery
lisonjero flattering
liviandad *(f.)* flightiness
liviano frivolous
llaga sore
llagado wounded, *(noun)* injured person

llama flame
llamarada flame
llamativo attractive
llano plain, flatland
llanto crying, weeping
llanura plain; flatness
llevar de vuelo to toss
llevar el compás to keep time
llevarse a cabo to carry out
lo menos the least
lo no venido the future
loar to praise
lodo mud
logogrifo riddle
lograr to attain; **lograr + *infinitivo*** to succeed in *(doing something)*
loma slope
lomo back
lona sail cloth
longaniza sausage
loor *(m.)* praise
loro parrot
losa paving stone
lucero star; **lucero vespertino** evening star
lucir to demonstrate; to display; to show off
lueñe *(archaic)* far
luengo long
lujuria lust
lunar *(m.)* mole *(spot)*
lustroso shiny
luto mourning

M

macizo massive
madeja skein
madreselva honeysuckle
madurar to grow
maduro ripe
mago magician, sorcerer
maguera although
magullado bruised, battered
maizal *(m.)* cornfield
majada sheepfold
mal *(m.)* sickness; **mal de madre** female sickness
mal de mi grado unwillingly, in spite of myself
mal encarado lopsided; ugly-looking
mal genio bad temper
maldecir to curse
maldito damned; *(colloquial)* blessed
malherido wounded badly
malla link
maltrecho battered, damaged
malva mauve
malvado evil
mamarracho grotesque figure
manada flock
manantial *(m.)* spring, source
mancebo young man
mancuerda each turn of the rack *(torture)*

mandadero messenger
mandar to order, to command, to rule
mandil (*m.*) cleaning cloth
mando power, control
manifestarse to be revealed
manifiesto evident
manjar (*m.*) dish, food
manolo characteristic of a lower-class person from Madrid
manoseado overly handled
manso gentle, meek, tame
manta blanket
mantenerse to support oneself
mantilla veil
manto cloak
manuscrito handwritten
maña trick; skill
marasmo depression
maravedí (*m.*) maravedi (*ancient Spanish coin*)
marchitar to wilt
marco mark (*currency*); coin
marea tide
marica (*m.*) effeminate man
maricón (*m.*) homosexual (*derogatory*)
marisma salt marsh
martirio martyrdom
martirizar to torture
mas but
mascado chewed
matadura sore
matorral (*m.*) bushes and shrubs
mayordomo administrator; butler, steward
mecánico low, mean
mecer(se) to rock
mecha lock (*hair*)
media vara about a foot and a half (*1 vara = 2.8 feet*)
medianamente partly
medianero mediator
medianía mediocrity
medio ambiente (*m.*) environment
medir to measure
medrar to prosper; to thrive; **¡Así te medre Dios!** May God cause you to prosper!; **medrados estamos** we're in trouble
memorialito memorandum
menear to move; to sway, to shake; **menearse** to waggle, to sway (*one's hips*); to wag the tail; to act quickly
meneo shaking
menester (*m.*) necessity
menoscabo reduction, decrease
menospreciar to despise
menosprecio disdain
mensajero messenger
menta mint
mentar to mention
menudear to do over and over; (*figurative*) to strum

menudencia trifle
menudo small
mercader (*m.*) merchant
merced (*f.*) favor; mercy; grace; **mercedes a** thanks to; **vuestra merced** your grace
merecimiento merit
mesa department
mesar to tear or pull (*hair, beard*)
mesón (*m.*) inn
mesonero innkeeper
meter to put
mezquino miserly, wretched
miel (*f.*) honey
Miércoles de ceniza Ash Wednesday
migaja crumb
miguita little crumb (*of bread*)
mimoso fond of being petted
minero source, origin; (*figurative*) name
ministrar to serve
minuta menu
mira plan, objective
mirada glance
mirra myrrh
misa mass
mitad (*f.*) half
mixto mixed
mocedad (*f.*) youth
mocoso brat
mohín (*m.*) grimace
mohino three against one (*in certain games, one who plays against the others*); (*adjective*) sulky, sad
mojarse to get wet
molde (*m.*) model
mole (*f.*) mass
molido crushed
molienda grinding; quantity being ground
molino mill; **molino de viento** windmill
monja nun
mono pretty
monserga gibberish
¡Monta que son pocos! There are lots of them!
montura mount, saddle, riding gear
morada dwelling place, house
morado purple
morar to dwell
morder to bite
moreno dark-skinned
moribundo setting (*sun*); (*literally*, dying)
mortuorio funeral
mosto juice (*of the grape*)
mote (*m.*) riddle; enigmatic phrase
motín (*m.*) uprising
mover guerra to wage war
movido motivated
mozalbete (*m.*) young man
mozo servant; (*adjective*) young
muchedumbre (*f.*) crowd, multitude

mudable fickle, changeable
mudado molted
mudanza change
mudar(se) to change
mueca expression
muela molar
muelle (*m.*) wharf, pier
mugido lowing, mooing
mundanal worldly, mundane
murciélago bat
murmurar to whisper
muro wall
murta myrtle
mustio sad, gloomy

N

nabo turnip
nación (*f.*) birth; (*figurative*) animal just born
nardo nard
narices (*f.*) nose
narvaso cornstalks
natalicio birth date
natural lawful
nave (*f.*) ship
navegar to sail
navío ship
neblina fog, mist
necio ignorant, dumb, stupid
neciuelo little fool
negruzco blackish
nervudo sinewy
neto clear
nevada snowfall
nevado snow-covered
ni por asomos by no means
nítido bright, clear
no estar en sus cabales not to be in one's right mind
no obstante nevertheless
no poder ver to loathe the sight of
nombrar to call, to name
noviciado novitiate, period of preparation
novillo young bull
nuca nape
nueva piece of news

O

obcecación (*f.*) mental obfuscation
obrar to act
obsequiar to regale
obsequias funeral rites
ocho cuartos foolishness
ocioso lazy, leisurely
oculto hidden
ocurrencia new idea, bright thought
odiar to hate
oficio diligence (*literally*, craft, trade)
ogaño (*variant of* **hogaño**) in these days, currently
ojeada glance
ojear to skim

ojos de alinde (*m.*) eyes that enlarge what they see
oleaje (*m.*) constant movement of the waves
oler to smell
olfatear to sniff
olla stew
olor (*m.*) scent
onda wave
opinión (*f.*) reputation
opíparamente sumptuously
oración (*f.*) prayer
orbe (*m.*) orb, world
ordenar to decide
orear to flow through
orla border, edge
osadía audacity, boldness
osado bold
osar to dare
ostentar to show
oveja sheep

P
paces (*f.*) times of peace
padecer to suffer
padecimiento suffering
padrastro stepfather
paja straw
paje (*m.*) page
pala blade
palique (*m.*) small talk
paliza beating
palmo measure of length (= 8 *inches*)
palo pole
paloma dove
palpar to see clearly
pandero tambourine
papelucho worthless piece of paper
papilla baby food, pap, soft food; **hacer papilla** to destroy
par (*m.*) equal, parallel
par de next to
para con toward
paradero whereabouts
paraje (*m.*) place
paramento ornament
paramero bleak, bare
páramo moor, heath
parar to end (up); **pararse** to remain
parecer (*m.*) opinion, view
paredes (*f.*) **teresianas** walls of the convents founded by Saint Theresa
parir to give birth to
parra grapevine
particular private
partir to divide
parto childbirth; labor pains
pasador (*m.*) bolt
pasajero frequented; passing
pasar de claro to pass through
pasársele de la memoria to forget
pasearse to ride

pasmado very surprised
pasmar to surprise
paso softly, gently
pastar to graze
pasto grass for grazing
pastor (*m.*) shepherd
patente obvious
patizambo bowlegged
patizuelo small courtyard; **un patizuelo con sendas columnas** a small courtyard with columns on each side
pato duck
patrón (*m.*) skipper
pausadamente slowly
pausado slow
pavonearse to strut
pecado sin
pecador (*m.*) sinner
pecar to sin
pechera shirt front
pechugón (*m.*) hard push
pedantear to be pedantic
pedantón (*m.*) great pedant
pedrería precious stones
pegado fastened
pegar la hebra to begin a conversation
pegar patadas to kick
peje (*m.*) **espada** swordfish
pelado bare, skinned
peliagudo clever; difficult
peligro danger
pena punishment, penalty; sorrow, grief
pendencia dispute, quarrel
pender to depend; to hang
pendón (*m.*) banner, standard, flag
penetrar to penetrate
penuria hardship
peña large rock; lofty mountain
peñasco crag, steep rock
percance (*m.*) mishap
perchero coat rack
percibir to perceive; to notice
perderse to be ruined
perdición (*f.*) disgrace
perdiz (*f.*) partridge
perdurable eternal
perecedero perishable
perecer to die, to perish
peregrinado journeyed
peregrino pilgrim; (*adjective*) perfect, beautiful, extraordinary
pergamino parchment (*paper*)
pergaminoso parchment-like
perjudicado hurt
perlica little pearl
pero pear tree
perogrullada platitude
pertinacia stubbornness
pesa weight
pesadez (*f.*) tiresomeness
pesadumbre (*f.*) grief, regret

pesar (*m.*) sorrow, grief
pesar to cause sorrow; to cause annoyance; **pesábame con él** I disliked him
pesaroso sad
pescuezo neck
pesia (*variant of* **pese a**): **pese a mis males** despite my sins
pesquisa investigation, search
pesquisidor (*m.*) investigator
pestes (*f.*) threats, curses, abuse
petrera wound
pez (*m.*) fish
piadoso merciful, compassionate
pica pike
picar to burn, to be very hot (*sun*); to spur (*a horse*); **picar en** to pretend to be; **picarle la mosca** to have an unpleasant memory
picardía baseness
pico (last) bit
piedad (*f.*) compassion, pity
piedra (whet)stone; **piedra de toque** touchstone; **piedra imán** magnet
piedrecilla small stone
pimpollo rosebud
pinar (*m.*) pine grove
pintar to be one's business; **¿Qué pinta ahí?** What is he doing there?
pistoletazo pistol shot
pita aloe (century) plant
placa insignia; **placa giratoria** turntable
placentero pleasant
plancha plate, thin sheet of metal
planchador (*m.*) ironer
plañir to wail
plasta paste
plática conversation
plazo period, space (*of time*), time
plebe (*f.*) people
plectro plectrum
plega (*imperative of* **placer**) may it please
plegue (*imperative of* **placer**) may it please
pleitar to litigate
pleito quarrel
plomo lead
pluma pen; (*figurative*) writer
poco ha (poco tiempo ha) a short time ago
podenco hound
polvito pinch of snuff; (*literally,* a little dust)
poner las manos en to hit
ponerse como una grana to blush to the ears
ponerse encarnado to blush
ponzoña poison
popa stern (*of a ship*)
populacho populace, crowd

por ál *(archaic)* something else
por caridad *(f.)* for pity's sake
por entonces for the time being
por la tremenda to extremes
por lo demás for whatever else
por medio on the average
por presto que as soon as
por términos little by little
por ventura perhaps
pordiosero beggar
porfía insistence
porfiado stubborn
porfiar to insist; to compete
porque so that, in order that
porrada bang, blow with a club
porrazo blow
portal *(m.)* sidewalk covered by the projecting second story of a building
portentoso extraordinary
portería doorman, concierge
posada lodging
posadero innkeeper
posado perched
pospuesto postponed
postema abscess, sore
postigo window shutter
postrarse to kneel down
postrer(o) last, final
postrimería end, outcome
postura agreement
potestad *(f.)* potentate
potro colt; rack *(torture)*
poyo stone seat
pozo well
pradera meadowland
pradería de común public meadows
prado meadow
precepto rule, commandment
preciado valued, esteemed
preciarse to take pride in; **preciarse de** to pride oneself on
precipitación *(f.)* rush
predilecto favorite
pregón *(m.)* announcement in a public place
pregonar to proclaim
pregonero proclaiming
prelado prelate
premiar to reward
premura haste
prenda souvenir or article belonging to a loved one; **prendas** qualities *(literally,* articles of clothing)
prender to arrest, to capture, to seize
prendido dressed
presa prey; prize *(captured enemy ship)*
presenciar to witness
preso arrested, caught, imprisoned; *(noun)* prisoner
prestar to lend, to add
presteza quickness

presto quickly
presumir to suspect
presunto presumed
presuroso rapid
pretensión *(f.)* plan
prevención *(f.)* police station; preparation
prevenido cautious, forewarned
prevenirse to get ready
primer término foreground
primero que before
primitivo original
primor *(m.)* exquisiteness; excellence
principal *(m.)* important person
principiar to begin
pringadas drippings
pringar to baste, to dip in fat, to scald with boiling fat; to slander
privado favored
privanza favor
probar to prove
procurar to try
prodigioso marvelous
proferir to say, to express
prolijo extensive, verbose
pronóstico forecast
propicio appropriate to
propinar to give
propósito design, strategy
prorrumpir to burst out
proseguir to continue
provecho advantage, gain
provisto equipped
puente *(f.)* bridge
puerco espín *(m.)* porcupine
puerta mountain pass; gate
puesto en convinced, determined
pugilato fight
pujante pushing
pulcro neat
pulido polished
pungido wounded; stung, pricked
punta bitter taste
punto muerto dead center
puñada punch
puñal *(m.)* dagger
puño fist
pusilánimo *(variant of* **pusilánime**) weak, irresolute, chicken-hearted

Q
¡Qué caray! What the heck!
¡Qué comedor *(m.)* **de huevos asados era su marido!** How unfaithful she was to her husband!
quebrado off-color, unhealthy
quebrantado broken
quebrar to break
quedar(se) corto to fall short (of)
quedo stop; *(adjective)* soft, low *(voice)*
quejoso plaintive, complaining
quemar to burn
querella quarrel

quevedesco in the style of Quevedo
quijada jaw, jawbone
quijotesco referring to Don Quijote
quintana meadow
quinto draftee

R
rabel *(m.)* backside
rabiar to get furious
racimo bunch *(of grapes)*
radio spoke *(of a wheel)*
ráfaga gust
raíz *(f.)* root
rama branch *(of a tree)*
ramaje *(m.)* branches
ramo branch *(of government)*
rampante rampant
rancio rancid
rapado mown
rapaz *(m.)* boy
rapé *(m.)* snuff
rascuñar to claw
rascuño scratch
rasgado almond-shaped
rasgar to tear; **rasgarse** to scratch oneself
raso satin
rastrear to look into, to investigate
rastrillo portcullis, iron grating over the entrance to a fortress
rastro trace, vestige, trail
rastrojo stubble
rato short time or while; **mucho rato** for a long time; **muchos ratos** many times
real *(m.)* real *(Spanish coin)*
realzado set off, enhanced
reavivar to awaken
rebajarse to lower oneself
rebanada slice
rebasar to exceed
rebosar to overflow
rebozado with one's face covered
rebramar to roar
rebueno very good
rebuznar to bray
recatarse to hide
recato inhibition, modesty
recelar(se) to suspect
recelo fear, suspicion, misgiving
recental *(m.)* baby calf
rechinamiento creaking
rechoncho chubby
recinto enclosure
recio strong; *(adverb)* vigorously, with force
recogimiento protection
reconvención *(f.)* reprimand
recordación *(f.)* recollection
recorte *(m.)* swatch
recostado lying down
recrearse to take delight in
rectoral *(f.)* rectory
red *(f.)* net; network

redoblar to increase, to double

redoble (*m.*) beating, drumming

redomilla flask

redondamente plainly, categorically

redondeado rounded

referir to tell, to relate

refrenar to restrain

refrigerio relief, consolation; snack

refunfuñar to grumble

regalar to caress; to treat well

regañar to scold, to grumble

regazo lap

regido governed

regidor (*m.*) councilman

regir to function; to govern

registrar to search

regocijo joy; **en regocijo de** in celebration of

rehacer to redress

rehuir to avoid

reivindicación (*f.*) recovery

reja grating

relámpago lightning bolt

reloj (*m.*) **de sol** sundial

rematado desperate

rematante (*m.*) highest bidder

remate (*m.*) end

remediar to assist

remedo imitation, copy

remeter to entrust; to place

remilgo finickiness

remo oar

remolino whirlpool

rencilla dispute

rendija slit

rendir to render; to lay down, to surrender; **rendirse** to submit, to surrender

renegar to curse

renglón (*m.*) line (*written*)

renta payment, revenue

reo offender, guilty person

reparo defense; misgiving

repecho steep incline

repelar to pull the hair of

repeluzno repulsion

reportarse to control oneself

reposado calm

reposar to rest

reposo repose, rest, quiet

repostero blanket; drape

reprehensión (*f.*) reprimand

represión (*f.*) reprimand

reprimenda reproach

reprobar to censure

repuesto recovered

requerir to require

requetebién very well

res (*f.*) head of cattle

resabio vice

resbalar to slip, to slide (down), to glide

rescoldo embers

reseco very dry

resolver to decide; **resolverse a** to decide

resoplido snort

resorte (*m.*) spring

respingo violent start, wince

restañar to stop the flow of blood from

restituirse to return

restregar to rub

resueltamente resolutely

resuelto determined

retaguardia rearguard

retama broom plant

retorcerse to writhe

retozar to stir

retraerse to take refuge

retraimiento shyness, aloofness

retumbar to resound

revancha revenge

reventar to annoy

reverso back

revoque (*m.*) plastering

revuelto unruly

reyes orientales (*m.*) the three Wise Men, the Magi

rezagado straggling; (*noun*) straggler

rezar to pray

rezumar to drain; to sweat; to ooze

ría estuary

ribera shore, bank (*river*); **está ribera** on the banks

rielar to sparkle, to gleam

rienda rein; restraint

rígido stiff

riguroso severe

riñendo quarreling

ristre (*m.*) rest or socket (*for a lance*)

roble (*m.*) oak tree

rocío dew, dewdrops

rodar to tumble

rodela round shield

rodillazo kick or blow with the knee

roer to gnaw, to chew on

rogado with difficulty

rogar to pray

rojizo reddish

rojo mercurial o hidrogenizante referring to artists' colors

rollo roll

romance (*m.*) Romance language; Spanish; verse

románico Romanesque

romería pilgrimage

romero rosemary

rompenecios (*m.*) (*f.*) a master who doesn't pay his servant

romper to cut, to pierce; **romperse** to break

rompido lost

ronco hoarse

rondar to hang, hover or wander around

rostro face

rotura cut

rozar to touch lightly

rubor (*m.*) redness

rueca distaff (*for spinning*)

rugir to roar

rugoso rugged

ruin sinful, wretched, wicked

ruiseñor (*m.*) nightingale

rumbo course, direction; spirit

rumiar to ruminate, to ponder

S

sábana sheet

sabandija louse

sabañón (*m.*) chillblain

sabiamente wisely

sacar to sack

sacudido jolted

sacudir to dust; to shake (off)

sagaz astute, wise

sagrado sacred

saledizo projecting ledge or arch

salir to go out on stage; **salir (se) con la suya** to have one's way; **salir tan a luz** to be so successful; **salirle a uno al paso** to get in one's way

saltar to jump, to leap; **saltar a la vista** to be evident

salteador (*m.*) highwayman, highway robber

saltear to assault, to attack

salvado bran (*grain*)

sangrar to bleed; to rob

sangría pilferage

sanguijuela leech

santiguarse to make the sign of the cross upon, to cross oneself

saña rage

sarao soiree

sayal (*m.*) coarse woolen cloth

sayo frock

sayón (*m.*) executioner

sebe (*f.*) stake fence

secreteo whispering

secuela aftermath

seda silk

segada harvest

seglar secular

seguir en sus trece to stand firm, to stick to one's guns

seguir los pasos to follow

sellado sealed

sello seal

semblante (*m.*) face, appearance, mien, aspect; **igualdad** (*f.*) **del semblante** equanimity

sembrar to sow, to sprinkle

semejable similar

semejante (*m.*) fellow human being

senda path

senectud (*f.*) old age

seno bosom

señal (*m.*) brand; (*f.*) scar

señalarse to stand out

señoría excellency

señorío   lordship; mastery
señorito   child of a person of some rank
sentido   perceived
sentirse   to feel bad or sorry about
sepultado   buried
sepultura   grave
ser los ojos de   to be the delight, pet of
serenar   to calm; **serenarse**   to clear
servido   pleased
seso   brain
setentón *(m.)*   septuagenarian
seto   hedge
siempre que   provided that
sien *(f.)*   temple *(anatomy)*
siglo   age
silbar   to whistle
sima   abyss
simiente *(f.)*   seed
simpleza   innocence, simplicity
sinrazón *(f.)*   injustice; unreasonable act
sinsabor *(m.)*   trouble
sinuoso   deceitful
sisar   to filch
soberano   great, supreme, powerful
soberbio   magnificent; proud
sobrado   excessive
sobre   in addition to
sobre sí   in control of oneself; on guard
sobrecogedor   surprising
sobrecogido   frightened
sobredicho   above-mentioned
sobrepujar   to surpass
sobresalto   sudden fright, shock
sobrescrito   address *(letter)*
socaliña   trap
socorrer   to help
sofisma *(m.)*   sophism
soga   rope
sojuzgado   subjugated
solar *(m.)*   noble house or lineage
solaz *(m.)*   pleasure
soler   to be accustomed to
solimán *(m.)*   cosmetic compound
sollozar   to sob
sollozo   sob
soltar   to let loose, to loosen
solventar   to settle
sombra   shade
sombrilla   parasol
someter   to subject
son *(m.)*   tune; sound
sonable   sonorous
sonámbulo   sleepwalker
sonar   to sound familiar; **sonar a chino**   to sound Chinese; **sonarse**   to blow one's nose
soplo   breath; gust
sopor *(m.)*   lethargy
sordo   deaf; muffled, dull
sosegado   relaxed, calm, quiet;

sosegadillo *diminutive*
sosegarse   to calm down
sosiego   tranquility
sospechar   to suspect
sostener   to hold up, to support
suave   smooth
súbdito   citizen
súbitamente   suddenly
súbito   sudden
suelto   loose
sumaria   written proceedings
suministrar   to provide
suministro   supply
superar   to surpass
suplicar   to implore, to beg
suplicio   torture
suplir   to help; to substitute
suponer   to result in
surgir   to rise up
suspicaz   suspicious
sustentar   to support, to hold up
sustraerse   to elude
susurro   whisper
sutil   delicate

T
tabique *(m.)*   thin wall, partition wall
tablado   stage
tablero   gaming table or house
tacha   defect, fault
taimado   crafty
tajada   slice
talante *(m.)*   humor, mood
taller *(m.)*   workshop
tallo   stem, stalk
tamboril *(m.)*   small drum
tan informado   as well appraised
tan por contadero   so carefully counted
tañer   to play *(music, musical instrument);* to toll *(bells)*
tapar   to cover
tapia   adobe wall
taquimecanografía   shorthand and typing
tartamudear   to stammer
tasa   limit, measure
tecla   key
teclear   to drum with the fingers
tedio   boredom
tejado   roof
tejedor *(m.)*   weaver
tejido   weaving, weave
tela   membrane
telón *(m.)*   curtain
temblar   to tremble
temblor *(m.)*   shaking
tembloroso   shaking
temeroso   afraid; **temeroso de Dios**   God-fearing
temido   feared, dreaded
temor *(m.)*   fear
templado   mild
templar   to tune *(musical instrument);*

to restrain; **templarse**   to be calm, to restrain oneself
temple *(m.)*   tuning
temporal *(m.)*   storm
tenazas   tongs
tender   to extend, to stretch out; **tenderse**   to lie down
tendido   extended; lying down
tener empeño   to be determined
tener las manos enlazadas   to shake hands
tener por   to consider
tenería   tannery
tenerse   to stop
tentable   tangible
tentar   to touch
teñido   colored, stained
tercero   intermediary
terciar   to intervene
tercio   a third
terciopelo   velvet
término   conduct
ternerillo   little calf
ternezas   endearments, sweet nothings
tesoro   treasure
testa   head
testarudo   pig-headed
testigo   witness
testuz *(m.)*   nape
tez *(f.)*   skin, complexion
tibiamente   warmly
tibio   tepid
tienda   tent
tiento   blind person's walking stick; caution; touch
tierno   tenderly
tieso   tight; **tenérselas tiesas a**   to stand firm against; to hold on to
timbre *(m.)*   tone
tiniebla(s)   darkness
tino   judgment
tira   band, narrow strip *(of cloth, paper)*
tiránigo   *(humorous)* tyrant
tiro   shot
toca   toque, headdress
tocado   headdress
tocarse   to cover one's head
tolondrón *(m.)*   bump
tomar vuelo   to gather momentum
tomarse a pechos   to take to heart
topar   to run into, to encounter; **topar(se) con**   to bump into, to encounter
tope *(m.)* **de toro**   bull's charge
toque *(m.)*   essence
torcer   to go out of one's way; to wind, to twist
torcido   twisted
tornadizo   turncoat
tornado   turned into
tornar   to make, to cause to be; to return

torneo joust tournament

torpe awkward, plain

torpemente awkwardly

torrente *(m.)* torrent, avalanche; **torrente que se despeña** rapid stream that rushes down a precipice

torrezno rasher of bacon

tortilla omelette; *(figurative)* wad

tosco coarse

tozudez *(f.)* stubbornness

trabajado toilsome

trabar amistad to become friends

traer a colación to bring in, to mention

tráfago hustle

tragaluz *(m.)* skylight, transom

tragar to swallow; *(figuratively)* to believe

trago draught, drink, swallow

traidor treacherous

traje *(m.)* clothing, way of dressing

trámites *(m.)* channels, procedure

trampantojo trick, deception

trance *(m.)* critical moment, difficult situation

transporte *(m.)* rapture, ecstasy

traqueteo heavy clattering

tras after

tras de behind

trasbordo transfer

trascordado forgetful

traspasado pierced

trastienda back room

trasto piece of furniture

trastornado disturbed, muddled, reversed

trastorno confusion, upset

trato deal; **tratos** dealings

travesía crossing

trayecto route

trebejar to play

tregua truce

trementina turpentine

tremer to tremble

trémulo trembling

trepa beating

trepar to climb

trinchera defense; trench; rail bed

trino trill

tripa paunch, belly; **tripas y rollos** rolls of flab

trobar *(variant of* **trovar***)* to write or sing troubadour verses

trocarse to become changed

trompa trunk

tropezar con to stumble upon

trotecillo little trot

troyano Trojan; *(figurative)* catastrophe

trueco trick

trueno thunder

tumbo ascent and descent

tunante *(m.)* rascal

turbación *(f.)* disturbance, confusion, upset

turbado embarrassed

turbarse to get worried or troubled

turdir to bewilder

turquesa turquoise

U

ufano proud, bold

ultrajado offended, outraged

ulular to wail

umbral *(m.)* threshold

un buen trecho a long way

un decir Jesús in an instant

un tanto cuanto somewhat

uncir to hitch

unicidad *(f.)* uniqueness

urna ballot box

usar to be accustomed, to be in the habit

usía señora *(variant of* **Vuestra Señoría***)* Your Excellency

V

vagado wandered

vago loafer

vajilla tableware

valentía bravery

valer to be of use or help; **valerse** to make use of; **valerse por sí mismo** to look out for oneself

valeroso brave; strong

Válgame el Creador God save me

valladar *(m.)* fence; wall

vano illusory

vara stick

varga steepest part of a hill

vascongado Basque

vástago offspring

vedado prohibited, forbidden

vega knoll, lowland

vegetal *(m.)* vegetable; *(adjective figurative)* simple

velar to keep awake; to watch, to keep vigil

velero bergantín brigantine

velludo hairy

vencido overcome, defeated

vencimiento defeat

vendimiador *(m.)* grape harvester

veneno poison

venera badge

venganza revenge

venir a cuento to be relevant; to be useful

venir en conocimiento to get to know

venirle a uno muy ancha una cosa to go beyond one's ability; **¿No le viene muy ancho?** Isn't it too much for him?

ventalle *(m.)* fanning

ventura good fortune, luck, happiness

venturoso happy, fortunate

vera side

veranillo de San Martín Indian summer

veras earnestness

veraz truthful

verduras greens

vereda footpath, trail; **veredilla** *diminutive*

verificarse to take place

verja iron railing or gate

verter cristalinas corrientes to shed rivers of tears

vertiginoso dizzying, rapid

vespertino pertaining to the evening

vianda food

vid *(f.)* grapevine

vigía lookout

villancico Christmas carol

villano country bumpkin

vinculado linked

virar to veer

visaje *(m.)* face

vislumbrado visible

vislumbrar to glimpse

¡vítor! victory!

vituperio blame, reproach, insult

viudo widowed

vocejón *(m.)* loud, harsh voice

vocería sound of voices

volante *(m.)* flounce

volteado turned

voluntad *(f.)* wish, will

volver por to salvage; to restore

voto vote; **¡voto va!** confound it!

vuelo flight; **con vuelo presto** fluttering about

vuelta turn; **¡Vuelta a los empeños!** Back to work!

Y

yacer to lie

yedra ivy

yelo *(variant of)* **hielo** ice

yerba grass

yermo barren *(time)*; wilderness; barren or uninhabited land

yerro error

yeso plaster

yugo yoke; burden

yunta team *(of oxen)*

Z

zagal *(m.)* country boy; young shepherd

zagala lass, maid

zarabanda saraband *(dance of the seventeenth and eighteenth centuries)*

zarzamora blackberry bush

zozobra anguish, anxiety

zumbar to buzz

zurrón *(m.)* pouch

Acknowledgments

Text Credits

Excerpts from "Poema del Cid" reprinted from *Colección odres nuevos*, 12th edition, edited by Francisco López Estrada, by permission of Editorial Castalia, S.A., Madrid.

"Auto de los reyes magos," reprinted from *Teatro medieval*, edited by D. Fernando Lázaro Carreter, 1981, by permission of Editorial Castalia, S.A., Madrid.

Don Juan Manuel, Ejemplo 45, "De lo que le sucedió a un hombre que se hizo amigo y vasallo del diablo" reprinted from *Cuentos de la Edad Media*, edited by María Jesús Lacarra, 1989, by permission of Editorial Castalia, S.A., Madrid.

"Romance del rey moro que perdió Alhama" reprinted from *Romancero viejo*, edited by María Cruz García de Enterría, 1989, by permission of Editorial Castalia, S.A., Madrid.

"Romance de cómo se perdió España" reprinted from *Romancero viejo*, edited by María Cruz García de Enterría, 1989, by permission of Editorial Castalia, S.A., Madrid.

"Intelijencia" and "El viaje definitivo" from Juan Ramón Jiménez, *Antolojía poética*, Second Edition (Buenos Aires: Editorial Losada, 1958). Reprinted by permission of the estate of Juan Ramón Jiménez.

Miguel de Unamuno, "Castilla" and "Tu voluntad" reproduced by kind permission of the heirs of Miguel de Unamuno and Ute Körner Literary Agency, Madrid.

Azorín (José Martínez Ruiz), "La España invisible." Reprinted by permission of Editorial Lumen S.A.

Federico García Lorca, "La guitarra" from *Poema del cante jondo* (1931), "Canción de jinete," from *Canciones* (1927), and "*Romance sonámbulo*," from *Romancero gitano* (1928). Copyright © by the Heirs of Federico García Lorca. Used by permission of Mercedes Casanovas Agencia Literaria.

Camilo José Cela, "Un niño piensa," © Camilo José Cela, 1957. Reprinted by permission of Agencia Literaria Carmen Balcells.

Carmen Laforet, "La muerta," © Carmen Laforet, 1970. Reprinted by permission of Agencia Literaria Carmen Balcells.

Dámaso Alonso, "Hermanos" from *Poemas escogidos*, Madrid: Editorial Gredos, 1969, pp. 165-167 and p. 206. Reprinted by permission of the publisher.

Dámaso Alonso, "A un río le llamaban Carlos" from *Poemas escogidos*, Madrid: Editorial Gredos, 1969, pp. 144-146. Reprinted by permission of the publisher.

Ana María Matute, "La conciencia," © Ana María Matute, 1961. Reprinted by permission of Agencia Literaria Carmen Balcells, S.A.

José Ruibal, "La Secretaria" from *Teatro sobre teatro*, edición de José Ruibal (Madrid: Ediciones Cátedra S.A., Letras Hispánicas, 1990). Reprinted by permission.

Vicente Aleixandre, "Después de la guerra," © Vicente Aleixandre, 1974 and heirs of Vicente Aleixandre. Reprinted by permission of Agencia Literaria Carmen Balcells.

Miguel Delibes, "Mi querida bicicleta," from *Mi vida al aire libre*. Copyright © 1992 by Ediciones Destino, S.A. Reprinted by permission of the publisher.

Juan Benet, "La novela en la España de hoy," © Juan Benet, 1981, and Heirs of Juan Benet. Reprinted by permission of Agencia Literaria Carmen Balcells.

Ramón Sender, "Pablo, el malagueño," from *Álbum de radiografías secretas*. Copyright © 1982 by Ediciones Destino, S.A. Reprinted by permission of the publisher.

Carmen Martín Gaite, from *Usos amorosos de la posguerra española*. Copyright 1987, Editorial Anagrama, S.A. Reprinted by permission of the publisher.

Soledad Puértolas, "Contra Fortinelli" from *Una enfermedad moral* (Barcelona: Editorial Anagrama, 1988). Reprinted by permission of The Howard Morhaim Literary Agency.

Photo Credits

p. 1: © Arxiu MAS, Barcelona; p. 6: © Robert Frerck/Odyssey/Chicago; p. 25: © John Sims, Tony Stone Images, Inc.; p. 40: Robert Frerck/ Odyssey/Chicago; p. 78: Alinari/Art Resource, NY; p. 99: Reproduced by courtesy of the Trustees, The National Gallery, London; p. 113: © Ken Laffal; p. 156: Don & Pat Valenti/Tony Stone Images, Inc.; p. 181: © Giraudon/Art Resource, NY; p.190: © Alinari/Art Resource, NY; p.198: © Alinari/Art Resource, NY; p. 208 © Alinari/Art Resource, NY; p.259: Reproduced by courtesy of the Museu Nacional d'Art de Catalunya (J. Calveras/ J. Sagristà); p. 287: Robert Frerck/Odyssey; p. 307: Robert Frerck/ Odyssey/Chicago; p. 316: Pablo Picasso, Spanish, 1881-1973, *The Old Guitarist*, oil on panel, 1903, 122.9 × 82.6 cm, Helen Birch Bartlett Memorial Collection, 1926.253. Photograph © 1997, The Art Institute of Chicago, All Rights Reserved; p. 322; © 1996 Robert Capa/Magnum Photos, Inc.; p. 332: © Giraudon/Art Resource, NY; p. 344: © Robert Capa/Magnum Photos, Inc.; p. 354: © 1939 Robert Capa/Magnum Photos, Inc.; p. 368: © 1996, Comstock; p. 381: © Alain Nogues/SYGMA; p. 400: © T. Orban/SYGMA.